KB039590

제6전정판

인사행정학

임도빈 · 유민봉

박영사

제6전정판 머리말

이 책이 스테디셀러가 된 것은 변화하는 실무제도를 서술하기보다는 인사행정의 근본적 원칙, 논리, 이론적인 면에 집중하기 때문이 아닌가 한다. 그리고 인사행정의 다양한 문제들을 체제 모형이라는 하나의 틀로 정리하기 때문이라고 본다. 따라서 어느 정도 학문성을 갖추었다고 생각되어 책 이름도 인사행정'학'으로 바꾸었다.

이번 개정에서 체제 모형의 완성도를 한층 더 높였다. 투입, 전환 산출 관계에서 직무, 의의, 개인의 이해가 논리적으로 연결되지 않은 채 초반에 별도로 나와 있었다. 이것은 투입은 아니고 인사행정연구의 기초가 되는 지식, 즉 중간적인 특성을 가진다. 그러나 깊이 생각해 보니 이것은 인사행정 체제가 잘 돌아가서 적재적소의 원칙, 다시 얘기해서 직무인 적소적재 인간을 맞추는 것이므로 이것이 바로 인사행정의 산출물이라고 생각되었다. 이런 일관된 논리를 가지고 몇 개의 장의 순서를 통째로 옮기고 내용도 대폭 바꾸는 작업을 하였다. 이런 작업을 통해서 논리적으로 설득력이 높은 장 구성이 되었다고 생각한다.

이외에도 내용상 큰 폭의 개정을 하였다. 한국 사회도 많이 변했고 인사행정의 대상도 많이 변했으며 인사행정 방식도 많이 변했고 모든 것이 엄청나게 변하였기 때문이다. 이 책은 공공부분의 인사에 초점을 맞추지만, 민간부문의 변화도 충분히 감안하고 내용을 서술하였다.

주요 개정 내용을 정리하면 다음과 같다.

첫 번째로 고민한 변수는 인사행정에서 신세대의 등장이다.

밀레니엄 세대, Z세대라고 하는 MZ세대들이 이제 우리나라의 공적 인적 체제에 들어오기 시작했는데, 이들은 전혀 다른 사고방식을 가지고 있기 때문이다. 맥락적 이해에서도 그렇지만 각 장에서도 이러한 측면을 보기로 하였다.

두 번째 변화는 온라인 인터넷의 발달이다. 그동안의 인사행정은 서류작업을 기반으로 하는 전통적인 행정을 모델로 하였다. 하지만 이제는 점점 이것이 달라져서 바로 행정 체제의 작동도 온라인으로 해결하지만 정부의 행정 대상인 국민과의 관계도 온라인으로 많이 이뤄진다. 특히 코로나 이후로 비대면 접촉이 많아졌고 재택근무 등도 이제 일상화되었다.

세 번째로의 변화는 공직 윤리에 관한 것이다. 그동안 철밥통 공무원의 비윤리성에 대해서 많은 비판이 있었는데 제도상으로도 많은 변화가 있었다. 한국사회도 변했고, 많은 공무원의 행태도 변했다. 이것을 담아내기 위해서 노력했다. 또한 중요한 것은 관료들의 정치화가 문제인데 이는 윤리와 관계 깊다. 행정이 정치화가 극도화가 될 때에 공직자들이 윤리로서 중심을 잡아야 한다.

다음으로 추가된 것은 인사행정 관계의 종료이다. 이전 체제모형에서는 나오는 인사행정체제에 들어왔다가 일정기간 근무를 하고 체제 밖으로 나가는 과정이 이전에는 다뤄지지 않았다. 대부분 공무원들이 정년을 하던 때가 옛날 모델이라면 이제는 젊은 공무원 들어온 지 얼마 안 돼도 공직을 떠나는 경우가 많이 생겼고 또한 이 공직을 떠나는 전후를 해서 여러 가지 상황에 대해서 연구할 필요가 있기 때문이다.

책 전반에 이러한 시대의 변화도 반영했고 한국 사회의 인적 자원의 특성변화도 반영했으며, 주요 법적인 제도변화도 반영하였다. 읽을거리인 동서고금공사도 거의 모두 바꿨다. 새로운 데이터를 추가한 것도 많고, 문장도 다듬고, 활자도 가시성을 높였다.

유민봉 교수님의 처음 저서를 필자가 5번째 개정하면서 이제 매우 알찬 개정판이 되었다고 자부한다. 이렇게 돌이켜보니 매우 알찬 개정판이 되었다고 자부한다. 이번에도 변치 않고 개정 작업을 해주신 박영사 안종만 회장님을 비롯한 직원 여러분, 특히 편집부 양수정 선생님께 깊히 감사드린다. 끝으로 늘 연구에 전념하도록 힘이 되어준 우리 가족, 그리고 필자가 한글 붓글씨로 표지를 쓰도록 가르쳐주신 K－컬리그래퍼 이성일 님께 감사드린다.

2023년 8월

임 도 빈

Personnel Administration

제5판 머리말

초판 서문에서 볼 수 있듯이, 이 책은 현재는 국회의원으로서 활동하시는 유민봉 박사님께서 야심적으로 만든 책이다. 2000년 이후 이 책을 그동안 본인이 여러 번 개정을 주도해왔기 때문에, 이제 원저에 비하면 나름 다른 시각과 설명이 누적되어 나타나 있다. 이런 관계를 반영하기 위하여, 제 1 저자로 바꾸기로 허락해 주셨다. 좋은 책의 틀을 마련하시고, 개정할 기회를 주신 유민봉 의원님께 이 자리를 빌어 깊이 감사드리는 바이다.

이 책은 인사행정이라는 현상을 체계적으로 설명하기 위해 책을 관통하는 프레임을 만들고 또한 각 장에서도 체계적인 틀을 잡아서 설명한다는 점에서 장점이 있는 책이다. 나아가 새로운 제도를 도입할 때 어떤 절차를 거쳐서 하느냐에 대해서 체계적이고 논리적으로 설명한다는 장점이 있다. 정권이나 인사혁신처장이 바뀜에 따라 부침하는 작은 제도변화를 좇아가는 설명보다는, 인사행정이란 현상을 근본적이고, 넓은 시각으로 이해토록 한다는 점에서 인사행정에 관한 이론서라고 다시 한 번 자부하고 싶다.

그런데 인구경제학적 변화나 기술발달 등, 지구상의 시대변화는 인사행정도 과거와는 달라져야 함을 요구하고 있다. 크게 보면, 초판을 저술할 때만 하더라도 주먹구구식 인사행정에 기술합리성(technical efficiency)을 높이는 것이 과제였다고 할 수 있을 것이다. 이제는 기술적인 측면은 물론이고, 범사회적 인적자원관리라는 사회적 가치 실현까지 생각하는 넓은 시각에서 볼 것을 요구하고 있다. 이번 개정판에서 강조되는 것은 다음과 같다.

첫째, 사회적 가치에 관한 것이 강조되었다. 특히 연금제도, 공무원의 권리에 관한 장들이 많은 수정과 보완이 있었다.

둘째, 전반적으로 불필요한 문장이나 설명을 과감히 삭제하고, 현실에 맞는 설명을 하도록 노력하였다. 그동안 필요하지만 도서관에서도 찾아볼 수 없는 낡은 참고문헌들은 새로운 것으로 바꾸거나 제거하는 방식으로 정리하였다.

셋째, 동서고금공사라든지 각종 사례들을 현실적으로 바꾸기로 하였다. 현행 제도에 대해서 자세한 소개는 피하지만 꼭 필요한 부분은 반영하였다. 여러 번 개정을 거쳤음에도 불구하고 어색한 문장이라든지 오류들은 여전히 발견되어 독자들에게 미안한 생각으로 자책을 하면서, 최선을 다해 고쳤다. 이 점에서 과거보다도 완성도가 훨씬 높은 책이라고 본다.

이번에 개정판을 허락해주신 안종만 회장님과 교정을 세심하게 해 주신 김효선 선생님께 감사드린다. 아무쪼록 이 책을 통하여 인사행정에 대한 핵심적인 측면을 이해하는 데 도움이 되었으면 한다.

2019년 2월

관악산에서 **임도빈** 씀

Personnel Administration

제4판 머리말

정부간 경쟁은 점점 더 심화되고 있다. 세계화의 여파와 사람들의 자유로운 해외여행과 국적변경, 이민 등의 인적자원 교류가 더욱 활발해졌다. 인사행정도 이러한 세계적 환경 변화에 적응할 필요가 있다. 젊은이들의 취업난이 가중되고 있고, 또한 공직에 희망하는 취업준비생도 폭발적으로 늘고 있다. 우리 한국만의 독특한 현상도 많이 나타나고 있다. 이러한 현상을 제대로 이해해야 제도의 변화를 가져올 수 있다. 즉, 과거와 같이 외국의 제도를 단순모방하는 시대는 지났다. 한국정부가 경쟁력이 있으려면, 인사행정이 제대로 되어야 한다.

따라서 인사행정의 실체를 잘 이해하고 그 원칙과 이론을 잘 습득하는 것이 점점 더 중요하게 되었다. 이번 개정판에서는 특히 이러한 시대적 상황변화를 반영하려고 노력했다. 이번 개정판에 가장 중점을 둔 개정내용을 말하면 다음과 같다.

첫째, 초판부터 있었던 미국적인 이론이나 미국적인 사례를 가급적 제거하였다. 이것은 우리나라가 미국과 다를 뿐만 아니라, 또한 시대가 많이 바뀌어서 이제 미국의 사례가 큰 도움이 된다고 생각하지 않기 때문이다. 따라서 이번 개정판은 좀 더 한국의 인사행정문제에 초점을 두었다.

둘째, 인사행정의 제도는 자주 변하고 있지만, 거기를 꿰뚫는 이론을 습득하는 것이 더욱 중요하다고 생각했다. 따라서 조변석개하는 현행제도를 자세하고 단순히 소개하기보다는, 독자들이 그러한 제도의 이면을 이해할 수 있는 이론과 사고논리를 개발하는데 도움이 되도록 하는데 초점을 두었다. 구체적인 인사제도는 독자가 관련 홈페이지나 각종 통계자료를 활용하면 현실을 이해하는 데 더욱 도움이 될 것이다.

셋째, 참고문헌 중에서 지나치게 오래된 것이나 지나치게 미국적인 것을 배제하고 한국적인 것과 최신의 것으로 정리하려고 노력하였다. 지면관계상 여기서 인용되지 않은 많은 연구들이 있지만, 이번 개정판에서는 주로 이론적인 설명과 이 책의 내용에 부합되는 것을 취사선택해서 제시하였다.

넷째, 이론부분 중에서 특히 동기이론부분과 최근 노령화시대에 대비하여 많이 바뀐 연금과 복지부분을 많이 개선하였다.

마지막으로, 동서고금공사에서 많은 부분을 교체하였다. 동서고금공사의 내용은 이 책의 내용을 실질적 사례로 적용해본다는 점에서 중요한 의미가 있다고 생각한다. 요컨대, 이번 개정판은 좀 더 한국적이면서 좀 더 이론적인 그리고 현실의 인사문제를 이해하는데 도움이 되는 논리를 제공하는 쪽으로 강화되었다고 볼 수 있다.

결과적으로 학부 고학년이나 대학원생이 학습하는데 도움이 되도록 잘 전개되었다고 본다. 지난 개정이후 발생한 오류, 낡은 설명 등 여러 가지 문제점들이 잘 정리되었다고 자평한다. 지나치게 자세한 설명이나 중복되는 내용 등을 잘 정리해서 상당히 균형 잡히고 심도 있는 책이 되었다고 본다.

이 책을 개정하는데 기초자료의 수집은 인사행정분야의 신진학자인 박정호 박사가 담당해주었다. 그리고 편집과정에서 박영사의 김효선 선생이 수고가 많았다. 꼼꼼하게 교정을 봐주고 탈오자를 찾고 색인을 만드는데 도움을 주었다. 아울러 언제나 마찬가지로 개정판을 내게 해준 박영사 안종만 회장님께 감사를 표한다.

2016년 2월

임 도 빈

Personnel Administration

제3판 머리말

이 책은 정부경쟁력을 제고시키기 위해 인사행정을 어떻게 해야 할지를 밝히는 데에 그 목적이 있다. 정부경쟁력은 국민의 삶의 질 개선을 위한 정부의 역량을 강조하는 개념으로서 국가경쟁력과는 또 다른 개념이다. 이러한 정부경쟁력을 향상시키기 위해서는 정부의 가장 중요한 자원인 인적자원, 즉 공무원들을 다루는 인사행정의 역할이 중요한 것이다. 관료가 국가발전의 견인차역할을 담당해 온 우리나라에서는 그 의미가 더 클 것이다.

현재 인사행정 강의와 교과서에서는 크게 두 가지 특징을 찾을 수 있는 것 같다. 하나는 미국의 인사행정 교과서내용을 그대로 소개한다는 점과 다른 하나는 우리나라 국가공무원법을 해설한다는 점이다. 유민봉 교수님이 시작한 본서의 초판도 솔직히 말하면 첫번째 범주에 속했다고 볼 수 있을 것이다. 그러나 이러한 두 가지 경향은 모두 우리나라에 적실한 인사행정이론 발달에 장애물이라고 생각한다.

이번 개정작업에서는 한국적 인사이론의 수립에 필요한 것이 무엇인가라는 차원에 초점을 맞추었다. 즉, 이 책은 한국행정조직에서 찾아볼 수 있는, 그리고 한국인의 핏속에 흐르는 인사행정에 관한 유전자가 어떤 것인가를 고민하려고 노력하였다. 이를 위해 그 동안 무비판적으로 받아들이던 피상적이고 기계적 수준의 미국식 실적주의에 대한 지엽적인 제도설명은 자제하려고 노력하였다. 완성도는 조금 떨어지더라도 한국만의 특성이라고 생각되는 우리나라 공직사회에 대한 해석을 추가한 것은 우리의 문제를 우리의 시각에서 보자는 문제의식에서이다.

이제 이 책은 행정학과 고학년이나 대학원생용으로 기존 교과서들과 차별성이 있는 저서가 되었다고 감히 자평한다. 이론화를 지향하기 때문에 자세한 제도 설명이나 구체적인 개선방안은 제시하지 않으려고 하였다. 그러나 한국 인사행정 제도가 지향해야 할 큰 방향은 제시하려고 하였다. 이번에 이뤄진 것 중 특히 강조하고 싶은 개정내용들은 다음과 같다.

첫째, 한국 인사행정이 그 동안 소홀히 해온 편이라고 생각되는 공무원의 권리와 의무, 후생복지와 퇴직 후 연금, 비정규직, 생산성 및 경쟁력 등에 비교적 자세한 설명을 가하였다. 현실의 변화를 담으려는 노력이다.

둘째, 동기이론, 성과관리 등 비교적 외국에서 잘 발달된 이론을 소개하는 경우, 한국에서 실제로 작동하는지에 관한 관점에서 서술하였다. 한국에서 이뤄진 실증연구들도 핵심적인 것만 추출하여 인용하였다.

셋째, 독자들에게 생각할 기회를 제공하는 동서고금공사를 좀더 엄선하여 필요시에 교체하였다. 생생한 이해를 돕기 위해 본문 중에 삽입한 박스들의 내용도 가능한 한 개선하였다.

넷째, 장황한 설명이 되어 있는 부분을 과감히 축소하는 반면, 논란이 될 만한 부분에 자세한 설명을 하려고 노력하였다.

그럼에도 불구하고 아직 미흡한 점이 많이 남아 있다. 본서의 내용은 그 성격상 국내외 다른 연구자들의 많은 선행연구에 기초하고 있다. 이런 연구들을 더욱 충실히 반영하면서 동시에 나름대로의 완벽한 해석이 필요한 것이다. 이 모두 향후과제이다.

마지막으로, 이 책의 개정과정에서 수고한 민나온 박사과정생의 노고에 감사한다. 아울러 개정시기를 인내심을 갖고 기다려 주고, 실제 수정작업을 해 준 박영사 이정은 선생님과 편집을 맡은 이일성 편집위원님께 감사드린다.

2012년 1월 13일

임 도 빈

Personnel Administration

개정판 머리말

이 책이 출판된 후 인사제도는 매우 많이 바뀌었다. 특히 노무현 정부시 인사제도가 너무 많이 바뀌어서 현실을 제대로 파악하기조차 힘든 것이 사실이다. 따라서 이 책의 곳곳에 언급된 한국의 제도에 관한 서술은 낡아서 맞지 않는 것이 많아졌다. 그리고 마치 정부혁신을 홍보라도 하는 양, 이에 발맞추어 최신의 제도를 설명하는 책도 여러 권 출간되었다. 이런 상황에도 불구하고 본 서가 독자들로부터 꾸준히 읽혔다는 것만 해도 기적같은 일이다.

그러나 종전의 책이 정확하지 않은 내용을 담고 있다는 사실 자체는 저자들에게 무거운 책임을 느끼게 했음은 부인할 수 없다. 따라서 개정을 더 이상 늦출 수 없었다. 이번의 개정의 방향은 다음과 같다.

첫째, 조변석개식 현실제도에 관한 내용은 가급적 삭제하거나 축소하였다. 그동안 추진된 각종 제도들은 말만 그럴 듯하지 실제로는 뿌리를 내리지 못하고 겉도는 것도 많이 있다. 독자들은 이를 자세히 알 필요가 없을 뿐만 아니라 다른 책이나 인터넷으로 얼마든지 정보를 접할 수 있기 때문이다.

둘째, 가능한 근본적인 원리에 관한 이론을 충실히, 그리고 쉽게 설명하는 데 중점을 두었다. 최신형 각종 제도를 잘 들여다보면, 역시 인사행정에는 근본원리나 이론이 크게 변하지 않기 때문에, 이것만 잘 알면 현실제도의 허와 실을 쉽게 이해할 수 있을 것이다.

셋째, 최근의 사회변화를 반영하려고 하였다. 그 중에서 획일화에서 다양화로 가는 방향은 뚜렷하다. 예를 들면 임금제도, 복지문제, 비정규직문제, 노조문제 등이다. 제도도 다양해지고 사람들의 생각도 다양해지고 있다.

넷째, 지나치게 자세한 설명이 이뤄진 부분은 삭제하고, 좀 애매했던 부분은 더 자세히 설명하여 균형을 맞추도록 하였다.

결과적으로 이 책은 인사행정의 밑바탕에 깔려 있는 근본적인 측면을 이론적으로 이해하고자 하는 학부 4학년 이상 대학원생용으로 더욱 충실히 되었다고 자부한다. 여전히 미진한 점에 대해서는 독자들의 질책을 기다린다.

2007년 7월

저자를 대표해서 **임도빈**

Personnel Administration

머리말

1997년에 「인사행정론」을 의욕적으로 내놓았었다. 650여 쪽에 달하는 분량에 체계성을 갖추어 나름대로 만족스럽다는 자평도 해 보았다. 그 뒤 학부생용으로는 이 책이 너무 자상하고 분량이 많다는 평을 듣고 내용을 줄여 다시 책을 내놓았다. 새 책을 가지고 학생들을 가르치다 보니 최초에 출간된 책을 거의 들여다볼 시간을 갖지 못했고 수정할 생각도 하지 못했다. 그러다가 재작년부터 서울대학교 행정대학원 임도빈 교수와 함께 개정에 뜻을 모아 대학원생 내지 학부생 고급용에 맞추어 작업을 시작하였다.

이번 「인사행정론」에서도 초판의 체제를 상당히 유지하여 새로 출간하게 되었다. 체제모형을 적용하여 인사행정의 환경측면을 강조하였고, 여기에는 외부환경요소와 인사행정의 이념을 포함시켰다. 내부환경요소로는 실적주의제와 직업공무원제, 공직의 분류제도, 인사기관의 인사제도적 측면을 다루었다. 체제모형의 전환과정에 인사행정의 활동국면을 포함시켜 구성하였으며, 여기에는 인적자원의 확보, 개발, 유지·활용, 평가, 보상의 인사기능을 순환 및 상호작용의 관계로 이해하고 설명하였다.

내용면에서는 최신의 자료와 이론을 소개하고 독창성을 찾고자 노력하였다. 인사행정은 법령과 관련된 부분이 많아 정권이 교체될 때마다 그 내용이 바뀌고 있고, 인사에 관한 새로운 이론이나 방법들이 계속 제기되고 실무에 적용되고 있어 가장 부지런함이 요구되는 학문분야인 것 같다. 이 책에서는 이러한 최근의 변화를 최대한 포함시키려고 노력하였다. 특히 이론뿐만 아니라 실무에 비중을 두어 우리나라 인사행정제도와 실제는 물론, 외국이나 민간분야의 경험을 포함시킴으로써 다양한 시각에서 한국인사행정을 비교론적으로 바라볼 수 있도록 하였다.

특히 이번 작업에서는 너무 자상한 설명 및 예시 등은 가능한 한 삭제하는 대신, 다른 내용은 좀더 다양하고 알차게 하려고 노력하였다. 체제를 그대로 유지하였기 때문에 얼핏 보면 큰 변화가 없는 것 같으나 실제로는 많은 변화가 있다고 볼 수 있다. 부분적으로 수정을 한 것은 일일이 언급하기 곤란하므로 비교적 큰 변화만 예시하면 다음과 같다.

첫째, 계급제와 직위분류제에 관한 내용 중 지나치게 직위분류제를 긍정적으로 보고 계급제를 부정적으로 보는 시각에서 탈피하여 균형적인 설명을 하려고 노력하였다.

둘째, 종전의 책이 미국의 것에 치우친 설명을 하고 있는 데 비하여 유럽에 관한 설명을 추가함으로써 독자들이 좀더 넓은 시각에서 인사행정을 이해할 수 있도록 하였다. 세계화시대에는 미국뿐만 아니고 여러 선진국의 경험에서 교훈을 얻는 것이 바람직하다고 보기 때문이다.

셋째, 최근 인사행정제도의 변화를 담으려고 노력하였다. 예컨대 행정윤리 부분에서 지나치게 길게 설명하고 있는 부분을 줄인 대신 최근 도입된 부패방지법에 관한 설명을 추가하였다. 한 가지 예를 들면 직무분석에 대한 설명 중 최근 중앙인사위원회가 주도하여 실시하고 있는 한국의 것을 소개하였다.

넷째, 각 장의 말미에 동서양 혹은 고금, 그리고 공공부문, 사적 부문에서 찾아볼 수 있는 흥미 있고 유익한 예를 엄선하여 제시하였다. 즉, '동서고금공사'를 본문에서 언급한 내용과 밀접히 관련된 것으로 각 장에 하나씩 넣었다.

기타 최신의 자료로 대체하거나 참고문헌을 보완한 것은 당연한 작업이다. 그 외에 이 책에는 각종 그림과 표가 많으므로 이를 찾기 쉽도록 목차를 제시하였다.

이러한 수정작업에도 불구하고 아직 지나치게 장황한 설명을 한 곳도 있고, 좀더 심화시켜야 할 부분도 많이 남아 있다. 책을 쓰고 나면 예외 없이 다가오는 아쉬움과 미련은 이번에도 어김없이 필자들을 억누른다. 독자 여러분들의 오류에 대한 지적이나 비판을 기다린다.

끝으로 편집과정에서 수고하신 김양형 편집위원님을 비롯한 박영사 여러분에게 심심한 사의를 표한다. 필자들이 이러한 작업을 하도록 좋은 환경을 마련해 준 가정과 재직중인 학교에도 역시 감사의 마음을 함께 나누고 싶다.

2003년 1월

유민봉(성균관대학교 행정학과)
임도빈(서울대학교 행정대학원)

Personnel Administration

이 책의 차례

PART 1 인사행정의 기초

CHAPTER 01 인사행정의 의의

CHAPTER 02 인사행정의 외부환경

CHAPTER 03 인사행정의 가치

PART 2 인사행정의 내부환경

CHAPTER 04 실적주의제와 직업공무원제

CHAPTER 05 공직의 분류제도: 계급제와 직위분류제

CHAPTER 06 인사기관

PART 3 인적자원의 충원

CHAPTER 07 모 집

CHAPTER 08 선 발

PART 4 인적자원의 계발

CHAPTER 09 교육과 훈련

CHAPTER 10 인사이동

PART 5 인적자원의 동기관리

CHAPTER 11 동기부여

CHAPTER 12 권리의 제한과 보호

PART 6 인적자원의 평가

CHAPTER 13 성과평가

CHAPTER 14 가치와 행동규제: 윤리성 평가

PART 7 인적자원의 보상

CHAPTER 15 보 상

CHAPTER 16 근무종결 및 연금

CHAPTER 19 정부경쟁력과 생산성

Personnel Administration

PART 1
인사행정의 기초

제1장 인사행정의 의의
제2장 인사행정의 외부환경
제3장 인사행정의 가치

Personnel Administration

제1편은 인사행정을 이해하는 데 가장 기초가 되는 부분이다.

제1장에서 인사행정이 갖는 의미를 밝힌다. 인사행정이 인적자원을 동원하고 관리하여 행정의 목표인 사회의 공공가치를 실현하는 과정이라는 인식하에 출발한다. 우선 인사행정의 관리대상인 인적자원의 의의와 인사행정의 중요성을 설명한다. 또한 정부에서의 인적자원관리가 민간부문에서의 그것과 어떠한 차이점이 있는지를 검토함으로써 인사행정의 특수성을 확인할 것이다.

제2장에서는 개방체제 관점에서 인사행정에 영향을 미치는 외부환경을 검토한다. 구체적으로 환경은 법적 환경, 정치적 환경, 경제적 환경, 사회·문화적 환경, 기술적 환경, 그리고 민간부문의 인사관리로 나눌 수 있다. 제2장에서는 이들 환경요소가 인사행정과 어떠한 상호관련성을 갖는지를 이해하는 데 도움을 줄 것이다.

제3장에서는 인적자원의 관리활동에 가장 중요한 지침이 되고 판단의 기준을 제공해 주는 인사행정의 가치를 알아본다. 민주성, 효율성, 형평성, 공무원의 권익보호가 주된 검토의 대상이다. 또한 이러한 인사행정의 가치를 실현시키기 위해 어떻게 개인의 직무와 개인의 활동을 조화시키고 통합시킬 것인가의 문제를 검토한다.

CHAPTER 01

인사행정의 의의

이 책은 어떻게 하면 정부의 경쟁력을 높일 수 있는가라는 문제의식을 가지고 출발한다. 정부 경쟁력은 정부가 처리할 일을 어떤 사람에게 어떤 일을 맡기느냐에 따라 많은 영향을 받기 마련이다. 유능한 사람을 뽑아 적소에 배치하고 관리함으로써 행정의 성과를 더 높일 수 있다. 사람을 관리하는 활동은 동서고금을 막론하고 조직의 형태를 취하고 있다. 다만, 과거에는 그 관리가 상식에 주로 의존하였다면 현대에는 인간에 대한 과학적 지식을 기초로 이루어진다는 것이 다르다.

정부는 쓰레기 수거, 건축 인·허가, 복지, 교육 등의 서비스와 도로, 항만, 국립공원, 각종 데이터와 정보 등의 공공재를 국민에게 직접적·간접적으로 제공하고 있다. 이와 같이 행정은 국민생활에 직결되는 재화와 서비스를 제공하는 외부활동과 이를 효과적으로 수행하기 위한 조직내부의 인적·물적자원의 관리활동으로 나누어 생각할 수 있다. 인사행정은 이 중에서 공공조직 내의 인적자원의 관리활동을 말한다. 인사행정은 조직의 목표를 달성하기 위하여 인적자원인 공무원을 획득하고 관리하는 활동이다.

이런 이유에서 인사행정은 지휘계통상에 있는 계선을 돕는 참모기능으로 인식되는 것이 일반적이다. 즉, 인사전문가는 계선관리자에 대한 지원기능을 수행하는 것으로 본다. 그러나 인사행정을 인사전문가만의 영역으로만 한정시키면 안 된다. 전문지식이나 기술적인 문제는 인사전문가가 담당하지만 실제 인적자원을 활용하고 평가하는 사람은 계선상의 장이기 때문이다. 예를 들어 공무원의 근무성적을 평가하기 위한 양식과 방법은 인사전문가가 개발하지만 실제 평가는 계선상의 상관에 의해서 이루어진다. 우수인력을 채용하는 것은 인사전문 영역이지만 어떤 사람을 필요로 하는가에 대한 계선상의 협조가 있을 때 성공적인 충원이 가능하다. 인사행정을 좀더 분명하게 이해하기 위해서는 우선 '인사'행정의 대상인 인적자원에 대하여 알아보아야 할 것이다.

1. 인적자원의 의의

人事(인사)는 조직을 구성하고 있는 人間(인간)에 관한 일[事]이다. 전통적 인사행정은 인간을 타율적이고 제한된 능력의 소유자로 보아 왔다. 이와는 대조적으로 이제는 인간의 능력을 무한하게 개발하고 발전시킬 수 있다는 자원의 관점에서 접근하고 있다. 특히 구성원의 전문지식과 기술이 조직의 목표달성에 기여하는 정도가 커지면서, 인간을 단순한 비용(인건비) 측면에서 접근하던 과거의 시각에서 벗어나 비용 이상의 이득을 가져다 주는 자원 내지 투자의 대상인 자본으로까지 인식하게 된 것이다. 이러한 현대적 시각을 반영하여 인적자원(human resource) 이외에도 인적자본(human capital) 또는 인력(manpower)이라는 용어도 사용되고 있다. 구체적인 개념의 차이는 있지만 이들은 모두 정부조직차원에서 인간이 얼마나 중요한 역할을 담당하고 있는가를 잘 나타내 주고 있는 용어들이다. 이 책에서는 인사행정이라는 전통적인 용어를 그대로 사용하지만 인간을 보는 시각은 '개발가능한 자원·자본'의 현대적 의미를 함축한 것으로 사용할 것이다. 또한 문맥에 따라서 인적자원이라는 말 이외에 단순히 사람, 인간, 근로자, 종업원, 구성원, 조직구성원, 공무원 등을 유사개념으로 사용할 것이다.

인적자원은 물적자원과 대비하여 다음과 같은 두 가지 중요한 특성을 가지고 있다.

첫째, 인적자원은 물적자원과 마찬가지로 관리의 대상이지만 그와 달리 재화와 서비스를 제공하는 행정의 실질적 주체이다. 물적자원과는 다르게 자율적으로 판단하고 행동할 수 있는 능력을 가지고 있다.

미국에서는 1900년대 초에 조직의 과학적 관리에 관심을 갖기 시작하면서 인간을 조직이라는 거대한 기계의 한 부속품에 비유하였다.[1)] 즉, 조직의 구조가 올바로 갖추어지면 인간은 그 속에서 기계의 부품처럼 계획되고 지시된 대로 움직여져 조직의 목표달성에 기여한다고 보았다. 이러한 관점에서 인간은 타율적이며 무생물인 물적자원과 크게 다를 바가 없었다. 자율인은 관리자뿐이었다. 하위계급인 근로자를 미리 짜여진 대로 일을 하는지에 대한 감독과 통제의 대상으로 본 것이다. 그러나 인간은 무생물도 기계의 한 부품도 아니다. 인간은 '생각하는 동물'이라는 말로도 다 표현하기 힘든, 자신이 하는 일에 대한 자각능력과 복잡한 인지과정을 거쳐 실제 마음을 정하고 행동하는 자율인이다. 이 점에서 다른 물적자원과는 분명한 차이가 있다.

인간은 상관－부하의 연쇄적 계층제 하에서 필연적으로 관리의 대상이 되지만 또한 여타 자원을 활용하는 주체이다. 특히 현대의 행정에서와 같이 직급의 고하를 막론하고 어느 정도의 재량행위가 불가피한 상황에서 공무원은 자율적인 결정을 할 수 있는 여지가 상당히 주어지게 된다. 이 때 공무원이 어떻게 결정하고 행동하느냐에 따라 국민에게 미치는 영향은 지대하다.

둘째, 인적자원은 무한한 잠재력을 지닌 질적인 존재이다. 인적자원은 물적자원과는 달리 단순히 양적인 크기로 논할 수 없다. 인적자원은 인간이 지닌 지식(knowledge), 기술(skill), 태도(attitude)라는 질적인 요소에 의해 평가될 수 있다.[2)] 어떤 업무를 담당하는 공무원이 바뀌었다고 생각해보자. 업무수행성과에 분명한 차이가 생기기 마련이다. 담당직무에 대하여 전문지식을 가지고 의욕적으로 일하던 사람이 승진에 몇 번 탈락하여 근무의욕을 상실한, 즉 출근하여 시간만 보내는 사람으로 바뀌었다고 생각하자. 최선의 정책이 결정되도록 노력하는 면이나 빠른 시간 내에 친절한 서비스가 제공되는 면에서 이전보다 훨씬 못할 것이다. 이와 같이 인적자원은 산술적으로 몇 사람이 어떤 일을 하고 있다는 식으로 표현할 수 없다. 그 사람의 질적 수준에 의해 업무성과의 질이 결정되기 때문이다.

물론 기계의 경우에도 재화와는 달리 단순히 양적인 표현 이외에 그 기계가 가지고 있는 성능(질)에 의해서 그 기계의 가치를 평가할 수 있기는 하다. 그러나 인적자원의 질적 수준은 기계와 달리 고정되어 있는 것이 아니다. 지식, 기술, 능력은 밖으로 나타나기 전까지는 사람 안에 무형의 상태로 묻혀 있는 자원이다. 그것은 사회에서의 끊임없는 학습과 체계적인 교육훈련을 통하여 무한히 개발될 수 있는 잠재력을 가지고 있다. 기계와 마찬가지로 인간의 지식과 기술도 시간이 지남에 따라 그 가치가 감소하고 때로는 없어지기도 한다. 하지만 인적자원은 재교육과 훈련을 통해서 자연 연령에 의한 퇴화를 방지하고 지속적으로 향상될 수 있는 가능성을 갖고 있는 것이다. 더구나 기계 등의 하드웨어에 의존하던 시대와는 달리, 정보시대에 소프트웨어의 중요성이 부각됨에 따라 인간만이 가지고 있는 지식과 기술의 질적 가치가 더욱 중요시되고 있다. 아무리 Big Data와 AI가 개발된다고 해도 사람을 능가하는 것은 재앙인 것이다.

2. 인사행정의 중요성

지구상은 77억 이상의 인구가 살고 있으므로, 인적자원의 양은 풍부하다. 그러나 지역 간 인구불균형은 인구가 줄어서 심각하며 어느 나라, 국가가 쇠퇴하기도 한다. 하지만, 동서고금을 막론하고 어느 나라든 인재를 활용하는 메커니즘의 문제가 있다.[3] 따라서 이를 관리하는 인사행정 또한 중요하지 않을 수 없다.

인사행정의 중요성은 첫째로 정부가 노동집약적 산업의 성격을 가졌다는 데서 찾을 수 있다. 노동집약적이라는 의미는 정부의 전체 예산 중에서 인건비가 차지하는 비중이 크다는 뜻이다. 중앙정부와 지방정부의 총 인건비 지출이 총세출에서 차지하는 비중은 최근 10년간 20%를 내려간 적이 없다. 이는 인적자원이 무거운 비중을 차지한다는 것을 의미한다. 일반기업에서는 인건비의 부담을 줄이기 위하여 비정규직을 활용하거나 자동생산시스템을 도입하는 등 노동의존도를 줄이고 있다. 정부에서는 정책결정 내지 국민에게 직접 서비스를 제공해야 하는 업무를 주로 하기 때문에 자동화하여 기계에 맡기는 것은 한계가 있다. 그러나 1980년대 이후 미국·유럽을 중심으로 일기 시작한 '작은 정부'의 요구와 같이 근본적으로 기구축소 및 인원감축이 필요하다. 특히 선진국 정부들이 과도한 국가부채를 가짐에 따라 인건비 등 비용을 줄여야 할 필요성이 커졌다.

둘째는 공무원의 가치관, 태도, 기술, 지식에 대한 변화의 요구가 높아지면서 인사행정의 중요성이 더욱 부각되고 있다. 공무원의 가치관과 태도변화는 특히 행정의 기본방향이 관주도형 경제발전에서 민간자율형 내지는 관지원형의 형태로 바뀌어 가면서 더욱 절실히 요구되고 있다. 그 동안 우리나라 공무원은 개발시대의 관우월적 사고와 권위주의에 익숙해져 왔다. 그러나 1990년대 들어 세계무역기구(WTO)의 출범과 국제통화기금(IMF)의 국내 경제정책 관여 등 새로운 국제환경을 맞아 기존의 규제와 관주도적 행정방식이 오히려 국가경쟁력을 떨어뜨린다는 비판에 직면하게 되었다. 또한 박근혜 대통령 탄핵까지 가져온 촛불집회에서 볼 수 있듯이 우리 사회의 정치적 민주화와 국민들의 높아진 사회참여 의식은 공무원의 태도가 새롭게 변화해야 한다는 점을 명확히 보여준다.[4] 민간부문에서는 이미 생산자 중심에서 고객 중심으로, 양(量)중심에서 질(質)중심으로 관리철학이 근본적으로 바뀌기 시작하였다. 정부 행정서비스도 일방적이고 독점적으로 제공되어 오던 방식으로부터 다양하고, 맞춤형으로 편리하게 제공되는 방식으로 바뀌고 있다. 국민이나 기업의 생활을 규제하는 것이 아니라 이들의 경제활동을 지원하는 새로운 체질의 행정으로 다시 태어날 것을 요구하는 것이다.

또한 행정이 영향을 간여하는 영역이 넓어지고 기술이 복잡해져 감에 따라 행정의 전문성이 그 어느 때보다 높이 요구되고 있다. 코로나 이후 공중보건이 중요해지고, AI 등 거의 모든 부처에서 외국어 능력은 물론 협상능력을 갖춘 전문인력의 필요성이 계속 높아지고 있다. 최근에 새롭게 확대된 행정영역에서의 고도의 전문능력을 요구하고 있다. 이와 같이 바람직한 공무원의 요건이 급격히 바뀜에 따라 인사행정에 대한 중요성은 그 어느 때보다 높이 인식되고 있다. 이것은 채용·능력개발·활용·보수 등 인사행정의 모든 국면에서 새로운 도전으로 작용하고 있는 것이다.

셋째는 근로자의 직장과 직업에 대한 의미가 변화하면서 이에 대한 적절한 대응이 관리의 중요한 과제로 떠오르고 있다. 사회전반에 민주화가 이뤄지고, 조직보다는 개인을 존중하게 됨에 따라 인간의 자율성과 성장욕구에 대한 새로운 인식이 확산되면서 금전적 보상을 근간으로 하는 보상제도와 지시·감독·통제를 중심으로 하는 인사관리가 비판을 받았다. 인간욕구의 다양성을 인정하여 다양한 동기요인을 활용함은 물론, 통제 중심에서 능력개발의 적극적 인사관리에 초점을 맞추기 시작한 것이다.

공무원의 경우에 자기실현 욕구와 신세대적 사고의 등장은 전통적으로 공무원에게 요구되어 오던 국민에 대한 봉사자로서의 사명감과 갈등관계에 놓일 수 있다. 노동과 보상 사이에 뚜렷한 불균등이 있거나 민간기업에 비해 현격한 보수의 격차가 있을 때 무작정 공복으로서의 희생을 요구하는 것이 힘들게 된 것이다. 이러한 현상은 특히 구직자(求職者)가 많은 시대보다는 구인자(求人者)가 많은 시대에, 그리고 공직에 대한 사회적 평가가 낮은 상황에서 더욱 심화된다. 희생과 사명감만을 강조해서는 젊고 유능한 인재를 공직에 유인하거나 공직에 붙들어 놓을 수가 없다. 그렇다고 민간부문과 같은 원리에서 노동과 보상 사이에 균등한 교환을 추구한다는 것도 힘든 일이다. 현대의 인사행정에서 공무원들의 변화된 직업관과 욕구 등을 전통적인 봉사자로서의 가치관과 어떻게 조화시켜 나갈 것인가는 앞으로 풀어야 할 과제라 할 수 있다.

넷째는 인사행정을 어떻게 하느냐에 따라 일반 국민들이 정권에 대해 갖는 지지도가 달라진다는 점이다. 주요 공직에 특정지역 출신이 선호된다든지, 부패한 공무원들이 많이 있다면 국민들은 그 정권의 정통성에 의심을 갖게 된다. 공무원에 대한 평가가 실추되면 그 정권의 정통성과 더불어 국민의 지지도가 낮아지고, 결과적으로 통치를 어렵게 만든다. 즉 인사행정은 단순히 행정력 내부에 국한되는 문제가 아니고, 국민과의 상징적 교호작용의 대상이 된다.[5] 예컨대 새로운 정권은 공무원 인사제도 개혁을 시도하고 이를 적극적으로 홍보함으로써 국민들이 정권에 긍정적 인상을 갖도록 노력하는 경향이 있다.

3. 인사행정의 특성: 인사관리와의 비교

행정학과 경영학에서는 그 연구대상이 같은데도 용어의 선택을 달리하고 있다. 조직, 인사, 재무관련 이론을 행정학에서는 조직행정론, 인사행정론, 재무행정론이라고 하는 반면, 경영학에서는 관리(management)라는 접미어를 붙여 조직관리론, 인사관리론, 재무관리론이라고 부르고 있다. 경영학과 교과과정에서는 이렇게 세 분야로 구분하기보다는 '인사조직론'으로 통합하여 가르친다. 최근 행정학이나 경영학 모두 인적자원관리라는 용어를 쓰는 경향이 있다. 행정과 경영간에는 공통점도 있지만, 차이점도 있다.[6] 여기에서 경영분야의 인사관리와의 비교를 통해서 인사행정의 특성을 이해하기로 한다.

첫째, 공무원은 신분보장이 강한 반면, 민간부문에서는 직원을 비교적 쉽게 해고할 수 있다. 일단 충원된 인적자원을 해고하기 어렵다는 것은 모든 인사행정 활동을 제약하는 가장 크고 중요한 요소이다. 이것은 유럽의 전통적 직업관료제를 따른 우리나라에 두드러지게 나타나는 특성이다. 미국에서는 공사부분 모두 신분보장이 강하지 않다. 이러한 기본적 차이점을 고려한 후에 미국 인사행정의 관련 설명을 이해해야 미국의 제고를 무조건 미화하지 않게 된다.

둘째, 정부의 인적자원관리는 법적 제약이 크기 때문에 경직성이 강하다. 기업의 주인은 주주이며 경영자는 이들 주주의 이익을 충족시킬 수 있도록 신축성 있게 인적자원을 관리하게 된다. 그러나 행정에 있어서는 인적자원을 탄력적으로 동원·관리하는 데 많은 제약이 따른다. 국가공무원법과 지방공무원법 등 통일적이고 획일적인 인사행정원칙을 정한 범위에서 해야 한다. 공무원을 확보하는 단계에서부터, 모든 국민에게 공직취임의 기회를 균등하게 부여하기 위하여 성·연령·학력·혈연·지연 등에 의한 차별을 하지 못하도록 하는 등 공무원의 자격요건이나 시험방법이 헌법이하 법규로 엄격하게 규정되어 있다. 승진이나 전보, 근무성적평가, 보수체제, 신분보장 등에 있어서도 사기업보다 훨씬 구체적이고 엄격한 규정을 가지고 있고 이들 규정을 벗어날 수가 없다. 개별 행동에 있어서도 기업의 근로자와는 달리 정부의 공무원에게는 정치적 자유, 노동의 권리, 사생활보호권 등의 기본권을 제한하는 경우가 발생한다.

셋째, 인적자원이 산출한 노동가치의 계산이 곤란하다. 이 특성은 정부의 행정서비스와 공공재의 비시장성에 기인한다. 기업의 경우에는 최종산물이 재화이든 서비스이든 시장에서 그 가격이 결정된다. 이를 근거로 이익을 창출하는 데 근로자가 얼마나 기여했는가를 측정할 수가 있다. 그러나 정부가 제공하는 서비스나 재화는 양적으로 쉽게 표현하기가 힘들고, 개별 공무원의 산출에의 기여도를 측정하기가 곤란하다. 따라서 공무원이 목표달성에 공헌한 정도에 따라 보수를 정하기도 힘들고 실적향상을 위한 인센티브제도를 적용하기도 어렵다. 더구나 정부와 기업간의 인적 교류가 어려운 폐쇄형 공무원제에서는 민간부문과의 상호비교에 의한 노동가치의 계산도 그 의미해석에 신중해야 한다. 이러한 이유 때문에 공무원의 노동가치는 정치·경제·역사 등의 거시적 요인에 의하여 많은 영향을 받는다고 볼 수 있다.

넷째, 정부는 일반기업에 비해 특이성이 강한 직무들로 구성되어 있다. 정부에서 수행하는 직무 자체가 민간부문에서 찾아볼 수 없는 경우가 많다. 대표적인 예로는 국방, 치안이나 소방 관련 직무를 들 수 있다. 직무의 특이성은 곧바로 다른 직장의 유사한 직무로의 이동 가능성을 제약하게 된다. 비록 상대적인 차이가 있기는 하겠지만 대부분의 공무원이 이러한 직장간 유동성에 의해 크게 제약받게 된다. 이러한 특성은 정부의 경우 공무원에 대한 신분보장, 연금관리, 퇴직관리 등이 사기업보다 강화되는 요인으로 작용하게 된다.

다섯째, 정부의 인적자원관리에는 정치성과 공공성이 강하게 반영된다. 정부에서의 인사문제는 단순히 정부 내의 내부관리문제로 끝나지 않는다. 예를 들어 공무원 보수의 인상폭을 결정할 때에는 여러 가지 정치적 협의과정을 거쳐 국회의 예산심의를 통해 결정된다. 정부의 고위직 인사에서도 능력뿐만 아니라 정치적 고려에 의한 출신지역이나 출신학교 등이 결정요인으로 작용하기도 한다. 지위를 막론하고 공무원의 비윤리적 행위가 나타나는 경우에는 즉시 매스컴에 의해 크게 여론화되고 정권의 신뢰도에 영향을 미친다.

이처럼 정부의 인적자원 확보와 관리활동은 그 공공성으로 인하여 기업의 그것과는 달리 정당, 매스컴, 사회단체, 국민의 민감한 반응을 야기시키게 된다. 따라서 정부의 인사에 관한 결정은 이러한 잠재적 반응을 미리 계산하여 이루어지는 것이다. 특히 민주성을 모든 정치와 행정의 기본원리로 받아들이는 국가에서는 공무원의 출신성분별로 볼 때 전국민의 분포를 잘 반영하는 대표성(representa-tiveness)을 지녀야 한다.[7] 한국에서도 민주화가 제고됨에 따라 대표관료제를 비롯하여 인사행정의 정치성에 대한 중요성이 더욱 커지고 있다. 이것은 인사행정을 실증과학적 접근뿐만 아니라 수사적 접근(rhetoric)으로도 생각해야 함을 의미한다.[8] 공무원의 윤리문제, 상징 등이 포함되어 있기 때문이다.

이러한 차이점의 인정은 인사행정에 독특한 환경과 직무의 성격이 존재함을 의미한다. 이는 사기업을 연구대상으로 하여 추출해 낸 인사관리론을 정부 내지 공공부문에 적용할 때에는 이의 타당성을 다시 한번 검토할 필요성이 있음을 말해 주는 것이다. 그러나 이러한 차이점이 공공부문과 민간부문을 이분법적으로 완전히 양분시키는 것은 아니며 서로 공유하는 공통분모 또한 존재한다. 따라서 우리의 과제는 정부·기업간에 인적자원 관리상의 차이점이 무엇인가에 대한 관심보다, 그러한 차이점이 인사행정에 어떠한 영향을 미칠 것인가에 관심을 가지는 것이다.

4. 인사행정의 체제론적 접근

4.1 체제모형의 개요

인사행정은 여러 부분들이 서로 밀접한 관련성을 가지며 하나의 독립적인 경계를 형성하는 체제로서 파악할 수가 있다. 이들 부분들간에 상호작용이 이루어지는 것이다. 뿐만 아니라 체제는 환경으로부터 체제유지에 필요한 자원을 받아들이고 또한 환경에 유익한 산물을 내보내면서 정당성을 유지해 간다. 이와 같이 환경과의 개방적 관계에서 투입－산출의 관계로 체제는 D. Easton의 체제모형을 이용하여 도식화할 수가 있다([그림 1－1] 참조).

체제모형에서 우선 고려할 것은 인사행정에 영향을 미치는 환경요소이다. 보다 세분하여 법적 환경, 정치적 환경, 경제적 환경, 사회·문화적 환경, 기술적 환경 그리고 민간부문의 인사관리로 나누어 생각할 수 있다. 이러한 환경으로부터 인사행정체제 내로 직무를 수행할 인적자원과 직무수행에 필요한 물적자원이 투입된다. 즉 사람과 돈으로 대표되는 이들 자원은 정부에서 국민에게 재화를 공급하고 서비스를 제공하는 데 필수적인 투입요소라 할 수 있다. 또 다른 투입요소는 법규와 정책이다. 법규와 정책은 체제 내부의 전환과정에서 공무원이 수행하여야 할 임무가 무엇이고 그것을 어떻게 수행할 것인지에 대한 절차를 규정하게 된다. 이와 더불어 민주사회에서 중요한 투입요소로 지적할 수 있는 것은 정부에 대한

그림 1-1 개방체제

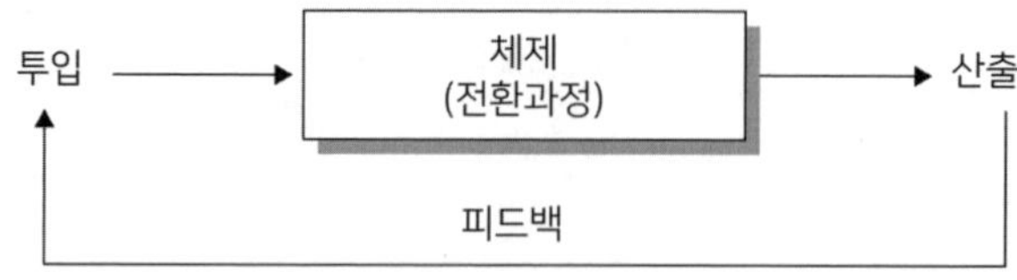

국민의 요구와 지지이다. 국민주권의 원리에 따라 국민이 원하는 재화와 서비스를 제공하고 그에 대한 지지를 확보하는 데서 행정의 정당성이 생기기 때문이다.

투입을 산출로 전환시키는 이러한 과정이 곧 체제의 실질적인 몸체이다. 이 몸체는 연구자에 따라 다양한 부분들로 나누어 이들간에 상호관련성을 부여하게 된다. 이 책에서는 전환과정을 다시 이념, 내부환경, 개인과 직무의 통합, 그리고 주요 기능으로 나누었다.

좋은 행정이 되기 위해서 행정이 국민에게 행정작용을 할 때 필요한 이념이 있듯이, 인사행정에서도 지침이 되어 줄 최고의 가치로서 민주성, 효율성, 형평성, 공무원의 권익보호가 있다. 내부환경은 인사행정의 한 부분이면서 인사행정의 주요 활동에 중대한 영향을 미치는 제도적 요소이다. 여기에는 실적주의제와 직업공무원제, 공직의 분류제도, 그리고 인사행정을 담당하는 인사기관을 포함시킬 수 있다.

개인과 직무의 통합은 인사행정의 중요한 목표이면서 인사행정체제의 내부산출이라고 볼 수 있다. 인사행정의 주요 활동은 항상 개인과 직무를 통합시키는 과정의 일부이다. 즉, 일과 사람 내지는 자리와 사람이 서로 조화롭게 균형을 이루어야 함을 의미한다. 자리가 요구하는 능력수준이 사람의 능력을 초과하거나 자리가 제공하는 보상수준이 개인이 생각하는 보상 내지는 기대 수준에 미달하여서는 일의 성공을 거둘 수가 없다. 양자간의 적절한 통합은 인사행정의 전과정에서 달성하도록 노력해야 할 목표이다.

다음은 체제모형의 전환으로서 인사행정의 주요 기능 내지 활동 측면이다. 기능 측면을 이해하기 위해 가장 쉬운 예로 프로구단의 선수관리를 들 수 있다. 즉, 유능한 선수를 스카우트하여, 훈련을 시키고, 주전 선수로서의 능력을 갖추면 게임에 출전시키고, 한 시즌이 끝나면 선수의 성적에 대한 평가가 이루어지며, 이 성적을 토대로 선수를 계속 팀에 잔류시킬 것인지 여부와 다음 연도의 연봉을 결정한다. 인적자원의 확보, 개발, 유지 및 활용, 평가, 보상의 일련의 기능이 순차적으로 상호관련성을 가지면서 이루어짐을 보여 주는 예이다. 평가의 결과가 보상과 신분유지에 미치는 직접적인 영향이 부족하기는 하나 이러한 다섯 가지 기능 분

그림 1-2 인사행정의 체제 모형

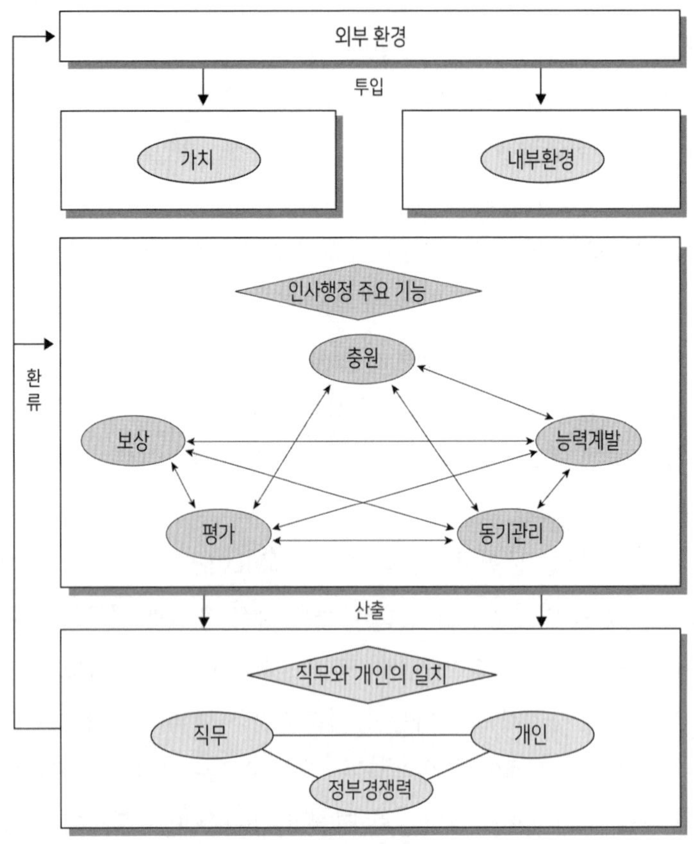

야가 상호연관성을 가지면서 인사행정체제의 핵심적 역할을 수행한다고 보아도 무리가 없을 것이다.

이러한 인사행정의 주요 기능을 잘 활용하면 구성원인 개별 공무원 차원에서는 일에서의 만족감을 맛보게 되고, 조직 차원에서는 직무의 성과를 높여서 조직의 목표를 달성할 수 있게 된다. 이러한 산출결과에 따라 인사행정 전반에 대한 평가와 통제 그리고 개혁이 이루어져 인사행정체제에 환류되어 들어오는 것이다.

4.2 인사행정의 주요 기능

앞서 이야기한 대로 인사행정은 그 기능 내지 활동을 중심으로 인적자원의 확보, 개발, 활용, 평가, 보상의 측면으로 나누어 설명할 수 있다.

첫째, 인적자원의 충원은 공직의 빈 자리를 채우기 위한 과정이다. 빈 자리는 정년에 의해서 발생할 수도 있고, 조직신설이나 확장 등의 사유로 생길 수 있다. 빈 자리는 외부로부터 공개채용에 의존하게 된다. 인적자원의 확보는 크게 모집과 선발로 나눌 수 있다. 모집은 우수한 인재를 공직에 관심을 가지도록 하여 공무원 채용시험에 응시하도록 유인하는 활동이다. 선발은 공직에 지원한 사람들 중에서 직무수행능력이 상대적으로 뛰어난 사람을 선정하는 활동이다. 모집과 선발을 포함한 인적자원의 확보과정은 단순히 빈 자리를 채우는 것이 아니라 유능한 사람을 공직에 유입시키는 데 그 의미가 있다.

둘째, 능력계발은 인적자원의 직무수행관련 지식·기술·태도·능력을 조직의 목표달성에 기여할 수 있도록 변화시켜 가는 과정이다. 처음 공직으로 선발되어 들어온 사람은 아직 보직을 맡아 행정을 담당할 능력까지는 갖추지 못한 상태이다. 따라서 이들에게 기본적인 직무수행의 능력을 길러 주어야 한다. 뿐만 아니라 기존의 공무원도 직무의 내용이나 기술이 바뀌는 경우 역시 능력개발이 필요하게 된다. 능력개발은 직장 내에서 평소의 체험과 학습 그리고 상관의 지도를 통해서 비공식적으로 이루어지는 것이 많다. 그러나 승진과 같이 중요한 직무의 내용이 바뀌거나 새로운 기술의 습득이 필요한 경우에는 외부의 전문교육기관에서 공식적인 프로그램을 통해 체계적으로 교육이 이루어지게 된다. 교육훈련에 대한 관심은 통제중심의 전통적 인사행정에서는 크지 않았다. 통제중심의 인사행정은 부족한 능력을 교육에 의해 개발시키기보다는 인사이동이나 보수 등의 보상과 처벌을 주로 활용하기 때문이다. 그러나 현대에는 환경이나 기술의 변화가 그 어느 때보다도 빠르게 진행되고 있어 기존의 지식이나 기술은 그만큼 노후화가 빨리 이루어진다. 새로운 지식과 기술로 대체되지 않으면 퇴보할 수밖에 없다. 다행히 인적자원은 재교육을 통해 그들의 잠재능력을 개발시킬 수 있는 가능성을 충분히 가지고 있다.

셋째, 신규 공무원에 대한 교육훈련이든 기존 공무원에 대한 재교육이든 능력개발이 이루어진 다음에는 실제 직무를 맡겨 이를 성공적으로 수행할 수 있도록 동기부여를 하여 활용하여야 한다. 무엇보다도 그들이 강한 의욕과 효과적으로 업무를 수행하도록 관리하여야 한다. 구체적으로 직무에 대한 공무원의 동기가 충분히 유발되도록 하고, 공무원의 행동이 공직자로서의 공공성과 윤리성을 유지하도록 관리하여야 한다. 직무수행의 성과는 개인이 가진 능력만으로 결정되지 않는다. 능력이 중요한 요소이긴 하나 능력을 최대한 발휘하고자 하는 동기가 있어야 한다. 공무원이 최선의 노력을 다하도록 유도함과 아울러 그 행동이 공공의 목적과 기대에 어긋나지 않도록 해야 한다. 공무원은 여러 사람을 상대로 공정하게 맡은 바 직무를 성실히 수행할 것이 요구된다. 연고에 좌우되거나 금전에 현혹되어 부정한 행동을 하여서는 더욱 아니 된다. 전체 공무원 집단을 깨끗하게 그리고 건전하게 유지·관리하는 것은 현대 인사행정의 매우 중요한 과제이다.

일단 공직에 들어온 공공부문 인력의 동기부여를 위해서 또 한 가지 중요한 문제는 공무원의 권익을 보호하는 것이다. 공무원도 한 국가사회의 구성원으로서 다른 사람과 마찬가지로 기본적인 권리를 향유할 권리를 가지는 것이 당연하다. 그러나 공무원은 전체 국민에 대한 봉사자로서의 공인적인 성격을 가지고 있다. 이러한 특수 지위 때문에 공무원은 다른 사람이 가지는 정치적 자유라든가 사생활의 자유, 그리고 민간근로자가 누려야 하는 기본적 권리를 제한받는 경우가 많다. 정치적으로 중립을 지킬 것이 요구되고, 본인뿐만 아니라 가족의 재산까지 공개할 것이 요구되기도 하며, 근로자로서 누리는 노동조합의 활동이 금지되기도 한다. 과거에는 국가의 우월적 지위에서 공무원의 권리제한을 당연한 것으로 보는 경우가 많았다. 그러나 최근에는 국가와 공무원을 대등한 위치로 보고, 권리제한은 당연한 것이 아니라 직무의 공공성 확보를 위해 최소화 해야 한 것으로 보고 있다. 공무원의 권익보호 차원과 공공의 필요성 사이에서 권리의 보장과 제한의 적정균형을 유지시키는 것이 인사행정의 새로운 과제로 등장하게 된 것이다.

넷째, 인적자원을 실제 직무수행에 활용하고 나면 인적자원에 대한 평가 문제가 대두된다. 인적자원을 확보하고 개발하며 유지·활용하는 활동 모두가 실제로는 직무수행성과를 좋게 하기 위한 전단계라 할 수 있다. 인적자원에 대한 평가는 다시 공무원의 채용과 교육훈련 그리고 활용과 보상이 효과적으로 이루어지도록 유용한 정보를 피드백시켜 주는 역할을 한다.

인적자원의 평가는 개별 공무원의 근무성적을 평가하는 것이다. 여기에 최근에는 생산성이나 경쟁력에 대한 관심이 높아지면서 이를 포함시켜 생각할 수 있다. 근무성적평가는 정부에서는 '근무성적평정'이라고 부르는데, 공무원 각자에 대한 평가를 말한다. 근무성적평정은 결과로서의 실적에만 한정하는 것은 아니다. 원인 내지는 과정의 측면인 능력이나 노력 그리고 태도까지도 포함하여 평가하게 된다. 이에 비하여 생산성은 공무원 개인을 대상으로 할 수도 있지만 집단이나 조직 차원에서의 평가를 포함하게 된다. 성과평가는 그 개념이 다양하게 정의되고 있지만 일반적으로 투입－산출의 비율로 나타내는 능률성보다는 미리 세운 목표에 대비 달성도를 의미하는 효과성을 포함하는 것으로 이해한다. 태도나 능력 등의 요소까지도 포괄하여 평가하는 근무성적평정과는 다르게 결과로서의 산출에 대한 양적·질적 측면에 초점을 두어 평가한다.

다섯째, 인적자원에 대한 보상이다. 보상에는 금전적인 것과 비금전적인 것이 있다. 금전적인 것으로는 봉급 또는 월급이 대표적인 예이다. 이 밖에도 의료보험금을 부담하거나, 주택이나 학자금을 융자해 주는 것, 체육·문화시설을 지어 이용혜택을 부여하는 것 모두가 간접적이긴 하나 소득보조의 역할을 하게 된다. 특히 연금 등 후생복지 차원의 보상은 평균수명이 늘어나고 욕구가 다양해지면서 최근 관심이 증대되고 있다. 승진이나 외국대학에서의 교육기회 등은 비금전적 보상에 해당하는 것이지만 이것은 인적자원의 개발에서 다루기 때문에 여기에서는 금전적 보상에 한정하기로 한다. 금전적 보상에서도 보수가 근간을 이루게 된다.

東西古今公私

공무원제도를 없애자?

스위스는 인구 8백만 정도의 작은 나라이지만, 26개의 깡통이라는 주(State)로 구성된 연방국가이다. 국민들은 강한 애국심과 성실함으로 뭉쳐 있고, 시계와 같은 정밀기계 산업, 관광산업 등으로 세계에서 소득수준이 높은 몇 손가락안에 든다.

스위스에는 「연방인사법(BPG: Bundespersonalgesetz, Loi sur le Personnel de la Confederation)」에 의하여 2001년 1월 1일을 시점으로 하여 공무원이란 신분제가 존재하지 않는다. 그 대신 재계약조건부(Das Prinzip der Amtsdauer) 공공부문 종사자로 바뀌었다. 이는 다른 나라에서 찾아볼 수 있는 특수 신분으로서 공무원은 존재하지 않는다는 것을 의미한다. 재계약조건부 공공부문 종사자란 재계약이 되거나 선거에 의해 다시 선출되지 않는다면, 계약기간이 만료되면 임기가 자동적으로 소멸되는 것을 의미한다. 적어도 그 정신으로 봐서는 일반 기업의 직원과 공무원과는 다를 바가 별로 없다. 단지 고용주가 국가기관(public authorities)이라는 점이 다를 뿐이다.

총 42개 조로 구성된 연방인사법은 연방정부, 연방의회, 스위스 우편, 공기업 직원에 공통적으로 적용되는 일반적인 원칙을 제시하고 있다. 제4조의 인사정책방향에 대해서는 국가가 민간노동시장에 비교하여 경쟁력을 유지할 수 있도록 인력을 관리해야 하고 구체적으로는 경력발전, 적임자의 충원, 장애인 등 평등, 다기능(polyvalence) 추구 등을 천명하고 있어 다른 나라와는 다른 점도 보인다. 그러나 최저임금과 고위공무원이 받을 수 있는 최고임금을 정해야 한다는 원칙이나, 노동권에 제약이 가해질 수 있다는 점, 부정에 대해 폭로해야 하는 의무, 그리고 비밀준수나 증언에 있어 국가의 이익이라는 입장이 우선시되는 등 다른 나라의 공무원에게 요구되는 것과 유사한 조건들을 많이 명시하고 있다.

그렇다면 공무원제도가 없어진 후 정말 달라진 것이 무엇일까? 공무원을 공개채용하는 것을 원칙으로 하므로 개방형 충원제도라고 할 수 있다. 그러나 스위스는 강소국가로서 공직자 총 인력숫자가 제한되어 있다.[9] 따라서 이 점에서는 달라진 것이 없다. 우리나라와 같이 공직지망자가 충원예정자리보다 월등히 높은 나라는 아니기 때문이다.

실제로 연방정부에 20여 년 전부터 근무하는 Karin에 의하면 사실상 달라진 것은 별로 없다고 한다. 즉, 특수한 신분으로서 공무원이란 지위를 박탈당하기는 했지만, 특별한 과오가 없는 한 고용이 유지되고, 보수도 과거와 크게 변하지 않았다고 한다. '공무원'이란 단어를 지워도 그 특수한 존재가 사라지지는 않는다는 점이다.

그 동안 공무원제도의 후진성에 대해 비판하는 목소리가 많이 있어 왔다. 이런 맥락에서 민간부문의 인사관리기법을 앞다퉈 도입하려 했다. 과거 중앙인사위원회 시절에 이것이 극에 달했다. 그러나 스위스의 경우를 본다면, 비록 공무원제도의 틀을 완전히 없애도 공무원제도의 특수성은 잔존한다는 것을 알 수 있다. 아직도 무분별하게 민간기법을 도입하려는 사람들이 명심해야 할 점이다. 차라리 특수한 존재의 필요성을 인정하고 개혁을 생각해야 할 것이다. 더 중요한 것은 공무원제도를 수단으로 하여, 국민을 행복하게 만드는 '좋은 행정'이 되는 것이다.[10]

01 참/고/문/헌

1) Gareth Morgan, *Images of Organization, Beverly Hills*, CA: Sage Publications, 1986, pp. 19－38.

2) Eugene B. McGregor, Jr., "The Public Sector Human Resource Puzzle: Strategic Management of a Strategic Resource," *Public Administration Review*, 1988, vol. 48, pp. 941-950; Lester Thurow, *Investment in Human Capital*, Belmont, CA: Wadsworth, 1970.

3) 시오노 나나미, 한성례 역, 「또 하나의 로마인 이야기」, 부엔리브로, 2007, p. 292.

4) 장윤선, 「우리가 촛불이다」, 서울: 창비, 2018.

5) 임도빈, "신인사행정체제의 모색," 「행정논총」, 제131권 제1호, 2001.

6) 임도빈, 「행정학」, 박영사, 2018.

7) J. Donald Kingsley, *Representative Bureaucracy*, Yellow Springs, OH: Antioch University Press, 1944.

8) 임도빈, 「행정학」, 박영사, 2018.

9) 임도빈, 「비교행정학」, 박영사, 2016, pp. 357－397.

10) 임도빈 편, 「국가와 좋은 행정」, 서울대 출판문화원, 2017, pp. 8－23.

CHAPTER 02

인사행정의 외부환경

인사행정의 외부환경요소는 인사행정체제의 경계선 밖에 있으면서 인사행정에 영향을 미치는 모든 것을 말한다. 그러나 이러한 개념정의만으로는 너무나 막연하고 추상적이어서 유사한 것들을 한데 묶어 다시 분류하는 것이 일반적이다. 이 책에서는 환경의 일반적 분류인 정치, 경제, 사회·문화, 기술 분야의 환경요소에 인사행정에 가장 중요한 영향을 미치고 있다고 판단되는 법적 환경과 민간부문의 인사관리를 추가하고자 한다.

1. 법적 환경

인사행정에 대한 역사적 흐름을 간단히 말한다면 공무원에 대하여 권력을 가진 개인이나 집단의 자의적 영향을 줄이고 합리성과 공정성을 확보하는 과정이라고 말할 수 있다. 합리성과 공정성을 확보하는 가장 확실한 방법은 법에 근거하도록 하는 것이다. 공무원은 특정인이나 집단에 대한 충성이 아니라 전체 국민에 대한 봉사자이다. 민간부문의 인사관리에 비해 법적 제약이 강한 이유가 여기에 있다. 최근 공무원 자신의 권리를 적극적으로 법에 호소하는 경향이 증가하고 있고, 양성평등법, 공직자윤리법, 장애인고용촉진에 관한 법률 등 새로운 법이 제정됨에 따라 인사행정에 미치는 법적 영향이 증가하고 있음을 알 수 있다.

그러나, 이러한 법적 제약의 강화는 결과적으로 인사행정의 경직화를 초래하기 쉽다. 이것은 곧 환경의 변화에 빠르게 적응하기 곤란하게 만든다. 유휴인력이 있어도 법적 신분보장 때문에 해고가 불가능하고, 긴급히 인력이 필요해도 예산이나 공고절차 규정 등으로 적시에 채용하기가 곤란하다. 법에 의한 공정한 인사관리와 권익보호를 한편으로 하고, 상황의 변화에 적응하기 위한 탄력적 인사관리를 다른 한편으로 하여 양자간의 균형을 이루는 것이 무엇보다 중요하다. 인사행정에 미치는 법적 영향을 법체계에 따라 헌법, 법률, 명령 등으로 나누어 생각할 수 있다.

1.1 헌 법

헌법은 국가의 최고기본법으로서 기본권보장과 통치구조에 관한 내용을 규정하고 있다.[1] 따라서 인사행정에 관련된 모든 하위법의 규정이나 인사결정은 헌법에 위배되어서는 안된다. 예컨대 헌법 제33조 제2항은 공무원인 근로자는 법률이 정하는 자에 한하여 단결권·단체교섭권 및 단체행동권을 가진다고 하여 제한적으로 근로3권을 보장하고 있다. 국가공무원법 제66조에는 사실상 노무에 종사하는 공무원에게는 여타 공무원의 근로3권 제한이 적용되지 않음을 밝히고 있다. 그러나 1998년 개정 이전의 노동쟁의조정법 제12조 제2항은 국가·지방자치단체에 종사하는 근로자에게는 공무원의 신분 여하에 관계없이, 즉 사실상 노무에 종사하는 공무원도 쟁의행위를 할 수 없도록 규정하고 있었다. 헌법재판소는 이 규정에 대하여 헌법 제33조 제2항에 불합치하다는 판정과 함께 법률개정을 촉구하고 개정된 노동조합 및 노동관계조정법에서는 이 조항을 삭제하였다. 헌법에 위배되는 법률에 따라 인사행정이 이루어질 수 없음을 보여 준 것이다. 헌법의 여러 조항이 실제로 인사행정에 영향을 미치고 있다. <표 2-1>은 헌법규정과 밀접한 관련이 있는 인사행정상의 주요 쟁점을 정리한 것이다.

표 2-1 헌법과 관련된 인사행정의 주요 쟁점

조항	주제	내용	인사행정의 주요쟁점
제7조 제1항 제2항	- 공무원 지위 - 공무원의 신분보장과 중립성(직업공무원제도)	- 전체 국민에 대한 봉사자 - 신분과 정치적 중립성은 법률로 보장	- 공무원의 의무와 책임, 기본적 권리제한 - 공무원의 정당·정치단체의 결성에 관여·가입 금지 - 공무원의 선거시 특정정당, 특정인지지·반대금지
제11조 제1항 제4항	- 법 앞의 평등 - 여성차별금지	- 성별·종교 도는 사회적 신분에 의한 차별금지 - 근로관계에 있어서의 여성차별금지	- 동일(가치)노동·동일임금의 원칙 - 공개경쟁에 의한 채용 - 합리적 차별은 허용 • 국가유공자의 취업우선기회 부여 • 여성고용할당제
제17조	- 사생활 보장	- 사생활의 비밀과 자유불가침	- 제한: 공직자 및 가족의 재산등록과 공개
제21조 제1항	- 언론·출판의 자유	- 언론·출판의 자유보장(개인적·집단적 표현의 자유, 국민의 알권리 보장)	- 공무원의 정치적 중립 - 공직자 및 가족의 재산등록과 공개(국민의 알권리 측면)
제25조	- 참정권	- 공무담임권 보장	- 공무원의 자격규정 - 공무원의 공직선서 후보자에 대한 선거일 90일 전 면직(선거의 공정성과 공직의 직무전념성 보장 차원)
제32조 제1항 제4항	- 근로의 권리 - 여성근로자 특별 보호	- 근로자의 고용증진과 적정임금보장 - 고용·임금 및 근로조건의 차별금지	- 표준생계비 보장 - 여성고용할당제 - 동일노동·동일임금 원칙
제33조 제1항 제2항	- 근로 3권 - 근로 3권 제한	- 단결권·단체교섭권·단체행동권 보장 - 공무원의 근로 3권 법정주의	- 사실상 노무에 종사하는 공무원만 허용
제34조 제1항	- 인간다운 생활권	- 인간다운 생활을 할 권리	- 공무원 보수: 표준생계비 보장

1.2 법 률

인사관련 법률에는 적용되는 공무원의 분류에 따라 국가공무원법, 지방공무원법, 외무공무원법, 경찰공무원법, 소방공무원법, 교육공무원법, 법원조직법, 국회사무처법 등이 있다. 이 중에서 공무원, 인사담당기관 그리고 인사기능에 대한 가장 기본적인 사항을 규정한 것이 국가공무원법이다. 국가공무원법은 인사행정의 전반적인 분야에 대한 규정을 모두 포함시키고 있다. 다른 법률은 국가공무원법의 제규정을 골격으로 하여 기관의 특성에 맞게 부분적으로 보완한 것이라 할 수 있다. 공무원만을 대상으로 하여 적용되는 법률로는 공직자윤리법과 정부조직법도 포함된다. 이 밖에도 민간기업의 근로자와 공무원 모두에게 적용되는 법률이 있다. 주로 고용, 노사관리, 업무상 재해에 관련된 법률들이다. 대표적인 예로 남녀고용평등법, 근로기준법, 산업안전보건법 등을 들 수 있다.

1) 국가공무원법 · 지방공무원법

1949년 제정된 국가공무원법은 그 동안 수차례의 개정을 거쳐 현재에 이르고 있다. 국가공무원법은 총칙에 선언하고 있듯이 인사행정의 공정을 기하고 공무원으로 하여금 국민 전체의 봉사자로서 행정의 민주성과 능률성을 발휘케 함을 기본이념으로 삼고 있다. 국가공무원법은 또한 실적주의제와 직업공무원제를 적용하는 것을 원칙으로 삼고 있다. 이러한 이념과 원칙을 바탕으로 국가공무원법은 중앙인사담당기관, 직위분류제, 임용과 시험, 보수, 능률, 복무, 신분보장, 징계 등에 대한 구체적인 내용을 규정하고 있다.

1995년 제정된 지방공무원법은 지방자치단체가 고용하는 지방공무원에 대한 인사원칙을 규정하고 있는데, 그 근간은 국가공무원과 유사하다. 이외에도 특수경력직인 교육공무원, 경찰공무원, 소방공무원 등에 대해서는 각각 법을 두고 있는데, 그 내용은 주로 국가공무원법의 예외가 되는 사항을 규정하고 있다.

2) 공직자윤리법

공직자윤리법은 1981년 제정되었으며 여러 차례 개정을 거쳤다. 공직자윤리법은 제1조에서 "공직자 및 공직 후보자의 재산등록과 등록재산 공개를 제도화하고, 공직을 이용한 재산취득의 규제 등을 통하여 공직자의 부정한 재산증식을 방지하고, 공무집행의 공정성을 확보하여 국민에 대한 봉사자로서의 공직자의 윤리를 확립함을 목적으로 한다"고 밝히고 있다. 구체적인 내용으로는 공직자의 재산등록 및 공개, 선물신고, 그리고 퇴직공직자의 유관 사기업체의 취업제한을 포함하고 있다.

또한 사회적으로 만연되어 있는 부패를 예방하고 통제하기 위해서 2001년 제정된 부패방지법은 청렴한 공직사회를 만드는 데 기여할 것으로 보인다. 규제 대상은 국회의원을 비롯한 모든 공직자이지만 뇌물의 공여자인 기업의 의무까지 규정함으로써 총체적인 접근방법을 택하고 있다.

3) 정부조직법

정부조직법은 헌법 제96조의 "행정 각부의 설치·조직과 직무범위는 법률로 정한다"는 규정에 의거하여 제정된 것으로 "국가행정사무의 통일적이고 능률적인 수행을 위하여 국가행정기관의 설치·조직과 직무범위"를 정함을 목적으로 하고 있다. 구체적으로 각 행정기관의 설치와 직급구조·명칭, 직무의 범위, 권한의 위임·위탁, 기관장의 직무권한에 관한 내용을 담고 있다. 행정기관에 배치할 공무원의 종류와 정원은 대통령령으로 정하도록 위임하고 있다. 정부조직법은 행정기관의 조직구조와 업무분장 그리고 그에 따른 정원조정 등과 관련된 인사업무에 중요한 영향을 미치는 법률이다.

이외에도 민간부문 근로자에게도 적용되는 많은 법률이 있다(<표 2-2>). 이들은 모두 인사행정에 제약을 가하는 규정들이다. 현대사회에 민주화가 진행되고, 국민의 권리가 보호됨에 따라 이런 개별법들이 증가하는 추세에 있다.

표 2-2 공무원에 대한 법적 제약

	법적 계약	근거규정	내 용
신분상 제약	정치활동의 자유	헌법 제7조 제2항	공무원의 정치적 중립의무
		국가공무원법 제65조	정치운동의 금지
		공무원의 노동조합설립 및 운영 등에 관한 법률 제4조	공무원노동조합과 조합원의 정치활동 금지
	노동 3권	헌법 제33조 제2항	공무원인 근로자는 법률이 정하는 자에 한하여 단결권·단체교섭권·단체행동권을 가짐
	노동 3권 중 단체행동권	공무원의 노동조합설립 및 운영 등에 관한 법률 제11조	단결권·단체교섭권은 있으나 단체행동권은 제한받음(쟁의행위의 금지)
	사생활의 자유	공직자윤리법 제2장	재산등록 및 공개
		공직자윤리법 제3장	선물신고
	직업의 자유	공직자윤리법 제4장	퇴직공직자의 유고나 사기업체 등으로의 취업 제한
		국가공무원법 제64조	영리업무 및 겸직 금지
	가중처벌	형법 제7장	공무원의 직무에 관한 죄에 대해 가중처벌
연금급여 제약	퇴직급여 및 퇴직수당 감액지급	공무원연금법 제65조 제1항	재직중의 사유로 금고 이상의 형을 받은 때
			탄핵 또는 징계에 의해 파면된 때
			금품 및 향응수수, 공금의 횡령·유용으로 징계 해임된 때
	급여 미지급	공무원연금법 제64조 제3항	- 형법상 내란죄, 외환죄 - 군형법상의 반란·이적의 죄 - 국가보안법에 규정된 죄
	연금수급권	공무원연금법 제46조 제1항	20년 이상 재직한 경우에만 연금수급 가능(민간: 10년)

자료: 민효상(2011), p.44.

1.3 명령 및 예규

법률로서 구체적인 내용을 규정하지 못한 경우에는 대통령령, 총리령, 행정안전부, 인사혁신처의 예규나 훈령을 통해 상황에 적합하게 구체적으로 규정할 수 있도록 하고 있다. 이를 통해 국회의 의결을 거쳐야 하는 법률에 비해 상황변화에 유연하게 대응할 수 있다. 대표적인 예를 들어 공무원임용령, 공무원복무규정, 공무원보수규정, 공직자윤리법 시행령, 행정기관(혹은 지방자치단체)의 조직과 정원에 관한 통칙(각 2개), 그리고 각 기관의 직제(이상 대통령령), 공무원평정규칙, 공무원연금법 시행규칙(이상 총리령), 별정직 공무원의 임용자격기준, 수습행정관 등 실무수습규정, 공무원보수·업무처리지침(이상 예규) 등을 들 수 있다.

실제 인사담당 공무원에게 구체적인 행동의 지침을 제공하는 것은 추상적인 헌법이나 법률이 아니라 오히려 이러한 명령이나 예규이며, 특정 논쟁사항에 대해서는 행정선례나 법원판례 등이 중요한 역할을 한다. 인사관련 업무를 관장하고 있는 부처는 인사에 관련된 법률·명령·예규·선례 등을 종합하여 「공무원 인사실무」를 발간한다. 이 책은 인사업무를 실제로 수행하는 중에 직면하게 되는 구체적인 상황에서 관련규정을 어떻게 적용할 것인지를 보여 주는 종합규정 해석서이자 안내서라 할 수 있다. 각 부처 인사담당 공무원들이 이 책을 수시로 참고한다는 것은 인사실무가 법에 의존하고 있음을 보여 주는 예라 할 수 있다.

2. 정치적 환경

정치적 환경을 구성하는 구체적인 주체들로는 일반국민, 대통령, 국회의원, 지방단체장, 지방의원, 정당, 언론, 시민단체 등이 있다. 이 중에서도 인사행정에 가장 큰 영향을 미치는 주체는 대통령이다. 국민에게 직접 책임을 지는 대통령은 공무원들의 손을 통해서 국민에 대한 약속을 실현시킬 수밖에 없다.

미국에서는 일찍이 대통령의 책임정치를 구현하기 위하여 선거 과정에서의 충성심을 바탕으로 정당인에게 관직을 부여하는 엽관주의가 1800년대 말까지 성행하였다. 그 결과 행정의 전문성과 지속성이 결여되는 등의 폐해가 나타나기도 하였다. 이에 대한 반발로서 근대 인사행정의 기초가 되는 실적주의가 생겨난 것이다. 그러나 현대에도 국민의 요구에 민감하게 대응하고 대통령의 의지를 실효성 있게 국민에게 전달하기 위해서는 엽관주의의 민주적 요소(국민에 대한 직접적인 책임정치)를 완전히 부정할 수는 없다. 우리나라에서도 과거의 군사정부에 비해 나아지기는 했지만 대선이나 지방선거의 아직 선거참모였던 인사들이 상당수 고위 공직에 임명되고 있다. 이들은 임명권자의 의중만 신경을 쓰는 경향이 있어 공무원의 정치적 중립을 훼손한다는 비난을 받곤 한다.

대통령은 공무원의 임면권뿐만 아니라 정책결정의 최고책임자로서 공무원 보수, 인사조직 개편, 능력위주의 인사 등 중요한 인사정책에 가장 결정적인 영향을 미친다. 역대 대통령들은 취임초기 공직사회에 대한 국민의 부정적 시각과 반관료적 사회분위기를 조성하는 데 결정적인 역할을 하기도 하고, 이를 근거로 공직사회를 개혁하는 데 앞장서 왔다.[2] 지방자치단체들의 경우 단체장이 선거로 교체되면 자신과 뜻을 같이했던 공무원들에 대한 인사이동과 정책사업의 결정과 추진방식 등의 변화로 인사행정에 영향을 미친다.

대통령 이외에도 국회의원은 국정감사와 인사청문회를 통해 공식적으로 인사의 공정성, 민주성, 능률성 등을 통제할 수 있지만, 비공식적으로는 다양한 분야의 인사에 간여하기도 한다. 일반국민, 시민단체, 언론 역시 공무원 사회의 전반에 대한 감시자 역할을 수행한다. 특히 고위직 공무원의 인사이동이 있을 때마다 시민단체나 언론은 개별 공무원의 자질에 대한 시비를 공론화하고 지역이나 출신학교 또는 성별분포를 문제삼는 것을 볼 수 있는데, 대통령이나 인사관리 책임자들에게는 보이지 않는 압력요인이 되는 것이 분명하다. 최근에 와서는 공직사회의 윤리성이나 근무태도 나아가 생산성에 대한 일반국민의 관심이 높아지고 있는데 이 또한 국민이 직·간접으로 공직사회에 영향을 미치는 중요한 요인이 될 것이다.

인사행정이 인적자원의 '합리적' 관리라는 가치를 추구하고는 있지만 국민여론이나 국회의 정치에서 벗어날 수 없다. 이들이 자원배분의 결정 및 정부의 산출에 관여하고 영향을 미친다는 점에서 결코 정치로부터 독립적일 수 없다. 전통적 행정분야인 인사행정에서도 실적주의 원칙의 중립적 적용을 강조하는 정치·행정 2원론적 사고는 현대의 개방환경 하에서 하나의 이상에 불과하게 되었다.[3]

3. 경제적 환경

인사행정의 제도와 활동은 경제적 환경에 의존적이다. 채용인력의 규모, 채용인력의 질적 수준, 정부의 생산성 또는 노동조합의 결성 등과 관련하여 경제적 측면에서의 외부요소가 중요하게 작용하게 된다. 구체적으로 경제적 환경을 국가예산, 노동시장, 그리고 최근에 부각되고 있는 국제경제환경으로 나누어 검토한다.

첫째, 국가예산의 중요성이다. 한 나라의 경제상태는 국민의 담세능력을 결정하게 되고 이에 따라 예산액이 결정된다. 국가예산 중 상당부분이 인건비로 지출되는 현실을 고려할 때, 공무원의 보수는 경제상태의 가장 직접적인 영향을 받는다고 할 수 있다. 경제상태가 양호하고 예산이 충분하다고 해도 공무원의 보수가 국영기업체나 민간기업의 보수에 비하여 더 높은 수준으로 결정되기는 힘들다. 공무원의 보수인상은 타분야의 임금인상에 영향을 미치고 나아가 물가상승에 중요한 영향을 미치기 때문이다. 인사행정에서 예산과 깊은 관련을 갖는 것으로 보수 이외에 국내외 교육훈련비, 출장비를 들 수 있다.

둘째, 경제적 환경요소로서 또 하나 지적할 수 있는 것은 노동시장의 특성이다. 예를 들어, 실업자가 적어 민간기업과의 경쟁을 통해 인적자원을 확보해야 한다면 정부도 보다 적극적인 충원방안을 활용해야 할 뿐만 아니라 기존의 인적자원이 이탈하지 않도록 하는 유지방안이 강화되어야 한다. 공직에 대한 사회적 평가가 높고 구직난이 심한 경우에는 민간기업과의 인적자원 확보경쟁에서 소극적으로 대응해도 문제가 심각하지 않지만 우수한 인재를 대기업에서 입도선매해 가는 상황이 되면 정부는 인적자원 확보에 어려움을 겪을 수밖에 없다. 이러한 노동시장의 양적인 특성뿐만 아니라 이들 인적자원의 성별, 연령별, 학력별 분포라든가 이들이 갖추고 있는 전문지식이나 가치관의 질적인 특성 또한 인사행정에 중요한 영향을 미치게 된다.[4] 개방형임용으로 민간의 인력을 충원할 때, 보수수준 등을 고려해야 한다는 점에서 특히 중요하다.

셋째, 국제노동기구(ILO)와 경제협력개발기구(OECD) 가입 그리고 세계무역기구(WTO)의 출범 등 경제분야의 요구하는 국제적 압력이 정부의 인사행정에도 영향을 미치게 되었다. 예를 들어, 정부는 ILO로부터 공무원노동조합 활동에 대한 압력을 받고 있다. OECD와 WTO는 뇌물공여 금지를 내용으로 하는 부패 라운드를 주장하고 있다. 특히 미국 및 유럽연합은 규모가 큰 국책사업으로써 외국기업도 동등한 조건에 참여할 수 있도록 조달시장의 개방을 요구하고 있다.

1990년 이후 추진된 국제화는 해당분야에 대한 정부공무원의 전문성과 협상력 그리고 언어구사력 등 새로운 능력을 요구하고 있다. 경제적으로 선진국에 진입함으로써 사람들의 사고와 기대수준도 달라졌다. 정부의 대부분 조직에 '국제협력과'가 생기고, 여기에 우수한 공무원이 배치되는 것이다. 다자간협상은 국제기구를 중심으로 노동(Blue Round)뿐만 아니라 환경(Green Round), 경쟁(Competition Round) 등 여러 분야에서 진행되어 왔고 이에 대처하기 위한 전문인력의 수요가 급증하고 있기 때문이다. 전문성을 갖춘 인재의 충원뿐만 아니라 이미 공직에 들어온 모든 공무원의 의식과 행동이 개방화·세계화될 것을 요구받고 있다.

4. 사회·문화적 환경

사회·문화적 환경에서 우선 지적할 수 있는 것은 계급과 계급간, 직업과 직업간의 유동성(mobility)이다. 유교적 장유유서의 질서에서는 능력보다도 연공서열에 의한 인사가 뿌리 깊은 관행으로 지속되어 왔다. 공직에 늦게 들어왔거나 나이가 어린 사람이 본인보다 먼저 승진을 한 경우에 이를 수용하기보다는 불만과 시기가 앞서는 것이 보통이다. 외부에서 어떤 사람이 중간관리계층에 임명되어 들어오는 경우에도 이들과 바로 융화하기보다는 '텃세'를 부리며 이방인으로 배척하기도 한다.

60년대 세계 최빈국에서 오늘날 선진국으로 우뚝 선 오늘날 한국인의 사고방식에 많은 변화가 일어났다. 특히 기성세대가 한국의 전통적 유교문화에서 벗어나지 못하는 가운데, 선진국에서 태어나 자란 새로운 세대는 그 가치관과 삶의 질이 다르다. 인구의 양 못지 않게 질적인 변화에 주목해야 한다.

이들은 가난을 경험한 이전 세대에 비하여 경제적으로 여유 있는 환경 속에서 자랐다. 그리고 다자녀보다는 한 명 혹은 두명의 소가족에서 부모와 조부모의 집중 관심을 받는 가정환경에 익숙해져 있다. 한편으로는 물질적 풍요를 즐기면서, 다른 한편으로는 늘 자신의 경제적 이득을 계산하는 경향이 있다.

이런 현상은 곧 남이나 사회를 생각하기보다는 자기중심적이고 개인주의적이라는 점과 연결된다, 부모의 기대에 어긋나지 않으려는 압박감에 학창시절을 보낸다면, 성장해서는 자신의 삶에 대한 행복이나 성공에 대한 기준이 자신에게 있다고 믿는다. 일이나 직장이 가정보다 우선했던 세대에 비하여 자기 자신의 가치나 삶을 중심에 준다는 점에서 큰 차이가 난다.

개인주의적 성향은 다른 사람과 모여서 어울리면서 자신에게 득이 되지 않는 일에 시간을 쓰는 것을 싫어하게 된다. 따라서, 면대면 접촉보다는 스마트폰을 이용하여 비대면 의사소통을 하는 것을 더 편하게 생각한다. 디지털 환경에 익숙하여 궁금한 사항을 사람들에게 물어보기보다는 디지털 매체를 활용한 정보 습득, 학습 및 커뮤니케이션스타일을 선호한다. 어떻게 보면 스마트폰이 이 세상의 누구보다 더 중요한 필수적 존재이유가 된다.

다른 한편으로는, 이전 세대에 비하여 다양성과 협력에 매우 개방적이다. 이것은 앞서 설명한 것과 모순되는 것같지만, 실제로 자신의 영역을 확보한 이후에는 자신이 중시하는 가치에 대해 열려있는 태도도 보인다는 뜻이다.

이러한 특성을 고려하여 MZ세대라는 명칭을 부여하기도 한다. 출생연도에 따른 구분이기는 하지만, 기성세대와는 차별적인 모습을 보이는 것도 사실이다. 미시적으로는 M세대와 Z세대의 차이를 강조하기도 하지만, 기성세대가 익숙한 집단주의보다는 개인주의적이라는 점이 가장 대조적인 면이라고 요약된다.[5)]

- 다른 사람과의 관계맺기를 가급적 피한다. 자신이 주목받는 것을 싫어한다.
- 문제가 생기면 내 탓부터 한다.
- 자신에게 엄격하다.
- 실패를 싫어한다.
- 정확한 금전적 보상을 기대한다.
- 사람과의 갈등을 회피한다.

이상의 세대적 특성은 새로운 사회분위기를 만든다. 혼자서 독립적 업무수행을 좋아하고, 명확한 업무분담을 좋아하며, 조직이나 공동체를 중시하는 문화가 사라지고 있다는 뜻이다. 직업에서 찾을 수 있는 내재적 가치를 중시하고, 만족하지 못하면 이직도 주저하지 않는다.[6] 그동안 한국문화와 대조되는 의미에서 서구문화라고 여겨지던 것이 우리에게 나타난다는 뜻이다. 이런 유형의 인적자원에 적합한 인사행정제도를 만드는 것이 중요하다.

공공봉사동기보다는 고용안정성과 업무량 때문에 공직에 젊은이들이 몰려드는 반면, 근로자들이 3D관련업종이나 직무는 기피하는 현상이 나타난다. 공직사회내부에도 야근이 많아 출퇴근시간이 지켜지지 않거나 힘들고 책임이 따르는 자리나 부서는 기피한다. 그리고 개인의 자유와 개성이 존중되지 못하는 부서라도 편한 곳을 선호하는 경향이 더욱 커진다. 특히 '저녁이 있는 삶'을 즐기고자 하는 욕구가 증가하고 있다. 이들은 기성세대보다 훨씬 개인주의적인 사고의 소유자로 인식되고 있는데 자신이 맡은 바 업무에는 충실하되 다른 사람의 것에는 관심이 적고 권위에 도전하며 자기성취욕구가 강한 것으로 보인다.[7] 이러한 인식의 변화는 당연히 이에 적절히 대응할 수 있는 인사 전반의 개혁을 요구하게 된다.

5. 기술적 환경

인공지능(AI)의 발달과 사물인터넷, 빅데이터 등으로 인한 소위 4차 산업혁명이 행정에도 많은 변화를 가져오고 있다.8) Smart폰이 필수품화됨에 따라 정보탐색과 교환이 상상할 수 없을 정도로 용이해졌고, 각종 의사전달체제나 감시가 면대면(face to face)이 아니라 컴퓨터를 통해 시간적·공간적 제약을 받지 않으면서 실시간으로 이뤄지고 있다. 예를 들어 과거에는 인천공항 세관에서 물품을 직접 가서 육안으로 확인하여야 하던 것이 전산화됨에 따라 이제는 관세청장이 컴퓨터 단말기 앞에 앉아 어느 물품이 왜 지연되고 있는가를 확인할 수 있다. 당연히 관세청장의 부하통솔 내지 감시의 범위가 넓어졌고 일선공무원의 근무태도에 영향을 미칠 수밖에 없다. 세관공무원의 행위결과가 컴퓨터 단말기로 진단됨에 따라 근무태만이나 부정의 소지가 줄어들었다고 할 수 있다. 반면에 본인의 행동이 일일이 감시되고 있다는 자체가 심리적인 부담을 가중시켜 직무에 대한 만족도는 떨어질 수도 있다. 이러한 변화로 일선의 감독자 역할이 변화되어 직무를 재구성하는 문제까지도 야기시키게 된다.

이러한 새로운 기술의 변화는 공무원의 교육훈련을 요구하게 된다. 단순히 수작업으로 이루어지던 것이 전산화됨에 따라 데이터를 다룰 수 있는 능력과 정보 디자인(Information Design) 능력을 필요로 하게 되었다. 보다 근본적으로는 기존의 직무가 없어지고 새로운 직무가 끊임없이 생겨나고 있다는 점을 주목해야 한다. 재교육을 통해 새로운 직무를 수행할 수 있는 능력을 키워나가지 않으면 조직을 떠나야 할 상황에 직면하게 된다.

AI와 빅데이터 시대에 디지털자료들이 축적되어감에 따라 이러한 자료들을 분석하여 사회문제를 해결하기 위한 공무원들의 역량 향상이 요구된다. 예를 들어 학교폭력의 심각성을 해결하기 위해 지역별로 동일한 수의 경찰관을 배치하는 것보다는 지역별로 수집되는 기초자료(최근 학교폭력 신고 건수, 교육 유해환경 수준 등)

를 분석하여 인력의 효율적인 배치가 가능할 것이다. 코로나시대를 겪으면서 한편으로는 바이오와 같은 분야의 과학기술의 필요성을 깨달았고, 다른 한편으로 모든 재난으로부터 국민을 지키는 안전국가개념이 중요해졌다. 따라서, 자연재해 및 인재(man-made disaster)를 예방하고 교육하고 대응하는 과정에서 과거에 발생한 재난과 관련한 축적된 자료들을 분석하고 예견할 수 있는 직무관련 전문성이 요구된다.[9] 재교육을 통해 탄력적으로 인적자원을 관리해야 할 필요성이 더 커진 것이다.

6. 민간부문의 인사관리

정부는 민간부문을 구성하는 기업들과 인력시장에서 우수한 인력을 확보하기 위하여 경쟁관계에 있으며, 또한 이들의 인사관리방식이 공무원의 인사관리에 영향을 미치게 된다. 가장 직접적으로 이들의 보수수준을 들 수 있고 인적자원의 확보, 개발, 유지·활용, 평가 모두가 공무원의 인사관리에 영향을 미치게 된다. 더구나 인사관리가 보다 탄력적으로 이루어지고 새로운 제도를 먼저 도입하는 민간부문은 정부에게는 인사 벤치마킹*의 대상이 되기도 한다.

예를 들어 연공서열의 인사관리가 일부 대기업을 중심으로 능력과 실적 기준으로 바뀌어 가고 있다. 플랫폼기업은 기업의 운영원리가 생산기업과는 다르고, 그렇기 때문에 인사관리도 다르다. 기업에서는 상관이 부하를 평정하던 전통적 평정방식을 탈피하고 부하직원이 상관을 평정하는 등의 새로운 방식을 도입하고 있다. 고위임원의 경우 연봉제는 물론이고 스톡옵션 등 여러가지 제도를 도입하는 기업이 늘고 있다. 만약 이러한 변화가 성공적인 결실을 가져온다면 공직사회에서도 전통적인 연공서열식·상의하달식 인사관리로부터의 탈출을 자극할 것이다.

---

* 벤치마킹(benchmarking)은 관련분야에서 최고의 경쟁력을 가지고 선도해 나가는 조직을 연구 분석하고 이를 본받아 자기조직의 개선을 위해 노력하는 일련의 행동과정이라 할 수 있다.

대기업에서 신규직원 채용시 객관식 적성검사를 하던 것을 소위 공직적성검사(PSAT)라는 것으로 응용하여 받아들여 시행한 것이다. AI를 통해 직원선발을 하고, 헤드헌팅회사들이 여러가지 방법으로 인재를 영입하고 있다. 상시채용을 하는 등 전통적인 채용방식에서 벗어나 채용의 방법이 다원화되고 있다. 때로는 충분히 검증되지도 않은 민간기업의 기법을 그대로 사용하기도 하지만, 좋은 것은 적극적으로 받아들여야 한다. 그리고 공공조직에 들어온 Balanced Score Card나 ERP (Enterprise Resources Planning)도 이러한 예에 속한다.

東西古今公私

능력을 숨기는 것도 능력일까

"이 주무관, 이번에 발족하는 서포터즈 기본 계획서 작성 좀 해줘요."

"네? 과장님, 제가 지금 진행하고 있는 사업만 5개인데…."

"응, 나도 알지만 이 주무관 능력이 워낙 출중하니까 내가 믿고 맡길 수밖에. 하하, 미안하지만 부탁할게요."

"저로서는 과장님 지시를 따라야겠지만 이번 것도 제가 하려니까 어째 좀 … 공평한지 잘 모르겠습니다."

"요새 다들 힘들어하는 거 알지? 지금은 믿고 맡길 수 있는 사람이 이 주무관밖에 없네. 상황이 상황인지라… 이 주무관이 고생하는 거야 잘 알지. 그래도 이번 분기에 3개는 정리되니까 좀 부탁할게. 다른 과원들한테 나눠 주기가 쉽지 않아요."

"알아주신다니까 다행이긴 한데, 저도 다른 분들처럼 어두워지기 전에 퇴근 한번 해보고 싶습니다."

"자, 알겠어요. 다음 사업은 꼭 그렇게 할 테니까 이번에만 좀 부탁하지. 차관님한테까지 보고해야 하니까 나한테는 모레 오전까지. 알지?"

비슷한 상황이 올해 들어서만 벌써 4번째였다. 일할 사람이 늘 부족하다 보니 어쩔 수 없다고 생각해 왔지만 오늘 같은 날은 더욱 마음이 무거웠다. 이 주무관이 맡은 사업은 특히 외부 협력 업체와 진행하는 경우가 많았다. 하루 종일 연락만 주고받다가 밤늦게 퇴근하기 일쑤였다. 사무실에서 전화기를 붙들고 한참 떠들다 보면 주변은 평온 그 자체였다. 그럴 때마다 이 주무관은 속으로 울분을 터뜨렸다. 인력 배분도, 그에 따른 업무 분장도 공정하지 않다고 느꼈다. 이 부서에 배치될 때도 비슷한 상황이었다.

"제가 ㅇㅇ 총괄과로 간다고요?"

"방금 공지 사항에 인사 발령 떴더라고요. 이 주무관님도 진짜 일복이 터졌네."

이 주무관은 공지 사항을 보고 황당한 기분을 감출 수 없었다.

'아무리 개인의 요구 사항을 다 받아 줄 순 없다지만 어떻게 나는 남들이 다 힘들어하고 어려워하는 부서로만 가게 될까.'

심지어 이번 정기 인사 때 지원하지도 않은 부서였다. 이 주무관은 크게 상심한 채 옆자리에 앉은 팀장에게 하소연했다.

"팀장님, 저는 왜 이렇게 힘들고 어려운 부서로만 배치될까요?"

"워낙 능력이 좋으니까 그렇지. 그냥 업무만 잘하는 게 아니라 피피티(PPT)부터 동영상까지 척척 해내잖아요. 지금은 힘들고 고생이지만 나중에는 다 빛을 볼 거예요."

이 주무관은 팀장의 위로가 고마운 한편 씁쓸한 기분을 떨칠 수가 없었다. 효율적인 측면에서 보자면 일 잘하는 사람이 더 많은 일을 하는 게 당연해 보일 수 있지만, 공정하다는 생각은 들지 않았다. 감당할 수 없을 만큼 쌓여 가는 업무들을 보면서 '언젠가는 알아주겠지.'라는 생각으로 버티는 것도 점점 한계에 이르고 있었다. 먼저 일을 시작한 친구들이 "능력을 적당히 숨기는 게 진짜 능력이다."라고 했던 말은 결코 농담이 아니었다.

출처: 행정안전부, 2021, 90년생 공무원이 왔다. 행안부 pp.35-37.

02 참/고/문/헌

1) 허영, 「이론과 헌법」, 박영사, 2017.

2) 임도빈, "관료제, 민주주의, 그리고 시장주의: 정부개혁의 반성과 과제", 「한국행정학보」, 제41권 제3호, 2007.

3) 임도빈, 「행정학」, 박영사, pp. 11–14; John Nalbandian and Donald E. Klingner, "The Politics of Public Personnel Administration: Towards Theoretical Understanding," *Public Administration Review*, vol. 41, 1981, pp. 541–549.

4) Marcia L. Whicker, "The Economy and Public Personnel Management," in Jack Rabin et al. (eds.), *Handbook of Public Personnel Administration*, New York: Marcel Dekker, pp. 171–180.

5) 김가영. (2019). '밀레니얼(Millennial)' 만들기와 청년성의전유. 인문사회과학연구, 20: 209–230, 2019.

6) 최지현 · 서승호. "밀레니얼세대의 직업가치가 첫 직장 근속기간에 미치는 영향–개인–직무적합성과 일자리만족의 연속매개효과." 직업교육연구, 40(4) (2021): 31–55. Web.

7) 이명진, 「한국 2030 신세대의 의식과 사회정체성」, 삼성경제연구소, 2005.

8) 임도빈, 「행정학」, 박영사, pp. 166–172.

9) 차세영 외, "재난관리단계별대응체계에 관한 연구, 「지방정부연구」, 18(1): 727–754, 2014.

CHAPTER 03

인사행정의 가치

인사행정과 관련된 모든 활동은 가치 또는 이념이 있어야 한다. 국가공무원법 총칙에 보면 “이 법은 … 인사행정의 … 공정을 기함과 아울러 … 행정의 민주적이며 능률적인 운영을 기하게 함을 목적으로 한다”고 선언하고 있다. 이것은 인사행정이 추구해야 할 효율성, 민주성, 공평성의 이념을 보다 명시적으로 규정한 것이다.[1] 따라서 민주성, 효율성, 공평성 등이 우리나라의 인사행정이 내포하는 가치라 할 수 있다.[2] 실적성(merit)을 인사행정의 이념으로 포함시키는 경우도 있으나 이것은 효율성과 공평성을 달성하기 위한 수단적 가치로 볼 수 있어 여기서는 제외하기로 한다. 그러나 공무원의 권익보호는 신분보장 이외에는 아직까지 미흡한 상황이므로, 이에 대한 관심을 가져야 한다는 의미에서 가치에 포함시키기로 한다.

1. 인사행정이 추구하는 가치

1.1 민주성

민주성은 우선 좁게는 인사행정의 모든 활동들이, 넓게는 공무원들도 관료제의 모든 활동이 구성된 국민의 뜻에 따르도록 만드는 것이다. 국민의 의사가 무엇인가는 대표기관을 통해 수렴되고 법으로 제도화되는 절차를 밟는다. 따라서 인사행정의 민주성이란 입법부가 만든 법과 대통령의 명령을 따르는 합법성을 의미하기도 한다. 공무원은 대통령의 지휘 하에 합법적인 행정행위를 수동적으로 실행하면 되는 것이었다. 이것은 베버모델로 대표되는 행정의 정치에 대한 종속성을 의미한다.3)

그러나 환경이 급변하고 불확실성이 강한 현대사회에서 대표기관이 정한 규정에만 의존하는 것은 상황에의 탄력적인 적응이 불가능하기 때문에 오히려 국민생활에 불편을 주고 효과성을 떨어뜨릴 가능성이 높아졌다. 행정에 재량권을 부여하여 국민의 요구에 부합할 수 있도록 보다 적극적이고 능동적으로 인적자원을 관리해 나갈 필요성이 생긴 것이다. 주권의 소재를 중심으로 이해되었던 민주성 개념이 주권의 실질적 보장을 중심으로 변한 것이다. 현대에는 국민의 주권을 위임받은 대통령이나 국회의원의 명령을 단순히 집행하는 것이 아니라 국민을 위한 적극적인 행정이 강조되고 있다. 법규에 형식적으로 순응하는 것이 아니라 국민이 요구하는 가치와 이익의 실현을 위한 위민행정이 되도록 인사제도와 관리가 뒷받침되어야 할 것이다.

결국 인사행정에서의 민주성은 공무원의 구성과 이들의 태도에 의해 많은 영향을 받게 됨을 말해 주는 것이다. 정치민주화가 진행되면서 대선 혹은 지방선거 이후에는 과거의 정부보다 당료 내지 선거참모가 합법적으로 주로 고위공직에 유입되고 있다. 이에 따라 소위 「코드인사」라는 용어가 등장했다. 이들은 직업관료보다 대통령이나 단체장의 뜻이나 국민의 요구에 훨씬 민감하게 행동하고 있다고 판단되지만, 지나치게 대통령에만 충성하는 부정적인 면도 가지고 있다. 이런 현상이 지나쳐 이를 해결한다는 차원에서 '인적 적폐청산'이란 용어도 등장하였다.

한국의 민주주의는 과거 권위주의로부터 탈피하여 좀 더 질높은 변화를 요구하고 있다. 일반 국민들이 인사행정에 직접, 간접적으로 참여하고 영향을 미치고자 하는 열기가 있다. 투명성 제고와 같은 수동적인 측면과 함께 적극적으로 민주행정을 만들고자 하는 것이다.

1.2 효율성

효율성이란 일반적으로 비용최소화 측면에서의 경제성(economy), 투입－산출 비율로서의 능률성(efficiency), 목표달성도를 의미하는 효과성(effectiveness)을 모두 함축하는 의미로써 생산성(productivity)과 유사한 개념으로 이해할 수 있다. 효율성은 1차적으로 투입에 해당하는 공무원의 실제 노동력에 의해 결정된다. 따라서 인적자원을 확보할 때부터 잠재력 있는 사람을, 가급적 적은 숫자로, 그리고 가급적 낮은 보수로 뽑아야 한다. 그리고 이들은 교육훈련을 통해 잠재적 능력을 최대한 개발시켜 이 능력을 100% 행동으로 옮길 수 있도록 근무의욕을 고취시켜 활용해야 한다. 투입에는 양적인 측면과 질적인 측면이 모두 고려된다. 1차적인 투입이 성공적으로 이루어지면 2차적인 산출도 어느 정도 보장할 수 있다. 투입과 산출을 동시에 고려한 것이 경제성과 능률성이고, 산출만을 가지고 실현된 성과와 계획된 목표를 비교하는 것이 효과성이다.

산출에서도 양적인 측면과 질적인 측면을 모두 고려하여야 한다. 양적인 목표를 달성했다 하더라도 질적인 수준이 낮은 경우에는 산출 전체로 보았을 때는 목표달성을 이루지 못한 것이다. 인사행정은 인적자원의 능력을 향상시키고 동기를 유발시킬 뿐만 아니라 공무원의 국민에 대한 의식과 태도를 변화시켜 국민이 요구하는 재화와 서비스를 신속하고 친절하게 제공하도록 한다는 목표달성도를 고려함으로써 '효율성'이란 개념이 된다. 구체적으로 효율성은 인적자원의 충원,

개발, 활용, 보상 등 인사행정의 모든 기능수행과정에서 추구되어야 할 가치이다. 즉, 최소의 충원비용으로 보다 유능한 인재를 뽑아야 하고, 한정된 교육훈련비용으로 더 많은 인원에게 꼭 필요한 지식과 기술을 전달하여야 한다. 모든 인적자원은 능력과 적성에 맞도록 적재적소에 배치되어야 하고, 불필요한 유휴인력이나 근무실적이 극히 저조한 공무원은 조직에서 축출될 것이 요구된다. 투입에 해당하는 비용이나 인력의 절감을 강조한 것이다. 그러나 투입요소의 절감에 의해 능률성이 높아졌다 하더라도 우수인력확보나 교육훈련을 통해 만족스런 행정서비스 제공이라는 목표달성이 이루어지지 않았다면 효율적이었다고 말할 수 없다. 효율성은 능률성뿐만 아니라 효과성이 함께 충족되었을 때 달성될 수 있는 것이다.

1990년대 이후 세계 각국에서 정부부문의 비효율성이 개혁의 중요한 쟁점이 되어 왔다. 비효율성의 원인으로 공무원의 무능과 안이함이 지적되기도 한다. 기술의 변화와 고객의 요구에 민감하게 반응하지 못하고, 공공서비스를 과잉생산하는 X－비효율성이 나타날 가능성이 높다.[4] 민간부문에서와는 달리 경쟁압력이 없어 느슨하게 일할 가능성이 높기 때문이다. 채용이나 교육훈련을 통해 유능한 재원을 확보·개발하는 것만으로는 행정의 효율적 관리가 힘들다는 것을 말해 주는 것이다. 개발된 능력을 실제 직무수행과정에서 실행에 옮길 수 있도록 하는 것이 중요하다. 즉 개인의 잠재적 능력을 최대한 발휘할 수 있도록 하는 것이 중요하다.

1.3 공평성

한국어의 공평성은 영어의 형평성(equity)과 가장 가깝다. 형평성은 본래 인종차별의 오랜 역사로 흑인을 포함한 소수민족이 경시되어 온 미국에서 이들에 대한 차별대우를 방지하기 위한 이념으로 등장한 것이다. 우리나라에서도 장애인, 국가유공자, 여성 또는 남성뿐만 아니라 LGBTQ라는 형평성이념을 확장해야 한다는 주장도 있다. 나아가서 이런 원칙은 국가안보 등 일정한 분야를 제외한 모든 자리에 외국인을 임용할 수 있게 하고 있다(국가공무원법 제26조 제3항).

공평성의 소극적인 의미는 인종, 성별, 연령, 출신학교, 출신지역 등에 상관없이 동등한 기회를 부여하는 것을 의미한다. 적극적인 의미로는 예컨대 소수 그룹에서까지 과거로부터 누적되어 온 지역차별을 보상하기 위하여 그 동안 불이익을 받아 온 지방에 더 큰 혜택을 부여하는 것을 말한다.

공평성확보를 위한 구체적 아이디어 중에 하나가 미국에서 많이 거론되고 있는 대표관료제(representative bureaucracy)이다.5) 이는 공무원의 인적 구성을 성별, 계층, 지역, 인종과 같은 사회구성원의 인구학적 특성과 비례가 되도록 하자는 것이다. 이 주장은 각 특성을 지닌 공무원이 그가 속한 집단의 이익을 대변할 것이라는 것을 전제로 하지만 그 타당성 여부에는 여러 이론(異論)이 제기되고 있는 실정이다.

우리나라 인사행정에서 가장 문제시되는 것으로 여겨지는 공평성저해요인은 학벌과 지역편중이다. 현재에도 장·차관을 비롯한 정책결정자들의 출신지역 분포가 편중되어 있다는 불만이 아직도 계속되고 있다.6) 명문대나 특정고등학교 출신이 치우친다는 비판도 자주 일어난다. 역대 정부에서는 성별, 그리고 지역적 불균등 시정을 인사행정의 한 이념으로 받아들여 과감한 인사균형정책을 추진한 바 있다. 그러나 여기에 대해 역차별이란 문제가 제기되고 있다.

그런데 인사행정의 이념으로서 공평성을 구현하기 위해서는 사회와 연결시킨 인적 구성상의 비례성문제보다 인사결정상의 내부공정성 문제에 더 관심을 가져야 한다. 즉, 가족주의 문화에 바탕을 둔 연고주의, 정실주의를 배척하고 능력과 실적을 기준으로 하는 객관적이고 공정한 인사관리가 더 중요한 가치로 고려되어야 할 것이다. 공무원의 불만과 근무의욕의 저하는 자신이 일한 만큼 인정받지 못하고 보상받지 못하는 데 상당한 원인이 있다.7) 특히 우리나라와 같이 상대평가와 우열의식이 강한 풍토에서는 승진의 속도나 보수의 절대적 수준보다도 동료와의 상대적 수준이 개인의 태도와 행동결정에 더 큰 영향을 미친다고 볼 수 있다. 따라서 인사행정에서 추구하여야 할 중요한 이념은 모든 공무원이 인정할 수 있는 공정한 기준에 따라 근무성적이 평가되고 여기에 근거하여 교육훈련, 승진, 보상이 이루어지도록 하는 것이라 할 수 있다.

1.4 공무원의 권익보호

인사행정에서 또 하나 중시하여야 할 것이 공무원의 권익보호이다. 똑같이 주권을 가진 국민이지만 공무원은 헌법상 권리를 제약받고 있다. 국가공무원법에는 법적인 사유에 의해서만 신분상의 불이익을 가할 수 있고 이 경우에도 당사자의 이의가 있을 때에는 소청의 기회를 부여하고 있다.

공무원의 권익보호는 가장 소극적인 의미에서 보았을 때 권익침해를 받지 않음을 말한다. 부당한 신분상의 불이익이 권익침해의 가장 대표적인 예라 할 수 있다. 우리나라에서는 정권이 바뀔 때마다 고위공직자가 타의에 의해 자리를 떠나고 있다. 이 과정에서 공무원의 권익이 침해될 위험이 많이 있음을 경험하였다. 전임정부의 정치적 영향력을 차단하기 위한 정략적 차원에서 그리고 새 정부에 대한 충성심을 확보하기 위한 수단으로 먼지털기식 감사나 수사를 통하여 공무원 징계가 있어 왔다. 적어도 현대의 민주국가에서 공무원의 징계는 객관적인 자료와 공정한 절차를 거쳐 국민과 당사자가 충분히 납득할 수 있도록 신중하게 이루어져야 한다. 이는 공무원 권익보호를 위한 최소한의 요구라 할 수 있다.

공무원의 권익보호는 단순히 신분보장이나 불이익처분에 대한 소청의 기회를 제공하는 것 이상을 의미한다. 즉 한 국민으로서의 기본권이 공무원이라는 이유로 침해되어서는 아니 된다는 의미로 보아야 한다. 고용 주체로서의 정부는 그 동안 피고용인인 공무원에 대한 모범적 관리자로서의 모습을 보여 주지 못하였다.

공무원과 국가와의 관계를 특별권력관계로 보고 일반국민에게 부여되는 권리를 공무원의 경우에 상당히 제한하고 있다. 고위 공직자의 경우 재산등록과정에서 배우자를 비롯한 친인척의 재산도 등록하고, 매년 그 증감을 공개하도록 하고 있기 때문에 이들의 경제권을 침해할 우려가 있다. 이러한 공무원 권익제한은 업무상 취득한 정보를 이용한 사익추구, 공무의 공공성 내지 그에 따른 책임, 공무원 부정을 근본적으로 막아 보려는 의도가 담겨 있다. 그러나 그것이 일반국민으로서 누릴 수 있는 권리를 공무원이라는 이유로 지나치게 제한하는 것은 다시 같이 생각해 볼 문제이다.

적극적인 의미의 공무원의 권익보호는 법적인 측면뿐만 아니라 경제적·사회적·심리적 측면에서 인간다운 삶을 향유할 수 있도록 하는 것이다. 예컨대 일과 가정이 양립하고, '저녁이 있는 삶'이 보장되어야 한다. 나아가서 여름에 사무실에서 반바지 차림도 못하는 분위기 등 보이지 않는 제약이 있는 것도 사실이다. 시대변화에 따라 공무원의 욕구를 진단하고 이를 충족시켜 주려는 노력이 필요하다. 단순히 보수나 근무환경의 개선뿐만 아니라 자기계발의 기회를 부여하고 성취감을 맛볼 수 있도록 교육훈련과 동기관리가 이루어져야 한다. 단순히 물질적인 충족뿐만 아니라 정신적인 건강까지도 관심을 가져야 한다. 이렇게 삶의 질, 근무의 질을 향상시키고 공무원의 품위를 유지시켜 주는 일은 바로 공직사회의 생산성을 높이는 데 중요한 요인으로 작용할 것이다.

2. 인사행정의 가치와 목표의 연결

인사행정의 이념이 인사행정에 추상적인 방향성을 제시하는 역할을 한다면, 인사행정의 목표는 보다 구체적인 행동지침을 제공한다고 할 수 있다. 인사행정목표는 행정목표의 하위목표이다. 행정목표는 전정부 차원에서는 사회의 공공가치를 실현하는 일이 되겠지만, 각 부처단위에서는 부처의 존립이유를 나타내는 조직목표의 달성이라 할 수 있다.

조직은 분업과 전문화의 원리에 따라 분화된 수많은 직무가 다시 상호연관성을 갖고 하나로 통합되어 있는 체제이다. 따라서 조직목표의 달성은 개별 공무원이 각자 맡은 바 직무를 성공적으로 수행할 때 가능해진다. 인사행정목표는 공무원 각자에게 주어진 직무목표가 성공적으로 달성될 수 있도록 지원하는 활동이다. 즉, 인사행정의 주요기능을 충실히 수행하는 것이다. 구체적으로, 우수한 인재를 공직에 끌어들이고, 직무수행에 필요한 능력을 개발시키며, 그 능력을 최대한 발휘할 수 있도록 동기를 부여하는 것이다. 여기에 조직목표와 연계시켜 직무성과를 평가하고, 일의 내용과 성과를 토대로 공정한 보상을 실시하는 것을 포함한다.

전통적 인사행정의 활동별 세부목표에 나타난 하나의 특징은 조직과 직무가 개인보다 우선한다는 것이다. 즉, 조직과 직무의 요구에 어떻게 개인을 따라 오도록 만드느냐에 초점을 둔다. 조직·직무 우위의 사고에서는 개인은 조직이라는 전체가 움직이는 데 필요한 하나의 부품으로 생각되었다. 모든 업무를 과학적으로 분석하여 한 사람이 적정하게 맡아 수행할 수 있는 분량으로 나누어 표준화시켜 놓으면 전체 조직은 기계처럼 규칙적이고 지속적으로 움직일 것으로 가정한 것이다. 만약 표준화된 직무를 제대로 수행하지 못하면 그 사람을 능력 있는 사람으로 교체시킴으로써 조직 전체의 성능을 유지시킬 수 있다고 본 것이다.[8)]

그러나 이러한 사용자 내지 조직중심의 전통적 인사관리는 개인의 욕구를 경시하기 때문에 개인과 직무, 개인과 조직간의 부조화가 나타나기 쉽다. 특히 공무원의 경우 권익을 주장할 장치가 구비되어 있지 않고 전체국민에 대한 봉사자의 명분을 앞세워 일방적 희생을 강요하는 경우가 많았던 것이 사실이다. 공무원을 정부의 목표달성을 위한 수단적 가치 이상으로 간주하지 않은 것이다.

현대 사회에서 인사행정은 달라져야 한다. 개인이 맡은 바 직무를 탁월하게 수행하고 조직목표달성에 커다란 기여를 했다 하더라도, 그것이 마음에 내키지 않지만 처벌이 두려워 마지못해 한 것이라면 인사행정의 목표를 달성했다고 할 수 없다. 구성원인 개인의 심리적 상태는 만족감보다는 오히려 불만족이 더 커졌다고 볼 수 있기 때문이다. 직무성과면에서는 목표달성이겠지만 개인의 기대충족면에서는 목표미달이다. 단기적으로 성공이지만 장기적으로는 실패일 가능성이 높다. 심리적 탈진(burn-out)상태가 오고 직장을 떠나는 결과를 초래할 수 있기 때문이다. 따라서 현대의 인사행정은 조직·직무중심의 성과달성뿐만 아니라 개인 차원의 만족과 '삶의 질' 향상도 중요한 목표로 설정하게 된다. 즉, 개인의 만족과 직무의 성과를 조화롭게 통합시키는 것이 현대 인사행정의 중요한 목표로 고려될 수 있다.

[그림 3-1]은 인적자원관리의 여러 활동국면을 포함시켜 직무와 개인을 통합하는 시각을 모형화한 것이다. 직무-개인 통합모형은 그림의 중앙에 있는 개

그림 3-1 직무-개인 통합모형

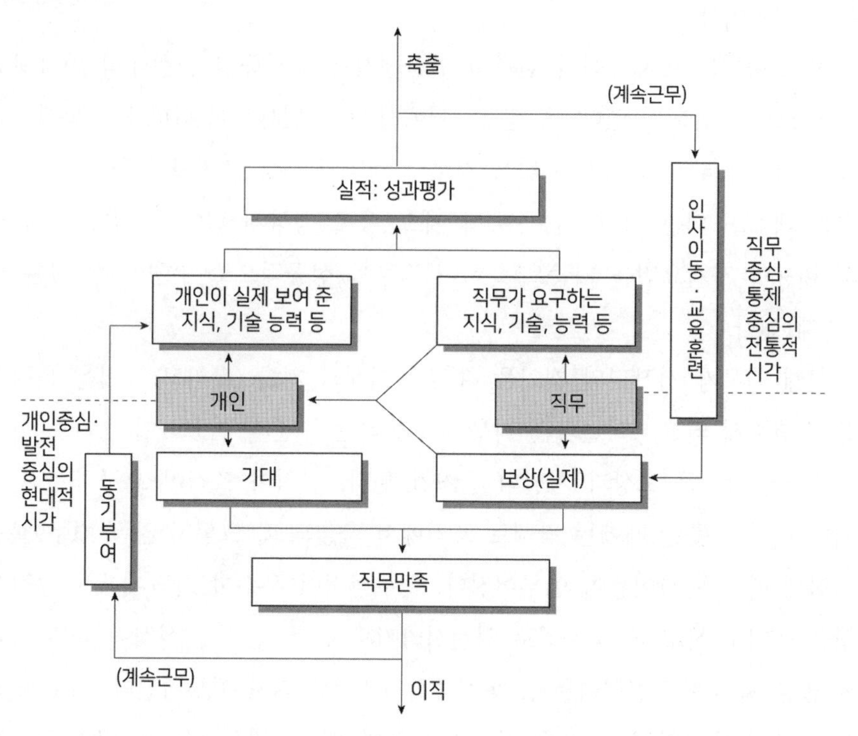

인과 직무를 중심으로 좌우와 상하간에 균형과 조화를 추구한다. 즉 좌우의 관계에서 직무중심의 통제적 사고는 직무가 요구하는 요건과 개인이 조직에 기여할 수 있는 능력 및 직무수행활동간에 균형을 요구하고, 개인중심의 발전지향적 사고에서는 개인의 기대와 직무수행에 따른 보상간에 균형을 강조한다.

상하간에는 개인의 욕구를 포함한 기대수준이 그 사람이 실제 가진 능력과 행동, 즉 조직의 목표달성에 기여한 정도와 직무가 요구하는 요건에 비례하여 나타날 것이 요구되며, 직무 차원에서는 수행하는 직무의 성격이나 요구되는 자격, 그리고 실제의 실적에 비례하여 보상(유인책)이 제시될 것이 요구된다. 인적자원의 충원, 능력계발, 동기부여, 평가, 보상의 모든 활동은 이러한 다각적인 측면에서 항상 조화가 이루어지고, 그 결과 개인과 직무가 하나로 통합될 수 있도록 이끄는 과정이어야 한다.

이 모형에는 통제중심의 전통적 인사행정과 발전중심의 현대적 인사행정의 관점이 모두 포함되어 있다. [그림 3-1]에서 점선 윗부분이 나타내는 통제중심의 전통적 시각에서는 한 사람이 맡을 직무와 책임의 내용을 명확하게 하고 이를 수행하는 데 요구되는 지식·기술·능력·태도 등을 정하게 된다. 이렇게 정해진 직무의 내용과 자격요건을 기준으로 하여 직무를 성공적으로 수행할 수 있는 사람을 뽑게 된다.

실제 직무가 시작되면 개인은 자신의 지식과 기술, 그리고 능력을 동원하여 일을 수행하게 되고, 그 결과는 직무가 요구하는 수준과 비교하여 평가로 이어진다. 평가결과는 곧 보상과 처벌의 근거가 된다. 실적이 조직이 요구하는 수준에 도저히 미치지 못할 때에는 강제로 조직에서 축출되고, 그렇지 않은 경우에는 근무성적에 따라 인사이동이 이루어진다. 근무성적이 우수한 사람에게는 승진이나 포상을 하기도 하고 좋은 자리로 영전시키기도 한다. 반면에 실적이 나쁜 사람은 좋지 않은 자리로 좌천시키는 등 통제중심의 인사관리가 이루어진다. 직무가 요구하는 수준과 개인의 실제 능력 사이의 차이가 평가결과로 확인이 되면 교육훈련을 통해 부족한 능력을 보완시킨다. 교육훈련의 경우에도 통제중심의 인사행정에서는 개인의 능력발전 차원보다는 조직이 요구하는 기준으로 개인을 끌어올리는 방식을 택하게 된다.

발전중심의 현대적 시각은 그림의 아랫부분에 의해 설명할 수 있다. 우선 사고의 출발점이 직무에서 개인의 요구, 즉 기대로 바뀌게 된다. 전통적 관점에서는 직무가 요구한 일의 내용이나 책임의 정도에 따라서 보상을 결정하게 된다. 동일직무·동일보수의 원칙이 이를 반영한 것이다. 현대적 관점은 여기에 개인의 기대를 고려할 것을 요구한다. 또한 보상의 범위도 단순히 보수뿐만 아니라 문화·체육시설이나 주택 등을 포함한 후생복지혜택이 포함되고, 더 나아가 비금전적 보상인 승진이나 능력개발의 기회도 포함된다. 조직의 필요에 따라 개인을 동원하기 위해 보상을 활용하는 차원이 아니라 개인의 기대에 부응하면서 구성원의 삶의 질을 높이기 위한 차원에서 보상이 이루어지는 것이다.

보상이 개인의 기대수준을 얼마나 충족시켰느냐에 따라 개인의 직무만족도가 결정된다.9) 그림 아랫부분의 시각에서는 조직이 개인을 평가하는 것이 아니라 개인이 조직을 평가하게 된다. 개인의 성과에 불만족을 느낀 조직이 개인을 축출하는 것이 아니라, 조직의 보상에 불만족인 개인이 조직을 버리고 떠나는 것으로 본다. 조직을 떠나지 않고 계속 근무하기로 결정한 개인은 만족의 수준에 따라 동기부여의 정도가 결정된다.* 욕구중심의 보상과 개인의 만족도 그리고 동기부여가 현대 인사행정에서 중시되고 있음을 알 수 있다.

결국 인사행정의 목표는 직무중심의 통제지향적 인사행정과 개인중심의 발전지향적 인사행정을 적절히 조화시키는 작업이라 할 수 있다. 개인과 직무의 통합은 개인에게는 만족감을, 조직에게는 직무성과를 동시에 고려한 것이다. 이렇게 하기 위해서는 인적자원의 관리방법이 근본적으로 달라져야 한다. <표 3-1>에서 보는 바와 같이 과거의 경성(hard) 인적자원관리에서 현대의 연성(soft) 인적자원관리로 변화되어야 한다.10) 우선 인사행정의 구체적인 목표가 조직의 목표를 그때 그때 달성하는 도구에 불과한 것에서부터 인적자원으로서 그 잠재력을 계발하는 것으로 바뀌어야 한다. 다음으로 개인이 조직에 수동적으로 완전히 통합(close integration)되는 것보다는 적극적으로 업무에 몰입하는 개인(proactive employee)이 되도록 해야 한다. 구성원을 보는 시각도 수동적인 존재로 보면서 경제적 합리성만을 보던 것을 이제는 인적자원의 가치를 창출하고 제고시키는 정책으로 바꾸어야 한다.

표 3-1 인적자원관리론의 변화

	경성 인적자원관리	연성 인적자원관리
목 표	개인은 조직의 도구	개인의 잠재력 계발
조직과 관계	완전한 통합	적극적 업무 몰입
구 성 원	수동적·경제적 합리성	자율적, 자아실현형 인적자원

* 만족과 동기부여의 관계에 대한 전통적 관점을 말한 것으로 모형의 제일 아랫부분을 말한다.

東西古今公私

조선시대 인사행정의 가치는?

조선시대에는 유능한 국가인재를 뽑는 데에는 출신지방을 고려하지 않는다(立賢無方)는 원칙을 표방하였다. 즉, 지연, 학연, 혈연을 초월하여 오직 그 사람의 능력을 중심으로 국가인재를 선발한다는 점에서 매우 실적주의적이었다고 할 수 있다. 관리가 되려면 반드시 과거에 합격해야 했다. 현재 국가고시 1차시험이라고 할 수 있는 초시(初試)에는 최종합격자를 결정하는 복시(覆試)의 7배수를 뽑았다. 즉 생진과(生進科)의 경우 초시에 700명(복시에는 100명), 문과(文科)의 경우에는 초시는 240명(복시에는 33명)을 선발하였다. 그런데 과거초시합격자 수는 도별로 안배하였다. 서울은 40명, 경기 20명, 충청과 전라는 각각 25명, 경상도는 30명, 강원과 평안도는 각각 15명, 황해와 함경은 각각 10명, 그리고 성균관 학생에게 50명이 할당되었다. 이런 도별할당은 당시 인구분포를 고려한 것이었다.

그러나 초시에서의 이런 강제할당과는 달리 관직의 길로 들어서는가 여부를 최종결정하는 복시(覆試)에서는 지연을 비롯한 어떠한 고려도 용인하지 않았고 철저한 실력위주로 인재를 선발하였다. 마지막으로 임금 앞에서 치뤄지는 시험인 전시(殿試)에서는 복시합격자들을 갑과(甲科) 3명, 을과(乙科) 7명, 병과(丙科) 23명으로 등급만 결정하였다. 즉, 임금이라도 이들의 당락을 좌우하지는 못하게 하였다는 점에서 엽관주의적 요소를 배제하였다고 할 수 있다.

왕의 측근에서 국가정책을 보좌하는 중앙의 공무원과는 달리 지방의 이서집단은 국민들의 일상생활과 밀접히 관련된다는 점에서 일선관료(street level bureaucrat)라고 할 수 있다. 관아의 실무 수행자이기 때문에 경우에 따라서는 탐관오리의 전형적인 예가 되곤 하였다. 이서직은 세습직이었다는 점에서 일견 실적주의와 관계없는 제도인 것처럼 보인다. 그렇다고 하여 이서의 자제는 무조건 이서가 되는 것이 아니고, 첫째 한문해독과 작문능력, 둘째 서사(書寫)능력, 셋째 계산능력, 넷째 법전에 대한 이해력 등을 갖춰야 했다.[11] 당시 일반적인 교육수준을 고려한다면 세습직 제도도 완전히 반실적주의적이었다고 비난하기는 어려울 것이다.

조선시대와 오늘날 인사행정이 추구하는 이념을 비교한다면 어떠할까? 상술한 전통이 단절된 암흑기인 일제시대를 지난 후, 지금까지 도입되고 있는 서양의 인사행정제도가 과연 한국의 인사행정을 반실적주의에서 실적주의로 완전히 탈바꿈하게 한 공로가 있는지 생각해 볼 필요가 있다.

03 참/고/문/헌

1) 미국에서 인사행정에 관한 이론적 논의는 다음 문헌을 참고할 것.
R.B. Denhart, and L. deLeon, "Great Thinkers in Personnel Management," in Rabin, J(eds.), 1995, *Handbook of Public Personnel Administration*, New York: Marcel Dekker, Inc., pp. 21－42.

2) Donald E. Klingner JJ. Llorens, and John Nalbandian, *Public Personnel Management: Contexts and Strategies*, Englewood Cliffs, NJ: Prentice－Hall, 2015, pp. 23, 31－45.

3) 자세한 내용은 임도빈, 「프랑스의 정치행정체제」, 서울: 법문사, 2002, pp. 23－25.

4) Harvey Leibenstein, "Allocative Efficiency vs. 'X－Efficiency'," *American Economic Review*, vol. 56, 1966, pp. 392－415; Harvey Leibenstein, "Aspects of the X－Efficiency Theory of the Firm," *Bell Journal of Economics*, vol.6, 1975, pp. 580－606.

5) 임도빈, 「행정학」, 박영사, 2018, pp. 421－422; J. Donald Kingsley, *Representative Bureaucracy: An Interpretation of the British Civil Service, Yellow Spring*, OH: Antiock University Press, 1944.

6) 임도빈, 「행정학」, 박영사, 2018, p. 423.

7) J. Stacy Adams, "Toward an Understanding of Inequity," *Journal of Abnormal and Social Psychology*, vol. 67, 1963, pp. 422－436.

8) Gareth Morgan, *Images of Organization*, Beverly Hills, CA: Sage Publications, 1986, pp. 29－38.

9) E.A. Locke, "What is Job Satisfation?," *Organizational Behavior and Human Performance*, vol. 4, 1969, pp. 309－336.

10) Legge, K.(ed.), *HRM: Rhetorics and Realities*, Lodon: Macmillan Press, 1995.

11) 김필동, 「차별과 연대」, 문학과 지성사, 1999, pp. 193－194.

Personnel Administration

PART 2

인사행정의 내부환경

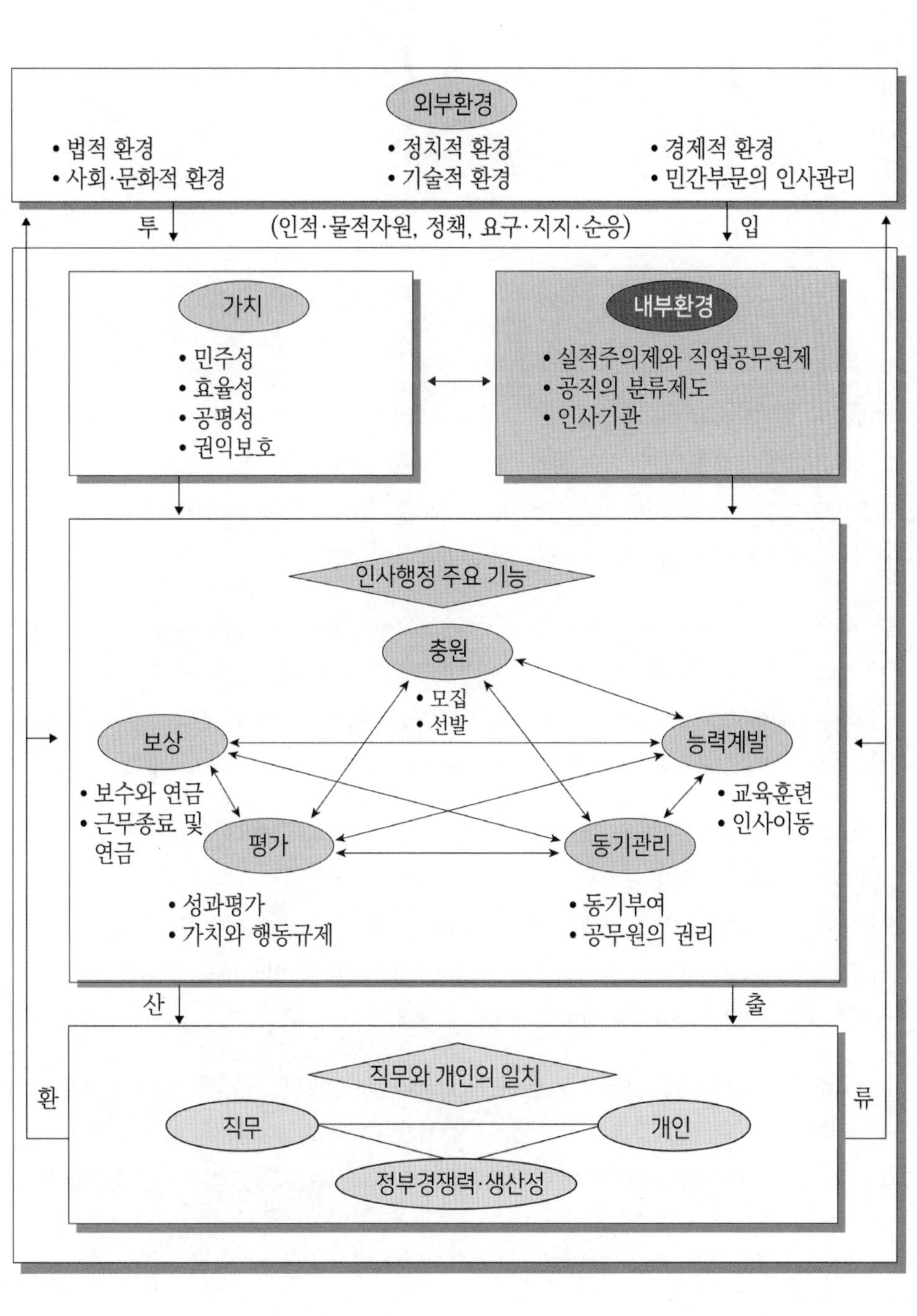

외부환경
• 법적 환경
• 사회·문화적 환경
• 정치적 환경
• 기술적 환경
• 경제적 환경
• 민간부문의 인사관리
투
(인적·물적자원, 정책, 요구·지지·순응)
입
가치
• 민주성
• 효율성
• 공평성
• 권익보호
내부환경
• 실적주의제와 직업공무원제
• 공직의 분류제도
• 인사기관
인사행정 주요 기능
충원
• 모집
• 선발
보상
• 보수와 연금
• 근무종료 및 연금
능력계발
• 교육훈련
• 인사이동
평가
• 성과평가
• 가치와 행동규제
동기관리
• 동기부여
• 공무원의 권리
산
출
직무와 개인의 일치
직무
개인
정부경쟁력·생산성
환
류

Personnel Administration

제2편은 인사행정의 내부환경을 다룬다. 인사행정체제 내에서도 인적자원의 충원, 능력계발, 활용, 평가, 보상 등 일련의 인사행정의 주요기능을 하위체제로 본다면, 내부환경은 하위체제 내의 모든 활동에 전반적인 영향을 미치는 제도적 토대를 말한다. 여기에는 실적주의제와 직업공무원제, 공직분류제도, 인사기관을 포함시킬 수 있다.

보다 구체적으로 제4장에서 오랜 역사를 두고 진화되어 온 현대인사행정의 기본원리인 실적주의제와 직업공무원제를 다룬다. 이 두 원리는 인적자원의 관리기준을 능력과 실적, 그리고 평생직장으로서의 직업성에 두는 것으로 인사권자의 자의성이나 정치권의 부당한 관여를 막고 인사행정이 전문관리영역으로 발전하기 위한 가장 필수적인 제도라 할 수 있다.

제5장에서는 공직분류제도인 계급제와 직위분류제를 설명한다. 정부에서 하는 수많은 일을 그때 그때 상황을 보아가며 분담시킬 수는 없다. 어떠한 기준을 세워 공직을 체계적으로 분류함으로써 보다 효율적이고 질서 있게 일을 수행할 수 있다. 이러한 공직의 분류에는 사람을 중심으로 한 계급제와 직무를 중심으로 한 직위분류제가 있는데, 어느 제도를 택하느냐에 따라 인적자원의 관리방식이 근본적으로 달라지게 된다.

제6장에서는 인사기관을 다룬다. 인사기관은 인사행정의 전반적인 활동을 주도하고 책임지는 조직이다. 인사기관은 인사행정의 이념을 구현시키기 위한 수단적 장치로서 그 이념에 따라 조직구조 형태가 결정될 뿐만 아니라, 그 구조에 따라 인사활동의 효과성 또한 영향을 받게 된다.

CHAPTER 04

실적주의제와 직업공무원제

실적주의(meritocracy)는 '실적이 모든 인사행정활동의 근간'이라는 원칙이다. 국가공무원법 제2조에서 공무원을 경력직과 특수경력직으로 나누면서 경력직공무원을 "실적과 자격에 의하여 임용되고 그 신분이 보장되며 평생토록 공무원으로 근무할 것이 예정되는 공무원"이라고 정의함으로써 '실적과 자격'이 우리나라 공무원제도의 기본원리임을 분명히 밝히고 있다. 주목해야 할 점은 실적주의와 직업공무원제도는 인사행정의 여러 활동과 병렬적인 관계에 있는 것이 아니라 그 모든 활동에 원리와 철학을 제공하는 인사행정의 기준이라는 점이다.

1. 실적주의제

1.1 의 의

1) 역사적 기원

실적(merit)이라는 말은 '이루어 놓은 결과나 업적'을 의미한다. 그런데 인사행정에서의 '실적'은 이보다 훨씬 다의적이고 인사활동 전반을 지배하는 기본적인 시각 내지 철학을 담고 있다. 이러한 포괄성과 깊이를 담다 보니 단순히 '실적'이란 말 대신에 '실적주의(merit principles)' 내지 '실적주의제(merit system)'라는 말이 사용되는 것이다. 그러면 실적주의제는 무엇인가? 실적주의가 그 어느 나라보다도 드라마틱하게 도입되고 진화되어 온 미국의 사례에서 보면, 엽관주의와 대비되는 개념이다.

미국에서는 상류계급의 엘리트들이 건국 초기부터 관직을 지배하면서 그들의 이익만이 대변되고 있었고 관직이 이들에 의해 장기간 지배되면서 부패되어 가고 있었다.[1] 선거에서 승리한 대통령 당선자가 정부의 모든 공직을 전리품(spoils)으로 획득하게 되고 그 전리품, 즉 공직을 선거에서의 충성도에 따라 정당원들에게 나누어 주는 엽관주의(spoils system) 제도가 성행되었다. 정권이 교체되면 전임 대통령이 임명한 공직자는 경질되는 현상이 반복된다. 공직을 소수의 엘리트에 의한 독점이 아니라 일반 국민을 보다 잘 대표하고 그들의 의사를 대변할 수 있는 사람들에게 공유시킴으로써 민주정치 발전에 기여한다고 본 것이다. 엽관주의가 미국 정치에서 이렇게 받아들여진 배경에는 첫째, 민주주의 원리에 부합된다는 사고 때문이고, 둘째, 공직은 특별히 전문성이 요구되는 것이 아니라 평범한 사람 누구나 할 수 있는 것이라는 사고도 받아들여지고 있었기 때문이다.

Jackson 대통령의 연두교서

미국에서 엽관주의가 본격화된 것은 Jackson 대통령(1829－1837)에 의해서이다. 그는 대중민주정치를 주창하면서 대통령에 당선된 사람으로 1829년의 다음의 첫 의회 연두교서에는 그의 소신이 잘 나타나 있다.

"공직에서 수행되는 모든 일은 평범하고 간단한 것들로서 기본적인 지적 능력을 갖춘 사람이면 누구나 노력만 하면 그 일을 수행할 수 있도록 되어 있습니다. 본인은 한 사람이 공직에 오래 근무하면서 오는 폐해가 그 사람이 경험의 축적을 통해 공직에 기여하는 것보다 훨씬 크다고 생각합니다…"[2]

1800년대 중반에 엽관주의는 미국 정부에 보편적이었으며, 정부개혁 운동가를 중심으로 서서히 그 병폐가 인식되기 시작하였다. 엽관주의 병폐는 공직의 질적 저하로 요약할 수 있다. 정치적 이념이나 대통령에 대한 충성심이 일을 수행할 수 있는 능력이나 자격에 우선하였기 때문에 전반적인 공무원의 질이 떨어지는 것은 당연한 일이었다. 설사 새 정부의 인사에서 살아남은 공무원도 다음 선거에 필요한 돈과 시간을 요구하는 당의 압력을 못 이겨 대부분 공직을 떠나게 되었다.[3)] 새로 임명된 사람은 대부분 전임 정부의 정책이나 행정사무를 인수받지도 못한 채 새로 시작해야 하는 '아마추어'행정이었다. 더구나 정치꾼들이 공직에 들어오면서 기업인들과의 유착에 의한 부패가 만연되어 갔다. 소수 엘리트들의 공직 독점에 의한 부패를 척결하고자 개혁의 논리로서 도입한 엽관주의가 이제 무능력하고 무책임한 기회주의자들에 의해 공공연히 저질러지는 부패 때문에 다시 개혁의 대상이 되어 버린 것이다.

그렇다고 엽관주의가 하루아침에 무너지고 실적주의가 등장한 것은 아니다. 결코 합리적인 판단과 합의의 산물도 아니다. 정당, 개혁 시민단체, 언론, 여론이 만들어 내는 복잡한 정치의 장에서 엽관주의를 어떻게 개혁할 것인가에 대한 합의가 이루어지지 않은 채 실적주의는 산고의 진통만 겪고 있었다. 그러던 중 선거 공로에도 불구하고 공직(파리 총영사)을 주지 않은 데 불만을 품은 한 엽관주의자(Charles Guiteau)가 1881년 Garfield 공화당 대통령을 암살한 사건은 실적주의가 탄생하는 데 촉매역할을 하게 되었다.*

여론과 시민단체의 개혁요구에도 불구하고 의회에서 표류되어 오던 Pendleton 개혁입법안은 이 사건과 다음 해 있은 주지사 선거에서의 공화당 참패가 예상되자 의회의 다수당인 공화당에 의해 통과되기에 이르렀다. 물론 정략적 통과였다. 공화당으로서는 여론을 유리하게 이끌어 재집권의 기회를 높이고, 민주당이 집권하더라도 자신들이 임명한 동료들의 신분이 펜들턴법으로 보장받을 수 있었기 때문이었다.[4)]

대부분의 개혁입법이 그러하듯이 펜들턴법은 미래지향적이기보다 구악(舊惡)

---

* 당시 파리 총영사는 미국인들이 가장 선호하는 요직이었다.

을 어떻게 청산할 것인가에 더 큰 비중이 실려 있었다. 우선 공직을 정치적으로 중립화시킴으로써 정치적 충성심이나 개인적 정실이 공직임명에 개입하는 것을 막도록 하였다. 또한 정치적인 이유로 현직자에게 신분상의 불이익을 주거나 선거운동에 참여하도록 강요하지 못하게 하였다. 그러나 신분보장이 당시 영국이나 현대의 적극적인 개념이 아니라 정치적 이유에 의한 해고로부터 신분이 보장된다는 극히 소극적 의미임을 유념하여야 한다. 아직도 소수 엘리트에 의한 공직독점을 경계하고 있었고, 이 점에서 개혁주의자들도 엽관주의가 지향했던 평등주의(egalitarianism)의 기본정신만은 지켜 나가려고 노력하였다. 즉, 모든 시민에게 공직진출의 기회를 부여하기 위하여 공무원 선발은 경쟁시험에 의존하고 교육이나 연령의 제한을 두지 않았다. 시험도 당시 영국에서 엘리트를 선발하기 위하여 채택하고 있었던 학교교육에 기초한 이론적 논술시험이 아니라 해당분야의 실질적인 직무지식을 확인하는 것이었다.5) 경쟁시험은 공무원의 신분보장과도 연결된다고 보았다. 자기 사람을 앉힐 확실한 방법이 없는 상태에서 무리하게 기존의 공무원을 해고하여 빈 자리를 만들 유인이 그만큼 없어지기 때문이다. “앞문만 제대로 단속하면 뒷문은 자동적으로 지켜지는 것이다”라고 엽관주의 개혁세력은 믿은 것이다.6)

2) 실적주의의 진화

실적주의는 점진적으로 진화되어 갔다. 개혁 초기에는 공무원의 90% 정도가 아직도 정치적·인간적 친분으로 임명되고 해고되었다.7) 개혁의 노력은 계속되어 20년이 안 돼 전공무원의 60% 이상이 실적주의에 의해 관리되었다.8) 그러나 개혁캠페인은 아직도 엽관주의의 해악을 어떻게 하면 줄일 것인가의 소극적 측면에 머물러 있었다. 공무원 해고에 대한 규정을 강화하고, 인사기능을 정치기능으로부터 독립시키는 것이었다. 즉 행정을 정치로부터 분리시킴으로써 공직은 개선될 수 있다고 믿었다. 행정을 정치의 영향을 받지 않는 중립지역으로 보호하는 일이 중요한 문제였다.

실적주의 개념에 커다란 변화가 일기 시작한 것은 1900년대 초 과학적 관리론(scientific management)의 영향을 받으면서부터이다.9) 펜들턴법의 부족한 점이 비판대에 올랐다. 부정적·소극적 인사관리에서 적극적 인사관리로의 전환기를 맞이한 것이다. 지금까지 채용과 해고과정에서 정치권력의 남용을 어떻게 방지할 것인가의 관심에서 채용 후의 승진, 교육훈련, 활용, 보수 등과 같은 인사활동으로 초점이 옮겨졌다. 이제 인사활동의 전과정에 실적주의를 적용하기 시작하였다. 과학적 관리론이 제공하는 관리철학을 등에 업고, 일에 대한 과학적 분석과 그 일을 가장 잘 수행할 수 있는 적격자를 찾아 일과 사람을 매치(match)시키는 최선책을 찾아 나선 것이다.

실적주의를 적용해서 인사관리의 능률성을 높이는 데 가장 기초가 된 것이 바로 과학적 관리를 적용한 공직의 분류였다. 1923년 직위분류법이 제정되어 직무의 과학적 분석을 토대로 직위가 요구하는 실적주의적 요소를 생각하게 된 것이다. 직위분류제는 채용, 교육훈련, 근무성적평가, 보수 등 모든 인사관리활동에 기준을 제공해 줌으로써 실적주의 확산에 지대한 공헌을 하였다.10) 채용의 경우에도 단순히 공개경쟁을 허용하던 종전의 수준에서 각각의 직무를 수행하는 데 필요한 자격이나 능력 그리고 보수수준을 분명하게 제시할 정도로 발전한 것이다. 실적주의가 과학적 관리정신과 합쳐지면서 공직에 들어오는 사람이 전문가들로 변하기 시작했다. 이후 계속되는 전문가의 확산으로 인해 이들 전문가의 협소한 시각과 과학주의에 대한 우려의 소리가 들리기 시작했다. 그러나 인적자원의 효율적 관리를 모토로 하는 실적주의의 큰 흐름을 바꾸지는 못하였다.

하지만 실적주의는 인종·성 차별금지라는 인권의 문제와 결부되면서 다시 한번 변화를 맞게 된다.11) 공직채용에 있어 인종·성·지역 등에 대한 정치적 고려가 개입될 여지가 없어지고 오로지 직무수행에 대한 개인의 능력이 중시되자, 결과적으로 나타난 것이 소수민족과 여성의 공직진출이 전체 인구 구성비에서 볼 때 절대적으로 낮더라는 것이다.

처음에는 주로 채용에서 문제시되던 차별문제가 이제는 승진과 보수까지 범위가 확산되어 갔다. 나아가 차별의 개념에 있어서도 비록 고의성이 없다 하더라도 결과가 차별적인 것으로 나타나면 그 기관은 법에 의해 불이익을 받도록 규정하고 있다. 결국 실적주의는 공직의 국민대표성을 확보하는 대중민주정치를 유지하고자 했지만 그 대표성이 도전을 받게 된 것이다. 법적인 차원이 아니라 이론적 차원에서도 인종·성·지역·직업 등의 여러 기준에서 국민 전체 또는 지역주민전체의 인적 구성에 비례하도록 공무원을 구성함으로써 공직의 인적 대표성을 확보해야 한다는 대표관료제(representative bureaucracy)의 주장도 제기되었다.[12] 문제는 산술비례에 의한 대표성을 충족시키는 과정에서 능력 있는 사람이 채용이나 승진에서 배제되는 역차별이 발생한다는 것이다. 이는 실적주의에 대한 새로운 도전임이 분명하다.

3) 미국 실적주의제의 내용

1978년 카터 대통령에 의해 주도되고 채택된 인사개혁법(Civil Service Reform Act)에는 실적주의의 원칙이 다음의 9가지로 정리되어 있다.

① 공무원의 임용은 사회 각계각층에서 자격을 갖춘 사람을 대상으로 이루어져야 하며, 선발과 승진은 균등한 기회가 보장된 공정하고도 공개적인 경쟁을 거쳐, 개인의 능력·지식·기술을 기준으로 결정하여야 한다.
② 모든 공무원과 공무원 응시자는 인사관리의 모든 측면에서 정치성, 지역성, 혈연성, 종교, 성별, 결혼, 연령 또는 신체적 장애상태를 이유로 차별받지 아니하며 헌법에 보장된 기본적 권리를 향유할 수 있어야 한다.
③ 공무원에게는 민간부문의 근로자에게 지급되는 임금수준과 형평을 고려하여 동일직무에는 동일보수가 제공되도록 하여야 한다. 또한 실적이 탁월한 공무원에게는 그에 상응하는 인센티브와 명예가 주어져야 한다.
④ 공무원은 개인의 품행이 올바르고, 공익을 실현시키기 위하여 항상 직무를 성실하게 수행할 것이 요구된다.
⑤ 정부의 인력은 능률적이고 효과적으로 활용되어야 한다.
⑥ 공무원들은 그들의 실적에 근거하여 공직에 남아 있을 수 있다. 실적수준이 미달하는 공무원은 개선이 이루어지도록 관리되어야 하며, 요구하는 수준에 도달할 수 없다고 판단되는 무능한 공무원은 공직에서 퇴출되어야 한다.

⑦ 교육훈련을 통해 조직이나 개인의 실적을 향상시킬 수 있는 경우에는 공무원에게 교육훈련 프로그램을 제공하여야 한다.

⑧ 공무원은 자의적인 행동, 개인적인 정실 또는 당파적인 정치압력으로부터 보호되어야 한다. 또한 선거 또는 후보지명의 결과에 간섭하거나 영향을 미칠 목적으로 공직의 권위나 영향력을 행사하지 못하도록 막아야 한다.

⑨ 법규정의 위반, 관리상의 실책, 자원낭비, 권력남용 또는 국민의 건강과 안전에 직접적이고도 구체적인 위협을 가할 수 있다고 판단되는 정보를 합법적으로 공개한 공무원은 보복받지 않도록 보호되어야 한다.[13)]

1978년의 인사개혁법에 나타난 실적주의 9원칙을 그보다 8년 전인 1970년의 법에 선언한 6원칙과 비교하여 보면 무엇을 강조하고 있는지를 명확히 알 수 있다. 우선 두 법에서 자격을 갖춘 사람을 채용할 것을 강조하고 있지만, 1978년 법은 '사회 각계각층'이라는 문구를 삽입함으로써 공직이 사회 전체를 대표하여야 함을 반영하고 있다. 두 법은 동일직무에 대한 동일보수의 원칙을 선언하고 있지만, 새 법에서는 '실적이 탁월한 공무원'에게 특별한 보상이 제공되어야 한다는 성과급 원리를 추가하고 있다. 한편 1978년의 인사개혁법에 새로 추가된 세 가지 원칙은 4항의 공무원의 윤리성 강조, 9항의 내부정보공개자에 대한 보호, 즉 내부고발자보호 그리고 5항의 효율성 원칙이다. 인사행정이 이루어지는 환경이 변화되어 가면서 실적주의 원칙도 끊임없이 진화되어 가고 있음을 분명하게 보여 주고 있다.

이상의 미국 실적주의 원칙에 대한 요약을 보면 앞서 검토한 역사적 변천과정을 거치면서 진화되어 온 개념을 모두 포함하고 있음을 알 수 있다. 우선 엽관주의의 폐해에 대한 개혁과정에서 등장한 공직취임의 기회균등, 정치적 중립, 신분보장을 포함하고 있다. 뿐만 아니라 여기에는 이러한 전통적 의미의 실적주의 원칙 외에 인사행정의 전과정에서(채용·교육훈련·승진·근무성적평가·보수) 인적자원을 능력, 자격, 성과에 의하여 관리함으로써 적극적으로 행정의 효율성을 높이고자 하는 발전지향적 실적주의 원칙이 포함되어 있음을 알 수 있다. 현대에 있어서 실적주의는 정치권력의 배제라는 전통적인 방어적·소극적 의미와 인적자원의 적극적·효과적 활용이라는 발전적 의미를 포괄하는 의미로 받아들이게 된다.

1.2 우리나라의 제도와 실태

우리나라의 헌법 및 법률에도 공직취임에의 기회균등, 정치적 중립, 신분보장, 성적·능력주의 등 실적주의 제 원칙이 잘 규정되어 있다. 그러나 그것이 얼마나 실천에 옮겨지고 있는지는 의문의 여지가 많다.

1) 공직에의 기회균등

헌법 제25조 모든 국민은 법률이 정하는 바에 의하여 공무담임권을 가진다.

국가공무원법 제26조 ① 공무원의 임용은 시험성적·근무성적, 그 밖의 능력의 실증에 따라 행한다.

국가공무원법 제35조 공개경쟁에 따른 채용시험은 같은 자격을 가진 모든 국민에게 평등하게 공개하여야 하며 시험의 시기와 장소는 응시자의 편의를 고려하여 결정한다.

'균등한 공무담임권'과 '능력과 실증에 따라' 및 '채용시험의 평등과 공개' 규정은 충성심이나 정실을 고려하여 소수의 기득권층이나 권력측근 사람들에게만 공직이 불공평하게 배분되는 것을 거부하는 원칙으로 곧 '실적주의 원칙'을 나타낸 것이다. 이를 보다 확실히 보장하는 방법이 채용과정을 공개하고 경쟁에 의한 선발을 보장하는 것이다. 모든 국민에게 공직취업기회를 공개하고 공정한 경쟁에 의해 채용하는 것이 인사행정의 민주성과 형평성을 확보하는 데 가장 중요한 양대 지주가 된다. 기회균등을 보장하기 위해서는 성별, 종교, 출신지, 재산, 부모의 직업 등에 의한 응시차별이 있어서는 아니 된다. 실적과의 상관관계가 없다고 보기 때문이다. 다만, 학력과 연령의 경우에는 그 판단이 용이하지 않다.

현재 일반행정직 공무원의 경우 학력이나 전공의 제한을 두고 있지 않다. 법적·과학적 타당성을 논하기 이전에 모든 국민에게 가능한 폭넓게 공무원이 될 수 있는 기회를 준다는 의미가 강한 것이다. 다만 퇴직연령을 60세로 하고 있는데,

61세가 되면 공직에 근무할 수 있는 능력이 일시에 상실되는 것은 아니라는 점에서 실적주의 정신에 반한다.

그러나 행정직 이외의 공직에는 응시자격에 제한을 두는 경우가 많이 있다. 예컨대 경찰공무원 중 순경의 경우 응시연령과 체력의 제한을 두고 있다. 현재 고졸이상의 학력에 18세－40세라는 연령제한을 두고 있다. 시력, 청력, 혈압 등의 신체조건을 제한하고, 체력검사도 실시한다. 미국에서는 심지어 체력시험도 그것이 직무와 직접 연관성을 가지고 있다는 것을 입증하지 못하면 차별로 간주한다. 예를 들어 사다리오르기나 왕복달리기 등에서 체격이 작은 여성이나 동양계와 남미계가 불이익을 받을 가능성이 있기 때문이다. 만약 이러한 주장을 반박할 과학적 근거가 없는 한 적절한 선발방법이 아니라는 것이 미국 대법원의 판례이다.[14]

국가고시에서 제대군인에 대한 가산점제도는 1999년 위헌판결이 내려진 이후에 폐지된 바 있다. 여성을 차별한다는 이유에서였다. 그러나 최근 군복무자에 대한 역차별이라는 의견도 있다.

2) 정치적 중립성

헌법 제7조 ② 공무원의 … 정치적 중립성은 법률이 정하는 바에 의하여 보장된다.
국가공무원법 제65조 ① 공무원은 정당이나 그 밖의 정치단체의 결성에 관여하거나 이에 가입할 수 없다.
② 공무원은 선거에서 특정 정당 또는 특정인을 지지 또는 반대하기 위한 다음의 행위를 하여서는 아니 된다.
③ 공무원은 다른 공무원에게 제1항과 제2항에 위배되는 행위를 하도록 요구하거나, 정치적 행위에 대한 보상 또는 보복으로서 이익 또는 불이익을 약속하여서는 아니 된다.

헌법과 국가공무원법의 규정은 정치와 관련된 행위를 금지시킴으로써 공무원이 정권에 구애받지 않고 공직의 안정을 통한 행정목적 달성을 위한 것으로 볼 수 있다. 좌우파 정당이 정권교체를 통하여 집권함으로써 정치가 불안정한 사회일수록 공무원의 정치적 중립은 공직사회의 안정에 중요하다. 그러나 일부 기회주의적인 공무원들은 정치적 중립성을 스스로 해치고 있고, 그 결과 많은 공직자들이 이의 위협속에 살고 있다.[15] 특히 당선가능성이 높은 후보편에 서서 지원하고 당선되면 승진이나 인사이동에서 혜택을 받기 위한 사전선거운동인 셈이다. 다른 후보를 지원한 공무원은 한직으로 좌천되는 경우가 흔히 일어나기 때문에 공무원은 선거운동에 관여하게 된다.

집권 여당이 정권을 계속 유지하기 위하여 공무원을 선거운동에 간접적으로나마 동원하는 문제가 있다. 따라서 우리나라에서의 정치적 중립은 대통령 개인에 대한 부당한 정치적 충성심을 강요하거나 또는 그러한 강요에 따르지 않는 공무원에게 보복성인사를 하여서는 안 된다는 의미로 해석해야 할 것이다.

영국을 비롯하여 유럽의 여러 나라가 정권의 잦은 교체에도 불구하고 사회가 안정적으로 유지·발전되어 온 데는 법치주의에 입각해 중립적인 공무원 조직이 뒷받침하고 있기 때문이다.[16] 그러나 유럽에서는 공무원들이 정당가입 등이 허용되는 나라가 많다. 제도의 문제가 아니라 실천의 문제인 것이다.

3) 실적주의

국가공무원법 제32조의5 ② 소속 공무원을 보직할 때에는 그 공무원의 전공분야·훈련·근무경력·전문성·적성 등을 고려하여 적격한 직위에 임용하여야 한다. 이 경우 보직관리 기준에 필요한 사항은 대통령령등으로 정한다.

국가공무원법 제40조 ① 승진임용은 근무성적평정·경력평정, 그 밖에 능력의 실증에 의한다.

국가공무원법 제50조 ④ 교육훈련 실적은 인사관리에 반영하여야 한다.

국가공무원법 제51조 ① 각 기관의 장은 정기 또는 수시로 소속 공무원의 근무성적을 객관적이고 엄정하게 평정하여 이를 인사관리면에 반영하여야 한다.

이상의 국가공무원법 규정은 공무원의 신규채용에서부터 이후 모든 인사관리 활동은 개인의 능력, 훈련성적, 자격 및 성적 등 실적에 따라야 한다는 원칙을 천명하고 있다. 신체적 특성, 정치적 색채, 성별, 결혼 여부, 연령 또는 상관에 대한 충성심이나 연고 등 직무수행실적과 관계없는 요소가 인사관리의 기준으로 적용되어서는 안 된다는 것이다.

그러나 기존의 제도 내에서 실적주의를 방해하는 인사관행도 있다. 연공서열 중시의 인사풍토가 그것이다. 근무성적평정이나 승진, 그리고 보직이동이 그렇다. 정년보장식 신분보장과 함께 바로 철밥통이 되는 것이 문제이다. 물론 어떤 경우에는 능력과 근속연수 혹은 연령은 비례할 수도 있다. 그러나 전문화되고 다량으로 생산되는 새로운 지식과 정보를 받아들여야 하는 경우에는 오히려 젊은 사람이 변화에 대한 적응력이 빠르고 학습효과도 더 높을 수도 있다. 이 경우 연령이나 경력이 능력을 대표하기가 곤란하다.

끝으로 실적주의가 공무원 채용시에는 탈락의 수단으로, 보직관리시에는 인사이동의 문제소지 제거를 위한 정당화 수단으로 이용되는 현실이다. 실적주의가 성공하기 위해서는 공무원의 직무수행능력이나 실적을 점수로 전환하는 과정이 정확해야 한다. 다시 말해 측정의 타당성을 지녀야 한다. 능력이 있고 실제 실적이 좋은 공무원에게 높은 성적이 주어져야 하는 것이다. 만약 그렇지 않고 학연, 지연, 혈연 등의 정실 요소가 개입하여 점수가 왜곡되고 성적이 방어용 내지 정당화 수단으로 사용된다면 실적주의란 한갓 형식에 불과할 뿐이다. 실적주의 정착에 오히려 장애로 작용하게 된다.

4) 신분보장

헌법 제7조 ② 공무원의 신분 … 은 법률이 정하는 바에 의하여 보장된다.

국가공무원법 제68조 공무원은 형의 선고·징계처분 또는 이 법에 정하는 사유에 따르지 아니하고는 본인의 의사에 반하여 휴직·강임 또는 면직을 당하지 아니한다. 다만, 1급공무원과 제23조에 따라 배정된 직무등급이 가장 높은 등급의 직위에 임용된 고위공무원단에 속하는 공무원은 그러하지 아니하다.

국가공무원법 제75조 공무원에 대하여 징계처분을 행할 때나 강임·휴직·직위해제 또는 면직처분을 할 때에는 그 처분권자 또는 처분제청권자는 처분사유를 적은 설명서를 교부하여야 한다.

헌법과 국가공무원법은 인사권자의 자의적 판단이나 개인적 이유로 공무원의 신분을 박탈하는 것을 엄격히 금지하고 있다. 능력과 전문지식에 비추어 자격을 갖추고 근무를 충실히 수행하고 있는 공무원은 신분이 보장됨을 의미한다. 공무원이 신분의 위협을 받지 않고 공무에 전념할 수 있도록 함으로써 행정의 안정성에 기여할 수 있고, 경험의 축적에 의한 전문화 및 직업공무원제의 확립에도 도움을 줄 수 있다.

여기에서 주목해야 할 것은 실적주의 원칙으로서의 신분보장은 '정치적'으로 부당하게 신분상의 권익을 침해받지 않도록 하여야 한다는 점이다. 실적주의를 운영하는 미국의 경우에도 고용보장(job security)은 공·사부문을 불문하고 강하지 않다. 즉, 구조조정의 필요성에 의해서 일정한 절차를 거쳐 언제든지 해고될 수 있다.

과거 권위주의정권이 공직을 자의적으로 해고한 역사가 있기 때문에 강한 공무원신분보장이 제도화되었다. 구조조정이나 무능하고 비리공무원을 공직에서 내보내는 것도 깊이 들여다보면 실적주의라는 명목 하에 공무원 길들이기에 활용했다는 문세가 있다. 즉, 충성도가 낮은 사람에게 명예퇴직이 강요되거나 대기발령 내지 연수 등의 인사조치를 취하는 사례가 있어 왔다. 실적주의 원칙의 신분보장은 무능한 공무원에게도 정년을 보장하는 것이 아니라 공무원을 부당한 신분상의 불이익으로부터 보호하는 것을 의미한다.

한편 우리나라와 같은 정년보장식 신분보장은 부정적인 측면도 많이 가지고 있다. 그 중에서 가장 중요한 것은 외부의 경쟁압력이 없고, 내부적으로도 직무수행실적이 승진에 영향을 줄 뿐 신분 자체에는 커다란 위협이 되지 않는다는 점이다. 이는 결국 인적자원관리의 비효율성을 초래하게 되며, 국민에게 봉사하는 공무원이 아니라 자리를 지키는 공무원을 위해 국민이 세금을 내고 있는 꼴이다. 실적주의가 의도한 것에 정반대의 결과를 초래할 수도 있는 것이다. 바로 이 점에서 보장하는 우리나라 신분보장 규정은 실적주의 원칙보다 훨씬 강화된 형태라고 하겠다.

1.3 발전방향

실적주의도 시대와 나라에 따라 끊임없이 변화하고 발전하는 유동적인 개념이다. 그러면 오늘날 우리나라에서 지향해야 할 실적주의는 무엇인가?

1) 실적주의제의 실효성

미국에서 현재 실적주의가 갖는 문제점은 엽관주의 이전의 엘리트주의 문제점과 같은 맥락에서 이해할 수 있다. 실적주의의 개선은 엘리트주의를 비판하며 등장한 엽관주의에서 찾을 수 있음을 암시한다. 엽관주의의 민주적 요소를 긍정적 측면에서 재평가할 필요가 있다고 보는 것이다.

우리나라에서 주목해야 할 것은 이제 정치적 충성심의 고려를 정실이나 부패와 동일시하는 것은 위험하다는 점이다. 오히려 이를 통해 민심에 더욱 가까이 접근하고 행정의 민주화에 기여할 수 있다고 해석할 수 있다. 이렇게 보면 앞으로의 실적주의 방향은 능력과 성적의 존중원칙과 민주주의 이념을 조화시켜 나가는 것이라고 볼 수 있다.

우선 기존의 제도화된 실적주의 원칙을 실천하려는 노력을 하여야 할 것이다. 실적주의에 대한 짧은 경험 속에서 형식적인 틀만 만들어 놓은 채 과거의 관행이 아직도 지배적인 경우를 많이 볼 수 있다. 특히 인사결정에서의 학연, 지연 등 정실개입과 연공서열식 인사관리가 가장 큰 장애요소로 보인다.

신규채용과정에서는 엄격한 공개와 경쟁의 원칙이 준수되기 때문에 정실개입의 여지가 희박하다. 물론 인턴 후 채용이라든지, 면접이 강화되는 것은 정실개입의 여지가 늘어나는 문제는 있다. 그러나 무엇보다도 승진, 교육훈련, 근무평정, 인사이동의 모든 과정에서 학연, 지연, 혈연 등의 정실요소가 작용하기 쉽다. 정실주의는 우리의 문화와 관련되어 있고 관리전반의 문제로서 실적주의의 제도적 장치만으로 이 문제를 해결하는 데 한계가 있다. 연공서열도 이와 같은 이유에서 쉽게 해결되지 않고 있다. 정실주의와 연공서열은 장기적으로 의식의 전환과 함께 제도적 개혁이 이루어져야 할 부분이다.

2) 비실적요소 개선

현 제도에서 비실적주의 요소를 고쳐 나가야 한다. 가장 큰 문제로 우선 정년보장형 신분보장을 들 수 있다. 실적주의는 공무원의 동기를 유발시키고 나아가 관리의 효율성과 행정서비스의 질적 향상을 가져와야 한다. 그러나 신분보장은 그 반대현상을 야기시킬 수 있다. 신분에 대한 위기의식이 없으니 나태해지기 쉽다. 실제 연구결과도 지나치게 신분이 보장되는 상황에서 사람들은 진취성이나 창의성이 결여된다고 주장한다. 심지어 의욕적이고 성취지향적인 사람조차 신분이 아주 잘 보장되는 직장에서는 느긋해(complacent)지는 경향이 있다는 것이다.[17)]

그러나 우리나라에서 신분보장은 직업공무원제와 연결되어 유능한 인력을 공직에 유인하는 데 지대한 공헌을 할 수 있음도 인정하여야 한다. 실적주의 시각에서 접근할 수 있는 것은 계급정년제의 고려이다. 특히 6급에 대한 계급정년을 심각하게 고려할 수 있다. 9급이나 7급으로 시작하여 정년까지 근무하면 모두 30년을 넘게 근무한다. 이들이 6급에서 승진이 막히게 되면 근무의욕의 저하는 말할 것도 없고 오히려 불평과 부정적 시각으로 일을 하게 되어 다른 사람에게까지 영향을 미치게 된다. 또한 6급에서의 승진적체 현상을 가중시켜 유능한 후배의 사기마저 꺾는 결과를 가져오게 된다.

신분보장 이외에도 반실적주의 요소로서 채용시 일부 공무원의 경우 신체조건에 의한 응시자격 제한을 앞에서 지적하였다. 장애인, 국가보훈 유공자, 남성 또는 여성에 대한 우대정책은 사회적·정치적 가치를 어디에 두느냐에 따라 실적주의보다 우위에서 고려할 수 있는 문제이다. 그러나 신체조건에 의한 응시자격 제한은 정책적 차원에서의 설득력이나 선발조건의 타당성 모든 측면에서 문제성을 내포한 것으로 보아야 할 것이다.

2. 직업공무원제

2.1 개 념

직업공무원이란 철새와 같이 민간부문에서 잠시 왔다가 철새같이 가는 계약직 공무원이 아니라, 젊어서부터 공직에 들어와 평생의 직장으로 일할 수 있도록 신분을 보장받고 공직에 대하여 긍지를 갖고 충성을 다해 근무하는 공무원이다. 이 중에는 단순히 일반행정가(generalist)만 있는 것이 아니라 외교관이나 군인처럼 특정 분야의 공무원일 때에는 그 분야의 전문가도 있다.

직업공무원을 일컬을 때에는 오히려 비직업공무원을 상정하여 대조시킴으로써 그 뜻이 분명해진다. 비직업공무원이 누구인가? 정당원으로 있다가 대통령의 임기 동안 잠시 공직에서 일하는 사람, 교수나 변호사로 일하다가 개방직 공무원에 임명되어 잠시 일하는 사람들이다. 이들은 모두 공직에서 물러나면 본래의 업(業)을 찾아 되돌아간다. 그러나 직업공무원은 공직을 그만두고 나면 찾아갈 곳이 없다. 직업공무원은 공직을 평생의 본업(本業)으로 생각한다. 본업이기 때문에 생계유지의 유일한 수단이고 국민에 대한 봉사자로서의 직업의식이 필요한 것이다.

직업공무원제란 이런 의미의 직업공무원을 장려할 수 있도록 모든 인사관리를 제도화한 것이다. 다시 요약하면, 직업공무원제란 젊고 유능한 인재가 공직에 들어와서 국민에 대한 봉사를 보람으로 알고 공직을 일생의 본업으로 하여 일할 수 있도록 준비된 인사제도이다.

2.2 서구의 경험

실적주의와 마찬가지로 직업공무원제의 의미도 시대와 상황에 따라 변해 왔기 때문에 이의 역사적 배경을 검토하면 직업공무원제의 보다 함축된 의미를 이해하기가 쉬워질 것이다. 직업공무원제는 영국과 미국이 서로 다른 형태로 발전되어 온 듯하다. 의회민주주의가 일찍이 확립된 영국에서는 그동안 관직을 자의대로 임면해 온 국왕의 영향력을 차단시키기 위하여 이미 1700년경부터 종신직 행정관리를 제도화하기 시작하였다. 여기에는 국왕제도하에서 영국 국민이 종신직에 익숙해져 왔고 기득권을 존중해 오던 오랜 전통이 뒷받침되었다. 특히 종신직 공무원제도는 의원내각제 정부형태에서의 우발적이고 잦은 내각의 교체에도 불구하고 정부의 공백이나 혼란을 예방하는 중요한 역할을 수행하였다. 물론 관리는 경쟁을 거치지 않고 정당인과 귀족계급의 자녀들이 임명되었다. 특히 일부 귀족의 자녀들은 정신적·심리적 태도에서 공직을 수행할 수 없을 정도라고 비판을 받았다. 공직에서 후견주의(Patronage)를 벗어나 공개경쟁시험이 도입되고 제도화된 것은 1854년의 노스코트·트레벨리안(Northcote－Trevelyan) 보고서에서 공개경쟁시험에 의해 공무원을 채용할 것을 건의한 이후이다.18) 여기에서 주목할 것은 공개경쟁시험을 도입하는 실적주의개혁을 하였지만, 기존의 종신직을 그대로 유지하고 엘리트 중심의 일반행정가 원리를 존속시켜 왔다는 점이다. 즉, 기존의 직업공무원제를 토대로 여기에 실적주의가 가미되는 형태를 취하였다.

실적주의에서 이미 설명한 미국의 인사개혁과정은 영국의 점진적 개혁과는 매우 대조적이다. 미국의 엽관주의는 건국 초기부터 영국 교육의 영향을 받은 소수 엘리트들이 관직에 장기적으로 남아 상류계급의 이익을 대변해 오던 전통을 완전히 부정한 것이었다. 엽관주의는 평등주의라는 민주이념에 의하여 신분보장은 물론 관료의 엘리트주의도 모두 부정하였다. 대신 대통령에 대한 충성심을 기준으로 사회의 다양한 배경을 가진 대중적인 정당원들이 한시적으로 공직을 얻어 일하기 시작한 것이다. 엽관주의는 1883년 제정된 펜들턴법에 의해 실적주의로 대체되었다. 실적주의가 변화시킨 것은 누구에게나 똑같이 공직에의 기회를 부여

그림 4-1 공공기관 직업의 다양성

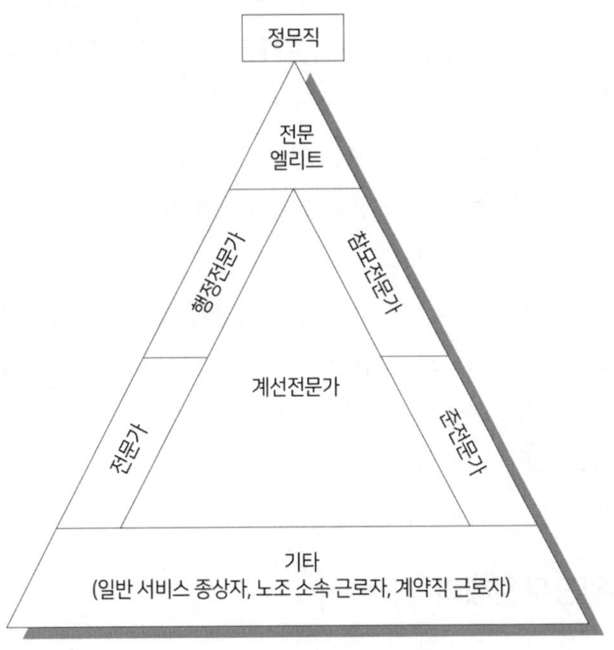

자료: 리차드 J, 스틸만 Ⅱ, 김번웅 외 공역, 「미국관료제론」, 대영문화사, 1992, p. 174.

하고 공직수행능력과 자격에 의하여 적격자를 선발하는 것이었다. 직업공무원제에 대한 관심은 1930년대에 가서야 한 정부보고서에서 직업공무원을 규정하고 각급학교를 졸업한 젊은 사람들로 신규채용하여야 한다는 제안을 하면서부터이다.[19] 직위분류제의 개방형 채용방식으로는 젊고 유능한 대학졸업자를 뽑아 공직에 오래도록 근무케 하기가 힘들다는 것을 인식하기 시작했다고 볼 수 있다. 그 뒤 채용, 교육훈련, 보수, 신분보장 등에서 직업공무원제의 요건들이 보완되어 왔다.

그러나 물론 미국관료제 내부를 들여다보면 매우 복잡한 구조로 되어 있다. 미국 공공부문에 종사하는 인력을 범주화한다면 [그림 4-1]과 같이 최소 8개 그룹으로 나눌 수 있다. 계선전문가(line professionals)는 행정업무를 집행(implementing)하는 공무원들을 지칭하며 미국 공무원집단의 대다수를 차지하는 중심을 이루는 축이 된다. 이에 비하여 기타에 속하는 그룹의(광의의) 공무원들은 실제 노동이나 현업업무에 종사하는 사람들이 대부분이다. 행정전문가(administrative professionals)들은 예산, 기획, 구매 등 전통적인 행정관리를 담당하는 공무원들을 지칭한다. 이상에서 언급한 여러 그룹에 속하는 공무원들은 대부분 실적주의를 적용받는 직업공무원의 범주에 들어가는 사람들이다. 이에 비하여 정무직과 이들 정무직을 측근에서 보좌하는 전문엘리트나 참모전문가는 엽관주의적 특성을 많이 갖는 공무원들이라고 볼 수 있다.

그렇지만 미국 공무원제도의 근본에는 민주와 평등이념이 항상 지배하고 있었다. 즉, 실적주의를 바탕으로 직업공무원제가 확립되기 시작한 것이다. 이런 의미에서 미국의 인사제도를 약한 형태의 직업공무원제라고 한다면 영국의 인사제도는 강한 형태의 직업공무원제라 할 수 있다.

2.3 직업공무원제의 기능

행정을 행정전문 직업공무원에게 맡기는 것은 무슨 의미가 있는가? 직업공무원제를 수립함으로써 어떤 효과를 기대할 수 있는 것인가? 그에 대한 대답은 공직의 안정성을 유지하고, 공직의 우수성을 확보하며, 공직의 윤리성을 지킬 수 있다는 것, 그것이 바로 직업공무원제를 수립하는 중요한 목적이자 기대하는 효과이고 또한 특성이다.

첫째, 직업공무원제는 공직의 안정성을 목적으로 탄생하고 발전되어 왔다. 프랑스나 한국의 경우에서 볼 수 있듯이, 급격한 정치변동에도 불구하고 정부의 단절이나 혼란 없이 안정적으로 국정이 지속되어 오는 데에는 정년퇴직까지 신분보장을 받은 직업공무원이 중요한 역할을 한 것이다. 오늘날에도 좌·우파 정권교체가 빈번한 의원내각제를 택하고 있는 독일이나 일본, 영국에서 정치적으로 안정된 미국보다 훨씬 강력한 직업공무원제를 유지하고 있는 것으로도 뒷받침된다.

둘째, 직업공무원제는 역사적으로 공직의 윤리성 확보를 중요한 목적으로 하고 있다. 공무원의 신분이 최고책임자의 결정에 의존하는 한 그 공무원은 임명권자 개인에 대한 충성을 우선시할 수밖에 없다. 그것은 최고책임자가 윤리성을 결여하였을 때조차 마찬가지이다. 직업공무원제의 탄생은 왕이나 대통령 또는 소수 권력에 대한 충성이 아니라 전체 국민에 대한 봉사자로서의 정치적 중립의 필요성이 계기가 되었다. 공익의 파수꾼을 기대한 것이다. 그러기 위해서는 어느 당파에도 기울지 않고 중립성을 유지할 것이 요구된다. 물론 이것이 공직의 정치적 무책임성을 말하는 것은 아니다. 선출직 공무원은 다수 국민의 뜻에 따라 직업공무원에 대하여 통제를 가하여야 하고 공무원은 이를 충실히 따라야 한다. 그러나 정치인이 개인적 이익 혹은 정치적 계산에 의해 부당한 명령을 할 때 직업공무원제는 공무원의 윤리성(전체 국민에 대한 봉사자)을 걸고 이를 거절할 것이 요구된다.

또한 영국의 왕실과 귀족에 의한 정실인사와 미국의 대통령에 의한 엽관인사에서 잘 나타나듯이 정치적으로 임명된 비직업공무원은 항상 부패의 이유 때문에 개혁의 대상이 되어 왔다. 직업공무원제는 정치부패로부터 오염되지 않는 공직을 담보할 수 있는 대안으로 고려되었던 것이다. 오늘날 거의 모든 국가가 직업공무원에게 요구하는 윤리강령(code of conducts)을 규정하고 있다. 직업공무원제의 윤리성을 강조하고 있는 가장 대표적인 나라로 싱가포르를 꼽는다. 싱가포르는 유능한 인재를 공직에 유입하여 깨끗한 공무원 윤리성에 의해 일류국가를 유지하고 있는 것이다.

셋째, 직업공무원제는 공직의 우수성을 추구한다. 정부의 일이 민간기업의 일보다 중요하다고 본 것이다. 정부의 일은 국민 전체에 영향을 미치는 것으로 공익을 추구하는 반면, 기업은 한정된 고객을 상대로 이윤을 추구하는 활동이다. 공무원이 수행하는 업무의 영향범위가 더 넓고 더 무거운 책임이 수반되기 마련이다. 즉 일의 범위나 가치면에서 정부의 일이 우선시되고 우월해야 한다. 따라서 이를 수행하는 공무원이 다른 어느 분야의 종사자보다도 유능할 것을 요구한다. 많은 국가에서 유능한 인재를 젊었을 때부터 공직에 유인하려는 직업공무원제 정립을 일찍부터 시도한 이유가 여기에 있다.

2.4 직업공무원제를 위한 조건

직업공무원제 목표를 달성하기 위해서는 제도적으로 신분보장과 젊고 유능한 인적 자원을 확보하는 것이 필요조건이다. 신분보장은 주로 공직의 안정성과 윤리성에 기여하게 되고, 유능한 재원의 충원은 주로 공직의 우수성 확보에 기여하게 될 것이다.

1) 신분보장: 신분상 불이익금지

신분보장은 정치의 부당한 압력으로부터 공무원의 권익이 보장되어야 하는 방어적 의미와 공직을 일생의 본업으로 하여 일할 수 있도록 신분을 보장해 주는 적극적 의미가 있다. 전자에 대해서는 이미 실적주의에서 언급하였다. 공무원의 신분은 정치적 정실이나 이해에 따라 자의적으로 영향을 받아서는 아니 되고 오로지 법이 정한 실적기준의 사유에 의해서만 결정되어야 한다. 여기에는 신분상의 직접적인 영향뿐만 아니라 객관적이고 공정한 직무수행을 방해하는 부당한 정치적 압력의 금지도 포함된다.

적극적인 의미의 신분보장은 종신형 고용보장이다. 물론 종신형이라고 하지만, 많은 국가가 60세를 전후하여 정년을 정하고 있다. 직업공무원제에서 이러한 산술적 정년보다 더 중요한 것은 정년까지 헌신적으로 열심히 일할 수 있도록 실질적 근무여건을 보장해 주는 것이다. 또한 공직에 계속 남아 있을 유인이 부족하여 이직하는 공무원이 많다면 공직의 지속성·안정성은 깨지게 되고 직업공무원제의 확립은 불가능한 것이다. 따라서 외부로부터 자리의 위협을 받지 않도록 해 주어야 하며, 승진의 기회를 부여하고, 공직근무 중에는 물론 퇴직 후에도 생계에 대한 걱정을 하지 않도록 보장해 주어야 한다.

평생을 공직에 헌신하도록 하기 위해서는 빈 자리가 생긴 경우 이에 대한 독점적 승진기회를 직업공무원에게 부여하여야 한다. 소위 말하는 폐쇄형 충원이다. 이렇게 되면 외부채용에 의한 자리 이외에는 자연히 공직 내부의 공무원들 중에서 승진이 이루어지게 된다. 승진시 연공서열에 의한 근무경력이 중요한 변수가 되는 것이 일반적이다. 그러나 연공서열은 승진을 통한 자기 발전의 기회보다도 오히려 능력 있고 의욕적인 젊은 인재에 대한 기회박탈을 가져오고 이들의 사기를 저하시키는 요인이 되기도 한다.

종신근무를 위협하는 최대의 적(敵)은 민간기업이다. 민간기업과의 보수차등이 심하고, 조직문화가 좋은 민간기업으로 전출자가 생기게 되고 비록 공직을 떠나지 않는 사람은 공직에 대한 자긍심과 충성심은 저하될 수밖에 없다. 따라서 직업공무원제를 수립하기 위해서는 민간기업과의 보수형평성을 유지하는 것이 무엇보다 절실하다. 최하위직 공무원의 경우에도 공무원 보수만으로 충분히 생계를 유지할 수 있는 수준이 되어야 한다. 특히 후진국에서 이 조건이 충족되지 않을 때 부패발생의 중요 원인이 되기 때문이다.[20] 싱가포르 공무원이 청렴한 것은 보수가 민간보다 높은 이유도 있다.

2) 젊고 유능한 인재의 채용

폐쇄형 충원제도로 인해 승진기회의 보장, 보수의 형평성, 적절한 연금제도는 유능한 인재들을 공직으로 유도하는 데 필요한 충분조건이다. 일찍 공직에 들어온 인재들이 꾸준한 능력발전을 할 수 있도록 여건을 만들어야 한다.

첫째는 적극적 모집과 선발방식의 다양화이다. 최근 민간부문에서는 모집의 방법이 매우 공격적이고 파격적인 것을 볼 수 있다. 선발방식도 무시험 추천에 의존하거나 인턴사원제 등을 도입하여 타당성을 높이면서도 종래의 시험에 대한 부담을 덜어주는 방식으로 변해 가고 있다. 우수인력의 채용은 민간기업과의 경쟁이다. 정부도 경쟁에 뒤떨어지지 않기 위하여 민간기업의 모집·선발방식을 적극 채택하려고 노력하고 있다. 그러나 시험분야의 세분화를 통한 대학의 다양한 전공자들에게 응시기회 부여, 타당성이 검증된 소수의 시험과목으로 과목을 축소하는 등 시험준비 부담을 과감히 줄일 필요가 있다.

둘째는 인적자원계획이다. 인적자원에 대한 장기적인 수요와 공급의 균형을 맞추어 나갈 수 있도록 하여야 한다. 그래야 승진적체 문제를 야기시키지 않고 또한 필요한 자원을 적시에 확보할 수 있다. 조직 내의 각 직위에 대한 앞으로의 증감에 따른 필요 인력 수와 현재의 인적 구성에서 나타나는 인사변동사항을 정확하게 파악하여 계획적인 인력수급은 물론 승진과 이동의 안정적인 관리가 요구된다. 인적자원계획은 이와 같이 우수인력의 채용뿐만 아니라 이들의 승진·이동관리·교육훈련관리와 밀접한 관련을 가지고 있다.

셋째는 능력발전의 기회를 부여하는 것이다. 개방형에서는 계급의 중간에 자리가 비더라도 그 일을 수행할 수 있는 능력과 자격을 가진 사람을 외부에서 선발하여 쓰기 때문에 교육훈련의 필요성이 줄어든다. 직무수행에 필요한 자격을 갖추어 상품가치를 높이는 것은 결국 자신의 문제라는 미국식 개인주의 사고가 여기에도 적용되고 있는 것이다. 그러나 내부에서 승진을 통해 자리가 채워지는 폐쇄형에서는 새로운 직무가 부여될 때마다 거기에 적합한 내부교육훈련이 뒷받침되어야 한다. 또한 특정직무의 종류에만 한정하지 않고 보다 다양한 직무를 담당할 기회를 부여하여 본인의 적성에 맞고 최고의 능력을 발휘할 수 있는 기회를 제공하는 것도 중요하다.[21]

2.5 직업공무원제의 경계선

1) 고위공무원: 직업공무원과 정무직의 분화

공무원은 현대사회의 환경이 요구하는 정치적 요구에 부응해야 하는데 관료제내부에서는 하급직보다는 고위직이 이러한 기능을 수행한다. 앞서 논한 신분보장은 중하위직 공무원에 해당되는 논의였다. 따라서 신분상 불이익의 금지와 실질적 고용보장은 사실상 일부 고위직에는 적용하기 어려운 요건이다. 그런데 계급제를 택하고 있는 한국의 관료제에서는 고위직이 신분상 정치의 영향을 많이 받으면, 비록 그 정도가 약화되기는 하나 중하위직에도 어느 정도 영향을 받게 된다. 따라서, 우리나라에서 직업공무원제를 확립하는 것은 정무직을 보좌하면서 행정의 역할을 수행하는 고위직을 어떻게 하느냐에 달려 있다.

이러한 논의는 '정치는 국민의 여론을 수렴하고 민주성을 확보하는 역할을 하는 반면, 행정은 주어진 목표를 청렴하고 효율적으로 집행하는 역할을 한다'는 분업의 원리를 전제로 하는 것이다. 즉, 정치와 행정의 역할이 이와 같이 구분될 경우 이 양자를 조화시키고 통합시키는 것이 고위공무원들의 일이고 이를 위해서는 고위공무원에게도 직업공무원적인 인사관리가 이루어져야 한다는 것을 의미한다.

현행 고위공무원단 제도 하에서는 보임 여부가 불확실한 상황에서 고위공직자들이 정치와 무관하게 소신껏 업무를 수행하기는 어렵다. 다음 자리를 위해 눈치를 끊임없이 봐야 하는 것이다. 따라서 영국의 사무차관과 같이 고위직 중 직업공무원은 신분상 보호를 받고, 그렇지 않은 고위직 자리는 철저히 정무직화하는 것이 필요하다고 하겠다.22)

2) 공무직

신분상으로는 직업공무원이 아니면서, 실제로 평생을 행정기관에서 종사하는 사람들이 많이 있다. 정부조직에서 행정과 정책업무를 하는 (직업) 공무원을 직·간접적으로 도와주는 여러 가지 필수적인 일들이 있다, 예컨대, '행정 실무원'이라고 해서 사무보조, 민원상담, 조리 등 지원을 하는 사람들이 있다. 민원업무가 없는 기관에도, 건물관리, 기계나 장비관리, 전기통신 시설관리, 등 '시설관리원'이란 사람들이 일하고 있다. 그리고 어느 기관이든 '환경미화직'에는 청소하는 사람들이 있다. 이들의 업무가 그 기관의 외부적 성과로는 나타나지 않을지 모르지만, 행정의 존속을 위해서는 필수적임을 알 수 있다.

이들을 전업직으로 고용할 여력이 없는 작은 조직은 외부위탁을 주기도 하지만, 많은 경우 자체직원으로 충원한다. 이들은 이전에는 상시적이고, 지속적 업무에 종사하지만, 보통은 1년을 기간으로 해서 매년 자동으로 계약을 연장하는 방식으로 고용이 이루어졌다. 하지만 이들의 고용안정성이나 복지측면에서는 문제의 소지가 많음도 인정할 수밖에 없다.

이런 문제를 해결하기 위해, 문재인 정부에서 도입한 제도가 있다. 근로기간이 정함이 없이, 즉 무기계약으로, 근로계약을 하는 '공무직 근로자'라는 범주를 만들었다. 이들은 신분상으로는 민간인으로 공무원법이 아닌 근로기준법하에 운용되는 인력인데, 실제 근무는 행정기관에서 정규적으로 사람들이다. 물론 이외에도 기간제 근로자라해서 일정 기간을 정하여 근무하는 사람들도 있다.

공무직은 공무원이 아니지만 무기직이기 때문에, 기관장이 인사권을 행사하는 직원이다 그리고 기관에 따라서는 정규직 공무원과 같은 업무를 수행하는 경우도 있다. 이 경우, 동일업무 동일보수라는 원칙에도 어긋한다. 이들을 공무원의 총정원을 관리하고 인사부서에서 종합적으로 관리를 하고, 채용과정에서 공정하게 하는 등 인사원칙이 지켜져야 한다.

2.6 직업공무원제의 적용방법

상술한 조건들을 충족시키는 직업공무원제를 수립한다 하여도 저절로 이상적인 인사행정체제가 되는 것은 아니다. 우선 국민에게 직접 책임을 지는 대표기관이 직업공무원을 완전히 장악하여 국민의 요구대로 정책을 실행하는 데 어려움이 많다. 대통령이 책임정치를 실현하기 위하여 필요한 인력을 공직에 임명하고 싶어도 직업공무원의 신분보장 때문에 이들을 교체시킬 수가 없다. 정치권력의 부당한 남용으로부터 공무원을 보호하기 위해 만들어진 직업공무원제가 대통령의 국정수행에 요구되는 공무원의 탄력적 운용을 제한시키는 것이다. 공직은 침체되고 경직되기 때문에 전체국민에 대한 봉사자로서의 본래 의무가 퇴색되어 버린다.

이러한 위험요소 때문에 직업공무원제의 범위와 정도에 대하여 어느 선에서 균형을 맞출 것인지가 주요 쟁점으로 떠오른다. 구체적으로 '직업공무원과 정치임명직과의 경계를 어느 선으로 할 것인가?' '외부 개방과 내부 교류의 범위는 얼마로 할 것인가?' 그리고 '신분보장은 어느 정도까지 허용할 것인가?'의 문제들이다. 이러한 범위와 정도에 대한 하나의 합의된 답을 찾는 것은 곤란하다. 다만 직업공무원제의 범위와 정도를 정함에 있어 주된 쟁점이 되고 있는 내용을 검토함으로써 이 문제에 대한 인식을 보다 정확히 할 수 있을 것이다.

첫째, 직업공무원과 정치임명직간의 경계 문제는 특히 최고위 관리계급에 대한 엽관적 임명을 어느 정도로 허용할 것인가로 요약된다. 분명히 어디까지라는 하나의 대답이 나올 수는 없다. 다만 지금까지 정치임명직의 범위가 상대적으로 넓었던 미국의 경우에는 신분이 보장되는 고위관리직(SES: Senior Executive Services)의 신설에서도 알 수 있듯이 직업공무원제적(계급제적)인 요소를 도입하려 하고 있고, 반면에 영국과 같이 직업공무원이 광범위하게 제도화된 상황에서는 고위계급에 대한 정치화의 범위를 넓혀 가려는 인식이 확산되고 있는 추세이다.

미국은 엽관주의에서 실적주의로 인사관리의 기본철학이 바뀌어 왔음에도 불구하고 아직 그 저변에는 민주원리에 따른 공직의 정치적 책임성 확보가 바탕을 형성하고 있다. 이러한 정치논리가 지배적인 영향을 미쳐 온 미국에서는 근래 직업공무원제의 확대를 통한 공직의 우수성에 새로운 관심을 가지기 시작한 것이다. 영국은 내각책임제에서의 잦은 정권교체와 그에 따른 공직 불안정에 대한 우려 때문에 강력한 직업공무원제의 전통을 가지고 있다. 그러나 직업공무원제의 폐쇄성에 대한 비판이 제기되면서 최근에는 공직의 민주성·대응성을 고려하기 시작한 것이다.

우리나라에서는 2006년 7월 1일부터 고위공무원단 제도가 도입되었고, 이것의 목적은 고위정책결정자 자리를 놓고 고급공무원들끼리 경쟁을 시켜 효율적인 관리를 하자는 것이다. 미국과는 정반대의 맥락에서 이 제도가 도입되었다. 그러나 고위직의 근무성과(performance)를 어떻게 객관적으로 측정하느냐는 여전히 문제로 남아 있다. 자칫 합리적인 각종 장치의 이면에 정치적 요인이 더 강하게 작용할 수도 있다.[23] 고위공무원의 정치화(politicization)가 더욱 심화되었다는 불만이 더 많이 나오고 있다.

둘째, 외부인사에 대한 개방성의 범위이다. 앞에서도 언급하였듯이 강한 직업공무원제일수록 외부충원을 철저히 봉쇄한다. 물론 전체 계급 중에서 몇 개의 계급을 외부경쟁으로 개방시키는 것(우리나라의 5, 7, 9급)까지 부정하는 것은 아니다. 그렇지만 이러한 부분적인 개방만으로는 공직의 대응성·민주성의 결여와 공직의 침체화·경직화를 막기 힘들다. 바로 이 점 때문에 미국에서는 공직의 개방성을 계속 유지하고 있다. 외부로부터의 개방적 충원이 가능하도록 함으로써 공직에 대한 일반국민의 비판적 시각을 전달하고 나아가 공직을 변화시켜 보려는 의도가

그림 4-2 직업공무원제의 범위와 정도에 관한 주요 쟁점

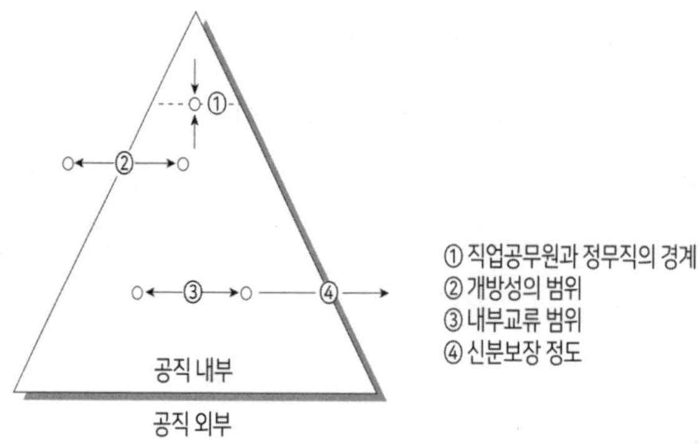

담겨 있는 것이다. 영국의 경우에 약간 다른 시각이기는 하나 최근 민간 부문과의 교류에 대한 인식이 높아지고 있다. 영국의 경우에는 국가 차원에서의 인력배분에서 공직부문에 너무 우수인력이 편중되어 있다는 반성에서 민간부문과의 교류 필요성을 인식하고 있다.[24)]

셋째, 내부교류의 범위이다. 직무의 종류가 유사한 경우에는 기본적으로 상호교류를 허용하는 것이 타당하다. 즉 범위결정의 합리적인 기준은 직무의 종류라고 말할 수 있다. 기술전문성이 고도화되면 될수록 상호교류의 범위는 좁아질 수밖에 없다. 그러나 고위직으로 올라갈수록 전문행정가이기보다는 일반행정가를 필요로 하고, 조직관리 능력이 필요하다. 인력운용의 탄력성이 요구되며, 전문성보다는 공익차원의 넓은 시각이 중요하다는 점에서 교류를 넓게 허용하는 것이 바람직하다. 특히 현대에 있어서 정부가 직면하고 있는 문제는 한 분야의 전문지식만으로 해결되기보다는 여러 지식분야가 상호협조하는 종합적인 접근을 요구한다. 직업공무원제는 젊은 시절에 공직에 입직하여 매우 다양한 직무를 경험할 기회가 주어지고, 이를 통해 능력개발의 기회를 갖게 되며, 성취욕구를 충족시킬 수 있다는 제도이다. 바로 이 점을 고려한다면 전문성이 강한 일부 직무를 제외하고는 기관 내에서의 다양한 직무간에 인적 이동을 활성화하는 것이 필요하다. 뿐만 아니라

기관간에도 서로 교류를 허용함으로써 타기관에 대한 이해를 높이고 이를 통해 기관간의 갈등을 조정하고 해결하는 데 기여할 수 있을 것이다.

마지막으로 신분보장의 정도문제이다. 앞에서 논의한 것처럼 신분보장은 소극적 보장과 적극적 보장으로 구분할 수가 있다. 소극적 보장은 미국이 취하고 있는 방식이다. 다시 말해 권익'보호'형 내지 정치권력 남용방지용 신분보장이다. 이 정도로는 직업공무원제를 강화하는 데는 한계가 있다. 다음으로 적극적 내지 권익 '신장'형 신분보장은 종신고용계약, 특히 정년형 신분보장이다. 우리나라, 영국, 프랑스, 독일, 일본 등이 이 방식을 택하고 있다. 그러나 국민의 요구에 대한 공직의 대응성 미약과 공직침체 그리고 나태로 인한 비효율성이 문제로 야기된다. 그 중간 형태가 군인이나 경찰에게 적용되고 있는 계급정년형 신분보장이다. 계급정년형이란 각 계급에서 상위직으로 승진하지 못하면 정년퇴직을 해야 하는 연령을 달리함으로써 능력 있는 사람만 승진하여 공직에 오래 머물게 하는 제도이다. 이는 양자의 절충형태로서 다른 직업공무원에 시사하는 점이 크다고 할 수 있다.

2.7 우리나라의 실태와 발전방향

우리나라는 공무원의 97% 이상이 국가공무원법의 직업공무원제 규정을 적용받는다는 점에서 직업공무원제가 상당히 정착된 나라이다. 그러나 직업공무원제가 추구하는 목적이나 제도수립을 위한 구체적인 인사활동을 살펴보면 그 내용이 부실하다.

첫째, 우리나라의 경우 그 동안 선거가 있을 때마다의 관권선거 시비와 공무원 인사 때마다 정치권 외풍에 대한 비난이 끊이질 않았다. 공무원의 정치적 중립이 지켜지지 않고 있는 것이다. 고위공무원 인사에 대한 정치의 영향력은 직업공무원제를 위협하는 가장 큰 요소이다. 즉, 실적에 의한 인사가 이루어져야 하는데, 대통령 등 권력자들의 '입김'에 의해 결정되는 경우가 많이 발생하고 있다.

둘째, 고위직에 대해 실적인사가 이뤄지지 않는다는 비판의 중심에는 대통령이 있다. 여기서 정무직 자리에 전문성은 '전혀' 고려하지 않아도 되느냐의 문제가 있다. 사전 인사승인이라 할 수 있는 '내락'제도를 통하여 대통령 비서실은 행정기관의 정무직 및 고위공무원과 이에 상당하는 특정직·별정직 공무원의 중요 인사문제를 미리 승낙받기도 하였다.25) 결국 공직내부 구성원이 수용할 수 있는 합리적이고 공정한 인사이기보다는 자의적인 인사권 행사의 가능성이 높다. 실제로 공무원의 절대다수가 인사의 공정성에 대하여 현재 상당한 불만을 표시하고 있다. 이러한 인사의 불공정한 관리는 공직의 안정보다는 공직의 동요와 불만을 더욱 조장하게 된다. 결론적으로 실적주의 원칙을 기초로 직업공무원제를 확립할 때 인사제도가 보다 합리적이고 공정하게 관리될 수 있을 것이다.

셋째, 공직에 대한 국민의 불신 문제는 우리나라 직업공무원제 확립에 또 하나의 걸림돌이 되고 있다. 유능한 인재를 정부로 유인하려면 공직 전체가 사회적으로 신뢰받아야 한다. 그런데 현재는 그렇지 못한 측면이 부각되고 있다. 불신의 가장 주된 이유 하나는 근절되지 않고 나타나는 공직부패이다. 새 정부가 들어서면 의례적으로 있어 온 공무원 사정이긴 하지만 그 때마다의 사정은 공무원에 대한 국민의 불신을 상당히 증폭시키는 결과를 초래한 것으로 보아야 할 것이다.

공무원 부패와 더불어 또 하나 지적할 것은 공무원의 능력과 태도에 관한 문제이다. 민간부분에 비하여, 시대변화를 읽지 못하고, 변화에 둔감하다는 문제가 있다. 기본적으로 우리 국민들의 기대수준이 높아서 신뢰성향이 낮은 면도 있다. 일반 국민의 경우 공공서비스에 대한 만족도와 정부에 대한 신뢰가 극도로 낮은 편이다.26) '깨끗한 공직자'의 이미지를 세우고 유능한 공직자를 유입하여 공직 전체에 대한 도덕성과 우수성을 높임으로써 공직에 대한 국민의 신뢰성을 회복하는 것이 무엇보다 중요하다. 개방형 임용으로 민간을 유입시키는 것도 중요하다.

넷째, 종신고용형 신분보장이다. 신분보장이 직업공무원제를 강화하는 중요한 요건임에 틀림없다. 우리나라에서 가장 큰 문제점 중의 하나는 공무원의 권익을 지켜 주고 우수한 자원을 공직에 헌신토록 하는 실질적인 '신분'보장이 되지 못하고, 정년인 60세까지는 적당히 해도 공직에 있을 수 있다는 식의 형식적인 '고용'보장이라는 점이다. 이제 능력 있는 공무원에게는 공직이 보람 있는 직장이 되도록 보장해 주고, 무능력한 사람은 공직에서 퇴출시키는 것이 필요하다. 이에 관한 제도는 있으나, 실제로 활용되지 않고 있다. 이에 대한 하나의 대안이 일부 직급에 대한 계급정년제의 도입이다.

이상의 발전방향을 요약하자면, 정치권력의 부당한 압력을 차단하여 공직의 안정성을 확보하고, 공직의 윤리성을 회복하며, 우수한 인재의 확보와 실적에 따른 인사관리로 공직의 우수성을 높이는 것으로서 직업공무원제의 목적과 결부된다. 물론 장기적인 과제로는 공직의 폐쇄화·전문화에 대한 우려에서 제기된 공직의 민주성·대응성을 어떻게 공직의 안정성·윤리성·우수성과 조화롭게 접목시킬 것인가로 모아질 것이다.

東西古今公私

공무직들 "공무원과 동일수당 달라" … 법원 "다른 집단"

정부의 비정규직 정규직 전환 정책에 따라 무기계약직으로 전환된 공공부문 근로자 387명이 "공무원과 동일한 수당을 달라"며 소송을 제기했지만 법원에서 기각됐다. 법원은 공무원과 공무직 근로자는 본질적으로 다른 집단이라고 판단했다.

원고인 공무직들은 고용노동부, 과학기술정보통신부, 농촌진흥청, 광주지방 · 고등법원, 충북대, 충남대 등 공공부문에서 청소, 회계, 민원안내 등을 담당하는 직원들로 2017년 문재인 정부의 '공공부문 비정규직 근로자 정규직 전환 추진계획'에 따라 계약직에서 무기계약직으로 전환됐다.

이들은 일반 공무원에게 주어지는 가족수당, 자녀학비보조금, 복지포인트, 명절 휴가비가 자신들에게 지급하지 않은 것은 위법이라며 소송을 냈다. 이들은 "공무원과 무기계약직은 본질적으로 동일한 집단"이라며 "수당의 차별 지급은 근로기준법 6조가 금지하는 '사회적 신분에 따른 차별적 처우'에 해당하며 헌법상 평등권에도 위배된다"고 주장했다. 또 "무기계약직 차별을 해소하겠다는 내용이 담긴 정규직 전환 추진 계획에 대한 공무직들의 신뢰를 위반한 것"이라고 강조했다.

재판부는 원고들의 주장을 받아들이지 않았다. 법원은 "청소, 회계, 민원안내, 회계 업무 등은 본질적으로 공무원 업무와 동일한 가치 아니므로, 수당을 차별 지급하는 것은 불합리한 차별이 아니다"라고 지적했다. '무기계약직'은 차별이 금지되는 '사회적 신분'도 아니라고 봤다. 재판부는 "사회적 신분은 고정적이거나 선택이 불가능해야 하지만, 무기계약직은 그렇지 않다"며 "사용자가 무기계약직을 일방적으로 강요한 게 아니다"라고 설명했다.

근로자들의 신뢰를 위반했다는 주장에 대해서도 "정규직 전환 추진계획은 무기계약직 근로자에 대한 처우개선을 자율적 사항으로 명시하고 있다"며 "수당 등을 공무원과 동일한 수준으로 지급한다는 정부의 공적인 견해 표명으로 보기 어렵다"고 설명했다.

출처: 한국경제 2022.12.27. 일부발췌.

04 참/고/문/헌

1) Frederick Mosher, *Democracy and the Public Service*, 2nd ed., New York: Oxford University Press, 1982, pp. 58－64.

2) A. Jackson, "First Inaugural Address," in *Inaugural Addresses of the Presidents of the United States*, Washington D.C.: U.S. Government Printing Office, 1965, p.5 7.

3) Jay M. Shafritz, Norma M. Riccucci, David H. Rosenbloom, and Albert C. Hyde, *Personnel Management in Government*, 4th ed., New York: Marcel Dekker, Inc., 2012, p. 293.

4) Steven W. Hays and T. Zane Reeves, *Personnel Management in the Public Sector*, Dubuque, Iowa: Wm. C. Brown Publishers, 1989, p. 16.

5) *Ibid.*, pp. 16－17.

6) Paul P. Van Riper, *History of the United States Civil Service*, Evanston, IL: Row, Peterson, and Company, 1958, pp. 101－102.

7) Hays and Reeves, *op. cit.*, p. 19.

8) 리차드 J, 스틸만 Ⅱ, 김번웅 외 옮김, 「미국관료제론」, 대영문화사, 1992, p. 185.

9) 임도빈, 「행정학」, 박영사, 2018, p. 22.

10) 상게서, p. 371.

11) Hays and Reeves, op. cit., pp. 35－37.

12) J. Donald Kingsley, *Representative Bureaucracy: An Interpretation of the British Civil Service*, Yellow Springs, OH: Antiock University Press, 1994, p. 194.

13) Personnel Management Project, *Final Staff Report and Appendices to Final Staff Report*, Washington D.C.: U.S. Government Printing Office, 1977; Robert D. Lee, Jr., *Public Personnel Systems*, 3rd ed., Gaithersburg, ML: An Aspen Publication, 1993, pp. 25－26.

14) State of Minnesota v. City of St. Paul, 1990; Dothard v. Rawlinson, 1997; Richard D. Arevey, Steven M. Nutting & Timothy E. Landon, "Validation Strategies for Physical Ability Testing in Police and Fire Settings," *Public Personnel Management*, vol. 21, pp. 301－312.

15) 김다니, "고위 공직자의 정치적 중립훼손경험과 인식," 서울대 행정학석사 논문, 2017.

16) 임도빈, 「비교행정학」, 박영사.
17) 임도빈, 「행정학」, 박영사, 2018, pp. 403－405.
18) Report on the Organisation of the Permanant Civil Service, Together with a Lether from the Rev. B. Jowelt. House of Comnons, 1854(http://www.ciilserbant.org.uk/northcotetrevelyan.pdf).
19) Mosher, *op. cit.*, pp. 56－80.
20) 임도빈, 전게서, p. 475.
21) 강신택, "직업공무원제도의 정치적 맥락," 「행정논총」 제26권 제2호, 1986.
22) 임도빈, "정부조직의 재설계; 최고조정체계를 중심으로," 「행정논총」 제42권 제3호, 2005.
23) 임도빈, "고위공무원단제를 우려한다," 「한국경제신문」, 2004. 12. 5.
24) Felix A. Nigro and Lloyd G. Nigro, *The New Public Personnel Administration*, 3rd ed., Itasca, IL: F.E. Peacock Publishers, Inc., 1986, p. 103.
25) 조석준·임도빈, 「한국행정조직론」, 법문사, 2016.
26) 임도빈, 전게서, pp. 490－491.

CHAPTER 05

공직의 분류제도: 계급제와 직위분류제

식물학자나 곤충학자가 맨처음에 한 것은 연구대상을 일정한 기준에 따라 분류하는 일이었다. 마찬가지로 100만개가 넘는 공직을 각각 개별적으로 관리할 수는 없기 때문에 동일한 성격의 공직을 한데 묶어 동일하게 취급하는 것이 필요하다. 공직의 분류는 공직의 구조화 내지 공직의 배열을 의미한다.

공직의 분류는 인적자원을 체계적이고 효율적으로 관리하고 일을 공평하게 부과하며 보상하기 위하여 인사행정에서의 필요한 과정이다. 즉 성격이 유사한 공직을 한데 묶어 선발과 교육훈련을 실시할 수 있고 또한 동일한 보수를 제공하는 기준으로 활동한다.[1] 공직의 분류는 공무원의 채용에서부터 승진 및 인사이동의 경로 등 인적자원관리의 모든 활동에 직·간접으로 영향을 미친다.

분류의 대상은 당연히 공직이다. 그런데 공직은 그 자체만으로는 어떤 성과도 이루어질 수 없으며 그 직무를 수행하는 사람을 필요로 한다. 인사행정에서 직무와 사람(개인)은 동전의 양면처럼 결코 떼어서 생각할 수 없다. 이는 공직을 분류하는 경우 사람을 기준으로 할 수도 있고 직무를 기준으로 할 수도 있음을 말해주는 것이다. 전문적인 용어로 전자와 같이 사람을 기준으로 분류하는 방식을 계급제, 후자의 경우처럼 직무를 중심으로 분류하는 방식을 직위분류제라 부른다.

1. 계급제

1.1 의 의

사람을 중심으로 공직자의 계급을 나눈 전통은 일찍이 조선시대의 '정1품이니 종9품'이니 하는 데서부터 찾아볼 수 있다. 우리나라 군대의 이병에서 대장까지의 계급체계도 전형적인 계급제의 한 예이다. 역사적으로 이러한 계급제의 전통을 가진 우리나라는 사람 중심의 분류는 정부뿐만 아니라, 일반기업에서도 널리 제도화되어 있다.

그렇다면 사람을 서로 다른 계급으로 나누는 보다 구체적인 기준은 무엇인가? 그것은 사람의 특성, 즉 사람이 지니고 있는 학력·경력 등의 자격 내지 일을 수행할 수 있는 능력이 된다. 이러한 기준에 따라 부여된 계급은 사람에게 늘 붙어 다니게 된다. 소장(★★)의 계급은 전방에서 사단장을 하든 육군본부에서 참모역할을 하든 항상 사람을 따라다니기 마련이다. 이와 같이 계급이란 사람이 어떠한 일을 수행하느냐에 따라 변하는 것이 아니다. 오히려 그 계급이 어떠한 일을 할 수 있는가를 결정지워 준다. 즉 동일한 계급에 속한 사람들은 그들이 수행하는 직무의 성격에 무관하게 모두 동일한 자격과 능력을 갖춘 것으로 간주된다.

1.2 특 성

계급제의 특성은 계급군간의 폐쇄성과 차등화, 계급과 신분의 동일시, 일반행정가의 강조, 그리고 폐쇄형 충원을 들 수 있다. 이들 특성은 계급제의 전형(典型)에서나 찾아볼 수 있는 것으로, 현대에는 이의 변형 내지 직위분류제 요소가 가미된 다양한 형태가 나타나고 있다는 점을 염두에 두고 이해해야 한다.

1) 계급군간의 차등성

계급제에서는 공직을 수행하는 사람의 자격과 능력을 기준으로 여러 계급(grade, rank)으로 나누게 된다. 그런데 이들 계급들은 다시 자격과 능력의 질적 수준이 유사한 것들을 묶어 하나의 계급군(class, category)으로 구분하여 이해할 수 있다.

이러한 계급제는 직업의 분화가 심하지 않았던 농경사회의 전통을 가진 영국, 독일, 프랑스, 그리고 아시아의 많은 국가에서 주로 채택되고 있다. 계급의 구분은 교육제도와 깊이 연관되어 있다. 즉 행정계급군은 4년제 대학, 집행계급군은 전문대학, 그리고 서기계급군은 고등학교 이하의 학력과 대응관계를 가지고 있다.[2] 계급제의 특성은 이들 계급군간에 경계가 구분되어 있기 때문에 타계급군으로의 상승이동이 어렵다는 점이다. 충원과정에서부터 각 계급군은 서로 다른 경로를 통해 이루어지며, 일단 어느 한 계급군에서 공직을 출발하게 되면 그 계급군 내에서만 승진이 이루어지는 것이 보통이다.

우리나라에서 계급제의 전형이라고 말할 수 있는 군인이나 경찰의 경우 계급군(예를 들어 사병, 하사관, 장교)간에 엄격한 구분을 둔다. 각 계급간 승진을 어렵게 하고 심지어는 계급정년을 두어 정해진 기간 내에 승진을 못하면 옷을 벗도록 하는 규정을 두기도 한다.

일반공무원의 경우에는 6급 이하와 5급 이상의 두 계급군간에 구분이 있다. 채용시험의 수준을 달리하여 차별화시키고 있다. 특히 9급이나 7급으로 공직에 발을 들여 놓은 공무원이 6급까지는 근무연수를 기준으로 무난히 승진할 수 있지만 5급으로의 승진은 상대적으로 기회가 제한되어 있어 두 계급군간에 어느 정도의 폐쇄성을 유지하고 있다. 중앙부처의 경우 6급 이하의 계급군은 일반서기 내지 집행업무를 주로 담당하는 실무계급이며 5급 이상의 계급군은 부하에 대한 감독관리 책임이 수반되고 정책결정에 보다 직접적으로 참여하는 관리계급이다. 행정이외의 연구나 지도업무분야에 있어서도 官계급과 事계급으로 나뉘어져 연구관·연구사와 지도관·지도사로 부르고 있다. 이들 계급에 대한 명칭에서도 잘 나타나듯이* 5급 이상의 官계급에 대하여 제도적으로나 사회적으로 훨씬 높은 평가를 부여하고 있다. 이는 조선시대 때부터 관직을 당상관·당하관 및 참상관·참하관으로 구분하여 신분이나 예우상 차이를 두어 온 전통과 맥을 같이하는 것으로 볼 수 있다.**

계급제 전통의 대표적 국가인 영국의 경우 과거에 관리나 서기계급군에 속한 공무원은 정책결정의 역할을 수행하는 행정계급군의 자리까지 올라갈 기회가 극히 제한되었다. 특히 과학자나 공학도를 비롯한 전문직업인이 행정계급군에 적게 포함되어 있기 때문에 이들이 우수한 정책결정능력을 가지고 있다 하더라도 정책수립에 참여할 기회가 원천적으로 봉쇄되고 만다. 대신 정책결정 역할은 행정계급군의 다수를 차지하는 일반행정가들이 담당하도록 되어 있었다.[3]

계급군간의 이러한 엄격한 구분은 당연히 각 계급군에 대한 사회적 평가와 보수상에 분명한 차등화를 가져오게 된다. 일단 행정계급군의 초입직으로 출발하면 최고위직까지의 승진이 어느 정도 보장되고 국가정책에 중요한 영향을 미친다. 따라서 행정계급군에 대한 사회적 평가는 높을 수밖에 없고, 옥스퍼드대학이나 케임브리지대학 출신의 엘리트들이 다수를 차지하였다.[4] 1968년 풀턴위원회 (Fulton Committee)의 행정개혁 보고서는 바로 이 행정계급군의 폐쇄성과 사회적 대표성의 결여를 지적하고 있다.[5]***

2) 일반행정가의 원리

공무원(행정인, 행정가)은 그 전문성에 따라 크게 일반행정가(一般行政家: generalist)와 전문행정가(專門行政家: specialist, professionalist)로 나눌 수 있다. 축구에

* 6급 이하의 서기보, 서기, 주사보, 주사; 5급 이상의 사무관, 서기관, 부이사관, 이사관, 관리관.

** 조선시대의 관료계급은 크게 9品으로 나누고, 각 품은 다시 正·從으로 구분하여 18品階를 기본으로 구성되었다. 또한 종6품 이상의 각 품계는 다시 상·하계를 두었다. 堂上官은 이 중 정3품 상계(통정대부) 이상의 관리층으로 영감이라는 칭호가 주어졌으며, 堂下官은 정3품 하계(통훈대부) 이하의 관리층을 말한다. 당하관은 다시 종6품 이상의 참상관과 정7품 이하의 참하관으로 분류하였다

*** 영국은 1971년 행정·집행·서기계급군을 행정직 그룹에 통합시켜 전통적으로 내려온 계급군의 구분을 제거하였다. 그러나 아직 행정현장에서는 이러한 계급구분 전통이 남아 있다

비유하자면 공격이나 수비 그 중에서도 오른쪽인지 왼쪽인지 자기가 맡은 위치가 정확하게 정해지고 그 위치에서의 임무만 충실히 수행할 것이 요구되는 포지션 플레이어(positon player)를 전문행정가라 할 수 있다. 한편 공수·좌우 구분 없이 어느 위치에서나 플레이할 수 있는 올라운드 플레이어(all-round player)를 일반행정가에 비유할 수 있다. 계급제는 직위분류제에 비하여 상대적으로 올라운드 플레이어인 일반행정가를 강조하게 된다.

계급제의 전통을 유지하여 온 영국의 예를 다시 보면, 행정계급군에 속하는 공무원은 역사나 고전을 포함한 인문과학의 교육적 배경을 가진 일반행정가들로 구성된다. 이들은 특정 학문분야의 구체적이고 깊이 있는 지식을 가진 전문가를 지향하는 데 장애가 될 수 있다. 더구나 승진하고자 하면 어느 한 분야에만 계속 근무하는 것이 아니라 중요 보직을 순환보직시킴으로써 다양한 업무수행능력을 키워야 한다. 이와 같은 일반행정가의 강조는 상대적으로 전문행정가에 대한 불공평한 차별로 이어질 수 있다. 일반행정가가 임용될 수 있는 보직은 많은 데 비해 전문행정가에게는 자신의 전문분야 직무 내에서만 승진과 이동이 허용되기 때문이다. 그러나 계급제의 운영방법에 따라 전문가의 양성도 가능하다. 즉 이것은 보직관리의 문제이다. 계급제를 택하고 있는 프랑스의 공무원이 직위분류제를 택하고 있는 미국의 공무원보다 전문성이 낮다고 단정하기는 어렵다.

계급제의 이러한 특성은 우리나라에도 적용하여 생각할 수 있다. 사농공상의 신분차별은 과학이나 전문기술을 요구하는 업무를 천시하는 경향이 강했고 선비로서 자신의 수양을 바탕으로 한 정치와 윤리에 대한 폭넓은 지식을 중시하였다고 볼 수 있다. 문관중시의 역사적 전통은 기술직 천대라는 문제로 연결된다. 기술직 공무원도 계급제 속에 들어가 있지만, 상위직으로 올라갈수록 일반행정직으로 통합되게 되어 있다. 즉, 고위직으로 올라갈수록 특정 분야의 기술전문가보다는 시야가 넓은 일반행정가가 요구된다. 국민과의 관계를 비롯한 정치적인 시각에서 행정현상을 바라보는 능력이 필요하다. 나아가서 부하직원에 대한 관리를 해야 하기 때문에 조직 및 인사관리라는 측면에서 일반행정가적 특성이 요구된다. 그러나 기술직 천대의 문제는 계급제 자체의 문제가 아니고 그 운영의 문제이다. 중국의

경우 기술직출신이 주석과 같은 최고위 자리에 올라가는 경우를 자주 볼 수 있다.[6)]

3) 폐쇄형 충원

폐쇄형 충원은 공직에서 자리가 비었을 때 그 빈자리를 내부 사람중에서 인사이동이나 승진을 통해 채우는 것을 의미한다. 계급제에서는 공석의 충원을 내부에서 해결하게 된다. 폐쇄형이라 하더라도 각 계급군의 출발계급은 외부에서의 공개경쟁에 의한 충원을 하게 되며, 그 다음 계급부터는 외부 사람에게 문호를 열어 놓지 않는다는 의미이다. 우리나라의 경우에도 정치적으로 임명되는 장·차관급 등 정무직이나 별도로 정해 놓은 제한된 자리에 임명되는 별정직 공무원을 제외하고는 계급 중간에 빈 자리가 생겼을 때 폐쇄형 충원을 따르고 있다. 최근 이 중 일부를 개방형직으로 지정하여 외부채용을 하는 추세이다.

4) 계급의 신분화

계급제에서 계급은 사람에게 항상 붙어 다니게 된다. 상위계급군으로 올라갈수록 사회적 평가가 높아지기 때문에 이를 신분의 상승으로 여기게 되고 계급군을 신분과 동일시하려는 경향이 강해진다. 계급은 곧 신분을 상징하는 것으로 이해하게 된다. 따라서 정책결정권을 가지는 상위계급은 소수의 명문대 출신에 의해 과점되고 특권신분화하는 현상까지 나타나게 된다. 계급제와 신분사회가 상호공생의 관계를 유지할 수 있는 이유가 여기에 있다. 우리나라에서도 몇 급이라는 말 이외에 9급에서 1급까지 서기보, 서기, 주사보, 주사, 사무관, 서기관, 부이사관, 이사관, 관리관 또는 고위공무원단이라는 명칭을 부여함으로써 이것을 곧 신분으로 연결시켜 생각하게 된다. 특히 5급부터 시작되는 명칭에는 '官'이라는 접미어가 붙으면서 권위와 신분의 상징으로 받아들여지고 있다. 5급 이상의 공무원이 명함을 새길 때 '○급'보다 '○○관'이라는 계급명칭을 선호하는 것도 신분을 인정받고 싶은 욕구의 표현으로 해석할 수도 있을 것이다. 하급직 공무원들은 '사무관'을 달아야 족보에 쓸 수 있다고 생각할 정도로 신분상승열망이 크다.

5) 신분보장

계급제하에서는 공무원의 신분이 강하게 보장된다. 충원이 폐쇄적으로 이루어지고 일반행정가 중심의 공무원 구성에서 이미 신분보장은 이뤄질 수 있다. 이직이나 정년퇴직에 의한 빈 자리의 경우에는 말할 것도 없고 조직개편에 의해 자리가 완전히 없어졌다 하더라도 조직에서 퇴출되는 일은 극히 드물다. 공무원의 신분이 특정 자리에 의해서가 아니라 공직 전체 속에서 부여받은 것이기 때문이다. 만약 자리가 없어졌다 하더라도 전체 공직 차원에서의 조정을 통해 새로운 자리에 임명된다. 계급제 하의 공무원은 사람 중심으로 채용되었기 때문에, 자리와 생존을 같이해야 하는 직위분류제하의 공무원이나 우리나라에서의 별정직 공무원과는 크게 구분되는 측면이 있다.

1.3 장점과 단점

계급제의 장·단점은 위에서 살펴본 특성에서 유추할 수 있다. 그러나 이하에서 서술되는 장·단점은 계급제 자체가 가진 특성이라고 단정짓는 데에는 주의를 요한다. 좀더 정확한 표현은 계급제가 잘 운영되었을 경우(장점)와 잘못 운영되었을 경우(단점)에 나타날 수 있는 특성들이라고 할 수 있다.

계급제의 장점으로 첫째, 인적자원을 탄력적으로 운용할 수 있다는 점을 지적할 수 있다. 특정분야의 전문지식만을 지니고 있는 사람은 이 자리 저 자리에 융통성 있게 쓰기가 곤란하다. 일반적인 행정실무 및 정책능력을 바탕으로 공석이 생기면 다양한 자리를 맡아 할 수 있도록 훈련된 일반행정가는 필요에 따라 신축적으로 보직관리할 수 있다는 장점이 있다.

둘째, 계급제는 직업공무원제의 확립에 유리하다. 직업공무원제란 공직을 전생애의 천직으로 여기고 이를 통해 생계를 유지하며 삶의 보람을 찾도록 제도화한 것이다. 계급제의 특성인 내부에서의 승진기회 부여와 신분보장은 이를 뒷받침하는 것이다. 제4장에서 서술한 직업공무원제의 수립요건들이 계급제의 특성과 일치되는 것이 많음을 알 수 있다.

셋째, 여러 부서의 많은 직무를 경험하기 때문에 넓고 전체적인 시각을 갖게 된다. 즉 자기 부서만의 협소한 이기주의에서 벗어나 다른 부서에 대한 이해를 증진시키고 협력이 수월해질 수 있다.

계급제는 잘못 운영되면 다음과 같은 단점을 가질 수 있다. 다만, 아래의 단점을 보고 계급제는 마치 본질적으로 실적주의를 저해하는 것처럼 이해해서는 안 된다.

첫째, 사람을 기준으로 인사관리가 이루어지다 보면 객관적인 기준보다 연공서열과 같은 주관적·편의적 기준을 적용하기 쉽다. 예를 들어 인간관계를 중시하는 문화에서 무능한 사람을 내쫓고 싶어도 신분보장 때문에 결국 그 사람을 위해 자리를 만들어 주어야 하는 위인설관(爲人設官)식의 인사배치가 이루어지기 쉽다.

둘째, 계급군간의 승진의 폐쇄성, 외부 인사에 대한 충원의 폐쇄성, 그리고 신분보장은 공직사회를 일반사회와 격리시키고 국민의 소리에 민감하게 대응하지 못하도록 할 수 있는 단점이 있다. 폐쇄성은 공직사회의 정체와 부패를 낳고 특히 일부 고위계급의 경우에는 특권계급화 내지 특권집단화를 가져오게 된다. 결국 환경의 변화와 요구에 적절하게 대응하지 못하는 반응성(responsiveness) 결여 문제를 야기시킬 수 있다.

셋째, 계급제하에서는 보수와 업무부담의 형평성을 결여하기 쉽다. 보수가 형평에 맞게 이루어지려면 맡은 바 직무가 얼마나 어려운지, 책임은 얼마나 따르는지를 고려하여 결정하여야 한다. 그러나 계급제는 사람을 계급화하고 계급을 기준으로 보수가 결정되기 때문에 같은 보수를 받으면서도 어떤 사람은 하는 일이 쉽고 양도 적은가 하면 어떤 사람은 하는 일이 어렵고 그 분량도 많은 불공평을 가져올 수 있다. 특히 일의 범위와 내용이 정해져 있기보다는 직무를 담당한 사람의 능력 여하에 따라 늘기도 하고 줄기도 하는 임의성마저도 배제하기 곤란하다.

넷째, 소속된 조직에서만 보직이동이 되면 그 조직에 대하여 우리 부처라는 과잉 동일시 성향이 생길 수 있다. 이것이 지나치면 부처이기주의가 나타나 종합성을 띄어야 하는 행정업무를 수행하는 데 저해요인이 된다. 그러나 이것은 앞에서 언급한 세 번째 장점과 대조되는 것으로 보직관리의 단위가 무엇이냐라는 문제라고 할 수 있다. 프랑스의 경우 부처이기주의보다는 공무원단(corps) 단위의 이기주의가 문제시된다.

끝으로, 일반행정가는 필요한 곳에 시의적절하게 인적자원을 탄력적으로 활용할 수도 있지만 한 가지 일을 깊이 있게 아는 전문가를 양성하기에는 곤란하다. 현대의 정보화·전문화의 시대에는 한 사람이 이것저것 모든 문제를 이해하고 해결하기에는 너무 많은 정보가 넘쳐흐르고 있다. 어느 한 분야의 전문가가 되어야 문제를 보다 효율적으로 해결할 수 있는 경우가 많다. 직업의 분화가 심하지 않았던 농경사회나 전근대사회에서는 일반행정가가 더 유용할 수 있겠지만 현대의 산업사회와 후기산업사회에서는 전문행정인을 더 필요로 할 수 있다.*

2. 직위분류제

2.1 의 의

직위분류제는 사람이 맡아 수행하게 되는 '직무'와 그 직무수행에 수반되는 '책임' 등 '자리'를 기준으로 분류하는 방식이다. 여기에서 직위(position)란 자리, 즉 '한 사람이 맡아 수행할 수 있는 직무와 책임'을 말한다. 직위분류제는 계급제와는 달리 어떤 직위가 없어지면 그를 담당하던 사람도 존재의의가 없어지게 된다. 미국의 경우, 구조조정에 따라 자리가 축소되면 그 사람은 해고가 된다는 것을 의미한다. 즉, 직위분류제와 계급제는 그 분류대상과 기준에서 차이가 있다. 계급제가 '사람'을 대상으로 그 사람이 일을 '얼마나 잘' 수행할 수 있고 주어진 책임을 '얼마나 효과적으로' 감당할 수 있는가를 기준으로 분류하는 것이라면, 직위분

* 이 논의에서는 '전문가'가 무엇인가를 잘 정의해야 한다. 즉, 고위직이 가져야 하는 정책판단능력이나 조직관리능력도 전문가의 요건으로 간주되어야 한다. 전문가란 예컨대 '원자력' 전문가 등 과학 혹은 기술적 전문지식소유 여부를 지칭하는 것만은 아니다.

류제는 사람이 하는 '일'을 대상으로 그 일이 '무엇'이며 그에 따르는 책임이 '어느 정도'인가를 기준으로 분류하는 것이다.

직위분류제는 산업사회의 전통과 능률적 관리가 강조되어 온 미국에서 시작되어 각국으로 확산되었다. 미국의 경우 직위분류제 발전은 과학적 관리론과 밀접한 관계가 있다. 직무를 분석하여 1인이 수행할 수 있는 적정량을 정하고 전체 조직업무를 체계적으로 분업화함으로써 조직의 효과성이 달성된다고 본 것이다. 사람보다 직무의 구조적 배열을 중시한 과학적 관리 사상이 직위분류제에 반영되어 있는 것이다. 한편 민간부문과는 달리 정부부문에서는 '동일업무에 대한 동일보수'라는 보수의 형평성 요구와 실적주의제의 요구가 직위분류제의 출발에 시동을 걸었다고 할 수 있다.7)

직위분류제는 현재 미국을 비롯한 호주, 뉴질랜드 등 즉 일부 영미문화권 국가에서 각종 채용이나 승진 등의 인사결정에서 결정의 타당성을 확보하기 위하여 활용되고 있다. 인사행정에서 소수민족이나 여성에 대한 차별문제로 법적 시비가 일 수 있어서 결정의 정당한 근거를 사람이 아닌 직무에서 찾기 때문에 발달한 것이다. 이와는 달리 우리나라와 같은 계급제의 전통 내지 연공서열식 인사문화에서는 공직의 생산성을 강조하면서 직위분류제에 대한 관심이 커지고 있다. 즉, 공직의 전문성을 높여 관료제의 효율성은 높이기 위해 도입되었다.

용어 해설

- 직위(position, 職位): 1인의 공무원이 담당할 수 있는 직무와 책임
- 등급(grade, 職級): 직무의 종류, 곤란성과 책임도가 상당히 유사한 직위의 군
- 직렬(series, 職列): 직무의 종류가 유사하고 그 책임과 곤란성의 정도가 상이한 직급의 군
- 직군(group, 職群): 직무의 성질이 유사한 직렬의 군
- 직류(sub-series, 職類): 동일한 직렬 내에서의 담당분야가 동일한 직무의 군

직위분류제는 직위를 기본단위로 하여 이를 수직·수평으로 배열하여 구조화하게 되는데, 이 때 여러 가지 기술적인 용어가 등장한다. 우리나라 국가공무원법에는 직위, 직급, 직렬, 직군, 직류의 용어를 사용하고 있다(용어 해설 참조). 이들 용어에 대한 정확한 이해는 직위분류제를 이해하는 데 있어 필수적이다.* 이에 대한 부연설명을 하도록 한다.

직위는 '한 사람이 담당하는 자리'라는 뜻과 통용하여 사용할 수 있다. '이번에 어느 자리가 빈다더라', '어느 자리로 옮긴다더라'는 말에서 유추할 수 있듯이 자리는 사무실에서의 책상과 의자의 한 조를 생각하면 되고, 그것을 편의상 직위라 이해할 수 있다. 물론 직위분류가 되어 있지 않은 계급제적 상태에서 자리라는 말에는 일의 내용이나 책임이 모호한 상태이지만 그것을 과학적으로 분석하여 직무의 내용을 분명히 하게 되면 직위와 동일한 의미가 된다. 기술적으로 말하자면 한 사람의 근무를 요구하는 직무와 책임이라고 정의할 수 있다.

좀더 세분한다면 직위는 직무의 종류 내지 성질의 측면과 직무의 난이도와 책임도 측면으로 나누어 생각할 수 있다. 다음 [그림 5-1]에서 직무의 종류는 모양으로, 곤란도와 책임도는 크기로 표시된다.

무질서하게 흩어져 있는 그림(직위)의 모양을 기준으로 배열한 것이 가운데 그림이다. 이렇게 모양별로 열(列, 앞줄)을 맞추어 앞으로 나란하게 정렬시킨 것이 직렬이다. 직무의 종류는 같지만 크기가 다른 데서 그 곤란도와 책임도는 차이가 있음을 알 수 있다. 이 직렬을 기준으로 유사한 직렬을 합쳐 대단위로 묶으면 직군이 되고, 직렬 내에서 직무의 성질이 더욱 유사한 것끼리 모아 세분류하면 직류가 된다.

직위분류제에서 또 하나 중요한 용어가 등급(grade)이다. 등급은 [그림 5-1]에서 모양은 다르지만 크기가 같도록 오(伍, 옆줄)를 맞추어 옆으로 정렬한 것이다. 즉, 직무의 종류(모양)는 다르지만 곤란도와 책임도 측면(크기)에서 유사하다는 것을 의미하고 동일한 보수를 지급하게 된다. 앞에서의 직렬, 직군, 직류가 모양을

---

* 계급제에서 수직적 이동을 제한하는 계급(class)은 직위분류제에서는 존재하지 않는 대신, 등급(grade)이란 개념이 사용된다.

그림 5-1 직위분류 관련용어의 도식적 이해

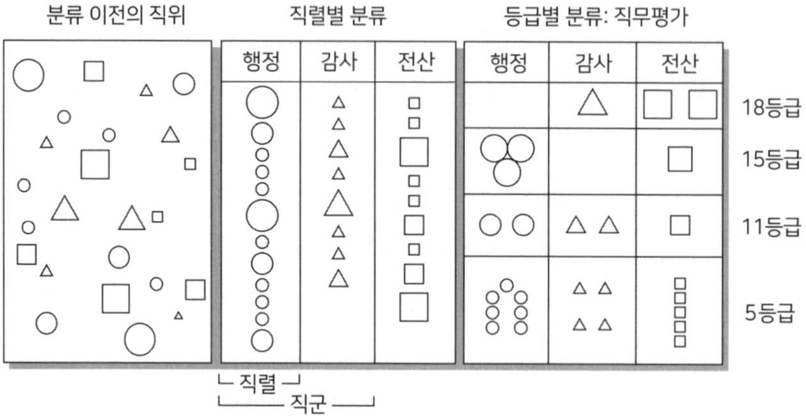

분류 이전의 직위
직렬별 분류
등급별 분류: 직무평가
행정 감사 전산
행정 감사 전산
18등급
15등급
11등급
5등급
직렬
직군

자료: U.S. Civil Service Commission, *Basic Training Course*, Washington, D.C.: Government Printing Office, 1961, part 1: 10−17; J.D. Williams, *Public Administration, The Peoples's Business*, Boston: Little, Brown Company, 1980, p. 425 재인용.

중심으로 한 수직적인 분류였다면 등급은 크기를 기준으로 한 수평적 분류인 것이다.

2.2 계급제와의 비교를 통한 이해

직위분류제는 계급제와 분류대상이 각각 직무와 사람이라는 차이에서 상당히 상반된 특성과 장단점을 보여 주게 된다.

1) 특 성

우선 특성면에서 계급제의 경우 계급 내지 계급군간의 '수직적 폐쇄성'을 지적할 수 있다면 직위분류제에서는 서로 다른 직무 사이에 엄격한 경계를 구분하는 '수평적 폐쇄성'이 있다. 예를 들어 직위분류제하에서는 인사업무, 예산업무, 정책집행업무간에 상호이동이라는 것은 거의 불가능하다. 그런데 계급제에서는 동일계급 내에서 승진하는 것(예: 우리나라 5급에서 4급)이 용이할 뿐만 아니라 직원의 능력발전을 위해 필요한 것이다. 직위분류제에서는 원칙적으로 동일 직렬이라도 수직적 이동이 자유로운 것은 아니고 신규채용과 유사한 절차를 통과하게 된다.

이것은 일반행정가와 전문행정가의 구분으로 연결된다. 직위분류제에서는 당연히 직무수행에 요구되는 전문지식으로 무장된 전문행정인이기를 요구하기 때문에 일반행정가의 올라운더(all−rounder)식 계급제와는 다른 특성을 가진다.

충원문제에 있어서도 직위분류제는 빈 자리가 생길 때마다 거기에 요구되는 자격요건을 밝히고 누구에게나 지원자격을 부여하는 개방형을 취하는 것이 보통이다. 이러한 제도하에서는 공무원의 다른 기관간 수평적 이동이 활발할 수밖에 없다. 그러나 그 자리가 존속하고 있고, 점직자가 그 직위요건을 만족스럽게 충족시키면서 업무수행을 한다면 오랫동안 한 자리에 머물 수 있다는 점에서 신분보장이 될 수 있다. 예컨대 미국 연방공무원 중 일반직제(General Schedule), GS14 이상의 일반직공무원은 평균 17년 내지 25년을 동일한 기관에서 근무하고 있는 것으로 나타났다.[8] 또한 GS16 이상의 고위직 점유자 중 70%가 연방정부에 20년 이상 있는 동안 2개 이하의 국(bureau)만 거칠만큼 인사이동이 제한적이다.[9] 이것은 폭넓은 경험을 가진 자가 최고관리자가 되어야 한다는 점에 역행하는 것이다.

표 5-1 계급제와 직위분류제의 특성 비교

구분	특성	
	계급제	직위분류제
경계간의 이동성	계급/계급간의 수직적 이동 곤란	직무의 성격이 다른 직무간의 수평적 이동 곤란
전문성 요구	일반행정가	전문행정가
충원	계급군의 최하위급	전체 직위
신분보장	강	약
동일시 경향	부처의 조직	담당 전문가 직종

끝으로 계급제에서 공무원은 부처단위의 조직차원 내지 직장에서 소속감을 느껴 자신을 그 직장과 동일시하는 경향이 있다면, 직위분류제에서는 직장보다는 자신이 맡은 직무를 더 중시하게 된다. 즉, 회계사, 인사전문가, 정책분석가, 예산분석가와 같이 역할을 자신과 동일시하게 된다(<표 5-1> 참조).

2) 장·단점

계급제의 장점과 단점은 거꾸로 직위분류제의 단점과 장점이 될 수 있고 직위분류제는 한편으로는 직무의 성격이 서로 다른 경우 수평적 이동이 제한되기 때문에 인사관리가 경직적이고, 다른 한편으로는 외부충원이 허용되고 신분보장이 미약하기 때문에 직업공무원제의 확립에는 장애가 될 수 있다. 또한 공무원은 해당분야에만 협소하게 지식을 갖추고 있어 다른 부서와 상호협조하고 의사소통이 곤란하다는 단점이 있다. 한 자리에서 평생 근무하는 것은 직무몰입이나 동기부여의 문제가 생기게 된다. 자아실현욕구가 큰 우리나라에는 잘 적용되기 어려운 면을 가지고 있다.

이러한 단점과는 달리 직위분류제는 직무의 과학적 분석과 합리적 구조화로 행정의 전문화와 능률화에 기여할 수 있다. 그 직위를 담당할 만한 자격을 갖춘 일반 국민에게 충원의 문호를 개방하기 때문에 조직의 폐쇄성에 변화를 가져오는 효과가 있을 수 있다. 또한 보수와 직무분담의 경우에도 동일한 업무를 수행하는 사람에게 동일한 보수를 제공하는 보수의 형평성을 확보할 수 있기 때문에 사람의 능력에 따라 상관이 업무량을 자의적으로 배분하는 불공정성을 배제할 수 있다. 마찬가지 이유로 각 개인별 계급제 성과평가를 계급제보다는 분석적으로 할 수 있게 한다.

끝으로 계급제가 연공서열식의 인사관리를 주로 한다면, 직위분류제 하에서는 직무수행에 대한 평가가 과학적으로 분석된 직무기준과 비교하여 이루어지기 때문에 보다 능력과 실적 중심의 인사관리가 보다 용이하다. 즉, 직위분류제가 이루어지면 교육훈련, 근무성적평가, 보수, 승진 등 인사관리의 제활동에 객관적 기준을 제공해 줄 수 있다(<표 5-2> 참조).

표 5-2 계급제와 직위분류제의 장·단점 비교

구 분	계급제	직위분류제
인적자원의 채용과 인사이동	탄력적	경직적
직업공무원제의 확립	기여	장애
공무원의 시각	종합적, 광범	부분적, 협소
행정의 전문화	장애	기여
보수 및 직무수행의 형평성 확보	낮음	높음
인사관리 (교육훈련, 승진, 평가, 보상 등)	연공서열 중심, 상관의 자의성 개입 용이	능력·실적 중심, 객관적 기준 제공

2.3 직위분류제의 수립 및 관리

직위분류제의 수립은 철저한 계획과 합리적인 과정을 거쳐야 가능하다. 모든 일이 그러하듯이 우선 준비과정이 있어야 하고, 분류의 집행과정을 거친 다음, 이를 유지하고 관리하는 과정이 필요하다. 물론 분류과정이 직위분류제 수립의 가장 핵심이다. 이 과정은 직무분석과 직무평가의 과정을 포함하는 고도의 기술성과 전문성을 요구한다.

1) 준비단계

계급제를 택하고 있는 기관에 직위분류제를 도입하기 위해서는 우선 이를 총괄적으로 계획하고 집행해 나갈 직위분류 담당기관이 필요하다. 직위분류 담당기관은 실제 직위분류작업을 담당할 유능한 분석팀을 두어야 한다. 분석팀의 구성원은 이 분야에 경험이 있고 잘 훈련된 전문인이어야 한다. 이들은 내부인일 수도 있고 외부인일 수도 있다. 내부인은 현실경험을 바탕으로 보다 정확한 정보를 활용할 수 있는 반면 내부의 정치적·인간적 관계 때문에 공정성을 흐릴 위험이 있다. 외부인은 내부사정을 경시할 수 있다는 우려가 있으나, 여러 기관의 직위분류에 참여하고 컨설팅한 경험이 있는 경우, 보다 종합적이고 객관적인 분석에 도움을 줄 수 있다.

그림 5-2 직위분류제 수립절차

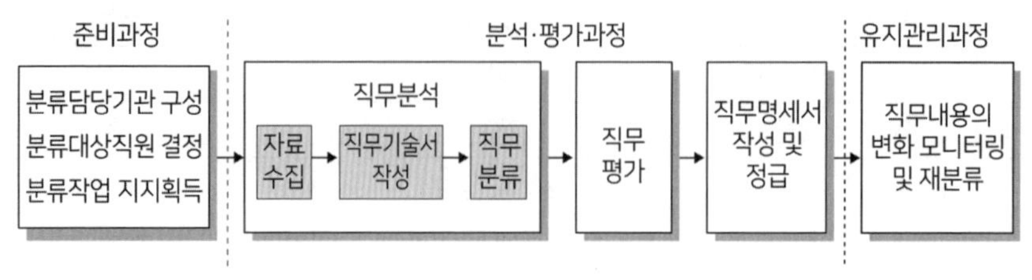

이렇게 직위분류를 담당할 조직이 정비되면 우선 어느 자리를 분류의 대상으로 할 것인지에 대한 범위를 결정하고, 직위분류과정에서 대내외의 지지를 확보하기 위한 설득작업이 이루어져야 한다. 범위의 문제에서는 부처 기관별로 그 기관에 속한 모든 공무원을 대상으로 할 것인지, 아니면 어느 직업 내지 직종만을 골라 해당 공무원 모두를 선정할 것인지에 대한 전략을 세워야 한다. 기관 전구성원을 대상으로 하는 경우 직무의 다양성만큼 전문분석가를 많이 확보해야 하는 어려움이 있고, 기관 횡적으로 특정 직종만을 범위에 넣는 경우에는 오히려 기관 내 분류체계의 혼란을 가져올 수 있는 어려움이 있다. 어느 경우이든 분류대상 직위가 많고 직무의 다양성이 클수록 비용과 어려움이 가중된다는 점을 유의하여야 한다.

이것은 일종의 조직혁신에 해당하므로 저항이 예상된다. 따라서 직위분류의 범위가 결정이 되면 그 대상직위에서 현재 근무하고 있는 공무원(점직자)을 대상으로 한 설득작업이 필요하다. 처음으로 직위분류를 도입하거나 기존의 직위를 새로이 분류하거나에 상관없이 기존의 공무원들에게 직위분류는 조직개편의 의미로 받아들이게 되고 이에 대한 불안과 저항을 예상해야 한다. 직위분류제 수립의 성패는 바로 현재 직무를 수행하고 있는 구성원들의 저항을 최소화하고 동참을 유도해 내는 데 달려 있다고 해도 과언은 아니다. 특히 분석단계에서 대상직위에 대한 자료를 수집해야 하는데 이 때 점직자들의 협조는 절대적이다. 얼마나 정확한 자료를 획득하느냐에 따라 분류결과의 공정성이 결정되기 때문이다.

2) 도입단계

이제부터는 대상직위에 대한 자료를 수집하고 이의 분석·평가를 통해 새로운 직위구조를 만들고 여기에 기존의 직위를 배정하는 작업이 필요하다. 이 과정을 직무분석, 직무평가, 직급명세서 작성 및 정급의 세 단계로 나누어 설명하고자 한다.

① 직무분석(job analysis)

직위를 분류하고자 하면 우선 현재의 점직자들이 어떤 일을 하고 있는지, 즉 점직자의 직무에 대한 정확한 정보를 수집하여야 한다. 이를 기능분석이라고도 한다. 만약 신설될 조직이라면, 유사조직을 참조하여 상상력을 발휘하여야 한다. 비록 직위분류의 목적이 아니라 하더라도 직무와 관련한 구체적 임무가 무엇이고 이의 수행에 필요한 요건이 무엇인지를 분석해 놓으면, 직위분류는 물론 채용·인적자원계획·교육훈련·평가·보수 등의 합리적 인사관리에 유용한 자료가 될 것이다. 직무분석이란 이러한 목적으로 직무에 관한 정보를 획득하고 이를 토대로 그 직무에서 요구하는 구체적인 임무와 성공적인 임무수행에 필요한 지식과 기술 등의 요건이 무엇인지를 결정하는 과정으로 직위분류제를 좌우하는 가장 중요한 작업이다.

직무분석의 첫 단계는 '도대체 어떤 업무를 어떻게 하는지'에 관한 자료를 수집하는 것이다. 자료수집의 방법으로는 면접, 관찰, 설문지의 일반적인 조사기법을 응용할 수 있고 점직자에게 그날 그날의 업무활동을 일기식으로 기록케 하는 방법도 있다. 어느 경우이든 한 방법에만 의존하기보다는 이들 방법을 함께 활용함으로써 자료의 신뢰성과 타당성을 확보하는 것이 중요하다.

자료수집이라고 해서 직무와 관련된 모든 것을 포함하는 것은 아니다. 제한된 시간과 비용을 고려하여 효율적으로 중요한 정보를 얻는 데 집중해야 한다. 즉 면접, 관찰, 설문지, 업무일기 할 것 없이 가장 필수적인 정보를 중심으로 수집하여야 한다. 여기에는 실제 어떤 일을 하고 있는가의 일 자체에 대한 정보, 일을 수행하는 과정에서 어떤 육체적·정신적 활동(권총이나 곤봉 사용, 주요인물 상담)이 행해지고 있는가의 행태관련 정보, 직무수행에 사용되는 기계·도구·장비, 직무수행에 필요한 개인적 특성(성격, 육체적·인지적 능력, 경력, 교육, 자격 등) 등이 포함된다. 이들 정보에 대한 구체적인 자료수집은 직접 서술하는 방식과 계량적인 척도를 만들어 표시만 하는 방법을 쓸 수도 있다.

두 번째 단계는 직무기술서(job description)를 작성하는 것이다. 직무기술서의 표준양식은 존재하지 않지만 대부분이 공통적으로 직무인식란, 직무요약, 주요 임무, 감독 및 피감독 내용, 다른 직무와의 관계, 사용하는 장비·도구, 근무환경을 포함시키고 있다. 이렇게 작성된 직무기술서는 각 직무에 대한 종류, 곤란도와 책임도 즉 [그림 5-1]에 표시된 각 도형의 모양과 크기를 반영시켜야 한다.

세 번째 단계는 직무를 그 종류에 따라 나누어 직렬·직군을 결정하는 것이다. 앞의 [그림 5-1]에서 직위들을 같은 모양끼리 모으는 과정이다. 이 과정은 분석이라고는 하지만 실제 분석적 기법이 존재하는 것은 아니고 논리적 사고와 판단력을 동원하여 분류작업을 하게 된다. 예를 들어 [그림 5-1]에 6각형의 모양이 있을 때 이것을 원과 사각형 중 어느 모양에 가까운 것으로 분류할 것인가는 분석가의 판단에 맡길 수밖에 없다. 미국과 같이 직무분석의 경험이 축적되어 있는 상황에서는 노동부에서 발표한 표준직무 분류표를 참고하게 된다. 우리나라도 현장업무의 경우, '국가직무능력표준'이 정해져 있어 참고할 수 있다(www.ncs.go.kr).

표준분류표를 참고하는 경우에도 직렬의 수 내지는 폭에 대한 결정이 있어야 한다. 즉, 전체적인 분류대상 직위를 몇 개의 직렬로 나눌 것인가, 어느 정도 유사한 직위를 동일직렬에 포함시킬 것인가의 결정이다. 이 문제는 직렬간 차별이 있어야 하고 직렬 내 유사성이 있어야 한다는 일반론적 분류론보다도 직렬구분의 용도에 비추어 직렬을 따로 나눌 실익이 있는가를 검토하여 결정하여야 한다. 예를 들어 채용시 서로 다른 시험을 부과하고 승진이나 전보에서도 다르게 취급할 필요가 있을 때 별도의 직렬로 구분할 이유가 있다고 할 수 있다.

용어 재확인

일상생활에서는 직무, 과업, 임무, 직업 등은 혼용하여 사용된다. 그러나 직무분석에서의 기술적 의미로는 이들이 서로 다르게 해석된다. 이들 용어는 특히 영어의 번역과정에서 더욱 혼란이 야기되고 있는 것으로 용어에 대한 합의가 직무분석을 이해하는 데 기초가 된다.

- **과업**(task): 한 사람이 구체적인 산출을 가져 오는 작업 활동
- **임무**(duty): 개별과업이 여러 개 모여 이룬 작업범위 과업보다 추상성이 높음
- **책임**(responsibility): 주어진 과업 내지 임무를 수행할 직책상의 의무
- **직위**(position): 한 사람에게 배정된 임무와 책임
- **직무**(job): 과업 내지 임무의 내용이 유사한 직위의 집합으로 직무분석에서 같은 단위로 묶어 내용을 분석. 예로 내과의사, 수술간호사, 예산분석가, 사회복지사 등이 있음.
- **직업, 직종**(occupation): 모든 조직에 걸쳐 일반적으로 통용되는 직무의 분류

이해를 돕기 위해 예를 들어 보자. 김한별 씨는 간호사의 **직업**을 택해 그 동안 여러 **직무**를 경험하였다. 그 중 하나가 수술간호사(surgical nurse)였다. 병원에는 여러 명의 수술간호사가 있었는데 각각은 특정 **직위**를 담당하고 있었다. 그렇지만 그 직위는 유사한 **임무**의 수행이 요구되었다. 예를 들어 수술실의 수술준비와 수술중 환자의 vital signs (호흡·맥박·체온·혈압)을 체크하는 것이다. 수술준비의 임무는 다시 다수의 **과업**들로 구성되는데. 수술도구 소독, 환자의 상태를 보여 주는 기기들의 원활한 작동 여부 확인, 혈액확보가 여기에 해당한다.[10] 이상의 내용을 도식으로 나타내면 다음과 같다.

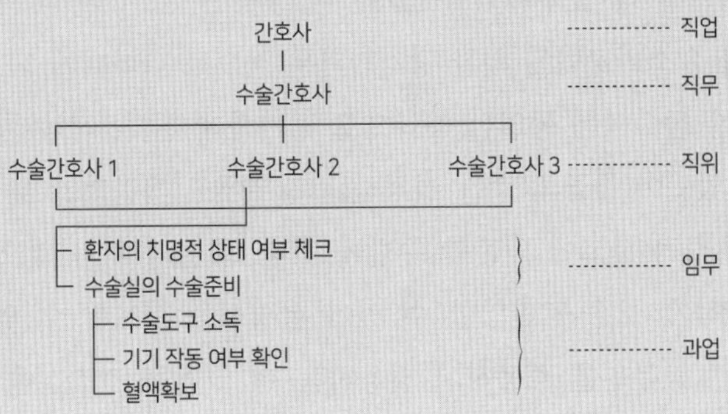

② 직무평가(job evaluation)

직위분류제 도입의 한 배경이 된 것이 '동일직무에 대한 동일보수'의 형평성 원칙이라는 것을 앞에서 지적하였다. 여기에서 동일직무라는 것은 직무의 종류가 같다는 것이 아니라 직무수행에 수반되는 곤란도와 책임도가 같다는 뜻이다. 따라서 보수의 형평성을 확보하기 위해서는 우선 직무의 곤란도와 책임도가 유사하도록 분류할 것이 요구된다. [그림 5-1]에서 도형의 크기를 중심으로 횡으로 나누어 수직적인 등급을 결정한다고 하였는데 이것이 곧 직무평가이다. 직무평가란 다시 말해서 직무의 상대적인 가치를 결정하는 것이다. 직무의 가치는 직무와 관련되는 것을 광범위하게 포함하여 평가하게 된다. 즉 직무 자체의 곤란도와 책임도뿐만 아니라 직무가 수행되는 환경, 그리고 직무를 수행하는 사람에게 요구되는 육체적·인지적 능력, 기술, 노력까지도 포함하게 된다.

이러한 여러 요소에 대하여 전체를 한꺼번에 평가하는 방법이 있고, 요소 하나 하나를 분리하여 평가하는 방법이 있다. 전자는 비계량적인 평가일 수밖에 없으며 서열법(ranking method)과 분류법(classification method)이 해당된다. 반면에 부분요소에 대한 평가는 계량적인 접근을 할 수 있으며 점수법(point method)과 요소비교법(factor comparison method)이 가장 흔하게 사용되는 방법이다. 직무평가의 결과는 보수와 직결되는 것이기 때문에 무엇보다 객관적인 평가가 요구된다. 그러다 보니 주관적 판단이 작용할 여지가 많은 서열법이나 분류법보다는 점수법과 요소비교법이 더 많이 사용되고 있다.

점수법이나 요소비교법에 의한 평가결과는 점수로 나타나게 되고 직위분류를 위해서는 일정한 점수대를 동일한 등급으로 평가하게 된다. 직무분석에서 직렬의 수가 문제가 되었듯이 등급의 수를 결정하는 경우에도 객관적인 분석도구가 있는 것이 아니라, 논리적 사고에 의존할 수밖에 없다. 등급의 수가 많으면 직무의 차이를 보다 상세하게 보수에 반영할 수 있어 형평성을 확보할 수 있지만, 등급의 이러한 세분화는 공무원을 채용하고 활용하는 데 그만큼 경직성을 높이게 된다.

③ 직급명세서 작성과 정급

직무분석과 직무평가를 통해 각각의 직렬과 등급이 결정되면 분류대상이 되는 직위 전체에 대한 분류구조가 만들어진다. 이제 직위(position)에 대한 구체적 내용을 명백하고 상세하게 기록할 단계이다. 즉, 직급명세서를 작성하는 것이다. 직무기술서가 등급을 결정하기 이전에 직무분석에만 기초하여 직무명, 주요 임무, 감독, 책임, 근무환경 등을 기술하고 있다면, 직급명세서(class specification)는 직무분석 및 직무평가를 마치고 직위에 대한 위의 내용에 그 등급에 요구되는 최소자격요건을 추가적으로 명시한 것이다. 최소자격요건에는 직위에 해당하는 임무를 성공적으로 수행하는 데 요구되는 교육, 경력, 성격, 능력 등을 포함시킨다. 바로 이 요건이 공무원을 채용하고 활용하는 데 큰 기여를 하게 된다.

직위분류체제와 각 직급에 대한 명세서가 완료되면 다음으로 직무분석과정에서 수집된 각 직위에 대한 정보와 직급명세서를 비교해 가면서 해당직급에 분류대상직위를 배정하여야 한다. 이 작업을 정급이라고 부른다. 이 과정에서 어떤 직위는 다른 직위와 통합되어 없어지기도 하고, 한 사람이 담당하기가 벅차 둘로 나누거나 일부를 다른 직위에 배정할 수도 있다.

이렇게 되면 직위분류작업은 완료된다. 그러나 직위분류를 최종적으로 채택하기 이전에 이를 공개하고 점직자와 그 상관 내지 관련 공무원에게 검토할 기회를 제공할 것이 요구된다. 이러한 피드백 과정을 통해 틀린 것을 고치고, 모호한 것을 분명하게 하며, 잘못된 이해를 바로잡을 수 있다. 더구나 이러한 과정 자체만으로 불평의 소리를 줄이고 지지를 높이는 효과가 발생하기도 한다.

직위분류제의 도입은 구성원의 설득과 지지를 획득하는 정치적 과정이며, 객관적이고 공평하게 직위가 분류되도록 하는 분석적 과정이다. 그 성패는 직무의 내용을 얼마나 잘 아는 사람이 하느냐에 달려 있다.

3) 유지관리단계

이러한 피드백과 수정과정을 거치게 되면 직위분류는 확정된다. 그리고 직위분류를 위해 임시로 구성되었던 위원회나 분석팀은 해체되고 인사담당기관에서 직위분류제의 유지관리를 책임지게 된다.

한번 결정된 직위분류체제는 직무내용이나 기술의 변화에 끊임없이 적응시켜 나가는 것이 유지관리의 관건이다. 직무와 관련된 기술이 급변하는 상황에서는 직무수행에 필요한 요건은 물론 임무나 감독의 내용도 수시로 바뀌게 된다. 그때 그때 직위분류에 반영되지 못한다면, 직위분류제는 상황에 맞게 탄력적으로 인적자원을 활용할 수 있는 여지를 제도적으로 봉쇄해 버리는 결과를 가져올 것이다. 이를 위해 미국에서는 직무분석가(job analyst)라는 전문가직종이 있어 직무분석을 주기적으로 하고 있다. 이것은 계급제가 필요로 하지 않는 추가적인 조직관리 비용이다.

각 직위에서 어떠한 변화가 발생하고 있는지를 정확히 모니터링하기 위해서는 해당부서의 장과 긴밀한 협조관계를 유지하여야 한다. 현장에서 떨어져 있는 인사기관에서는 직위분류 대상이 되는 모든 직위에서의 변화내용을 직접 관찰할 수 없기 때문이다. 그러나 계선기관의 정직한 보고와 협조를 항상 기대할 수 있는 것은 아니다. 직위를 늘리려는 기본적인 속성이 있기 때문이다. 이러한 이유에서 인사기관은 분류대상 직위에 대한 감사(audit)나 설문조사 등을 통하여 보다 적극적인 정보획득 노력을 하여야 한다.11)

3. 공직분류제도의 발전방향

3.1 외국의 경험

계급제와 직위분류제에 대한 장단점은 이미 앞에서 논의하였다. 그것은 일반적이고 개념적인 것이었다. 여기서는 영국, 미국 그리고 프랑스의 경험을 바탕으로 하여 적용과정에서 나타난 문제점을 보다 구체적으로 검토한다.

1) 영 국

영국은 1870년 추밀원령에서 두 계급으로 공직을 분류하는 계급제를 채택하였다. 제1계급은 지적인 업무를 담당하고 제2계급은 기계적이고 반복적인 업무를 수행하는 것이다. 이 중에서 최고위직까지의 승진은 제1계급에게만 허용하는 것을 내용으로 하고 있다. 제2차 세계대전 이후 행정, 집행, 서기의 계급군이 정착되었으며 1968년의 풀턴보고서(Fulton Report)의 건의 내용이 일부 받아들여지면서 이들 계급군이 통합되는 방향으로 분류제도의 변화가 진행되었다. 풀턴보고서(Fulton Report)는 이전의 계급제에 대한 문제점을 지적하고 개선방안을 담고 있어 분류제도의 발전방향을 모색하는 데 매우 유용하다고 판단된다.

보고서에서 지적한 영국 계급제의 문제점은 다음과 같이 요약할 수 있다.[12]

첫째, 직무에 관계없이 어느 자리에서나 재능을 발휘할 수 있다는 만능행정인을 주장하지만, 보직이동이 자주 있어 보직기간이 짧고 전혀 새로운 분야로 전직되는 경우가 많아 아마추어 수준에서 직무수행이 이루어져 비효율적이다.

둘째, 상하계급별·직종별로 구조화된 공직체제 내에서 모든 공무원은 승진과 이동이 해당계급군과 직종에 한정된다. 하위계급군과 상위계급군 그리고 직종간에 인사이동이 제한되기 때문에 새로운 업무를 접할 기회가 제한되고 개인의 능력을 최대한 발휘할 수 있는 기회가 차단되는 결과를 가져온다. 또한 이러한 승진의 제약은 일부 계급군과 직종의 공무원 사기를 저하시킬 뿐만 아니라 적재적소의 광범위한 인사관리를 곤란하게 한다.

셋째, 과학자, 기술자, 기타 전문가들은 전문지식과 기술만 활용할 수 있다. 이들이 담당한 업무분야의 정책적·재정적 결정은 일반행정인에 의해 이루어지기 때문에 관리능력이나 정책결정능력을 발휘할 기회가 이들에게는 차단되어 있다.

넷째, 외부사회와의 충분한 접촉이 없다. 공무원은 대학이나 기업에서 만들어 낸 새로운 기술, 지식, 아이디어에 대한 인식이 결여되어 있다. 외부사회에 대한 배타성과 그로 인한 고립성이 공익실현에 큰 장애가 된다.

보고서의 내용 중 계급제 관련부분만 간추려 뽑은 이상의 지적을 분석해 보면 세 번째까지의 지적은 최고위계급인 행정계급에 대한 비판적 시각을 반영하고 있다. 즉, 중하위계급과 기술·전문직종의 탄력적 인사관리를 방해하는 제한을 풀고 이들에게 행정계급에게만 허용되어 오던 문호를 열어 정책수립과정에 참여할 기회를 주어야 한다는 것이다. 반면에 행정계급은 '재능있는 아마추어'에서 벗어나 전문성을 강화할 수 있는 방향으로 나아가야 한다고 주장한다. 이러한 문제점을 해결하기 위해서는 다수의 계급과 직종분류를 폐지하여 단순화함으로써 초임계급에 상관없이 능력에 따라 어느 계급이든지 진출할 수 있도록 허용하여야 한다는 주장이다. 네 번째의 공직폐쇄성은 행정계급을 포함한 공직 전체에 대한 문제점으로 볼 수 있다. 이를 위해서는 외부인사의 채용을 확대하는 한편 공직자도 공기업이나 민간기업과의 교류를 권장하고 있다.

이러한 건의사항은 1970년대 이후부터 부분적으로 받아들여졌는데 한 예로 행정, 집행, 서기계급군 내의 모든 계급이 하나의 행정직군(administrative group)에 편입되어 통합분류되었다.* 이 때 행정계급군에 속해 있던 계급을 따로 떼어 통합계급구조를 형성함으로써 과학직·전문직·기술직의 공무원도 고위직에 진출할 기회를 제도적으로 보장하였다. 현재에는 사무차관(grade 1)부터 행정사무요원(grade 14)까지로 구성된 단일직급체제로 구성되어 있으며, 횡적으로는 전문영역이 분화되어 있다.[14]

2) 미국

실적주의, 보수의 형평성, 능률성 추구의 과학적 관리를 추구해 오던 미국 정

---

* 풀턴보고서의 제안을 받아들여 1972년 행정·집행·서기계급군간 경계를 제거하여 행정직에 통합시켰고 과거 행정계급군 내에 포함되어 있던 최고위 3계급(사무차관, 부차관, 차관보)을 분리시켜 개방구조(open structure)라는 새로운 통합계급 구조를 만들었다. 따라서 집행·서기계급의 공무원뿐만 아니라 일반직 이외의 과학직이나 전문직·기술직 공무원도 승진의 상한이 풀린 것이다. 그 뒤 개방구조는 더욱 확대되어 1986년 대처수상은 과거 행정계급군의 입직계급까지 이를 확대하여 7계급으로 늘렸다. 행정직을 대상으로 폐쇄적으로 충원되던 자리가 직무의 종류에 관계없이 모든 공무원이 경쟁을 통해 개방 임용될 수 있도록 한 것이다. 직위분류제의 요소가 가미되었다고 할 수 있겠다.[13] 그러나 이러한 제도의 개혁에도 불구하고 전문인보다는 일반행정인이 개방구조에 속한 계급으로의 승진이 유리하고 각 부처에서 이들의 지배적 위치는 크게 변하지 않았다고 한다.

부는 직위분류제가 공직을 체계화하는 데 있어 유일의 최선책(one best way)이라고 판단했다.[15] 1923년 '분류법'이 의회를 통과하면서 연방정부차원에서 제도화되기 시작하였다. 이후 직위분류제는 주정부, 내 지방정부로 계속 확산되어 갔다. 직무평가의 방법도 타당성을 높이기 위한 방향으로 더욱 발전되어 갔다. 연방정부의 직위분류는 복잡한 구조를 가지고 있다. 이를 간단히 소개할 수는 없으나 공무원의 절대다수를 차지하는 일반직 공무원의 경우 보수수준을 기준으로 18개의 등급(GS1－GSl8)으로 나누고 있다.

미국의 경우 직위분류제 적용과정에서 주로 지적되고 있는 문제점은 다음과 같다.[16]

첫째, 일선에서 직무수행의 내용이 달라지고 자격요건도 변하는 데도 불구하고 새로운 직위의 신설 등이 적시에 반영되지 못하고 있다.

둘째, 직급조정이 이루어질 때 대부분의 직급이 상향조정되는 경향이 있다. 충성을 다하여 열심히 일하는 부하에게 상관이 보상의 동기를 갖게 되는 것은 인지상정일 것이다. 그러나 계급제와는 달리 승진이 제도화되어 있지 않기 때문에, 등급을 상향조정시켜 보수를 인상시키려 한다.

셋째, 직급명세서에 임무가 명확히 기술되어 있기 때문에 그것만이 자신의 직무라고 생각한다. 따라서 그 외의 일을 찾아서 하는 적극성을 보이지 않는다. 심지어는 상관이 새로운 일을 맡기더라도 자기의 일이 아니라는 방어를 할 수 있다. 무사안일한 공무원에게 직위분류제는 최소한의 업무수행이라는 빌미를 제공하기 쉽다.

넷째, 직위의 이동이 힘들기 때문에 개인의 능력발전기회가 희박하다. 사람은 다양한 경험과 자신의 능력을 최대한 발휘할 수 있는 기회를 원한다. 그러나 직위분류제하에서는 일단 어느 직위에 임명되고 나서는 그 이상의 개인의 잠재력을 발견할 기회가 극히 한정된다. 관리자의 입장에서 보면 이것은 인적자원을 필요에 따라 탄력적으로 운용하기 힘들게 하는 이유가 된다.

다섯째, 특히 고위관리자들의 경우 신분보장이 미약하기 때문에 기관장에 의한 정치적 남용과 부당한 처우가 발생하기 쉽다. 더구나 정치적 임명의 확대는 행정의 지속성과 엘리트 공무원의 양성에 큰 장애가 된다.

3) 프랑스

프랑스 대혁명이 일어나기 전인 구체제(Ancien Regime)에서는 근대적 공무원 제도가 존재하지 않았다. 광의의 국가기능이었던 질서유지와 관련된 사법(la justice)기능과 조세(la fisicalité)관련 기능을 담당하기 위해서는 왕으로부터 그 자리를 돈을 주고 사야했고, 그 기능을 수행하면서 자신의 수입을 스스로 마련해야 했다.

앙시앙레짐(구체제)에서 공직(의회, 왕실시종, 왕의 자문관)은 왕의 자의에 의하여 임명되었다. 실제로는 공직은 명망 있는 귀족가문의 소유물과 같아서 독점적이고 영속적이었다. 당시의 직업구조로 볼 때 중하류계급 백성에게는 미관말직이라도 특권과 같이 여겨지는 것은 당연한 이치이다. 이러한 자리를 돈으로 사는 것은 비록 (음성)수입이 많지 않은 자리라도 사회적인 신분상승으로 간주되었다.

그러나 18세기에 등장한 왕의 지역수령인 앵땅당(intendant)이나, 토목기술자(ponts et chaussées)을 비롯한 몇 가지 종류의 공직자는 오늘날 공무원의 전초적 형태라고 할 수 있다. 대혁명기에는 공직중 선출직을 확대하면서 직업공무원제도의 발달 추세에 제동을 건 셈이 되었다. 통령(Consulat)시기와 제1왕정복고 때는 다시 공무원제도의 형성쪽으로 발전되었다. 이 시기에 프랑스 공무원제도의 큰 특성이 되는 원칙들이 성립되기 시작하였다. 그것은 획일화(uniformisation), 계서화(hiérarchie), 복무규율(discipline)이다. 이와 더불어 행정은 보통사람이 아닌 전문가가 하는 것으로 제도가 발달하기 시작한 것이다. 이것은 미국의 보통사람에 의한 행정인 엽관제와는 전혀 다른 전통을 가졌음을 의미한다.[17] 다시 말해서 프랑스의 공직제도는 처음부터 전문가에 의한 행정으로 출발하였다.

프랑스 공직은 안정성도 추구하였다. 7월왕정, 제 2 왕정기에 공직의 정치화가 되는 위기가 있기는 있었으나 3공화정 때부터 공무원의 정치적 중립성원칙은 확립되어 있었다. 제3공화국 시대에는 기존 가문에 의한 충원을 강력히 비판하고 경쟁시험에 의하여 공무원을 충원할 것이 주장되었다. 1791년 제헌파(constituant)들은 '공직'을 국민에 의하여 '선출된' 사람들이 왕의 지도감독하에 행정업무를 담당하는 것으로 정의하고 개혁을 시도하였다. 심지어 군대에서 장교도 사병들의 선거에 의해서 뽑았다. 그러나 이런 과격한 아이디어를 실제로 완전히 집행하지는 못하였다.

이후 프랑스 국내정치의 혼란 속에서 국가(즉, 국민에게 책임지는 정치인)가 공직을 임명할 권리가 있다는 논리가 정립되기 시작하였다. 모든 공직임명에 정치적인 여과가 가능하다는 프랑스식 엽관주의는 당시로서는 획기적인 발상의 전환이었다. 이러한 맥락에서 1830년 유력한 정치인인 Guizot가 지방장관격으로서 핵심보직인 국가도지사(préfet)자리 764개 중 636명을 대대적으로 교체하게 된다. 이후 많은 자리가 경쟁시험에 의하지 않고 엽관적으로 임명되는 과정을 겪게 된다.

19세기에는 행정기능의 확대에 따라 공무원의 수가 획기적으로 증가하는 현상을 보였다. 1845년에 135,000명에서 1914년에는 500,000명 등이 그것이다. 그러나 1898－1909년 사이 공무원 노동조합결성 등 사회적인 소요를 겪게 된다. 이러한 혼란에도 불구하고 조직구조가 극도로 경직될 때까지 근본적인 개혁은 이루어지지 않았다. 즉 세월과 무관하게 의회와 행정부에 엄청난 압력이 있어야 비로소 제도개혁을 겪게 되는 것은 이후 프랑스 행정개혁이 갖는 특징 중의 하나이다. 특히 1909년의 끌레망소(Clemenceau)의 개혁에 반발한 파업 등으로 프랑스 공직사회는 새로운 전기를 맞게 된다. 그것은 공직사회에서의 평등(l'égalité) 개념이 형성되기 시작한 것이다. 이 경험이 직업공무원제의 원칙 중의 하나로 발전하게 되는 것이다. 구체적으로는 ① 공직은 다른 직업과 달리 법에 의하여 보호된다는 것(les barrierès de la loi), ② 신분보장(la protection des carrières)이 그것이다.

이렇게 정치변화로부터 공직 안정성을 지키는 가운데, 공무원조직 내부에는 능력을 기초로 하는 엄격한 계급제가 정착되게 되었다. 프랑스 계급제는 원래 공무원 계급을 학력조건에 따라 구분한다. 그리고 이들간의 이동은 시험 등 일정한 절차에 의해서만 하도록 제한된다. 각 계급은 원칙적으로 공개경쟁시험(필기시험 혹은 하급은 자격증소지 여부, 그리고 면접 등 구체적인 시험방법은 다양할 수 있다)을 통하여 충원한다. 계급의 학력조건은 계급 A(Categorie A)는 학사, 계급 B(Categorie

B)는 고졸(즉, Bac), 계급 C(Categorie C)는 중졸 수준이다. 계급간에는 담당하는 업무의 성격면에서 다음과 같은 차이가 있다.

첫째, A계급의 공무원은 기획 및 관리업무를 담당한다.*

둘째, B계급의 공무원은 창의적인 업무보다는 단순히 법령적용의 성격을 띠는 일반사무를 담당한다. 즉, 법률 또는 명령 중에 포함되어 있는 일반원칙을 개개인의 경우에 관하여 해석하고 적용하는 업무이다.

셋째, C계급은 한국의 과거 기능직이 수행하는 업무와 유사하다. 예컨대 속기사, 타자원 등 직무상 전문적인 연수를 필요로 하는 직급이지만 매우 반복적인 직무기술에 불과하다고 할 수 있다.

역사적으로 볼 때 다른 유럽국가와 마찬가지로 프랑스에서는 공직에 대한 수요가 공급보다 많았기 때문에 적극적 모집 등의 개념이 작용할 여지가 별로 없었다. 이들은 정년까지 신분보장을 받게 되며, 국가가 정한 공무원 인사관계에 관한 법에 따라 관리되기 때문에 사기업의 직원과는 다른 대우를 받는다. 이들 특별권력관계에 있는 공무원을 'fonctionnaire'라고 칭하며, 공공업무를 수행하는 다른 사람들과 구분된다. 1990년대에는 국민 교육수준의 향상과 행정업무의 변화로 종전 ABCD 4계급체제에서 D계급이 사실상 불필요하여 폐지됨으로써 3계급제로 된 것을 제외하면 계급간의 근간을 유지한다는 점에서는 변함이 없다. 그러나 1,700여 개의 전문직종단으로 나뉘어져 있기 때문에 전문성도 확보하고 있다.

---

* 구체적인 내용은 다음과 같다.
① 행정업무를 정부의 일반정책에 일치시키는 일
② 법률 및 명령의 초안을 준비하는 일
③ 법령의 실시에 필요한 훈령 등을 작성하는 일
④ 공무의 집행을 규제하고 개선하는 일
⑤ 소관업무에 대한 결정권을 행사하는 일
⑥ 소속직원에 대한 결정권을 행사하는 일
⑦ 소속직원에 대한 계층조직상의 권한 및 징계권을 행사하는 일
⑧ 조직 및 관리에 관한 업무

3.2 우리나라의 실태와 발전방향

우리나라는 현재 공직분류나 인사관리의 모든 측면에 실질적으로 계급제의 요소가 깊이 배어 있으며, 직위분류제의 요소를 점점 강하게 접목시키고 있다. 계급제의 특성 중에서도 일반행정가 원리, 폐쇄형 충원, 신분보장이 두드러지는데, 개혁하는 방향으로 발전하고 있다.

1) 직위분류제 도입

오랜 농경사회와 신분사회 그리고 관료국가를 역사적 바탕으로 하고 있는 우리나라는 일제시대까지도 계급제적인 성격이 관직의 분류에 지배적으로 반영되었다. 직위분류제는 광복 후 미군정기간 동안 처음으로 도입·실시되었다가 1948년 정부수립과 함께 계급제로 환원되었다. 1963년의 박정희 정부에서 일반직 이외의 직위를 대상으로 다시 직위분류법(법률 제1434호)을 제정하고 이의 실시를 위한 작업까지 마쳤다. 그러나 계급제의 토양에 접목시키기가 힘들었고 직무분석이 미비했다는 이유로 1973년에 법적 근거였던 직위분류법이 폐지되었고, 직위분류제의 일반규정만이 국가공무원법에 남아 있었다.[18] 그 후 잠복기를 거쳐 비로소 2000년부터 기상청과 외교통상부에 직무분석을 실시한 후 외교통상부에는 직위분류제가 도입되었다. 엄밀한 직무분석을 토대로 한 것이 아니어서 아직 문제점이 많고 실제로는 계급제로 변질되어 운영되고 있다는 비판을 받고 있다.

우리나라 국가공무원법 제3장은 직위분류제의 원칙을 선언하고 용어의 정의를 내리고 있다. 용어의 경우에도 현재 직렬이 시험의 과목과 응시자격, 전보·승진의 경로, 교육훈련의 단위, 그리고 정원관리 기준으로 사용되고 있고, 직류는 시험과목과 응시자격을 정하는 데만 사용되고 있다. <표 5-3>은 우리나라 공무원의 직급(계급)분류가 직위분류제의 형식을 가미시키고 있음을 보여 주는 것이다. 그러나 등급이라는 용어는 사용하고 있지 않다. 직위분류제의 실질적인 도입이 아니라 선언수준에 머물러 있음을 단적으로 보여 주는 것이다.*

---

* 등급(grade)이라는 용어는 계급과는 달리 곡물, 고기, 학점, 열효율 등 사물을 대상으로 그 품질

표 5-3 행정직군 공무원의 직급표

<table>
<tr><th rowspan="2">직군</th><th rowspan="2">직렬</th><th rowspan="2">직류</th><th colspan="7">계급 및 직급</th></tr>
<tr><th>3급</th><th>4급</th><th>5급</th><th>6급</th><th>7급</th><th>8급</th><th>9급</th></tr>
<tr><td rowspan="18"></td><td>교정</td><td>교정</td><td rowspan="18">부이사관</td><td></td><td>교정관</td><td>교감</td><td>교위</td><td>교사</td><td>교도</td></tr>
<tr><td>보호</td><td>보호</td><td rowspan="17">서기관</td><td>보호
사무관</td><td>보호
주사</td><td>보호
주사보</td><td>검찰
서기</td><td>검찰
서기보</td></tr>
<tr><td>검찰</td><td>검찰</td><td>검찰
사무관</td><td>검찰
사무관</td><td>검찰
사무관</td><td>검찰
사무관</td><td>검찰
사무관</td></tr>
<tr><td>마약
수사</td><td>마약
수사</td><td>마약수사
사무관</td><td>마약수사
사무관</td><td>마약수사
사무관</td><td>마약수사
사무관</td><td>마약수사
사무관</td></tr>
<tr><td>입국
관리</td><td>입국
관리</td><td>출입국
관리
사무관</td><td>출입국
관리
사무관</td><td>출입국
관리
사무관</td><td>출입국
관리
사무관</td><td>출입국
관리
사무관</td></tr>
<tr><td>철도
경찰</td><td>철도
경찰</td><td>철도경찰
사무관</td><td>철도경찰
주사</td><td>철도경찰
주사보</td><td>철도경찰
서기</td><td>철도경찰
서기보</td></tr>
<tr><td rowspan="10">행정</td><td>일반행정</td><td rowspan="12">행정
사무관</td><td rowspan="10">행정
주사</td><td rowspan="10">행정
주사보</td><td rowspan="10">행정
서기</td><td rowspan="10">행정
서기보</td></tr>
<tr><td>인사조직</td></tr>
<tr><td>법무행정</td></tr>
<tr><td>재경</td></tr>
<tr><td>국제통상</td></tr>
<tr><td>운수</td></tr>
<tr><td>고용노동</td></tr>
<tr><td>문화홍보</td></tr>
<tr><td>교육행정</td></tr>
<tr><td>회계</td></tr>
<tr><td>직업
상담</td><td>직업
상담</td><td>직업상담
주사</td><td>직업상담
주사보</td><td>직업상담
서기</td><td>직업상담
주서기보</td></tr>
<tr><td>세무</td><td>세무</td><td>세무</td><td>세무</td><td>세무</td><td>세무</td></tr>
</table>

의 우열을 표시할 때 사용하는 것으로 사람의 신분과 관련해서는 사용하지 않는 것이 보통이다. 계급제의 신분요소가 완전히 배제되고 직무만을 기준으로 분류가 이루어질 때, 등급의 용어도 거부감 없이 받아들여질 수 있을 것이다

						주사	주사보	서기	서기보
	관세	관세				관세 주사	세무 주사보	세무 서기	세무 서기보
	사회 복지	사회 복지			사회복지 사무관	사회복지 주사	사회복지 주사보	사회복지 서기	사회복지 서기보
	통계	통계			통계 사무관	통계 주사	통계 주사보	통계 서기	통계 서기보
	사서	사서			사서 사무관	사서 주사	사서 주사보	사서 서기	사서 서기보
	감사	감사		감사관	부감사관	감사 주사	감사 주사보	감사 서기	감사 서기보
	방호	방호 경비			방호 사무관	방호 주사	방호 주사보	방호 서기	방호 서기보

자료: 공무원임용령 [별표 1]을 참고하여 수정·재구성.

이와 같이 미국의 직위분류제도를 도입하려고 강력하고 대대적인 시도가 여러 번 있었는데 왜 번번히 실패하는가?

가장 흔한 답은 계서주의적이고 온정주의적 한국문화가 합리적인 미국문화에서 발달한 직위분류제를 받아들이지 못한다는 '문화부정합성'이론이다. 기존 이익을 침해받고 싶어하지 않는 관료들의 저항도 이 범주에 들어간다. 이 설명이 완전히 틀렸다고 부정하기는 어려운 것이 사실이다. 그러나 충분한 설명이라고 하기 어렵다.

또 다른 설명은 한국의 기존 인사행정제도가 그렇게 비합리적인 것은 아니라는 시각에서 이뤄질 수 있다. 특히 한국의 제도는 완전 계급제에만 의존하는 것이 아니라 이미 직위분류제와 같은 요소가 들어 있다고 볼 수 있다. 예컨대 소위 정원(T.O)의 관리이다. 어느 행정조직에서 정원을 늘인다는 것은 매우 어렵다. 그 업무의 양이나 특성, 그리고 기존 조직에서 이뤄질 수 없는 이유가 충분히 설득력이 있어야 가능하다. 정원을 늘리려는 쪽에서는 대략적이나마 직무기술서에서 요구되는 내용을 정당화시켜야 하고, 정원을 관리하는 입장에서는 이를 부정하는 논리로 대응한다. 이 과정에서 특정한 사람은 상정하지 않고 직위 자체에 대해 논의하는 것이 보통이기 때문에 '분석적' 수준은 좀 낮을지 모르지만 직위분류제적 특성을 가진 것이 사실이다.

물론 직무의 특성을 최우선기준으로 관리를 하는 미국식 직위분류제가 우리의 정원관리보다는 더 분석적이며 체계적이라는 느낌이 드는 것이 사실이다. 그러나 전술한 대로 미국식 직위분류제는 그 나름대로 단점과 한계를 가지고 있다.

한국제도에서 가장 중요하게 고려되어야 할 특성은 정리해고가 인정되지 않는 소위 강한 신분보장이다. 신분이 보장된 우수인력이 시간이 지남에 따라 승진하기 위해 과도한 경쟁을 보이는 것이다. 이 과도한 자리요구를 억제하는 장치가 바로 '정원관리'이다. 즉, 정원이 확보된 이후에야 비로소 승진과 같은 인사행정활동이 이뤄지는 것이다. 다시 말하면 직위분류제(정원제도) 내에서 계급제가 운영되는 것이다. 따라서 이미 직위분류제적 요소가 들어 있음에도 불구하고, 그 전제조건인 신분보장은 유지한 채 미국식 직위분류제를 도입하려 하니 번번히 실패하는 것이라 볼 수 있다.

2) 문제점

우리나라의 분류체계는 계급제의 단점이 대부분 노출되고 있다. 우선 일반행정가의 원리를 바탕으로 채용이 이루어지고 그 뒤에도 잦은 인사이동이 이루어지기 때문에 각 분야의 전문가가 결여되어 있다. 영국에서와 마찬가지로 일반행정가의 원리는 일반행정직이 기술전문직보다 인사나 사회적 권위에서 우월하게 취급되고 우수인력도 이 곳으로 집중되는 결과를 가져온다. 고도의 전문지식과 기술이 더욱 요구되는 오늘의 행정현실에 비추어 볼 때 인적자원의 배분에 문제가 있다고 할 것이다.

계급구조 측면에서 지적할 수 있는 문제점은 계급의 수이다. 경력직을 대표하고 있는 일반직의 경우 3급부터 9급까지 7개의 직급인데, 이의 적정성은 검토되어야 할 것이다. 고위공무원단으로 진입하는 경우, 고위공무원단 가급, 나급, 다급이 있으므로 총 10개 직급이 있다고 할 수 있다. 현재의 직무불균형의 원인은 과소한 계급 수에서 어느 정도 원인이 있는 것으로 볼 수 있다. 계급 수가 적은 데서 오는 당면한 문제 중의 하나가 인사적체이다. 직업공무원제의 한 요건이 승진을 통해서 공직생활의 보람을 맛보는 것이다. 그런데 현재 5, 4, 3급으로의 평균승진 연수가 모두 10년 정도에 이른다. 이들 중간계급에서의 승진적체 내지 승진병목 현상은 공무원의 불만과 근무의욕 저하를 가져오는 중요 요인으로 간주되고 있다.

계급구조에 대한 또 하나의 문제는 경력직 내의 일반직과 특정직간의 계급형평성이다. 따라서 서로 다른 경로를 통해 임명된 공무원간에 계급을 어떻게 대응시킬 것인가의 문제가 대두된다. 현재 지적되고 있는 것은 공안업무관련 공무원의 직급인플레이션 현상이다. 검찰·감사원 등의 공무원은 일반직공무원의 동일직급에 비해 상위의 보수와 예우를 받고 있다. 직무 내용에 대한 전문적·객관적 판단에 근거한 것이 아니라 과거 군사정권 아래서 공안권력의 남용이 남긴 잔재로 볼 수 있다.

직렬구조에서 제기되는 문제는 직렬의 폭과 직렬간 형평성이다. 직무분석과 평가가 이루어지지 않은 상태에서 행정편의주의와 직렬간의 권력갈등(자리싸움)이 크게 작용하다 보니 직렬의 폭이 어떠한 원칙이나 전문가의 판단에 의해 결정되지 못하고 있다. 현재 가장 크게 문제시되고 있는 것이 일반직 내의 행정직렬이다. 일반직 중 약 80%가 공안직군과 행정직군에 분포되어 있으며, 기술직 공무원은 20% 정도를 차지하고 있다. 따라서 행정직렬 공무원이 그들의 우월적·지배적 위치를 이용해 영역을 방어·확장시킨 결과라는 주장이 그럴 듯해 보인다.[19] 직렬의 세분화에 따라 인사권자의 인사재량권은 작아진다. 타직렬로의 이동에는 그만큼 제약이 따르기 때문이다. 여기서 우리는 직렬의 폭에 대한 갈등을 느끼게 된다. 미분화상태의 넓은 직렬폭에서 인력 운용의 융통성을 확보할 수 있고 개별 공무원에게는 능력발전의 기회를 더 줄 수 있는 반면에, 인사권자의 자의적이고 정실적인 요소가 개입할 가능성은 높아지기 때문이다.

또한 국민의 교육수준이 향상되어 대다수가 대학졸업자임에도 불구하고, 응시한 시험에 따라 9급, 7급, 5급의 '신분'차이가 생긴다는 문제가 있다. 계급제의 전제조건이 사람의 능력차이인데, 적어도 학력상으로는 대졸로 유사하다는 문제이

공무원의 구분

공무원은 실적주의와 직업공무원제의 적용을 받느냐에 따라 경력직과 특수경력직으로 구분하고 이를 다시 다음과 같이 세분한다. 경력직·특수경력직의 구분은 국가공무원과 지방공무원(적용법에 의한 구분)에 공통으로 적용된다.

■ 경력직: 신분보장과 실적주의가 적용되는 직업공무원

경력직 공무원(국가공무원법 제2조 2항)

일반직	기술·연구 또는 행정일반에 대한 업무를 담당하는 공무원 ① 행정·기술직, ② 우정직, ③ 연구·지도직
	일반직공무원 중 특수업무 분야에 종사하는 공무원 ① 전문경력관
특정직	담당업무가 특수하여 자격·신분보장·복무 등에서 특별법이 우선 적용되는 공무원 ① 법관·검사, ② 외무공무원, ③ 경찰공무원, ④ 소방공무원, ⑤ 교육공무원, ⑥ 군인·군무원, ⑦ 헌법재판소 헌법연구관, ⑧ 국가정보원의 직원·경호공무원 등 특수분야의 업무를 담당하는 공무원으로서 다른 법률이 특정직 공무원으로 지정하는 공무원

■ 특수경력직: 신분보장이 되지 않는 공무원

특수경력직 공무원(국가공무원법 제2조 3항)

정무직	선거, 국회동의에 의하여 임용되는 공무원, 고도의 정책결정업무를 담당하거나 이를 보조하는 공무원으로서 법령에서 정무직으로 지정하는 공무원 ① 감사원장·감사위원 및 사무총장, ② 국회사무총장·차장·도서관장·예산정책처장·입법조사처장, ③ 헌법재판소 재판관 사무처장 및 사무차장, ④ 중앙선거관리위원회 상임위원·사무총장 및 차장, ⑤ 국무총리, ⑥ 국무위원, ⑦ 대통령비서실장, ⑧ 국가안보실장, ⑨ 대통령경호실장 국무조정실장, ⑪ 처의 처장, ⑫ 각 부의 차관, 청장(경찰청장은 특정직), ⑬ 차관급상당 이상의 보수를 받는 비서관(대통령비서실 수석비서관, 국무총리비서실장, 대법원장비서실장, 국회의장비서실장), ⑭ 국가정보원 장 및 차장, ⑮ 방송통신위원회 위원장, ⑯ 국가인권위원회 위원장
특정직	비서관·비서 등 보좌업무 등을 수행하거나 특정한 업무 수행을 위하여 법령에서 별 정직으로 지정하는 공무원 ① 비서관·비서, ② 장관정책보좌관, ③ 국회 수석전문위원, ④ 국가정보원 기획조정실장, ⑤ 타 법령에서 별정직으로 지정하는 공무원

다. 또한 과거의 기능직과 같은 단순노무가 필요하다는 문제도 있었다. 간호조무, 운전, 보일러, 전기 등 정부의 운영에 이런 인력이 필요한데, 기능직이란 범주때문에 승진의 문제와 자부심결여의 문제가 있었다. 기능직에 평생 머물다 보면, 이들을 지휘하는 상관보다 지식과 기술이 능가하게 되는 경우도 생기고, 실제로 지휘 능력도 있게 되었다. 2013년부터 '기능직'을 폐지한 것도 이러한 맥락에서이다.

직렬간 형평성문제는 특히 일반행정직과 기술관련직 사이에 나타난다. 행정직의 승진이 기술직보다 빠르고 고위직에의 승진기회가 훨씬 넓다는 것이다. 행정현상이 더욱 복잡하고 불확실성이 높아가는 현실에서 전문지식을 갖춘 기술인력의 역할은 중요해질 것이다. 그런데 기술직이 국장급 이상을 하기 위해서는 행정직으로 전직하게 함으로써 사실상 막고 있다. 따라서 대부분의 기술직은 행정직에 대해 소외감을 느끼고, 기회만 있으면 행정직으로 전직하고자 하는 쏠림현상이 있다. 한국적인 승진열망 문화에서 승진을 통한 인사관리는 매우 복잡하고 어려운 일이다.[20]

끝으로 지금까지의 직렬구조 분류과정은 기본적인 방향이나 직렬 재분류에 대한 종합적인 분석 없이 그때 그때 임기응변식으로 부분적인 수정을 가해 오고 있는 실정이다. 이러한 대증요법식의 처방으로는 장기적인 인사관리의 합리화와 발전에 전혀 도움이 되지 않는다. 부분적·단기적 처방이 전체적·장기적 시각에서 보았을 때에는 오히려 더 큰 혼란과 모순을 야기시킬 수 있다는 점을 조심해야 한다.

3) 발전방향

그 어느 제도를 채택하는 나라이건 그 제도에 만족하지 않고 계급제는 직위분류제의 장점을, 직위분류제는 계급제의 장점을 받아들이려는 경향을 알 수 있었다. 우리 사회의 신분중시경향, 교육제도, 행정문화, 민간기업의 분류제도, 보수수준 등의 풍토에서 오랜 검증을 거치면서 적응해 오고 있는 제도이다. 직위분류제도는 제도 자체가 훨씬 정교하고 매력도 있다. 또한 우리 사회의 모든 직업분야는 빠른 속도로 바뀌고 있고 그것은 아마추어보다 전문가를 원하고 있으며, 정의적(情誼的) 사고보다는 합리적(合理的) 사고를 더 요구하는 방향으로 나아가고 있다.

이러한 상황은 직위분류제의 도입을 요구하는 측면이다. 그러나 이미 미군정에서의 실패경험이 있고 우리 풍토에 적합성이 충분히 검증되지 않은 상태이기 때문에 전적인 도입은 많은 위험부담이 따른다고 할 수 있다.

이런 현실을 감안할 때 우리의 분류제도는 계급제를 기본원리로 하여 직위분류제의 장점을 접목시키기 위한 기초작업과 적용의 범위를 점진적으로 확대시켜 갈 때 세심한 주의를 요한다. 이러한 계급제와 직위분류제의 기술적 절충은 우리나라에 적절치 못하기 때문에 상관에 대한 복종보다는 국민에 대한 봉사를 최우선시하는 진정한 계급제로 재정비되어야 한다는 주장도 있다.21) 프랑스의 예가 보여 주듯이 계급제 하에서도 전문성과 국민봉사성을 확보할 수 있기 때문에 계급제냐 직위분류제라는 택일의 문제가 아니다.

향후 공직분류는 다음과 같은 네 가지 원칙을 지켜 개선해 나가야 한다.

첫째, 계급(직급)간·직렬간에 형평성을 유지하는 것이다. 앞에서 지적한 일반직과 특정직간의 계급차등, 행정직과 기술관련직간의 승진기회차별, 동일계급 내에서의 직무불균등이 모두 형평성 결여의 문제이다. 단기적으로 이들 문제를 해결하기 위해서는 일반직과 특정직의 경우에 우선 과거의 불합리한 검사와 같은 공안직 예우는 시정되어야 한다. 하지만 일반직에 비해 직무의 내용이 차등대우를 하여야 할 정당한 근거가 있을 때에는 교육공무원과 같이 특별법에 따라 별도로 보수규정을 두어야 한다. 공연히 일반직의 몇 급에 해당하는 식으로 상호비교를 하도록 하는 데서 문제가 제기되는 것이다. 기술관련직의 승진한계에 대해서는 당연히 그 한계가 철폐되어야 한다. 직무불균등은 계급제하에서 근본적 해결이 불가능한 것이나 직무분석과 직무설계를 통해 부분적인 직무부담의 불균형을 해소할 수 있을 것이다. 특히, 9급 공무원의 90% 이상이 대졸자임을 감안하여 하위직에도 그 능력에 걸맞는 업무를 부여하는 것이 중요하다.

둘째, 전문성 제고이다. 현대행정은 전례 없이 복잡하고 전문화되어 가고 있다. 새로운 정보가 끊임없이 생산되고 있어 모든 분야에 박식하기란 여간 힘들지 않다. 과거와는 달리 한 사람이 할 수 있는 일의 범위는 좁아지고 대신 그 깊이는 더해지고 있다. 관련분야의 기술과 정보가 어떻게 변하는지 계속 지켜보고 적응해

가지 않으면 낙오자가 되고 만다. 이러한 시대에 잦은 보직변경은 전문성을 높이는 데 장애가 된다. 고위직이라 하더라도 부하직원의 직무내용에 대한 이해가 부족한 상태에서는 충분한 리더십을 발휘하기가 곤란하다. 또한 거의 모든 실제정책분야(노동, 환경, 교육, 복지, 국방 등등)의 정책수립이 일반행정인의 상식과 직관력만으로는 불가능하다. 정책결정자의 직관력이나 비전도 그 분야에 대한 충분한 전문지식을 갖추었을 때 가능하게 되었다. 앞으로의 고위직 공무원은 해당 분야의 깊은 전문지식뿐만 아니라 넓은 시각에서 정책을 결정하고 관리할 수 있는 다능전문인(多能專門人)이 양성될 수 있도록 분류제도가 뒷받침되어야 한다. 이러한 원칙에서 다시 한번 기술관련직의 승진에 한계를 둘 이유가 없음을 상기해야 할 것이다. 그 동안 그들이 갖고 있던 '밀린다'는 피해의식이 해소되어야 유능한 젊은 인재들이 기술관련직의 경로를 택할 것이고, 다능전문인 또한 배출될 것이다.

셋째, 인사관리의 융통성 유지이다. 즉, 어느 자리든 '××직, ×급으로 보한다'라는 경직적 규정이 있고, 공무원들은 이를 만족시키려고 승진경쟁을 하기 때문에 경직성의 문제가 생긴다. 기관장이나 고위관리자의 입장에서는 어느 정도 융통성 있게 부하직원을 배치하고 활용할 수 있어야 조직 전체의 생산성을 높일 수 있다. 하나의 기능뿐만 아니라 두세 개 정도의 전문성이 있는 다능전문인(multi-functional)이 바람직한 것이다. 공무원의 입장에서도 여러 직무를 경험하면서 자신의 재능을 최대한 발휘할 수 있는 기회를 찾을 수 있고, 이를 통해 능력개발의 기회와 자기실현욕구를 충족시킬 수 있기를 희망할 것이다. 문제는 기존 계급제하에서의 융통성을 유지하면서 어떻게 전문성을 높이느냐 하는 조화의 문제이다.

끝으로 외부와의 인사교류 확대이다. 우선 공직의 경직성을 타파하고 국민의 요구에 대한 대응성을 높일 뿐만 아니라 외부의 전문지식을 유입할 수 있도록 공직분류가 이루어져야 한다. 우리나라의 경우 별정직과 계약직이 지금까지 이 역할을 해 주지 못하였다. 별정직에는 민의수렴을 반영할 기회가 주어지도록 정책·민원부서에서 이를 적극 활용할 것이 요구된다. 또한 개방형 직위에 대한 계약직 충원이 계속되어야 할 것이다. 이들에게는 자격과 능력에 상응하는 탄력적 보수의 지급이 또한 병행되어야 할 것이다. 다만 이 제도의 본래 목적에 맞게 능력 있는 사람을 공정하게 충원하는 것이 무엇보다 중요하다. 정치권의 영향이나 개인적 정실이 개입되는 경우 기존의 공직 안정성을 해치는 더 큰 부작용을 초래할 수 있기 때문이다. 또한 이들 외부출신 공무원이 기존 공무원과 심각한 갈등관계가 되지 않도록 권한과 책임을 부여해야 한다.

東西古今公私

계급제하에서의 전문성 제고: 프랑스 공무원단(corps)제도

공무원단(corps)은 서유럽에서 프랑스와 스페인에만 존재하는 독특한 공무원 분류단위로서 그 기원을 가깝게는 중세의 교회조직, 멀리는 그리스·로마시대의 군대조직에서 찾을 수 있다. 행정조직에 국한시켜 보면 루이 15세에 의해 창설된 교량 및 도로건설 공무원단(1747, Ponts et Chaussées)이 공무원단의 시초이다. 공무원단제도를 공직사회에 전면적으로 도입한 사람은 나폴레옹이다. 나폴레옹은 군대조직을 모델로 삼아 공무원단제도를 공무원조직에 도입했고, 이후 공무원단제도는 프랑스 공무원 모델의 핵심을 이루고 있다.

국가공무원법 제29조는 공무원단(corps)에 대해 동일한 인사규칙의 적용을 받고 종류와 책임도가 유사한 직무를 수행하는 공무원들의 집단이라는 정의를 내리고 있다. 그 특징은 첫째 비슷한 경력을 쌓으며, 둘째 승진을 위해 상호경쟁관계에 있으며, 셋째 유사한 종류의 업무를 수행하는 것으로 요약할 수 있다.

현재 프랑스 국가공무원조직은 약 1,700개로* 구성된 공무원단의 집합체이다. 이처럼 세분화된 공직구조를 가진 국가는 전세계적으로 프랑스가 유일하다고 할 수 있다. 인사행정이라는 차원에서는 다른 직렬과 관계없이 경력을 쌓아가는 단위가 공무원단이라는 점을 고려하면 프랑스의 국가공무원조직은 이렇게 분절화(fragmentation)된 하위단위의 집합이라고 볼 수 있다. 이는 필연적으로 각 분야의 전문성을 제고하게 된다.

프랑스에서는 모든 공무원단이 일반법에서 포괄적으로 규정되어 있는 사항들의 공무원단별 적용방법을 구체화시키기 위한 독자적인 인사규정을 가지고 있다. 따라서 공무원단의 수에 해당하는 약 1,700개의 인사규칙이 존재한다. 프랑스 국가공무원 조직이 개별적인 직급구분과 모집절차, 서로 다른 경력발전체계를 가진 수많은 공무원단으로 세분되어 있다. 이는 통일적인 인력관리가 어렵다는 것을 의미하지만, 한국 계급제가 가지고 있는 일반가(generalist) 중심의 전문성 부족이란 문제를 어느 정도 해결할 수 있다.

프랑스에는 직급과 직위를 분리하는 제도가 오래 전부터 정착되어 있다. 직급과 직위

---

* 공무원단간의 인력편차는 매우 크다. 공무원단의 수는 1,700여 개에 달하지만 중등교사 공무원단(221,213명)을 비롯한 상위 25개 공무원단에 속한 공무원의 수가 전체공무원의 79%를 차지한다. 반면에 도서감사관 공무원단처럼 소속 공무원이 5명 미만인 공무원단도 다수 존재한다.

의 분리원칙(la séparation du grade et de l'emploi)은 공무원단(corps)제도와 마찬가지로 군대로부터 유래된 원칙이다. 1834년 군대의 장교들을 대상으로 도입된 이 원칙은 2차 세계대전 이후 국가공무원들에게 적용되기 시작했고, 1983년부터는 지방공무원들을 포함한 모든 공무원들에게 확대 적용되고 있다(공무원의 권리와 의무에 관한 법 제12조, 1983년 7월 13일의 법률 제 83－634호). 이 원칙에 따르면 직급(grade)의 소유권은 해당 공무원이 보유하고 있지만 직위(emploi)의 운용에 대해서는 고용주인 국가나 지방자치단체가 절대적인 권한을 행사한다.

직급과 직위의 분리원칙은 다음과 같은 효과가 있다.

첫째, 공무원의 직급과 직위 사이에는 밀접한 상관관계가 존재하지 않는다. 국가나 지방자치단체는 업무수행상 필요할 경우 해당 공무원의 직급에 구속받지 않고 임의대로 직책을 부여할 수 있다. 다시 말해서 직급이 행정관(administrateur)인 공무원에게 하위직급인 담당관(attaché) 직급에 해당하는 직위를 부여할 수 있고, 반대로 상위직급 공무원에게 부여하는 직위에 하위직급 공무원을 임명할 수도 있다.

둘째, 직제의 개편으로 인해 직위가 없어졌을 경우에도 해당 공무원은 신분을 상실하지 않는다. 공무원의 신분관계는 전적으로 직급(grade)에 의해 결정되므로 직급을 보유하고 있는 한 일시적으로 직위를 부여받지 못하더라도 공무원의 신분은 유지된다.*

프랑스의 이 분리원칙은 승진제도에서도 효과를 나타낸다. 프랑스 공무원의 승진은 각 공무원단 인사규칙(statut particulier)에 명시되어 있는 직급간 승진조건, 직급별 정원규정에 따라 공무원단 내에서 행해지는 직급승진을 의미하며, 직위의 수직이동을 수반하지 않는 상태에서도 가능하다. 직위의 변경이 없이도 승진을 시킬 수 있다는 것이다. 따라서 상위직위의 공석 여부와는 상관없이 승진임용이 이루어진다.

이와 같이 직급과 직위를 분리시켜 철저하게 직급(사람)을 기준으로 운영함으로써 계급제의 원칙에 충실한 프랑스식 공무원 승진제도는 인사관리의 탄력성을 높여준다는

---

* 프랑스 공무원제도에 의하면 두 가지 종류의 사직이 있다.
첫째, 담당보직에 대한 사직을 했을 경우 당사자는 공무원 신분을 보유한 채 대기발령 상태에 놓이게 된다.
둘째, 소속 공무원단에 사직했을 경우 해당 공무원은 자신의 직급을 상실하고 비로소 공무원으로서의 신분관계가 소멸된다

<프랑스 국가공무원의 분류>

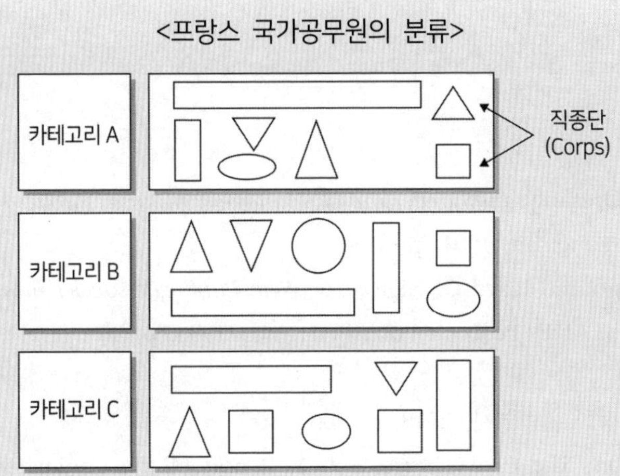

장점이 있다. 우선 승진임용시 빈 자리의 발생 여부에 구속받지 않기 때문에 인사권자의 선택의 폭이 넓어진다. 그리고 직급에 기반을 둔 승진제도하에서 동일한 공무원단에 속한 공무원들은 소속부처가 다르더라도 승진소요연수에 차이가 나지 않는다. 따라서 부처간 인사교류에 긍정적인 영향을 미친다. 또한 승진과 보직관리를 분리시킴으로써 능력위주의 인사를 용이하게 한다.

자료: 김영우, "프랑스 공무원제도의 경직성과 유연성: 주변국과의 비교연구,"「한국행정학보」 36(1), 2002, 수정·보완.

05 참/고/문/헌

1) Dennis L. Dresang, *Public Personnel Management and Public Policy*, 2nd ed., New York: Longman, 1991, p. 125.

2) Felix A. Nirgo and Lloyd G. Nigro, *The New Public Personnel Administration*, 3rd ed., Itasca, IL: F.E. Peacock Publishers, Inc., 1986, p. 90.

3) Ibid.

4) 임도빈, 「행정학」, 박영사, 2018, p. 406.

5) Fulton Report, The Civil Service, vol. 1: Report of the Committee, London: Her Majesty's Stationery Office, cmnd 3638, 1968.

6) 임도빈, 「비교행정학」, 박영사, 2016, pp. 434−449.

7) Steven W. Hays and T. Zane Reeves, Personnel Management in the Public Sector, Dubuque, Iowa: Wm. C. Brown Publishers, 1989, p. 103.

8) MacGregor E.B., "Politics and Career Mobility of Civil Servants," American Political Science Review, vol. 68. No.1, 1974, p. 24.

9) Gortner, H. F. et al., Organization Theory. Harcourt Brace college Publishers, 1997, p. 105

10) Cynthia D. Fisher, Lyle F. Schoenfeldt, and James B. Shaw, Human Resource Management, 2nd ed., Boston: Houghton Mifflin Co., 1993, p. 136.

11) Dresang, op. cit., p. 117.

12) Fulton Report, The Civil Service: Report of the Committee, vol. 1, 2, London: Her Majesty's Stationery Office, cmnd 3638, 1968.

13) John Greenwood and David Wilson, Public Administration in Britain Today, 2nd ed., London: Urwin Hyman, 1989, pp. 110−113.

14) 임도빈, 「비교행정학」, 박영사, 2016, p. 337.

15) Jay M. Shafritz, Norma M. Riccucci, David H. Rosenbloom and Albert C. Hyde, Personnel Management in Government, 4th ed., New York: Marcel Dekker, Inc., 1992, pp. 35−36.

16) Robert D. Lee, Jr., Public Personnel Systems, 3rd ed., Gaithersburg, ML: An Aspen Publication, 1993, pp. 57−60; Nigro and Nigro, op. cit., p. 206.

17) Dreyfus, F. & F. d'Archy, Les Institutions Politiques et Administrative de la France, Paris: Economica, pp. 350－351.
18) 조석준·임도빈, 「한국행정조직론」, 법문사, 2016.
19) 김태유·신문주, 「정부의 유전자를 변형시켜라」, 삼성경제연구소, 2009.
20) 임도빈, 「행정학」, 박영사, 2018, p. 382.
21) 정성호, "한국인사행정의 정치이론적 방향모색: 기술적 절충주의로부터 계급제로의 재정비," 「한국행정연구」 2(4): 140－165, 1993; 정성호, "21세기 한국행정의 업무수행가치 모색: 명령복종성에서 업무수행가치 모색," 「한국정책학회보」 제9권 제3호, 2000.

CHAPTER 06

인사기관

1. 의 의

동서고금을 막론하고 공무원제도가 있는 한 어떤 형태이든 이를 다루는 기관이 어느 나라에든 존재한다. 인사기관을 어떻게 조직화해야 인사행정뿐만 아니라 모든 행정의 효과성을 높일 수 있을 것인가에 대해서 현재 나라마다 매우 다양한 형태로 이 질문에 대한 답을 구하고 있다.

우리나라의 경우, 인사관리의 대상인 공무원의 범위를 기준으로 하여 중앙인사기관, 부처인사기관 그리고 지방자치단체 인사기관으로 나눌 수 있다.[1)] 중앙집권적 행정문화가 강한 우리나라에서는 중앙인사기관의 역할이 절대적인 비중을 차지한다. 그러나 지방자치 제도가 정착되면서, 지방인사행정기관의 인사집행기능은 점차로 커지고 있다.

중앙인사기관이란 국가의 모든 공무원에 대한 인사관련업무를 총괄하는 행정기관이다. 중앙인사기관은 인사행정을 정치적 내지 기타 정실적 요소에 의한 영향으로부터 차단하고, 인사행정이 개별행정기관에 의하여 행해짐으로써 발생하기 쉬운 할거성과 비능률성을 배제하고자 하는 방어적·소극적 필요에서 시작되었다고 볼 수 있다. 즉, 인사행정의 실적주의 확보를 위해 통일적인 제도를 만들고 이의 효과적 집행을 확보하는 것이 주된 목적이었다.

현대행정은 공무원의 양과 질적인 면에서 과거에 비교할 수 없을 정도로 규모가 커지고 업무가 복잡해졌다. 이러한 변화에 대처할 유능한 인적자원의 확보에서부터 이들의 능력발전을 위한 계획의 수립, 그리고 공직에 근무하면서 성취감을 느낄 수 있도록 공무원 개인의 성장문제에 이르기까지 인사정책을 수립하고 집행하는 적극적 기능을 수행하는 기관으로 부상하고 있다.

2. 조직상의 특성

공정한 인사를 확립하기 위하여, 중앙인사기관이 갖춰야 할 조직상 요건은 독립성·공평성·집권성이라고 할 수 있다. 이들의 실제 모습은 대통령이 권력을 독점하다시피한 가운데 움직이는 정부조직 전체의 상호관계에서 추론될 수 있다.[2] 정부조직은 계층구조에 따라 행정부 수반을 정점으로 하여 그 밑에 각 분야별 정책을 수립하고 집행하는 부처기관이 있고, 그 밑에는 다시 실·국의 계층구조를 두고 있다. 중앙인사기관은 행정수반을 보좌하는 기관으로 일반적으로 부처기관과 대등한 조직상의 위치에 있게 되고 부처인사기관은 각 부처기관의 한 부서단위로 존재하게 된다. 그러나 점선으로 표시한 것과 같이 중앙인사기관이 정부에 독립적인 경우로 생각할 수 있다. 이러한 대략적인 정부조직을 생각할 때 중앙인사기관은 다음과 같은 세 가지 측면에서 특성을 생각해 볼 수 있다. 첫째는 행정수반과의 독립성 관계이고, 둘째는 중앙인사기관 자체 차원의 의사결정형태이며, 셋째는 부처인사기관과의 권한위임관계이다. [그림 6−1]에서 각각 ①, ②, ③으로 표시된 것이다.

④는 지방자치단체 수준의 인사문제를 의미하는데, 단체장과의 관계를 상술한 ①의 독립성 관계가 문제시되고 있다. 그림에도 포함되어 있지 않지만, 공공기

그림 6-1 인사기관의 조직구조적 관계

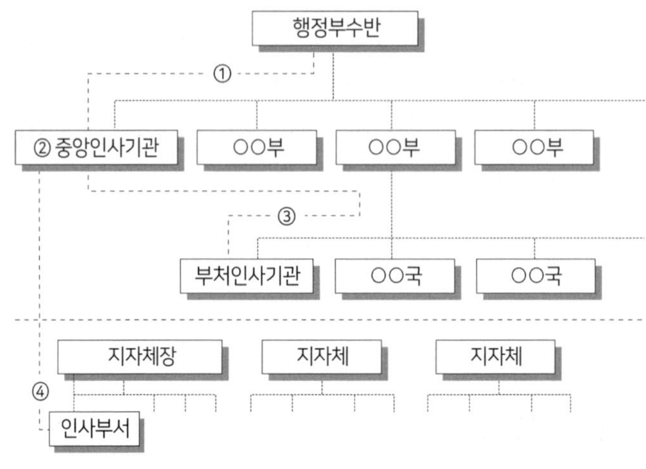

관의 경우도 이와 유사한 관계가 나타난다.

2.1 정치적 독립성

독립성이란 행정수반이나 지자체장 등의 정치적 영향으로부터 어느 정도 자유로운가를 말한다. 독립성이 강할수록 인사기관의 고위직에 대한 신분이 엄격히 보장되고, 인사사무의 총책임자에 대한 임명권을 가지며, 나아가 국가예산의 몇 %를 배정받거나 각 부처로부터 할당금을 지급받는 식으로 기관예산을 보장받는다.[3] 그러나 이러한 조건은 독립성의 전제조건에 불과하다. 독립성이 진정으로 추구하는 것은 특히 공무원 인사권을 이용하여 정치권력의 정실이 개입되고 이에 불복하는 경우 신분상의 불이익을 준다거나 하는 부당한 처사를 배제하는 것이다. 뒤집어서 말하면 정치적 중립성을 유지하고 인사의 공정성을 확보하며 공무원의 권익을 보호하기 위한 것이다. 이러한 목적을 달성하기 위한 방법은 여러 가지가 있다.

우선 인사기관의 지도부의 인적 구성에 대한 철저한 법적 신분보장이 뒷받침되어야 한다. 임명권자가 이들을 자의적으로 해고할 수 없도록 하는 것이다. 임명의 경우에도 행정수반에게 모든 권한을 부여하는 것이 아니라 국회의 동의를 거치게 함으로써 독립성을 확보할 수 있다.

다음은 정치인 특히 정당의 영향으로부터 독립성을 확보하는 것이다. 이를 위해 고위직의 구성에 있어서 정치권과 연결이 있는 사람은 배제한다. 고위직이 다수의 위원으로 구성될 때에는 동일정당이나 동일학교 출신이 지배적이지 않도록 규제한다. 위원의 임기를 보장하여 임명권자의 눈치를 보지 않아도 되게 한다. 또한 그들의 임기도 서로 교차되도록 조정하여 동시에 임기가 만료될 때 임명권자가 모든 위원을 동시에 임명하지 못하도록 하고 있다.

역사적으로 인사에 대한 정치권력의 부당한 침해는 주로 행정수반에서부터 시작되었다. 행정수반은 공직임면권을 가지고 있는 것이다. 이 권한의 행사에서 후진국일수록 남용과 그에 따른 폐해가 심하게 나타난다. 아직도 개도국들은 매우 심각한 상황에 있는 경우가 대부분이다.[4] 현대사회에 들어오면서, 기업, 시민사회, 종교단체 등 여러 사회세력(social force)이 압력을 행사한다.

인사기관의 정치적 독립성, 특히 행정수반으로부터의 독립성이 보장되면, 이를 통해 시행되는 인사행정은 다음과 같은 효과를 가져올 것으로 기대된다. 공직임명에서 정치권력의 엽관주의나 정실주의가 배제된다. 따라서 부당하게 공직에서 쫓겨나는 등의 공무원 신분에 대한 침해행위가 없어진다. 엽관이나 정실에 의해 임명된 사람들의 전문성 결여에서 오는 행정의 질적 저하도 극복할 수 있다. 또한 잦은 인사교체에서 오는 행정의 단절을 막을 수 있다. 요컨대 실적주의에 기여한다는 것으로 요약할 수 있을 것이다.

그러나 이론적으로 완전한 독립성은 몇 가지 모순 내지 단점을 지니고 있다. 국정전반을 책임지는 행정수반이 공무원의 총체적인 능력과 규모 그리고 사기 등에 대한 통제권을 갖지 못한다는 것은 민주주의의 책임정치원리에 어긋난다고 볼 수 있다. 그러나 직업공무원에 대한 인사문제를 행정수반에 대해서 인사기관이 어느정도 독립성을 가지고 행사하는 것은 매우 중요하다.

정치적 독립성은 공무원의 권익보호 등 인사문제만을 좁은 시각으로 다루기 때문에 문제이다. 예컨대 관료제의 효율성을 높이기 위한 개혁인 데도 불구하고 정치적 고려가 들어가 있다는 이유로 추진할 수 없을 수 있다. 인사제도 및 구체적인 인사관리활동은 국가정책의 종합적 관리 차원에서 결정되고 그에 적합하도록 조율되어야 하는데 인사기관의 정치가 커질수록 이러한 조율은 더욱 어려워진다. 독립성에는 책임성의 문제가 뒤따른다. 독립된 기관의 부당행위와 무능에 대해서는 책임성을 묻기 곤란하다.

우리나라의 경우 특히 문제시되는 것은 정부직 인사에 대한 독립성이다. 소위 회전문 인사, 코드인사라는 비판을 받는 인사문제이다. 엽관주의적 특성을 가질 수밖에 없지만, 고위직 인사에 대통령의 자의에 너무 강하다는 비판이 그것이다. 이 문제를 다루는 인사수석은 중앙인사기관이 아님에도 불구하고, 정부직 인사는 물론이고 그 이상으로 영향을 미친다는 비판을 받고 있다.

2.2 공평성

공평성이란 인사정책이나 중요한 결정이 어느 누구에게 특별히 유리하거나 불리하지 않고 불편부당하게 이뤄지는 정도를 말한다. 그러나 이러한 공평성을 담보하기는 쉽지 않다. 공정성을 확보하기 위한 최선의 방법 중의 하나가 합의성이다. 합의성이란 중앙인사기관의 결정이 다수위원의 합의에 의하여 결정되는 것을 의미한다. 대표적인 경우가 인사기관에서 행하는 준사법기능이다. 행정기관의 위법 또는 부당한 처분에 의하여 공무원이 신분상의 불이익을 받았을 때 소청의 기회를 주게 되고 이에 대한 결정은 주로 다수위원의 합의에 의하여 이루어진다. 합의형 인사기관은 일반적으로 3인 이상의 홀수 인원으로 구성된다.

일반적으로 정치적 독립성을 추구하는 인사기관은 독임제가 아닌 합의성 결정방식을 위해 위원회형을 택하고 있다. 그러나 합의성이 있다고 해서 반드시 독립성을 갖는 것은 아니다. 우리나라의 소청심사위원회는 합의제이지만 독립성에서는 매우 미약한 상태이다. 기관의 소속이 인사혁신처 장관 밑에 위치하고 위원의 임명도 인사혁신처 장관의 제청으로 대통령이 임명하는 등 독립성이 매우 희박하다.

합의제 결정방식 또한 장점과 단점을 동시에 검토할 수 있다. 장점으로는 다수위원의 타협과 조정의 과정을 거치기 때문에 결정의 편향성을 배제할 수 있다. 특히 위원회의 인적 구성이 다양해진다면 그의 결정도 사회의 다양한 이해를 고루 반영시킬 것으로 기대된다. 또한 위원들의 교차임명을 통해 인사정책 및 관리활동의 지속성을 유지할 수 있다. 요약하자면 합의성은 엽관주의적·정실주의적 영향을 배제하여 인사행정의 공정성과 지속성을 추구할 수 있다.

단점으로는 정해진 절차를 지키는 데 소요되는 시간적 지연이다. 합의제를 택하는 경우 모임이 매일 있는 것이 아니고 또한 다수위원간에 의견이 일치하지 않으면 이를 조정해야 하기 때문이다. 또한 책임의 전가경향이 나타나기 쉽다. 어떠한 결정이 문제가 되었을 때 책임의 소재가 불분명하기 때문에 서로 책임을 떠넘길 가능성이 높은 것이다. 우리나라와 같은 경우에는 누가 위원인가가 공정성 확보를 위해 중요하다. 대부분의 위원회는 위원 중에서 사실상 주도하는 다수가 있어서 합의를 통한 의사결정이 이미 정해진 것을 정당화하는 형식적인 경우가 많다.[5] 한때 설치되었던 중앙인사위원회도 이런 비판을 받을 수밖에 없었다.

2.3 집권성

집권성(centralization)이란 인사기능이 중앙인사기관과 인사행정기능을 담당하는 각 행정기관 사이에 어떻게 배분되어 있는가를 뜻하는 것이다. 인사권한 배분에서의 집권성은 일반조직이론에서 쉽게 접할 수 있는 집권과 분권의 논리가 그대로 적용된다. 인사기관의 역사적 변천과정을 살펴보면 모든 나라가 공통적으로 처음에는 각 기관마다의 인사관리에 대한 무원칙과 무질서 현상을 비판하면서 집권성의 필요를 주장하게 된다. 국가행정기관에 적용될 통일된 인사원칙을 개발하고 적용하기 위하여 중앙인사기관을 설치하고 각 기관에서 분산적으로 행해 오던 인사권한을 여기에 집중시키는 것이다. 이 단계에서 어느 정도 인사기준이 세워지고 정착이 되면, 다시 각 기관별 특성을 고려할 필요성을 느끼게 된다. 여기에 직무의 전문화와 세분화로 획일적인 기준의 적용보다는 특수성의 인정이 더 중시되는 상황적 요구가 가세하게 되는 것이다. 이 때부터 분권화에 대한 본격적인 주장이 등장하기 시작한다. 실적주의제와 직업공무원제가 어느 정도 정착된 선진국일수록 분권화에 대한 관심이 커지는 것이다. 그러나 지금도 집권과 분권에 대한 논쟁은 계속되고 있다. 양자 모두 일면 설득력을 가지고 있고 동시에 약점을 지니고 있다.

우선 중앙인사기관에로의 집권성을 주장하는 논거로는 앞에서 지적한 대로 통제의 용이와 인사행정의 통일성을 기할 수 있다는 점이다. 다음으로는 부처인사기관이 전문성을 확보하지 못한 상황에서 중앙인사기관이 전문인력을 풀(pool)로 가동함으로써 규모의 경제(효율성) 효과를 볼 수 있다. 직무분석기법, 인사정보체계, 근무성적평정기법, 보수체제의 개선 등에 대한 연구가 부처인사기관에서는 적은 인력 때문에 감당하기 힘들지만 중앙인사기관에서는 가능하다. 마지막으로 부처인사기관에 많은 권한을 위임했을 때 부처인사공무원이 중앙인사기관의 편에 서기보다는 소속부처의 편의와 이해에 따르기 쉽다는 것이다.

지방자치단체장이 인사권을 자의적으로 행사하는 것은 매우 심각한 문제로서 책임성을 확보하지 않은 채 지나치게 분권화한데서 그 원인을 찾을 수 있다.[6] 인사부서의 공무원은 아무래도 조직에 동정적이고 자신의 인사권자인 상관의 의견을 무시하기 곤란한 입장에 있다. 인사에 대한 원칙이 한번 흐트러지다 보면 규정에 어긋나는 채용·승진·인사이동 등의 사례가 발생하기 쉽다. 이러한 현상은 우리나라와 같이 인사업무를 전문으로 하는 인사공무원이 아닌 일반행정가가 담당하는 경우에 더욱 취약하게 나타날 수 있다. 이러한 문제를 해결하기 위해, 행정직군에 '인사조직' 직류를 신설하였다(<표 5-3> 참조).

이에 대한 분권론자들의 주장도 호소력을 가진다. 가장 중요한 것은 융통성 있는 인사관리와 부처사정에 맞는 특수성이다. 중앙인사기관은 일선행정기관에서의 모든 요구에 세세하게 대응하기가 쉽지 않다. 특수한 상황을 일일이 반영하기보다는 전체적인 통일성과 일관성을 추구하는 탁상행정식 인사제도 수립을 할 가

능성이 높기 때문이다.7)

인사행정도 서비스 기능이라면 인사행정의 고객인 각 행정기관의 모든 요구에 맞게 이루어져야 한다. 고객 가까이에서 고객의 불만과 요구를 관찰하고 체험한 행정기관에서 더욱 신속하고 적절하게 대응할 수 있다. 집권론자들은 부처인사기관의 탈법적·비효율적 인사운영을 우려하지만, 중앙인사감사 등의 제도적 보완을 통하여 해결할 수 있다는 주장도 가능하다.

3. 조직의 유형

중앙인사기관이 실제 어떤 유형으로 조직되었는지는 각 나라마다 다르고, 한 나라 안에서도 서로 다른 유형이 혼재되어 있다. 그렇지만 위원회형(commission-type)과 이를 결여한 부처조직형(department-type)으로 구분할 수 있다. 집권성은 위원회형이든 부처조직형이든 상관없이 각 개별부처와의 관계에서 정해진다. 집권형 위원회, 분권형 위원회, 집권형 부처조직, 분권형 부처조직 모두가 가능하다.

3.1 위원회형

영국과 미국 모두 최초의 중앙인사기관은 위원회형으로 출발하였다. 초당파적 내지 범당파적 위원들로 위원회를 구성하고, 법적으로 이들의 신분을 엄격히 보장하며, 위원의 임기를 교차시키는 등 독립성과 합의성이 갖는 장점들을 기대한 것이다. 정치권력의 부당한 개입을 막아 정치적 중립성과 공직의 안정성을 지키며, 위원회의 구성방식을 통해 인사정책의 일관성을 확보하고, 구성원 다수의 합의에 따른 결정방식으로 인사의 공정성을 유지하는 것이 그 핵심이다. 이러한 맥락에서 일본 인사원의 경우, 3인으로 구성되는 인사관을 양원의 동의를 거쳐 임명한다. 4년의 임기가 보장되는 인사관은 내각에 대하여 매우 독립적인 위치에서 업무를 수행한다.

그러나 실제적으로 행정수반에 대해서 독립성과 합의성을 모두 갖춘 전형적인 위원회는 거의 찾아보기 힘들다. 위원회형의 장점은 기관의 독립성보다는 결정방식의 합의성에서 찾을 수 있다. 합의성은 있어도 독립성이 약한 경우가 많기 때문이다.

인사기관의 기능

- **자문기능**: 주요 인사기능의 결정권한은 행정수반에게 있고 위원회는 오직 자문역할만을 한다. 위원회는 법규나 규정을 강제할 수단을 가지지 않는다.
- **집행기능**: 위원회는 행정수반과 완전히 독립하여 인사정책의 개발과 집행의 모든 책임을 진다.
- **감사기능**: 일상적인 인사관리는 행정수반이 이를 책임진다. 한편 독립된 조직을 가지고 있는 위원회는 인사행정의 부당성을 조사하고, 공무원의 불만과 고충을 듣고 처리하는 책임을 진다.
- **심사기능**: 단순히 공무원의 청원을 듣고 처리하는 정도가 아니라 청문회 등의 공식적인 절차를 거쳐 청원을 듣고 부당한 인사조치를 시정할 수 있는 기능까지를 가지고 있다. 인사에 관해 다툼이 있는 경우, 법원으로 가기전에 이뤄지는 준사법적 기능이다.
- **정책결정기능**: 독립성이 가장 강한 유형의 위원회로서 인사관련 규정을 제정·공포하는 기능을 가진다. 준입법적 기능이다.

위원회가 여러 변형을 취하게 되는 가장 중요한 요인 중의 하나가 위원회에 부여된 기능이다. 각 기능별로 또는 어느 기능을 복합적으로 수행하느냐에 따라 독립성과 합의성의 요구가 다르게 나타난다. 예를 들면 심사기능은 위원회형이 아니고는 권익침해를 받은 공무원에 대한 신중한 심사가 불가능한 반면, 감사기능은 부처조직형에서도 이를 수행할 수 있기 때문에 독립성과 합의성의 요구는

크지 않다.[8)]

조직유형에서 독립성과 함께 생각하여야 할 문제가 행정수반과의 근접성이다. 감사원과 같이 정부수반과 완전히 독립된 경우를 생각할 수 있다. 그러나 차선책으로 행정수반의 직속기구로 하는 경우가 있다. 행정수반의 영향이 그만큼 직접 미친다는 것을 의미하며, 업무수행에 대한 부처의 협조가 용이하다는 것을 의미한다. 직속기구가 아니라 한 칸 걸러 부처의 산하기관으로 존재하는 경우 지휘계통상에 상관이 있기 때문에 행정수반을 직접 만나 인사정책에 대한 중요성을 인식시키거나 건의할 기회가 희박해진다.

3.2 부처조직형

부처조직형은 행정수반에 속하는 여러 부처 중 하나로 조직된 형태로서 장관이 독임제로 있다. 행정수반이 인사관리를 포함한 국정 전반에 직접적인 책임을 지고, 인사기관의 장은 행정수반을 보좌하여 집행업무를 담당하게 된다. 인사부처는 정부의 인사관리에 대한 모든 기능, 즉 인적자원의 확보에서부터 능력발전, 유지, 보상까지의 세부 인사활동을 각 부처의 협조하에 통합적으로 수행한다. 다만 인사기관의 결정과 집행의 모든 행위는 행정수반의 승인과 검토의 대상이 된다. 부처조직형 인사기관은 한 명의 기관장이 조직을 관장하게 되고 행정수반의 직접 지휘 아래 놓이게 된다. 따라서 합의성과 독립성을 갖지 못한다.

단두제이기 때문에 다수위원의 합의를 절대적으로 요구하는 심사기능과 자문기능은 독자적으로 수행하지 못한다. 그러나 이러한 기능이 현대 인사행정에서 꼭 필요한 것이기 때문에 위원회를 어떠한 식으로든 부처조직형과 혼합시키게 된다. 이러한 조직형태를 일반적으로 절충형이라고 부르고 있다. 오늘날 절충형에 속하지 않는 인사기관이 없을 정도로 어느 한 유형에만 의존하는 국가는 존재하지 않는다.

조직의 유형을 검토하는 이유는 인사기관의 정확한 분류에 있는 것이 아니라 인사기관에 대한 조직설계시 길잡이(교훈) 역할을 하는 데 있다. 따라서 필요에 따라 위원회형과 부처조직형의 두 순수유형을 적절히 배합하는 지혜가 필요하다. 그것은 두 유형을 이원화시켜 복수의 독립기관으로 할 수도 있고, 한 유형을 지배적인 형태로 하여 다른 유형을 부속시킬 수도 있다.

3.3 중앙인사위원회의 사례

중앙인사기관의 독립성에 대한 요구 때문에 1999년부터 2008년(김대중·노무현 정부시)까지 중앙인시위원회가 설치되어 운행되었고 이것은 매우 의미 있는 실험인데 많은 문제점도 경험하였다.

이상의 문제점을 살펴볼 때 교훈으로 삼아야 할 것은 다음과 같다.

첫째, 인사위원의 독립성이 강화되어야 한다. 임기 3년의 위원 임기는 정치권의 영향으로부터 독립을 보장하기 힘들었다. 대통령 임기가 5년인 점을 고려할 때 더욱 그렇다. 참고로 위원회 형태의 중앙인사기관인 일본의 인사원은 임기 4년, 대만의 고시원은 임기 6년, 미국의 실적제보호위원회는 임기 7년을 보장하고 있다. 일본의 경우 관료권이 발달되어서 인사원의 역할이 크다.[9] 과거 우리나라 중앙인사위원회는 사무처장이 위원을 겸직하였고 5인의 위원 중에서 3인이 비상임이기 때문에 실질적으로 인사위원회는 위원장 1인이 이끌고 갔다고 해도 과언은 아니다. 사무처장인 위원은 위원장과 동등한 지위가 아닌 상하 관계이며 비상임 위원의 업무 관여도 내지 집중도는 '비상임'의 지위에서 제한적일 수밖에 없다. 형식이 위원회일 뿐이지 단독부처형의 조직운영이 되기 쉽다.

둘째, 중앙인사기관의 기능은 공무원의 권익보호와 비정치성 확보를 목표로 하는 것이 바람직하다. 앞서와 같이 위원회의 독립성을 높이는 것은 정치권의 저항과 견제가 따를 것이다. 인사권은 공무원을 장악하고 정권을 유지하는 데 중요한 권력적 의미를 가지고 있기 때문이다. 역사적으로 인사권이 대통령의 강력한 통제하에 있어 왔던 점을 감안할 때 이를 행정수반으로부터 강하게 독립시키는 것은 우리나라의 현실 정치 구조에서 실현 가능성이 희박하다. 따라서 정치적 중립이 규범적으로 요구되면서 정치적으로 민감하지 않은 기능을 담당할 때 위원회의 독립성 제고에 대한 저항도 약화시킬 수 있을 것이다.

과거 중앙인사위원회는 목적과 수단이 도치되어 인사개혁 내지 정부개혁이 우선적으로 관심을 갖고 있다는 비판을 받았다. 특히 대통령의 비위를 맞추기 위한 무분별한 인사개혁추진은 하지 말아야 했다. 인사개혁은 실적주의(merit system)와 정치적 중립성강화의 방향으로 신중하게 추진되어야 한다. 이제까지 이뤄진 바와 같이 '공무원을 피곤하게 만들기'위한 '인사개혁부'역할은 하지 않았어야 한다.

셋째, 대통령에 대한 인사행정분야 정책보좌 역할은 과거 인사수석에서 직접 담당하였기 때문에, 중앙인사위원회의 정치적 독립성이 의문시되었다. 장차관은 물론이고, 공공기관의 장 등 고위직임명에 대통령실이 결정적 역할을 한다는 데에 국민여론이 나눠진다. 더구나 대통령실이 공공기관 감사나 비교적 중요치 않은 자리까지 점점 넓혀가면서 인사에 간여하면, 분야별 전문가보다는 국민에 대한 대응성과 조직통제력을 갖춘 정치인을 이 자리에 임명할 가능성이 높아져서 이를 견제할 중앙인사기관의 필요성을 증대시킨다. 엽관주의로 인한 인사업무의 정치화가 우려된다고 할 수 있다. 따라서 가능한 한 대부분의 공직의 인사에는 중립적이고 장기적 시각에서 인선을 조언할 수 있는 중앙인사기관이 담당하는 것이 바람직하다.

4. 중앙인사기관의 유형결정시 고려할 요소

위원회형과 부처조직형은 대조적인 성격을 가지고 있기 때문에 유형의 전환을 포함한 인사기관의 변화는 여러 요소를 고려하여 상당히 신중하게 결정할 문제이다. 여기에는 정치적 독립성의 필요성, 정권교체의 안정성 정도, 인사행정의 일관성·공정성·통일성 등에 대한 요구 등이 포함될 수 있다. 여기에서 인사행정의 통일성을 제외하고는 모두 실적주의제와 직업공무원제의 정착 정도와 깊은 관련을 가지고 있다. 즉 실적주의제와 직업공무원제의 정착 정도가 인사기관의 유형에 가장 중요한 영향을 미치게 된다. 미국과 영국의 경험을 통해 기관유형결정의 원리를 살펴보고자 한다. 정실주의와 엽관주의를 배척하고 실적주의 원칙과 직업공무원제를 도입한 초기의 두 나라는 모두 독립성을 중시하여 인사위원회를 두었다. 그러나 두 제도가 정착되어 가면서 독립성의 단점이 부각되기 시작했다. 특히 국가정책의 성공적인 수립과 집행은 공무원의 지원 없이 불가능하기 때문에 국정의 효과적 관리를 위해서는 이의 책임자인 행정수반이 인사권을 장악해야 한다는 것이다. 이제 1800년대 말에 걱정하던 정치권의 부당한 인사침해는 걱정할 단계가 아니라고 본다면 오히려 예산절감과 정부기능의 축소 등을 성공적으로 수행하기 위해서 공무원에 대한 지나친 신분보장이나 독립성 보장이 장애가 될 수 있다.

예컨대, 실적주의와 직업공무원제가 정착된 단계에서 공무원의 대응성·책임성 확보와 인적자원의 효율적 관리가 주된 인사행정의 가치가 될 경우에는 부처조직형이 바람직하고, 그렇지 않고 정치권력의 인사권 남용으로 인한 공직의 불안정성이 우려될 때에는 실적주의제와 직업공무원제의 정착을 위해 독립성을 지닌 위원회형이 더 유용할 것이다. 두 제도가 정착되기 전에는 중앙인사기관에서 중심이 되어 실적기준, 공직분류 및 보수체계 등에 대한 통일을 기하고 규모의 효과를 얻어야 할 것이다. 또한 제도가 정착되는 단계에서는 행정수반의 강력한 리더십이 뒷받침되어야 하기 때문에 인사기관은 행정수반의 직속기관으로 두는 것이 바람직하다.

한편 인사기관의 집권성 결정에는 실적주의와 직업공무원제의 정착 정도 외에도 전문가의 수, 조직규모, 할거성의 정도, 직무의 전문화, 부처기관의 인사관리 능력 등을 고려하여야 한다. 부처기관에 인사전문가가 없는 경우는 전문적 인사관리를 통해 효율성을 높일 수도 없고 제도의 발전을 위한 역량도 없기 때문에 집권적 관리가 필요하다. 부처 인사기관에 분산적으로 인사담당 공무원을 두는 것이 비효율적이고 인사정책의 통일성도 떨어지기 때문이다. 한편 직무의 전문화가 심한 경우에는 각각의 직무특성을 고려한 인사관리가 이루어져야 한다. 따라서 많은 예외를 인정하여야 하기 때문에 중앙에서 획일적인 인사기준을 적용하는 것은 오히려 비효율적이다. 이 말은 반대로 분권화가 이루어지더라도 직무의 전문성을 고려할 필요성이 적은 경우 중앙의 집중관리가 유리하다는 것을 뜻하기도 한다. 예를 들어 하위직 공무원의 시험은 인원도 많고 직무도 단순하기 때문에 중앙에서 관리하는 것이 더 바람직한 경우이다.

유형결정에서 고려하여야 할 또 하나의 요소가 기관에 부과된 주요 기능이 무엇이냐이다. 이미 앞에서 논의하였듯이 결정의 신중성과 공정성을 요구하는 심사기능 그리고 다수의 의견을 수렴할 필요가 있는 자문기능의 수행에는 위원회형이 적합하다. 반면에 집행기능을 위원회형에 맡기는 경우 시간의 지연과 책임성 확보가 미흡하다는 단점이 있기 때문에 부처조직형이 더 적합하다. 중앙인사기관으로서 요구되는 감사기능과 정책결정기능의 수행은 모형의 결정에 크게 영향을 받지 않는다.

이상에서 논의된 것은 지방단위에도 그대로 적용된다. 지방자치의 실시로 단체장들의 인사권 행사에 대한 많은 우려가 있다. 외부인사도 참여하는 인사위원회로 설치되어 운영되고 있고, 도의회에서 단체장의 인사권을 견제하려는 움직임도 있다. 도의회에서 인사청문회의 도입이 그 예이다. 인사문제에서 정치적 중립성이 훼손된다는 우려와 이 문제를 해결하려는 방안들도 모두 중앙단위에서 일어나는 것과 유사하다.[10] 신제도주의에서는 이와 같이 마치 중앙현상의 복사판같이 일어나는 현상을 모방적 동형화(mimic isomorphism)라고 한다.

東西古今公私

프랑스의 인사행정기관

프랑스의 중앙인사행정기관은 행정부 장관과 행정총무국(Diréction Générale de 1'Administration et de la Fonction Publique)이라고 할 수 있으나, 이의 독립성을 확보하기 위하여 국가국무원 최고위원회를 두고 있다. 프랑스 공무원에 대한 인사권은 대통령에게 주어져 있는 것을 제외하고 모두 정부(즉, 수상)에게 있다. 그러나 실제로는 충원, 승진 등 일상적인 인사행정은 각 공무원단을 중심으로 이루어지고 있으며, 부처인사에는 장관이 행사하는 분권화된 체제이다. 공무원에 대한 인사행정 전반에 대한 권한은 수상에게 있는데, 수상은 실제로는 자신의 밑에 있는 담당 장관*에게 위임하고, 후자는 행정총무국(diréction générale de 1'administration et de la fonction publique)을 지휘하여 업무를 수행한다.

행정총무국: 행정총무국이 인사행정을 총괄적으로 담당하는 기구라고 할 수 있다. 이는 중앙인사행정기관 유형으로 보면 부처형이라고 할 수 있다. 비독립단독형은 인사행정에서 정치적 중립성을 확보하기 어렵다는 단점이 있다고 지적된다.[11] 그러나 프랑스의 행정총무국(diréction générale de 1'administration et de la fonction publique)은 그 기능면에서 관리적인 측면에 국한되기 때문에 정치적 중립성이 문제시되는 중요한 개혁에 관한 사안은 관장하지 않는 것이 보통이다.

그 구체적인 기능은 다음과 같다.

① 인사행정에 관한 기본법이라고 할 수 있는 '공무원에 관한 일반법(statut général du fonctionnaire d'Etat)'의 적용을 감시한다. 즉, 각 공무원단에서 관장하는 인사행정에 관한 사항을 통제하고 조정한다.

② 재정부와 협력하여 공무원의 보수, 퇴직, 복지 등의 문제를 담당한다.

③ 행정조직의 개편을 담당한다.

④ 공무원에 관한 각종 자료 및 통계자료를 담당한다.

⑤ 행정의 현대화(modernization)를 담당한다. 프랑스에서 행정의 현대화란 행정개혁과 유사한 개념이다.

---

* 혹은 처장: 정부조직이 내각에 따라 바뀌기 때문에 지위도 달라짐.

인사행정개혁의 핵심기관: 국가공무원최고위원회(Le Conseil Supérieur de la Fonction Publique de 1'Etat)

이론상으로는 공무원이 고용주인 행정과는 특별권력관계에 있고 비독립단독형 중앙 인사기관은 구체적인 사항을 관장하기 때문에 정권자들은 권위적이고 자의적인 인사개혁을 시도할 수 있다. 이에 대한 강력한 보호장치로서 주요 인사행정개혁에 관해서는 고용주에 해당하는 행정측 대표와 공무원이 동수로 구성되는 '최고위원회'의 심의를 거쳐야 한다는 것이 그 대표적인 예이다.*

국가공무원최고위원회의 기능은 공무원 인사행정에 관한 모든 일반적인 문제를 심의한다. 이러한 활동결과 공무원에 관한 현황보고서를 매년 발간한다. 구체적인 기능은 국가공무원의 지위에 관한 법률안 개정안이 제출될 때 미리 심의를 거쳐야 하고 기타 일부 공무원 인사 관련 정부령(décret)도 심의의 대상이 된다. 국가공무원최고위원회는 기타 인사정책에 관한 자신의 의견을 표방할 수 있다. 이와 함께 공무원 징계에 대한 소청심사의 최종심을 담당한다.

국가공무원최고위원회(conseil supérieur de la fonction publique do 1'Etat)는 총 40명으로 구성되는데, 행정측 대표 20명과 노조측 대표 20명으로 구성된다. 이들은 임기 3년(연임가능)으로 정부령에 의하여 임명된다. 노조측 위원은 각각 그들이 대표하는 노조의 노조원 규모, 독립성, 회비징수실적 그리고 연륜 등을 고려하여 결정된다. 구체적으로는 각 행정기관별로 선거에 의하여 그 기관 동수위원회(la commission admin-istrative paritaire)를 구성하는데, 최고위원회 위원 수는 이들 기관의 구성결과를 평균하여 노조별로 할당된다. 각 행정기관에 설치되는 동수위원회는 A, B, C 계급별로 각 노조대표들이 후보로 나서고, 해당 계급의 구성원인 공무원들이 투표하여 구성 한다.

최고위원회 구성을 예로 든다면 UNSA(이하 노조명의 약자임) 4명, CGT 4명, CFDT 4명, FO 4명, FSU 2명, CFTC 1명, CGC 1명 등이다. 최고위원회는 총회가 있고, 노조별로 구성되는 부회도 있으며, 공무원 지위, 쟁송, 교육훈련 등의 분과위원회가 있다.

인사행정을 독자적으로 담당하는 각 행정기관별로 설치되는 '行政同數委員會'(la commission administrative paritaire)는 인사문제를 심의하고 고충처리를 하는 기능을

---

* 최고위원회는 국가공무원최고위원회(conseil supérieur de la fonction publique de 1'Etat) 외에 지방공무원최고위원회, 그리고 의료공무원최고위원회 등 3대 공무원 범주별로 각각 설치된다. 관할 공무원의 범주만 다를 뿐 조직과 기능은 국가공무원최고위원회(conseil supérieur de la fonction publique de 1'Etat)와 유사하다

담당한다. 행정동수위원회의 구성은 사용자(즉, 기관장 및 간부급 공무원) 대표와 노동자 대표가 동일한 숫자로 이루어진다. 직원대표는 각 행정기관에 설치된 노동조합들이 후보를 내세우고 공무원들이 투표함으로써 비례대표제 방식으로 선출된다. 따라서 인사의 대상인 직원들을 대표하는 사람과 인사권을 가진 기관장을 비롯한 대표가 한 자리에 모여서 인사문제를 심의하는 공식적인 협의체라고 할 수 있다. 노동조합과 행정동수위원회의 존재는 인사행정이 마치 이윤을 추구하는 사기업과 같이 경영자의 자의에 따라 이루어지지 못하도록 견제하는 역할을 한다.

06 참/고/문/헌

1) 임도빈, 「행정학」, 박영사, 2018, pp. 385 – 386.

2) 조석준·임도빈, 「한국행정조직론」, 법문사, 2016, pp. 241 – 278.

3) Steven W. Hays and T. Zane Reeves, *Personnel Management in the Public Sector*, Dubuque, Iowa: Wm. C. Brown Publishers, 1989, p. 193.

4) 임도빈, 「비교행정학」, 박영사, 2016.

5) 조석준·임도빈, 「한국행정조직론」, 법문사, 2016, pp. 185 – 216

6) 임도빈, 「한국지방조직론」, 박영시, 2004.

7) 임도빈, 「행정학」, 박영사, 2018, pp. 450 – 451.

8) International Personnel Management Association, Guidelines for Drafting a Pbulic Personnel Administration Law, Chicago: IPMA, 1973, pp. 371 – 372.

9) 김정인, (2017), 일본중앙인사기구의 정부조직 개편: 일본내각 인사국을 중심으로, 「한국행정학보」, 5(4): 91 – 120.

10) 임도빈, 「프랑스의 정치행정체제」, 법문사, 2002.

11) 임도빈, "변화와 계속성: 프랑스 인사행정의 특성", 「국제·지역연구」 10(3): 107 – 129, 2001.

Personnel Administration

PART 3
인적자원의 충원

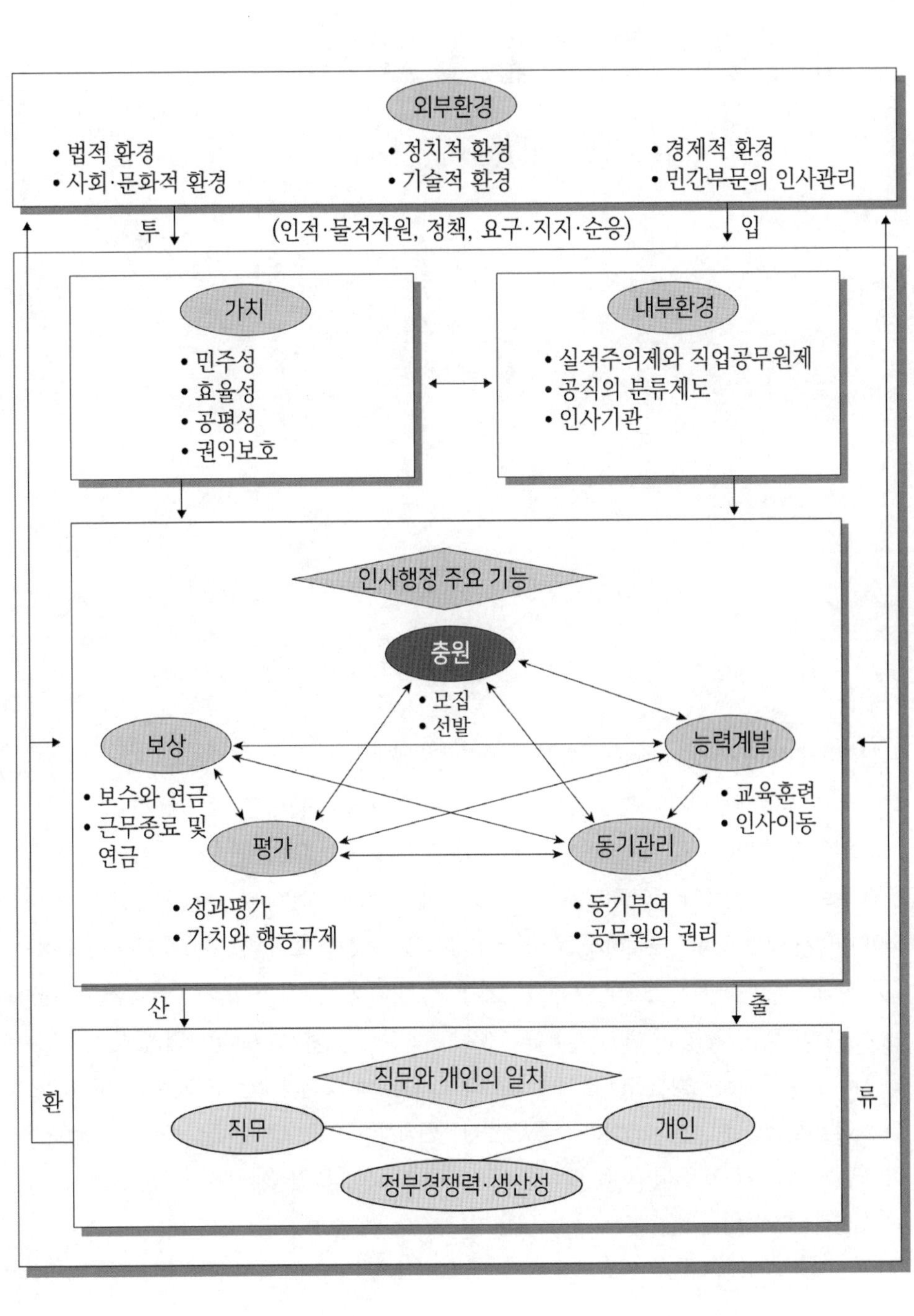
외부환경
• 법적 환경
• 사회·문화적 환경
• 정치적 환경
• 기술적 환경
• 경제적 환경
• 민간부문의 인사관리
투
(인적·물적자원, 정책, 요구·지지·순응)
입
가치
• 민주성
• 효율성
• 공평성
• 권익보호
내부환경
• 실적주의제와 직업공무원제
• 공직의 분류제도
• 인사기관
인사행정 주요 기능
충원
• 모집
• 선발
보상
• 보수와 연금
• 근무종료 및
연금
능력계발
• 교육훈련
• 인사이동
평가
• 성과평가
• 가치와 행동규제
동기관리
• 동기부여
• 공무원의 권리
산
출
직무와 개인의 일치
직무
개인
정부경쟁력·생산성
환
류

Personnel Administration

인적자원의 충원(recruitment)은 우리 사회의 많은 인적자원을 상대로 공직에 지원하도록 유도하고, 그 중에서 능력과 자격을 갖춘 사람을 뽑는 활동이다. 공공부문의 경계 밖에 있던 사람을 안으로 불러들여 공무원의 신분을 부여하는 것이다. 흔히 말하는 신규채용이다. 인적자원의 확보는 인사활동의 사이클이 시작되는 첫 번째 단계이다. 여기에서 유능한 인재를 확보해야 나머지 과정 모두가 원활하게 움직일 수 있다. 인사행정의 효과성을 확보하기 위한 최소한의 필요조건인 것이다. 앞문의 단속이 허술하면 집안이 시끄러운 법이다. 컴퓨터를 사용하는 사람들이 자주 사용하는 은어 중에 GIGO(Garbage In, Garbage Out)라는 말이 있다. 잘못된 자료를 컴퓨터에 입력시키면 출력도 잘못되어 나온다는 뜻이다. 불량한 자료를 입력시켜 놓고 어떻게 결과가 나쁘다고 탓할 수 있겠는가? 인적자원확보는 GI에 해당한다. Garbage가 아니라 Gold를 공직에 끌어들이는 Gold In이 되어야 할 것이다. 인적자원의 확보는 크게 모집과 선발과정으로 나눌 수 있다.

CHAPTER 07

모 집

1. 의 의

모집은 선발시험에 응할 잠재적 인적자원을 찾아내서 지원하도록 유도하는 정부의 활동이다. 모집의 이러한 정의에는 선발이 공개경쟁으로 이루어진다는 의미까지를 내포하고 있다. 우리나라는 공직에 대한 선호사상이 있어 많은 경우 구직자 스스로가 알아서 채용시험에 지원한다. 그러나 상황이 바뀌고 있다는 것도 사실이다. 무엇보다도 일반 사회에서 공직을 신뢰하고 인정해 주는 평가가 낮아졌다. 많은 젊은이들은 공무원보다 일반 대기업이 더 유능하고 변화에 대한 적응을 잘 하며 생산성도 높다고 생각하고 있다.

<표 7-1>은 미국 시정부 공무원들이 시정부에 고용될 때와 이직하지 않고 계속 근무하게 되는 이유를 조사한 것이다.[1] 5점 만점인 수치이므로 비교적 높은 수치를 보이는 '공직이 도전적인 특성을 가지고 있다'는 점과 '지역사회에 무엇인가 기여하고 영향력을 미친다'는 공공성(publicness)임을 알 수 있다. 이는 바람직한 측면이라고 할 수 있다.

우리나라의 경우는 권력욕구와 공공봉사동기가 높은 사람은 공직을 선호하

표 7-1 공직진입 및 공직유지에 영향을 미치는 요소

동기 요인	공직에 진출할 때	공직에 잔류할 때
임금	3.06	3.78
부가급여	3.20	3.73
도전성	4.47	4.54
고용안정	3.16	3.26
공공생활에 영향력	3.78	3.87

고, 경제적 보상을 중시하는 사람은 민간부문을 선호하는 그리고 고용안정성 때문에 공직시험에 지원하는 사람도 많다. 7급시험 등 많은 공무원시험의 경쟁률이 최고 300 : 1에 이르는 낙타가 바늘구멍을 통과하는 모습이라고 할 수 있다. 도전적이고 공익실현의 의지가 높은 사람보다는 소위 '철밥통'을 지향하는 사람들이 공직을 지원하는 경향이 있다. 이런 사람들이 아닌 정부에서 필요로 하는 유능한 인재를 유도할 수 있도록 적극적인 모집을 하여야 하는 이유가 바로 이런 데 있다.

그렇다면 많은 사람을 지원하도록 만드는 것이 우수한 인재를 선발하는 데 도움을 줄 수 있는가? 그렇다. 선발시험의 효용성에서도 언급하겠지만 경쟁률에 비례해서 유능한 인재의 절대 수가 많아지기 때문이다. 실력이 비슷하도록 평준화되어 있는 고등학교에서 명문대학에 진학하는 학생 수는 그 학교의 학생 수에 비례하는 것과 같은 원리이다. 많은 사람 중에서 필요한 사람을 고를 때 원하는 사람을 만날 확률이 더 높아지는 것이다.

그러나 국가적 차원에서 보면 인적자원이란 측면으로 볼 때 시험준비 부담이 많으면 많을수록 탈락자들의 재능과 시간을 낭비하는 부작용이 커지기 때문에, 가장 이상적인 경우는 공직에 적합한 사람만 지원하여 모두 합격시키는 것이다. 그러나 이것은 이상향에 불과하다.

2. 적극적 모집

소극적 모집은 채용계획을 일반대중에게 공개하고 지원자가 찾아오도록 기다리는 자세이다. 반면에 적극적 모집은 젊고 유능한 인적자원이 공직에 대한 매력을 느끼고 지원하도록 유도하는 활동이다. 이 경우에 공직에 대한 매력을 높인다는 것은 공직의 여러 측면에서 민간기업에 비해 상대적인 우위를 지키기 위한 관리활동을 포함한다. 그러나 여기에서는 적극적 모집을 '공직의 매력을 높이는' 부분보다 '지원하도록 유도하는' 한정적이고 구체적인 부분으로 이해하려 한다. 전자가 젊고 유능한 사람을 확보하기 위한 보다 본질적인 요건이긴 하나 이것이 충족되었다면 적극적인 모집 자체가 불필요한 것이기 때문이다. 적극적 모집의 범위를 이렇게 좁게 제한할 때 여기에는 모집공고의 개선, 인력형성에의 직접참여, 수험부담의 경감 등을 포함시킬 수 있다.

2.1 모집공고의 개선

전통적으로 모집이란 모집공고를 의미하여 왔다. 신문이나 게시판에 채용의 구체적인 정보를 널리 알리는 것이다. 공고의 의미처럼 '공개적으로 알리는' 이상의 적극적인 의미는 결여되어 있었다. 적극적인 모집에서는 단순히 공고하는 것이 아니라 한편으로는 공직의 이미지를 선전하면서 또한 공직취업의 정보를 제공한다. 정보제공의 기능에서 이미지 선전까지를 겸하는 것이다. 최근 대기업의 사원채용공고에서 볼 수 있듯이 공고란의 반은 회사의 이미지와 비전을 포함한 회사의 간단한 소개로 채워져 있다.

모집공고에 응시자로 하여금 지나친 기대감을 갖도록 만들어서는 안 된다. 즉, 모집단계에서 어떤 기대와 욕구를 가지고 공직에 들어왔느냐에 따라 직무만족도와 이직률에 영향을 미칠 수 있기 때문이다. 실제 연구에서도 구인자측은 바람직한 면뿐만 아니라 힘들고 좋지 않은 면까지 솔직하게 밝히고 구직자는 이를 분명하게 알고 조직에 들어오도록 한 경우, 조직에 대한 적응이 빠르고 직무만족도가 훨씬 높으며, 자신이 결정한 문제이기 때문에 약간의 불만족이 있더라도 이를 참고 노력하여 직장을 떠나는 비율이 낮다는 결과를 보여 주고 있다.[2] 과대 이미지 선전을 일삼는 민간기업에는 좋은 충고가 될 것이다. 그러나 공무원 채용공고에 있어서는 아직 공직의 현실적인 면을 정확하게 전달하지 못하고 있는 상태이다.

이미지 선전과 함께 또 하나 생각해야 할 것이 모집의 경제적 효과성이다. 적극적 모집은 무분별하게 모든 사람을 대상으로 하여 지원자의 수를 늘리려는 것이 아니라 자격과 능력을 갖춘 지원자의 수를 늘리는 것이다. 채용공고는 모든 인적자원이 아니라, 선발의 잠재적 대상이 되는 인적자원이 시험에 응시하도록 유도할 수 있어야 한다. 따라서 정확한 집단을 선정하여 이들이 가장 많이 접하는 광고매체를 선정하는 등 광고에서의 일반원칙을 준용할 필요가 있다.

모집공고의 수단면에서 최근에는 정보통신기술(ICT)을 활용하는 적극성을 보이고 있다. 인공지능을 통해서 간편하면서도 완벽성을 기할 수 있는 가능성이 많이 있다.[3] 공무원 공개경쟁채용 이외에도 무기계약직, 개방형직위, 대체인력 등 수시로 모집을 하고 있다. 이를 위해 인터넷 사이트 '나라일터', '사이버국가고시센터'(www.gosi.go.kr) 등은 정부기관 및 공공기관의 모집공고를 종합해서 제공하고 있다. 민간부문의 모집공고는 잡코리아(www.jobkorea.co.kr)에서 볼 수 있는데, 여기에 공공분야모집 정보도 포함되어 있다.

모집공고에 보완적으로 활용하는 것이 공직설명회나 취업박람회이다. 언론매체를 통한 공고를 통해 전달할 수 있는 정보의 양은 매우 한정적이다. 반면에 공직설명회나 취업박람회는 불특정다수에 대한 일방적 정보제공이 아니라 공직에 관심을 가지는 보다 한정된 인원에게 쌍방의 대화를 통해 필요한 정보를 제공할 수 있다.

2.2 인력형성에의 직접참여

정부는 민간기업과 함께 인력의 수요자이다. 이들 인력은 실업계 고교, 대학 등의 교육기관과 직업훈련원과 같은 인력형성기관에서 배출되어 나온다. 모집공고는 이들 인력에게 공직에의 취업기회를 알리는 정도에 그친다. 적극적 모집은 이보다 한 단계 더 나아가 공직에서 필요한 인력을 직접 육성하는 것까지를 포함한다.

지금까지 수요자는 우수인력의 배출을 공급자에게만 맡기고 의존해 왔다면 이제 수요자와 공급자가 공동협력관계를 유지하여 수요자가 필요로 하는 인력을 공급할 수 있도록 협조하자는 것이다. 산학협동(産學協同)과 마찬가지로 관학협동(官學協同)을 통해 정부와 교육기관이 상호협조하여 수요자가 원하는 인력의 형성에 함께 노력하는 것이다.

우리나라에서 가장 실현성 있는 예로 공무원 지망자에게 방학 중이나 학기 중에 실무수습(internship)의 기회를 제공하는 것을 생각할 수 있다. 이렇게 하면 우수한 학생들의 정부에 대한 보다 정확한 이해와 공직에 대한 관심을 높일 수 있을 것이다. 뿐만 아니라 기존의 이론중심 교육틀에 실제정보와 실무경험을 접목시킴으로써 잠재적 인적자원의 직무수행능력을 향상시킬 수도 있다.

공무원 지망자에게 장학금을 지급하는 방법도 한 예이다. 그러나 공직취임의 경쟁이 아직 높은 현실에서 장학생 선발은 하나의 특혜로 간주될 수 있다. 대학, 학과, 성적기준 등의 선정에서 형평성의 논란이 야기될 수 있다. 물론 장기적으로 채용시험의 경쟁률 등을 고려하여 특수한 직렬이나 직류에 한정해서 도입하는 것은 좋다고 본다. 전문인력을 안정적으로 확보하기 위하여 사관학교와 같은 특수분야 교육기관을 국가가 직접 세워 인력을 형성하는 방법도 우수인력확보를 위한 적극적 모집방법으로 이해할 수 있다. 이 경우에 일반대학 졸업생에 비해 시야가 좁을 수 있다는 점과 우리나라와 같이 공직지망자가 많은 나라에서 지나치게 특혜를 주는 것이라는 비판이 있을 수 있다. 특히 입학정원을 매년 고정시키기보다는 수요에 맞게 탄력적으로 조정하는 노력이 필요하다.

2.3 수험부담의 경감

시험을 준비해서 합격하는 데까지 소요되는 시간과 노력이 수험준비의 부담이다. 최근 5급 공채에 합격하려면 최소 1만 시간 이상 공부해야 한다는 소문이 돌고 있다. 이 이상 준비하고도 불합격하는 사람이 많이 있다면, 국가적으로 젊은 이들의 귀중한 시간이 낭비된다는 뜻이다. 수험준비생에게는 단순한 부담이 아니라 위험부담이다. 그 기간 동안 다른 분야의 취업준비나 취업을 포기해야 한다면 그만큼 기회비용을 지불하는 셈이다. 전국 대학생의 9급, 7급, 5급 공무원 시험준비생화, 과에 관계없이 모든 과의 학생이 시험준비를 하는 기현상이 벌어지고 있다. 학교 공부는 등한시하고, 시험준비 학원에 몰입하여 점수올리기에 급급하고 있다. 이러한 현상이 계속된다면 능력이 우수한 학생보다는 시험준비에 투자한 시간이 많은 학생이 결국은 공직에 더 많이 들어오게 될 것이다.

한 조사에 의하면, 공무원시험준비를 처음 시작한 것은 대학교 3~4학년이고, 평균 나이는 24.5세이다.[4] 공부에 소요되는 예상시간은 평균 24.3개월로 인식하고 있다. 즉, 대학생은 상당수가 전공공부를 제대로 하지 않고 시험준비를 함으로써 시간적 부담을 주고 있다.

따라서 수험부담을 줄여 줌으로써 능력 있고 공직에서 필요로 하는 학생들만이 수험준비를 하도록 하여야 할 것이다. 시험과목이 너무 많은 것도 수험생의 부담을 증가시킨다. 이를 완화하기 위해 어학, 한국사 등을 자격시험제로 대처하고 다른 시험준비와 호환성도 높여야 한다. 자격시험은 시험 당일 부담은 줄이지만, 미리 봐놓아야 지원할 수 있다는 점에서 장애로 작용할 수도 있다.

가장 바람직한 접근은 학교공부를 충실히 한 학생이 합격할 수 있도록 하는 것이다. 학교공부 따로, 시험공부 따로의 현상이 지속되는 한 수험준비는 국가전체로 본다면, 막대한 기회비용을 보이지 않게 낭비하고 있음을 명심해야 한다. 무엇을 측정하는지 알 수 없는 깜깜이 진행이나, 시험과목이 채용의 편의에 좌우되는 것, 외국의 복잡한 채용제도를 무분별하게 도입하여 시험준비생에게 불필요한 부담감을 줘서는 안 된다. 대부분의 수험생이 대졸자인 만큼, 공직의 직무수행에 필요한 능력이 무엇인지를 분명히 파악하고 이 중에서 시험을 통해 확인하여야 할 부분과 합격 후 교육훈련을 통해 보다 효과적으로 습득시킬 수 있는 부분을 검토하여 전자를 대학교육과 관련시키는 것이 중요하다.

3. 지원자격의 제한

3.1 의 의

직위분류제가 수립되어 있고 개방형 충원을 하는 경우라면 그 요구하는 조건을 충족시키는 사람만이 지원할 수 있다. 직급명세서에는 직무수행에 필요한 최소한의 자격요건을 명시하고 있기 때문이다. 주로 기술, 교육, 경험, 능력 등에 대한 요건이다. 즉 모집은 그 자체가 일종의 선발기능을 가지고 있다.

계급제의 경우, 많은 인원을 한꺼번에 뽑는 공개경쟁 신규채용에서는 구체적인 직무수행요건보다는 국적, 교육, 연령, 거주지, 성별 등에 대한 일반적 기준을 정하여 지원자격을 제한한다. 문제는 직무분석을 통해 나타난 직무수행과의 직접 관련성을 기초로 한 최소자격요건과는 달리 이들 일반적 기준은 직무수행과의 직접적 연관성을 제시하기가 대단히 곤란하다는 데 있다.

현대국가에서는 공무원이 될 수 있는 기회를 누구에게나 동등하게 부여한다. 우리 헌법에서도 국민의 기본권으로 규정하고 있다. 그러므로 이들 요소에 대한 기준을 설정한다는 것은 그 권리를 제한하는 것이 된다. 이 기준은 모든 사람에게 동등하게 적용되기 때문에 차별의 문제가 생기지 않을 것 같으나 특히 교육이나 성별의 경우 특정계층 내지 집단 차원에서 차별이 발생할 수 있다. 미국의 경우 일반적으로 고등교육을 받지 못한 비율이 높은 소수민족에게 제도적으로 불이익을 발생시키는 결과가 나올 수 있다. 이러한 차별을 막기 위하여 미국에서는 모든 자격요건제한은 직무와의 직접 관련성에 근거하여야 하며, 법정에서의 입증책임을 고용주에게 부과하고 있다.

그렇다고 모든 사람에게 공직취임의 응시자격을 주는 것은 불합리하고 비경제적이다. 모집은 양의 문제이기보다 질의 문제이기 때문이다. 공직에서 필요로 하는 인적자원을 대상으로 집중적인 모집활동을 하는 것이 모집의 효과성을 높일 수 있다. 바로 이 점 때문에 딜레마 상황에 처하게 된다. 모집의 효과성이라는 현실적인 요구와 공직취임의 균등한 기회부여라는 법적인 요구를 만족시키는 일반기준을 설정해야 하기 때문이다. 이론적으로는 일반기준과 직무수행능력과의 직무연관성을 확보하는 것이 중요하다.

3.2 지원자격의 제한

모집에서 국적, 학력, 연령, 거주지, 성별 등 개인적 특성에 대한 자격제한을 두느냐의 문제는 각 나라마다 다르다.

과거와는 달리 현재 우리나라의 공직진출에는 학력에 의한 지원자격의 제한은 두고 있지 않다. 그러나 학력요건을 완전히 개방한 데서 오히려 문제점이 나타고 있다. 가장 문제가 될 수 있는 것이 7급과 9급의 합격자 중 고학력자가 지나치게 많은 비중을 차지하고 있다는 점이다. 문제는 집행업무를 담당하는 이들 직급에 대졸학력자가 1990년대 이후 계속 늘어나 이제 고졸학력 합격자는 찾아보기 힘들고, 거의 모두 대졸자로 채워지고 있다는 데 있다. 국가적으로 인구층의 대학진학률이 80%나 되는 것도 원인이지만, 대부분의 젊은이들이 공무원을 선호하기 때문이기도 하다. 교육연한만으로 판단할 때 과잉자격 소유자들이다.

과잉자격은 부작용이 우려된다. 특히, 높은 직무불만족과 이직률이다. 단순반복적이며 기능적인 업무수행에 실망하고 재직중 상급공무원 시험준비를 하거나 직장을 옮길 가능성이 높다. 결국 조직차원에서는 생산성이 저하되고 국가적으로도 인력배분의 불합리성으로 자원의 손실에 해당한다.

둘째, 우리나라와 같이 동질성을 추구하는 경향이 심한 사회에서 직장동료들과의 원만한 인간관계유지가 곤란하게 된다 대졸자의 경우 고졸자 공무원보다 나이나 학력은 앞서지만 월급이나 서열에서는 뒤지기 때문에 두 계층 사이에 갈등 상태가 표출되기 쉽다. 고졸 이하의 학력소유자는 반대로 열등감을 갖기 쉽다.

결국 우리나라의 경우 최소자격요건이 아니라 최대자격요건의 필요성이 대두된다. 만약 응시자격을 고졸이나 전문대졸로 제한하는 경우 고등교육을 받을 기회를 충분히 갖지 못하는 저소득층 자녀들에게 공직취업의 기회를 확대할 수 있기 때문에 사회적 형평의 실현에도 도움이 된다. 이러한 정책적 측면과 과잉자격의 문제점 해소라는 인사관리적 측면에서 이명박 정부시 고졸자를 채용하는 제도를 시행한 바 있다.

한편 정부조직에는 고도의 과학기술자가 아닌 중급정도의 기술인도 필요로 한다. 과도한 교육열로 대다수의 젊은이가 인문계 대학에 진학하여 (과거의) 전문대학이나 실업계 고등학교 출신은 공직진출에 차별을 받게 된다. 이 문제를 해결하기 위한 것이 지역·기능 인재의 추천채용이다. 자격제한은 아니지만 군가산점 제도가 있었는데, 현재는 폐지되었지만, 남성차별이라는 점에서 재론될 가능성도 있다.[5)]

4. 대표관료제

공직에·대한 국민 또는 국민의 대표자에 의한 통제가 여러 가지 어려움에 직면하게 되자 공직자의 사회적 배경분포를 일반사회의 사회적 배경과 유사하도록 함으로써 사회적 가치가 정책에 대표성 있게 반영될 것을 기대할 수 있다.[6)] 이를 대표관료제(representative bureaucracy)라고 한다.

4.1 대표관료제 이론

대표관료제론은 공무원 채용 및 승진 등 인사정책에서의 인종차별과 성차별이 심각했던 미국에서 활발하게 논의된 이론이다. 차별에 대한 소수민족과 여성의 권리주장이 시민운동으로 확산되어 가면서 이들의 권리가 사법적으로 인정되고 이것이 정책에 반영되고 있는 것이다.

대표관료제는 다음과 같은 두 가지 의미가 있다.

첫째로 출신지역, 학교, 성별, 인종 등의 여러 기준에서 공무원의 인적 구성이 일반사회의 인적 구성과 통계적으로 비례하게 하는 구성론적 대표성(즉, passive model)이 있다. 공무원은 자신과 출신배경을 같이 하는 집단의 이익과 가치를 반영시킬 것으로 기대한다.

둘째로 위와 같이 대표성이 확보되면 공직내부의 공무원들끼리 상호조정과 타협을 거쳐 정책이 결정되고, 따라서 사회적 가치와 이익을 대표하는 정책이 나온다는 역할론적 대표성(즉, active model)이 있다.

대표관료제는 이와 같이 공무원의 출신배경별 대표성을 확보할 수 있고, 공무원간에 어느 한쪽의 이익이 편중되게 반영되는 것을 내부에서 스스로 견제해 가는 내부통제의 기능을 가진다. 또한 자유경쟁원리에서 뒤로 밀려날 수밖에 없는 소수의 혜택받지 못하는 집단도 그들의 이익을 스스로 대변할 수 있는 실질적인 기회를 확보할 수 있는 장점을 가지고 있다. 이를 실제 정책에 반영시키기 위하여 미국에서는 모집과정에서 소수인종집단이나 장애자 또는 여성집단에 대한 특별모집인원(quota)을 배정하기도 한다.

물론 이러한 낙관론은 여러 비판에 직면하게 된다. 대표관료제를 형성한다 하더라도 정책결정에 적극적으로 참여하는 고위공무원의 경우에 역할론적 대표성의 의미가 있는 것이지, 공무원의 절대 다수를 차지하는 중간관리층과 하위직에서는 구성론적 대표성 이상을 기대하기 힘들다. 고위공무원의 정책결정 또한 단순한 출신집단의 이해가 아니라 이들간의 권력작용에서 이루어지기 때문에 역할론적 대표성도 실현가능성이 희박하다. 공무원의 결정행위는 단지 출신 집단의 이익과

가치에 의해서만 영향을 받는 것이 아니다.

더구나 공직에 대한 통제 역시 대통령과 의회에 의한 통제가 아직 민주적이고 효과적인 방법이며, 공직내부의 인적 대표성에 의한 자율통제에 맡기는 것은 국민주권의 원리에 어긋나는 것으로 비민주적일 수 있다. 또한 출신배경적인 가치와 이해가 채용 후에 변하지 않는다고 장담할 수 없다. 개구리가 올챙이적 생각을 않는 경우도 있기 때문이다. 하위직에서 상위직으로 올라가면서 자신의 신분에 변화가 생기게 되고, 그러면 과거의 출신집단보다는 새로이 소속감을 느끼는 준거집단(reference group)이 생기게 되고 그 집단의 가치를 더 중시할 수 있다는 것이다. 끝으로 역차별(reverse－discrimination)의 문제가 발생한다. 실적주의를 적용했으면 충분히 합격했을 사람이 대표성 실현을 위한 출신배경별(특히 인종과 성) 채용인원의 할당 때문에 불합격하는 역차별의 문제가 발생하게 된다.[7] 이는 출신집단간 갈등을 악화시킬 수 있다.

대표관료제가 인사행정에서 중요시되려면 어떤 사회가 특정 기준에 의하여 뚜렷한 하부집단이 구분되어야 한다. 인도의 경우 카스트제도가 있어서 서로 다른 신분집단간에 분명히 구분되기 때문에 인도식 대표관료제(reservation policy)를 실시하여야 하는 조건이 있다.[8] 하위집단의 존재가 대표관료제 고려의 필요조건이라면 다음과 같은 충분조건도 만족되어야 한다.

첫째, 이러한 하부집단이 존재한다고 하더라도 공무원이 수행하는 업무의 성질 자체가 이러한 하부집단의 이익이 반영될 필요가 충분히 있어야 한다. 예컨대 다양한 이민자로 구성된 지방의 경우 그 출신 민족구성을 대표하는 직원으로 일선 민원 공무원이나 경찰이 구성되면 업무수행이 용이할 것이다.

둘째, 각 하부집단출신 공무원이 공직에 들어와서 다른 지배집단에 완전히 동화되어 본래 출신집단의 대표성이 없어질 정도로 내부사회화(internal social－ization)과정을 거치지 않아야 한다. 이런 여러 가지 조건이 충족되지 않으면 대표관료제는 국민의 공무원에 대한 이미지를 강화하는 정치적 의미 밖에 없는 것이다.

참고로 원래 미국에서 소수인종에 대한 차별을 금지하기 위해서 일정비율을 소수인종에게 할당하여 충원하도록 한 '긍정적 충원(Affirmative Action)'제도의 문제를 주목할 필요가 있다. 이것은 미국행정에서 대표관료제를 실현시키는 가장 적극적 수단으로 사용되어 왔다. 이 원칙은 대학입시에도 적용되어 와서, 성적이 좋은 아시아계 학생들이 흑인계 학생들에게 불리하게 작용해왔다. 그런데 2023년 6월 29일, 미국 대법원은 이 정책을 위헌이라고 판단했다.[9] 입학에서 소수자 우대를 하는 것에 대한 판결이지만, 취업이나 승진, 공적 지위의 취득 등에서 40여 년 동안 광범위하게 적용되온 원칙이라서 큰 파장이 예상된다. 판결의 요지는 차별문제는 인종과 같은 집단적인 문제가 아니라, 개인의 차원에서 봐야 한다는 것이다.

4.2 균형인사

우리나라에서는 '균형인사'라는 정책목표 하에 대표관료제가 실시되고 있다. 성(특히 여성), 장애인, 과학기술 전공자, 지역학교 출신, 사회적 약자 등은 균형인사를 하기 위한 기준들이다. 성(性)과 장애인은 선천적(혹은 불가항력적)인 요소이지만, 출신학교와 과학기술 전공자, 사회적 약자 등은 후천적인 경우가 많다.

그 방법은 공직채용시에 일반 공개경쟁을 시킨 후, 그 결과 목표치에 비해 과소 대표된 집단을 추가합격시키는 제도이다. 목표치 달성까지 차점자를 추가로 합격시키기 때문에 사전에 할당(quota)하는 것도 아니고, 다른 집단에 불이익을 주는 것도 아니라는 장점이 있다.*

이러한 채용뿐만 아니라 각 기관의 인사운용결과에 대해서도 평가를 한다. <표 7-2>는 여성, 장애인, 과학기술직의 고용현황에 대해 평가할 지표를 나타낸다. 각 측정항목에 대한 구체적 성과에 대해 계산하여 0.85 이상은 우수, 0.7-0.84는 보통, 0.7 미만은 미흡이라는 평가를 하는 것이다. 그러나 과학기술직이나 출신대학에 의한 기준은 그 심각한 수도권 인구집중이나 이공계 기피현상과

* 단, 독립유공자, 국가유공자, 보훈보상대상자, 의사상자 등은 취득한 시험 점수에 일정 점수를 가산하는 방법을 사용한다.

표 7-2 대표관료제 정책적 인사평가기준

	여성	장애인	과학기술직
측정항목	고용률	고용률	관리직 고용률
	계급별 점유	장애유형 및 정도	복수직의 기술직 점유율
	승진	계급별 구성	승진
	보직	승진	보직
	교육훈련	보직	교육훈련

같은 불균형 해소를 위해 이해가 가지만 실제로 이런 방식으로 원인이 근본적으로 해소될 수 있을지는 의문이다.

균형인사는 실적주의 인사원칙을 지키면서 공직 구성의 다양성과 대표성, 좀 더 정확히는 형평성을 추구하는 제도이다. 2005년 「국가공무원법」에 장애인·지방인재·이공계·저소득층 등 사회적 소수 또는 약자의 공직 진출 및 실질적 양성평등을 구현하기 위한 적극적 우대정책을 형평성을 강화하는 법적 근거를 마련하였다.

2018년 6월부터 매 5년마다, 공직 내 통합인사 정책의 중장기 비전과 목표를 제시하고 정책대상별 추진과제를 담은 「균형인사 기본계획」을 수립하고 있다.

특히 여성차별을 시정하기 위한 정책은 그 방법의 변화를 거치긴 했지만, 오래전부터 실시하여 어느 정도 성과를 보이고 있다. 실질적인 의사결정권한을 갖는 고위공무원단 및 본부과장급으로 상향하여 양성평등의 임용을 강화하는 정책이 추진되고 있다.

장애인 고용정책은 취업이 힘든 장애인들이 독립적인 경제생활을 하도록 도와주고 이들의 정부정책과정 참여라는 의의가 있다. 신규채용 시 장애인 구분모집제 실시, 중증장애인 경력경쟁채용, 장애인공무원 인사관리지침 법적근거 마련, 장애인 수험편의 지원 확대 등 다양한 정책수단이 사용되고 있다. 한 걸음 더 나아가서 채용된 장애인 공무원들에게 보조공학기기와 근로지원인 서비스를 제공하고 있다.

표 7-3 균형인사(대표관료제) 정책

대상	채용유형	근거법	내용
여성을 위한 균형인사정책	공무원 양성평등 채용목표제	여성발전기본법 (1995.12 제정)	한 성의 합격자가 채용목표비율에 미달할 경우 성적순으로 미달된 인원을 추가합격시킴
	여성공천 할당제	정당법 (2000.02 개정)	공직선거시 비례대표 의원 선거의 경우 50% 이상, 지역구 의원 선거는 30% 이상을 여성으로 공천
	남녀고용 평등	남녀고용평등법 (1987.12 제정)	직종별 여성근로자 비율이 기준에 미달하는 사업주에 대해 고용노동부가 개선조치 시행 계획을 제출토록 요구
	여성과학인 채용목표제와 대학교원 양성평등	여성과학기술인 육성 및 지원법 (2002.12 제정) 교육공무원법 (2003.07 개정)	여성과학기술인에 대한 채용 및 승진에 관한 근거를 규정함. 또한 대학교원 임용에 서 양성평등을 제고함.
장애인을 위한 균형인사정책	장애인 고용의무제	장애인고용 촉진법 (1990.01 제정)	장애인 고용 의무제 도입함.
	기타	장애인 차별금지 및 권리구제법 (2007.04 제정)	장애로 인해 차별받는 장애인의 고통을 해소하고, 장애인의 사회참여 증진을 도모
지방을 위한 균형인사정책	지역인재 추천채용제	국가공무원법 (2005.03 개정)	매년 50명식 지역인재를 선발하여 지역인재의 균형선발 도모
	지방인재 채용목표제	공무원임용시험령 (2005.12 개정)	지방인재의 공무원임용 기회를 확대하기 위해 지방인재 채용 목표제를 도입
	대학입학의 지역균형 인재 선발제	-	대학입학에 정원외 특별전형입학 시행. 농어촌 지역학생, 실업계고교생, 기초생활수급권자 및 차상위계층 등

공직임용에서 지역균형을 이룬다는 것은 수도권인구집중 문제와 같은 우리나라만의 독특한 상황에서 추진되는 정책이다. 크게 지방인재 채용목표제와 지역인재 추천채용제가 있다.

먼저 지방인재 채용목표제는 2007년부터 시행된 것으로 5급 국가공무원 공채

시험에, 2015년에는 7급 국가공무원 공채시험으로 확대하였다. 구체적으로 5·7급 공채 및 외교관후보자 선발시험 중 선발예정인원이 10명 이상인 시험단위에서, 만약 서울시를 제외한 지방소재 학교 출신 합격자가 일정비율(5급·외교관 20%, 7급 30%)에 미달할 경우 선발예정인원 외에 추가로 합격시킨다.

다음으로 지역인재 추천채용제는 고졸 출신의 공직 진출 확대 등을 위해 2005년부터 학교장 추천을 받은 사람을 인턴으로 채용한 후 정식으로 채용하는 제도이다. 2005년에 6급, 2010년부터는 7급, 2012년에는 9급으로 확대하여 선발하고 있다.

지역인재 7급 추천임용은 학사학위 취득(예정)자를 학교추천을 통해 선발하여 1년간 수습근무 후 일반직 7급 국가공무원으로 임용여부를 결정한다. 지역인재 9급은 특성화고·마이스터고 등 졸업(예정)자를 학교추천을 통해 선발하여 6개월간 수습근무 후 일반직 9급 국가공무원으로 임용여부를 결정한다.

문과중심의 공직사회에서 이공계가 임용에 불리하다는 비판을 받은지 오래이다. 따라서 이공계 채용의 기회도 정책적으로 넓히고 있다. 특히 IT, BT, NT, ET 등 신기술분야의 기술혁신이 국가경쟁력에 중요하다는 인식하에 과학적 사고에 바탕을 둔 정책수요가 크게 증대되고, 이에 따라 정책결정 과정에서 과학기술 전문지식을 지닌 전문인력의 절실히 필요하게 되었다. 「균형인사 기본계획」은 5급 국가공무원 신규 채용 시 40%를 이공계 출신으로 채용하도록 하고, 고위공무원의 30% 이상을 이공계 공무원으로 임용하도록 권고하고 있다.

사회의 양극화가 한국사회의 중요한 문제로 등장한다. 이를 공직인사를 통해 해결하고자 사회통합인재를 채용하는 제도가 도입되었다. 기울어진 운동장과 같이 저소득층이 취업시장에서 겪는 불평등을 해소하기 2009년 저소득층 공직 진출 제도를 도입하였다. 9급 공채 인원의 2% 이상 및 9급 경채 인원의 1%를 이상을 저소득층(「국민기초생활보장법」에 따른 수급자 또는 「한부모가족지원법」에 따른 지원대상자)으로 채용하고 있다. 특히 이들 집단이 모집정보에서 소외되는 문제를 막기 위해 다문화 가족, 북한이탈주민 등 신규 소수집단에 게 이런 공직 채용정보를 제공하고 있다.

이상의 지방, 장애인, 성별, 이공계, 사회적 약자라는 5유형의 집단의 공직취임 기회가 부족하다는 문제의식에서 도입된 우리나라의 균형인사정책은 서구의 대표관료제와 접근시각은 유사하나 내용상으로 차이를 보인다. 몇 %라는 목표치를 설정한 기준이 무엇인지도 불분명하고, 일단 공개경쟁을 시킨 후 목표치에 미달하면 그 미달분에 대해서 추가로 합격시키는 방법이라든지, 지방의 인재를 정의할 때 그 지방의 출생자나 오래 거주한 것 등의 기준이 아니고 학교재학여부로 판단한다든지, 하는 점에서 비판을 받을 여지가 있다.

東西古今公私

여성통문의 날

여권통문(女權通文)의 날은, 우리나라 최초 여성권리선언으로 한국 여성운동의 시작점이 된 여권통문(女權通文)이 선언된 날을 기념하고 국민적 관심을 높이기 위해 법정 기념일로 제정되었다. '여권통문(女權通文)'이란 121년 전인 1898년 9월 1일 서울 북촌에서 이소사*, 김소사의 이름으로 선언된 우리나라 최초의 여성인권선언문으로, 여성의 근대적 권리인 교육권, 직업권, 참정권을 주장하는 내용이 담겨 있다.

* 소사(召史): 기혼여성을 일컫는 말

'어찌하여 우리 여인들은 일양 귀먹고 눈 어두운 병신 모양으로 구규(舊閨)만 지키고 있는지 모를 일이로다. 혹자 신체와 수족과 이목이 남녀가 다름이 있는가. 어찌하여 병신 모양 사나이의 벌어주는 것만 먹고 평생을 심규에 처하여 그 절제만 받으리오.

이왕에 먼저 문명개화한 나라를 보면 남녀가 일반 사람이라 어려서부터 각각 학교에 다니며 각항 재주를 다 배우고 이목을 넓혀 장성한 후에 사나이와 부부지의를 정하여 평생을 살더라도 그 사나이의 일로 절제를 받지 아니하고 도리어 극히 공경함을 받음은 다름 아니라 그 재조와 권리와 신의가 사나이와 같기 때문이다.'

– 황성신문, 독립신문의 '여권 통문' 전문 중

이는 단지 선언에만 그치지 않고 이후 국내 최초의 여성단체(찬양회)와 한국여성에 의한 최초의 여학교(순성여학교) 설립 등으로 이어져 실천력에서도 높은 평가를 받고 있으며,

여성의 교육권, 직업권, 참정권 획득의 중요성을 신문 등 여론에 호소하고 실천에 옮김으로써, 근대적 여성운동의 역사적 기원이 되었다는 점에서 그 가치가 높게 평가되고 있다.

〈여권통문(女權通文)의 주요 내용〉

첫째, 여성도 교육받을 권리가 있다 (교육권)

- 교육은 남녀평등의식을 고양시키고 교육을 통해서 여성은 정치참여 의식, 직업의 기회를 가진다.

둘째, 여성도 직업을 가질 권리가 있다 (직업권)

- 경제활동은 여성의 의식주 문제를 해결하고 독립된 인격 확립의 시작이다.

셋째, 여성도 문명개화 정치에 참여할 권리가 있다 (참정권)

출처: 대한민국 정책브리핑(www.korea.kr) 일부 발췌.

07 참/고/문/헌

1) Jurkiewicz, C. L. and Massey, T. K., "What Municipal Employees Want Versus What They Are Getting," In Marc Holzer(ed.), *Public Service: Callings, Commitments and Constraints*, Westview Press, 2000.

2) John P. Wanous, "Effects of a Realistic Job Preview on Job Acceptance, Job Attributes, and Job Survival," *Journal of Applied Psychology*, vol. 58, 1973, pp. 327－332.

3) 이수영, "인사행정," 임석진 외(2021), 「AI와 미래행정」, 서울: 박영사.

4) 연합뉴스, 2017.10.15. "공시합격자 1천65명 조사 … 평균 2년2개월 준비에 월 62만원 지출."

5) 강인화. (2023). 군가산점제는 어떻게 '젠더갈등'의 전선이 되었나?: 병력동원－보상체제의 형성과 동요. 한국여성학, 39(1): 1－35.

6) Frederick C. Mosher, *Democracy and the Public Service*, 2nd ed., New York: Oxford University Press, 1982, p. 12.

7) 임도빈, 전게서, p. 408.

8) Sanjay Sharma, "An Evaluation of Representative Bureaucracy in the Indian Higher Civil Service with Special Reference to the Reservation Policy," Ph. Dissertation thesis, Seoul National University, 2000.

9) 시사 IN, '입학 전형에서 소수인종 우대, 미 대법원이 '위헌'으로 판단한 이유', 2023. 6.30.

CHAPTER 8

선 발

1. 선발의 중요성

조직에서는 새 직원을 뽑고 얼마지나지 않아 '사람을 잘못 뽑았다'고 후회하지만 이미 늦었다. 후보자 중에서 채용할 사람을 뽑는 것이 선발(selection)이다. 선발은 제한된 인원을 상대로 하기 때문에 능력 있는 사람을 정확히 평가해서 뽑았는지에 대한 평가가 가능하다.

선발의 중요성은 앞에서 논의한 모집의 중요성과 상당부분 중복된다. 아무리 완벽한 조직구조를 가지고 있고, 좋은 정책프로그램을 가지고 있으며, 효율적인 통제체제가 작동하고 있다 하더라도, 그 틀 속에서 실제 일을 담당할 사람이 중간 이하의 능력밖에 갖고 있지 못하다면 아무런 소용이 없다. 특히 우리나라와 같이 한번 뽑은 사람은 해고시키기 어려운 문화에서는 선발이 절대적으로 중요하다.

공직이 한편으로는 모든 사람이 선호하는 자리이고, 다른 한편으로는 국민의 종(servant)이라는 의미를 가지고 있기 때문에 두 가지 잣대로 선발을 보게 된다. 첫째, 힘있는 사람이나 사회경제적으로 우월한 집단이 공직진출에 더 유리하다는 비판이 있다. 즉, 엽관주의와 정실주의의 문제이다. 둘째, 그 자리에 정말 봉사할 실력이 갖춘자를 뽑느냐의 문제이다. 즉, 실적주의의 문제이다.

2. 선발과정: 선발도구

조직이 필요로 하는 사람을 확보하기 위해서는 우선 모집과정에서 지원자를 선발인원 이상으로 확보하여야 하고 다음으로 이들 지원자 중에서 가장 적격자를 뽑아야 한다. 선후관계로 볼 때, 선발을 그르치면 모집의 효과도 무용지물이 되고 만다.

공직취임에의 균등한 기회부여를 중요한 인사원칙으로 하는 정부는 선발과정이 매우 엄격하며 다양한 선발도구를 활용하고 있다. 일반적으로 지원서류전형, 선발시험, 면접, 신원조사 및 신체검사 등의 방법을 사용한다([그림 8-1] 참조). 이들 선발도구는 여러 개가 복합적으로 사용되며 특히 일련의 전후관계로 연결되어 있다. 즉, 각 단계의 선발도구는 다음 단계에 대한 응시자격을 부여하기 위한 수단적 역할을 한다. 따라서 단계를 거치면서 자격을 갖춘 사람이 줄어들게 된다. 선발도구는 이러한 순차적 관계를 기본으로 하지만 실제 적용에 있어서는 여러 가지 변형을 발견할 수 있다. 예를 들어 공무원의 채용에 있어서 지원서류는 최종

그림 8-1 선발과정

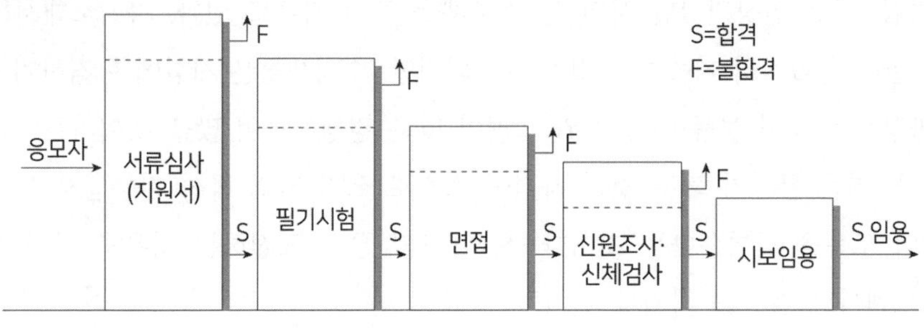

합격자 선정자료로는 사용하지 않는다. 인적 사항이 지원요건에 충족되느냐에 여부를 판단하는 자료로 활용되고 있는 수준이다. 대신 선발시험을 1차 또는 2차로 나누어 1차시험에 합격한 사람에 한해 2차시험이나 면접시험의 자격을 부여하고 있다. 일반 대기업의 경우는 서류전형에 합격한 사람만 응시자격을 주고 이들을 상대로 시험과 면접을 거쳐 두 점수를 합산한 결과로 합격판정을 내리는 것이 보통이다.

2.1 서류전형: 자소서 등

선발과정에서는 그 자리에 응모하겠다는 의사를 공식화하는 지원서 양식에 내용을 채우고 서명하는 것을 요구한다. 지원서에는 이력란을 포함시키기도 하고, 이력서를 따로 요구하기도 한다. 지원서에는 성명, 생년월일, 주소, 가족관계, 학력, 경력, 사회활동, 특기, 자격, 어학시험성적, 추천인 등의 내용을 포함시키고, 본인확인을 위해 사진을 첨부하도록 한다. 지원서의 내용은 이와 같이 사실(fact)을 담고 있기 때문에 대부분 객관적인 확인이 가능하다.

지원서 하나만으로 서류전형을 하는 경우도 있고, 첨부서류를 요구하기도 한다. 예컨대 추천인의 추천서, 자기소개서, 업적물(연구소나 대학교수 지원시의 저서·논문), 경력증명서 그리고 성적증명서 등이 있다.

자기소개서와 직무수행계획 등의 서류가 중요해지고 있다. 자소서를 완전 자율에 맡기는 경우도 있지만, 어려움을 극복했던 경험, 인간관계에서 갈등해결 했던 경험, 가장 인상깊었던 사건 등 소주제를 주는 경우도 있다. 자기소개서는 자신에 관하여 솔직히 기술하는 것이 요구되지만, 수험생들은 시험에 합격하기 위해서 과장하는 것이 보통이다. 소위 스펙이 많은 경쟁자들이 많을 것이라는 걱정때문이다. 더욱 문제가 되는 것은 자신이 스스로 쓰지 않고 작성 전문업자 등 다른 사람의 도움을 받아쓴다는 것이다. 특히 남의 글을 표절하는 경우를 막기 위해, 소프트웨어로 검증을 하기도 한다.

온 국민을 거짓말쟁이로 만드는 자기소개서

취업준비생은 더 괴롭다. 자소서에 담을 얘기가 별로 없기 때문. 이제 겨우 인생의 출발선에 선 젊은이들이다. 업무와 관련해 무슨 대단한 경험을 했을 것이며, 심오한 인생 철학이 있겠는가. 자소서는 대학 입시에서도 중요하게 쓰인다. 수시전형에서 자소서를 요구하는 대학이 많다. 입시생들은 수시를 앞둔 여름에 근사한 스토리를 담은 자소서를 만드느라 머리를 쥐어짠다. 공부에 지친 그들로선 또 다른 부담이다. 심지어 중·고교 입시에서도 자소서를 요구하는 학교가 있다. 10대 초·중반 아이들이 도대체 뭘 특별하게 쓸 게 있다.

자소서 요령을 알려주는 책이 시중에 300종류가 넘는다. 스토리를 입혀 영화처럼 쓰라거나 광고처럼 만들라는 식으로 코치한다. 고3 교실에서 자소서 쓰는 방법을 가르친다. 집에선 부모들이 거든다. '이건 빼고, 저걸 넣어라.' 숨기고 싶은 것은 감춘다. 때로는 없는 걸 지어내거나 좋은 문장을 베끼고 싶은 유혹에 빠진다. 부모와 스승까지 가세해 온 국민이 거짓말쟁이로 내몰리는 셈이다.

사교육이 이 틈을 파고든다. 건당 10만~20만원을 받는 대행업체가 성업 중이다. 수백만원짜리 컨설팅도 있다. 이들은 진솔하면서도 특별하게 보이게끔 자소서를 손봐준다고 선전한다. 첨삭에 첨삭을 거듭해 자소설(自小說)로 둔갑하기도 한다. 취준생과 입시생들은 어디까지 진짜 내 모습이고, 어디부터 분칠을 한 건지 헷갈린다. 이 과정에서 자신도 모르게 요령과 편법을 터득한다.

자료: 중앙일보 2015.8.17. "온 국민을 거짓말쟁이로 만드는 자기소개서"
http://news.joins.com/article/18460581

서류심사는 직무평가 때와 마찬가지로 모든 것을 보고 전체적인 판단을 내리는(서열법과 유사) 방법도 있고, 직무와 관련된 요소만을 선정하여 기준으로 정하고 이 기준에 따라 점수를 부여하는 방법(점수법과 유사)도 있다. 후자의 경우가 보다 정확하고 올바른 판단을 내릴 수 있다. 반면에 전자는 지원자가 많을 때 우선 서류 미비자를 골라내고 최소한의 자격에 미달하는 사람을 대충 걸러 내는 경우에 효율적으로 사용할 수 있다.

따라서 서류전형 하나로 선발을 하는 경우는 물론이고, 1단계 선발절차라고 하더라도, 이 단계에서 가장 중요한 것은 적격자를 미리 탈락시키는 것을 막는 것이다. 지원서의 기재내용 및 부가적인 서류는 선발의 목적에 적합하게 결정되어야 한다.

상경계가 유리하다든지, 영어성적이 중요하다든지, 출신대학이 중요하다든지 등의 소문이 지원자의 동기를 저하시킨다. 경쟁률이 너무 높은 경우, 이런 기준으로 선발하든지, AI가 한다든지 등이 문제이다. 불필요한 사항을 기재하게 하거나 그러한 서류를 요구하게 되면 지원 자체를 포기하게 만들 가능성이 있다. 우리나라의 공무원 채용시에 지원서 접수를 온라인으로 하고 있고, 부가적인 서류는 단계별 합격자에 한해, 추후에 제출토록 하고 있다. 추후 제출토록 하는 자료는 단순히 시험관리를 위한 보조자료로 사용되고 있을 뿐 그 자체가 선발수단으로서 역할을 하지 않는다는 뜻이다. 지원자를 많이 유인하기 위해서는 서류작성과 준비가 간단하여야 한다.

2.2 선발시험

선발시험(selection test)은 최종선발이 되기까지 가장 결정적인 역할을 하는 것이 일반적이다. 선발시험 또는 단순히 시험은 직무수행에 필요한 지식, 기술, 능력을 측정하는 표준화된(standardized) 도구이다. 공무원의 선발시험의 관리는 국민적 관심사이다. 문제출제의 공정성, 문제의 유출, 시험과정에서의 부정행위, 채점 등 선발의 처음부터 끝까지 조금이라도 문제가 있을 때에는 국민적 비난과 책임자의 문책을 모면하기 힘들다.

경쟁이 치열한 시험에서는 수험생이 선발에 대한 조그만 정보라도 얻으려고 노력한다. 따라서 출제의 실무자들은 철저한 비밀준수 의무를 지켜야 한다. 출제위원들은 출제시 외부와 일체 연락을 할 수 없게 하기 위해서 인터넷 접속, 핸드폰사용이 금지된 채 격리된 공간에서 합숙한다. 출제위원은 다수로 하고, 일차로 출제된 문항을 검토하는 검토위원을 위촉하여 완성도를 높인다.

시험에서 가장 중요한 것이 표준화된 통일적 관리이다. 시험은 내용, 채점, 관리면에서 응시자에게 차등이 생기지 않도록 하여 공정한 경쟁을 보장하여야 한다. 응시자는 동일한 내용의 시험을 치러야 한다. 복수의 시험양식을 사용한다 하더라도 그 내용에 있어서는 난이도가 유사한 것이어야 한다. 연도별 난이도를 유사하게 하는 것도 중요한 과제이다. 유사한 유형의 문제를 많이 출제해 놓은 문제은행에서 무작위 추출하는 방법을 사용하는 것도 이런 이유에서이다. 채점시에는 주관식의 경우에도 같은 채점자가 일정한 채점기준을 정하여 채점하도록 한다. 또한 시험장에서의 시험관리도 표준화되어 있다. 시험시간, 감독관의 행태, 시험장소의 주변환경 모두가 최대한 동일한 조건이 되도록 관리하여야 한다. 이러한 표준화의 장점은 다수의 응시자간에 상대적 우열을 객관적으로 분별할 수 있다는 것이다.

다음의 글상자에 열거한 것처럼 시험의 종류는 매우 다양하다. 이 중에서 표준화의 조건을 가장 충족시키는 것이 필기시험, 특히 객관식 시험이다. 측정대상에 있어서는 시험의 목적에 따라 한 가지 또는 여러 가지를 복합적으로 사용할 수 있다. 민간기업에서 적성검사 혹은 성격검사 등의 시험을 다양하게 활용하는 것을 모방하여 공무원 채용시험에서도 공직적성 시험(PSAT)이라는 것을 실시하고 있다.

선발시험은 직무수행능력 평가에 있어서 가장 중요한 역할을 차지하는 만큼 시험의 신뢰성과 타당성 확보가 가장 필수적이다. 공기업의 경우, 채용시 면접시험보다는 필기시험이나 적성검사가 채용 후 높은 직무성과를 예측하는 데 도움이 된다는 연구결과가 있다.[1)] 뛰어난 능력을 가진 사람은 합격시키고 그렇지 못한 사람은 불합격시킬 수 있어야 한다. 그 동안 한국의 국가시험은 많은 비판을 받아왔다. 신뢰성과 타당성도 확보되지 않은 시험에 응시생들은 시험준비를 위해 많은 시간과 에너지를 낭비해야 한다는 점과 대학 재학생이 시험준비를 하기 위해 휴학하거나 수강태도가 좋지 않는 등 대학교육의 부실화를 가져온다는 것 등의 비판이 있다.

시험의 종류

(1) 측정대상별 분류

① 지능검사(intelligence test): 인간의 일반적인 지적 능력(지능)을 측정한다. 지능은 직무와 관련된 구체적인 능력이 아니라 모든 직무의 성공적 수행에 기초가 되는 일반적인 정신적 능력이다. 우리말로 똑똑한 정도, 영리한 정도를 말한다. IQ와 미국의 대학원 진학생에게 요구되는 GRE(Graduate Record Examination) 등이 대표적인 예이다. 추리력, 기억력, 입체적 사고력(space perception), 언어구사력, 수리적 이해력 등이 지능의 주요 구성요소로서 실제 측정대상이 된다.

② 적성검사(aptitude test): 직무수행에 적합한 잠재적 소질이 있는가를 측정한다. 직무수행에 필요한 지식과 기술에 대한 현재의 상태를 측정하는 것이 아니라 앞으로 훈련과 경험을 통해 얼마나 성공적으로 직무를 수행할 수 있을 것인가의 잠재적 능력을 측정하는 것이다. 수리적 능력, 공학적 능력, 사무적(clerical) 능력 등이 검사대상이다. 공직적격성시험(PSAT)와 같이 지능검사와 유사한 점이 있으나 이보다 측정대상이 한정적이고 직무의 특성에 긴밀하게 연관되어 있다. 우리나라도 직업능력을 국가적으로 표준화하여 평가하는 국가적성표준(National Competency Standard)을 정하여, 시험문제를 개발하고 있다.

③ 성취도검사(achievement test): 교육과 훈련을 통해 성취한 현재의 지식과 기술을 측정한다. 실력과 유사한 의미이다. 직무의 수행에 당장 필요한 구체적 지식과 기술을 측정하기 때문에 넓은 안목과 잠재적 능력을 주로 요구하는 중상위의 관리직무보다 단순한 기능이나 사무직무의 초급직을 선발하는 데 유용하다. 교육기관에서의 학업능력을 테스트하는 학력검사와 실제 직무수행의 전문기술·기능을 테스트하는 기술검사가 있다. 전자는 대학수학능력시험과 공무원 승진시험이 그 예이다.

④ 체력검사(physical test): 직무수행에 필요한 신체적 특성을 측정한다. 단순히 건강도를 말하는 것이 아니라 군인, 소방대원, 경찰관과 같이 직무수행에 필요한 육체적 능력을 말한다. 구체적으로 근력, 지구력, 균형성, 민첩성 등을 검사하게 된다. 측정의 객관성이 가장 높은 편이다.

⑤ 성격검사(personality test): 인간이 환경이나 다른 사람과 직면해서 어느 정도 안정적으로 나타나는 성격상의 경향을 측정하는 것으로 자신감, 활동성, 사교성, 침착성

등이 이에 해당한다. MBTI와 같은 인간의 가장 내면적인 속성을 측정하는 것으로, 객관성이 가장 낮다.

⑥ 홍미검사(interest test): 다양한 인간의 활동에 대한 관심 내지 선호도를 측정한다.

(2) 시험의 형식별 분류

① 필기시험(written test): 가장 일반적인 방법으로 시험지에 펜으로 답을 쓰거나 표시하는 방식이다. 일명 paper−and−pencil test이다. 주관식과 객관식 시험으로 나눈다.

② 실기시험(performance test): 직무수행에 사용되는 기계, 도구, 기기를 실제 조작·작동케 하여 실력을 평가하는 방식이다. 성취도 검사에 주로 사용하는 방식이다.

③ 면접시험(interview): 측정하고자하는 요소를 수험생과의 면대면 대화를 통해 측정한다. 개인면접과 집단면접시험이 있다.

2.3 면 접

면접은 선발시험과 함께 직무수행능력을 측정하는 가장 중요한 도구이다. 선발시험 합격자에게만 면접기회를 부여하기도 하고, 선발시험과 면접시험의 성적을 통합하여 선발을 결정하기도 한다. 특히 전자의 경우에는 시험을 통과한 선택된 소수에게만 면접이 행해지기 때문에 이들에게 있어서 면접은 가장 중요한 최종관문인 것이다.

면접에는 응시자와 시험관이 1 대 1로 마주 앉아 대화를 통해 질의와 응답을 주고받는 개인면접과 다수의 응시자들이 주어진 주제에 대해 토론을 하도록 하고 시험관은 관찰을 통해 응시자를 평가하는 집단면접이 있다. 최종선발에 반영되는 비율은 다양하지만 모든 선발과정에서 거의 예외 없이 채택하고 있다. 우리나라 5급 공채 3차시험에서는 개인면접과 집단면접을 모두 채택하고 있다.[2)]

면접의 유형

■ 집중도

– 개인면접: 한 명의 지원자를 한 명 또는 여러 명의 면접관이 면접을 보는 방식
– 집단면접: 여러명의 지원자를 한 명 또는 여러명의 면접관이 동시에 평가하는 것으로, 지원자에게 질문을 하고 대답하는 방식.
– 합숙면접: 보통 1차 면접을 거치고, 좀더 심층적 평가를 하기 위한 것으로 여러 명의 면접자들과 함께 합숙하면서 짧은 면접시간 동안 파악하기 힘든 지원자의 특성을 평가.

■ 면접의 내용

– 인성 면접: 지원자의 성격, 가치관, 태도, 업무능력 등을 파악하기 위한 면접
– 직무 역량 면접: '탈스펙' 전형의 일환으로 시도되는 것으로 지원자가 가지고 있는 직무에 대한 역량을 평가하는 면접
– 사례 면접: 직무와 관련된 사례를 제시하고, 이에 대한 분석 및 해결능력을 평가하는 면접
– 외국어 면접: 외국어 능력을 평가하는 면접 방식. 일반적인 언어(주로 영어) 능력을 평가하는 방법과 직무에 관한 내용을 한국어가 아닌 외국어로 하는 방식이 있음

■ 면접내용의 구조화

– 구조화된 면접: 질문(혹은 지문제시)의 내용과 방법, 지원자의 답변 유형에 따른 후속 질문과 그에 대한 평가 점수가 시나리오로 정해져 있는 면접 방식
– 비구조화된 면접: 일정한 지침 없이 이뤄지는 면접관이 자유재량에 의해 진행되는 방식

■ 질문주도자 기준

– 토론면접: 1:1 혹은 다대다로 지원자들끼리 토론을 하게 함으로써 커뮤니케이션 능력을 평가하는 면접 방식.
– PT면접: 발표할 주제를 부여 받고, 정해진 시간 동안 면접관들 앞에서 발표를 하는 면접. 면접자에게 노트북이 지급되고 PPT내용을 만들어 발표하는 경우도 있음.

면접은 서류나 선발시험에서 테스트하지 못한 측면들, 예를 들어 조직에 들어와서 열심히 근무할 의욕은 있는 것인지, 충분한 동기를 가지고 지원을 한 것인지, 그리고 제출한 서류는 정직하게 기록한 것인지 등을 응시자의 입을 통해 직접 확인할 수가 있다. 물론 직무수행능력과 관련하여서도 시험의 형태로 묻기 곤란한 문제를 다시 질문하여 직무관련 지식과 기술을 보완할 수도 있고 그외에 발표력, 지도력, 순발력, 성격까지 알 수 있는 기회가 된다. 연구직이나 공무원의 경우는 논문을 발표하고 질의응답을 거치는 것이 일반적이다.

고위공무원일수록 특정 전문지식보다는 가치관, 지도력, 창의력, 판단력 등이 요구되며 이러한 자질은 필기시험으로 측정하기 힘들기 때문에 면접이 더 적합한 선발도구라고 할 수 있다. 면접 후 면접관들이 상호의견교환 없이 각자 채점하여 합산하는 방법과 서로 의견교환 후 의견일치 내지 조정을 하는 방법 있다.

면접은 응시자에 대한 정보를 일방적으로 얻는 데 그치는 것이 아니라 조직의 정보를 응시자에게 제공하기도 한다. 응시자는 그 때까지 가지고 있던 조직에 대한 이미지를 현실적으로 검증할 수 있는 기회가 된다. 그러나 대규모 인원에 대한 면접에서는 선발에 필요한 정보를 얻고자 하는 전자에 중점을 두게 된다.

면접은 필기식 성취도검사의 전통적 선발시험에 비해 신뢰성과 타당성의 확보에 취약하다. 면접의 점수화를 통해 당락을 결정하면 주관적 인상이나 정실개입의 우려를 낳기 때문이다. 이 문제를 면접관 수를 늘리고, 최고점수와 최저점수를 빼고 평균점수를 해결하기 위해 산출하는 방법이 사용되기도 한다. 무엇보다도 특정지원자와 관계가 있는 면접관은 이해충돌방지(Conflict of Interest)로 자진 배제하는 문화가 정착되어야 한다. 현재에는 면접관을 선정할 때 같은 학교출신을 기계적으로 학연을 배제하는 방법이 보편화되어 있는데, 이는 자칫 역차별의 문제가 생길 수도 있다.

기술적으로 개방식 면접에서 나타날 수 있는 면접자의 주관이나 면접결과의 비일관성 등의 문제점을 해소하기 위하여 면접을 구조화하기도 한다. 즉 각각의 응시자에게 질문할 항목과 질문형태를 미리 표준화시켜 놓고 그 틀을 벗어나지 않는 것이다.

2.4 신원조사 및 신체검사

신원조사는 또 하나의 선발수단이다. 미국에서 일반화된 것으로 지원서에 추천인 3인 정도를 기록하도록 하고 있다. 응시자는 보통 자신을 가장 가까이서 관찰하고 감독해 온 사람으로 자신을 호의적으로 평가할 수 있는 사람을 선택하게 된다. 선발과정에서 이들 추천인을 접촉하여 지원서의 진실성을 확인할 수는 있지만 실제 그런 일은 드물다.

사실 후보자를 오랫동안 관찰해 온 사람이 그 사람에 대해 가장 정확하게 평가할 수 있다. 그러나 우리나라의 문화에서는 추천서에 후보자의 단점에 대해 언급하는 경우가 거의 없다. 따라서 추천서는 형식적 서류에 불과하고, 결정적 역할을 한다고 볼 수 없다. 오히려 친한 사람끼리 비공식적으로 그 후보자에 대해서 추천하고, 정보를 알아보는 방식이 주로 사용된다.

신체검사 단계에 이르면 합격은 거의 확정된 것이다. 직무수행에 결정적인 신체상의 결함이 있거나 다른 사람에게 질병을 옮길 위험이 있는 전염병 환자를 제외하고는 합격에 영향을 주지 않는 것이 보통이다. Aids 환자와 같은 법정전염병 감염자도 차별하지 않도록 하고 있다. 신체검사는 체력검사와는 달리 주로 의료기관의 검사를 하게 된다.

공무원 예정자가 작성한 신원진술서에 대해 정보기관이 사실확인작업인 신원조회를 실시하고 있다. 신원조회는 국가에 대한 충성심사와 기타 공무원으로서의 결격사유를 조사하는 것이다. 조사와 판정이 비공개적이고 불이익에 대한 호소가 불가능하기 때문에 인권침해 등의 문제점이 있기도 하다. 과거에는 학생 데모에 참가했는지 등 사상적 측면을 중시해서 보았지만, 민주화가 된 오늘날엔 전과기록 등을 확인한다.

2.5 시보임용

신원조사와 신체검사를 모두 마치면 공무원의 경우 또 하나의 관문이 기다리고 있다. 공무원으로 정식임용되기 전에 직무수행에 과연 적격자인지를 검증받는 것이다. 임용후보자에게 실제로 직무를 수행할 수 있는 기회를 부여하고 이를 관찰하여 적격자 여부를 결정하는 것이다. 다른 선발수단에서 혹시 잘못된 판단이 있었을 때 이를 최종적으로 시정할 수 있는 기회이다. 채용을 전제로 하는 인턴이나 근로계약서에 3개월 정도의 관찰기간을 두는 것도 시보임용의 유형에 속한다.

시보기간 동안은 신분이 보장되지 않는다. 시보임용(probation)이 다른 선발도구에 비해 훨씬 비용이 많이 드는 것은 사실이지만 선발의 타당성을 높이는 데는 가장 효과적일 수 있다. 이러한 중요성에도 불구하고 우리나라에서는 시보제도가 형식적으로 운영되고 있어 선발의 효과보다는 초임공무원에게 필요한 조직적응훈련이란 부수적 의미가 더 강하다고 할 수 있다.[3] 시보기간 동안 5급 공채 합격자를 '수습' 행정사무관이라 부르는 것을 보아도 교육훈련의 의미가 강조되고 있음을 알 수 있다. 시보가 실질적인 선발의 효과를 얻으려면 임용예정자에 대한 체계적이고 엄격한 평가체제를 마련하여야 한다.

공무원은 임용과 동시에 국가지방공무원법이 정하는 고용관계에 들어가기 때문에 근로계약서를 쓰지 않는다. 그러나 공무원과 같이 특별법에 근거하지 않는 근로관계는 반드시 근로계약서를 써야 한다. 공공기관근로자나 공무직이 대표적인 경우이다.

우리나라의 제도상으로는 시보는 원칙적으로 임용예정부처에서 하게 된다. 그렇기 때문에 5급 공채 등을 예외로 한다면, 시보가 이루어지기 전에 행정적으로 임용예정자가 근무할 부처가 결정되어야 한다. 시험실시기관인 중앙인사기관은 시험합격자를 결정하고 성적순으로 임용후보자명부를 작성한다. 각 부처에서 결원보충을 위한 필요 인원의 추천을 요청하면 중앙인사기관은 임용후보자명부에서 후보자를 추천하도록 되어 있다. 추천은 보통 부처의 임용권자에게 선택의 폭을 주기 위하여 3배수의 인원을 추천하는 것이 일반적이다(3배수 법칙, rule of three). 정실인사의 부작용을 막기 위하여 각 부처에 재량권을 부여하기보다는 오히려 중앙인사기관이 집권적 인사추천권을 행사하고 있다. 중앙인사기관은 충분한 인력을 선발하여 후보군(pool)만 정하고, 각 부처는 이 중에서 필요인력을 면접 등을

표준근로계약서

______________(이하 "갑"이라 함)과(와) ________(이하 "을"이라 함)은 다음과 같이 근로계약을 체결한다.

1. 근로계약기간 : 년 월 일부터 년 월 일까지
2. 근 무 장 소 :
3. 업무의 내용 :
4. 근로시간 : 시 분부터 시 분까지 (휴게시간 : 시 분~ 시 분)
5. 근무일/휴일 : 매주 일(또는 매일단위)근무, 주휴일 매주 요일
6. 연차유급휴가 : 요건에 해당하는 자에 한하여 근로기준법에 정하는 바에 따라 부여함
7. 임 금
   - 시간(일, 월)급 : 원
   - 상여금 : 없음 ( ), 있음 ( ) 원
   - 기타급여(제수당 등) : 없음 ( ), 있음( )· 원
   - 임금지급일 : 매월(매주 또는 매일) 일(휴일의 경우는 전일 지급)
   - 지급방법 : 을에게 직접지급( ), 예금통장에 입금( )
8. 기 타
   - 이 계약에 정함이 없는 사항은 근로기준법에 의함

년 월 일

(갑) 사업체명 : (전화 :) (을) 주 소 :
주 소 : 연 락 처 :
대 표 자 : (서명) 성 명 : (서명)

출처: 고용노동부 홈페이지.

통해 선발하는 방안이다. 중앙인사기관의 추천에 이의가 없으면 임용예정자는 해당 부처에서 시보생활을 한 후 시보기간을 성공적으로 마치게 되면 법적으로 신분이 보장되는 정규공무원으로 임명된다.

3. 선발시험의 효용성

고무줄에 센티미터(cm) 표시를 하여 사람의 가슴둘레를 잰다면 그것은 그렇게 쓸모 있는 측정도구는 아니다. 힘이나 온도변화에 영향을 덜 받는 줄자가 훨씬 유용한 측정도구이다. 선발시험도 측정도구로서의 효용성을 가지려면 신뢰성과 타당성의 확보가 제1조건이다. 시험의 효용성 확보는 측정도구 측면의 신뢰성과 타당성 이외에도 시험의 특수성에서 오는 다른 부수적 조건들을 충족시켜야 가능하다. 선발비율, 객관성, 난이도가 이에 해당된다. 이들 효용성의 조건은 선발시험뿐만 아니라 면접을 포함한 여타의 선발도구에도 모두 유사하게 적용된다.

3.1 신뢰성

1) 의 의

신뢰성(reliability)이란 측정도구의 측정결과가 보여 주는 값이 얼마나 일관되게 나오냐의 정도를 말한다. 측정도구는 장소와 때에 따라 측정기준이 변화되어서는 신뢰성을 가질 수 없다. 시험의 경우에도 같은 사람에게 여러 번 반복하여 치르더라도 결과가 크게 변하지 않을 때 신뢰성을 갖는 것이다.

신뢰성은 일관성(consistancy)과 거의 같은 말이다. 그런데 일관성에는 크게 종적 일관성과 횡적 일관성이 있다. 종적 일관성은 서로 다른 시점에서의 측정결과가 안정된 값을 가지는 것을 의미한다. 한편 횡적 일관성은 동일시점에서 동질적인 둘 이상의 집단을 대상으로 같은 측정도구를 사용하여 얻은 측정결과가 일관된 값을 가지는 것을 의미한다. 전자를 가끔 안정성(stability)이라는 용어를 사용하기도 한다. 신뢰성을 이와 같이 측정의 시점이 상이한가 같은가에 따라 종적 일관성과 횡적 일관성으로 구분하는 것은 신뢰성의 검증방법을 이해하는 데 도움이 된다.

2) 검 증

신뢰성을 검증하는 대표적인 방법으로는 재시험법, 동질이형법, 내적 일관성 검증이 있다.4)

① 재시험법(test-retest)

재시험법은 시험의 종적 일관성을 조사하는 것이다. 시험을 본 수험자에게 일정한 시간이 지난 뒤에 다시 같은 문제로 시험을 보게 하여 두 점수 간의 일관성을 검토하는 것이다. 물론 한 사람만을 측정해서는 일관성을 검증할 수 없다. 일정 규모 이상의 실험집단을 구성하여 두 시점(t, $t+1$)에 시험을 치르고 두 시험 점수간의 상관관계를 계산한다. 이렇게 계산하여 얻은 값을 상관계수라 한다. 상관계수의 값이 +1.0에 가까울수록 두 시험간의 관계가 밀접하고 따라서 신뢰성이 높은 것이다. 시험을 보는 두 시점의 간격이 길수록 신뢰성은 낮게 나타난다. 그 사이에 여러 가지 변수가 작용하기 때문이다. 그렇다고 너무 짧으면 신뢰성은 높이 나타나겠지만, 그 원인이 1차시험의 암기 영향일 수 있기 때문에 신뢰성이 왜곡될 수 있다.

② 동질이형법(同質異形法, equivalent forms)

문제의 수준(질)이 비슷한 두 개의 시험유형(A, B)을 개발하여 동일 통제집단을 대상으로 시험을 보게 한 후 A와 B의 성적간 상관관계를 분석하는 방법이다. 시험은 동시(A and B at time t)에 실시할 수도 있고, 두 시점(A at time t, B at time $t+1$)에 나누어 실시할 수도 있다. 두 개 시험지의 상관관계가 높을수록 A, B 두 시험자 모두 종적 일관성과 횡적 일관성이 높다고 할 수 있다. 예로 부정행위를 방지하기 위해 문제의 순서만을 다르게 하는 대입수능시험은 상관관계가 '1'이어야 한다.

③ 내적 일관성(internal consistancy) 검증

재시험법과 동질이형법은 시험점수 전체를 가지고 두 시점이나 두 유형 간에 일관성이 있는가를 조사하는 것이다. 이에 반해 내적 일관성은 하나의 시험유형 내에서 각 문항간의 상관관계를 종합하여 시험의 내적 일관성을 검증하는 방식이다. 측정하는 대상이 같다면 그것을 측정하는 각 문항에 대한 응답이 유사해야 한다는 논리이다.

내적 일관성은 개인의 추상적 특성인 성격검사의 신뢰성측정에 주로 사용하는 검증방식이다. 예를 들어 개방적·폐쇄적 성격을 측정하기 위하여 여러 문항을 개발하였을 때 이들 문항의 응답 상호간에는 일관성을 가져야 한다는 것이다. 측정대상이 같기 때문이다. 이 때 권위주의를 측정하는 문항이 하나 포함되어 있다면 이것은 이질적인 것이다. 내적 일관성 검증을 통해서 이러한 문항을 제외시킬 수 있다. 따라서 응답의 정오(正誤)를 확인하는 것이 아니라 어떠한 개인특성의 정도를 측정하는 경우에 자주 쓰인다.

내적 일관성의 한 변형으로 가장 간단한 방법이 이분법(split half)이다. 하나의 시험지 내에서 문항만을 두 집단으로 나누어 이들 문항집단간의 성적을 상호비교하는 것이다. 이 방법의 가장 일반적인 형태는 문제의 문항을 무작위로 배열한 뒤 짝수(even)와 홀수(odd)로 나누어 짝수항 전체의 점수와 홀수항 전체의 점수간에 상관관계를 조사하는 것이다. 따라서 이분법은 재시험법이나 동질이형법과 마찬가지로 정오가 분명한 성취도 검사의 신뢰성을 검증할 수 있다. 재시험법이 시차를 둔 종단적 검증이라면, 이분법을 포함한 내적 일관성은 한 시점에서 두 시험성적을 비교하는 동시적·횡단적 검증이다.

3.2 타당성

1) 의 의

타당성(validity)이란 시험이 측정하고자 하는 것을 실제로 얼마나 정확하게 측정했는가를 말한다. 이러한 정확도가 높을수록 타당성은 높은 것이다. 시험도 마찬가지다. 언어능력을 측정하는 데 통계시험을 치르게 한다면, 이는 시험의 타당성을 잃은 것이다.

공무원시험에서 과연 공무원이 될만한 사람을 가려내느냐의 타당성 문제이다. 타당성의 중요한 특성은 측정결과만으로는 측정도구의 타당성을 알 수가 없다는 것이다. 5급 공채시험에서 면접을 강화하여 타당성을 높이자고 하고 있다. 그러나 면접위원들은 그리 동의하는 것 같지 않다(<표 8-1> 참조). '얼마나 정확하게 측정했는가'를 알려면 측정결과를 비교할 수 있는 기준이 있어야 한다. 시계의 타당성을 알려면 매시간 방송에서 알려 주는 시보소리와 비교해 보면 된다. 우리가 보는 시간은 기준시간(세계표준시간)을 기준으로 한 것을 측정한 것뿐이다. 이 경우, 내가 가진 시계가 나타내는 시간인 측정도구의 측정결과만을 가지고는 타당

표 8-1 5급 공채 면접위원에 대한 심층면접 결과

면접위원	A	B	C	D	E	F	G
질문) 금번 면접에서 주어진 지문과 질문으로 요구되는 항목의 평가를 할 수 있었습니까?	×	×	×	×	×	×	×
질문) 면접시험을 개선한다면, 지원자의 가치관과 '역량'을 평가할 수 있다고 생각하십니까?	○	○	×	○	△	△	○
질문) 개선방안은 무엇입니까?	부분적 수정	부분적 보완	-	근본적 보완	-	근본적 수정	부분적 보완

자료: 류석진 외, (2015), 「미래사회의 리더십과 선진국가의 엘리트 생성 메커니즘」, 아시아, P. 108. 일부 수정.

도를 알 수 없으며 이것을 비교평가할 기준인 세계표준시가 있어야만 비로소 성립될 수 있다. 시험의 경우 기술이나 학업능력의 측정만 가지고는 안 되고 이것이 예측하고자 하는 기준, 즉 직무수행실적과 같은 정보가 필요한 것이다.

2) 유 형

시험에서 가장 일반적으로 사용되는 타당성의 유형으로는 기준타당성과 내용타당성이 있고 드물게 구성타당성을 검토하기도 한다.

① 기준타당성(criterion validity)

기준타당성은 시험성적과 본래 시험으로 예측하고자 했던 기준 사이에 얼마나 밀접한 상관관계가 있는가를 말한다. 시험으로 예측하고자 하는 것은 다름 아닌 직무수행실적이다. 따라서 기준타당성은 시험이라는 예측치(predictor)와 직무수행실적이라는 기준(criterion)의 두 요소간의 상관계수로써 측정된다. 둘 간의 상관계수를 측정하려면 예측치와 기준에 대한 측정치(기준치)가 필요하다. 예측치는 여기에서 시험점수이다. 직무수행실적을 보여 주는 측정기준치로는 근무실적(job performance), 근무성적평정 등을 사용하게 된다. 공무원 시험성적을 좋게 받은 사람이 실제근무실적도 좋을 때 우리는 시험의 기준타당성이 높다고 말할 수 있다. 따라서 기준타당성은 시험성적과 근무실적의 상관계수로써 검증할 수가 있다. 검증방법은 자료수집의 시차에 따라 다시 동시적 타당성 검증과 예측적 타당성 검증의 두 종류로 구분한다.

㉠ 동시적 타당성 검증(concurrent validation): 동시적 타당성 검증은 시험성적과 근무실적에 대한 자료를 동시에 수집하여 상관관계를 검토하는 것이다. 시험성적과 근무실적을 동시에 얻는 방법은 현재 근무하고 있는 재직자로부터 자료를 구할 수밖에 없다. 재직자에 대한 근무성적만이 활용 가능하기 때문이다. 시험성적은 재직자에게 응시자용 문제를 가지고 시험을 실시하여 얻을 수 있다. 시험실시결과 근무실적이 좋은 재직자가 시험성적도 좋았다면 그 시험은 기준타당성을 갖추었다고 말할 수 있다.

이 방법은 예측치와 기준치에 대한 자료를 쉽게 구할 수 있다는 장점이 있다. 그러나 재직자가 표본으로서의 대표성을 가질 수 있는가가 문제이다. 다시 말하면 재직자로부터 얻은 시험성적과 근무실적의 관계를 응시자 집단에게도 그대로 적용할 수 있는가 하는 의문이다. 따라서 두 집단의 동질성이 얼마나 높으냐가 이 검증방법의 유용성을 결정하는 중요한 요소이다. 일반적으로 시험응시자 집단이 재직자들보다 훨씬 더 다양하게 구성되어 있다고 본다. 시험에 합격한 재직자 집단은 합격을 통해서뿐만 아니라 그 동안의 사회화 과정을 거쳐 상당한 동질성이 형성되었을 것이기 때문이다.

ⓛ 예측적 타당성 검증(predictive validation): 예측적 타당성 검증에서는 시험성적과 근무실적을 시험합격자를 대상으로 시차를 두고 수집하여 비교하는 것이다. 시험합격자를 대상으로 하기 때문에 시험성적은 바로 구할 수 있으나 근무실적은 일정기간을 기다려야 가능하다. 근무를 시작하여 어느 정도 시간이 지나고 실적이 평가될 때 시험성적과의 상관관계를 분석하여 타당성을 검증하는 것이다. 상관정도는 선발시험이 얼마나 근무성적을 잘 예측하는지를 알 수 있게 해 준다.

예측적 타당성 검증은 재직자의 시험점수가 아니라 합격한 응시자의 시험점수를 사용하기 때문에 시험점수가 근무성적을 얼마나 정확히 예측·추론하는가 하는 타당성의 개념에 잘 부합된다. 그러나 여기에도 문제점이 있다. 타당성을 검증하기 위해서는 시간을 기다려야 한다. 더구나 매년 시험문제를 달리하는 경우에는 전년도의 시험문제에서 나온 타당성 결과를 가지고 정책적으로 취할 조치가 제한되어 있다. 기존 경력자들의 직무성과를 그 사람의 채용점수와 상관관계를 보는 것이 과학적으로도 가장 적절한 방법이다(참고문헌 1)의 이정호 논문 참조).

② 내용타당성(content validity)

기준타당성은 시험이 예측하고자 하는 근무실적에 대한 기준치가 분명하게 설정되고 충분한 경험적 자료를 수집할 수 있을 때 가능하다. 기준타당성의 계산은 상관계수로써 통계처리하기 때문이다. 그러나 계량적 자료를 구하기 힘들거나 통계분석에 필요한 최소한의 자료 수(일반적으로 30명 이상)[5]를 확보하지 못하는 경우에는 기준타당성을 적용하기가 곤란하다. 근무성적을 평가하지 않거나 채용 규모가 30명을 넘지 못하는 소규모 조직에서 충분히 직면할 수 있는 상황이다. 이러한 상황에서 타당성을 확보하는 하나의 방법이 내용타당성이다. 내용타당성은 말 그대로 직무를 성공적으로 수행하는 데 필요한 지식이나 기술의 내용을 시험에 얼마나 반영시키고 있는가의 정도를 말한다.

내용타당성은 직무에 정통한 전문가집단이 시험의 구체적 내용·항목이 직무의 성공적 임무수행에 얼마나 적합한 것인지를 조사하여 검증하게 된다. 따라서 내용타당성을 확보하려면 직무분석이 무엇보다 필수적이다. 직무분석을 통해 직무수행의 성공 여부를 말해 줄 수 있는 가장 대표적인 임무가 무엇인지를 분석하고, 그 대표적 임무를 수행하는 데 필요한 지식이나 기술을 식별해 내야 한다. 즉, 직무분석을 통해 가장 핵심적인 직무의 내용(기준)과 시험(예측자)의 내용을 정하게 된다.

예를 들어 비서직을 담당할 직원을 채용한다고 하자. 우선 기관장의 스케줄 잡는 일, 전화받는 일, 문서작성 및 타이핑하는 일 등 비서직의 핵심임무가 무엇인지를 정한다. 다음은 임무수행에 필수적인 기술이나 지식이 무엇인지를 결정하게 되는데, 기술(skill)에는 맞춤법과 Excell 사용 기술을 포함시킬 수 있다. 이제 비서로서 기술을 평가할 수 있는 구체적인 시험을 개발한다. 실무에서 가장 많이 사용하는 사례를 제시한 후, 자료를 검색하여, 엑셀파일을 만들고, 문서를 만드는 실기시험을 실시하기로 정했다고 하자. 이 때 전문가들이 시험의 내용과 직무의 내용을 고려해서 시험의 내용타당성을 검증하는 것이다.

내용타당성에서도 시험의 문항을 선정하는 과정에서 보다 합리적인 방식을 택할 수 있다. 전문가로 구성된 패널에서 시험을 구성하는 개별 문항(그 형식이 필기, 면접, 실기에 관계없이)과 직무내용과의 적합성을 판정하는 것이다. 다수의 패널 구성원에 의해 각각의 항목에 대하여 '필수적'이라는 판정을 받았을 때 시험의 문항으로 채택된다. 소방공무원의 직무를 예로 들어보자. 중요한 임무 중의 하나가 화재시 소화작업과 인명구출이다. 이 임무를 수행하는 데 특별히 필요한 능력은 체력이다. 높은 건물을 올라가야 하고, 건물 안의 사람이나 귀중한 물건을 구해 나오기도 해야 하며, 수압이 매우 강한 소화호스를 다룰 수 있어야 한다. 강한 근력과 지구력 그리고 균형성을 모두 요구하는 직업이다. 시험내용을 어떻게 구성해서 지구력, 근력, 균형성을 테스트할 것인가? 100m 달리기, 장애물달리기, 사다리오르기, 1,000m 달리기, 높은 벽오르기, 왕복달리기 등이 테스트의 내용이 될 것이다. 이 때 전문가들은 각각의 항목이 소방공무원의 직무수행과 얼마나 적합성(relevancy)이 있고 필수적인가를 판단하고 패널 전체의 응답을 수렴하여 내용타당성을 검증할 수 있다.

내용타당성 검증을 위한 설문의 이용방법

"이 문항에 의해서 측정되는 지식이나 기술은 직무의 성공적인 수행을 위해서 …"

– 필수적이다.

– 유용하긴 하지만 실무에서 훈련으로 습득할 수 있다.

– 필요하지 않다.

내용타당성 공식:

$$\text{내용타당도(contnet validity ratio: } CVR) = \frac{(Ne - N/2)}{N/2}$$

Ne: '필수적'이라고 응답한 패널 구성원 수

N: 전체 패널 구성원 수

* 이 공식에 따르면 패널 구성원의 반이 필수적이라고 응답했을 때($Ne=N/2$) 그 문항의 내용타당도는 0이고, 모두가 필수적이라고 응답했을 때가 1, 그리고 아무도 필수적이라고 응답하지 않았을 때 −1의 값을 취한다. 즉, *CVR*이 취하는 값의 범위는 −1~+1이다. 각 문항에 대한 개별 *CVR*을 평균한 값이 내용타당도 지수(*CVI*, *CV* Index)가 된다.

자료: C.H. Lawshe, "A Quantified Approach to Content Validity," *Personnel Psychology*, 1975, vol. 28, pp. 563-575.

③ 구성타당성(construct validity)

내용타당성에서 시험을 통해 예측하고자 하는 것은 성공적 직무수행의 내용 내지는 성공적 직무수행에 필수적인 지식이나 기술이다. 그 직무내용이나 요건은 어느 정도 추상적이기는 하나 해당분야 전문가들의 판단으로 충분히 검증이 가능하다. 이 때 전문가의 판단에만 의존하지 않고 행태과학적인 조사를 통한 검증절차를 거치거나, 추상성이 아주 강해 단순한 판단만으로는 검증이 불가능한 인간의 특성을 측정하고자 할 때에는 구성타당성을 고려하여야 한다.

영어로 construct(構成)라는 말 자체는 인간의 감각으로는 증명할 수 없는, 다만 사람의 생각으로 만들어 낸 추상적 개념(artifact)을 말한다. 성격(내성적·외향적·창의성·권위주의), 능력, 직무만족, 공공성(publicness) 등이 모두 구성(construct)의 예이다. 구성과 대비되는 것으로는 현실에서 실제로 증명해 보일 수 있는 인간의 구체적 언행이나, 내면의 심리상태를 설문지 등에 의해 측정한 결과를 들 수 있다. 이것을 흔히 측정지표(measures)라고 말한다. 소방공무원의 예에서 지구력, 근력, 균형감각이 구성이고, 100m 달리기, 장애물달리기, 사다리오르기, 1,000m 달리기, 높은 벽오르기, 왕복달리기가 측정지표가 된다([그림 8−2]의 ① 참조).

①번이 나타내는 구성과 시험(측정지표)의 관계에서는 내용타당성과 구성타당성을 모두 관련시킬 수 있다. 지구력이나 근력은 추상성의 정도가 성격이나 능력에 비해 훨씬 낮기 때문에 전문가의 논리적 판단으로 검증이 가능하다. 즉, 이것은 내용타당성 측면에서의 검증이다.

그러면 구성타당성과는 어떠한 차이점을 가지고 있는가? 내용타당성에서는 단순히 의사, 체력전문연구원, 소방공무원 등의 전문가 의견을 들어 측정지표인 시험의 내용을 개발한다. 그러나 구성타당성에서는 고도의 계량분석기법을 동원한다. 즉, 근력, 지구력, 균형감각을 측정키 위해 새로 만든 시험방법으로 측정한 지표(점수)와 기존의 시험방법으로 측정한 결과간에 어느 정도의 상관관계가 있는가를 조사하여 그 정도가 높을 때 새로운 체력측정방법의 구성타당성을 인정하는 것이다.

그림 8-2 타당성의 유형 및 관계

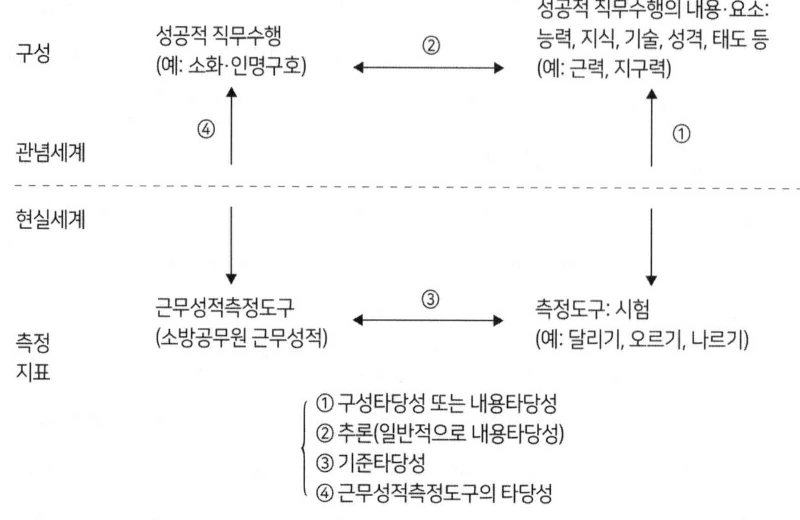

자료: Richard D. Arvey, Steven M. Nutting, Timothy E. Landon, "Validation Strategies for Physical Ability Testing in Police and Fire Settings," *Public Personnel Management*, vol. 21, 1992, pp. 301－312 재구성.

체력측정과는 달리 구성타당성에만 의존하여야 하는 경우가 있다. 성격이 협조적인가는 체력과는 달리 추상성이 매우 높다. 성격의 협조성 정도를 측정하는 도구에 대하여 전문가의 판단만으로 타당성을 검증한다는 것은 불가능하다. 내용타당성을 적용할 수 없는 것이다. 따라서 협조성을 측정할 새로운 도구(측정지표)를 개발하게 되면 기존에 널리 이용되어 온 다른 협조성 측정지표와 함께 협조성을 동시에 측정해서 그 결과가 유사하게 나왔을 때 비로소 새로 개발한 측정도구를 채택하게 된다.

내용타당성과 구성타당성은 측정지표와 구성 간의 관계([그림 8－2]의 ①)뿐만 아니라 구성간에도([그림 8－2]의 ②) 찾아볼 수 있다. 체력이 과연 실제 직무수행의 효과성에 결정적인 역할을 하는가의 측면을 말한다. 다시 말하면 지구력·근력·균형감각이 좋은 사람이 실제 성공적으로 직무수행을 할 것인가의 관계이다. 이 경우에 내용타당성은 역시 전문가의 판단에 의해 직무수행에 가장 중요한 인간적 특성이 무엇인가를 결정하게 된다. 소방공무원의 가장 중요한 임무인 불을 끄고 인명과 재산을 구하는 데 가장 중요한 능력이 무엇인가를 결정하는 것이다. 이 때 근력·지구력·균형감각이 바로 직무수행의 성공요소라고 합의를 보면 그것으로 내용타당성은 확보된다.

②의 관계에서도 구성타당성은 전문가의 주관적 판단이 아니라 객관적이고 과학적인 분석에 의한 접근을 한다. 예를 들어, 팀워크 중심의 실적급을 지급받는 그룹과 개인의 성과에 따라 실적급을 지급받는 그룹을 대상으로 새로 개발한 협조성 측정도구로 협조성을 측정하였다고 하자. 그 결과 집단실적급의 적용을 받는 그룹이 개인실적급이 적용되는 그룹에 비해 더 높은 값을 보여 주었다면 구성타당성이 있다고 보는 것이다. 이와 같이 구성타당성은 측정대상의 추상성이 강한 경우 측정도구(시험)의 타당성을 행태과학적으로 검증하는 특성을 가지고 있다. [그림 8−2]에서 ③은 앞에서 이미 검토한 기준타당성을 보여 주고 있고, ④의 관계는 근무성적평정에서 논의할 평정도구의 타당성을 나타내고 있다.[6]

3) 신뢰성과의 관계 및 효용성에의 영향

① 신뢰성과의 관계

신뢰성은 시험 그 자체의 문제인 반면, 타당성은 시험과 기준과의 관계이다. 신뢰성이 높든 낮든 그것은 근무성적이나 근무행태와의 관계가 아니라 어디까지나 시험성적 그 자체의 문제이다. 한편 타당성은 항상 근무성적, 결근율, 이직률, 안전사고 등 근무행태의 여러 기준측면과의 관계에서 나타나게 된다.

신뢰성과의 관계에서 또 하나 중요한 것은 신뢰성이 있어야 타당성의 문제를 검토할 수 있다는 것이다. 신뢰성이 없는 측정도구가 타당성을 갖는다는 것은 불가능하다. 즉, 신뢰성은 타당성의 전제조건이다. 조건식으로 말하면 신뢰성은 타당성의 필요조건이지 충분조건은 아니다. 괘종시계의 예를 들어보자. 매시간 2분씩 정확하게 빨리가는 시계는 신뢰성은 있지만 타당성(정확성)은 없다. 이 시계는

2분 늦게 가도록 조정하면 타당성을 확보할 수 있다. 한편 어떤 시계가 정오부터 시작하여 시간당 2분 빠르기도 하고 늦기도 하고 때로는 정확히 맞기도 하면서 하루 24시간의 오차평균은 0으로 다음날 정오는 정확히 맞는다고 하자. 그러나 이 시계는 신뢰성과 타당성을 모두 갖추지 못한 것이다. 신뢰성이 없으면 타당성은 알아볼 필요도 없는 것이다. 양자의 관계를 표로 나타내면 <표 8-2>와 같다.

표 8-2 신뢰성과 타당성의 관계

구분		신뢰성 유무	
		있다	없다
타당성 유무	있다	가능하고 바람직하다	가능하지만, 쓸모없다
	없다	가능하지만, 잘못된 결론을 내릴 수 있다	가능하지만, 바람직하지 않다

② 효용성에의 영향

타당성의 가치는 시험의 타당성이 높을수록 조직에 유익한 결과를 가져다 준다는 점이다. 타당성이 높을수록 근무성적이 우수한 사람이 선발되기 때문이다. [그림 8-3]은 예측치인 시험점수와 측정기준인 근무실적 간의 가상적 산포도(scatter plot)를 그린 것이다. 그림에서 (A)와 (B)의 차이는 시험의 기준타당성을 의미하는 두 변수간의 상관계수이다(r=.00, r=.65). (A)는 원형으로서 상관계수가 .00인 경우이다. 시험에 합격한 사람들과 불합격한 사람들의 평균근무성적의 차이가 없다($\overline{X_H}=\overline{X_R}$). 시험을 구태여 실시하여 합격, 불합격을 가릴 이유가 전혀 없다. 반면에 상관계수가 .65인 경우는 납작한 타원형을 눕혀 놓은 모양을 한다. 합격자의 평균근무성적($\overline{X_H}$)이 불합격자의 평균근무성적($\overline{X_R}$)보다 높다는 것을 알 수 있다. 상관계수가 높아질수록(타당성이 높을수록) 평균근무성적의 차이는 벌어지고 효용성은 커진다는 것을 알 수 있다.

그림 8-3 효용성에의 영향

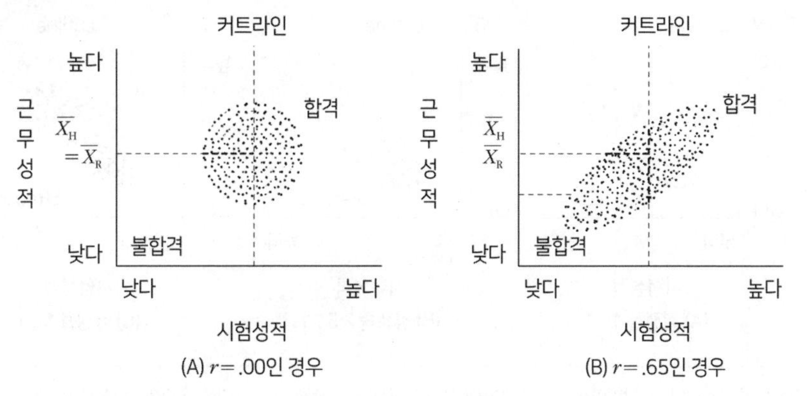

(A) r=.00인 경우 (B) r=.65인 경우

3.3 부수적 요건들

타당성과 신뢰성 이외에도 시험의 타당성과 효용성을 높이기 위해서는 선발비율, 객관성, 난이도, 완벽성을 고려할 수 있다.

1) 선발비율(selection ratio)

선발비율([그림 8-4]에서 *SR*)이란 응시자 중에서 선발할 인원의 비율을 의미한다. 선발인원을 인사정책적으로 조정할 수 있는 경우에는 선발비율이라는 용어가 의미가 있다. 그러나 채용인원은 이미 정해져 있고 응시자 수만이 유동적인 경우에는 선발비율 대신 경쟁률이라는 용어가 더 적합하다. 선발비율과 경쟁률은 역수의 관계에 있다. 따라서 경쟁률이 높을수록 선발비율은 낮아진다.

그러면 경쟁률은 어떤 의미가 있는가? 경쟁률이 높을수록 시험의 효용성이 증가한다는 것이다. 이는 [그림 8-4]에서 쉽게 이해할 수 있다. 타당성이 일정하다는 가정 하에 응시자 수의 증가는 산포도의 밀도가 증가하는 것을 의미한다. 그림에서 같은 면적에 찍히는 점의 수가 많아진다는 뜻이다. 타당성이 일정하다는 가정은 응시자 수가 많아지더라도 이들이 성적이 나쁜 하위집단이나 성적이 좋은

그림 8-4 경쟁률이 시험의 효용성에 미치는 영향

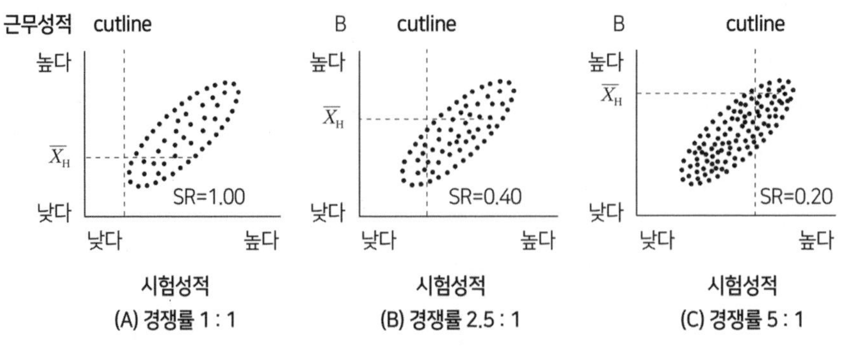

자료: John P. Wanous, *Organization Entry: Recruitment, Selection, and Socialization of Newcomers*, Reading, MA: Addison-Wesley Publishing Co., 1980, pp. 162–163.

상위집단으로 몰리지 않는다는 뜻이다.

이제 경쟁률 상승의 효과를 알아보자. 선발인원이 정해져 있기 때문에 응시자 수가 많아질수록 커트라인(최저합격점)은 우측으로 이동하게 된다. 경쟁률 5:1인 (C)가 가장 높은 커트라인을 보여 주고 있다. 경쟁률이 각기 다른 (A), (B), (C) 세 경우에 대하여 각각 합격자와 불합격자의 평균근무성적을 비교하면 경쟁률의 효용성을 쉽게 이해할 수 있다. (A)에서는 경쟁률이 1:1로 응시자 전원이 합격하였다. (B)는 경쟁률 2.5:1로 총응시자 중 40%가 선발된 경우이다. 따라서 (B)의 합격자 평균근무성적은 (A)의 경우보다 위로 올라가게 된다. (C)에서는 20%만이 합격했고, 이들의 평균근무성적은 40%가 합격한 (B)의 경우보다 높아야 하는 것은 당연하다. 즉, 경쟁률이 높아질수록 합격자의 평균근무성적도 상향이동하게 된다.

따라서 적극적인 모집방법으로 많은 사람을 응시하도록 유인했을 때, 새로 유인된 응시자들이 처음부터 시험을 준비하여 온 응시자들과 비슷한 실력의 소유자들이라면(타당성이 같다는 가정), 시험의 경쟁률이 높을수록 시험의 효용성은 향상된다. 모집과정이 시험의 효용성에 중요한 영향을 미친다는 것을 보여 주는 것이다. 또한 시험의 타당성이 낮다 하더라도 경쟁률이 높은 경우에는 시험의 효용성을 확보할 수 있게 된다. 타당성을 보완해 주기 때문이다.

2) 객관성

시험을 반복해서 보더라도 그 성적이 일관되게 나와야 신뢰성을 갖는다는 것은 잘 알 것이다. 그런데 성적이 일관되게 나오기 위해서는 시험이라는 측정도구의 내용이 가장 중요하겠지만 여기에는 이 밖에도 여러 요소들이 영향을 미칠 수 있다. 채점자와 시험환경 등 시험 외적 요소가 바로 그것이다. 시험을 실시할 때마다 채점자가 서로 다른 채점기준을 적용한다면, 그리고 시험을 보는 장소의 환경이 현격하게 차이가 난다면 그 시험성적이 일관되게 나올 리 없다.

객관성이 신뢰성에 영향을 주는 것은 사실이지만 그 의미는 분명히 다르다. 신뢰성은 시험을 여러 번 또는 복수의 양식을 가지고 실시하여 나온 성적간에 확보되어야 하는 시험의 요건이라면, 객관성은 각 시험관리에서 갖추어야 하는 요건이다. 즉 객관성은 응시자 개개인의 공정한 경쟁을 보장해 주기 위해서 필요한 요건이다. 따라서 동일시험 응시자들을 채점함에 있어서 동일한 채점기준을 적용하여야 하고 동일한 수험환경에서 시험이 실시되어야 한다.

이 중에서 끊임없이 제기되는 문제가 채점의 객관성이다. 수험환경은 일반적으로 표준화된 조건이 획일적으로 적용된다. 동일장소에서 시험시간관리나 감독자의 행동이 엄격히 규제된다. 무엇보다도 응시자들간에 환경을 상호 확인할 수 있기 때문에 만약에 차별이 있는 경우 즉시 문제가 제기되는 등 공개적 감시를 받게 된다. 그러나 채점은 채점자의 주관적 인지작용이기 때문에 응시자나 외부인이 알 수가 없다. 채점결과 내지 채점의 형식적 측면만 공개되기 때문에 항상 객관성에 의혹을 제기할 수 있다.

채점의 객관성을 확보하는 가장 좋은 방법은 채점자의 주관적 판단이 개입되지 않도록 하는 것이다. 대표적인 예가 객관식 시험이다. 더구나 컴퓨터가 자동으로 채점하기 때문에 객관성은 충분히 확보되고 있다. 그러나 오답시비의 여지가 있고, 틀에 박힌 사고만을 요구하며, 수험생들이 우수한 경우 변별도를 높이기 위

해 킬러문항을 사용해야 한다는 문제가 있다.7)

주관식 시험, 면접시험, 실기시험의 경우에는 아직도 객관성의 문제가 제기된다. 증명할 수는 없지만 채점자의 주관이 개입될 소지가 있다. 이 문제는 비록 시험뿐만 아니라 직무평가나 근무성적의 평가 등 모든 평가에서 항상 제기되는 문제이다. 이 문제를 해결하는 방법의 하나가 채점자(평가자)를 여러 명 두는 것이다. 어느 한 개인의 주관이나 오류를 다른 채점자의 객관적 평가로 그 주관성의 영향을 줄일 수 있기 때문이다. 특별히 객관성을 위협할 수 있다는 가정 하에 최고점수를 준 경우와 최소점수를 준 경우를 빼고 합산한 후 평균치로 결정하기도 한다. 물론 전체를 한꺼번에 포괄적으로 평가하지 않고 부분요소로 나누어서 각 요소마다 채점기준을 만들어 그에 따라 평가하는 것도 객관성을 확보할 수 있는 기법 중의 하나이다. 이미 직무평가에서 논의한 대로 서열법보다는 점수법이 훨씬 객관성이 높은 평가방법임을 기억할 것이다.

3) 난이도

시험의 어려운 정도를 말한다. 식별력, 판별력, 변별력 등 여러 용어가 혼용되고 있다. 시험의 난이도 요건은 시험의 목적을 생각하면 쉽게 이해할 수 있다. 직무수행능력이 뛰어난 사람과 그렇지 못한 사람을 정확하게 식별하여 우수한 능력의 소유자만 선발하는 것이 시험의 중요한 목적이다. 이미 설명하였듯이 타당성이 높은 시험일수록 우수한 응시자를 탈락시키고 열등한 응시자를 합격시키는 오류가 줄어든다. 난이도는 타당도를 확보하기 위한 중요한 요건이다. 극단적인 예로 시험이 너무 어려워 모두 0점을 받았다거나 너무 쉬워 만점을 받았다면 어떻게 되겠는가? 응시자간 상대적 우열을 가릴 수 없고 시험의 타당성도 확보할 수 없다. 난이도는 신뢰성과도 깊은 관계가 있다. 난이도가 서로 다른 데 시험결과가 일관되게 나오기를 기대하는 것은 무리이다.

응시자의 득점이 한 군데로 모이면, 상대적 우열을 가리기가 힘들고 시험의 효용성도 떨어진다. 따라서 시험의 난이도는 경쟁률에 따라서 달리할 필요가 있다. 경쟁률이 높아 소수의 인원을 선발해야 하는 경우 난이도를 높여 상위집단을 식별해 낼 수 있도록 해야 하고, 경쟁률이 낮은 경우에는 난이도를 낮추어 하위집단의 우열을 가릴 수 있도록 하여야 한다.

시험과목에 선택이 있는 경우 선택과목간 난이도 조정이 큰 과제이다. 선택과목간 난이도 문제는 채점과 바로 연결된다. 쉬운 문제에서 좋은 점수를 받기가 쉽고 어려운 문제에서 좋은 점수를 받기가 힘든 것은 분명하다. 따라서 선택과목에서 어느 과목은 쉽게 출제되고 어느 과목은 어렵게 출제된다면 응시자간 실력의 우열을 비교하기가 곤란하다. 능력이 우수함에도 불구하고 선택과목을 잘못 택해서 떨어지는 사례가 발생하게 된다. 시험에 운이 작용하는 꼴이 된다. 결국 이것은 공정한 시험관리가 될 수 없으며 시험 전체의 타당성을 크게 해칠 것이다. 이 문제를 해결하는 방안으로서는 각 과목의 채점과정에서 점수대를 일정한 비율로 강제분포시키는 방법도 있고, 일단 채점한 후 평균과 분산을 통해 산출한 표준점수를 쓰는 방법도 있다.

4) 완벽성

경쟁률이 매우 치열하기 때문에 우리나라에서 특히 중요한 기준이다. 시험관리에 있어서 출제부터 채점까지 이의를 제기할 가능성이 없게 만드는 것, 즉 출제오류, 오답시비 등의 없도록 완벽하게 만드는 것이 중요한 요건이다. 시험 공부를 아주 집중적으로 오래 하고 있기 때문에 수험생들이 문제의 여러 면을 철저히 분석하고 있고, 그 결과 일단 이의를 제기해 보는 경우가 생긴다. 약간의 철자 오류, 또 해석상의 이견 등이 생겨서 모두 정답 처리를 한다든지, 두 개 이상 정답으로 인정하는 경우도 간혹 발생한다. 출제자와 검토자 등을 통해, 모든 과정을 면밀히 관리했음에도 불구하고, 한국어의 모호성 내지 애매성뿐만 아니고 같은 표현 내지 문장에 대해서도 여러 가지 해석이 가능하기 때문에 일어나는 일들이다.

시험이 아무리 타당도, 효율성, 변별도가 높은 문제라고 하더라도, 최소한 논란의 여지가 있는 문제는 출제하지 않는 것이 중요한 기준이 되었다고 할 수 있다. 우리나라의 특수성 때문에 타당도와 신뢰도를 희생해서라도 이런 완벽성(perfection)을 높이는 쪽으로 시험 제도가 진화될 수밖에 없었다고 볼 수 있다.

사회과학의 접근법 중, 실증주의 혹은 객관주의보다는 주관주의 혹은 질적인 측면에서 보면, 사실 하나의 객관적 정답이 존재하기는 쉽지 않다. 이런 입장에서 본다면 완벽성이라는 것은 관련된 사람(전문가, 언론)들이 수긍할 수 있는 '수용도'라고 볼 수도 있다. 즉, 객관성이 수용도로 변하는 것이다.

완벽성은 타당도나 신뢰도와는 다른 차원의 문제이다. 심지어 시험관리면에서도 완벽성이 추구되는데 예컨대, 듣기평가에서 음질이 불량하든지 감독자의 실수로 몇 분 일찍 시작하거나 종료해도 큰 문제가 되는 것이 우리의 문화이다. 공직시험이라는 것이 공직에 적합한 사람을 가려내기 위한 것이지 한치의 실수도 없는 완벽성을 갖춰느냐의 기준을 중요하지 않을 수도 있다는 점에서 의문을 제기할 수 있다.

4. 선발제도의 발전

4.1 선발방식의 다양화

이러한 정형적 선발 방식이 정부는 물론 대부분의 민간기업에서도 따르고 있는 선발방식이지만 최근 일부 대기업을 중심으로 선발방식이 훨씬 다양해지고 있다. 면접에 있어서도 실내에서 집단으로 이루어지는 종전의 방식을 탈피하여 새로운 대안을 도입하고 있다. 행동관찰면접제와 블라인드 인터뷰(blind interview)제가 대표적인 예이다.

행동관찰면접제는 면접의 장소를 가리지 않고 특정한 놀이나 운동 또는 관광을 통하여 보통의 면접에서 파악하기 힘든 성격이나 대인관계, 표현력, 협동심, 리더십 등의 능력을 평가하는 면접방식이다. 실제로 매우 다양한 방식을 택하고 있는데 피면접자의 자유로운 행동을 관찰하기 위하여 주로 옥외의 장소에서 운동이나 술자리, 때로는 카드놀이나 사우나를 함께 하면서 평가가 이루어진다.

블라인드 인터뷰제는 면접자가 피면접자의 이름, 출신학교, 전공, 학점, 출생지, 또는 가정환경 등 개인정보에 대한 일체의 배경자료를 가지지 않고 면접에 임하는 방식이다. 이러한 특성 때문에 '무자료면접' 또는 '백지면접'이라고도 부른다.

블라인드 인터뷰제는 일반면접에서 발생하기 쉬운 면접자의 편견이나 지연·학연 등에 따른 선입견을 배제할 수 있는 장점이 있다. 최근 AI의 발달로 컴퓨터가 면접을 대체하는 방법이 사용되기도 한다. 이것을 사람(면접관)을 불신하고 기계(AI, Big Data)는 신뢰한다는 것을 의미한다. 그러나 AI도 기준의 사례를 입력한 정보와 Data내에서 판단이 이뤄진다는 점을 생각해야 한다. 이에 불공정한 제도였다면, AI도 유사한 결정을 할 것이다.

<표 8-3>은 블라인드 인터뷰시 사용하는 표준질문서의 예이다. 행동관찰제와 블라인드 인터뷰제는 지원자의 잠재능력이나 창의성 등 기업에서 필요로 하는 자질을 측정하기에 좋은 도구이다. 특히 학벌중심의 한국사회에서 평범한 명문대학 출신보다는 뛰어난 고졸자나 비명문대 출신을 뽑기 위한 것이다.

그러나 최근 대학졸업자 수는 늘어나는 데 비해 기업구조조정을 통하여 채용예정자가 적기 때문에 취업난이 가중되자 대기업들을 중심으로 서류전형을 더 활용하는 경향이 있다.[8] 경쟁률이 수십 대 1에서 수백 대 1 이상이 되는 상황에서 어쩔 수 없이 학교성적과 영어성적을 중심으로 선발예정인원의 3~5배를 선발한 후 이들을 대상으로 필기시험 혹은 면접시험을 치르는 방법이 선호되고 있다. 1차 선발을 할 때, 객관성을 높인다는 취지하에 AI에 맡긴다든지, 민간업체에 맡기는

표 8-3 표준질문서

구분	질문내용	응답
사회적 책임	• 귀하가 생각하는 국가의 사회적 약자에 대한 책임은 무엇입니까? • 탈북자가 1년간만 같이 살게 해달라고 하면 어떻게 하시겠습니까?	
성 격	• 가장 존경하는 사람은 누구입니까? • 개인적인 스트레스는 어떤 방식으로 해결합니까? • 가장 부끄럽고, 후회스런 일이 무엇입니까?	
취미생활	• 지난 휴일에는 하루를 어떻게 보내셨습니까? • 최근에 가장 감명깊게 읽은 책은 무엇입니까?	

경우도 있다. 객관성을 이는 시험의 타당성이나 신뢰성을 높이기보다는 시험관리의 효율성을 중시하는 변화라고 볼 수 있다.

그러나 어느 선발방법이 가장 적임자를 선발하는 도구인가에 대해서는 의견이 다양하다. 일반적으로 시험이 '측정하고자 하는 것을 잘 측정하고 있느냐'가 타당도라고 하고, '측정결과가 시간과 장소에 따라 달라지는가'를 신뢰도라고 한다면(후술), 전술한 측정도구들의 장단점을 다음 <표 8-4>에서 비교해 볼 수 있다. 타당도, 신뢰도, 측정비용면에서 모두 양호한 것은 시보임용임을 알 수 있다.

표 8-4 선발방법의 장·단점 비교[9)]

구분	타당도	신뢰도	비용
생애자료	중간	고	저
추천서	저	저	저
일반태도검사	중간	중간	저
성격·자질검사	중간	중간	저
능력검사	중간	중간	중간
성과테스트	고	중간	중간
면접	저	저	고
역량평가제	중간	고	고
시보임명	매우 높음	매우 높음	매우 높음

자료: Kilnger & Nalbandian(1998: 196)에서 참조.

4.2 선발시험의 한국적 맥락

한국은 일본의 영향을 받아 5급 공채, 사법시험 등 국가시험제도를 운영해 오고 있다. 5급 공채는 1차시험에서 공직에의 적성을 측정하는 5지선다형 객관식 시험을 치르고, 1차시험 합격자에 대하여 응시자격이 주어지는 2차시험에서는 필수과목과 선택과목을 주관식 시험으로 치른다. 공채는 각 부처에서 필요로 하는 다양한 인재를 특화된 기준이 아닌 획일적인 기준으로 선발한다. 각 부처가 자율적으로 필요한 인재를 선발하는 것을 민간경력자 일괄경쟁채용(구 특채)이라고 한다. 최근에 5급과 7급공무원의 경우 전문성 강화 등을 위해 민경채의 규모를 확대하고 있는 추세이다. 그러나 특채방식으로 경력경쟁채용을 운영하는 것은 그 나름대로 타당성과 신뢰성의 문제를 안고 있는 것도 사실이다. 특히 평등주의와 출세주의가 극심한 우리나라 실정에서는 항상 정실개입의 문제가 잔존하고 있다.

5급, 7급, 9급 공채 등 각종 공개경쟁시험이 완벽한 최선의 방법은 아니지만 차선의 등용문임은 변함이 없다. 하지만 시험도구로서 그 타당성과 신뢰도가 확보되지 않은 상태에서 많은 젊은이들이 시험준비에 젊음을 불태워 온 것이 사실이다. 한정된 인원을 선발하기 때문에 많은 탈락생들은 결과적으로 황금과 같은 시간을 허비한 셈이 된다. 이에 수반되는 문제는 많은 대학생들이 시험준비를 하기 때문에 대학교육이 부실화되어 재학중에 습득해야 할 지식과 소양을 갖추지 못한 채 졸업을 하게 된다는 것이다. 당사자인 개인들은 물론이고 국가적으로 볼 때 중요한 인적자원이 엄청나게 낭비되는 사회적 비용인 것이다.

사실 출제자와 수험생 간의 숨바꼭질과 같은 관계에 있다는 데 주목해야 한다. 출제자들은 수험생의 창의성이나 잠재력을 측정하기 위하여 아무리 문제를 개발해도 수험생들은 다른 방법으로 대처한다. 예컨대, 창의력을 기르는 교과목을 신청하여 열심히 학점을 따기보다는 유명 고시문제집을 여러 번 반복하여 풀어보거나 고시학원의 강의를 듣는 방법을 택하는 것이다. 치열한 경쟁을 뚫고 합격해야 하는 수험생 입장에서는 이 방법이 어느 정도 효과가 있다고 믿는다면 마다할 수 없는 것이다.[10] 이렇게 되면 시험문제가 아무리 고도화되고 세련되더라도 그 문제를 푸는 방법은 단순화되는 것이다.

면접인 3차선발 단계도 문제점을 여전히 안고 있다. 이론상으로는 3차선발이 1차, 2차시험에서 측정하지 못한 개인의 능력을 측정할 수 있도록 시행되어야 하지만, 면접은 논리적 사고능력뿐만 아니고 언어표현 능력이 크게 좌우한다. 즉, 즉흥적 답을 잘하는 학생이 과묵하고 어눌한 사람보다 합격할 확률이 높다. 2차에서 걸러진 110퍼센트의 선발인원 중 10퍼센트를 탈락시키기 때문에 지원자로서는 매우 중요하다. 따라서 수험생은 3차시험을 별도로 반복 연습하고 준비하는 과정을 겪는다. 즉, 이 모든 과정이 그 사람의 본래의 성격이나 태도보다는 훈련된 지식을 평가하게 되고, 이는 또 다른 수험부담의 과중을 야기하고 있는 것이다. 수 년간 오직 획일적인 방법의 수험준비만을 거쳐 합격한다면 측정도구로서 고시는 '훈련된 무능력자'를 선발할 우를 범할 수도 있는 것이다.

공무원 시험을 포함하여 우리나라 채용에서 찾을 수 있는 근본적인 문제는 선발제도와 실제 선발되는 사람과의 관계이다. 아무리 선발제도를 복잡하고, 정교하게 해 놓아도 결국 선발되는 사람은 일정한 유형의 사람들이라는 점이다. 예컨대, 대학교수의 채용시에는 선호하는 후보로 국내 명문대 학사-석사-외국명문 박사라는 도식이 잘 깨지지 않는다. 물론 그 사람이 명문대를 졸업했다는 사실이 능력을 나타내는 척도일수도 있지만, 반드시 그렇지는 않은 것도 사실이다. 특히 국내박사의 질 높아진 오늘날에도 굳이 외국박사학위라는 포장만을 중시한다. 선발도구를 잘 갖추기 보다는 적임자를 뽑으려는 문화가 더 중요한 것이다.

4.3 공직적격성평가(PSAT)

각종 공무원시험제도에 공직적격성평가(Public Servant Aptitude Test: PSAT)가 1차시험으로 도입되고 있다. 이것을 특별히 시험준비를 하지 않아도 나타나는 자료해석이나 판단력 등의 잠재적 능력을 측정하려는 것을 목표로 한다. 수 년간 고시준비만 한 사람이나 그렇지 않은 사람에 관계없이 개인의 특성을 반영한 일관된 시험점수가 나온다면, 오직 시험준비만을 위해서 수 년을 투자하는 것은 방지할 수 있을 것이다.

적성(apptitude)라는 문자대로 그 사람의 타고난 성격, 기질, 태도, 가치관 등을 측정하는 것으로써, 단순 암기식 지식을 측정하지 않는다는 데 그 독특성이 있다. 즉 공직이란 특수성을 고려할 때, 민간의 자리에 비하여 요구되는 공직을 맡을 만한 자질을 가지고 있느냐가 평가의 핵심이다. 시험문제는 세 가지 영역으로 구성되어 있다.

■ 언어 논리 영역

공직에서 수행하는 업무는 모두 문장을 통한 문어로 언어로 표현되고 있기 때문에,

어떤 제시문을 보고 그 내용을 제대로 이해를 하고 있는지, 그리고 여러 사례나 제시문을 보고 그 관계를 논리적으로 파악하는지에 관한 능력을 측정한다. 단순히 문학적 감성이나 또 영감을 평가하는 것보다는 현실적인 문제에 대한 것을 보는 능력을 파악하는 능력을 보는 것이 언어 논리 영역의 목적이다.

■ 상황 판단 능력

상황 판단 능력은 제시문에서 제시하는 각종 상황에 대해서 정확히 이해하고 이것을 논리적으로 파악해서 현재의 상황이 어떠하며 앞으로의 해결책이 무엇인지를 파악하는 능력을 측정한다. 상황을 복잡하게 제시하고 여러 상황을 고려할 때 유사도와 또한 차별도 또 특정 상황과 특정과의 상황의 연결 관계에 대해서 문제를 막고 해결책을 찾아내는 능력을 측정하고 평가한다.

■ 자료 해석 영역

통계 수치나 그래프 등을 고려했을 때 제시하고 그 특성을 파악하고 또한 그 해결책을 찾아내는 능력을 측정한다. 고도의 통계 지식보다는 4칙 연산 정도의 수리능력과 도형파악 능력을 평가한다.

공직 적성 검사는 객관식 5지선다형으로 되어 있다. 각 영역별로 40문항을 90분에 풀어야 되기 때문에 매우 짧은 시간에 풀어야 된다. 제시문을 두 개 단(세트)으로 제시하고 두 가지 차원을 연결하여 풀게 하는 등의 방법으로 복잡하게 문제 출제가 이뤄진다. 빠른 시간에 문제를 읽을 수 있는 능력 문해력이 매우 중요하다. 항목별 90분 동안 문제를 풀면서 판단이 안 돼서 체크해 놓고 다음 문제로 가는 것을 고려한다면 한 문제당 2분 정도의 시간에 풀어야 된다. 즉 공직에 대한 타고난 적성을 측정하기보다는 문장을 빨리 읽고 이해하고 그를 응용하는 능력이 승패를 가른다고 볼 수 있다.

무엇보다도 '공직적성'을 평가한다는 내적 타당성의 확보가 중요하다. 현재의 문제유형으로 볼 때, 가치관을 측정하는 것이 가능한가라는 비판도 제기될 수 있다. 더 근본적인 질문은 공직에서 필요한 적성이 언어논리, 상황 판단, 자료 해석, 세 가지만으로 측정될 수 있는 건지, 즉 그 이외의 능력이 더 중요한 것이 아닌지에 대한 고민도 아직 여지로 남겨놓고 있다.

따라서 수험생들은 문제당 시험시간이 부족하여 '찍는 문제'가 얼마나 적중하느냐가 당락을 좌우한다고 생각하고 있다. 따라서 PSAT의 도입이 수험부담은 경감시키면서 능력 있는 사람을 식별할 수 있을 것이라는 당초 취지가 무색하게 학원 PSAT로 대비한다. 인터넷강의나 PSAT 맞춤형 능력, 엄밀히 이야기하자면 PSAT를 잘 보는 기술을 향상시키기 위해 수험생들은 시간과 돈을 쏟아 붓는다. 이를 반대로 이야기하자면 이런 상황 하에서 PSAT가 측정하는 것은 그 사람의 실제적 능력이 아니라 훈련된 시험기술일 뿐이다.

또한, 민경채, 공기업의 시험, 민경채, 7급시험에도 제대로 검증되지도 않은 PSAT형 문제를 출제하는 방향으로 전환되고 있다. 이것은 취지는 좋을지 모르지만, 수험생들은 PSAT를 준비하고 모든 시험에 일단 응시해 보도록 하는 부작용이 생길 수 있다. 자신의 진로를 심각히 생각해보지도 않고, 일단 아무 시험이나 응시해보고 2차시험에 준비하게 할 수 있는 것이다.

東西古今公私

선진국의 공무원 채용제도

◇ 美 '자식·친척 고용개입' 법으로 금지 … 부차관보 이상은 청문회

미국은 연방공무원 직원공모 전문 사이트를 통한 투명한 공모절차, 부차관보 이상에 대한 의회의 인사청문회 등과 같은 안전장치를 두고 있다. 특히 연방정부의 법률을 모아놓은 통합법전(U.S.Code)은 '정부 조직 및 직원' 편에 고위 공직자가 자녀를 포함한 '친척(relatives)'의 임명, 고용, 승진 등에 영향력을 행사하지 못하도록 엄격한 제한규정을 두고 있다. 여기에 해당되는 '친척'의 범위는 아들, 딸, 형제, 자매, 삼촌 내외, 조카, 배우자, 배우자의 부모, 배우자의 형제, 이복형제 등으로 규정돼 있다.

일반적으로 미 연방정부는 각 부처에 결원이 생길 경우 개방형 직위 공모 방식(외무공무원 제외)을 통해 적임자를 뽑고 있다. 채용 실무를 맡는 인사관리처(OPM)는 자체 사이트(www.usjobs.gov)를 통해 연방정부직 채용공고를 내는데, 이 공고는 결원이 발생한 정부직 하나하나에 대해 직무수행 내용, 학력 및 경력 요건, 급여수준 등을 매우 상세하게 제시하고 있다. 즉, 직무기술서 내용만도 A4 용지로 6~7장 분량에 달할 정도다. 이를 통해 자격요건에 미달하는 사람의 응시가 사실상 원천봉쇄되는 셈으로 모집단계에서 제한을 하는 것이다.

◇ 유럽, 부처에 위임하되 철저한 사전·사후 검증

독일에서는 이른바 '고시(高試)'를 볼 자격을 갖추는 데만도 최장 3년에 달하는 사전 검증을 받도록 하고 있다. 한국의 행정고시에 해당하는 고등직 시험의 경우 응시자(대학졸업 이상)는 자신의 이수과목, 성적 등을 근거로 한 서류심사를 통과한 뒤 2년 반~3년의 직능별 이론 및 실무교육을 받고 나서야 시험을 볼 수 있다.

이 시험에 합격하면 시보직 공무원으로 채용되나 3년의 시보기간을 거쳐야만 최종적으로 정규직에 임용된다. 처음 서류심사를 통과하는 것은 그리 어렵지 않지만 이후 긴 준비기간과 시험을 거치면서 자연스럽게 적임자가 남게 되는 것이다.

특수분야 전문직 공무원은 별도의 자체 교육과정과 시험을 거치지 않고 임용되지만 석사학위 이상을 갖고 해당분야에서 3년6개월 이상 근무해야만 지원자격을 얻는다.

프랑스는 '공무원 사관학교'라 할 국립행정학교(INA 구 ENA)와 지방행정학교(IRA) 등 공무원교육기관의 입학이 필기와 면접시험으로 되어 있고, 학교합격이 곧 공무원시

험이라고 할 수 있다. 이공계, 판사 등은 각 전문분야별로 특수학교가 있어서, 이들 학교의 입학시험이 곧 국가고시인 셈이고, 교육기간동안 우리의 수습공무원과 같이 보수를 지급받는 곳이 많다.

영국에서는 고시나 공무원시험 같은 대규모 공채 제도를 시행하지 않는 대신 빈자리가 생기거나 필요한 인력이 있으면 민간인에까지 문호를 여는 개방형 직위공모를 시행한다. 특히 사무차관 및 보수등급 3등급 이상의 고위공무원(Senior Civil Service) 200여 개 자리는 반드시 외부공모를 거치도록 돼 있는데, 이들 고위직 채용은 독립기관인 공공인사위원회(CPA)의 승인을 받아야 한다. CPA는 중앙부처 공무원 채용과 관련한 기본 원칙, 절차 등에 대한 규정을 제정 운용하고 있으며, 채용 과정이 규정에 따라 공정하게 이뤄졌는지에 대한 모니터링과 감사도 실시한다. 채용 과정에서 부정, 불공정 문제가 제기되면 이에 대한 조사권도 행사한다.

◇ 일본 '시험은 인사원, 채용은 일선 부처' 이원화

일본도 2000년까지는 한국의 외무고시에 해당하는 '외무공무원 1종 시험'을 별도로 치렀지만, 그 후 국가공무원 1종 시험으로 합쳤다. 한국식으로 말하자면 외무고시를 없애고 행정고시만 치르는 셈이다. 사법시험은 별도로 시행된다.

인사원은 매년 국가공무원 1종, 2종, 3종 시험을 시행한다. 1, 2종 시험에 합격하면 사무관으로 채용되는 건 같지만, 1종 시험 합격자의 승진 속도가 빠르다. 방위성과 최고재판소(대법원), 중의원 사무국, 중의원 법제국, 참의원 사무국, 참의원 법제국, 국립국회도서관 등은 별도 채용 시험을 치른다.

일본식 국가공무원 시험의 특징은 '재경직'이나 '일반행정직' 같은 구분이 없다는 점이다.

국가공무원 시험은 일종의 자격시험으로 간주하며 각 부처가 면접을 거쳐 필요한 인원을 뽑는다. 즉 '시험은 인사원, 채용은 각 부처'라는 원칙을 통해 선발과정에서의 부정 가능성을 막는 셈이다.

국가공무원시험에 한번 합격하면 3년간 유효하지만, 이 시험에 합격했다고 해서 전원이 정부 부처의 사무관이 될 수 있는 것은 아니다. 일부 통계에는 절반 이상이 채용 문턱을 넘지 못하는 것으로 돼 있는 것으로 알려졌다.

출처: 연합뉴스 2010.9.7 발췌 및 수정. 기울임체는 필자 추가.

연 습

공직적격성평가 시험은 자료해석, 언어, 상황판단의 3영역에 각각 40문항으로 구성되어 있고, 문제의 순리를 달리하한 가형, 나형으로 되어 있다. 다음의 각 영역의 실제 출제된 기출문제 예이다.*

■ 자료해석영역

다음 〈표〉와 〈보고서〉는 2022년 A~E국의 우편 서비스 현황에 관한 자료이다. 이를 근거로 판단할 때, A~E 중 '갑'국에 해당하는 국가는?

<표 1> 2022년 A~E국 우편 서비스 제공 방법별 인구 비율

(단위: %)

제공 방법 \ 국가	A	B	C	D	E	세계 평균
집으로 우편물 배달	19.2	88.4	94.0	97.3	96.6	85.8
우체국에서 우편물 배부	80.8	11.6	6.0	2.7	3.4	14.2

<표 2> 2022년 A~E국 우편 시장 및 우체국 현황

(단위: %, 명, 개)

구분 \ 국가	A	B	C	D	E	세계 평균
2012년 대비 국내우편 시장 규모 성장률	- 20.6	- 12.0	- 10.3	- 1.1	1.8	-
우체국 직원 1인당 인구	17,218	3,606	2,364	2,673	387	1,428
인구 10만 명당 우체국 수	1.1	3.3	8.2	21.2	12.4	12.7

* 출처: https://www.gosi.kr/cop/bbs/selectGosiQnaList.do.에서 모든 공무원시험의 기출문제를 볼 수 있다. 예시는 2023년 문제임.

〈보고서〉

'갑'국의 우편 서비스 보급 현황 및 성장률, 서비스 품질을 알아보기 위해 2022년 우편 서비스 제공 방법별 인구 비율, 2012년 대비 국내우편 시장 규모 성장률, 우체국 직원 1인당 인구 및 인구 10만 명당 우체국 수를 조사하였다.

먼저 2022년 우편 서비스 제공 방법별 인구 비율을 살펴보면, '갑'국은 '집으로 우편물 배달' 비율이 세계 평균 및 '우체국에서 우편물 배부' 비율보다 높았다. 한편 '갑'국의 2012년 대비 2022년 국내우편 시장 규모는 감소하였다.

'갑'국의 우체국 직원 1인당 인구는 세계 평균인 1,428명보다 70% 이상 많아 직원들이 서비스를 제공해야 할 인구가 많았다. 또한 '갑'국의 인구 10만 명당 우체국 수를 살펴보면 세계 평균보다 적어 우체국 접근성이 낮은 것으로 나타났다.

① A ② B ③ C
④ D ⑤ E

정답 ②

■ 상황판단영역.

다음 글을 근거로 판단할 때 옳은 것은?

제○○조(동물학대 등의 금지) 누구든지 동물에 대하여 학대행위를 하여서는 아니 된다.
제△△조(동물보호센터의 설치·지정 등) ① 지방자치단체의 장은 동물의 구조·보호조치 등을 위하여 A부장관이 정하는 기준에 맞는 동물보호센터를 설치·운영할 수 있다.
② A부장관은 지방자치단체의 장이 설치·운영하는 동물보호센터의 설치·운영비용의 전부 또는 일부를 지원할 수 있다.
③ 지방자치단체의 장은 A부장관이 정하는 기준에 맞는 기관이나 단체를 동물보호센터로 지정하여 동물의 구조·보호조치 등을 하게 할 수 있고, 이때 소요비용(이하 '보호비용'이라 한다)의 전부 또는 일부를 지원할 수 있다.
④ 제3항에 따른 동물보호센터로 지정받으려는 기관이나 단체는 A부장관이 정하는 바에 따라 지방자치단체의 장에게 신청하여야 한다.
⑤ 지방자치단체의 장은 지정된 동물보호센터가 다음 각 호의 어느 하나에 해당하는 경우에는 그 지정을 취소할 수 있다. 다만 제1호에 해당하는 경우에는 지정을 취소

하여야 한다.
1. 거짓이나 그 밖의 부정한 방법으로 지정을 받은 경우
2. 제3항에 따른 지정기준에 맞지 아니하게 된 경우
3. 제○○조의 규정을 위반한 경우
4. 보호비용을 거짓으로 청구한 경우
⑥ 지방자치단체의 장은 제5항에 따라 지정이 취소된 기관이나 단체를 지정이 취소된 날부터 1년 이내에는 다시 동물보호센터로 지정하여서는 아니 된다. 다만 제5항 제3호에 따라 지정이 취소된 기관이나 단체는 지정이 취소된 날부터 2년 이내에는 다시 동물보호센터로 지정하여서는 아니 된다.

① A부장관은 지방자치단체의 장이 지정한 동물보호센터에 보호비용의 일부를 지원하여야 한다.
② 지정된 동물보호센터가 동물을 학대한 사실이 확인된 경우, 지방자치단체의 장은 그 지정을 취소하여야 한다.
③ 동물보호센터로 지정받고자 하는 기관은 지방자치단체의 장이 정하는 바에 따라 A부장관에게 신청하여야 한다.
④ 부정한 방법으로 동물보호센터 지정을 받아 그 지정이 취소된 기관은 지정이 취소된 날부터 2년이 지나야 다시 동물보호센터로 지정받을 수 있다.
⑤ 지정된 동물보호센터가 보호비용을 거짓으로 청구한 경우라도 지방자치단체의 장은 그 지정을 취소해야 하는 것은 아니다.

정답 ⑤

■ 언어논리영역

다음 글의 ㉠에 대한 판단으로 가장 적절한 것은?

기본소득이란 "자산 심사나 노동에 대한 요구 없이 모두에게 지급되는 개별적이고 무조건적이며 정기적으로 지급되는 현금"으로 정의된다. 그리고 이 정의에는 기본소득의 지급과 관련한 ㉠ 다섯 가지 원칙이 담겨 있다.

기본소득의 지급에는 본래 세 가지 원칙이 있었다. 첫째, 기본소득의 가장 핵심이 되는 '보편성' 원칙이다. 기본소득은 누구에게나 실질적 자유를 주고자 하는 이념에 따라 소득이나 자산 수준에 관계없이 국민 모두에게 지급해야 한다. 둘째, '무조건성' 원칙이다. 기본소득은 수급의 대가로 노동이나 구직활동 등을 요구하지 않아야 한다. 왜냐하면 자유를 보장하기 위해서는 어떠한 강제나 요구사항도 있어서는 안 되기 때문이다. 셋째, '개별성' 원칙이다. 기본소득의 이념에서 자유는 개인의 자유를 의미하기 때문에 가구 단위가 아닌 개인 단위로 지급해야 한다.

그런데 2016년 서울에서 열린 기본소득 총회에서 다음의 두 가지 원칙이 추가되었다. 넷째, '정기성' 원칙이다. 기본소득은 일회성으로 끝나는 것이 아니라 정기적인 시간 간격을 두고 지속적으로 지급해야 한다. 다섯째, '현금 지급' 원칙이다. 기본소득은 무엇을 할지에 대한 선택권을 최대한 보장할 수 있도록, 특정 재화 및 서비스 이용을 명시하는 이용권이나 현물이 아니라 현금으로 지급해야 한다.

① 복지 효율성을 높이기 위하여 기본소득을 경제적 취약 계층에만 지급하더라도 보편성 원칙에 어긋나지 않는다.

② 기본소득을 주식에 투자하여 탕진한 실업자에게도 기본소득을 지급한다면 무조건성 원칙에 어긋난다.

③ 미성년자에게는 성인의 80 %를 기본소득으로 지급하면 개별성 원칙에 어긋나지 않는다.

④ 매달 지급하는 방식이 아니라 1년에 한 번씩 기본소득을 지급한다면 정기성 원칙에 어긋난다.

⑤ 기본소득을 입출금이 자유로운 예금 계좌에 입금하는 방식으로 지급하면 현금 지급 원칙에 어긋난다.

정답 ③

08 참/고/문/헌

1) 이정호, “공기업 채용선발 도구(Tool)와 직무성과와의 관계분석,” 서울대 행정대학원 석사논문, 2014.
2) 임도빈, 「행정학」, 박영사, 2018, p. 377.
3) 상게서, p. 378.
4) Elazar J. Pedhazur and Liora P. Schmelkin, *Measurement, Design, and Analysis*, Hillside, NJ: Lawrence Erlbaum Associates, Publishers, 1991, pp. 88−92.
5) 고길곤, 「통계학의 이해와 활용」, 문의사, 2013.
6) Richard D. Arvey, Steven M. Nutting, Timothy E. Landon, “Validation Strategies for Physical Ability Testing in Police and Fire Settings,” *Public Personnel Management*, vol. 21, 1992, pp. 301−312.
7) 임도빈, ‘객관식 시험의 병폐들’, 한국일보, 아침을 열며, 2023.7.13.
8) 조선일보, 2002.9.17.
9) 이도형, 「정부의 전략적 인적자원관리」, 북코리아, 2007. p. 130.
10) 임도빈, “관료제를 위한 변론,” 「한국조직학회보」 제 6 권 제 3 호, 2009.

Personnel Administration

PART 4
인적자원의 계발

제 9 장 교육과 훈련

1. 개 념
2. 교육훈련의 수요조사
   - 2.1 무엇을 교육할까?
   - 2.2 어떻게 파악하나?
   - 2.3 꼭 교육훈련을 해야 하나?
3. 교육훈련의 집행
   - 3.1 교육훈련 프로그램 개발
   - 3.2 교육훈련의 실시
4. 교육훈련의 평가
   - 4.1 피교육자의 만족도평가
   - 4.2 교육훈련의 효과성평가
5. 교육훈련의 미래
   - 5.1 신기술의 활용
   - 5.2 공무원 교육훈련의 문제점과 개선방안

제10장 인사이동

1. 승 진
   - 1.1 의 의
   - 1.2 승진의 허용범위: 경계의 개방과 폐쇄
   - 1.3 승진의 기준: 연공서열 대 실적
   - 1.4 승진에 관한 두 가지 관점
2. 배치전환
   - 2.1 의 의
   - 2.2 용 도
   - 2.3 우리나라의 배치전환제도의 실제
3. 경력개발계획
   - 3.1 의 의
   - 3.2 경력개발계획의 과정
   - 3.3 개인의 경력발전노력
   - 3.4 조직의 경력발전활동

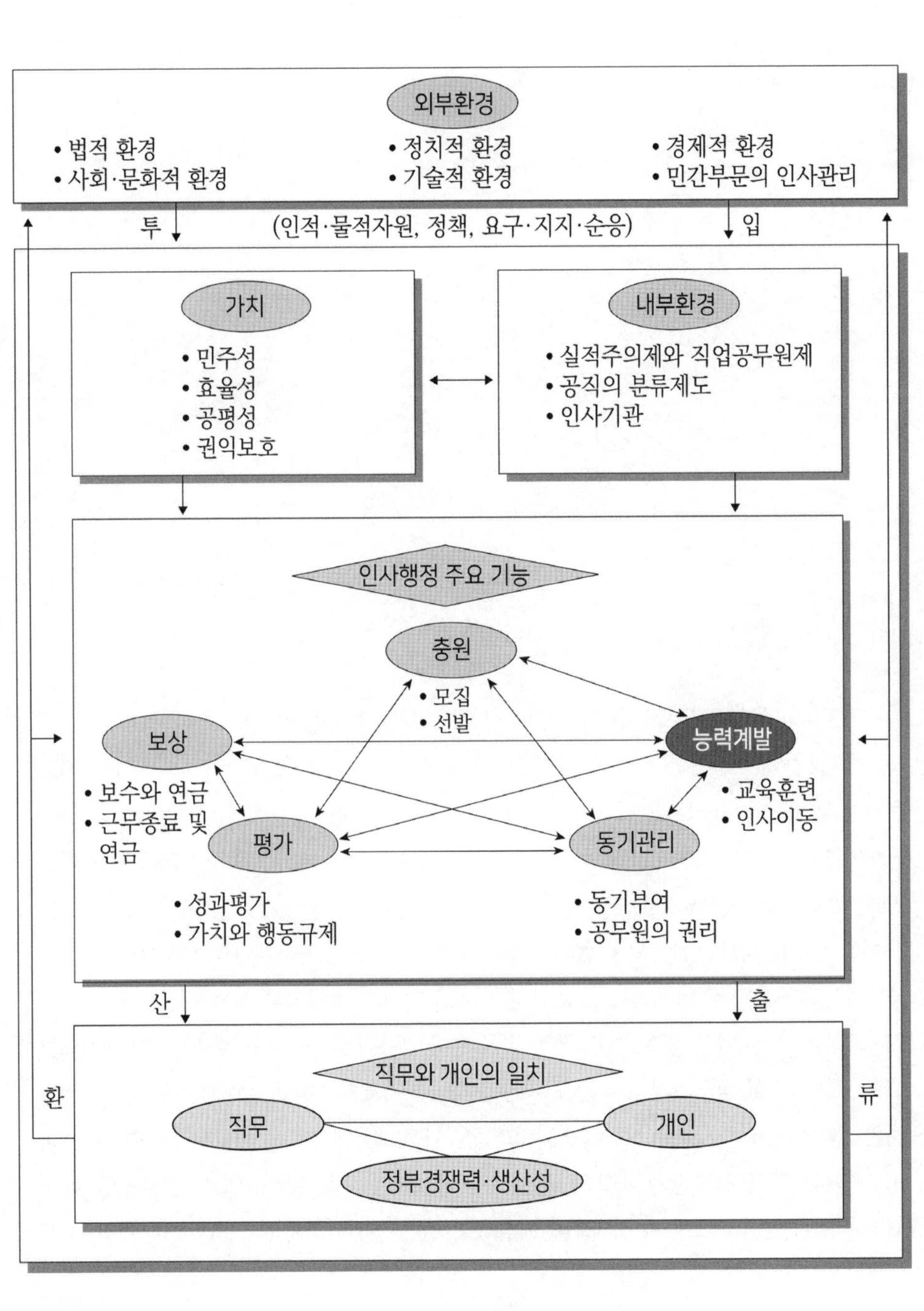
외부환경
• 법적 환경
• 사회·문화적 환경
• 정치적 환경
• 기술적 환경
• 경제적 환경
• 민간부문의 인사관리
투
(인적·물적자원, 정책, 요구·지지·순응)
입
가치
• 민주성
• 효율성
• 공평성
• 권익보호
내부환경
• 실적주의제와 직업공무원제
• 공직의 분류제도
• 인사기관
인사행정 주요 기능
충원
• 모집
• 선발
보상
• 보수와 연금
• 근무종료 및 연금
능력계발
• 교육훈련
• 인사이동
평가
• 성과평가
• 가치와 행동규제
동기관리
• 동기부여
• 공무원의 권리
산
출
직무와 개인의 일치
직무
개인
정부경쟁력·생산성
환
류

Personnel Administration

반려동물이나 식물은 계속 관리하고 필요시에 적절한 조치를 취해야 한다. 사람도 비슷하다. 사람의 능력은 무한하므로 그것을 발전시켜 나가기 위한 계획된 노력이 필요하다. 교육훈련과 인사이동이 이에 해당한다. 이들 인사활동은 조직차원에서는 조직의 성과를 높이기 위한 노력이고 개인차원에서는 자신을 성장시키기 위한 노력이다. 이것은 특히 직업공무원제의 성공을 위해 필요한 기능이다.

새로 선발된 사람을 대상으로 실제 직무를 수행할 수 있는 구체적인 지식과 기술 그리고 태도와 가치관을 가르쳐야 한다. 기존의 공무원도 책임이 더 무거운 직책을 맡을 수도 있고 일의 성질이 다른 것을 맡을 수도 있다. 같은 일을 계속 하더라도 직무수행기술이 발전되면 이를 새로 터득할 필요가 생기게 된다. 시간이 지나면 자체의 성능이 떨어져 신모델로 바꿔야 하는 기계와는 달리 사람은 스스로의 경험과 학습과정을 통해 능력을 향상시켜 나갈 수 있다. 이 편의 제목을 인적자원의 '개발'이 아닌 '계발'이라고 한 것은 문자그대로 인적자원을 공공부문에 충원한 이후, 그들의 잠재력을 깨우치고, 발전시키는 것에 관한 것이라는 의미이다.

CHAPTER 09

교육과 훈련

1. 개 념

조직에서는 그 자리가 요구하는 것과 점직자가 일하는 것이 균형을 이루었을 때 이상적인 상태가 된다. 이 균형이 깨졌을 때에는 무엇인가 인사행정적인 처방이 필요하다. 우선 직무수행에 필요한 자격(지식, 기술, 태도, 가치관 등)보다 그 사람이 수행할 수 있는 능력이 클 때에는 더 도전적인 직무가 되도록 만들어 주거나 그러한 직무로 옮겨 주어야 한다. 즉, 직무재설계와 인사이동의 방법이 있다. 그런데 반대로 직무내용이 사람의 능력보다 클 때에는, 사람의 능력을 키워야 한다. 바로 교육훈련이 필요한 경우이다.

직무수행에 요구되는 능력, 태도, 가치관의 변화는 일상적인 업무수행을 통해서도 가능하다(OJT). 조직 내에서 동료간의 조언, 상관의 업무지도와 같은 일상적이고 비공식적인 방법으로 이루어질 수 있다. 이러한 일상 직무수행과정에서의 학습효과는 현상유지를 한다는 정도로 제한적이다. 즉, 단편적인 변화이며 직무수행능력의 근원적 변화를 가져오는 데에는 한계가 있다. 보다 체계적이며 계획된 교육 프로그램을 통한 변화가 필요한 것이다.

교육훈련은 이와 같이 직무수행능력을 향상시킬 목적으로 지식, 기술, 태도, 가치관의 변화를 촉진하는 계획된 활동이다. 교육과 훈련은 서로 다르다. 교육이 직무수행 전반에 걸쳐 기초가 되는 지식이나 가치관을 변화시키는 의미라면, 훈련은 현재 담당하고 있는 구체적인 직무수행에 필요한 지식이나 기술을 향상시키는 의미이다. 그러나 두 개념을 구분할 특별한 실익이 없으므로 '교육훈련'이라는 말로써 두 개념을 포괄하여 쓰기로 한다.

교육훈련은 다른 인사활동과 밀접한 관련을 가지고 있다. 우선 직무분석에서 얻은 정보는 교육훈련에서 가르쳐야 할 지식과 기술이 무엇인지를 제공해 준다. 채용규모와 시기 그리고 대상에 대한 정보 역시 교육훈련의 규모와 시기 그리고 교육 프로그램을 설계하는 데 중요한 투입정보가 된다. 근무성적평정은 현재의 직무수행 정도가 기준에 얼마나 미달하는지를 파악하여 교육훈련의 대상을 선정하는 데 중요한 자료가 된다. 근무성적평정은 또한 교육훈련의 효과성을 평가하는 데 사용할 수 있다. 교육훈련을 받기 전과 후의 성적을 비교하여 보면 그 효과가 어느 정도로 나타났는지를 알 수 있기 때문이다. 교육훈련 중에서도 외부교육기관에 위탁하여 실시하는 경우에는 학위를 취득할 수 있어 학위를 중시하는 우리나라 공무원에게는 직무만족과 동기부여의 효과도 얻을 수 있다. 이외에도 이수한 교육훈련의 과정이나 내용은 보직이동의 중요한 자료가 되고 우리나라의 경우에는 교육훈련성적이 승진에 영향을 미치고 있다.

교육훈련은 다른 인사활동과의 관계 외에도 일반 관리과정에서 매우 중요한 기여를 하고 있다. <표 9-1>은 그 중요성을 요약한 것이다. 특히 폐쇄형 충원에 의존하는 우리나라와 같은 경우 기술과 환경의 변화에 대응하여 내부 인력의 능력발전을 위한 노력은 더욱 중요한 의미를 갖게 된다.

교육훈련은 인적 자본에 대한 일종의 투자이다. 교육훈련의 결과로 직무수행 성과가 향상되어 투자에 대한 최대한의 효과를 거둘 수 있도록 계획되고 운영되어야 한다. [그림 9-1]은 이러한 당위적 맥락에서 교육훈련을 일련의 과정으로 모형화한 것이다. 이 모형은 합리적 교육훈련의 설계에 도움을 줄 것이다.

표 9-1 교육훈련의 중요성

차원	기여 측면	내용
조직차원	생산성 · 경쟁력	• 직무수행능력을 향상시켜 조직경쟁력의 개선에 기여한다. • 태도와 인식의 변화를 통해 국민에 대한 행정서비스의 신속성이나 친절성 등 질적 수준을 높일 수도 있다.
	조직관리	• 이직이나 인사이동 등에 의해 생긴 빈 자리에 대하여 인력의 신축적 운용을 가능하게 한다. • 교육훈련이 잘 되어 있을수록 자율적으로 직무를 수행할 수 있기 때문에 상관이 개입할 필요성이 줄어들고 다른 사람과의 업무협조도 용이해진다.
개인차원	직무만족도	• 직무수행에 대한 자신감을 길러 주어 근무의욕을 고취시킬 수 있다. • 정규교육기관에의 위탁교육은 이를 통해 학위를 취득할 수 있어 성취감을 느낄 수 있다.
	경력발전	• 전통적으로 교육훈련은 조직의 현재적 필요에 의해서 실시되어 왔으나 현대에는 개인의 장기적인 생애목표 내지는 경력목표달성에도 기여할 수 있다. • 교육훈련은 조직의 목표달성뿐만 아니라 개인의 경력발전을 동시에 충족시킬 수 있는 수단적 역할을 한다.

그림 9-1 교육훈련 과정모형

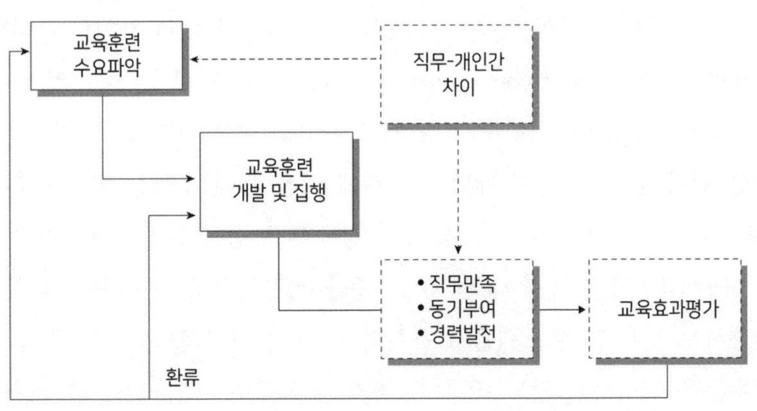

2. 교육훈련의 수요조사

교육훈련에서 무엇보다 중요한 것은 어느 공무원에게 무슨 내용을 어떻게 교육훈련을 시킬 것인가를 정확하게 판단하는 일이다. 수요조사가 잘못되었다거나 주먹구구식으로 이루어진다면 교육훈련의 효과성은 확보되기 힘들다. 교육훈련을 필요로 하지 않는 사람이 교육훈련을 받고, 필요로 하는 사람은 받지 못하는 오류를 범하게 된다. 그러나 과정이 복잡하고 비용과 시간을 요하기 때문에 대부분 체계적인 수요조사를 바탕으로 하는 것이 아니고, 조직의 필요성에 의하여 교육훈련이 이루어지는 경우가 많다.[1)]

2.1 무엇을 교육할까?

일반적으로 무엇을 교육훈련시킬까라는 문제는 직무가 요구하는 지식, 기술, 태도와 이들 요소에 대하여 공무원이 현재 갖고 있는 상태의 차이로 파악한다. 최근에는 교육훈련에서 역량(competency)강화라는 개념을 사용한다. 역량이란 일종의 잠재력(potential)인데, 이를 측정하여 그 차이를 교육훈련수요로 알아낸다는 것은 사실상 쉽지 않다. 학술적 개념을 실제에 적용할 때는 항상 이런 어려움이 생긴다. 교육훈련 수요는 사람의 자격 내지 능력으로 접근하는 것이 이론적으로 타당하다. 다만 직무와 사람에 대한 자격수준을 계량적으로 측정하여 그 차이로 수요를 예측하는 것은 많은 노력을 요구한다. 그래서 현실적으로는 공무원(즉, 사람)의 자격수준을 고려하지 않고 직무(즉, 자리)가 요구하는 자격기준을 채택하는 경우가 많다. 이러한 개념적 구분을 바탕으로 여기서는 교육훈련 수요를 잠재적 수요와 실질적 수요로 나누어 이해를 돕고자 한다.

잠재적 수요는 주로 자격기준에 초점을 두어 수요를 이해한다. 잠재적 수요는 직무와 관련된 기술(skill)의 변화와 이에 대한 조직의 대응에 따라 발생한다.

조직 전체 내지 부분에 대하여 직무수행방법에 근본적인 변화를 가져오는 기술을 도입하는 경우이다. 예를 들어 복식부기제도를 도입하기로 했다면 공무원의 능력과 직무의 요구간에 차이를 예측할 수 있으며 회계의 수요를 발생시킨다. 또 하나의 잠재적 수요는 전보나 승진에 따라 공무원이 새로운 직무를 수행하게 되는 경우에 발생한다. 승진예정자에게 직급교육을 실시하거나 해외근무예정 공무원에게 어학훈련을 실시하는 것이 좋은 예가 될 것이다. 신규임용자에 대한 교육훈련도 사실은 잠재적 수요로 접근한 것이다. 잠재적 수요는 이와 같이 임용이나 인사이동 등 인사조치가 예정됨을 전제로 파악된다. 즉, 새로운 직급이나 직위를 담당할 사람이나 새로운 기술을 사용해야 하는 사람을 대상으로 선정한다. 잠재적 수요에 대응하기 위한 교육훈련은 변화에 미리 대응하는 예방적 성격을 가진다. 잠재적 수요는 교육훈련의 대상이 되는 직무와 공무원의 범위가 명백하고 직무의 자격기준 하나만으로 수요를 결정하기 때문에 수요조사가 용이하다고 할 수 있다.

이에 비해 실질적 수요파악은 직무와 개인의 자격차를 정확히 이해해야 가능하다. 직무기술이나 공무원 신분의 변화에서 발생하는 것이 아니라, 공무원이 지속적인 업무수행과정에서 능력이 부족하여 직무수행의 목적을 달성하지 못하기 때문에 발생한다. 따라서 공무원에 대한 평가나 조사가 필수적이고 개인차원의 교육훈련 수요가 측정된다. 실질적 교육훈련 수요는 그 측정이 잠재적 수요보다 훨씬 어려우며, 그에 따라 체계적 훈련수요의 예측을 위한 다양한 조사방법이 동원된다. 관찰, 면접, 설문지 방법이 가장 일반적으로 사용되며, 시험에 의한 수요조사도 사용된다.

교육훈련이 인적자원의 자기계발이라는 측면에서 보면 굳이 인사행정기관이 그 수요를 파악해야 하는가에 의문을 제기할 수 있다. 자신의 부족함은 자신이 가장 잘 알 것이기 때문이다. 특히 신기술(ICT)을 활용한 수요파악이 용이하게 이뤄질 수 있다.

2.2 어떻게 파악하나?

교육훈련 수요조사는 사회조사의 일반적 방법인 관찰, 면접, 설문지를 이용할 수 있다. 그 외에도 직무능력에 대한 시험이나 각종 문헌자료(민원접수실태, 결근율, 이직률, 근무성적평정결과, 직무기술서, 안전사고보고서, 직무감사보고서)를 활용할 수 있다. 이들 자료를 근거로 조직과 개인차원의 교육훈련 수요를 찾아낼 수 있다.

조직차원에서의 교육훈련 수요는 행정서비스에 대한 국민의 만족도, 이직률, 결근율, 현장업무인 경우에는 사고율, 비리공무원 수, 목표달성도 등에 대한 자료가 유용할 수 있다. 조직차원에서의 이러한 분석은 진단적 성격이 강하다. 조직차원에서 어떠한 문제점이 발견되었다 하더라도 곧바로 교육훈련의 처방을 내리기는 힘들다. 조직차원에서 문제가 있다면 그것은 교육훈련이 아니라 제도 자체를 바꾸어야 하는 근본적인 문제일 수도 있기 때문이다. 만약 교육훈련이 필요하다면 그것은 조직구성원 전체를 상대로 하기 때문에 일반적인 지침이나 정신교육 정도에 머무를 수밖에 없다. 따라서 조직차원에서의 수요조사는 조직 전체에 어떤 이상이 있는가에 대한 징후를 인지하는 데 필요한 것이다. 어느 분야의 누가 교육훈련의 대상이 되는가를 결정하기 위해서는 위의 자료에 대한 부서별·계급별·직위별 비교분석을 하여야 하고 나아가 개인차원의 수요조사가 이루어져야 한다.

개별 공무원의 교육훈련 수요를 객관적으로 조사하는 데 가장 적합한 자료는 근무성과에 대한 평가이다. 4급 이상 공무원은 성과계약에 의한 목표관리제(MBO)로 평가하고 있다. 여러 평가요소별 기대수준에 대한 개별 공무원의 현재실적이 평가되어 있기 때문에 교육훈련의 대상이나 내용을 분석하는 데 가장 유용한 정보이다. 여러 회에 걸친 평가기록을 구할 수 있으면 신뢰성 있는 수요결정을 내릴 수 있을 것이다. 다만 근무성과평가가 타당성과 신뢰성 있는 평정이어야 한다는 것이 기본전제이다. 이외에도 개인차원에서는 대상공무원·직속상관·고객과의 면접, 본인을 상대로 직무태도 및 교육훈련의 필요성을 직접 설문하거나 직무지식에 대한 시험 등의 방법을 병행하여 사용할 수 있다. 개인의 근무성적이나 설문조사 결과 등 어느 한 방법에만 의존하지 않고 기록으로 나타난 객관적 자료와 당사자 및 상급자와의 면접자료 등을 종합하여 수요를 결정함으로써 선정자의 교육훈련에 대한 지지도와 효과성을 높일 수 있다.2)

2.3 꼭 교육훈련을 해야 하나?

직무가 요구하는 자격기준과 공무원의 능력수준 사이에 차이가 확인되었다고 해서 교육훈련의 대상으로 결론지을 수는 없다. 우선 이러한 능력부족이 조직의 효과성에 미치는 부정적 효과가 얼마나 큰지를 분석하여야 한다. 능력부족을 그대로 방치하는 경우에 야기되는 문제와 교육훈련에 소요되는 경비를 비교할 필요가 있다. 특히 교육훈련은 예산의 제약을 받기 때문에 교육훈련의 모든 수요를 충족시킬 수가 없다. 제한된 예산의 범위 내에서 교육훈련을 통해 얻을 수 있는 효과가 가장 큰 순서에 따라 교육훈련의 실시범위가 결정되어야 한다.

직무와 개인의 자격차가 존재한다 하더라도 이를 교육훈련으로 해결할 수 있는가도 면밀하게 검토하여야 한다. 교육훈련보다 더 경제적이고 효과적인 방법이 있다면 그 방법을 택해야 한다. 예를 들어 순찰, 대민업무, 사고처리 등의 업무를 담당한 경찰관이 직무수행 실적이 저조한 것으로 평가되었을 때, 문제는 경찰관의 능력이 아니라 과중한 업무부담에 있을 수 있다. 이런 경우 교육훈련이 아니라 직무의 양을 재구성함으로써 문제를 더 효과적으로 해결할 수도 있다.3)

때로는 능력과 적성에 맞지 않는 직무에 배치되어 직무실적이 나쁘게 나올 수도 있다. 교육훈련의 목적은 직무의 성과를 올리는 것이다. 이 목적은 때로 교육훈련보다는 인사이동이나 업무재조정 또는 동기부여 등의 방법에 의해서 달성될 수 있음을 유념해야 한다. 능력이 없어 '할 수 없는' 문제와, 능력이 있어도 업무부담이 과중하여 '하지 못하는' 문제 그리고 적성이 맞지 않아 '하지 않는' 문제는 구분되어야 한다.

3. 교육훈련의 집행

3.1 교육훈련 프로그램 개발

교육훈련 수요파악이 완료되면 수요를 충족시킬 수 있는 교육훈련 프로그램이 개발되거나 수정되어야 한다. 프로그램은 교육훈련 대상자의 지식, 기술, 능력, 태도, 가치관, 대인관계 등의 변화를 유도하기 위한 계획이다. 프로그램은 교육훈련을 시키는 사람과 받는 사람 사이를 연결시켜 주는 메시지이자 매체로서, 어떠한 내용으로 구성되어 있고 어떠한 방법으로 내용이 전달되느냐에 따라 프로그램의 효과성에 지대한 영향을 미치게 된다. 프로그램은 실제로 어떠한 필요가 발생하여 이에 즉각적으로 대응하도록 개발되기보다는 교육훈련의 잠재적 수요와 실질적 수요에 대한 반복되는 교육훈련을 통해서 많은 프로그램이 수정과 보완을 거쳐 체계화되어 있는 것이 일반적이다.

1) 프로그램의 목표설정

프로그램의 목표설정은 교육훈련을 통해 달성해야 할 구체적인 상태를 정의하는 것이다. 이 목표는 직무성과와 조직의 효과성을 달성하기 위한 수단적 역할을 한다. 따라서 직무차원과 조직차원의 목표와는 유기적 상하관계를 형성하고 있다. 일반적으로 교육훈련을 통해 변화시키고자 하는 1차적 목표는 지식, 기술, 능력, 태도이다.

가장 큰 문제는 시간의 차원에 있다. 즉 교육훈련의 목표가 조직성과를 향상시키는 것이지만 이는 장기적으로 나타나는 효과이고 그 순수효과를 측정하는 데 많은 어려움이 따른다. 어떻든 프로그램 목표는 직무목표, 조직목표 등과 함께 평가단계에서의 평가기준을 제공하게 된다. 프로그램 목표는 다음의 유형으로 기술할 수 있다.

- 교육훈련을 이수한 후 습득해야 하는 지식수준
- 교육훈련을 통해 실기로 보여 줄 것이 기대되는 기술수준
- 교육훈련을 이수한 후 변화되어야 할 가치관이나 태도수준
- 근무지로 돌아가서 실제 근무활동 중에 나타나야 할 행동수준
- 근무지로 돌아가서 업무수행 중 나타나는 서비스의 질, 효율성, 이직률 등의 조직성과수준

2) 프로그램의 개발

프로그램의 개발과 내용은 교육훈련 중에 가르칠 교과목의 종류와 그 내용과 방법을 말한다. 수요조사와 강의목표가 프로그램을 개발하고 내용을 결정하는 데 중요한 지침이 됨은 이미 지적하였다.

수요조사를 통해 개별직무와 관련된 구체적인 문제까지 검토가 되고 그에 대한 정보를 가지고 있는 상태에서는 프로그램도 그에 상응하게 문제해결 중심으로 내용이 구성되어야 한다. 반면에 계급이나 직렬 또는 조직차원으로 교육훈련 수요의 범위가 확대되면 문제해결보다는 일반적인 원리나 이론을 중심으로 프로그램 내용이 점점 추상화될 수밖에 없다. 또한 초급직보다는 고위직을 상대로 하는 프로그램일수록 이론적이고 가치지향적인 내용을 담게 될 것이다.

대부분의 교육훈련은 온라인 혹은 오프라인 강의를 통해서 이뤄진다. 강의내용은 — 특히 강의의 난이도와 깊이는 — 교육훈련 참여자들의 학습능력에 맞추어져야 한다. 왜냐 하면 강의는 교관이 교육생에게 일방적으로 전달하는 것이 아니라 이들간의 상호작용을 통해서 이뤄지면 그 효과가 크게 되기 때문이다.[4)]

3) 프로그램 체계

교육훈련 프로그램의 종류와 내용이 결정되면 이것을 체계적으로 정렬하고 구조화하여 하나의 교육훈련 체계 내지 프로그램 체계를 구성한다. 교육훈련 실시기관에서 교육훈련대상의 규모, 기간, 장소, 교관, 합숙 및 체육시설 등 모든 관리차원의 문제를 효율적으로 운영하기 위해서는 모든 프로그램을 어떤 기준에 따라

표 9-2 OJT와 Off JT의 장·단점 비교

구분	장점	단점
OJT	1. 훈련이 추상적이 아니고 실제적이다 2. 교육훈련내용의 전이가 용이하다 3. 훈련으로 학습 및 기술향상을 알 수 있으므로 구성원의 동기를 유발할 수 있다 4. 상사나 동료간의 이해와 협동정신을 강화·촉진시킨다. 5. 실시가 용이하므로 낮은 비용으로 가능하다 6. 훈련을 하면서 일을 할 수 있다. 7. 구성원의 습득도와 능력에 맞게 훈련할 수 있다	1. 우수한 상관이 반드시 우수한 교관은 아니다 2. 일과 훈련 모두 소홀히 할 가능성이 있다 3. 많은 구성원을 한꺼번에 훈련시킬 수 없다 4. 교육훈련의 내용과 수준을 통일시키기 곤란하다 5. 전문적인 고도의 지식과 기능을 가르치기 힘들다
Off JT	1. 현장의 업무수행과는 관계없이 예정된 계획에 따라 실시할 수 있다 2. 많은 사람들에게 동시에 교육을 할 수 있다 3. 전문적인 교관이 실시한다 4. 교육생은 업무부담에서 벗어나 훈련에 전념하므로 교육의 효과가 높다	1. 교육훈련내용의 전이가 불확실하다 2. 직무수행에 필요한 인력이 줄어든다 즉, 부서에 남아 있는 종업원의 업무 부담이 늘어난다 3. 비용이 많이 든다

자료: 이재규·김성국·권중생, 「인적자원관리론」, 서울: 문영사, 1996, pp. 302-303 수정.

분류하고 이들간의 유기적 관계를 유지시킬 필요가 있는 것이다.

교육훈련은 실시되는 장소가 직장 내인가 외인가에 따라 직장훈련(On-the-Job Training: OJT)과 직장외훈련(Off-the-Job Training: Off JT)으로 나눌 수 있다. OJT는 평상시의 근무 상황에서 일을 하면서 배워 가는 훈련이다. 감독자가 직무수행을 감독하면서 필요한 기본지식과 기술을 가르쳐 준다. 장점은 훈련에서 배운 지식이 그대로 실무에서 실제로 사용될 것이기 때문에 교육훈련내용의 전이(transfer)문제가 생기지 않는다. 또한 훈련비용이 적게 들고 훈련을 받은 사람이 새로운 환경에 적응할 필요도 없다.[5)]

한편 Off JT는 교육훈련만을 목적으로 특별히 마련된 장소와 시설에서 실시된다. 해당분야에 대한 전문지식이 있고 강의방식에 익숙한 교관으로부터 훈련을 받기 때문에 효과적인 학습이 이루어질 수 있다. 또한 일상적인 직무부담에서 완전히 해방되어 교육훈련에만 전념할 수 있다. 그러나 교육원에서 습득한

그림 9-2 교육훈련 프로그램 체계

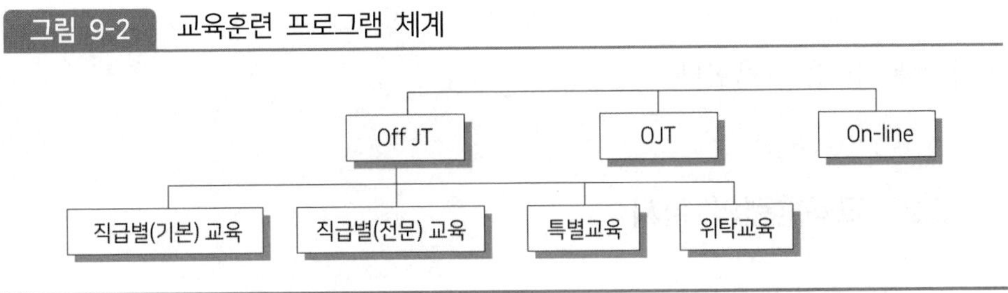

지식이나 기술이 실무에 그대로 전이되지 못하는 단점이 있다(자세한 것은 <표 9-2> 참조).

Off JT는 다시 교육훈련 대상자의 범위와 직무분야에 따라 세분할 수 있다. 계층제의 기본개념을 도입하여 직급별 교육(또는 계층별 교육)과 직무별 교육(전문분야별 훈련), 그리고 계급과 직무의 범주를 벗어나서 실시되는 특별교육으로 분류해 볼 수 있다. 우리나라 공무원 교육기관에서 제공되는 교육훈련 프로그램을 도식화하면, [그림 9-2]와 같다.

직급별 교육은 계층제의 계급구조를 중심으로 관리자·실무자·적응훈련 등으로 구분할 수 있다. 관리자훈련(executive training, management development)이 정책결정능력과 리더십 배양을 위한 교육이라면, 감독자훈련(supervisory training)은 일선행정업무를 감독하고 지시하는 초급 내지 중간관리자를 대상으로 한 훈련이다. 적응훈련(orientation)은 신규채용된 공무원을 상대로 조직의 전반적인 현황과 조직에 적응시키기 위한 자세와 태도 등을 주로 교육하게 된다. 실무훈련은 일정한 기간을 주기로 새로운 정신무장과 행정환경의 이해, 그리고 직무관련 일반지식을 학습시킬 필요에서 실시하는, 일종의 보수교육(補修敎育)의 성격을 띤 훈련이다.

우리나라 교육훈련기관에서는 직급별 기본교육과 직무별 전문교육이라는 용어를 사용하고 있다. 직급별 교육은 직급 전체에 일반적으로 적용될 수 있는 기초적인 직무지식과 정권의 정책방향에 대한 가치관교육을 강조하고 있고, 직무별 교육은 전문직무교육에 상당한 비중을 두고 있다. 그 밖에 외국어교육이나 퇴직자를 대상으로 한 교육과 같은 특별교육이 있다. 직무별 교육은 기능을 중심으로 각 분야의 전문지식을 교육한다.

3.2 교육훈련의 실시

1) 교육훈련의 방법

교육훈련체계에서의 분류대로 각각에 해당하는 교육훈련방법을 간단히 설명한 후, 온라인 교육을 설명하고자 한다.

① 직장훈련

원래 주어진 직장에서 직무를 수행하면서 실시되는 OJT 교육훈련방법은 다음과 같다.

- 실무지도(Apprentice, Coaching): 일상근무 중에 상관이 부하에게 직무수행에 관련된 기술을 가르쳐 주거나 질문에 답해 주는 각종 지도역할을 말한다. 유럽의 도제제도가 대표적인 예이다. 실무지도에서의 상관과 부하의 관계는 마치 가정교사와 학생과의 관계처럼 아주 우호적인 분위기 속에서 지도, 조언, 답변, 격려를 통해 부하의 변화를 유도하는 것이다. 서구에서는 공식적으로 멘토를 지정해주기도 한다.
- 직무순환(Job Rotation): 여러 분야의 직무를 직접 경험하도록 하기 위하여 계획된 순서에 따라 직무를 순환시키는 실무훈련이다. 다방면의 경험을 쌓기 때문에 일반행정가의 원리에 부합되고 타부서와의 업무협조에 도움을 줄 수 있다. 의과대학에서 인턴이 전공과를 정하기 전에 여러 과를 순환하면서 경험하는 것이 그 예이다.
- 임시배정(Transitory Experience): 특수직위나 위원회 등에 잠시 배정하여 경험을 쌓게 함으로써 앞으로 맡게 될 임무에 대비케 하는 방법이다. 승진이 예정된 사람에게 사전교육시키는 방법으로 사용할 수 있다. 때로는 현재의 직무를 수행시키면서 새로운 임무를 부과하여 훈련을 시키기도 한다.

– 인턴십(Internship): 조직의 전반적인 구조·문화·과정에 대한 이해와 함께 간단한 업무를 경험할 수 있는 기회를 부여한다. 인턴은 제한된 기간 동안 임시로 고용되는 것인데, 이 중 성과가 좋은 사람을 정규직으로 채용하는 수단으로 흔히 이용하기도 한다.
– 시보(Probatin): 채용시험에 합격한 사람을 일정기간 시험적으로 근무하게 한 후 일정한 조건을 충족하면 임용한다.

② 직장외 훈련

본래 직장에서 벗어나 별도의 공간에서 이뤄지는 Off JT 교육훈련방법은 다음과 같다.

– 강의(Lecture): 다수의 인원을 대상으로 똑같은 정보를 가장 효율적으로 전해 줄 수 있는 대표적인 방법이다. 참여자의 질문을 받아들이긴 하지만, 전반적으로 일방적 강의 → 피교육생이 경청하는 관계가 특색이다. 교관의 강의 진행방식에 따라 교육효과에 커다란 차이가 발생한다.
– 프로그램화 학습(Programmed Learning): 일련의 질의와 응답에 체계적으로 단계별로 짜여져 있는 책자나 컴퓨터 프로그램을 이용한다. 지시에 따라 문제를 풀면 그에 대한 정오(正誤)를 즉시 확인하고 맞으면 다음 문제로 넘어간다. 책자나 컴퓨터 프로그램과의 무언(無言)의 교호작용을 통해 혼자서 공부할 수 있도록 만든 일종의 자율학습방법이다.
– 시청각교육(Audio–Visual Method): 각종 시청각 기재 — TV, 영화, 동영상, 슬라이드 — 를 활용하여 다량의 정보를 많은 사람에게 제공하는 방식이다. 강의식에 익숙해 있던 많은 사람들이 이 방식을 처음 대했을 때 시각효과가 가미되기 때문에 상당한 관심을 갖게 된다. 그러나 이에 의한 교육효과는 상당히 저조한 것으로 조사되고 있다(<표 9–3>).
– 회의·토론(Conference, Discussion): 앞의 세 방법과는 달리 쌍방간 정보를 직접 주고받는 과정을 거친다. 회의·토론은 진행자가 있어 참여자들에게 주제를 주고 자유로운 토론을 유도한다. 진행자는 토론결과를 요약하고 토

론내용이나 방식에 대하여 비판적 조언을 줄 수 있어야 한다.

- 감수성훈련(Sensitivity Training, T-Group Training): 지식의 변화가 아니라 태도와 행동의 변화를 통해 대인관계 능력을 향상시키려는 것이 주된 목적이다. 서로 모르는 사람 10명 내외로 소집단을 만들어 허심탄회하게 자신의 느낌을 말하고 다른 사람이 자신을 어떻게 생각하는지를 귀담아 듣는다. 이 방법은 훈련을 진행시키기 위한 전문가의 역할이 중요하다. 인위적인 개입이 없이 자연스럽게 감정을 주고받을 수 있도록 분위기를 만들어야 하기 때문이다. 이 훈련을 통해 타인에 대한 편견을 줄이고 개방적 태도를 취하는 효과를 가져올 수 있다. 토론의 변형이다.
- 사례연구(Case Study): 실제 조직생활에서 경험한 사례나 또는 가상의 시나리오를 가지고 문제해결방식을 찾는 토론이다. 직접 발표를 듣거나 인쇄된 자료를 통해 사례를 미리 검토한 후 문제점과 해결방안을 자유롭게 토론하도록 한다. 참여자들이 실제 가까이서 경험할 수 있는 사례상황일수록 토론이 진지해지며, 거기서 얻는 문제해결능력이 실무에 쉽게 전이될 수 있다.
- 역할연기(Role Playing): 실제 근무상황을 부여하고 특정역할을 직접 연기하도록 한다. 보통 자신과 반대되는 입장의 역할을 부여한다. 예를 들면, 상관에게 부하의 역할을, 여자 부하에게 남자 상관의 역할을 부여하는 것이다. 대부분 상대방의 입장을 과장하여 연기한다. 이러한 인식의 차이를 발견함으로써 상대방에 대한 이해와 관용을 키울 수 있다. 태도와 인간관계의 변화에 유용하다.
- 모의게임(Games): 기업의 사장, 자금부장, 영업부장 등 가상으로 역할을 부여하고 인력, 자금, 상품, 가격 등에 대한 기업차원의 결정을 내리도록 한다. 경쟁관계에 있는 가상의 게임파트너가 이 때 내린 결정에 대응하는 결정을 내리게 된다. 컴퓨터 바둑처럼, 컴퓨터에 한쪽에서의 결정에 대응하는 게임파트너의 전략이 프로그램화되어 있다. 최종결정을 내렸을 때 그것이 조직에 가져오는 효과를 확인하면서 경영자의 능력을 키워 나가는

방식이다. 경쟁과 시장원리를 적용하기 힘든 행정에서는 적용에 많은 한계가 있다.

③ 온라인 교육

최근 인터넷의 발달로 시간과 공간의 제약에서 벗어난 새로운 형태의 교육훈련이 이뤄지고 있다. AI를 이용한 외국어교육이 새롭게 등장하는 분야이다. 일과 후, mook형태의 강의를 듣는 것이 그 예이다. 지식의 습득 이외에 태도나 가치관 변화에도 이러한 교육훈련방법이 이뤄지고 있다. 예컨대, 성평등, 성희롱 방지에 관한 온라인 교육이나 공직윤리에 관한 온라인 교육이 활용되고 있다. 보통 동영상을 시청한 후, 평가에 합격해야 수료한 것으로 인정된다.

2) 교육훈련방법의 효과

어떤 식으로 교육훈련을 실시하면 가장 효과가 높은가? 교육훈련은 참여자의 지식, 기술, 능력, 태도, 행동 등 여러 측면에서 변화를 계획한다. 어떤 교육훈련방법을 택하느냐에 따라 이러한 변화에 미치는 효과가 서로 다르다. <표 9-3>은 교육훈련방법이 서로 다른 교육훈련목표에 어떤 효과를 가져오는가를 보여 주는 것이다.

사례연구는 문제해결능력을 향상시키는 데 가장 효과적인 방법으로 나타났고 참여자가 수용하는 정도도 매우 높게 평가되었다. 많은 지식을 빨리 습득하는 방법으로는 회의·토의방법과 프로그램화된 교육을 추천할 수 있다. 프로그램화 학습은 한번 얻은 지식을 오래도록 지속시키는 데에도 우수한 효과가 있음을 보여주고 있다. 감수성훈련은 태도와 대인관계기술의 변화에 가장 효과적인 것으로 나타났다. 대인관계기술 측면에서는 역할연기도 감수성훈련과 마찬가지로 매우 효과적인 교육훈련방법으로 보인다. 우리 주변에서 가장 많이 사용되고 있는 강의는 모든 측면에서 매우 낮게 평가되고 있다. 시청각교육이나 텔레비전 강의도 역시 하위권을 맴돌고 있다. 전반적으로 보면 참여식 교육방법이 높게 평가되고 있음을 알 수 있다.

표 9-3 교육훈련방법의 효과성 평가

방법 \ 효과성	지식습득	태도변화	문제해결력	대인관계	참여자수용도	지식의 지속성
• 사례연구	2/6*	4/5	1/1	4/5	2/1	2/4
• 회의·토론	3/1	3/3	4/5	3/4	1/5	5/2
• 강의	9/8	8/7	9/7	8/8	8/8	8/3
• 모의게임	6/5	5/4	2/2	5/3	3/2	6/7
• 시청각교육	4/6	6/6	7/9	6/6	5/4	7/5
• 프로그램화 학습	1/3	7/8	6/6	7/7	7/9	1/1
• 역할연기	7/2	2/2	3/3	2/1	4/3	4/5
• 감수성 훈련	8/7	1/1	5/4	1/2	6/6	3/9
• 텔레비전 강의	5/9	9/9	8/8	9/9	9/7	9/8

* 1은 최고순위를 나타냄. / 왼쪽 순위는 Carroll et al.이고 오른쪽 순위는 Newstrom에서 인용.

자료: Stephen J. Carroll, Frank T. Paine, and John M. Ivancevich, "The Relative Effectiveness of Training Methods—Expert Opinion and Research," *Personnel Psychology*, vol. 33, 1972, pp. 495—509; John W. Newstorm "Evaluating the Effectiveness of Training Methods," *Personnel Administrator*, January 1980 일부수정.

이러한 연구결과에도 불구하고 어떠한 교육방법을 선택할 것인가는 결코 간단한 문제가 아니다. 교육훈련방법의 선택은 지식, 기술, 능력 등의 변화에 대한 효과성뿐만 아니라 교육훈련 대상자의 규모, 예산의 규모, 시설과 장비의 가용성, 훈련담당교관의 능력 등 여러 요소가 함께 고려되어야 하기 때문이다.

3) 교관·피교육자 선정 및 학습이론

교육훈련방법까지 결정되면 이제 교관(교육훈련 담당자)이 피교육자의 지식, 기술, 능력, 태도 등에 변화를 일으키는 단계이다. 이 과정에서는 교관과 피교육자의 올바른 선정 그리고 학습이론에 기초한 효과적인 훈련이 필요하다.

① 교관·피교육자

교관의 자질이 교육훈련의 질을 결정한다고 해도 과언이 아니다. 아무리 프로그램의 구성과 내용이 잘 개발되었다 하더라도 훈련을 담당한 사람이 이를 충분히 전달하지 못한다면 교육의 효과는 기대하기 힘들다. 따라서 자격을 갖춘 교관의 확보가 무엇보다 중요하다. 특히 감수성훈련, 사례연구, 모의게임, 역할연기 등의 방법을 도입할 경우에는 더욱 그렇다. 조직의 계층과 기능이 다양한 만큼 교관의 자격도 획일적으로 정할 수는 없으나 우선 담당 훈련분야 및 훈련방법에 대한 전문지식을 확보하고 있어야 한다. 무엇보다도 강의내용을 교육훈련 수요에 맞게 수정·보완해 나가는 연구자세가 필요하며, 전문분야에 관계없이 학습이론을 터득하여 목표한 변화를 효율적으로 달성할 수 있도록 하여야 한다. 교관은 또한 준비한 강의내용을 일방적으로 전달하려는 자세에서 벗어나 피교육자가 받아들일 수 있는 수준과 그들이 원하는 바에 탄력적으로 적응해 나갈 수 있어야 한다.

피교육자의 선정은 교육훈련 수요조사를 통해 가능하다. 이상적으로는 수시로 수요조사를 실시하여 교육이 필요하거나 교육을 원하는 사람에게 교육훈련의 기회를 제공해야 하고, 프로그램도 수요에 맞도록 수정되어야 한다.

② 학습이론적 시각

피교육자의 입장에서 교육훈련은 하나의 학습과정으로서 필요한 지식과 기술을 가장 효율적으로 배우고, 배운 것을 오래 간직하여 실제 직무수행에 응용할 수 있도록 실시되어야 한다. 따라서 피교육자에게 학습에 대한 동기를 유발시키기 위하여, 학습에 효과적인 보조도구를 사용하거나, 반복된 실습 및 평가 등의 일반적인 학습원리를 참고할 필요가 있다. 다음은 교육훈련에서의 학습원리에 관한 실증적 연구결과를 정리한 것이다.[6)]

- **동기부여 및 목표설정**: 교육훈련을 통해서 얻게 되는 새로운 기술이나 능력이 개인적으로 어떤 이득이 되는가를 보여 줌으로써 교육훈련에 대한 동기를 부여하여야 한다. 동기부여 이론 중 목표설정이론(goal setting theoy)은 목표가 명확하고 구체적일수록 동기부여 정도가 커진다고 한다. 따라서 피교육자 스스로 교육훈련을 통해 달성하고자 하는 목표를 구체적으로 설

정하게 하는 것이 바람직하다.

- **프로그램의 중요성 인식**: 교육훈련의 중요성을 인식할수록 교육내용에 대한 이해와 학습이 더 능률적이다. 따라서 프로그램이 개인의 발전이나 조직에 얼마나 중요한지를 인식하게 된다.
- **실 습**: 단순히 머리로 이해하는 것보다는 실제로 해보는 것이 효과가 높고, 대부분의 직무기술, 심지어는 인간관계 능력까지도 구두로 배운 지식을 실제로 행하여 봄으로써 훨씬 빨리 변화가 일어난다. 특히 자동차운전과 같은 기술(skill)을 습득하는 것이 교육훈련의 목적이라면 실습은 필수적이다. 교육훈련이 태도변화를 목표로 하는 경우, 역할연기 등을 통해 직접 행동을 연기하도록 함으로써 바람직한 결과를 얻을 수 있다. 특히 신기술의 습득은 다양한 상황에서 반복적으로 실습되어야 한다. 새로운 장벽과 예기치 못한 상황에 처해서 그 어려움을 이겨 낸 경험이 없으면 기술은 쉽게 잊혀지기 마련이다.
- **피드백**: 피드백은 피교육자에게 무엇이 잘되고 잘못되었는가를 깨닫게 하는 중요한 역할을 한다. 피드백은 잘된 것은 더욱 잘되게, 잘못된 것은 고치도록 하기 위한 정보로서 그 내용이 명백하여야 한다. 피드백에는 강화이론(reinforcement theory: 보상이 따르는 행동은 반복하고 처벌이 따르는 행동은 피한다)을 적용할 수 있다. 즉, 올바로 이해하고 행동한 것은 즉시 칭찬과 격려를 표해야 한다. 칭찬에 인색하고 잘못에 보다 민감하게 대응하는 것은 피하는 것이 좋다.
- **협동적 노력**: 교육훈련은 교육담당관(교관)과 피교육자와의 협동적 노력이다. 교육훈련은 유능한 교관이 일방적으로 강의하여 주입시키는 것보다는 교관과 피교육자와의 하나의 팀을 형성하여 참여시킬 때 효과가 커진다.[7)]
- **상호신뢰와 수용**: 최상의 학습은 상호신뢰와 수용의 분위기에서 이루어진다. 위협과 엄한 규율이 동반되는 교육훈련(특히 군사교육이나 극기훈련)도 자주 볼 수 있으나 그 성과를 확인해 줄 연구결과는 많지 않다. 교관은 피교육자의 말을 경청할 줄 알아야 한다. 비록 피교육자의 질문이 비합리적

이라 하더라도 비판하거나 무시하지 않고 들어 주어야 하며, 자신이 생각하고 있는 것을 자유롭게 발표할 수 있도록 이끌어야 한다.

4. 교육훈련의 평가

교육훈련과정 모형의 마지막 단계는 교육훈련 프로그램 개발과 실시를 평가하는 것이다. 이것은 우선 교육훈련 자체에 대해 교육참가자가 어떻게 생각하고 있는가의 만족도 평가부터 시작한다. 그 다음은 교육훈련의 실시가 개인이나 조직에 미친 영향을 평가하는 것이다. 일반적으로 이 두 번째 평가를 교육훈련의 효과성 평가라 한다. 교육훈련의 목표를 고려할 때 가장 중요한 의미를 가진다. 마지막으로 교육훈련이 가져온 변화(효과성)에 영향을 미치는 요소를 전교육과정에 걸쳐 종합적으로 검토해 보는 것이다.[8] 이 단계는 교육훈련 전과정을 개선하기 위해 꼭 필요하다.

4.1 피교육자의 만족도평가

교육참가자의 교육훈련에 대한 전반적 만족도를 평가한다. 평가의 대상에는 교관, 강의방식, 훈련시설, 프로그램 자체 등이 포함된다. 평가자료는 개별 프로그램이 끝날 때마다 수집하거나 전과정이 끝나고 종합적으로 수집할 수 있다. 가장 잘 쓰이는 자료수집방법은 설문조사이다. 교육참가자가 유익하다고 응답하였다 해서 그것을 진실로 받아들이는 것은 물론 문제가 있다. 일반적으로 긍정적으로 평가하는 경향이 있기 때문이다. 그러나 교육참가자로부터 좋지 않은 평가를 받은 프로그램은 취소하거나 교관에게 문제점을 개선하도록 요구하여야 한다. 따라서 교관으로서는 프로그램의 개발과 강의방식 등에 세심한 관심을 가지지 않을 수 없다. 즉, 과거의 강의 위주의 교육훈련보다는 교육공학적 관점에서 종합적으로

접근해야 한다.9)

사회적으로 검증해 볼 수 있는 것은 조직몰입, 조직시민행동과 같은 조직차원의 성과가 올라갔느냐를 보는 방법이다. 보통 교육훈련기회가 보상의 차원에서 고성과자에게 주어지는 경향이 있다. 하지만 한 연구에 의하면, 오히려 교육훈련은 중·저성과자의 자기효능감을 높여서(매개변수) 조직몰입을 향상시킨다.10) 반면, 평소에 근무를 제대로 하지 않으면서, 기회있을 때마다 교육훈련만 쫓아다니는 '교육훈련전문 공무원'도 있다.

4.2 교육훈련의 효과성평가

교육훈련을 실시했으면 교육훈련이 의도했던 목표가 얼마나 달성되었는지를 평가하여, 프로그램을 수정하고 다시 설계하는 데 참고자료로 삼아야 한다. 교육훈련의 목표를 요약하면 개인의 능력을 향상시켜 조직에서의 직무수행성과를 높이는 것이다. 효과성의 개념이 '목표달성도'라는 데서도 알 수 있듯이 교육훈련의 효과성을 평가하려면 목표가 명확하게 설정되어 있어야 한다. 논리적으로 교육훈련 수요조사에 기초하여 지식, 기술, 능력, 태도, 행동, 조직성과 등의 측면에서 자세한 목표기준이 세워져 있어야 한다. 목표가 계량적으로 측정가능하도록 정해져 있으면 효과성 평가가 용이하다. 그러나 계량적 목표를 세우기 힘든 경우가 훨씬 많다.

그래서 효과성 평가는 목표기준에 대한 달성도보다는 교육훈련이 실시되고 난 후에 생긴 변화를 교육훈련의 효과로 간주하는 것이 일반적이다. 이 때 변화가 어디에서 발생했는지에 따라 교육훈련의 효과를 2단계로 구분할 수 있다. 제1단계는 학습효과로 '피교육생이 교육과정을 통해 무엇을 배웠는가?', '교육훈련 프로그램이 달성하고자 설정했던 목표를 얼마나 달성했는가?'의 질문에 대한 응답이다. 제2단계는 전이효과로 '피교육생이 교육을 마치고 직장에 돌아와서 직무수행상 달라진 것이 무엇이고 조직의 생산성에 나타난 변화는 무엇인가?', '그 변화는 교육훈련 수요조사에서 진단된 조직차원의 문제를 얼마나 해결하였는가?'에 대한

그림 9-3 교육훈련 프로그램의 효과성 평가

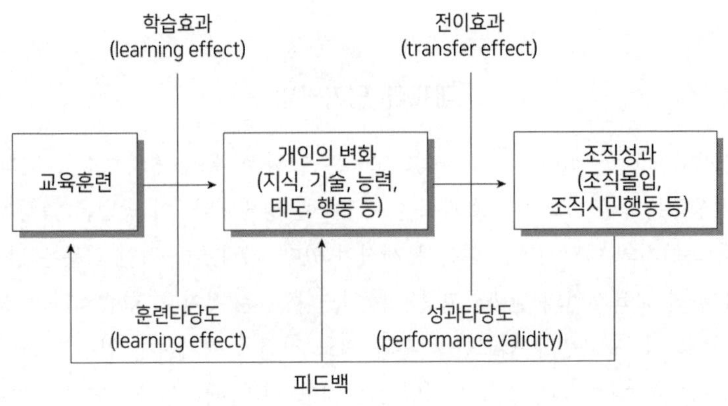

자료: Irwin L. Goldstein, "The Pursuit of Internal and External Validity in the Evaluation of Training Programs," *Public Personnel Management*, vol. 8, 1979, pp. 416-429 재구성 및 수정.

답변이 된다. 전자는 교육훈련에 초점을 둔 것으로 훈련타당도라고 부를 수 있고, 후자는 조직성과를 얼마나 달성했는가를 말하는 것으로 성과타당도라고 한다. 교육훈련 효과성 평가에 대한 이와 같은 2단계 분석을 모형화한 것이 [그림 9-3]이다.

학습효과는 지식, 기술, 능력 등의 평가요소에 대하여 시험, 설문지, 관찰 등의 방법을 동원하여 측정한다. 더욱 중요한 것은 교육훈련효과가 실제 업무수행에 나타나는 전이효과이다. 전이효과는 근무성적평정, 이직률, 결근율, 직장 내에서의 대인관계, 주민의 행정서비스에 대한 만족도, 안전사고율 등을 주로 관찰 내지 설문지를 통해 측정하게 된다. 우리나라의 경우 교육훈련의 전이효과는 개인의 학습동기, 프로그램의 내용, 실무와 연관되는 사례교육 등이 결정적 요인인 것으로 나타났다.[11]

이들 평가요소에 대한 측정치가 나왔다고 해서 그것이 바로 순수 교육훈련의 효과라고 단정짓기는 어렵다. 교육훈련 이외에 많은 다른 요소가 작용하여 그 결과가 나왔을 가능성이 있기 때문이다. 그래서 교육훈련의 순수효과를 측정하기 위하여 전후비교법 등의 여러 가지 평가방법을 적용하고 있다(다음 글상자 참조).

대표적 평가방법

- **전후비교법**(before-and-after test): 교육훈련 전과 후에 평가요소의 변화가 어느 정도 발생했는가를 비교하여 효과성을 측정하는 방법이다. 이 방법은 측정이 용이한 반면에, 측정치의 타당성에는 많은 문제점이 있다. 가장 대표적인 의문은 평가요소의 변화가 과연 교육훈련의 결과라고 볼 수 있느냐 하는 것이다. 학습효과의 경우는 비교적 명확하다. 교육원에 입교한 직후와 퇴교 직전에 평가하여 얻은 변화이므로 그 동안에 특별히 다른 외부요소가 개입될 여지가 적기 때문이다. 하지만, 전이효과의 경우는 교육 전 평가가 일반적으로 교육 몇 달 전에 이루어지고 교육 후 평가 또한 관찰기간이 필요하기 때문에 직장에 돌아와 적어도 몇 개월이 지나야 가능하다. 교육 전 측정부터 교육 후 측정까지 긴 기간이 존재하고 이 기간 동안 리더십의 작용, 인사이동, 동기부여 요인과 같은 교육훈련과 무관한 요인이 개입할 여지가 커진다. 전후 비교하여 얻은 차이에는 이러한 불순요인의 영향이 포함되어 있는 것이다.
- **통제집단을 가진 전후비교법**: 전후비교법의 문제점을 보완하고자 개발된 평가방법이 통제집단을 가진 전후비교법(before-and-after test with control group)이다. 통제집단은 피교육자(실험집단)와 업무성격이나 근무환경 그리고 능력 등이 유사한 사람으로 구성되며 교육훈련에는 참여하지 않는 집단이다. 이 통제집단에서 평가기간중에 어떠한 변화가 생겼다면 그것은 교육훈련의 성과라고 볼 수 없다. 따라서 실험집단에서 측정된 변화에서 통제집단의 변화를 빼준 것을 교육훈련의 순효과로 간주하게 된다. 즉, 통제집단은 두 평가기간 중에 교육훈련 이외의 요소가 미치는 영향을 격리시켜 주는 역할을 한다. 통제집단을 포함한 효과측정은 전후비교법보다 훨씬 정확한 정보를 산출해 낸다. 다만 실험집단과 유사한 조건을 가진 통제집단을 구하기도 힘들고, 이들간의 커뮤니케이션을 완전히 차단시키지 않는 한 실험집단이 교육과정에서 배운 것을 통제집단에게 가르쳐 줄 수도 있다. 그래서 측정상의 왜곡을 일으킬 수 있다는 단점이 있다.

교육훈련의 효과성을 아무리 정확하게 평가하였다 하더라도 효과성 자체만으로는 아무런 의미가 없다. 교육훈련의 평가는 그 결과가 프로그램은 물론 교육훈련 수요조사에 피드백되어 교육훈련 전반의 잘못된 점을 시정하고 개선하는 데 그 목적이 있다. 즉, 프로그램 효과성 평가는 교육훈련의 과정모형에서 끝나는 것이 아니라 새로운 시작을 위한 정보를 제공해 주는 것이다. 그 정보가 유용하기 위해서는 측정된 효과성의 수치 내에 종합적으로 포함되어 있는 내용을 하나하나 분리시켜 분석하여야 한다.

앞의 교육훈련 효과성 평가는 교육훈련의 순효과(純效果)를 혼란시키는 요소를 없애는 기술적인 문제와 계량적 효과측정에 초점을 두었다. 반면에, 효과성 원인분석은 효과성에 영향을 미치는 요인들이 무엇인가를 확인하고 이들 요인에 대한 질적 분석에 관심을 갖는 것이다. 교육훈련의 순효과를 측정했을 때 그 속에는 교육훈련을 구성하는 여러 요소들이 영향을 미치게 된다. 예컨대 직무분석 상태, 근무성적평정의 관행, 연공서열주의, 교육에 대한 계선 관리자의 인식 등이 포함될 수 있다. 이러한 요소에 대한 모든 검토를 통해서 우리는 교육훈련의 문제와 개선방안을 검토할 수 있게 된다.

5. 교육훈련의 미래

이상에서 언급한대로 교육훈련은 많은 발전을 해왔지만, 집체교육, 교육자(기관)위주의 교육훈련 서비스 제공이라는 큰 틀을 벗어나지 못한다는 한계가 있다. 시대도 바뀌고, 새로운 세대들의 문화와 사고방식도 바뀌고, 과학기술도 바뀌고 있다. 이런 추세를 살펴보고, 우리나라 교육훈련에 대한 평가를 해보고자 한다.

5.1 신기술의 활용

1) 인재교육훈련 플랫폼

직장내 교육 훈련, 직장외 교육 훈련으로 이원화되어 있던 전통적 교육훈련 체제와는 완전히 다른 새로운 개념의 교육훈련이 발전되고 있다. 4차산업혁명과 맥을 같이 하는 디지털 인재 개발 혹은 플랫폼 인재개발이다. 인사행정기관은 플렛폼 기능만을 온라인상에서 제공하고, 실제 교육훈련은 수요자가 할 수 있는 체제이다. 이것의 특징은 다음과 같다.

첫째, 교육훈련의 개방성과 융통성이다. 기존에 있는 공공부문의 교육훈련 콘텐츠는 물론이고 민간 교육 관련 콘텐츠까지 활용할 수 있다. 플랫폼이기 때문에 교육수요자나 민간의 교육 콘텐츠 제공업자들이 양방향에서 복잡한 절차나 과정이 없이 즉시 교육훈련에 참여할 수 있다는 장점이 있다. 그동안 공무원 교육훈련의 많은 부분이 '민간에서 배우자'는 식이었는데, 민－관의 구분이 없어짐에 따라 교육훈련의 콘텐츠가 엄청나게 많아진다.

두 번째는 사이버시대에 장소의 제약에서 벗어나는 것은 많은 장점이 있다. 꼭 교육훈련 기간에 간다든지 하는 그것이 아니고 일과 학습을 결합해서 할 수 있는 등 매우 융통성이 있다. 예컨대 지금까지 수도권외에는 좋은 강사를 구하기 힘들었는데, 디지털시대에서는 강사를 그렇게 구할 필요도 없고 교육 훈련을 하기 위해서 이동하는 교육생이 이동하는 시간도 적을 것이며 민관이 서로 보완적이다.

세 번째는 교육수요자의 주도권이다. 콘텐츠를 모두 만들어 놓고 백화점에 상품과 같이 전시되어 있다면, 온라인상으로 교육 수요자가 자기가 필요한 것을 골라서 할 수 있다는 자기 주도형 교육 훈련이다. 즉, 조직 중심이 아니고 자기 개발을 위해서 스스로 파악할 수 있다는 장점이 있다.

나아가서 다양한 콘텐츠가 되어 있기 때문에 빅데이터나 AI 추천을 통해서 본인도 모르는 부족한 능력을 파악할 수 있는 때가 올 것이다. 따라서 그동안 교육훈련 프로그램을 체계화하는 인사행정기관의 역할이 많이 감소될 것이다. 나아

그림 9-4 플랫폼 인재개발 개념도

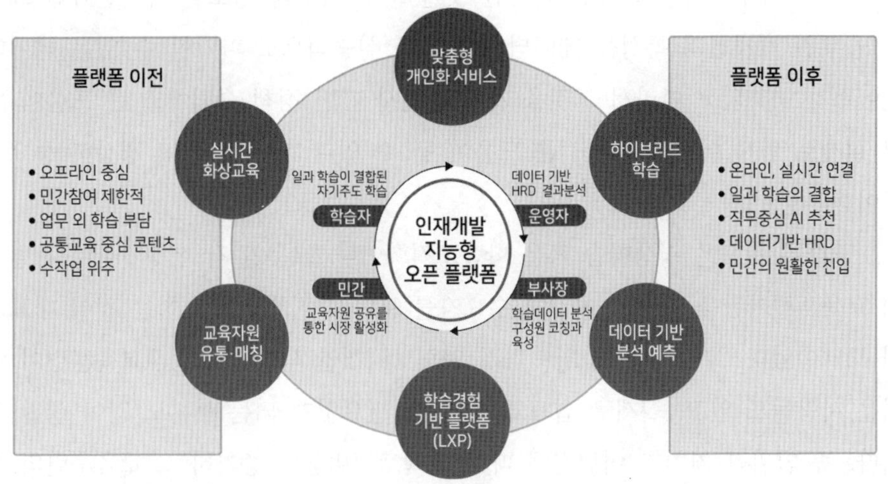

자료: https://www.mpm.go.kr/mpm/info/infoEdu/digitalEdu/ 수정

가서 만약에 플랫폼 인재개발이 본격적으로 도입된다면 기존의 직장외 교육훈련 기관이 하는 집합교육의 역할이 매우 축소될 가능성이 있다.

한편, 디지털 교육의 여러 가지 그동안의 교육 훈련이 가지고 있던 문제점을 해결할 수 있지만 또한 또다른 문제를 가져올 수도 있다. 가장 큰 한계는 면대면 회의와 행정 서비스 제공 행정 내부의 의견 수렴 과정 의사결정 과정 참여 등이 실제적 사람의 얼굴을 보고 하는 활동이 많이 있는데, 인간관계술이나 사회적 기술(social skill)을 길러주는데 한계가 있다. 디지털 인재 개발에서 특히 신세대의 경우 자기의 직무에 충실하고 다른 사람에 관계맺지 않는 특성이 있기 때문에 이를 극복할 수 있는 교육훈련이 더욱 필요하다.

2) 디지털시대의 교육훈련

시대변화에 따라 바뀌어야 할 방향은 기존의 획일적인 것에서 수요자의 필요에 따른 개별화, 맞춤화된 교육훈련이다. 공무원의 직무수행과정에 직간접적으로

축적된 자료를 인사행정기관이 실제 인사행정의 활동에 활용하는 것이다. 특히 교육 수요자 공무원들이 그동안 학습한 것을 모두 자료와 정보를 축적한다면 그러한 공무원 개개인의 특성을 데이터 기반으로 실증적으로 파악할 수 있는 데이터베이스가 구축되고 따라서 그것을 가지고 인사 개발 정책 수립에도 큰 도움이 되고 실제로 인사 이동이나에도 큰 도움이 될 수 있다. 인재 발굴에 굉장히 중요한 것이다.

또다른 방향은 평생학습 혹은 학습조직화이다. 그동안 각 행정기관마다 별도의 교육훈련기관을 가지고 여기에 수요자를 모아서 집체교육을 하는 것이 대표적인 모델이었다. 그런데 이제 일-가정 양립 등 개인 사정으로 집체교육훈련이 어려운 사람들도 있고, 실제로 집체교육훈련이 필요없게 되는 부분도 많이 생길 것이다. 즉 인위적 처치가 이뤄짐에 따라 교육훈련비용이 증가하고, 교육훈련의 전이효과가 문제시 되었었다. 이제 굳이 교육훈련이라고 본인이 의식하지 않더라도 언제 어디든지지 즉 물리적 제약 없이 비대면으로 교육 훈련에 참여할 수 있다. 따라서 일종의 평생학습 내지 상시학습, 그리고 조직차원에서 학습조직화 하는 것을 의미한다.

세 번째 발전방향은 강의위주보다는 체험위주로 바뀌어야 한다는 점이다. 새로운 시대에는 일방적 강의방식은 교육효과가 적다. 여기에는 비용이 소요되는데, 신기술을 활용하면 획기적 비용절감이 가능하다. 즉, 특수한 지식이나 기술같은 것을 효율적으로 배울 수 있다는 장점이 있다. 특히 엄청난 비용이 들고, 심지어 실제 체험이 불가능한 것들도 쉽게 학습할 수 있다. 예를 들면 항공기 조종훈련 또는 군대의 폭격, 사격 훈련같은 것은 시뮬레이션을 통해서 할 수 있다.

이상의 변화방향은 교육훈련의 평가에서 지적한 문제점을 해결할 수 있기 때문에 중요하다. 집체교육과 직무수행과 구분이 명확하지 않고, 자기주도로 함에 따라서, 교육수요자가 실제로 업무에 즉시 활용할 수 있도록 하는 방향으로 전환이다. 즉 교육 내용의 전의 효과 다른 실제 교육 내용이 직무 수행에 꼭 필요한 하는 것으로 전의가 되느냐에 대해서 항상 의구심이 들었는데 실질적으로 이것을 연결시켜주는 것이고 학습자가 스스로 동기부여가 되어서 하고 있기 때문에 매우 다른 차원의 교육 훈련이라고 볼 수 있다.

5.2 공무원 교육훈련의 문제점과 개선방안

끝으로 우리나라의 교육훈련에 대하여 앞에 언급한 효과성 영향요인별로 문제점과 개선책을 중심으로 검토해 보자. 다만 상황적 요인은 이 책 전반에 걸쳐 계속 언급되는 것이고 교육훈련과정에 미치는 영향이 중요하긴 하나 원인(遠因)으로 작용하고, 반면에 예산은 직접적인 근인(近因)으로 작용한다는 점에서 여기에서는 예산과 교육훈련과정별 요소에 따라 우리나라의 실태와 문제점을 알아본다.

1) 교육훈련 예산

교육훈련은 재원을 필요로 하기 때문에 정부의 예산지원이 교육훈련의 효과성 결정에 무엇보다 중요하다. 민간기업들은 교육훈련이 직접적으로 매출액과 이익증대에 영향을 끼친다는 것을 인식하고 교육훈련비를 증가시키는 추세에 있다. 정부 또한 이를 위한 예산을 늘렸지만 아직 부족한 편이다. 적은 교육훈련 예산으로 교육의 질을 확보한다는 것은 쉬운 일이 아니다. 특급강사를 구하기가 어렵고, 프로그램 개발을 위한 투자 및 다양한 교육훈련의 기회를 충분히 제공할 수도 없다. 즉, 전반적인 교육여건의 불량한 상태를 초래하게 된다. 특히 세계화·개방화의 추세는 해외교육의 필요성은 높아지고 있으나, 국내 교육훈련보다 엄청난 비용부담이 요구된다.

교육훈련이 이러한 비용을 수반하는 것이지만 인적자원의 가치를 계속 계발하고 창출해 나가기 위해서는 반드시 필요한 투자이다. 기술의 진보가 빨라지면서 기존의 지식과 능력의 퇴화도 그만큼 빨라지고 있다. 해고와 충원이 자유롭지 못한 정부에서 이러한 환경의 변화에 적응하는 유일한 길은 재교육을 통한 기존 인력의 능력개발이다. 교육훈련이야말로 공무원의 지식 인프라를 구축하는 데 가장 필수적인 요소이다. 공무원에 의해 형성된 무형의 인프라는 국민과 기업에 양질의 서비스를 제공하고 국가경쟁력을 향상시키는 데 무엇보다 중요하다. 정책결정자와 예산책임자들의 이에 대한 인식과 예산지원의 의지가 필요한 때라고 볼 수 있다. 사람에 대한 투자를 낭비되는 비용으로 보지 않는 시각전환이 필요하다.[12)]

한국직업능력개발원은 인적자원지수(HRI)를 개발해 기업의 인적지원 활동수준과 기업성과를 분석하였다. HRI지수란 인적자원의 양과 질, 인적자원 경영 및 개발 등에 관한 종합적 측정도구인데, 기업별 인적자원 수준을 비교할 수 있는 지표로 활용된다. 조사결과에 따르면 HRI 종합지수가 1% 증가하면 1인당 매출액은 1.5% 이상 증가했다. 이를 금액으로 환산하면 HRI 1점 증가당 매출액은 1,561만원이 늘어난다. 경상이익의 경우는 HRI 종합지수가 1% 증가함에 따라 2.19% 가량 증가한 것으로 분석됐다. 금액으로 보면 HRI 1점 증가로 1인당 경상이익이 184만원 늘어났다. 이와 함께 교육훈련비가 주된 지표인 인전자원개발지수(HRID)를 1점 높이는 데 필요한 1인당 교육훈련비는 165,000원인 것으로 추정됐다. HRID지수 1점 증가로 1인당 매출액은 520만원, 경상이익은 65만원이 각각 증가했다.

2) 교육훈련의 수요조사

현재의 교육훈련 수요조사 방식은 공무원의 필요나 능력수준을 기준으로 했다기보다는 정부의 필요를 토대로 교육과정을 개발해 놓고 여기에 공무원의 취사선택을 요구하고 있다고 볼 수 있다. 수요조사는 설문조사, 근무성적, 또는 패널방식을 활용할 수 있으나 실제로는 잘 활용치 않고 있다. 교육을 원하는 유능한 공무원은 기관장이 계속해서 일하기를 원하기 때문에 교육훈련을 받기 위해 자리를 비우지 못하고 장기간 근무하는 반면, 무능한 공무원은 자주 교육훈련을 받게 되는 경우도 있다.

우리나라에서 교육훈련의 수요조사가 이와 같이 형식에 치우칠 수밖에 없는 이유는 여러 가지가 있다. 특히 평정과정에서 경력이 앞선 선임자에게 근무실적에 관계없이 높은 점수를 부여하여 승진에 유리하도록 선처하는 관행을 원인으로 지적할 수 있다. 교육훈련을 승진 등 인사결정에 연계시키고, 공무원들이 스스로 느끼는 교육훈련의 필요성을 표현하도록 해야 한다.

3) 교육훈련 프로그램

① 프로그램의 체계

교육훈련 프로그램의 체계, 내용, 그리고 교육방법이 과연 직무수행을 위한 지식이나 기술, 능력을 향상시킬 수 있도록 구성되었는지도 점검해 보아야 한다. 우선 직장 내 교육인 OJT는 시보(probation)기간에 이뤄진다. 실제 업무기술은 업무에 배치된 후 시행착오를 통해 업무를 익히고 있는 실정이다. 따라서 우리나라의 교육훈련은 전적으로 직장 외 훈련인 Off JT에 의존하고 있다고 볼 수 있다.

Off JT의 문제점으로 첫째, 각급 교육기관이 상호 유기적 관련성을 유지하지 못하고 폐쇄적·할거적으로 관리되고 있다는 점이다. 과거 교육원의 신설목적이 순수한 능력발전의 기회제공 외에도 기구확장의 성격도 있어서 부처이기주의를 강화하는 효과가 있었다. 국가인재개발원조차도 기구유지를 위해 여러 과정을 남설하고 있고, 수강생들의 교육 불만족도도 높다.

둘째, 교육방법이 강의유형에 절대적으로 의존하고 있다. 수백명 이상의 인원을 좁은 강당에 모아놓고 강의하는 경우도 있다. Off JT의 교육방법으로 소개한 것 중에서 감수성훈련, 역할연기, 프로그램화 학습 등 전문화된 교육방식은 잘 사용되지 못하고 있는 실정이다. 전문인력도 부족하고 교육내용과 방법이 아직 세련되게 개발되지 못하였음을 보여 주는 것이다. 물론 전문교육기법이 반드시 사용되어야 한다는 것은 아니지만 교육의 목표에 따라 그 효과성이 다르다는 것을 고려할 때 강의에 전적으로 의존하는 현재의 교육방법은 보다 다양성 있게 변화되어야 할 것이다.

② 피교육자 선정

우리나라 교육훈련에서 반드시 언급하여야 할 것이 피교육자 선정의 문제이다. 교육훈련 수요조사에서 이미 피교육자의 필요가 반영되지 않고 있다. 많은 경우, 자발적으로 교육을 받고자 하는 동기는 상당히 결여되어 있다고 보아야 할 것이다. 더구나 대상선정에서부터 인사부서에서 경력 등의 승진서열을 고려하여 차출하는 방식이기 때문에 이에 해당하지 않는 공무원은 교육에 대한 필요성과 관심이 있다 하더라도 제외될 수밖에 없는 실정이다. 따라서 현재 우리나라에서 교육훈련의 참가는 반강요적 내지는 의무적이라 할 수 있다. 특히 지방자치단체에서 교육훈련은 심각한 문제가 있다.

승진후보자 순위를 결정할 때 근무성적평정, 경력평정 그리고 훈련성적을 합산하여 결정하기 때문이다. 훈련성적의 장단은 교육에의 참여도를 높이는 데 중요한 기여를 할 것임이 분명하다. 그러나 그 참여가 승진을 위한 수단적 가치에 기인한 것이라면 교육훈련의 본래 목표인 능력발전을 달성하기는 곤란하다. 승진이라는 이해관계가 직결되어 있기 때문에 실질적인 능력향상에 관심을 갖기보다는 최종성적을 축으로 교육과정이 왜곡되는 것이다. 전체적인 이해보다는 평가를 대비하여 출제가능한 문제를 중심으로 교육에 임하고 평가에 포함되지 않는 과목을 소홀히 하기 쉽다.

이에 대한 처방으로 교육훈련을 성적제에서 이수제로 바꾸고 승진 전 교육훈련체계를 승진 후 교육훈련체계로 바꿀 수도 있으나, 문제가 쉽게 해결될 것으로 보이지 않는다. 교육훈련의 결과가 아무런 보상(승진을 포함한)과 연결되지 않고 순수한 능력발전의 목적으로 실시될 때 이번에는 교육에 '건성'으로 참여하는 피교육자가 생길 수 있다. 특히 교육훈련참가가 부하직원의 능력향상을 위한 기회로 보기보다는 결원으로 인한 업무부담 내지 불편으로 받아들이는 우리나라 조직풍토에서는 참가 자체를 포기하는 경우도 예상할 수 있다. 따라서 교육훈련 프로그램의 존립에 영향을 줄 수 있는 이수제나 승진 후 훈련보다는 교육내용의 충실화와 교육효과를 평가할 수 있는 방법을 개발하는 것이 더 설득력이 있다. 실무에서 필요로 하는 분야와 내용을 중심으로 과목을 구체적으로 개발하고 실제 노력하여 능력이 향상된 정도를 평가할 수 있도록 훈련체계를 고쳐 나가는 것이 바람직한 방향일 것이다.

③ 교관

교관의 중요성은 이미 지적하였다. 교관의 양이나 질적 수준이 적정하지 않은 상태에서 양질의 교육훈련이 이루어지기를 기대할 수 없다. 우선 우리나라의 현재 실정은 양적인 면에서 문제점을 노출하고 있다. 각 교육훈련기관에 전임교관 확보율은 저조한 편이다.

교관의 질적인 측면에서 자체교관의 경우 우수교관확보를 위한 노력을 기울이고 있다. 우선 상위직급으로 승진이 예정되어 있는 유능한 공무원을 교관으로 임명하도록 하고 있고, 국내외 위탁교육 대상자를 선정할 때 교관지원자를 우선적으로 선발하도록 하고 있으며, 교관요원은 임용 후 2년 이내에 원칙적으로 인사이동을 금지하고 있다. 그러나 이 정도로는 우수교관의 확보에 한계가 있다.

외래강사의 경우에는 해당분야의 전문가를 확인하여 초빙하기보다 교육원장 내지 직원의 개인적 인간관계나 주위의 소개를 통해서 강의를 의뢰하는 것이 일반적이다. 이 경우에도 강사료가 너무 낮게 책정되어 있어 권위 있는 강사의 초빙이 힘든 상황이다. 특히 외래강사의 대부분이 대학교수이기 때문에 이들에 대한 강의내용에 대한 통제가 거의 이루어지지 못하고 있다. 강의제목만으로 강의를 부탁하게 되고 강의의 구체적 내용에 있어서는 훈련수요를 고려하기보다는 강사의 자율적 판단에 맡기는 것이다. 따라서 같은 과정이라 하더라도 강사에 따라 강의의 질은 물론이고 내용 자체가 커다란 차이를 보일 수밖에 없다.

④ 교육프로그램의 외부위탁

교육프로그램과 관련하여 나타나는 많은 문제를 해결할 수 있는 하나의 방법이 외부위탁(contracting out)이다. 정부의 정책적 고려에 의하여 교육내용이 바뀌어야 하는 경우를 제외하고 교육내용이 정형화되어 있거나 지식·기술·이론의 변화에 신속하게 대응할 전문인력이 필요한 프로그램들이 1차적인 외부위탁에 의한 경쟁원리 도입의 대상이다. 예를 들어 외국어교육, 컴퓨터교육, 관리자 리더십 개발, 국가정책의 설계와 관리, 국제협상능력 등이 있다. 이론교육이나 학위과정의 경우 대학과 공동으로 개설하여 교육훈련기관은 실무교육프로그램에 집중하는 것이 2차적인 외부위탁 대상이다. 외국어훈련 등을 민간 타교육훈련기관을 대상으로 교육훈련계획을 입찰(bidding)하여 위탁하는 것이다. 나아가서 바우처 제도 등을 통해 피교육자가 교육기관을 직접 선택할 수 있도록 함으로써 기관간 경쟁을 유인할 수도 있다.

4) 교육훈련의 평가

'공무원이 원하는 양질의 교육서비스'의 목적이 실현된다면, 궁극적으로는 그에 맞게 평가와 운영제도를 변형시켜 나가야 한다. 기존의 운영의 틀(형식, 방식)이 이에 맞추어 발전적인 교육프로그램이 제공되지 못한다면, 그것은 주객이 전도된 것이다.

① 학습효과의 평가

교육훈련체제에서 가장 확실하게 평가되고 있는 부분이 학습효과에 대한 효과성 평가이다. 교육훈련을 마치면 훈련성적이 나와야 그것이 승진후보자의 순위를 결정하는 데 반영되기 때문이다. 학습효과 평가는 교관이 교육참가자의 교육성취도를 측정하는 것으로서 타당성과 신뢰성을 갖출 것이 요구된다. 교육을 통해 지식과 능력의 변화가 생겼으면 그 정도를 정확하게 측정할 수 있어야 하고 그 결과가 일관성 있게 나타나야 한다.

성적 인플레이션이 가장 큰 이유는 앞에서 지적한 대로 훈련성적이 승진에 반영되기 때문이다. 승진결정에 반영되는 다른 요소인 근무성적평정이나 경력평정은 연공서열을 중심으로 결정되는 것이 일반적이다. 따라서 훈련성적의 평가는 비록 승진반영률이 20%이지만 이러한 서열을 깨뜨릴 수 있는 위력을 가지고 있다. 연공이 앞선 공무원은 훈련성적 때문에 밀려나는 일이 없도록 하기 위해, 그리고 연공에서 뒤진 공무원은 훈련성적에서 이를 회복하기 위해 교육훈련에 상당한 관심을 가지게 된다. 이렇게 피교육자의 점수에 대한 높은 관심과, 다른 한편으로 교육기관이나 교관은 교육훈련에서의 성적차이를 가능한 좁힘으로써 평가의 공정성 등의 시비에서 벗어날 수 있다는 두 이해가 결합되어 나타난 결과로 볼 수 있다. 교육기관으로서는 다른 교육기관과의 비교에서 평균점수가 몇 점 낮다든지 하는 경우 앞으로 피교육자 모집에 상당한 애로를 겪거나 수료자들의 불평을 감내해야 하는 어려움 때문에도 성적의 관대화는 초래될 수 있다.

교육기관은 편의주의에 안주하지 말고 적극적인 평가의 자세를 가져야 한다. 교육기관간 평가의 형평성이 문제된다면 승진경쟁이 되는 동일기관 소속 공무원에 대해서는 교육기관을 하나로 통합함으로써 해결할 수 있다. 이 경우에 획일적 교육훈련이 이루어져 오히려 행정의 전문화 시대에 역행하는 결과를 우려할 수 있다. 이 문제는 승진평가를 위한 교육훈련은 누구에게나 공평하게 하나의 기관을 지정하고 기타 타교육기관에서의 교육훈련은 선택적으로 참가할 수 있도록 하되 훈련성적에는 포함시키지 않는 것이다. 이렇게 승진을 위한 교육훈련을 능력발전을 위한 교육훈련과 분리시킴으로써 성적평가에 의한 교육훈련의 본질을 왜곡시키는 현상도 해결할 수 있을 것이다.

② 전이효과의 평가

전이효과에 대한 평가는 상당한 어려움을 동반하고 있다. 가장 쉬운 방법으로 교육 이전의 근무성적과 교육 이후의 근무성적을 비교하는 방식이다. 그러나 대부분의 교육훈련이 2주 정도의 교육이기 때문에 이러한 짧은 기간을 전후하여 근무성적을 평가한다는 것은 불가능한 일이다. 따라서 이 문제와 관련하여는 전이효과의 정확한 측정보다는 일정기간이 경과한 후 사후 교육효과에 대한 의견수렴 내지는 교육훈련을 통해 얻은 학습효과를 최대한 실무에 반영할 수 있도록 교육 이후의 보직관리를 어떻게 하고 있는가에 더 큰 관심을 가질 필요가 있다.

우리나라는 현재 교육을 수료하면서 작성하는 피교육자 반응평가와 교관에 의한 성적평가가 전부이고, 교육훈련의 전이효과에 대한 사후평가는 이루어지지 않고 있다. 또한 보직관리 측면에서도 전이효과의 발휘가 어렵게 되어 있다. 즉 순환보직제도로 인해 직무교육을 통해 해당분야의 전문지식을 습득했다 하더라도 1~2년 내에 다른 직무를 담당하게 되는 경우가 많이 발생한다.

이러한 문제를 해소하기 위해서는 교육수료 후 1년 정도 시간이 경과한 후 직접 교육을 받았던 공무원을 대상으로 설문조사를 통해 교육훈련의 유용성과 교육 후의 보직관리에 대한 평가를 시도할 필요가 있다. 때로는 1년 단위로 교육과정 이수자를 교육원에 하루 소집하여 세미나 형식의 평가회를 가지는 것도 검토할 수 있을 것이다. 특히 해외 고등교육기관이나 훈련기관에서 1년 이상 전문교육을 받고 돌아온 공무원에 대하여는 전문능력을 최대한 발휘할 수 있도록 기관장의 특별한 보직관리가 요구된다.

東西古今公私

5급 공채합격자, 교육과 첫걸음

민간에서의 전문성을 인정받아 지난해 '민간경력자 5급 일괄채용시험'에 합격한 47명의 신임사무관들이 교육을 마치고 오는 17일부터 24개 부처에서 업무를 시작한다.

민간 전문가들이 공직에 원활히 적응할 수 있도록 공직 가치 확립과 정책기획 및 지도력(리더십) 역량 제고에 중점을 두고 운영한 이번 교육은 대면과 비대면 교육을 혼합한 형태로 9주 동안 운영됐다.

대전 카이스트를 방문해 연구실에서 직접 인공지능과 로봇 기술의 현재를 살펴보고 미래를 조망해보는 등 대한민국의 미래 혁신 과학기술과 핵심 국정과제에 대한 이해를 높였다.

올해는 착오 송금 반환제도와 유기 동물 중심의 동물복지종합계획 등 국민생활 밀착형 사례를 바탕으로 정책담당자의 생생한 현장경험 공유와 정책보고서 실습을 통해 현장에서 바로 업무를 수행할 수 있도록 교육했다.

아울러 전·현직 법제관과 함께 법령안 심사 절차를 재연하는 교육과정도 새롭게 운영해 교육생들이 법령 제·개정 절차를 경험해볼 수 있도록 했다.

(이하 생략)

'제68기 신임관리자과정'에는 5급 공채 합격자 중 신규임용 예정자로 총 328명(행정직 236명, 기술직 92명)으로 지난해(306명)보다 22명이나 증가했다. 이중 지역모집은 19명(행정 15명, 기술 4명)이다. 이들 예비사무관의 평균 연령은 27세였으며 최연소 22세, 최고령 43세로 나타났다. 성별로는 남성이 216명(65.9%), 여성이 112명(34.1%)으로 나타났으며 여성은 지난해(40.2%)보다 감소한 것으로 나타났다.

이날 예비사무관들은 입교식과 현충원 참배에 참석하며 공직자로서 첫걸음을 뗐다.

교육은 공직 가치를 체득하고 종합적 정책기획 역량을 배양하며 중간관리자로서 지도력(리더십) 함양에 초점을 맞췄다.

특히 이번 교육은 대면과 비대면 교육을 혼합한 형태와 입교식 전 사전 온라인 학습 후, 심화학습을 진행하는 역진행수업(플립러닝) 방식 등으로 교육과정을 재설계해 교육의 효과성을 높였다.

또한, 예비사무관들이 공직자로서 자부심과 소속감을 갖고 공적 업무의 사회적 영향력과 의미를 자연스럽게 인식할 수 있도록 공직 가치 교육 방향도 정립했다.

이를 위해 주제별 사례 강의를 신설하고, 현장학습과 사회취약계층 대상 봉사활동도 강화했다.

정책 과정은 정책에 대한 이해를 바탕으로 거시적 안목을 키우고 실질적 기획 역량을 배양할 수 있도록 개편됐다.

과정별로 관련 이론과 사례를 집중탐구하고 챗지피티(ChatGPT), 빅데이터와 통계를 활용해 정책입안자로서 문제해결 역량을 개발할 수 있도록 했다.

이 밖에도 ▲부처 간 협업 촉진을 위한 외교관후보자 교육생과의 합동교육 ▲전문기관과의 협업을 통한 직렬별 맞춤형 교육 ▲신규공무원의 원활한 공직 이해와 적응을 돕기 위한 선배 공무원 상담(멘토링), 마음건강관리, 자율동아리 등 다양한 활동도 진행한다.

출처: 법률저널 2023.4.11.과 2023.5.8. 기사 발췌하여 복합.
http://www.lec.co.kr

09 참/고/문/헌

1) 임도빈, 「행정학」, 박영사, 2018, p. 384.

2) Leland G. Verheyen and Louis Olivas, "Attitude Survey Supports Training Needs," *Public Personnel Management*, 1980, vol. 9, pp. 31－35.

3) Daft, Richard, *New Era of Management*, Sout－Wester, 2014.

4) 최영준, 'Success Case Method를 활용한 직무교육훈련 전이핵심 성공요인 탐색', 「직업교육연구」, 제30권 3호, 2011.

5) H.T. Graham and R. Bennett, *Human Resource Management*, 6th ed., London: Pitman Publishing, 1991, p. 216.

6) Stenven W. Hays and T. Zane Reeves, *Personnel Management in the Public Sector*, Dubuque, Iowa: Wm. C. Brown Publishers, 1989, pp. 231－232.

7) 최영준, 전게논문.

8) D.L. Kirkpatrick, "Techniques for Evaluating Training Programs," *Journal of American Society of Training Directors*, vol. 13, 1959, pp. 3－9, 21－26도 이와 유사하게 분류하고 있음. 효과성 평가에 대한 자세한 논의는 Oliver T. Massey, *Evaluating Human Resource Development Programs*, Boston: Allyn and Bacon, 1996 참조.

9) 천대윤, "교육공학관점을 고려한 공무원 교육훈련의 바람직한 방향모색," 「한국행정학보」, 제37권 2호, 2003.

10) 이하영, "인적자원관리가 공무원의 조직몰입에 미치는 영향에 관한 연구: 자기 효능감의 매개효과 및 성과군별 차이를 중심으로," 「한국행정학보」, 51(2): 315－347, 2017.

11) 최영준, 전게논문.

12) 천대윤, 전게논문, p. 127.

CHAPTER 10

인사이동

인사이동은 공무원이 현재의 자리에서 다른 자리로 옮겨 가는 모든 유형의 자리이동을 의미한다. 여기에는 승진, 강임, 전직, 전보, 겸임, 파견, 전입·출 등이 포함된다. 인사이동은 전통적으로 통제의 가장 강력한 수단이었다. 그러나 이제는 통제가 아닌 개인의 능력향상을 위한 발전적 개념으로 받아들일 필요가 있다.[1) 승진과 적재적소의 인사배치를 통하여 각 개인이 가지고 있는 잠재적 능력을 최대한 발휘할 기회를 부여하고 조직에서 일의 성취감을 느낄 수 있도록 하기 위한 수단으로 인사이동을 접근해야 한다. 여기서 한 발 발전된 형태가 경력개발계획(career development plan)이다. 인사이동은 기본적으로 조직을 중심으로 생각하는 개념이다. 즉, 인사이동은 직원의 관리수단으로서의 시각이 깔려 있다. 이에 비하여 경력발전은 종업원 개인이 자신의 경력을 발전시키기 위해 인사이동의 계획을 수립하고 조직이 이를 뒷받침한다는 개인중심의 접근이다. 이러한 현대적 관점을 반영하여 이 장에서는 기존의 인사이동 범주에 속하는 승진과 배치전환에 경력발전을 포함시켜 설명한다.

인사이동의 종류

- **승진·강임·승급**: 상하 직급구조상에서의 직위이동을 의미하는 것으로 승진은 상위직급으로, 강임은 하위직급으로 이동하는 것이다. 강임은 매우 드문 현상이나 보통 징계의 수단으로 사용된다. 승급은 동일한 직급 내에서 호봉이 올라가는 것으로 보수의 인상효과가 있다.
- **전직·전보**: 직무의 책임수준이 유사한 직위간의 수평적 이동을 의미한다. 수평적 이동이 동일직렬 내에서 이루어지는 것이 전보이고 직렬을 넘어서는 것이 전직이다.
- **겸임**: 한 사람이 둘 이상의 직위에 임명되는 것이다. 대학교수를 교육훈련기관의 교관으로 임명하거나 위원회의 비상임위원으로 임명하는 것이 대표적인 예이다.
- **파견**: 기관간 업무의 공동수행이나 업무량이 과다한 타기관의 행정지원 등을 위하여 소속기관을 유지한 채 다른 기관으로 자리를 옮겨 근무하는 것이다.
- **인사교류**: 기관상호간에 직무분야가 유사한 범위 내에서 한시적으로 공무원의 수평적 이동을 허용하는 제도이다. 중앙정부와 지방자치단체 간의 수평적 이동도 있다. 기관상호간에 업무협조를 증진시킬 수 있고 공무원에게 능력발전의 기회를 제공하는 효과가 있다.
- **전입·출**: 행정부, 입법부, 사법부 상호간에 공무원 이동을 말한다. 시험을 거쳐 전입하는 것이 원칙이나 일정조건을 갖춘 경우 시험의 일부 또는 전부가 면제될 수 있다.

1. 승 진

1.1 의 의

승진은 직급사다리상의 상위자리로 이동하는 일종의 신분상승이다. 즉, 계급제를 택하고 있는 우리나라에서는 자리이동과는 관계없이 상위직급으로의 진입을 승진이라고 한다. 직급이 상승하면, 그에 상응하는 상위자리로 인사이동을 한다. 상위자리라는 더 큰 권한과 책임을 요구한다. 상관이 시키는 일을 처리하는 양은 줄어들고, 대신 문제해결이나 예산 사용에 대한 결정을 스스로 내려야 하는 권한이 많아진다. 잘못된 결정과 결과에 대하여는 책임을 져야 한다. 감독해야 할 부하의 수도 많아진다. 그만큼 자신과 동료는 물론 부하직원들간의 인간관계를 유지해야 하는 어려움이 뒤따른다. 이전에 비해 의사결정이나 의사소통 등 새로운 능력을 향상시킬 필요가 더 커진다.

이러한 책임과 권한의 증가에 비례하여 여러 가지 유형적·무형적 보상이 수반된다. 우선 금전적 보수가 늘어난다. 직책수당이 대표적인 예이다. 무엇보다도 승진은 심리적으로 성공 내지 성취감을 맛보게 한다. 우리나라와 같이 신분을 중시하는 사회에서는 무형의 신분상승 효과를 결코 무시할 수 없다. 여러 경쟁자 중에서 승진자로 결정된 것은 또한 다른 사람들로부터 능력을 인정받는 계기가 된다. 직장생활 중에서 승진탈락보다 더 사람을 낙심시키고 실의에 빠뜨리는 일은 드물 것이다. 승진은 단순히 계서제상의 상승이 아니고 공무원들의 신분상승 혹은 욕망의 만족이다. 승진은 단순히 개인차원의 문제가 아니고 조직간 위계관계의 문제이기도 하다. 상급기관일수록 승진의 기회를 더 많이 가짐으로써 하급기관의 공무원을 억누르는 것이다.[2]

승진은 조직차원에서도 여러 의미가 있다.

첫째, 어느 직위에 결원이 생겼을 때 전직·전보의 수평적 이동과 함께 결원을 보충하는 수단이다. 특히 빈 자리를 승진으로 보충하는 경우에 한 자리의 이동에 그치지 않고 결원보충을 위한 연쇄적 인사이동이 발생하여 조직에 생동감을 부여할 수 있다.[3] 예컨대 만약 6급 자리가 하나 공석이 되어 7급에 있던 사람이 승진이 된다면 그 조직에는 최대 10명 정도가 연쇄이동 효과를 맛보게 될 수 있다.[4]

둘째, 승진은 직업공무원제 수립 및 경력발전에 중요한 기여를 한다. 승진을 통해 경력목표의 달성과 자기성장을 확인할 수 있고 직업에 대한 보람도 찾을 수 있기 때문이다.

셋째, 승진은 동기를 유발시킨다.[5] 많은 공무원들은 승진만을 위해 일한다고 해도 과언이 아닐 정도로 중요한 변수이다. 승진된 사람은 자기성취욕과 직무에 대한 만족감이 증가하면서 동기가 더욱 부여되고 다른 동료나 부하직원들에게는 하나의 자극요인으로 작용하게 된다. 조직원들에게는 어느 정도의 기간이 소요되고 어느 정도로 능력을 인정받아야 하는지에 대한 심리적 기대치를 제공함으로써 한편으로는 인내와 다른 한편으로는 노력을 자극하게 되는 것이다.

승진의 관리가 잘 되었을 때에는 이와 같은 긍정적인 효과가 발생하겠지만, 승진이 불공평하게 이루어진 경우에는 한 사람의 승진이 다수의 불만을 야기시키기도 한다. 또한 승진적체가 심하여 오랜 기간 동안 한 직급에만 머무는 경우에도 불만이 높아지고 근무의욕이 상실되는가 하면 이직까지 조장할 수 있다는 점을 유의하여야 한다.[6)]

1.2 승진의 허용범위: 경계의 개방과 폐쇄

결원이 생긴 직위를 놓고 경쟁의 범위를 어디까지 허용할 것인가는 개인이나 조직 모두에게 중요한 문제이다. 경쟁범위를 세분하면 그 경계를 다음과 같이 나눌 수 있다. 최광의의 범위는 민간부문을 포함한 모든 자격 있는 사람에게 공직을 개방하는 것이다. 다음으로 정부 내로 폐쇄하지만 부처의 구분 없이 개방하는 것, 부처 내로 한정하지만 직렬 구분 없이 경쟁을 허용하는 것이 있을 수 있다. 가장 좁은 경쟁의 범위는 동일부처 내에서도 동일직렬 내로 한정하는 것이다. 이러한 영역은 결국 공직·부처·직렬의 세 경계를 중심으로 개방과 폐쇄의 논쟁을 야기시킨다.

1) 공직경계

만약 승진의 범위를 공직내부로 한정시킨다면, 직업공무원제 확립에 도움이 된다. 기존의 공무원들에게 더 많은 승진의 기회를 주기 때문에 사기를 진작시킬 수 있고, 젊고 유능한 인력을 공직에 유도할 수 있다. 상급직으로 승진할수록 하위직에서 축적된 경험을 바탕으로 직무감독이나 인간관계를 원만하게 유지하는 데 유리하다. 반면에 공직폐쇄로 인한 정체현상이 일어나 외부환경의 변화(전문지식, 기술 등)를 수용하고 이에 적절히 적응할 능력이 부족하다는 것이 가장 큰 단점이다.

외부 개방의 문제는 고위직과 중간직으로 나누어 논의할 수 있다. 우선 고위직에서의 문제는 신분이 보장되는 일반직과 정치적으로 임명되는 정무직과의 경계에 관한 문제이다. 즉, 기존의 직업공무원에게 어느 정도까지 폐쇄적으로 승진을 보장해 줄 것인가의 문제이다. 이 경계는 행정의 민주성과 전문성 그리고 대응성과 안정성에 많은 영향을 주게 된다. 정무직의 영역이 확대되고 직업공무원이 갈 수 있는 범위가 줄어질수록 공직의 민주성과 대응성은 높아지는 반면 정치적 성향의 사람들의 과도한 행정직진입으로 행정의 전문성과 안정성이 손상을 입게 되고 행정업무가 정치화되는 부작용을 낳기도 한다. 반대로 직업공무원의 승진범위가 높아질수록 공직의 전문성과 안정성은 높아지겠지만 국민의 요구에 대한 대응성과 정치적 책임성을 확보하기가 힘들고 공직의 폐쇄화·경직화로 인해 오히려 비능률이 증대될 우려가 있다. 이와 관련하여 현재 3급 이상의 고위직 자리에 고위공무원단 제도를 도입하여 외부인력의 유입보다는 공무원들간 경쟁을 유도한다. 부작용으로는 고위공무원단 공무원간 치열한 자리경쟁으로 이들이 정치화(politicization)된다는 것이다.

또 하나의 쟁점은 중간직에서 신규채용을 어느 정도로 허용할 것인가의 문제이다. 개별직위에 대해서 개방·폐쇄의 문제가 아니라 직급 전체에 대한 개방의 범위를 결정하는 문제이다. 즉 입직계급에 대한 경쟁선발규모를 어느 정도로 하느냐에 따라 하위계급군에서의 승진의 문호가 영향을 받게 된다. 특히 5급 행정고시 채용인원이 문제가 될 수 있다. 7급이나 9급으로 공직에 들어가는 경우 승진의 가장 큰 고비는 5급 승진이다. 따라서 6급 이하의 공무원들은 고시채용규모를 줄여 자신들의 승진기회가 보다 확대되기를 기대한다. 반면에 고시 출신들은 공직의 질적 수준을 걱정하여 고시채용규모를 늘일 것을 주장한다. 경력을 바탕으로 한 공직의 안정성과 외부유입에 의한 공직의 변화간에 형평을 찾는 지혜가 필요할 것이다.

2) 부처간 경계

다음으로 타부처의 공무원에게 승진기회를 부여할 것인가의 문제가 제기된다. 즉 결원이 생긴 경우 해당부처 내의 공무원에게만 경쟁을 허용할 것인지 아니면 타부처에도 똑같은 기회를 줄 것인지에 따라 인사관리상의 효과가 서로 다르게 나타난다. 폐쇄형 승진이 필요한 이유는 다음과 같다.

첫째, 부처내 분위기상 저항을 최소화할 수 있다. 공무원뿐만 아니라 모든 조직구성원들은 타부처에서 승진해 오는 것은 물론 타부처로 승진되어 가는 것도 조직의 안정을 파괴하는 것으로 받아들이는 경향이 있다. 공무원들은 부처 내의 모든 자리를 자신들만의 독점권 내지 소유권으로 생각해 오고 있다는 것이다. 계급제에서 승진이 적체되어 있는 경우에는 더욱 그렇다. 대부분의 부처 내 공무원들이 결원이 나기만을 기다려 오던 차에 다른 곳에서 승진되어 보충된다면 기득권을 박탈당한 것으로 생각하기 쉽다. 더구나 고위직에서의 공석은 부처 내 승진이 될 경우 연쇄적 승진효과가 있기 때문에 다른 곳에서 승진되어 오게 되면 박탈감은 더욱 커지게 된다.

둘째, 비록 직렬이 같다 하더라도 부처가 다른 경우 업무적응상에 문제가 있다. 직렬과 상관없이 동일부처에 소속된 공무원들은 부처 나름대로의 조직문화와 업무수행 스타일을 형성하기 때문에 단순히 직무의 성격이 같다고 해서 부처간 승진진입을 허용하는 것은 불합리하다는 이유이다. 기본적으로 타부처의 승진진입이 허용되는 경우 우려되는 것은 사기를 저하시키고 팀워크를 깨뜨릴 가능성이 높다는 것으로 요약할 수 있을 것이다.

그러나 부처경계를 넘어서 승진을 불허하는 것도 나름대로 정당성을 갖는 반면에, 그에 따른 단점도 지적할 수 있다.

첫째, 부처 공무원들을 '우물 안 개구리'로 만들 가능성이 높다. 부처의 전통과 관행이 계속 이어지기 때문에 정책문제를 보는 시각이 좁아지고 변화에 대한 적응력이 부족하게 된다. 조그만 우물 안에서 같은 사고와 행동양식을 가진 사람들끼리 동종교배(inbreeding)의 현상을 일으키면서, 다양성과 창의성으로 확장·번식되어 가는 것이 아니라 경직과 침체의 질적 저하를 가져오기 쉽다.

둘째, 부처간 승진의 불균형이다. 부처간 결원의 차이가 생기고 이에 따라 실제로 승진에 소요되는 연수가 차이나게 마련이다. 우리나라와 같이 공개채용시험을 거쳐 여러 부처에 임명되는데, 시험동기들간의 지나친 승진 불균형은 공무원의 불만을 가져온다.

승진에 있어 부처경계의 개방 범위는 이러한 장단점의 단순 비교보다는 상황적 특성을 보는 것이 훨씬 설득력이 있다. 상황적 특성으로는 승진심사에 필요한 적합한 자료의 확보와 부처규모, 그리고 수행하는 업무의 동질성 정도를 생각할 수 있다. 승진심사는 각 직급에 따라 차이는 있으나 대체로 근무성적과 경력을 고려하게 된다. 이 때 각 부처간 근무성적과 경력의 평가가 동일한 기준에 의해 객관적으로 평가된 것이 아니면 상호 비교평가가 곤란하다. 특히 부처간 전체 공무원의 능력에 차등이 있을 경우 이를 고려하기가 힘들다. 이러한 경우 차이를 무시하고 부처간 승진을 개방시키기는 곤란할 것이다. 또 하나의 상황적 특성으로 부처 규모이다. 우수한 자원을 선발하기에 충분할 정도의 하위직급이 있을 때에는 내부승진의 잠재인력이 그만큼 크다는 것을 의미한다. 즉 조직규모가 클수록 내부선발로 인한 공무원의 질 저하 문제는 야기되지 않을 것이다.

이상의 두 상황적 특성과 함께 모집과정의 부담을 고려할 필요가 있다. 타부처 경쟁을 허용하는 경우 동등한 기회가 부여되도록 모든 결원의 보충에 대한 정보를 공개하고 접수하는 절차가 필요하다. 이렇게 되면 중앙인사기관의 업무부담이 지나치게 많아질 것이 확실하다. 더구나 모든 부처의 공무원이 승진기회가 많아짐에 따라 지원횟수와 실패횟수가 늘어나게 된다. 승진에 대한 지나친 관심과 실패의 후유증으로 인해 오히려 현재의 직무수행에 지장을 줄 우려가 있다.

일반직과 특정직 고위공무원의 승진 임용절차

심사절차	일반직 고위공무원단 (종전 1-3급)	특정직 고위직 공무원
자체적인 인사심사	• 보통승진심사위원회의 승진심사	• 검사는 검찰인사위원회(외부위원 2인 이상 포함) • 경찰공무원은 중앙승진심사위원회(내부위원으로만 구성) • 소방공무원은 소방공무원인사위원회 • 외무공무원은 외무인사위원회(외부위원 1인: 임의규정), 공관장 적격심사위원회(전원 공무원으로 구성: 5인 이상의 외무공무원과 관계부처 공무원 3인) • 군인의 경우, 추천심의위원회와 제청심의위원회(전원 내부인사)
상설 독립기관의 인사심사	• 중앙인사기관	• 해당 없음
인사검증	• 청와대 인사추천 회의 의절차 없이 공직기강 비서관실의 일상적 검증 • '정무고위직 인사 검증법'에 의한 고위공직자 인사검증 적용 예정	• 인사수석실의 후보추천→ 민정수석실의 검증 인사추천회의의 심의(추천과 검증의 분리) • 인사추전회의의 대상: 장·차관급, 산하 기관장, 정부위원회 위원, 특정직 등
소속장관의 제청	• 각부 장관의 제청	• 법무부장관, 경찰청장, 소방청장, 외교통산부장관, 국방부 장관의 제청 ※ 군인의 경우, 대장의 진급은 국방부 장관의 추천으로 국무회의의 심의
임명권자	• 대통령	• 대통령

자료: 최순영(2006), "특정직 고위직에 대한 인사심사,"「행정논총」제49권 제 3 호 수정.

우리나라에서도 현재 기본적으로는 부처간 승진이동을 허용하지 않고 있다. 다만 6급에서 5급으로의 승진에 있어 공개경쟁을 허용하고 있다. 일반승진이 소속부처 공무원간 경쟁인 반면, 공개경쟁승진은 부처 구분 없이 승진소요 최저연수(4년)를 2년 초과한 6급 공무원을 대상으로 하기 때문에 이 시험에 합격하는 경우 다른 부처로 승진 임명될 수 있는 길이 열려 있다. 이 제도는 필요시 부정기적으로 운영되고 있다.

이제는 이러한 부처간 경계를 점차 완화시켜 나가야 한다. 직위공모제가 대표적인 예이다. 직위공모제란 인사행정의 투명성과 공정성을 높이고 우수고급공무원의 범정부적 활용을 극대화함을 목적으로 실·국장 직위의 결원이 생겼을 때 소속장관이 우수인재의 유입 등이 필요하다고 판단되는 경우에 당해 기관이나 더 나아가 다른 행정기관의 소속공무원까지를 대상으로 해당 직위의 직무수행요건 등에 맞는 적격자를 널리 공개 모집하여 충원하는 제도이다.

3) 직렬경계

직렬간 이동을 금하는 것이 원칙이다. 직무의 성격이 다른 직위에 승진을 허용한다는 것은 전문성을 강조하는 직렬구분의 원칙을 훼손하기 때문이다. 문제는 직렬에 포함된 직위 수가 많지 않아 직렬 내에서만 승진을 허용하는 경우 고위직에의 진입 기회가 제한된다는 점이다. 특히 문제가 되는 직렬이 기술·연구직이다. 특히 우리나라에서는 일반행정직 공무원이 고위 정책결정계층의 절대다수를 차지하고 있다. 반면에 기술·연구직은 동일직렬 내에서 승진이 허용되기 때문에 각 기관에서 차지하는 인적 비율이 작은 한에는 높은 직위까지의 승진이 불가능하다. 영국과 같은 경우 행정계급군에 대한 전통적 우대 때문에 오래 전부터 기술·연구직의 정책결정계급에 대한 진입제한이 논란이 되어 왔다.* 전문지식을 가진 이들이 정책수립과정에서 제외된다는 것이 행정의 전문화가 더욱 요구되는 현 시대에 맞지 않는다.

우리나라에서도 기술·연구직의 승진상 공정성 문제가 계속 제기되고 있다. 정보와 기술이 고도화되어 감에 따라 기술·연구직이 정책결정에 기여할 수 있는 기회가 확대되어야 할 것이다. 그러기 위해서는 중간계층까지는 직렬의 구분을 지

---

* 영국에서는 1970년대 들어 이러한 차별을 과감히 철폐하였다. 직업공무원으로 오를 수 있는 고위직 7계급은 교육배경이나 행정직이냐 기술직이냐의 이전 경력에 구분 없이 직무에 가장 적합한 사람을 경쟁을 통해 뽑도록 하였다.

켜 전문화를 유도하되 고위 정책결정계급에서는 직렬간 구분을 없애 전문지식을 갖춘 기술·연구직의 적극적인 활용이 바람직하다.

1.3 승진의 기준: 연공서열 대 실적

승진의 기준으로서 가장 널리 이용되면서도 항상 논쟁 속에 있는 것이 연공서열(seniority)과 실적(merit)이다.

1) 연공서열기준

연공서열에 의한 승진은 조직에 들어와서 '몇 년을 근무했느냐'라는 연수를 기준으로 자동으로 승진시키는 것을 말한다. 가장 객관적이면서도 간단한 승진기준이다. 어떠한 정실이나 인사청탁도 개입할 여지가 없이 승진이 결정된다. 조직에 질서와 안정이 유지되고 상의하달식 명령체계가 확립되어 단순 집행업무수행의 경우에 능률성을 확보할 수 있다.

그러나 연공서열기준이 능력의 차이를 무시하게 된다면 여러 가지 부작용을 낳을 수밖에 없다. 무엇보다도 능력을 가진 신규직원이 열심히 일할 의욕이 생기지 않는다. 누가 오래 근무했느냐가 중요한 승진기준이 된다면, 성적 좋은 사람의 동기를 떨어뜨려 하향평준화시키는 결과를 가져올 것이다.

연공서열주의는 승진후보자들간에 능력의 차이가 없을 때 가장 유용한 방법이다. 고도의 기술과 지식 또는 책임이 요구되는 직위에서는 능력의 차이가 나타나게 마련이다. 따라서 연공서열주의는 고위직이나 전문직보다는 하위직에서의 단순 기능업무를 수행하는 경우에 적합하다.[7] 근무연한에 따른 경험의 축적이 직무수행이나 조직공헌도의 가장 중요한 척도가 될 수 있기 때문에 연공서열의 장점이 나타날 수 있다.

2) 실적기준

이미 실적주의에서 논의한 바와 같이 실적이라는 말에는 여러 가지 의미를 가지고 있다. 승진기준으로서의 실적은 결과로 나타난 직무수행실적이나 시험성적을 말하기도 하고, 그러한 결과의 원인역할을 하는 능력을 말하기도 한다. 실적을 승진의 기준으로 사용하게 되면 당연히 개인의 실적 내지 능력에 따른 경쟁의 원리가 적용되는 셈이다. 경쟁의 원리는 성공적인 직무수행을 요구하는 조직의 이해와 부합된다. 연공서열주의와는 달리 실제 일한 만큼, 능력이 있는 만큼 승진의 대가를 받기 때문에 능력 있는 사람에게 동기부여의 효과가 있고 결국 경쟁력 있는 정부를 만드는 데 도움이 된다.

실적기준을 적용함에 있어 실적평가라는 어려운 과정이 성패를 좌우한다. 실적평가는 최종성과물을 측정할 수도 있고 성과물에 기여한 사람의 능력이나 태도를 포함시켜 측정할 수도 있다. 시험에서와 마찬가지로 측정의 타당성과 신뢰성의 확보가 가장 큰 관건이 된다. 그런데 실적평가는 어디까지나 사람이 내리는 것이

표 10-1 승진제도 비교

구분	연공서열주의	실적주의
초점	사람(계급)중심	직무수행능력중심
승진변수	근무연수, 경력, 연령	직무수행능력, 성과
지지집단	중하위직, 연장자, 노조원	관리자, 젊은층
사회·문화적 전통	유교적 가족주의 집단주의 장유유서	개인주의 계약제 실적주의
장점	비용 저렴 승진예측가능성 객관적 기준	개인간 경쟁을 통한 동기부여
단점	고성과 하위직의 동기부족	조직내 갈등·긴장 평가의 객관성 담보곤란

고 여기에는 주관성이 개입될 여지를 항상 가지고 있다. 아무리 평가방법을 고도화한다고 해도 그 실효성이 의심될 수밖에 없다.8) 실제 능력과는 달리 평가자의 주관이 개입된다면 승진은 왜곡되고 근무실적향상은 기대할 수 없다. 또한 승진누락자에게는 실망과 불만을 안겨 주게 되고, 승진후보자가 아닌 구성원들에게까지 승진제도 자체에 대한 불신을 일으키며, 이들의 행동을 실적향상보다는 평가자와의 인간관계 유지쪽으로 왜곡시킬 수 있다.

실적기준 승진은 또한 공동체의식이나 협동정신을 바탕으로 조직이 움직이는 문화에서는 집단의 결속력을 해칠 수 있다. 상호신뢰를 바탕으로 어느 정도의 능력부족을 이해하고 경험을 고려하여 승진이 허용될 때, 경쟁에서 낙오될 확률이 더 높은 대부분의 사람에게 받아들여질 수 있다. 특히 업무의 유기적 협조가 필수적인 행정에서는 경쟁만을 최선의 가치로 보기 힘든 면이 있다. 이러한 이유 때문에 어느 조직이든 연공서열이나 실적의 한 기준에만 의존하지 않고 업무성격이나 직급에 따라 두 기준을 적절히 조화시키는 지혜를 발휘하고 있다.

우리나라는 일반승진, 특별승진, 근속승진, 공개경쟁승진의 네 종류 승진제도를 가지고 있다. 이 중에서 특별승진과 공개경쟁승진은 실적에만 의존하는 승진제도로 볼 수 있다. 공무원이 승진후보가 되려면 연공서열요소인 최소한의 근무연수(승진소요 최저연수)를 채워야 하는데 특별승진은 이러한 제한의 적용을 받지 않는다. 공개경쟁승진은 승진요건을 갖춘 6급 공무원들을 상대 비교하여 5급으로 승진을 결정하고 있다. 근속승진은 근무연수만을 기준으로 허용하는 것으로 일반직 및 기능직의 8급 이하 하위직 공무원에게 적용된다.

우리나라에서 승진의 가장 일반적 형태는 일반승진이다. 이 중에서도 5급 이하 공무원의 승진에서는 경력, 근무성적, 그리고 훈련성적을 적절히 배합하고 여기에 가점제도를 활용하고 있다. 경력은 승진예정직위와 유사한 직렬에서 몇 년이나 근무했는가를 중심으로 평가되는 것으로 연공서열기준이 반영된 것이다. 나머지 근무성적, 훈련성적, 자격증, 특수지 근무경력, 실적 등은 모두 성적·능력·노력의 형태로서 실적기준에 해당된다.

물론 이러한 배점비율은 실제 평가가 어떻게 이루어지느냐에 따라 형식적인 장치에 불과할 수도 있다. 경력점수는 근속기간 중 객관적 기준에 따라 산정하도록 되어 있어 주관의 개입 여지가 별로 없다. 그러나 근무성적에 대해서는 얼마든지 주관적인 평가가 작동할 수 있다. 우리나라의 승진제도에서는 오래 근무한 공무원이 1차적으로 유리한 경력점수를 확보하고 있기 때문에, 상관은 전략적으로 경력점수를 고려하여 근무성적을 평가할 가능성이 높다. 즉, 승진자를 미리 정해 놓고, 여기에 점수를 맞추는 '역산제'가 문제이다. 역산제에서는 각종 평가가 형식에 불과한 것으로 행정력 낭비라고 할 수 있다.

승진의 종류

- **일반승진**: 임용권자가 인사평정 또는 승진후보자명부의 순위에 의하여 적격자를 승진임용하는 방법이다. 5급 공무원에로의 승진은 승진시험에 의한 것과 소속장관의 결정에 따라 시험이 아닌 승진심사위원회의 심사만에 의한 것이 있다.
- **공개경쟁승진**: 5급으로의 승진에 적용되며, 부처 구분 없이 승진자격을 갖춘(승진 소요 최저연수 4년을 초과한) 6급 공무원을 대상으로 공개경쟁승진시험의 성적에 의하여 결정한다. 부처간 승진기회의 불균형을 해소하기 위한 제도이다. 공개경쟁승진 합격자는 행정고시와 마찬가지로 다른 결원보충방법에 우선하여 임용하여야 한다.
- **특별승진**: 정부가 정하는 포상을 받은 자, 획기적인 제안을 한 자, 탁월한 직무수행으로 그 공헌을 인정받은 자는 일반승진의 제약을 받지 않고 승진할 수 있게 하여, 동기부여를 하고 있다. 또한 공무중 사망하거나 명예퇴직을 앞둔 공무원도 특별히 공적이 인정되는 경우에 1계급 승진할 수 있다.
- **근속승진**: 동일직급에서 일정기간 근무한 경우 직급별 정원에 상관없이 승진을 허용한다. 예를 들어 9급으로 11년 이상, 8급으로 7년 이상, 9급으로 5년 6개월 재직한 공무원은 각각 상위직급으로 근속승진할 수 있다.

1.4 승진에 관한 두 가지 관점

1) 승진 열망

인사철만 되면 '승진이동을 누가하느냐'라는 문제로 조직이 어수선해진다. 승진자리는 한정되어 있는 반면 승진희망자는 너무 많기 때문이다. 김영란법이 시행된 이후에도 승진관련 뇌물이 오갔다는 사건이 보도되는 것을 보면, 승진경쟁이 얼마나 치열한지를 알 수 있다. 여기서는 승진제도 전체에 대한 문제점으로 항상 지적되고 있는 승진의 공정성과 승진적체의 문제를 검토하고자 한다.

무엇보다도 중요한 문제는 승진의 공정성 확보이다. 공무원을 대상으로 한 설문조사에서 항상 승진의 공정성에 대한 불만이 매우 높게 나타나고 있다. 우선 승진후보자의 인사청탁과 인사권자의 정실인사가 아직도 불식되지 않고 있다. 승진이 너무 어려우니 과열경쟁이 일어나고, 승진희망자보다 실제 승진하는 자의 수가 훨씬 적으니 1명이 만족하고 10명이 실망하는 구조이다. 공무원들 자신들이 보는 승진공정성이 각기 다르기 때문이다. 승진을 둘러싸고 갖가지 음해성 루머가 도는 것이 이러한 맥락에서 이해된다.

또한 관행적으로 연공서열을 먼저 고려하고 그에 따라 근무성적을 정하는 역산식 평정의 방법은 잔존하고 있다. 경력점수가 높은 부하에게 높은 근무성적을 줌으로써 승진의 가능성을 높여 보려는 상관이 있는 한, 아무리 정교한 승진평가제도를 만들어도 결과는 과거와 동일하다. 괜히 제도만 복잡하게 할 뿐이다. 이러한 측면에서 근래 승진결정에 있어 기관장의 결정에 따라 다면평가 등 다양한 평가방식을 도입하도록 한 것은 바람직한 변화라 할 수 있다.

승진문제에 있어 공무원들의 또 다른 관심은 승진적체의 해소에 있다. 인사의 공정성은 주로 승진에서 실패한 사람의 문제이지만 승진적체는 갓 공무원이 된 사람에서부터 심지어는 공직 지망자까지의 관심사이다. 현재 승진에 소요되는 연수는 각 직급별·직렬별·부처별로 차이가 있으나, 대체로 5급 승진부터 10년 내외로 보면 될 것이다.

이러한 승진적체의 원인은 어디에 있는가? 근본적으로 피라미드식 계층구조에서 고위직의 수가 적기 때문에 발생한다. 고속도로 톨게이트(toll gate)와 마찬가지이다. 톨게이트를 통과해서 나오는 차량 수보다 진입하는 차량의 수가 1대라도 많으면 시간이 지날수록 차량의 속도는 느려지기 마련이다. 해결방법은 진입차량을 줄이거나, 중간에 차량을 국도로 빠지게 하거나, 차선을 늘리는 것이다.

과거 1970~1980년대 초반까지의 경제성장과 정부팽창의 시대에는 정부기구의 확장과 산하기관의 신설로 밑에서 올라오는 공무원의 활로를 충분히 열어 줄 수 있었다. 모든 직급에서 비교적 빠른 속도로 승진할 수 있었다. 많은 공무원이 당시를 기준으로 현재의 승진기간과 비교하면서 승진에 대한 상대적 불만이 확대되는 경향이 있어 보인다. 특히 1980년대 중반부터 우리나라에도 작은 정부, 효율적인 정부의 세계적 사조가 유입되고 고위직을 외부에 개방하여 내부인들은 승진할 자리가 줄었다는 느낌을 받는다. 그러나 실제로는 고위직자리가 줄지는 않았고, 늘어나는 속도가 줄었을 뿐이다.[9] 공무원이 심리적으로 느끼는 승진가능성이 낮아지니 승진 스트레스는 높아진다.

근본적인 해결책은 과잉승진욕구, 고속승진욕구를 우선 줄이도록 하는 공무원의 의식전환이 해결책이다.[10] 이와 더불어 정상적으로 출구를 더 만드는 지혜가 필요하다.

첫째는 교육훈련의 이용이다. 단기간의 교육은 효과가 없지만 1~2년의 장기교육을 매년 실시한다면 결국 해당직급의 자리가 늘어나는 효과가 있다. 물론 교육훈련은 승진의 숨통을 트기 위한 수단이 아니라 환경과 기술의 변화, 그리고 직무지식의 변화를 배우고 적응하기 위한 것이다. 퇴직 전 1년 동안 근무하지 않게 하는 공로연수제는 국가에게는 재원의 낭비에 불과하므로 폐지되어야 한다. 예컨대 5급 이상으로 20년 이상 장기근속자에게 능력발전년제(대학교수의 연구년제에 해당)를 실시하여 공무원 스스로 자기발전을 위해 노력할 수 있는 기회를 주는 것도 고려할 수 있을 것이다.

둘째는 계급정년제의 도입이다. 이미 직업공무원제에서도 언급하였듯이 모든 계급에 정년을 도입하는 것은 부작용이 따를 수 있다. 현재로서는 승진의 적체가 심한 5, 6급의 경우를 고려할 수 있다. 20년 이상 장기근속자로 승진의 좌절과 포기로 인해 오히려 공직의 분위기를 무기력하게 만들 가능성이 있는 공무원이 그 대상이 될 것이다.

셋째는 조기퇴직의 유도이다. 특히 상위직들이 자신의 발전을 위해 공직밖으로 나갈 수 있는 통로를 만들어야 한다. 현재의 명예퇴직제도도 주위사람들이 불명예퇴직으로 생각하는 인식을 불식시켜 떳떳한 퇴직이 되도록 해야 한다. 아울러 퇴직가능연령을 더 낮춰서 공직이 적성에 맞지 않는 사람에게 실시하는 희망퇴직제도를 신설하는 것도 생각할 수 있다.

넷째는 프랑스의 경우와 같이 직책과 직급을 분리하는 방법의 도입이 필요하다. 보다 장기적으로는 직급 내지 계급 개념에서 직책 개념으로 바꿀 필요가 있다. 모든 자리에 '몇 급 자리'라는 경직적 운영을 하지 말고, '직무대리', '직무강임'* 등의 개념을 활용하여 융통성 있게 직책을 부여하는 것이다. 이렇게 변화되어 갈 때 승진은 지금까지의 신분이나 지위상승의 개념이 약화되고 대신 승급과 유사한 보수인상의 의미가 커질 것이다. 나아가서 직명을 다양하게 하여 그 위치를 잘 알 수 없게 하는 방법도 생각해 볼 수 있다.

2) 승진기피

그동안 승진은 모든 공직자들이 소망하는 절대우위의 가치라고 여겨져 왔다. 승진이 않될 경우에 직무만족과 조직몰입이 부족한 것으로 생각되어 어떻게 하면 이를 완화하느냐에 연구가 집중되었다. 그러나, 세월이 흐르면서 공무원이 직업에서 추구하는 가치가 다양해졌다.

심리적으로 가장 큰 관심이 어디에 있느냐를 주목할 필요가 있다. 당사자에게 국한된 개인중심 안정추구형, 사회전체의 맥락에서 공헌할 것이 무엇인지 찾아보는 공공중심 의미추구형, 그리고 자기가 속한 조직에서 인정받고 조직을 위해 희생을 마다하지 않는 조직중심 인정추구형 등 세 가지가 있다. 과거에는 공공중심 의미추구형과 조직중심 인정추구형이 지배적이었다고 할 수 있다.

---

* 이는 어의상으로는 불명예스러운 감이 있다. 복수직급제가 사실상 이에 해당한다.

그러나 선진국에서 태어나서 적은 숫자의 형제자매로 성장한 세대는 승진에 대해서 다른 가치관을 가지는 것이 당연한지도 모른다. 특히 밀레니엄 세대이후는 그 가치관이 다르다. 밀레니엄세대는 개인중심 안정 추구형이 가장 많고, 다음으로 공공중시 의미추구형이 많다.[11)]

지방이전을 한 공공기관의 경우를 연구한 논문을 보면, 승진기피현상이 현실로 나타난다. 그동안 간부 일반승진 시험은 모든 사람들이 선호하는 것이었다. 그런데 밀레니엄 세대의 시험지원 비율은 2014년 80% 정도에서 2020년 23%까지 떨어지는 등 지원자체가 급격히 감소하고 있다.[12)] 나아가서 30세 이상의 세대도 마찬가지로 승진 시험 자체의 지원이 줄어들었음이 숫자로 나타난다.

승진기피의 가장 큰 이유는 소위 워라벨이 붕괴되는 반면, 성공확율이 낮은 승진시험을 준비하는데에 대한 심리적 부담이다. 10명중 한 두명밖에 승진할 수 없는 확률인데, 이를 위해 평균 10여년을 직장에 몰입하여 평소에 상사들에게 긍정적 평가를 받아야 한다는 부담이다. 높은 승진경쟁에서 승리하기 위해서는 가정생활의 안정도 일부 포기하고, 야근 등 격무도 감수하고, 집에 있는 시간이 거의 없어질 수 있다는 점이 문제이다. 차라리 마음 편하게 직장생활과 가정생활을 즐기며 의미를 찾자는 생각이다.

승진직후에는 자기가 원하는 자리에 임용되지 못하고, 한직이나 다른 하부기관에 배치되는 문제도 승진기피의 요인이다. 다른 지방근무는 더욱 문제시 된다. 예컨대 H 공기업의 경우, 수도권에 배치된 사람의 경우, 승진하면 본사가 있는 지방에 최소 6년 동안 발령되어 살아야 하기 때문에 가족과 떨어져 사는 것이 육아 교육 면에서도 매우 큰 부담이 되는 것이다.

승진하여 간부가 되면 얻는 것도 있지만 잃는 것도 많다. 예컨대, 공공기관의 경우, 직원일 때는 노조의 강력한 보호막이 있었는데, 승진하면 오히려 상사의 눈치를 보는 샌드위치 세대가 되는 것이다.

2. 배치전환

2.1 의 의

배치전환(reassignment transfer)은 보수나 계급의 변동 없이 수평적으로 자리를 옮기는 것을 말한다. 배치전환은 기관을 중심으로 볼 때, 중앙정부의 부처간, 중앙정부와 지방자치단체, 그리고 지방자치단체간에 이루어지는 수평적 인사교류로 유형화할 수 있다. 중앙인사기관이나 각 광역자치단체에서 일괄적으로 신규공무원을 채용하는 경우 시험 전에 생각했던 기관이나 적성에 맞는 자리가 아닌 곳에 임명될 가능성이 매우 높다. 따라서 이들 기관간에 인사교류를 허용하는 것은 이들 공무원의 능력발전뿐만 아니라 기관의 직무수행 향상을 위해서도 매우 유익한 것이다.

인사교류보다 훨씬 많이 이용되고 있는 배치전환의 유형이 전직과 전보이다. 전직·전보는 직무의 성격을 달리하는 직렬의 경계를 넘는가의 여부로 구분된다. 전직은 직렬의 경계를 넘어 다른 직렬의 동일계급으로 이동하는 것이고, 전보는 동일직렬 내에서의 수평적 이동이다. 전직과 전보의 구분 의미는 무분별한 배치전환에서 오는 부작용을 막기 위해서이다. 즉 직무의 성격이 다른 직렬까지 아무런 제약 없이 이동이 가능하면 행정의 전문화를 저해하고 청탁이 개입될 여지가 많게 된다. 따라서 직렬을 변경하는 전직의 경우에는 전직시험을 통해서만 한정함으로써 전직의 남용을 차단시키고 있다. 대체로 승진기회가 낮은 기술직이 행정직으로 전직을 희망하는 경우가 많다. 그러나 이는 기술직으로 공직에 들어올 때의 계약을 바꾸는 것이므로 신중해야 한다. 기술직우대를 해야 하는 것은 또 다른 차원의 얘기이다.

2.2 용 도

배치전환은 초임보직이나 선발에서의 불완전을 바로잡을 수도 있고, 새로운 자리에서 새로운 마음으로 개인의 능력을 최대한 활용할 수 있는 유용한 제도이다. 배치전환의 용도는 보다 구체적으로 조직과 개인의 두 측면에서 검토할 수 있다.

1) 조직차원

조직차원에서는 배치전환을 통해 우선 인사관리의 융통성을 확보하여 조직의 성과를 높일 수 있다. 기관을 책임진 사람입장에서는 필요한 사람을 적재적소에 배치하여 조직의 효과성을 극대화하는 것이 필요하다. 똑같은 인적자원을 가지고 단순히 사람의 배치를 변화시킴으로써 조직의 성과를 높일 수 있다면 바람직한 것이다. 교육훈련에서도 얘기된 것이지만 구성원의 실적이 좋지 않다고 하여 무조건 훈련을 시켜 능력을 향상시켜야 한다는 접근은 옳지 않다. 단순히 다른 기술과 능력을 필요로 하는 직무를 부여함으로써 얼마든지 생산성이 향상될 가능성을 가지고 있다. 배치전환의 유형 중에서 특히 전보가 융통성 측면에서 가장 효과가 크다고 할 수 있다. 전직은 오히려 최고관리자의 자의적인 융통성 발휘를 통제하기 위한 제도로 보아야 한다.

배치전환은 조직의 환경변화에 적응하기 위해서도 필요한 제도이다. 조직의 환경변화에 따라 구조는 끊임없이 변화한다. 조직이 커지기도 하고 작아지기도 한다. 전체적인 조직의 크기는 같지만 내부적으로 직위의 배열이 달라지기도 한다. 새로운 조직이 생기거나 기존의 조직이 없어질 때 새로운 충원이나 해고를 하지 않고 기존의 인원을 달리 배치하는 것이 저항을 피하고 비용과 노력을 절감하는 방법이다.

배치전환 또는 순환보직은 부패방지라는 부수적 효과가 있다. 한 직위에 오래 근무하게 되면 시민과 친숙한 인간관계를 유지하게 된다. 특정인과 친숙하여 청탁을 거절하기 어려워질 가능성이 높아진다. 또한 직무의 허점까지도 파악하게 되어 부정의 가능성은 높아진다. 순환보직은 한 직위에서의 최장 근무기간을 제한함으로써 의도적으로 고객과의 밀착관계를 막으려는 것이다. 경찰, 세무공무원 등 공직부패의 우려가 높은 직렬에 더욱 필요한 제도이다.

순환보직은 또한 형평성의 실현을 위해서 필요하다. 어느 기관이든 직무분석이 잘 되어 직무의 배분이 균등하게 이루어져 있지 않은 것이 보통이다. 같은 성격의 직무라 하더라도 근무지에 따라 또는 근무부서에 따라 일의 양이 다르고 때로는 질적인 차이까지 나게 마련이다. 같은 직급의 자리라도 동사무소에 근무하는 것과 구청에 근무하는 것이 다르고, 시내 초등학교에 근무하는 것과 산간벽지 분교에 근무하는 것이 다르며, 일선 파출소에 근무하는 것과 경찰청에 근무하는 것이 다르다. 이와 같이 근무조건이 차이가 나는데, 한 장소나 부서에서만 오래도록 근무하게 하는 것은 근무의 형평성에 어긋나는 것이다.

배치전환은 인간관계의 갈등을 해결하는 수단으로 쓰이기도 한다. 조직생활은 공동생활이기 때문에 인간관계상 문제가 생길 수 있다. 업무관계이든 사적인 관계이든 많은 접촉을 하다 보면 여러 가지 이유에서 갈등의 관계에 놓일 수 있다. 갈등관계로 인해 업무협조가 이루어지지 않는다든지, 상대방에 대한 비방으로 조직분위기를 흐린다든지 하면 결국 조직 전체에 해로운 영향을 가져오게 된다. 조직의 관리자는 이러한 때 업무상 접촉이 필요 없는 부서나 아니면 지역적으로 완전히 떨어진 부서로 한 사람을 배치전환시킴으로써 갈등문제를 해결할 수 있다.

끝으로 배치전환은 승진의 숨통을 트거나 승진기회의 균등을 위해서 필요할 때가 있다. 특정 직위에 어느 한 사람이 너무 오래도록 자리를 지키고 있으면 그 부서의 능력 있는 공무원이 승진의 기회를 갖지 못한다. 이런 경우 한 자리에 장기근무한 사람을 다른 수평직위에 임명하고 바로 밑에 사람을 승진시켜 그 부서의 숨통을 트이게 하는 것이다. 즉, 같은 직급의 자리라도 한직과 요직이 있어서 수평적으로 이동하다가 승진하는 'Z형 이동'이 일반화되어 있다.[13] 때로는 기관간에 승진소요연수가 현격하게 차이가 나는 경우 이의 형평을 위해서 기관간 교류를 시도할 수 있다.

2) 개인차원

앞에 언급하였듯이 첫 보직이 마음에 들지 않게 배정된 경우가 있을 수 있고, 첫 보직은 괜찮았다 하더라도 계속 근무를 해 가면서 새로운 관심분야가 생겨날 수도 있다. 이 때 개인의 입장에서는 일하면서 보람을 맛볼 수 있고 능력을 더 인정받을 수 있는 자리로 옮길 수 있는 기회를 갖기를 누구나 원하게 된다. 특히 경력발전의 계획을 가지고 있는 경우 인사교류나 전직의 활용은 필수적이다. 경력상의 성공목표를 달성하기 위해서는 여러 다양한 직무의 경험이 보장되어야 한다.

배치전환은 또한 개인의 능력발전 기회를 제공한다. 특히 이러한 목적으로 배치전환을 제도화한 것이 순환보직(job rotation)이다. 순환보직과 같이 조직에 의해 계획된 배치전환은 특히 그 구속력이 강하다. 순환보직은 다양한 직무에 대한 경험기회를 부여함으로써 폭넓은 능력을 발전시킬 수 있다. 기능이나 지역을 달리하는 직위에 근무케 함으로써 각 조직단위에 새로운 아이디어와 참신한 변화를 기대할 수 있다.

개인의 배치전환요구가 항상 능력발전의 순수한 목적만으로 발생하는 것은 아니다. 때로는 단순히 개인의 생활근거지나 생활비 등을 고려하여 특정지역의 근무를 원하기도 하고, 직장 내 다른 사람과 불편한 관계를 피하기 위해 배치전환을 활용하기도 한다. 더구나 다른 기관이나 직렬에서 승진이 더 빠르고 사회적 평가가 더 높다는 이유로 배치전환을 요구하였을 수도 있다. 그 어느 경우이든 하나의 용도로 배치전환을 신청하는 경우는 드물 것이다. 이들 요소가 복합적으로 작용하여 새로운 직위로의 이동을 시도하게 되는 것이다.

2.3 우리나라의 배치전환제도의 실제

우리나라 일부 고위직자리는 공식적으로 직위공모제를 통해 신청을 받고 그 중 적임자를 선정한다. 그러나 그 외의 대부분의 자리도 사실상 당사자의 의견을 묻고, 상관끼리 누구를 주고받을지 '비공식적'으로 상의하는 것이 보통이다. 문제는 일 잘하는 공무원은 오라고 하는데가 많고 그렇지 않은 사람은 자리가 없다는 데 있다. 즉, 수요와 공급이 일치하지 않으니 항상 인사이동에 불만족하는 사람들이 있게 마련이다.

모두를 충족시켜 줄 수는 없기 때문에 배치전환은 승진과 마찬가지로 공무원에게 희비의 감정을 가져다주게 된다. 특정 부처나 직위에 대한 희망자가 많은 경우는 경쟁을 피할 수 없고 그 중에 제한된 인원에게만 배치전환을 허용하게 되기 때문에 전환이 이루어지지 않은 공무원은 실망하기 마련이다. 본인의 의사에 반하여 보직발령을 받거나 본인이 희망한 보직이나 부처의 인사이동이 이루어지지 않았을 때 배치전환은 능력발전의 효과가 아니라 오히려 근무의욕을 상실시키는 결과를 얼마든지 가져올 수 있다. 배치전환이 불공정하게 이루어진 경우는 더욱 그러하다.

우리나라는 전보, 전직, 인사교류에 있어 엄격한 기준을 정해 놓고 있다(글상자 참조). 그러나 실제 적용에 있어서는 역시 남용과 오용의 여지가 많이 있다. 대표적인 것들을 알아본다면, 다음과 같다.

첫째, 징계의 수단으로 이용한다. 법적인 징계는 아니지만 직무수행상에 경미한 잘못을 저질렀을 경우 많은 사람이 피하는 한직으로 좌천시킴으로써 간접적으로 책임을 묻고 있다. 징계의 정당한 절차를 따르지 않기 때문에 신분상의 불이익 수단으로 오용될 수 있다.

둘째, 사임을 강요하는 수단으로 쓰인다. 도저히 받아들이기 힘든 보직을 부여함으로써 사임하지 않을 수 없게 만드는 것이다.

셋째, 잘못을 덮어 주고 징계를 피하도록 하기 위해서 사용하기도 한다. 특히 민원상의 과오를 범해서 여론이 나쁠 때 해당 공무원을 배치전환시킴으로써 상황을 모면하는 것이다. 새로 그 자리에 부임한 사람은 자신은 모르는 일이라고 책임을 회피하는 것이 보통이다. 공직에 대한 불신을 낳게 하는 해악 중의 하나이다.[14)]

끝으로, 우리나라의 고질적인 병폐인 청탁과 정실에 의한 보직이 아직 근절되지 않고 있다. 제도를 앞선 이러한 부정적인 관행이 존재하는 한 배치전환의 긍정적 효과를 기대하기는 아직 어려운 상태이다.

배치전환의 남용이 있다 하더라도 제도 자체를 축소시키는 것은 오히려 위험한 일이다. 물론 지나치게 빈번하게 인사이동을 허용하는 것도 업무수행의 안정성 결여, 새 직위의 적응비용 발생, 전문화에의 역행, '좋은 자리' 지키기 내지 '좋은 자리'로의 로비 등의 부작용을 가져오지만, 공무원의 능력발전과 인사관리의 융통성을 위해 필수적인 제도임을 잊어서는 아니 될 것이다. 정부에서도 각 부처기관의 인사관리에 대하여 보다 많은 자율성을 부여하고 책임관리가 이루어질 수 있도록 전보의 제한을 완화시키고 있다. 배치전환은 비록 부작용이 없는 것은 아니나 그 이상으로 긍정적인 효과를 가져오고 있다고 판단된다. 배치전환의 근본정신을 훼손시키지 않고 부분적인 부작용을 줄일 수 있는 방안을 찾아야 할 것이다.

특히 배치전환의 의의를 살리지 못하고 오히려 '잦은 보직이동'으로 인한 전문성 결여가 더 큰 문제로 지적되고 있다. 잦은 보직이동으로 전문성이 확보되지 못하고, 인수·인계시에 전임자의 지식이 후임자에게 전달되지 못할 뿐만 아니라, 결과적으로 정책의 단절과 비효율 나아가 정책실패로 나타나는 것이다. 중앙부처 실·국장급과 과장급 공무원들은 보통 1년 1개월~1년 3개월 정도 재직한다. 또한 전보제한기한(보통 1년)을 지키지 않고 미리 전보를 하는 경우도 많이 있다. 같은 직급의 자리라도 소위 한직 → 중간직 → 보직을 두루 거친 후 승진하는 Z자형 인사관행이 계속되고 있는 것이다.[15] 잦은 이동을 방지하기 위해 만든 고위공무원단 제도도 문제를 해결하지 못하고 있다.

이러한 문제가 해결되지 않는 것은 짧은 임기 내에 성과를 내기 위해 조급한 '기관장'이나, 승진이 제약되었으니 보직이라도 좋은 것을 하루빨리 받고자 하는 '부하' 모두에게 책임이 있다. 최소 전보제한 기한조차 지켜지지 않는 이유가 여기에 있다. 보임기간만 늘려도 관료제의 많은 문제가 해결될 수 있을 것이다. 예컨대 배치전환을 부서이기주의를 탈피하는 도구로 사용하는 것도 고려할 만하다. 공직에 처음 발을 들여 놓는 시점에서 같은 직류에 속하는 다른 부처에서 근무하는 것을 의무화하는 것도 하나의 방법이다. 한 조직에서 평생 근무함으로써 부서이기주의가 심화되기 때문이다.

우리나라 배치전환제도

- **전보:** 해당 직위에 임용된 날부터 필수보직기간이 지나야 다른 직위로의 전보가 가능하다. 필수보직기간은 일반적으로 3년(고위공무원단 2년)이다. 경력경쟁채용자와 근무 지역, 근무 기관을 미리 정하여 실시한 공개경쟁채용자, 전문직위 보직자의 경우 필수보직기간을 이보다 더 길게 정하고 있다(공무원임용령 44－47조).
- **전직:** 전직의 경우에는 더욱 까다롭다. 전직의 요건과 제한규정을 법으로 정하고 있고 전직에 필요한 시험을 실시한다. 한 예로 5급 이상 공무원이 전직을 원할 경우 1, 2차 시험에 합격해야 하고 특히 행정·세무·감사 직렬 등 일부 직렬로의 전직시험은 2차를 주관식으로 실시하고 있다(공무원임용시험령 제37조).
- **행정기관 상호간의 인사교류:** 중앙인사기관은 행정기관 상호간의 인사교류 계획을 수립하여 국무총리의 승인을 받아 실시할 수 있다. 인사교류는 경제·기술·사회·문화 및 일반행정 등 행정 분야별, 중앙행정기관과 지방행정기관 간의 조직 계층별 또는 업무의 성격이 유사한 전문 직무별로 실시한다(국가공무원법 제32조의2, 공무원임용령 제48조).
- **파견근무:** 국가적 사업의 수행 또는 그 업무 수행과 관련된 행정 지원이나 연수, 그 밖에 능력 개발 등을 위하여 필요하면 소속 공무원을 다른 국가기관·공공단체·정부투자기관·국내외의 교육기관·연구기관, 그 밖의 기관에 일정 기간 파견근무하게 할 수 있다. 또한 거꾸로 국가적 사업의 공동 수행 또는 전문성이 특히 요구되는 특수 업무의 효율적 수행 등을 위하여 필요하면 국가기관 외의 기관·단체의 임직원을 파견받아 근무하게 할 수 있다(국가공무원법 제32조의4). 그러나 민간기관에서 파견받는 경우에는 수행할 업무와 직접 이해관계가 있는 민간기관은 제외토록하여 민관유착을 방지하려고 하고 있다.
- **민간근무휴직:** 국제기구, 외국 기관, 국내외의 대학·연구기관, 다른 국가기관 또는 대통령령으로 정하는 민간기업, 그 밖의 기관에 임시로 채용될 때, 3년 이내의 기한으로 휴직할 수 있다(국가공무원법 제71조 제2항). 이 때 민간기업은 국내소재 영리법인이나, 공직유관단체·대기업(상호출자제한기업집단)·금융지주회사·법무법인·회계법인 등은 제외하고 있다(공무원임용령 제50조).

3. 경력개발계획

3.1 의 의

공무원은 어느 한 시점에 한 직위를 점하고 있다. 자신의 자리에 불만인 사람도 있고 만족하는 사람도 있다. 주목할 것은 모든 직장인이 거치는 직위는 자신이 퇴직시까지 추구하는 경력상의 목표를 달성하기 위한 수단적 역할을 한다는 점이다. 현 직위가 경력목표에 기여하게 되면 직무에 대한 만족도와 근무 성적 모두가 높아질 것이고 그렇지 않으면 불만과 함께 저조한 근무성적이 나오는 것은 당연한 이치이다. 경력개발은 이러한 개인의 경력상의 욕구를 고려한 인사행정 활동이다.

전통적인 인사행정에서는 조직의 필요를 충족시키는 것이 최우선이었고, 사람은 사용가능한 수단적 자원일 뿐이었다. 이에 반하여 경력개발에서는 개인측면을 강조하게 된다. 인적자본(Human Capital)을 증진시킨다는 입장에서 보면 조직이 개인이 추구하는 경력상의 목표가 달성될 수 있도록 적극적 역할을 해야 한다. 이와 유사한 맥락에서 교육훈련이 중요한데, 현재의 부족한 능력을 보완하는데 그치는 것이 아니라, 미래의 직무수행에 필요한 능력을 준비시키는 것이어야 한다. 조직의 필요성뿐만 아니라 개인의 성장욕구를 충족시켜 줄 때 오히려 조직의 성과가 더 향상될 수 있다는 관점에서 시작되었다.

특히 신세대 공무원의 의식이 변화하면서 조직의 일방적인 인사명령으로는 직무와 사람의 바람직한 조화를 이루기는 점점 힘들게 되었다. 단기안적으로 요직만 여기저기 찾아다니기보다는 개인에게 자신의 중장기적인 발전목표를 세우도록 권장하고 조직에서도 이 계획이 실현될 수 있도록 종합적인 관리를 할 필요가 있다. 경력발전이 정착되면 배치전환의 남용은 훨씬 줄어들 수 있을 것이다. 배치전환은 직무수행자의 적재적소주의에 입각한 인사이동으로 '매너리즘이나 파벌주의'

의 폐해를 없애고 참신한 분위기를 조성하며 능력발전의 기회를 부여함으로써 인재를 개발하는데 사용할 수 있다. 지금까지는 성적에 의한 기계식 초임발령, 임기응변식 이동, 청탁과 정실의 영향 등이 상당히 지배적이었다면 이제부터라도 보다 계획적인 보직관리를 통해 개인의 능력발전에 도움을 주어야 할 것이다.

경력개발계획(career development plan)은 경력을 중심으로 개인의 성장과 조직의 인사관리간에 상호조화를 이끌어 내기 위한 계획된 인사활동이라고 정의할 수 있다.[16] 즉, 경력개발계획은 개인이 경력목표를 설정하고 그 목표를 달성하기 위해 노력하는 일련의 의도적인 활동이다. 경력발전은 개인의 주도로 수립된 경력계획(career planning)과 조직이 주된 책임을 져야 하는 경력관리(career management)간에 밀접한 상호작용을 해야 실제로 효과를 발휘할 수 있다. 개인은 자신의 현재 능력과 적성을 확인하고, 중장기적으로 대안이 될 만한 모든 경력경로들을 고려해, 경력의 최종목표를 세우고, 그 목표를 실현시킬 수 있는 계획을 수립하게 된다.

그러나, 효과적인 경력개발이 되기 위해서는 상담 등을 통해 보다 현실적인 경력개발계획이 되도록 조직이 노력하여야 한다. 경력관리는 개인의 경력개발계획이 실현될 수 있도록 하는 모든 인사관리활동으로 개인에게 승진이나 인사이동 등의 정보를 제공하는 것에서부터 상담, 교육훈련, 근무평가 등을 모두 포함한 활동이다. 결국 경력관리는 경력을 축으로 해서 개인의 성장욕구와 조직의 목표를 실현시키기 위한 활동들이 서로 일치하는 영역을 확대시켜 나가는 활동이라고 할 수 있다.[17]

3.2 경력개발계획의 과정

공직에 처음 발을 들여놓는 사람은 누구든 앞으로 이 자리에서 얼마나 오랫동안 근무해야 하는지, 어떤 자리로 이동하고 또 승진해 갈 수 있을 것인지 궁금할 것이다. 본인의 마음 속에 앞으로 어떤 경로를 거쳐서 어느 자리까지 올라가야겠다는 막연한 생각도 가질 것이다. 경력계획은 이렇게 막연한 직관이나 감정

상태의 꿈을 '현실의 객관적인 분석을 토대로 경력목표를 세우고 그 목표에 도달하기 위하여 자신의 능력을 적극적으로 개발시켜 나가는 합리적 활동'이다.

경력개발계획은 자신에 대한 객관적인 평가에서부터 시작되어야 한다. 자신의 능력과 관심을 비롯하여 앞으로 원하는 직무수행에 영향을 미칠 수 있는 모든 요소(인간관계, 성격, 의욕, 인생목표)에 대한 평가이다. 그러한 요소에 대하여 자신이 가지고 있는 강점과 약점 그리고 자신에게 유리하게 작용할 부분과 불리하게 작용할 부분을 진단하는 것이다. 자신에 대한 정확한 평가를 하지 않고, '희망'만 고려한다. 경력상의 중대한 실수나 좌절을 피할 수 없다. 높은 경력목표는 동기를 부여할 수도 있으나 그것이 지나치게 자기중심적으로 흐른다면 목표에 도달하기 힘들 뿐만 아니라 조직의 협조도 구하기 힘들 것이다. 이 단계에서부터 인사전문가의 적극적인 경력상담이 요구되며 직속상관의 근무평가는 자신을 진단하는 데 매우 유용한 자료가 된다.

자신에 대한 평가 다음으로는 조직에 대한 평가가 있어야 한다. 조직의 인사정책이나 인적자원계획이 유용한 자료이다. 순환보직제나 승진소요연수 또는 전직, 전보 등이 경력계획에 영향을 미친다. 폐쇄형 충원에서는 특히 동일직급 내에서 평균 몇 개의 직위를 경험하게 되는지도 꼭 필요한 정보이다. 이 때 특히 수요가 많은 직위가 있을 수 있다. 소위 '쏠림현상'으로 승진에 유리한 인기 직위에 많은 사람이 몰리게 된다. 이렇게 자신의 적성과 능력보다 승진을 우선시하여 경력계획을 수립하는 경우 경력발전은 실현되지 못할 가능성이 높아진다. 따라서 단순히 승진의 이점 때문에 어떤 직위를 선호하는 일은 스스로 피해야 한다. 만약 적성이나 가치관 모두에 적합한 직위일 때에는 경쟁시 선발기준이 무엇인지를 알고 그에 필요한 자격을 발전시켜 나가야 한다. 조직에서는 몇 년간의 경험을 바탕으로 구성원의 경력계획에 도움이 될 정보를 공개해 주어야 한다.

자신과 조직에 대한 정보를 바탕으로 경력목표(career goal)와 경력경로(career path)를 결정하게 된다. 여기서 자신이 추구해야 할 세부 전문분야가 하나 또는 그 이상으로 결정된다. 경력목표는 구성원이 목표하는 직위이고, 경력경로는 목표직위에 도달하기까지 옮겨 다녀야 할 직위의 순차적 배열이다. 이 때 단순히 직위만을 나열하는 것이 아니라 각 직위에서 필요로 하는 자격과 자신의 현재 자격을 비교·평가하여 부족한 부분을 확인하고 이를 발전시키기 위한 구체적 수단(교육훈련 학위취득이나 자격증 취득)을 정함으로써 경력계획을 완료하게 된다. 이 때 경력계획은 고정된 것이 아니다. 외부환경이나 조직상황 심지어는 구성원 자신의 마음이 변해 갈 수 있다. 몇 직위를 거치면서 능력에 대한 재평가도 이루어질 수 있다.

3.3 개인의 경력발전노력

일단 경력계획을 세웠으면 각 개인은 자신의 경력을 성공적으로 이끌기 위한 여러 가지 전략을 세우고 노력을 하게 된다. 자신의 능력을 개발하는데 전력투구해야 한다.

우선, 경력진로대로 한 단계 한 단계 성공적으로 나아가려면 인사이동이나 승진의 결정권을 가진 사람에게 그 분야의 1인자로 인정을 받아야 한다. 뛰어난 보고서 작성이나 브리핑, 위원회 활동, 봉사, 심지어는 열심히 근무하는 자세까지도 자신의 능력을 인정받는 데 중요한 역할을 한다. 경우에 따라서는 민간부문이나 다른 조직에 파견근무하여 자신의 조직에서는 쌓을 수 없는 능력을 기르는 것도 계획해야 한다. 국내외 장기 교육훈련과정에 참여하는 것도 마찬가지이다.

둘째, 이러한 과정을 단계적으로 실현함으로써 직속상관으로부터 꼭 필요한 존재로 인정받는 핵심부하(key subordinate)가 되어야 한다. 핵심부하는 상관의 성공에 절대적으로 기여하는 인물이다. 상관이 이해하지 못하는 특수전문지식을 가지고 있거나 상관의 근무성적에 결정적인 역할을 하는 경우이다. 핵심부하는 상관에 대한 영향력을 가지고 있으면서도 상관을 헌신껏 모시는 부하의 위치를 잊지 않는 사람이다. 핵심부하는 상관이 성공적인 경력을 이어 가는 한, 함께 동반자로서 상관의 경로를 밟아가는 것이 보통이다.

3.4 조직의 경력발전활동

경력발전이라는 마차는 개별 구성원의 노력과 조직의 노력이라는 두 바퀴가 균형 있게 끼워져 있을 때 우수한 성능을 내며 굴러갈 수 있다. 조직은 개인이 경력계획을 세울 때 보조적인 역할을 담당하기도 하지만, 그 스스로가 경력발전을 위한 체계적인 관리활동을 수행하여야 한다. 대표적인 활동으로는 교육훈련, 근무성적평정, 경력상담, 경력발전 워크숍 등이 있다.

조직의 경력발전활동으로 가장 중요한 것은 구성원에게 능력발전의 기회를 제공하는 것이다. 조직 특히 인사기관은 경력계획을 제출한 개인들의 교육수요를 정확히 측정하여 수요에 적절한 교육훈련 프로그램을 개발하여 실시하여야 한다. 입직 초기에 순환보직제는 경력을 탐색하고 계획을 세우는 데 상당히 기여할 수 있다.

경력발전을 위한 좋은 교육수단으로 학비환불제도를 고려할 수 있다.[18] 개인 스스로 자신의 경력을 발전시키기 위해서 교육기관에 등록하여 학위를 취득하거나 전문과정을 이수하게 한다. 학비도 자비로 부담한다. 다만 교육을 마치고 직무성과가 향상된 것으로 평가되었을 때 학비를 환불해 주는 제도이다. 교육훈련에서 확보하기 힘든 전이효과를 확실하게 확보할 수 있어 조직의 필요를 충족시키고 개인은 학위나 자격증의 취득으로 계획했던 경력을 성취하는 데 유리해지기 때문에 개인과 조직 모두가 만족할 수 있는 합리적 방법으로 평가할 수 있다.

경력발전을 위해 기존의 인사활동 중에서 근무성과평가를 활용할 수 있다. 전통적인 근무성적평가는 개인의 과거 실적을 평가하여 그 결과를 가지고 승진이나 교육훈련 등의 기준으로 삼는 것이었다. 즉 평가에 초점을 두었다. 근무성적평가의 또 다른 접근은 발전에 초점을 둔다. 발전중심접근에서는 평가의 주된 목적은 교육훈련의 수요를 파악하여 개인에게 적합한 교육훈련 프로그램을 개발하는 것이다. 평가결과는 개인과 조직 간의 이해를 증진시키고 개인과 조직 모두의 발전에 도움이 되도록 활용하는 것이 주된 목적이다. 발전지향적 평가는 분명한 목표를 기준으로 성과를 측정하고 그 결과에 대하여 평가자와 피평가자간에 끊임없는 상호작용이 있어야 가능하다. 따라서 경력발전에 가장 적합한 평가방법은 목표관리(MBO) 방식이다. 목표를 세울 때부터 상관과 부하의 합의과정을 거치기 때문에 평가결과를 능력발전의 기회로 수용할 가능성이 다른 평가방법보다 훨씬 높기 때문이다.

교육훈련과 근무성적평정과는 달리 경력발전만을 위한 특별한 활동들이 있다. 대표적인 것이 경력상담(career counseling)이다. 경력상담은 주로 개인이 경력계획을 수립하고 몇몇 직위를 거치면서 계획을 수정할 때 중요한 역할을 담당하게 된다. 뿐만 아니라 불공정하게 경력발전기회가 박탈되었을 때에도 경력상담을 통해 고충을 풀어갈 수 있다. 심리학자나 경력상담 전문가를 확보하여 경력발전에 적극적으로 임할 수도 있으나 대부분의 경우에는 상관에게 상담역할을 부여하게 된다. 일종의 멘토(mentor)와 멘티(mentee)의 관계가 되는 것이다. 비용절감, 유사한 경험자로서 부하에 대한 동정심, 근무평정에서 얻은 능력발전에 적합한 정보 등이 상관을 멘토로 활용하는 이점이 있다. 반면에 일반적으로 상관은 심리학이나 카운슬링에 대한 전문지식이 없는 데다 대화기술이 부족하다든지 본래의 직무수행에 바쁘기 때문에 경력상담에 적극적으로 임하지 않는다.

경력발전 워크숍(workshops)은 개인이 경력계획을 수립하는 데 활용할 수 있는 제도이다. 2~3일에 걸친 워크숍을 통해 우선 자신과 조직에 대한 진단을 한다. 진단이 끝나면 현재의 경력경로를 더 향상시키는 방향으로 경력목표를 세우고 구체적인 능력발전방안을 개발하도록 한다. 경력목표를 설정하면서 중요한 것은 성공적인 경력이란 다수의 합의에 의하여 결정되는 것이 아니라 각자의 인생관과 경력관에 의해서 결정되는 개인적인 성격을 가진다는 것을 워크숍 참여자에게 주지시키는 것이다.

우리나라에서는 직원들의 자리이동이 너무 자주 이뤄질 뿐만 아니고, 인사이동시 동일계통의 업무가 주어지지 않는 문화가 경력개발제도실시의 가장 큰 걸림돌이다.[19] 경력개발이 개인의 전문성을 제고하는 것이라면, 경력분야의 선정에서 소위 '쏠림현상'을 방지하는 것이 관건이다. 모두가 가는 길로 몰리지 않고, '아무도 가지 않은 길'을 스스로 개발하고 그 분야에서 1인자가 된다는 문화가 정착되어야 가능하다.

東西古今公私

플럼북

대선 과정에서 사람은 후보에게 곧 '표'다. 하지만 대선을 마치고 나면 고스란히 '자리 청구서'로 돌아온다. 역대 정권마다 되풀이되는 '대선 공신(功臣)'에 대한 논공행상 인사가 바로 여기서 비롯됐다. 이번 대선에서는 각 캠프 규모가 5년 전 대선보다 방대해지며 누가 대통령이 되든 '전리품 인사'가 더 심각해질 것이라는 우려가 크다. 이 같은 악순환을 끊기 위해 정부 주요직에 대한 인사 설계도를 만들어 공개해야 한다는 제안이 나온다.

미국의 인사지침서인 '플럼북(Plum Book)'이 실마리가 될 수 있다. 미국에서는 플럼북을 통해 대통령이 임명권을 갖는 연방정부 9000여 개 직책을 열거하고, 각 직책의 임명 방식과 조건을 명확히 규정하고 있다. 반면 한국에서는 대통령 인사권의 범위가 어느 정도인지부터 불분명하다. 대통령인사수석비서관을 지낸 한 인사는 "청와대에서 인사 검증을 하는 자리를 모두 포함하면 대통령의 인사 영향력이 수천 자리에 이른다"고 말했다.

역대 대통령도 선거 과정에서는 인사 개혁에 대한 의지를 보였다. 하지만 대선 공신에 대한 부채감과 상대 진영에 대한 불신 등으로 '보은인사' '반쪽인사'의 굴레를 벗어나지 못했다. 공공기관, 각종 위원회, 민간협회까지 모세혈관처럼 '우리 사람'을 심으려는 청와대의 영향력이 암암리에 작동했다.

대통령의 국정철학을 공유하는 인사를 기용하는 것은 책임정치 구현을 위해 어느 정도 불가피하다. 그러나 '책임인사'라는 미명 아래 국정과제 이행과는 무관한 자리에까지 무분별하게 '낙하산 인사'를 내리꽂는 게 현실이다. 특히 '환경부 블랙리스트' 사건에서 보듯 '우리 사람'을 챙기려 청와대가 법에 규정된 인사 절차를 무력화하는 일도 공공연한 비밀이다.

전문가들은 인사 참사를 끊어낼 제도적 틀로 '한국판 플럼북'을 제안한다. 김동극 전 인사혁신처장은 "규정된 자리에는 일정 자격 요건을 갖춘다는 전제로 대통령의 인사권을 보장하되 나머지 자리에는 청와대의 개입을 막아 인재를 널리 쓸 수 있어야 한다"고 말했다.

노무현 정부 '코드 인사', 이명박 정부 '고소영·강부자 인사', 박근혜 정부 '수첩 인사', 문재인 정부 '캠코더(대선 캠프·코드·더불어민주당) 인사…. 역대 정부는 예외

없이 진영, 출신 등에 기댄 좁은 인재풀에서 사람을 쓴다는 논란을 피해 가지 못했다. 국정 운영을 뒷받침하려면 어쩔 수 없다고 하지만 실제로는 '내 사람 챙기기'인 경우가 많다.

한국에서 대통령 인사권이 닿는 범위에 관한 명확한 규정이 없다. 정부, 공공기관을 넘어 민간 영역에 이르기까지 1만 개를 훌쩍 넘을 것이라는 분석도 나온다. 여권 실세가 뒷전에서 부당한 영향력을 행사하는 등 각종 인사 악습도 여기에서 비롯된다.

대통령인사수석·민정수석비서관실에서 일한 복수의 인사에 따르면 대통령이 직간접적으로 관여하거나 영향력을 미칠 수 있는 자리는 7000여 개에 이르는 것으로 알려졌다. 하지만 청와대가 인사검증을 하거나 관심을 두고 '관리'하는 자리는 1만 개가 넘는다는 추정도 나온다. 정확한 숫자조차 알 수 없을 만큼 불투명한 인사가 진행된다는 뜻이다.

대통령은 헌법상 공무원에 대한 임면권을 갖지만 사실 직접적 인사권은 정부 부처 장차관 140여 명, 공공기관 임원 200여 명 등으로 제한된다.

출처: 동아일보 2022.1.10 일부발췌.

10 참/고/문/헌

1) O. Glenn Stahl, *Public Personnel Administration*, 8th ed., Cambridge: Harper & Row, 1983, p. 152.

2) 정성호, 「한국의 행정언어와 정부간 인사교류의 딜레마」, 한국행정학보 38(4): 21−42, 2004.

3) 윤귀남, 준정부기관직원의 승진 관련요인이 조직몰입에 미치는 영향에 관한 연구, 서울대 행정학, 석사논문, 2017.

4) 임도빈, 「한국지방조직론」, 박영사, 2004, pp. 176−177.

5) Y. Weiner and Y. Vardi, "Relationship between Organization, Career Commitments, and Outcomes: An Integrative Approach," *Organizational Behavior and Human Performance*, vol. 26, pp. 81−96.

6) 임도빈, 「행정학」, 박영사, 2018, p. 388.

7) Steven W. Hays and Richard C. Kearney, "Promotion of Personnel−Career Advancement," in Jack Rabin et al.(eds.), *Handbook of Public Personnel Administration*, New York: Marcel Dekker, p. 510.

8) 임도빈, 전게서, pp. 385−386.

9) 조석준·임도빈, 「한국행정조직」, 법문사, 2018.

10) 오석홍, 「인사행정론」, 박영사, 2000, pp. 290−291.

11) 안정습, 밀레니엄 공무원의 직업 가치 다양성에 관한 연구, 서울대학교 행정학 석사논문, 2020.

12) 홍은일. 밀레니얼 세대의 승진기피 현상 원인에 관한 연구: K공기업 직원을 중심으로 서울대 행정학 석사논문(2022).

13) 임도빈, 「한국지방조직론」, 박영사, 2004.

14) 오석홍, 전게서, p. 219.

15) 임도빈, "행정조직내 보직이동 유형에 관한 연구," 「한국정책학회보」 제9권 제3호, 2000.

16) 임도빈 외, 「경력개발제도(CDP) 사례연구」, 정부혁신분권위원회 보고서, 2007.

17) Jerry W. Gilley and Steven A. Eggland, *Principles of Human Resource Development*, Reading, MA: Addison−Wesley Publishing, 1989, pp. 48−53.

18) Stenven W. Hays and T. Zane Reeves, *Personnel Management in the Public Sector*, Dubuque, Iowa: Wm. C. Brown Publishers, 1989, pp. 229-230.

19) 임도빈 외, "경력개발제도(CDP) 사례연구," 정부혁신분권위원회 보고서, 2007.

Personnel Administration

PART 5
인적자원의 동기관리

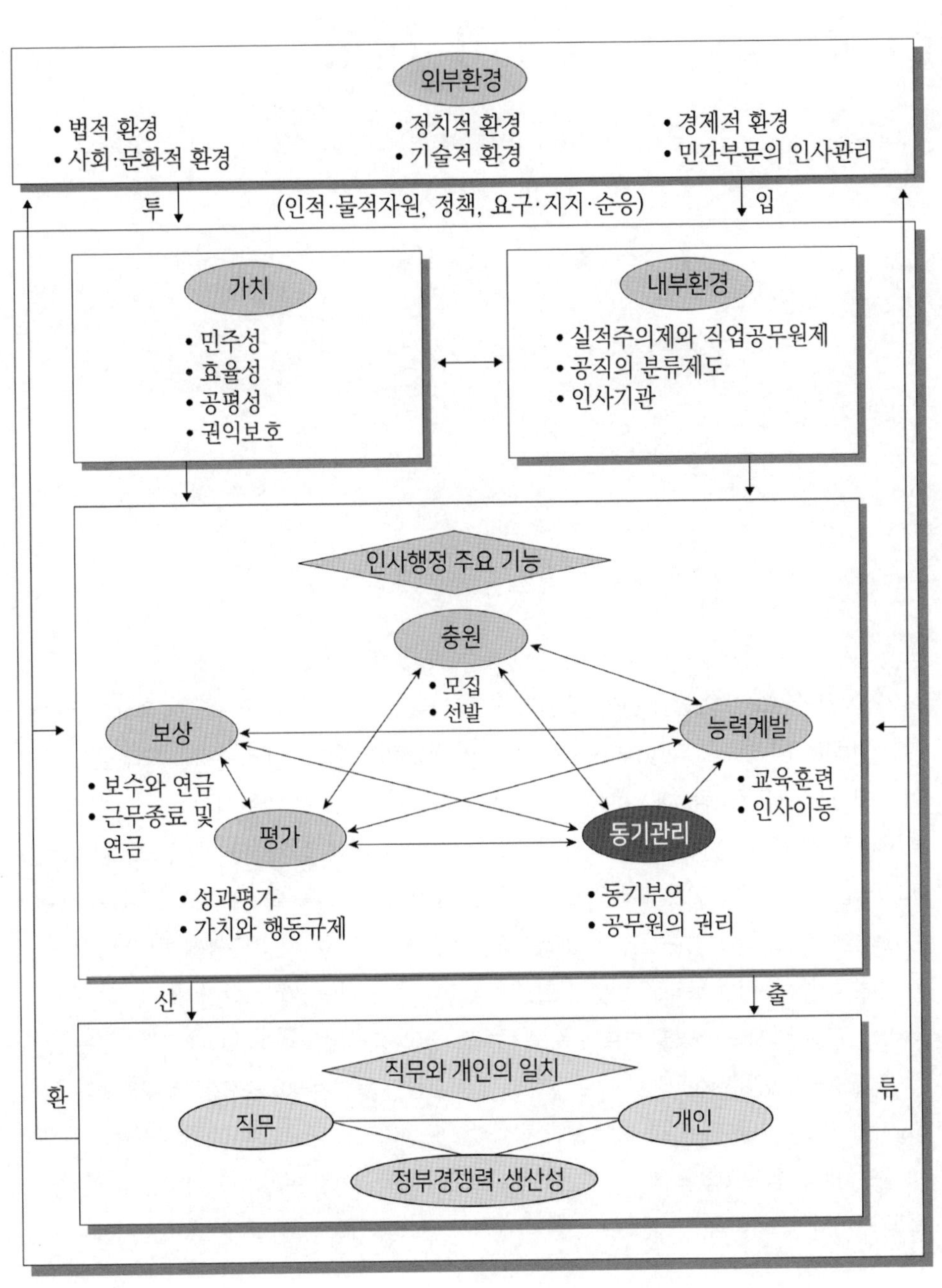
외부환경
• 법적 환경
• 사회·문화적 환경
• 정치적 환경
• 기술적 환경
• 경제적 환경
• 민간부문의 인사관리
투
(인적·물적자원, 정책, 요구·지지·순응)
입
가치
• 민주성
• 효율성
• 공평성
• 권익보호
내부환경
• 실적주의제와 직업공무원제
• 공직의 분류제도
• 인사기관
인사행정 주요 기능
충원
• 모집
• 선발
보상
• 보수와 연금
• 근무종료 및 연금
능력계발
• 교육훈련
• 인사이동
평가
• 성과평가
• 가치와 행동규제
동기관리
• 동기부여
• 공무원의 권리
산
출
직무와 개인의 일치
환
류
직무
개인
정부경쟁력·생산성

Personnel Administration

인적자원의 확보와 계발의 인적자원관리 활동이 끝나면 성공적인 직무수행에 필요한 우수한 자원들로 조직의 구성이 이루어지게 된다. 이제 이들이 열심히 일할 수 있는 여건을 만들어 주고 처음 시작한 직장에서 자신의 경력을 끝까지 성공적으로 마칠 수 있도록 관리하는 활동이 필요하다. 단순히 능력만 의지하는 것이 아니라 여기에 동기를 가미시킴으로써 능력 이상의 실적을 가져올 수 있도록 의욕을 북돋워 주어야 한다. 말을 물가로 억지로 끌고 갈 수는 있지만, 스스로 마시려는 동기가 없으면 소용이 없게 된다. 특수권력 관계에 들어간 공직자는 일반국민이 누리는 권리를 일부 제한받는데, 이것은 동기를 약화시킬 수 있다.

이런 조건하에서는 권리를 보호해 주는 장치도 중요하다. 앞에서의 채용과 교육훈련은 물론 뒤에 설명할 근무성적평정과 보수 모두가 인적자원의 동기관리에 중요한 역할을 하게 된다. 제 6 편에서는 동기관리를 위한 보다 직접적인 노력이라고 판단되는 주제를 다룬다. 조직이 추구하는 방향으로 의욕을 가지고 일할 수 있도록 조장시키는 동기부여, 이들이 부당한 위협을 느끼지 않고 마음껏 일할 수 있는 공무원의 권리에 대한 제한과 보호를 검토한다.

CHAPTER 11

동기부여

1. 의 의

1.1 중요성

비슷한 능력을 가진 사람인데, 일의 성과가 다른 것은 무엇 때문일까? 일의 성과는 능력 플러스 알파(능력 + α)에 의하여 결정되기 때문이다. 알파를 모두 규명한다는 것은 불가능할 것이다. 다만 알파의 절대량이 동기부여에 의하여 결정된다는 주장이 설득력 있게 보인다. 사람이 얼마나 자발적이고 열성적으로 일을 하느냐에 따라 일의 성과는 커다란 차이를 보이게 된다.

동기부여(motivate)란 조직의 목표달성을 위하여 일을 더욱 열심히 그리고 계속적으로 수행하도록 하는 힘을 넣어 주는 과정이다. 즉, 어떠한 일을 하려는 의욕이 생기거나 노력을 하도록, 마음 속에 있는 모터(motor)를 힘 있게 돌려주는 것이다. 동기부여는 목표지향적이다. 여기에 중요한 것이 동기의 자율성이다. 동기부여는 외부의 통제나 압력 때문에 억지로 하는 것이 아니다. 그 일을 하는 것이 본인에게 중요한 의미를 가지기 때문에 적극적이며 즐거운 마음으로 직무에 임하는 자세를 말한다.

동기부여는 인사행정에서 매우 중요한 개념이다. 특히 근무성과 내지 생산성에 대한 동기부여의 기여도를 고려할 때 그렇다. 직무만족과 동기부여의 개념을 명확하게 구분하지 않고 혼용하는 경우가 많고 또한 밀접한 관계를 가지고 있기 때문에(다음 글상자 참조) 직무만족에서 설명한 내용이 동기부여와 근무실적 내지 생산성과의 관계에서도 적용될 수 있다. 다만 개념의 상대적 차이를 인정한다면 동기부여가 근무성과에 미치는 영향에 보다 관심을 가질 수밖에 없다. 직무만족은 어떠한 현상을 좋아하거나 싫어하는 감정상태를 말하는 반면, 동기부여는 행동을 전제로 한 의욕상태를 말하기 때문이다.

동기부여라는 개념의 공헌도에 대하여 회의적인 입장도 있다. 동기부여가 사람의 마음상태를 말하고 근무실적은 현실로 나타난 결과를 의미하기 때문에 의욕이 행동으로 전이되는 과정에서 많은 상황적 요인들이 작용한다는 점이 그것이다. 행동결정요인으로 리더십 스타일, 조직풍토, 기술수준 등 상황적 요인을 개인보다 강조한 입장이다. 개인적 특성에 초점을 두더라도 만족이나 동기의 측면보다 능력 측면을 더 중시하는 입장도 있을 수 있다.[1] 특히 행태주의 입장에서 보면, 동기는 관찰할 수 없는 마음 속의 추상적인 개념이라는 비판을 면치 못한다. 즉, 학자들이 만들어낸 구성적 개념인 것이다. 따라서 유사개념과의 차별성도 문제가 된다.

이러한 주장에도 불구하고 동기부여의 중요성을 완전히 무시할 수는 없을 것이다. 어떤 사람은 시키는 일도 하지 않으려 하는 게으른 경우가 있다(유형 1). 어떤 사람은 시키는 것만 하는 사람이다(유형 2). 어떤 사람은 시키는 것에 α 를 더하여 하는 사람이다(유형 3). 어떤 사람은 시키지 않아도 스스로 일을 만들어 한다(유형 4). 비록 근무실적에 미치는 동기의 직접적인 효과에 대한 경험적인 연구결과가 미약하다 하더라도 모든 관리자는 유형 1에서 유형 4로 바꾸는 데 관심이 있을 수밖에 없다. 동기가 부여된 사람이 그렇지 않은 사람에 비해 이직률, 결근율 그리고 조직에 대한 불만이 낮다. 이는 결국 비용의 절감을 가져오고 그래서 조직의 생산성 향상의 효과를 가져 오게 된다.

개념: 동기부여와 직무만족

동기부여와 직무만족은 밀접한 관계가 있다. 만족과 동기는 능력에 비해 상대적으로 상황의존적이다. 상황요소의 조작으로 만족과 동기를 변화시킬 수 있다는 것은 관리자의 입장에서 매우 관심 있는 일이다. 그러나 동기와 만족의 개념을 분명하게 구분하기는 쉽지 않다. 심지어 두 개념을 동일하게 취급하는 경우도 있다. 특히 마슬로우와 허쯔버그의 욕구이론이나 아담스의 형평이론의 경우 학자에 따라 만족이론에 포함시키기도 한다. 또한 동기부여이론 중 롤러와 포터(Lawler & Porter)가 주장한 기대이론에서는 만족을 성과와 보상의 종속변수로 모형화하고 있다(제11장의 [그림 11-3] 참조).

만족의 개념을 동원하지 않고는 동기부여이론이 성립될 수 없다고 해도 과언이 아닐 것이다. 즉, 직무만족과 동기부여는 상당부분 중복되는 것이 사실이다. 다만 직무만족은 만족한 마음상태를 강조한다. 따라서 연구의 1차적 관심은 만족수준을 측정하는 문제에 두게 된다. 2차적으로 직무만족에 영향을 미치는 요인(개인·직무·상황 특성)과 직무만족이 영향을 미치는 변수(실적·이직률·결근율·정신건강·노조활동·조직효과성)에 관심을 가진다.

이에 반하여 동기부여는 만족을 포함한 여러 요소들이 구체적 근무의욕으로 변환되는 행동과의 연계성을 중시한다. 열심히 일하려는 의욕이 얼마나 되는가의 마음상태를 측정하는 것이 중요한 것이 아니라 그러한 마음상태에 이르는 과정의 규명이 1차적 관심이다. Motivation을 단순히 동기라고 하지 않고 동기부여, 동기유발 등으로 부르는 데에는 바로 이러한 의미가 담겨져 있다. 따라서 동기부여이론은 동기수준의 측정이 아니라 동기부여의 요인과 과정을 이론화하고 직무수행과정에서 실제로 동기를 유발시키는 관리적 의미를 찾는 것이 주된 관심사라 할 수 있다.

욕구이론이나 형평이론을 만족이론에 포함시키면 만족의 개념과 측정, 그리고 만족이 어떻게 결정되는지의 요인에 초점을 두게 되고, 동기부여이론에서 논의하게 되면 그러한 만족상태가 행동의 동기 내지는 실제 행동과 어떻게 연결되어 나타나는가의 실질적 측면과 경험적 분석을 상대적으로 강조하는 것으로 볼 수 있다. 이러한 구분은 절대적이기보다는 개념의 혼란을 줄이기 위한 조작적 구분의 성격이 있음을 유념하여야 할 것이다.

1.2 유 형

동기부여에 대한 관리적 관심은 일찍이 과학적 관리론에서부터 시작되었다. 테일러(F. Talyor)가 광산노동자에게 1일 노동량(성과)을 얼마정도 높이면 임금을 올려 주겠다는 제안을 하여 실험을 한 것이 과학적 관리론의 「시간동작(time and motion) 연구」이다.[2] 즉, 단순히 성과에 비례하여 성과급을 지급하는 것이 아니라 표준량을 정해 놓고 이 수준을 초과하는 부분에 대해서는 더 높은 임금률을 적용하는 소위 차별성과급제를 개발하였다([그림 11-1] 참조). 실험결과 성과급제는 인간의 경제적 욕구를 충족시켜 줌으로써 동기부여시킴은 물론, 나아가 생산성이 높아짐을 밝혔다.

이어 등장한 인간관계론에서는 호손(Hawthorne) 실험을 토대로 하여 인간이 경제적 동기에 의해 행동하기보다는 사회적 동기에 의해 많은 영향을 받는다는 주장을 내놓았다. 인간의 내면적인 감정, 비공식적인 대인관계, 집단에 대한 소속감 등을 강조하게 되었다. 즉 사회적 귀속감과 안정감을 충족시켜 줌으로써 동기부여가 가능하다고 보았다.

그러나 동기에 대한 학문적 연구의 토대는 심리학자들에 의해 제공되었으며 연구가 본격화되고 이론의 체계화가 시작된 것은 마슬로우(Maslow), 허쯔버그(Herzberg), 맥그리거(McGregor) 등 인간관계론자들에 의해서이다. 이들 연구들은

그림 11-1 성과급의 유형

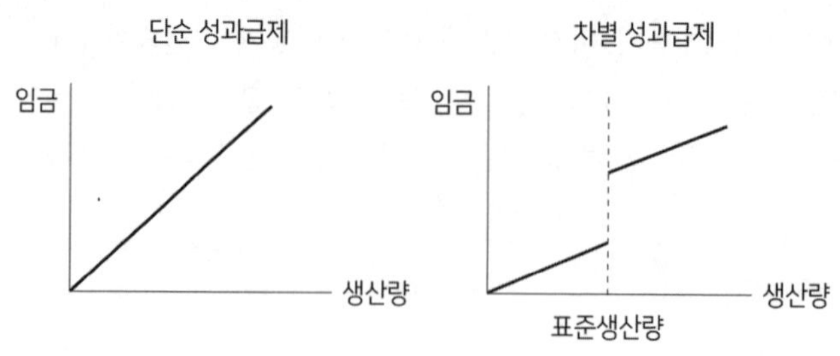

동기부여를 조직의 이익을 위한 일방적·부분적 관계로서 접근하였다. 인간욕구의 획일성, 인간의 피동성, 동기부여의 외재성 등을 공통으로 가정하고 있고, 한 공무원의 생애주기별로 달라진다는 것도 고려하지 않고 있다.[3] 이에 비해 후기 인간관계론은 관심의 초점을 조직의 요구 측면에서 개인의 욕구 측면으로 옮겼고 또한 인간욕구의 다양성을 인정하였다. 조직중심의 통제적 사고방식에서 인간중심의 자율적·자기실현적 욕구를 강조하기 시작하였다.

욕구가 무엇이냐를 중심으로 하는 이들 이론을 욕구이론(Needs Theory) 또는 내용론(Contents Theory)이라고도 한다. 개인, 직무, 상황적 요인 등 사람을 열성적으로 일하도록 자극하는 동인이 어디에 있는가를 밝혀 이를 통해 동기를 부여하고자 하는 것이다. 따라서 내용론은 인간의 욕구와 그 욕구를 충족시키는 유인에 대한 이론체계라 할 수 있다.

내용론에 대응하는 동기이론이 과정론(Process Theory)이다. 일에 대한 의욕이나 노력이 어떠한 과정을 거쳐 실제행동 내지 실적으로 전이되는가의 과정을 다루기 때문이다. 인간의 내면세계에서 동기가 어떻게 생겨나고 어떻게 성과로 연결되는지를 다룬다. 내용론이나 과정론 모두 공통된 특성은 사람의 행동은 의도성이 있고 목표지향적이라는 것이다. 즉, 사람은 모두 자신이 얻은 정보를 가지고 생각하고 판단하는 합리적 의사결정자로 가정하게 된다.

내용론과 과정론이 심리학 등 다른 학문분야에서 생긴 것이라고 한다면, 공공봉사동기(PSM)는 행정학자들에 의해 개발된 독특한 특성을 가진다. 이에 의하면 이상의 이론들을 관통하는 가장 근본적인 요인으로 자기자신의 결정력을 높일 때 동기부여가 된다는 자기결정이론(SDT)이 최근 발달하고 있다.

2. 내용론

인간이 무엇에 의해 동기가 유발되는가는 우선 인간의 욕구가 무엇인가를 알아내는 데에서 가능하다. 욕구(needs)란 필요한(need) 것을 뜻하고 필요한 것은 결핍된 상태에서 생긴다고 할 수 있다. 욕구가 결핍된 사람은 결핍된 욕구를 충족시킬 수 있는 보상이 수반되는 방법을 모색하게 되는데 이 과정에서 어떠한 행동이 어떠한 보상으로 이어졌는지, 그 보상이 자신의 욕구를 얼마나 충족시키는 것이었는지에 대한 학습이 이루어진다. 이러한 학습을 통해 자신의 욕구를 충족시킬 수 있는 방법과 행동을 추구하는 동기가 발생하게 된다. 내용론은 이 가정에 따라 결핍된 욕구를 채워 줌으로써 동기를 부여하고자 하는 것이다. 이러한 내용을 간단히 도식화한 것이 [그림 11-2]이다. 그림에서와 같이 내용론은 이성적인 사고(인식)를 바탕으로 사람의 행동이 이루어지고 있다는 기본전제를 하게 된다.

내용론을 대표하는 이론으로 마슬로우를 중심으로 한 욕구계층이론과 허쯔버

그림 11-2 내용론에서의 욕구와 보상(동기요인)과의 관계

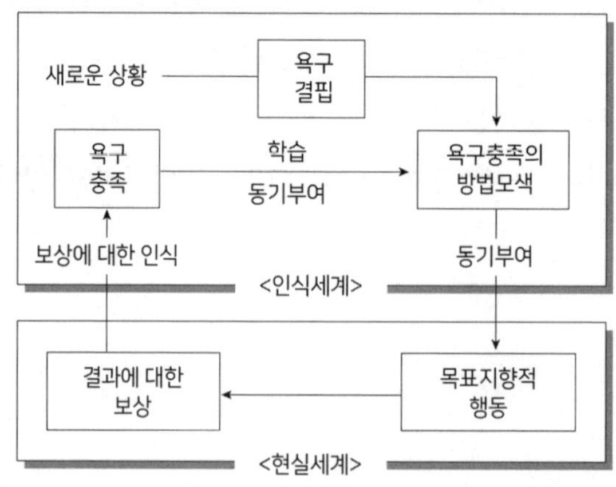

그의 동기·위생 2요인 이론을 들 수 있다.

2.1 인간의 욕구계층

인간이 어떠한 행동을 하게 되는 근본요인이 무엇인가에 대한 주장은 쾌락주의 철학자(hedonist)들이 주장한 쾌락(pleasure)에서부터 근대 프로이드학파의 성(性)에 이르기까지 매우 다양하다. 그러나 인간의 본능적 측면을 강조한 이들 주장은 설명력의 한계를 보였으며. 인간의 자유의지에 기초한 욕구로써 인간행동을 설명하려는 노력이 등장하였다.

인간의 욕구에 대한 가장 널리 알려진 모형은 마슬로우의 욕구계층론이다.[4)] 마슬로우는 욕구를 5개의 범주로 나누고 이들이 [표 11-1]과 같이 하나의 계층구조를 형성하고 있다고 본다. 특히 하위계층의 욕구가 충족되어야 상위계층의 욕구가 나타나기 시작한다고 본다. 즉 생리적 욕구가 충족되어야 다음 계층인 안전욕구를 추구한다는 것이다. 또한 일단 충족된 욕구는 동기부여의 효과가 없어지고

표 11-1 마슬로우의 욕구계층, 앨더퍼의 ERG, 허쯔버그의 2요인이론 비교

<table>
<tr><th colspan="2" rowspan="2">마슬로우의 욕구계층</th><th rowspan="2">앨더퍼의 ERG</th><th colspan="2">허쯔버그의</th></tr>
<tr><th>위생요인</th><th>동기요인</th></tr>
<tr><td colspan="2">자아실현욕구</td><td rowspan="2">성장욕구
(Growth Needs)</td><td rowspan="7">• 기관의 정책과 관리
• 감독
• 대인관계
• 보수
• 편익
• 작업조건</td><td rowspan="7">• 성취감
• 인정
• 책임감
• 승진
• 직무 자체</td></tr>
<tr><td rowspan="2">존중욕구</td><td>자기존중</td></tr>
<tr><td>타인의 인정</td><td rowspan="3">관계욕구
(Relatedness Needs)</td></tr>
<tr><td colspan="2">사회적 욕구</td></tr>
<tr><td rowspan="2">안전욕구</td><td>신분보장</td></tr>
<tr><td>물리적 안전</td><td rowspan="2">생존욕구
(Existence Needs)</td></tr>
<tr><td colspan="2">생리적 욕구</td></tr>
</table>

자료: Donald E. Klingner and John Nalbandian, *Public Personnel Management: Contexts and Strategies*, Englewood Cliffs, NJ: Prentice-Hall, 1985, p. 223; John P. Wanous, *Organizational Entry: Recruitment, Selection, and Socialization of Newcomers*, Reading, MA: Addiwon-Wesley Publishing Co., 1980, p, 13.

바로 상위의 욕구가 영향력을 주기 시작한다. 생명에 영향을 줄 정도의 열악한 작업환경에서도 의식주 해결을 위해 기꺼이 일해 오던 사람이 생계가 해결되면서 직업병의 위험을 인식하고 직장을 옮기는 경우를 생각할 수 있다.

마슬로우의 욕구 5단계

욕구계층	개념	해당욕구의 일반적 범주	욕구충족과 관련된 조직요소
• 생리적 욕구	생존을 위해 반드시 충족시켜야 할 욕구	물, 음식, 잠	보수, 식당, 쾌락한 작업환경
• 안전욕구	위험과 사고로부터 자신을 안전, 방어, 보호하고자 하는 욕구	안전, 방어	안전한 작업환경, 신분보장
• 사회적 욕구	다수의 집단 속에서 동료들과 서로 주고받는 동료관계를 유지하고 싶은 욕구	애정, 소속감	결속력이 강한 근무집단, 가족적 분위기, 강한 동료의식
• 존중욕구	남들로부터 존경과 칭찬을 받고 싶고, 자기 자신에 대한 가치와 위신을 스스로 확인하고 자부심을 갖고 싶은 욕구	자존심, 위신	사회적 인정, 직급명칭, 타인이 인정해 주는 직무, 자신의 위신에 걸맞는 직무
• 자아실현욕구	자신의 잠재력을 최대한 발휘하여 성취감을 맛보고자 하는 욕구	성취	도전적인 직무, 창의력을 발휘할 수 있는 기회, 자신이 정한 목표달성

자료: David J. Cherrington, *Organizational Behavior*, Boston: Allyn and Bacon, 1989, pp. 170-171 재구성.

이 때 이들 욕구계층의 경계가 분명히 나누어지는 단절적인 관계는 아니다. 하나의 욕구가 지배적인 위치에 있고 다른 욕구도 부분적으로 중복되어 나타난다고 본다. 즉, 욕구란 어느 하나의 구체적 상태가 아니라 여러 욕구 형태가 함께 공존하는 하나의 범주로서 이해하여야 할 것이다.5)

욕구의 범주는 학자들마다 매우 다양하게 나눌 수 있음을 암시하는 것이다. 그 중에서 마슬로우의 욕구계층 내용을 포괄하면서 단순화시킨 이론이 앨더퍼의 ERG(Existence · Relatedness · Growth) 욕구계층이다.[6] ERG 이론은 개인의 욕구가 어디에 초점을 두느냐를 기준 — 대물(對物), 대인(對人), 자신(自身) — 으로 범주화한 것이다. 마슬로우의 안전욕구 중 타인으로부터의 안전욕구, 즉 신분보장에 대한 욕구와 존중욕구 중 다른 사람으로부터 인정과 존경을 받고 싶은 욕구는 앨더퍼의 욕구계층에서 관계욕구에 포함된다. 앨더퍼는 마슬로우의 계층적 사고를 받아들여, 한 계층의 욕구가 만족되어야 다음 계층의 욕구를 중요시한다고 주장한다. 앨더퍼는 이에 더하여 한 계층의 욕구가 충분히 채워지지 않는 상태에서는 바로 하위욕구의 중요성이 훨씬 커진다는 것이다. 즉, 승진(자기성장욕구)에 불만이 있는 사람은 다른 사람과의 유대(관계욕구)를 더욱 갈구한다는 것이다.[7]

마슬로우의 욕구계층론은 그 뒤 많은 비판에 직면하였다. 우선 계층의 단계에 따라 욕구를 만족시키려 한다는 '선(先) 하위욕구충족, 후(後) 상위욕구추구'의 주장에 대한 반박이다. 하위계층의 욕구에 관계없이 상위의 욕구를 추구하는 경우가 얼마든지 있다는 것이다. 우리나라의 청백리 정신과 같이 비록 경제적으로 어려움이 있더라도 자신의 체면과 지조를 지킴으로써 남들로부터 인정받고 또한 자기실현의 기쁨을 추구하는 것이 한 예라 할 수 있다. 이는 욕구의 계층구조 자체에 대한 의문을 제기하는 것이다.

둘째로 욕구는 사람마다 천차만별로 다르다는 점이다. 존중욕구가 경제적 욕구보다 더 중요하게 작용하는 사람도 있을 수 있고 심지어는 어느 계층의 욕구를 아예 가지고 있지 않은 사람도 있다. 또한 사람이 살고 있는 사회의 문화와 제도에 의해서 얼마든지 변형되어 나타날 수 있다. 심지어는 TV광고 등의 영향으로 충동적으로 욕구가 발생하기도 한다. 따라서 욕구는 고정되고 누구에게나 공통적인 것이 아니라 유동적이고 다양하다는 것을 인정해야 한다.

셋째로 하위욕구가 충족되어야 상위욕구가 나온다는 점과 이것이 거꾸로 갈 수 없다(즉, 역진성이 없다)는 주장에 대한 반박이다. 현실적으로 이런 반대의 예는 많이 발견할 수 있다. 물질적 조건보다는 명예나 자아실현을 추구하는 사람들이 많이 있다.

마지막으로 욕구간에 상충관계가 발생할 수 있다는 것이다. 하나의 욕구를 추구할 때 다른 욕구가 희생되어야 하는 경우가 있을 수 있다. 배고픔과 수면욕구가 큰 병사가 전쟁터(안전욕구)에서 어떤 욕구를 더 택할 것인가의 문제이다. 이는 욕구에만 의존하여 인간의 행동을 설명하기에 충분하지 않다는 것을 암시하는 것이기도 하다.

2.2 동기·위생요인

욕구측면이 아니라 욕구를 충족시켜 주는 동기요인 측면에서 동기이론을 접근한 최초의 학자는 허쯔버그이다.8) 허쯔버그의 2요인이론(two-factor theory)은 욕구가 충족되었다고 해서 모두 동기부여로 이어지는 것은 아니라고 주장한다. 어떤 욕구는 충족되어도 단순히 불만을 예방하는 효과밖에 없다는 것이다. 어떤 욕구충족이 동기부여의 효과를 가져오면 '동기요인(motivators)', 단순히 불만감소효과만을 가져오면 '위생요인(hygiene factors)'이라 부른다.

허쯔버그의 동기요인에는 직무수행과 관련한 성취감과 책임감, 승진의 기회, 타인의 인정, 직무 자체 등이 포함되며 마슬로우의 욕구계층에서 자기실현욕구와 존중욕구 등의 상위욕구와 대응관계에 있다. 한편 위생요인은 직무수행에 수반되는 외재적이고 부수적인 조건들로 보수, 기관의 정책, 신분보장, 작업조건, 동료관계, 상관의 감독방식과 내용 등이 포함된다. 위생요인은 생리적 욕구, 안전욕구, 사회적 욕구 등 하위의 욕구를 만족시키는 요인들이다. 2요인이론은 성취감이나 책임감을 맛볼 수 있는 직무의 경우에는 동기부여의 효과가 있지만, 보수나 작업조건의 향상은 단지 직무에 대한 불만을 줄이는 효과만 있다고 주장한다. <표 11-1>은 마슬로우의 욕구계층과 허쯔버그의 2요인이론을 비교하여 놓은 것이다.

허쯔버그의 이러한 2분법적 접근은 몇 가지 문제점을 내포하고 있다. 동기요인과 위생요인의 구분이 불명확하다. 어떤 사람에게 동기요인으로 작용하는 것이 동일집단 내의 다른 사람에게는 위생요인으로 작용할 수 있다. 또한 자기존중이나 성취감 같은 내면적 특성의 동기요인이 작업환경이나 보수 등의 외면적 특성의 위생요인에 비해 동기부여에 항상 더 큰 영향을 미친다는 주장도 검증이 요구되는 부분이다.[9] 우리나라의 공·사조직 구성원의 직무동기에 영향을 미치는 요인도 상이하다.[10]

3. 과정론

과정론은 단순히 동기요인 하나에만 관심을 갖는 것이 아니라 그것이 어떻게 실제 일의 성과로 이어지는지에 대한 과정을 보여 주고 있다. 과정론의 대표적인 모형은 기대이론과 형평성이론이다.

3.1 기대이론

1) 의 의

기대이론(expectancy theory)은 어떤 일을 해야 할 상황에서 각 개인은 본인의 능력으로 주어진 일을 성공적으로 수행할 수 있는가, 그리고 그 결과가 본인에게 유의미한 보상을 가져다주는 것인가의 심리적 계산과정을 거쳐 그 일에 대한 노력의 정도가 결정된다는 하나의 행동결정이론이다. 간단히 말해 기대이론은 의도적인 행동이 가져올 산출물들(outcomes)에 의해 동기의 정도가 결정된다는 것이다. 그런데 그 산출물은 내용론에서 주장하는 욕구 하나가 아니라 다수이거나 애매한 경우에도 적용이 가능한 이론이다. 구체적으로, 어떠한 일에 대한 노력 내지 동기의 정도는 그 노력이 초래할 세 가지의 중요한 산출물인 목표달성, 보상, 만족 각각에 대한 주관적 믿음에 의해 결정된다. 이들을 각각 기대치(expectancy), 수단치(instrumentality), 유인가(valence)라고 부른다. 기대이론은 브

그림 11-3 기대이론모형

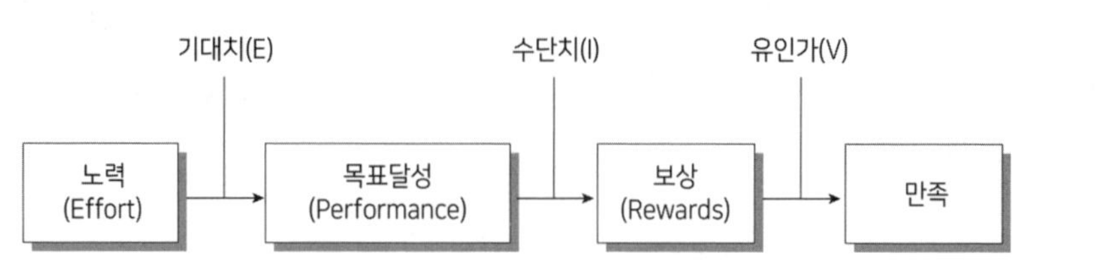

룸이 최초로 종합적으로 체계화시켰으며[11] [그림 11−3]은 브룸(Vroom)의 이론을 토대로 도식화한 것이다.

2) 노력의 결정요인

노력의 결정요인인 기대치, 수단치, 유인가의 의미와 이들간의 결합관계를 살펴보자.

– 기대치(*E*)

기대치는 노력과 목표달성간의 관계에 대한 인식이다. 즉, 개인이 노력하면 어떤 성과목표를 달성할 수 있을 것인가에 대해 주관적 확률을 의미한다. 여기에서 실적목표는 각 개인이 스스로 정한 것일 수도 있고 조직 내지 상관에 의해 주어진 것일 수도 있다. 예를 들어 행정고시 합격을 개인목표로 세웠을 때 고시공부에 대한 동기부여는 자신의 고시합격 가능성에 의해 영향을 받는다는 것이다. 주관적으로 판단하여 자신이 노력해서 짧은 기간 내에 합격할 가능성이 높으면 높을수록, 즉 고시합격 기대치가 높을수록 시험을 시도하고 공부할 동기가 더욱 커지게 된다. 이러한 기대치는 개인의 능력이나 성격 등에 의해 많은 영향을 받게 된다. 자신의 능력을 높게 평가하고 도전적인 성격을 가진 사람일수록 그렇지 않은 사람보다 기대치를 높이 평가할 것이다. 기대치는 0에서 1까지를 취하며, 1은 목표달성을 100% 확신함을 의미한다.

– 수단치(I)

수단치는 실적과 보상간의 관계에 대한 인식이다. 성공적으로 실질목표를 달성했을 때 주어지는 보상에 대한 가능성을 의미한다. 역시 주관적 확률 개념이다. 행정고시에 합격의 경우, 그 결과가 가져올 보상들, 예를 들어 취직문제 해결과 사회적 신분상승이 얼마나 될 것인지 등에 대한 주관적 평가이다. 사회적으로 고시합격자에 대한 평가가 높다면 고시합격으로 인한 사회적 신분상승을 높게 평가하게 될 것이고 고시공부의 동기가 그만큼 커질 수 있다.

사회적 신분상승과 같이 본인의 판단에 의한 보상을 내재적 보상이라 한다면, 조직이나 상관에 의해 제시된 공식적인 보상을 외재적 보상이라 할 수 있다. 외재적 보상에 대한 수단치는 제도화된 보상정책이나 관행에 의해 결정된다. 특히 조직이나 상관이 어떠한 보상을 약속한 경우 약속의 신뢰성이 중요하게 작용한다. 상관이 시키는 대로 몇 번이나 일을 잘 했는데도 승진이 계속 누락된다면 상관의 승진보상약속은 믿지 않게 된다. 상관이 보상으로 내건 승진약속에 대하여 신뢰성을 부여하지 않게 되고 실적이 승진으로 이어질 가능성, 즉 수단치는 매우 낮게 평가되는 것이다. 경우에 따라서는 본인이 원하지 않는 보상이 초래될 때도 있다. 예를 들어 고시공부 때문에 친구들과의 원만한 인간관계를 희생해야 한다거나 기타 다른 취미생활을 절제해야 하는 경우이다. 수단치는 기대치와 마찬가지로 0에서 1의 값을 취한다.

– 유인가(V)

유인가는 보상이 자신에게 얼마나 바람직한 것인가? 가치 있는 것인가? 만족스러운 것인가?에 대한 주관적 믿음을 나타낸다. 유인가는 주로 보상이 개인의 욕구나 목표를 얼마나 충족시켜 주는가에 의해 결정된다. 사회적 신분상승은 고시를 벼슬로 생각하는 출세욕구가 강한 사람이나 국민에 대한 봉사에서 삶의 보람을 찾는 봉사정신이 강한 사람에게는 가치가 높을 것이고, 조직생활보다는 자유업이나 개인사업을 원하는 사람에게는 가치가 낮을 것이다.

각 보상에 대한 가치평가는 상황에 따라서도 상당히 달라진다. 고시합격이 가져다주는 취직해결의 가치는 구직난이 심한 경우에는 높을 것이고, 반면에 구인난이 심한 경우에는 취직에 큰 어려움이 없기 때문에 그 가치가 낮을 것이다. 유인가는 확률개념이 아니고 하나의 척도를 구성하여 여기에 상대적 가치를 부여하면 된다. 따라서 10점 척도나 5점 척도 모두가 가능하다. 심지어는 부정적인 보상일 경우에는 마이너스(−)값을 부여할 수도 있다. 앞의 예에서 고시공부로 인한 취미생활의 절제는 취미생활을 얼마나 중시하느냐의 정도와 반비례 관계로 유인가에서 마이너스의 값을 취할 것이다.

− $E \cdot I \cdot V$의 결합

요약하면 기대이론은 기대치(E), 수단치(I), 유인가(V)에 의해 노력의 정도가 결정된다는 주장으로 다음과 같이 나타낼 수 있다.

기대치(E): 성공적인 목표달성(실적)의 가능성
수단치(I): 업무실적이 가져다 줄 보상 → 노력의 정도
유인가(V): 보상의 가치

그렇다면 기대치, 수단치, 유인가가 어떤 관계로 결합하여 동기부여를 결정하는가? 동기부여는 실적목표달성을 위해서 노력하는 정도로서 다음의 곱하기[乘]의 관계로서 표시하게 된다.

$$\text{동기의 양} = E \cdot \Sigma(I \cdot V)$$

즉, 동기부여는 개인이 노력해서 실적목표를 성공적으로 달성할 수 있을 것인가에 대한 가능성과, 목표달성에 의해 바라거나 약속된 보상이 실현될 수 있을 것인지의 믿음, 그리고 그 보상이 개인에게 얼마나 매력적인 것인가를 곱하여 얻

은 수치로 나타낸다. 여기에서 시그마(Σ)를 사용한 이유는 목표달성이 가져올 수 있는 보상이 여러 개일 수 있고 그 각각에 가치를 부여할 수 있기 때문이다.

3) 특 징

이상의 설명과 예를 통해서 기대이론에 담겨 있는 몇 가지 특징을 추출할 수 있다.

첫째, 개인의 능력이나 가치관 또는 상황을 고려한다는 것이다. 내용론에서는 개인의 욕구를 전제로 동기부여를 생각하게 된다. 개인의 능력이나 믿음 또는 처해 있는 상황이 전혀 반영되지 않는다. 기대이론은 *E*, *I*, *V*가 각 개인마다의 '주관적 믿음'으로 측정되기 때문에 이 과정에서 개인의 특성이나 근무상황을 고려하여 평가하게 된다.

둘째, 내용론과는 달리 동기부여가 어떤 동기요인이 실제 작용하기 이전에 잠재적 가능성으로써 결정된다. 내용론에서는 자기실현욕구가 강한 사람에게는 승진을 시켜 줌으로써 동기부여가 가능하다고 본다. 그러나 기대이론에서는 승진이 실제 실현된 것이 아니라 승진의 실현가능성이 동기부여에 영향을 미치게 된다. 따라서 어떤 행동을 한 이후에 나타나는 보상이나 매력은 행동 전에 기대했던 것과 전혀 다르게 나타날 수 있다. 특히 이런 경우에 동기부여의 효과는 실적목표를 1회 달성한 것으로 끝나고 계속적인 동기부여는 불가능해진다.

셋째, 기대이론은 목표나 보상이 구체적인 경우에 적용가능하다고 할 수 있다. 이들이 추상적인 상태에서는 주관적 확률을 구하기가 힘들기 때문이다. 따라서 기대이론은 직무수행 전반에 걸친 동기부여보다는 행시합격이나 태권도 승단심사 전원합격 또는 생산량 20% 증가와 같이 명확한 목표를 가진 과업단위의 동기부여에 더욱 적합한 것이다. 이에 반하여 내용론은 상대적으로 구체적 과업보다는 직무수행 전체에 포괄적인 동기부여를 가져온다고 할 수 있다. 이러한 맥락에서 기대이론은 목표관리(MBO)와 병행하여 활용할 때 좋은 효과를 기대할 수 있을 것이다. 기대이론의 이론적 설득력에도 불구하고, 구체적 목표설정과 보상을 제시하기 힘든 행정에서 아직 내용론에 입각한 동기부여에 많이 의존하고 있는 이유가 여기에 있다.

끝으로, 기대이론은 개인의 합리적 행동결정을 가정하고 있다. 자신의 능력 및 상황, 그리고 실적목표와 보상에 대한 구체적인 분석을 통해 기대되는 가치를 극대화하도록 행동한다는 것이다. 이 점은 기대이론의 중요한 특성이면서도 가장 큰 한계이다. 왜냐하면 합리적 행동결정은 항상 충분한 정보의 입수가 전제되어야 하기 때문이다. 그러나 현실적으로 일상의 직무수행에서 목표와 보상을 구체적으로 제시하지 않는 것이 다반사이다. 또한 개인의 입장에서도 *E*, *I*, *V*를 하나하나 분석하여 그 결과에 입각한 행동을 할 것인지도 의문의 여지가 많다.

따라서 단순히 '욕구에 지배당하는 동물'을 전제하는 내용이론과는, 달리 기대이론은 인간을 '생각하는 동물'로 인식했다는 의의가 있다.* 즉, 기대이론은 합리적 계산과정을 통한 동기의 예측과 통제의 의미보다는 오히려 전체적인 개념적·분석적 틀이 함축하고 있는 의미를 통해서 유용한 시각을 얻을 수 있다는 데 더 큰 의미를 부여하여야 할 것이다.

4) 기대이론에서의 동기관리

관리를 통해 조작하고 통제할 수 있는 대상은 기대치, 수단치 그리고 유인가 중에서 기대치와 수단치이다. 유인가는 개인적인 문제이다. 따라서 관리자는 어떻게 하면 기대치와 수단치를 높일 수 있을 것인가에 관심을 기울여야 한다.

우선 기대치 측면에서 설명하기로 하자. 기대치는 개인의 능력과 직무수행의 실적목표가 얼마나 일치하는가로 나타내진다. 일치도가 클수록 기대치도 크다. 따라서 채용과 교육훈련을 통해 직무수행에 요구되는 능력을 갖춘 사람을 뽑고 또한 그런 사람을 만들어 나가는 노력이 필요하다. 실적목표를 명확하게 설정하는 것도 기대이론이 암시하는 중요한 동기부여 수단이다. 특히 목표설정 과정에 구성원이 참여하는 합의의 절차를 밟는다면 — MBO와 같이 — 이는 목표의 명확화는 물론이고 능력과의 일치를 유도해 낼 수 있어 매우 바람직한 동기부여 방식이 될 수 있다.

---

* 이와 관련하여 제17장에서 설명하는 목표설정이론(goal setting theory)도 개인의 의지를 중시하는 과정 이론 중의 하나이다. 스스로 목표를 설명하면, 더 동기를 스스로 부여하게 된다는 의미이다.

다음으로 수단치의 관리는 행동결과로 나타난 실적과 보상의 연결에 관한 것이다. 따라서 목표달성과 그에 제시할 보상이 적절한 균형을 이루어야 한다. 목표달성에 미달한 경우에는 그에 상응한 마이너스 보상(징계)도 고려할 수 있다. 이때 중요한 것은 목표달성에 대한 평가가 정확하게 이루어지고 그에 따른 보상이 반드시 이루어진다는 평가의 신뢰성과 보상의 신뢰성을 확보하는 것이 관리자로서는 매우 중요하다. 또한 보상은 각 개인의 특성에 따라 그 가치를 다르게 평가하기 때문에 관리자는 개인의 특성을 세심하게 관찰하여 그에 상응하는 보상을 제시하는 것이 중요하다.

피그말리온(Pygmalion) 효과

지중해에 피그말리온이란 젊은 조각가가 살고 있었다. 볼품없는 외모를 지녔던 그는 사랑에 대해서는 체념한 채 조각에만 정열을 바쳤다. 그러다가 자신도 언젠가는 사랑을 얻을 수 있을 것이란 기대로 심혈을 기울여 여인의 나체상을 조각했다. 그 조각은 누가 보더라도 완벽한 여인상이었고 그는 정성스럽게 다듬어갔다. 시간이 지나면서 점차 그 여인상에 대해 연민의 감정을 가지게 되었고 나중에는 사랑의 감정으로 싹터갔다. 그래서 매일 꽃을 꺾어 여인상 앞에 바쳤다. 어느 날이었다. 섬에서 자신의 소원을 비는 축제가 벌어졌다. 피크말리온은 신께 그 여인상을 사랑하게 되었노라며 아내가 되게 해달라고 간절히 빌었다. 기도를 마치고 집에 돌아온 피그말리온은 여인상의 손등에 입을 맞추었다. 그런데 놀라운 일이 일어났다. 손에서 온기가 느껴지기 시작하는 것이었다. 놀란 피그말리온이 그녀의 몸을 어루만지자 조각상에서 점점 따스한 체온이 느껴지며 사람으로 변해가기 시작했다. 피그말리온의 순수한 사랑을 받아들인 신이 그 조각을 아름다운 여인으로 만들어주었던 것이다. 조각상이 살아 있는 여인으로 변하자 피그말리온은 결혼을 하고 파포스라는 딸을 낳았다. 이 신화에서 따온 '피그말리온 효과'라는 것이 있다. 교사가 어떤 학생을 '우수할 것이다'라는 기대로 가르치면 그 기대를 받은 학생은 다른 학생보다 더 우수하게 될 확률이 높다는 이론으로, 자성적 예언이라고도 불린다.

자신이 주관적으로 계산하는 기대값을 고려한 것이 지금까지 설명된 기대이론이라고 한다면, 타인의 기대가 동기부여의 주요요인이란 점도 지적된다. 피그말리온(Pygmalion) 효과와 같이 주위에서 끊임없이 확고한 기대와 신뢰감을 심어주면 그대로 인간이 형성되는 것이다.12)

3.2 공평성이론

1) 의 의

'배고픈 것은 참아도 배아픈 것은 못 참는다'라는 말이 있다. 이렇게 각 개인 간의 보상에 공평성은 한국 사회에서 매우 중요한 가치이다. 기대이론까지는 '원자화된 개인'을 암묵적으로 가정하고 있다면, 형평이론은 '사회적 동물'을 가정한다. 공평성이론은 남들과 비교하여 내가 공평하게 취급받고 있는가를 비교평가하는 과정에 초점을 둔다. 따라서 이를 형평성이론(equity theory) 혹은 정의이론(Justice theory)이라고도 부른다.

공평성이론에서 동기는 내가 직무수행에 쏟아 놓은 투입(공헌, inputs)과 직무수행 결과로 받은 보상(outcomes)의 비율을 평가하게 되고 그 비율을 다른 사람들의 것과 비교하여 나의 만족도와 행동이 결정된다고 본다. 여기에서 투입에는 교육, 경험, 기술, 노력, 시간 등이 포함되고 보상에는 보수, 편익, 성취감 등을 포함한다. 이들의 가치는 주관적인 것이지 객관적인 시장가치를 의미하는 것은 아니다. 투입과 보상에 이와 같이 여러 요소가 포함되고 주관적 가치이기 때문에 이들의 균형상태를 비교한다는 것은 엄밀한 산술적 평가과정이라기보다는 하나의 종합적인 인지과정으로 이해하여야 한다. 공평성이론을 간단한 공식으로 나타내면 다음과 같다. I는 투입(input)을, R는 보상(reward)을 나타낸다.

$$\text{나의} \left(\frac{R}{I}\right) = \text{다른 사람의} \left(\frac{R}{I}\right)$$

2) 공평성의 인식과 반응

공평에 대한 인지는 크게 두 가지 측면이 있다. 하나는 자신의 투입에 대한 보상의 공평성에 대한 것이고, 다른 하나는 개인의 투입-보상 비율(*R/I*)과 비교집단의 투입-보상 비율과의 공평성을 비교인지하는 것이다. 즉, 전자는 주관적으로 느끼는 자기의 공헌도와 역시 주관적으로 느끼는 보상을 비교해 보는 것이다. 양자가 서로 비슷할 때 공평한 보상을 받고 있다고 느낄 것이다. 만족이론 중 불일치이론의 내용이다. 후자는 개인적으로는 공평하다고 느끼더라도 다른 사람과 상대적 비교에서 공정치 못하다고 느낄 수도 있다는 점에 주목한다. 그러나 어느 경우이든 불균형상태에서 개인이 취하는 행동양식은 동일한 맥락에서 분석할 수 있다. 여기서는 일반적으로 후자로 대표되는 공평성이론의 경우를 예로 들어 설명한다.

[그림 11-4]는 자신의 *R/I*비율과 타인의 *R/I*비율에 대한 상대적 비교를 나타낸 것이다. 그림에서 1상한과 3상한에서는 타인과 자신의 투입-보상 비율간에

그림 11-4 보상비교의 4유형

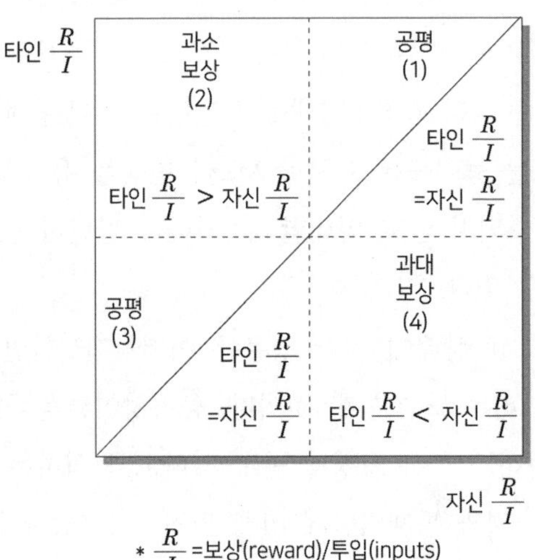

* $\frac{R}{I}$ =보상(reward)/투입(inputs)

받아들여질 만큼 균형이 이루어진 상태이다. 특히 1, 3상한의 대각선은 완벽한 형평상태를 나타내고 있다. 그러나 2상한과 4상한에서는 불일치가 발생한다. 4상한은 자신의 *R/I*비율이 타인의 *R/I*에 비해 높은 상태로서 타인에 비해 상대적으로 높은 보상, 즉 과대보상의 상태를 보여 주고 있고, 2상한은 그 반대인 과소보상의 상태를 보여 준다. 과소보상상태인 2상한에 처한 경우 분명히 과대보상상태나 균형상태보다 불만이 높을 것을 가정할 수 있다. 가장 이해하기 쉬운 예로 같은 해에 경쟁시험에서 비슷한 성적으로 합격하여 같은 부처에서 근무해 오던 차에 동기생이 먼저 승진한 경우를 생각할 수 있다. 특히 여러 능력면에서 뒤질 것이 없다고 생각하는 경우 승진이라는 보상이 차별적으로 나타났기 때문에 불공정하다고 느낄 수 있다.

이제 2상한의 불만상태에서 어떤 행동을 취할 것인가를 생각하여 보자. 공평이론은 불공정을 인지한 상태에서 그 차이를 해소하기 위하여 어떤 행동을 취한다고 본다. 즉, 형평상태로 옮겨 가는 노력을 한다는 것이다. 우선 더 큰 보상을 요구할 수 있을 것이다. 나의 R/I비율을 높여 1상한의 형평상태로 옮겨 가려는 노력이다. 이러한 요구를 들어주지 않을 때에는 자신의 공헌 정도를 낮추어 1상한의 형평선으로 갈 수도 있다. 때로는 현재의 투입상태를 유지하면서 보상에 대한 인지를 바꾸는 것도 생각해 볼 수 있다. 즉, 이것저것을 계산하면 낮은 보상이 아니라고 스스로 위로하는 심리적 형평상태를 유지하는 것이다. 나의 상태를 고정시키고 상대방의 공헌도를 높이도록 요구함으로써 형평을 유지할 수도 있다. 때로는 불만상태가 쉽게 해소되지 않고 인내할 수 없다고 판단하는 경우에는 조직을 떠나는 것도 생각할 수 있다.

그렇다면 과대보상 상태에 처한 경우는 어떠할까? 불안정과 죄의식 때문에 불일치상태를 감소하려는 노력을 할 것이다. 공평성이론을 최초로 주장한 Adams는 자격에 비해 월등하게 높은 보상을 받고 있다고 인식하는 한 실험집단의 행동을 관찰하였다.[13] 그 결과 통제집단에 비해 훨씬 많은 생산량을 기록하는 것이었다. 3상한의 형평선으로 이동하여 심리적 안정을 유지하는 경우이다. 실적급을 제공받는 또 다른 실험집단의 관찰에서는 오히려 생산량을 줄여 전체적인 보상수준을 낮춤으로써 불안정상태를 해소하는 경우도 관찰하였다.

그러나 어느 한 개인에 대한 이러한 과대보상은 집단의 다른 사람들 모두에게 불만족을 야기시키는 결과를 초래할 위험이 있다. 10명 중 1명을 선발하여 100%의 성과급을 지급한다 할 때, 그 한 사람은 만족할지 모르지만 나머지 아홉 사람은 불만과 패배감을 느끼게 만들 수 있음을 공평성이론은 암시하고 있다.

3) 특성 및 한계

기대이론과 마찬가지로 공평성이론도 개인이 실제로 R/I를 계산해 보고 타인과 비교해 가는 합리적 행동결정을 가정하고 있다. 인간은 동물과는 달리 주체적으로 사고를 하고 분석하는 존재라는 점을 고려하면 설득력 있는 이론이다. 물론 객관적 판단이라기보다는 주관적 감정이 상당히 개입되게 마련이다. 즉 자신의 공헌과 타인의 보상은 과대평가하고 자신의 보상과 타인의 공헌은 과소평가하는 성향을 보이기 쉬울 것이다.

다른 사람과의 비교에 의한 상대적 형평에 있어서도 누구를 비교대상으로 할 것인가도 불분명하다. 대체로 자신이 과대보상받고 있다는 생각보다는 과소보상받고 있는 쪽으로 비교대상을 선정하여 배 아파하기 쉽다. 따라서 공평성이론의 의의는 이론의 정교성보다는 불공정한 보상은 불만을 야기시키기 때문에 보상의 '공평성'을 유지해야 한다는 정도의 교훈에 있다.

또 하나 중요한 교훈은 각 개인의 형평에 대한 인지는 매우 주관적이기 때문에 관리자나 상관은 부하가 생각하는 투입요소나 보상에 대한 인식을 충분히 고려하는 노력이 필요하다는 점이다. 즉, 상담, 피드백, 참여 등 다양한 방식의 의사소통 경로를 활용하여 왜곡되기 쉬운 인지를 바로잡는 것은 실제 공정한 보상제도를 갖추는 것만큼이나 중요하다.

4. 공공봉사동기

지금까지 논의된 것은 심리학이나 경영학분야에서 발달된 것으로 인간의 보편적인 성향에 대한 연구들이다. 그렇다면 공공부문에서 일을 잘 하는 사람은 민간부문에서 일하는 사람보다 다른 동기요인이 있어야 하지 않는가? 라는 의문이 든다. 단순히 말해서 민간부문의 사람들은 자기 자신의 이해관계에 따라 움직이는 사람들이라면, 공무원들은 타인의 이익이나 공익을 더 생각해야 하지 않을까하는 생각이다. 이러한 문제의식에서 인디애나 대학의 James Perry와 Wise가 처음 착상하여 발달시킨 개념이 공직봉사동기(Public Service Motivation: PSM)이다.

4.1 PSM의 3차원

Perry 교수는 미국의 전국에 조직되어 사회봉사를 하는 대표적인 NGO인 AmeriCorp 관계자를 대상으로 설문조사를 하면서, 이들 공익에 봉사하는 사람들에게는 독특한 동기체제가 있지 않은가?에 대한 의문을 갖게 되었다. 즉, 그는 공공부문에 종사하는 사람들에게 독특한 욕구체계나 동인이 있다고 보는데, 이것은 공공부문에 참여하기 이전부터 가지고 있는 것으로 본다. 구체적으로는 세 가지 차원으로 분류한다.

첫째, 합리성 차원(rational dimension)은 공직종사자들도 합리적 계산에 의해 공직봉사를 한다는 것이다. 즉, 이타적인 동기가 아니고, 자신의 효용을 극대화하려는 이기적인 동기이다. 공무원이 특정 정책을 수립하고 적극 추진하거나 동일시하는 데에서도 타인에 대한 봉사와 같은 이타적인 동기보다는 자신의 자아실현적 욕구를 충족시키는 차원에서 그 정책과 자신을 동일시하여 나타난다는 것이다. 특정부류의 사회적 약자에 대한 배려를 하거나 대표관료제적 정부운영에 적극 참여하는 데에도 이런 동기가 작용할 수 있다.

표 11-2 Perrydml PSM 구성차원

차원	구성요소
합리성 차원	- 정책형성과정에 참여 - 공공정책에 대한 일체감 - 특정한 이해관계를 지지하는 정도
규범성 차원	- 공익적 봉사에 대한 욕구 - 의무감과 정부 전체에 대한 충성도 - 사회적 형평성의 추구
감성적 차원	- 사회적으로 중요한 정책에 대한 몰입 - 선의의 애국심

둘째, 규범적 차원(normative dimension)은 공익의 본질적 차원으로서 이타적인 것을 의미한다. 소수가 아닌 전체의 이익에 대한 봉사를 해야 한다는 의무감, 정부란 국민 전체를 위해 존재하기 때문에 복종하여야 한다는 의무감, 사회에서 강자보다는 약자에게 좀더 우호적으로 정책이 실행되어 공평성이나 정의를 실현해야 한다는 의무감 등이 이런 규범성을 구성하는 요소이다. 전술한 합리성차원은 나름대로 이성을 갖고 계산해 본 결과에 의해 생기는 동기라고 한다면, 이것은 비록 계산에 의해서는 그렇게 나오지 않는다고 하여도 의무적으로 지켜야 한다는 도덕감이나 의무감이 주를 이루는 것이다.

셋째, 감성적 차원(emotional dimension)은 이성에 의한 계산이나 의무감보다는 감정적으로 생기는 봉사를 해야겠다는 느낌이 동인이 되는 동기이다. 사회적으로 중요한 정책을 보고 느끼는 감정이나 애국가를 부를 때나 국기를 볼 때 생기는 애국심 등이 그 예이다. 인간은 감정적 동물이기 때문에 이러한 차원이 동기를 구성한다는 것은 이해할 만한 일이다.

4.2 PSM의 효용성

Perry 교수는 PSM을 측정하는 설문지부터 개발하여 많은 실증연구를 하게 하는 기여를 하였다. 미국뿐만 아니라 아시아, 그리고 유럽까지지도 이 설문지를 가지고 연구하는 학자들의 저변이 넓혀졌다. PSM 설문지는 인사행정분야의 다른 개념과의 관계를 연구하는 데 유용하다. 많은 실증연구를 통하여 PSM 개념 자체에 대한 비판이 이뤄지고 그것이 세련화되고 있다.

서울대 행정학과와 경영학과 학생들을 비교한 결과, 행정학과 학생들의 PSM이 높다는 연구결과를 얻었다.[14] 그러나 높은 PSM이 타고 나는 것인지 아니면 사회화를 통해 길러진 것인지는 알 수 없다. 어쨌든 공직봉사동기를 측정하여 독립변수나 종속변수로 사용하는 다른 변수들간의 가설을 검증하는데 유용하다. 예컨대, 요양보호사와 같은 사람들도 PSM이 클수록 이들의 서비스를 받는 노인들의 서비스 만족도가 높아진다는 것을 발견하였다.[15]

PSM은 내용론적인 측면과 과정적인 측면이 조금씩 포함되어 있다. 합리성, 규범성, 감성 등은 과정적인 측면을 많이 가지고 있기는 하지만, 공익 또는 국가라는 것을 염두에 둔 것이라는 측면에서 내용론적인 측면을 가지고 있다. 즉, Maslow의 마지막 단계인 자아실현 욕구와 같은 것이 암묵적으로 내포되어 있다. 과정론적 측면에서 김서용 외(2010)[16]는 공직봉사동기에서 공직에 들어오기 전 일반사회화와 공직에 들어온 후 일어나는 조직사회화가 매우 중요하다는 점을 밝혔다. 또한 공직동기형성 과정에서 조직 내에서 역할모델로서 상사역할과 동료역할, 공직생활중에 있은 봉사경험이 중요하다는 점을 규명하였다.

그러나 PSM 개념과 측정도구를 그대로 우리나라 상황에 적용하기에는 아직도 많은 한계를 가지고 있다. 공직사회의 정치적 중립이 큰 과제인 우리나라에서 단순히 PSM과 조직성과간의 인과관계로 인식하면 한계가 있다. 정치적 영향력에 부정적 인식을 하는 사람일수록 노력과 보상간 관계가 공평하지 않다고 느낄 가능성이 크다. 또한 PSM의 여러 차원이 다른 직무동기요인과 함께 작용하여 직무만족에 영향을 미친다.[17] 우리는 관존민비라는 전통을 가지고 있고, 공직이 봉사가 아니고 일종의 특권과 같이 여겨지고 있다. 소위 '출세'가 공공부문에 들어오기 전의 지배적 공직봉사동기이고, 일단 들어온 경우에는 '권력의 행사', '직업안정성' 등이 공직봉사동기가 아닌가 한다. 한국적 PSM이 연구되어야 할 것이다.

5. 동기의 자기결정이론

우리는 일상에서 나 스스로의 동기가 외부 자극으로 인해 발생한 것인지, 아니면 원래 갖고 있는 내면의 심리적·가치적 요인들로부터 기인한 것인지 생각해 볼 필요가 있다. 예를 들어 자전거를 취미로 타는 사람들이 최근에 급격히 증가하는 추세를 보이는 것을 생각해보자. 자전거 자체는 우리 일상에서 전혀 새로운 것이 아니다. 하지만 요즘 들어 많은 사람들이 자전거타기에 동참하고 있다. 자전거를 취미로 결정하는 것은 나 자신이지만, 자전거를 타고 싶게 만드는 것은 어쩌면 주변 사람들로부터 발생하는 자극일지도 모른다. 만약 평소에 탁구, 배드민턴, 인라인스케이트, 축구, 농구 등의 스포츠를 취미로 갖고 있던 사람이 자전거를 취미로 바꾸었다면 어떠한 동기에서 일까? 자전거가 다른 스포츠에 비해 더욱 건강이 유익하기 때문일까? 아니면 어떠한 요인들이 개인들의 동기들을 변화시키는 것일까?

현실을 살펴보면 동기요인(내용이론)들이 뒤엉켜 복잡한 상태에서 다양한 생각(과정이론)들로 인해 개인들은 '스스로'의 동기를 생성·발전·변화시키고 살아가고 있다는 점을 알 수 있다. 공공기관에 근무하는 공무원들 또한 직장에서 매일매일의 업무처리, 동료들과의 대인관계, 갈등관계, 급여와 같은 보상, 기관평가 및 개인평가 결과 등의 요인들로 인해 동기의 변화를 경험하고 있다. 이렇게 개인은 외부로부터 받는 자극과 개인이 내적으로 결정하는 많은 요인들 간의 관계 속에서 동기가 변화한다. 다소 추상적으로 복잡할 수 있는 내·외적인 측면에 대해 자기결정이론(self-determination theory: SDT)으로 설명할 수 있다.

5.1 내재적 동기와 구축효과

자기결정이론은 동기를 내면에서 발생하여 행동까지 연결되는 내재적 동기

(intrinsic motivation)와 외부의 상황과 요인으로부터 발생하는 외재적 동기(extrinsic motivation)로 구분한다. 내재적 동기와 외재적 동기를 이해하는데 중요한 기준은 자기 스스로 결정할 수 있는 자율성이 얼마만큼 있는가이다.[18] 내재적 동기는 내면의 흥미, 즐거움, 만족감으로부터 발생하는 반면, 외재적 동기는 외부로부터 받은 다양한 보상들과 상황으로부터 기인한다.[19] 예를 들어 어떠한 일을 하는 과정에서 일 자체에 대해 개인적으로 흥미가 있거나 즐겁다고 생각하는 경우를 내재적 동기로 이해할 수 있다. 하지만 일을 외부의 강압 때문에 한다거나 금전 등의 보상을 목적으로 하는 경우 외재적 동기로 이해할 수 있다.[2]

내재적 동기와 외재적 동기는 단순하게 이분법적으로 구분할 수 있으나 개인의 동기가 변화하는 과정은 여러 단계와 요소들이 복잡하게 작용하여 변화한다. 또한 내재적 동기와 외재적 동기의 구분이 다소 모호한 경우가 있지만 [그림 11−5]는 자기결정이론에서 제시하는 이론적·실험적 논의를 간략히 도식화 한 것이다.

그림의 가장 왼쪽은 무동기이다. 무동기(amotivation)는 문자 그대로 동기가 없는 상태이기 때문에 개인의 행동을 특정 요인으로 귀인시켜 설명하는 것이 어렵다. 외재적 동기는 자율성 정도에 따라 외재적 조절(external regulation), 주입된 조절(introjected regulation), 확인된 조절(identified regulation), 통합된 조절(integrated regulation)의 연속성으로 구분된다. 이 중 개인의 자율성이 가장 낮은

그림 11-5 자기결정과 동기의 연속성

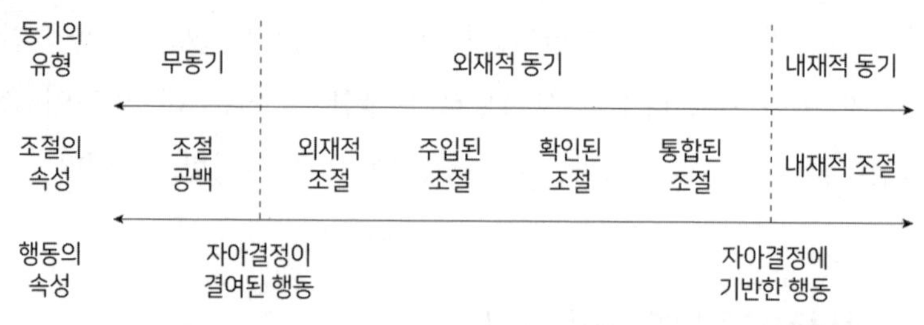

자료: Deci, E. L., & Ryan, R. M. (2004). *Handbook of Self−Determination Research*. *Rochester*, NY: University of Rochester Press. p. 16.

외적인 조절은 개인이 보상을 위해 행동하거나 혹은 처벌이 두려워서 행동하는 경우이다. 이러한 경우 개인의 행동방향, 강도, 지속성을 조절(regulation)하는 요인은 자신이 아니라 외부의 조건과 자극에 의한 것이다. 그렇기 때문에 행동의 인과관계를 이해 할 때 그 원인을 외부요인으로부터 찾을 수 있으며, 개인 스스로의 흥미와 즐거움보다는 외부로부터 주어진 요구를 충족시키고 상황에 적합하게 행동하는 상태이다.

주입된 조절은 외재적 조절보다는 개인의 자율성이 다소 높은 편이다. 주입된 조절은 비록 개인이 외부의 조절요인(예: 보상, 처벌, 규범적 가치 등)을 어느 정도 숙지하고 있으나 완전히 자신의 것으로 내재화(internalization)하지는 않은 상태이다. 확인된 조절은 외부적 요인들이 개인의 평소 갖고 있는 가치와 부합하여 일어하는 행동이다. 그렇기 때문에 확인된 조절은 상대적으로 개인의 자기결정에 가까운 행동으로 볼 수 있으며, 외재적 동기와 내재적 동기가 상호 작용하여 특정 행동을 시작하는 단계가 확인된 조절이다. 통합된 조절은 여기서 나아간 것으로 외재적 동기에서 동기의 자기결정에 있어서 자율성이 가장 높은 단계이다. 외적 동기요인들이 주어졌으나 개인이 기존에 가지고 있었던 내적 동기요인들과 상당히 일치하기 때문에 행동의 원인이 되는 경우이다.

흥미로운 점은 내재적 동기와 외재적 동기는 상호 '밀어내기 효과' 혹은 '구축효과(crowding-out effect)'가 종종 발생한다는 점이다.[21] 밀어내기 효과를 쉽게 이해하기 위해 우리의 마음을 하나의 큰 공간으로 비유해 보자. 이 공간에는 무엇이든 채울 수 있지만 크기와 용량에는 정해진 제한이 있어서 모든 것을 담아낼 수는 없다. 따라서 A라는 물체가 공간에 들어오면 다른 물체들은 공간을 양보해야 한다. 내재적 동기와 외재적 동기의 관계는 이러한 제한된 동기의 공간에서 서로 밀어내는 관계를 갖고 있다. 특히, 내재적 동기는 외재적 동기에 의해 밀어내어지는 효과가 발생하는 경우가 종종 발생한다. 즉, 내재적 동기가 행동의 초반 원인이 되었더라도 외재적 동기가 강하게 작용하는 경우 본래 내재적 동기가 약화될 수 있다.

동기의 구축효과

어린 아이들은 그림 그리기를 좋아한다. 그림 그리는 것이 재미있기도 하고 같은 반 아이들과 함께 어울려 친구도 쉽게 사귀게 되기 때문이다. 이러한 모습들은 전 세계 많은 어린이집과 유치원에서 흔히 목격된다. 어린이들이 그림을 그리는 것은 상당부분 내재적 동기에 의한 것이다. 그 자체로 즐겁고, 흥미롭기, 좋아하고, 만족하기 때문이며, 놀이의 일종이기 때문에 평가를 받지 않으며 주제도 자유로운 경우가 많기 때문이다.

이러한 어린이들에게 외재적 보상을 준다면 어떠한 변화가 있을까? 이러한 문제의식에서 스탠포드 대학교와 미시건 대학교 심리학 교수들이 흥미로운 실험을 하였다. 그림 그리기를 좋아하는 유치원의 어린이들을 세 집단으로 나누어 각각의 독립된 교실에서 그림 그리기 놀이를 하였다.

첫 번째 집단(교실)에는 그림을 완성하면 보상으로 금색 도장과 리본을 준다고 약속하고 그림 그리기를 시작하였다. 두 번째 집단은 보상을 준다는 약속은 없었지만 그림 그리기 놀이를 끝까지 함께한 어린이들에게 깜짝 선물로 금색 도장과 리본을 주었다. 세 번째 집단은 보상에 대한 어떠한 약속도 없었으며 평상시와 똑같이 그림 그리기 놀이를 하였다.

정해진 시간 동안 그림을 그린 어린이들에게는 집단별로 계획한 보상을 주었다. 첫 번째 집단에게는 약속한 선물을 주었고, 두 번째 집단에게는 깜짝 선물을, 마지막 집단은 선물을 주지 않았다. 실험은 여기서부터 실질적인 변화를 관찰하였다. 즉, 정해진 그림 그리기 시간 후에도 어린이들이 과연 그림 그리기 놀이를 계속 하는지 관찰하였다. 흥미롭게도 두 번째 집단과 세 번째 집단의 많은 어린이들은 다른 놀이를 할 수 있는 여건이었으나 그림 그리기 놀이를 계속하였다. 하지만 첫 번째 집단의 어린이들은 상대적으로 적은 수의 어린이들만이 그림 그리기 놀이를 계속하였다.

이러한 현상을 통해 학자들은 외재적 동기가 내재적 동기를 밀어내는 효과가 있다는 점을 제시하였으며, 이러한 과정에서 자기합리화 과정도 함께 일어난다는 점도 제기하였다. 즉, 첫 번째 집단의 어린이들은 정해진 시간 동안의 그림 그리기 놀이가 끝난 후 그 당시 그림 그리기 놀이는 도장과 리본을 위한 것이었다고 생각한다는 것이다.

자료: Lepper, M. R., Greene, D., & Nisbett, R. E. (1973). Undermining Children's Intrinsic with Extrinsic Reward: A Test of the "Overjustification Hypothesis". *Journal of Personality and Social Psychology*, 28(1): 129-137.

5.2 시사점

자기결정이론이 주는 시사점은 크게 두 가지 측면이다. 첫 번째는 개인의 성과평가를 통한 금전적인 보상의 효과에 관한 측면이다. 개인의 성과를 평가하고 그에 합당한 보상을 주는 것은 인사행정의 공정성에 부합한다. 하지만 보상의 방법을 어떻게 할 것인가는 보다 깊은 고민이 필요하다. 무조건적으로 성과가 높은 사람에 대한 금전적 보상을 제공하는 방법은 오히려 근무동기에서 내적 동기부분(일의 의미, 가치, 즐거움 등)을 약화시킬 수 있는 가능성이 있기 때문이다. 그 동안 미국에서 꾸준히 제기된 성과급제(pay-for- performance)에 대한 찬반론은 동기의 자기결정론과 무관하지 않다.[22] 특히, 공공봉사동기(PSM)와 같은 내재적 동기는 자칫 지속적인 물질위주의 보상으로 인해 상당히 약화될 우려도 있다.[23]

둘째는 신공공관리론을 토대로 진행된 행정개혁이 그 동안 야기한 공무원 개인의 동기구조의 변화에 대한 측면이다. 신공공관리 개혁은 시장주의적인 요소들을 행정기관에 도입하는 계기가 되었다. 기관과 개인의 성과에 대한 체계적인 평가와 보상은 그 동안 방만하게 운영되던 기관들에게 비효율성을 개선하는 중요한 계기가 되었다. 하지만 다분히 외재적인 평가, 경쟁, 보상(징벌적인 요소도 포함)이 공직사회문화에 뿌리내리게 되는 계기도 되었다. 그 결과, 공직자가 본래 지녀야 할 봉사의식을 비롯한 공직가치가 외재적인 동기요인으로 약화된 것은 아닌지 고민해 볼 필요가 있다. 공무원으로서 본래 내재적으로 지녀야 할 동기요인은 무엇인지, 그러한 가치들이 행정개혁 과정과 조직 내 사회화 과정에서 어떠한 식으로 변화하고 있는지도 고민해볼만 하다.

6. 한국적 동기이론

이상에서 소개한 외국의 동기이론들은 한편 우리나라에 적용될 수 있는 그럴듯한 것같이 보이기도 하고, 그렇지 않은 면도 있다. 이 중에서는 설문조사를 통한 경험적 연구가 된 것도 있지만, 사실 마음 속을 나타내는 이론적 구성물(theoretical construct)의 존재를 실증적으로 증명한다는 것은 어려운 일이다.

6.1 기존 이론의 한계

기존의 합리적, 경제적 인간을 가정한 이론들을 비판하는 연구가 많이 있다. 기존의 주류경제학은 규범적인 것에 국한하여 연구하기 때문에 인간의 현실을 설명하는 데는 유용성이 거의 없는 것으로 간주한다. 그 대표적인 것이 행동경제학(behavioral economics) 그리고 행동행정학(behavioral public administration)이다.

이들은 인간행동의 비합리성에 초점을 맞추고 연구한다. 역의 인센티브제로서 유치원에 아이를 맡겨 놓은 부모가 6시보다 늦게 아이를 찾아가는 경우, 벌금을 부과하는 경우를 실험한 것이 있다. 기존의 이론들은 부모들은 벌금을 내지 않기 위해서 정시에 찾아가는 비율이 높아질 것이고, 이것은 벌금의 액수가 올라가면 갈수록 더 잘 나타날 것이다. 그러나 이스라엘에서 실제로 실험을 해본 결과, 예상했던 것보다는 거꾸로 더 늦게 찾아가는 부모가 많아졌다. 행동경제학의 설명은 부모들이 벌금을 냄으로써 늦게 찾는 데에 대한 대가를 지불했다고 생각하여 덜 미안하게 생각하기 때문이라는 것이다. 이렇게 금전적 보상이나 벌금을 부과하는 경우, 인간이 그 동안 가지고 있었던 책임감이나 도덕감이 오히려 사라지는 것을 '구축효과(crowding out effect)'라고 한다.[24]

행동경제학

완전한 합리성을 전제로 하는 주류경제학과는 달리 인간의 비이성적인 측면까지 포함한 현실적인 설명을 하는 경제학의 학파이다. 결과를 중시하고 연역적인 사고를 행동경제학은 주류경제학으로부터 비논리적이라고 비판받기도 하지만, 주류경제학으로는 도저히 설명할 수 없는 복잡한 현실세계를 간단한 실험을 통해 입증함으로써 점점 그 설득력을 얻고 있다. 즉, 심리학과 경제학이 만나는 접점의 학문이라고 볼 수 있는데, 인간의 인식능력, 논리적 분석능력, 행동성향에 대해 그 동안 알려져 있지 않은 것들을 조명하고 있다.[25] 대표적 학자인 Daniel Kahneman은 2002년 노벨경제학상을 수상하였다.

이러한 연구들은 기존의 동기부여이론에 회의를 갖도록 한다. 그 동안 엄격한 과학적 실험을 통해 증명되었다고 하는 법칙들이 허구임을 알게 하는 것이다. 인간합리성에 기초한 경제이론은 규범적 이론에 불과할 뿐 현실을 기술(記述)하는 것은 아니다. 따라서 여기서 말하는 비합리성은 주류경제학에서 말하는 합리성에서 벗어난다는 의미이지, 이것이 비정상적이거나 비난받아야 할 것이라는 것을 의미하지는 않는다.

6.2 집단주의와 동기

더구나 서구사람들과는 매우 다른 문화와 사고방식을 가지고 있는 우리 한국인들은 나름대로 다른 동기체제를 가진 것으로 보는 것이 현실적일 것이다. 따라서 한국의 사회과학이 발전하려면, 좀더 우리의 특성을 잘 설명할 수 있는 한국적 이론을 만드는 작업이 이뤄져야 할 것이다. 이러한 차원에서 몇 가지 점을 언급하려고 한다.

우선 서구의 동기이론들은 '개인'이란 범주에 국한시키고 있는데, 한국은 그렇지 않은 면이 많이 있다. 개인의 존재는 완전히 분리된 개인이 아니라, 항상 그가 속한 집단 속에서 가능하다. 국가, 사회 등 추상적인 집단은 물론이고, 가족, 동창, 지역 등 실제 끈끈한 정으로 이어지는 집단이 곧 자신과 동일시하는 경우가 많이 있다. 특히 가족단위는 다른 나라에 비하여 매우 강한 고려사항이다.

집단주의적 문화에서 중요하게 작용하는 것은 다른 사람들과의 비교이다. 다른 사람들과 완전평등을 전제로 사고한다. '사촌이 논을 사면 배가 아프다', '배고픈 것은 참아도 배아픈 것은 못 참는다'라는 표현이 이를 말해 준다. 그러나 이런 전제 하에서도 끊임없이 자신은 다른 사람보다 우월하려는 '우월주의'가 강하게 작용한다. 비슷한 사람끼리 모아 놓은 집단에서도 완장만 채우면 달라지는 것이 이런 이유에서이다. '불평등'상황은 참을 수 없는 최소수준(즉, 위생요인)이라면, 다른 사람에 비한 '수월성'은 이상적인 수준(즉, 동기요인)이다. 공평성이론(justice theory) 또는 형평성이론은 우리에게는 이렇게 이중적으로 적용된다. 이와 같이 우리 한국인의 마음 속에 있는 평등주의와 우월주의는 '논리적'으로는 서로 양립할 수 없는 가치이다.[26] 그러나 이것이 중요한 동기요인이다.

사회로부터 분리된 개인이 아니라, 항상 집단 속에서 타인과 자신을 비교하는 상술한 비교성향은 한 걸음 더 나아가 우월한 집단에 속하려는 속성에서도 발현된다. 고시출신, S대학 출신 등의 인연은 물론이고, 끊임없이 조직 내에서 비공식 집단을 만든다. 특히 외교부나 재무부 계통에서 출중한 '*** kids'라고 지칭될 만큼 보스를 중심으로 계열이 형성되는 것이 그 예이다.

이들 엘리트집단에 속한 사람들은 속해 있다는 그 자체로 이미 우월의식을 가지고 있고, 이 사실이 무엇보다도 큰 동기부여 요인이 된다. 이들 집단적 메커니즘이 작동하는 한 한때 승진에서 밀리거나 한직으로 밀려도 개의치 않고 열심히 일하는 것이다. 그리고 장기적으로는 자신들이 어느 위치에 간다는 것을 알고 있다. 집단에 소속 자체가 이미 가장 큰 동기요인인 것이다. 이것은 곧 분리된, 즉 원자화된 개인을 전제로 발달한 심리학적 동기이론이 매우 설명력이 약해짐을 의미한다.

완장효과

우리나라는 개인주의보다는 집단주의적 문화가 강하기 때문에 집단에서 주목을 받는 것은 중요한 동기부여 요인 중의 하나이다. 평범한 사람도 '반장', '회장', '대표' 등 자리(즉, 완장)를 주면, 180도 사람이 바뀌어 열심히 조직에 몰입하는 것을 흔히 발견할 수 있다. 즉, 완장만 채워 주면 사람 달라지는 것이다. 이것은 동기부여요인 중 자아실현욕구를 어느 정도 충족시켜 주기 때문이라고 생각할 수도 있다. 어떻든 무력한 사람에게 힘을 돋아 주는 것(empowerment)이 '완장'인 것이다.

롤러코스트 효과

현실과는 동떨어진 인위적 상황인 롤러코스트를 타서 상승할 때 붕 뜨는 느낌을 지칭하고자 한다. 한국사회에서는 그 동안 임시직이나 9급에서 시작하여 장관까지 오르는 신화적 존재가 꽤 많이 있었다. 자기가 생각하는 자신의 능력보다 더 빨리 지위가 상승함으로써 극도의 희열감을 느낀다. 물론 놀이동산의 롤러코스트는 보통 높은 데서 내려 오는데 스릴을 느낄 때가 많은데, 여기서는 수직상승을 지칭하기로 한다.

왕따현상

집단 내에서 한 명 또는 소수를 표적으로 지속적으로 부정적 평가와 제재를 가하는 것으로 외면, 무시, 폭언, 괴롭힘, 폭력 등이 그 수단이다.[27] 왕따현상이 발생하는 동기로는 먼저 가해자측면에서 시기심, 사회적 기술부족, 열등감, 이익보호 등이 있을 수 있고, 피해자측면에는 성격, 외모, 사회적 약자, 특수한 능력 등을 생각할 수 있다. 물론 이를 용인하거나 조장하는 조직문화가 문제이다.

부정적 제재메커니즘으로는 왕따현상을 생각할 수 있다. 집단주의에서 열외에 시킴으로써 열등감과 동기저하를 일으킨다. 이들은 모든 중요한 정보에서는 배제됨으로써 공식회의상에서 발언하면 상황판단을 잘못하는 우스운 사람이 된다. 그리고 이를 희생양으로 하여 다른 사람들에게도 왕따당할 수 있음을 일종의 암묵적 위협으로 활용하는 것이다. 그 비공식 집단에 속하고 배제당하고 싶지 않은 사람은 이에 동조할 수밖에 없다.

6.3 개인수준의 동기

개인수준으로 논의를 국한시켜도 한국의 경우, 서구와 다른 양상이 나타난다. 서구에서는 즉각적이고 직접적인 인센티브가 중요하다고 한다면, 한국에서는 장기적이고 간접적인 인센티브가 더 중요하다고 할 수 있다. 예컨대 자신이 아직 승진할 때가 아니라고 한다면(사실상 성과가 좋은 데도 불구하고), 그 해의 성과평가에서 다른 승진 '예정'대상자에게 좋은 점수 받는 것을 양보하는 것을 개의치 않는다. 연공서열적 인사행정운영이 이뤄지는 것은 이러한 메커니즘이 뿌리깊게 자리잡고 있기 때문이다. 이런 장기적 보상을 늘 계산하거나 의식하기보다는 이미 이것이 사회적으로 자리잡아서 무의식중에 작동하고 있다고 할 수 있다.

심지어는 개인의 시간과 에너지를 전적으로 조직에 쏟아붓는 경우도 많이 있다. 예컨대 어느 것이 좋다고 느껴졌으면, 그 보상에 관계없이 열정적으로 하는 행태를 보인다. 탄탄한 논리적 기반이 아니라, 한번 신이 나면 어떤 어려움도 어려움으로 느끼지 않고 오히려 즐거움을 느끼며 하는 것이다.

그러나 반대의 경우에는 어떠한 상관의 노력에도 불구하고 동기부여가 되지 않는다는 문제를 갖고 있다. 일단 상승이동(upward mobility)의 가능성이 없다고 판단되는 경우, 공무원들은 신바람이 나지 않는다. 자조적이거나 패배감에 사로잡히기도 하고, 공직에서의 업무를 월급을 받는 수단으로만 생각하고 최소한의 투입을 할 뿐이다.

6.4 시간의 특성

한국과 같이 빨리 빨리의 문화가 지배적인 사회에서는 시간변수도 중요하다. 동기부여이론에 근거한 연구들도 대부분 시간차원을 고려하지 않고 있다. 욕구이론(needs theory)은 물론이고, 장래를 생각하는 목표이론(goal theory)도 그 한계를

그림 11-6 목표이론관점에서 본 시간과 효용간 관계

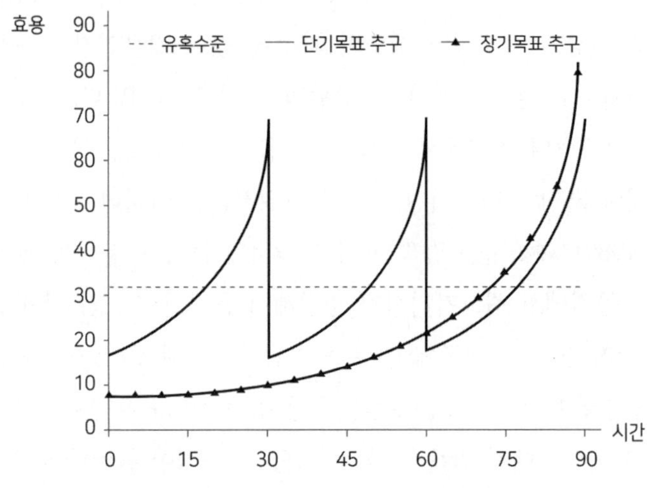

가지고 있다.[28] 기대이론(Expectancy theory)은 장차 얻을 혜택에 대한 주관적 기대치를 고려하기 때문에 시간변수가 암묵적으로 포함된 것이 분명하다. 그러나 목표이론의 경우 시간을 명시적으로 고려하여 좀더 실증적으로 연구해 볼 필요가 있다. 예컨대 [그림 11-6]에서 볼 수 있는 바와 같이 대부분의 사람들에게는 장기간 기다려서 달성하여 한꺼번에 얻을 수 있는 총 효용보다는 중단기간의 작은 목표들을 달성해서 얻는 효용의 합이 더 클 수 있다.[29] 이와는 반대로 장기간 고시공부를 통하여 얻을 수 있는 효용이 단기적인 자격증을 많이 따는 데서 오는 효용이 크다고 생각하여 고시에 몇 년을 투자하는 사람도 있다. 이러한 점을 심층적으로 이해하기 위해서는 심리학 및 정신분석학적 행정조직연구가 활성화될 필요가 있다.

6.5 한국인 동기부여의 한계: 수축사회

한국의 공무원 내부사회는 나름대로 경쟁성이 존재하고 동적이라고 할 수 있다. 관료제적 병폐로 묘사되고 있는 미국 등 서구의 침체된 공직사회와는 본질적으로 다른 측면이 있다. 그러나 이러한 한국 공무원들의 역동적 특성은 한국사회가 전반적으로 팽창되는 경제와 제도화 과정에 있기 때문인지도 모른다.

조직이 신설되고 팽창됨에 따라 상위직 자리가 늘어난다. 자진이직이 적은 상태에서 피라미드형의 조직에서는 승진의 기회가 위로 갈수록 상당히 줄어들기 마련이다. 그러나 조직이 팽창되면 그만큼 하위직뿐만 아니라 고위직 자리도 늘어난다. 따라서 1980년대까지는 일찍 고시로 공직에 들어간 후 40대에 장관할 확률이 있었다. 즉, 공직에서 최고자리까지 승진해서 올라갈 수 있는 롤러코스터 효과가 사실상 상당히 높았기 때문에 관료들을 동기부여해 온 것이 아닌가 한다.

이러한 공직확장기의 동기부여는 전술한 평등주의와 우월주의의 변주곡 속에서 비교적 많은 사람들에게 만족을 줄 수 있었다. 조직이 늘어나서 승진의 기회가 온 것임에도 불구하고, 당사자들은 전적으로 자신이 다른 사람들보다 우월해서 그런 것이라는 착시현상을 가지게 된다. 이런 착시현상은 동기부여의 주요 원인이었던 것이다.

그러나 조직이 축소되거나 동결되는 수축기에는 이런 동기부여 여지가 줄어든다. 최근의 승진적체현상이 이를 말해 준다. 그러나 아직은 공공기관이나 민간부문까지 공직자들이 진출하면서 확장기에서 누렸던 상대적 만족감을 어느 정도 가질 수 있다. 하지만 공직자들의 이런 특권적 혜택에 대해 사회적 비판의 소리가 높아지면서 이것도 점점 어려워지고 있다. 그렇다면 이런 수축기의 동기이론은 무엇이 될찌 심각히 고민할 때가 온 것이다. 이제 수직상승할 롤러코스터 효과는 점점 줄어들어, 정권에 연이 닿는 사람만이 가능해졌다고 믿는다. 그 대체물은 결국 일 자체에 대한 만족감이 아닐까 한다. 지위가 낮으면서도 업무자체가 재미있고, 국민들에게 봉사한다는 자부심을 갖게 하기 때문에 일을 열심히 하는 사람이 많아져야 한다.

東西古今公私

Z세대 이해 없이 인사 혁신도 없다

Q 변화를 이끈 가장 큰 동력은?

A 기술 진보 등 여러 변수가 있지만 하나만 고르라면 '세대 변화'를 꼽고 싶다. 이전 세대와 달라도 너무 다르다. 밀레니얼과 Z세대에 대한 강연 문의가 전체 절반 이상일 만큼 기업 관심도 높다. 기업도 변했다. 과거에는 조직에 충성하고 몰입하는 인재를 중요시했지만 이제는 달라졌다. 조직의 경계가 허물어지고 사람도 수시로 뽑게 되면서 개방적이고 적응력 높은 인재를 더 선호한다. 이 같은 문화를 가장 잘 체화하고 있는 세대가 바로 밀레니얼과 Z세대다.

Q 신세대를 잘 흡수하기 위해 필요한 HR 전략은?

A 그들을 겨냥한 소비 전략과 비슷한 구석이 있다. 요즘 세대는 축적 가치보다는 사용 가치를, 소유보다는 공유를 더 선호한다. 제품과 서비스 이면에 있는 사회적 가치나 공정성을 따진다. 직장에서도 마찬가지다. 한 직장에 오래 머무르는 것보다, 현재 하는 일의 가치나 재미가 더 중요하다. 기업은 자기 제품과 서비스가 사회적으로 어떤 영향을 주는지 직원을 잘 교육하고 이해시킬 필요가 있다. 전문성과 특기를 중심으로 다양한 주변 역량을 키워주는 것이 필수다. 평생 한 가지 일만 하라고 하면 그 막막함을 이겨내지 못한다.

Q 한국만의 특수성도 있을 것 같다.

A 'HR의 갈라파고스(고립지)'라고 불리는 것이 바로 한국이다. 강력한 호봉제와 연공서열 등 다른 나라에서 쉽게 찾아볼 수 없는 문화와 제도가 많다. 틀렸다는 것은 아니다. 장점도 분명 있다. 하지만 요즘 시대에 맞지 않는 부분이 많다. 밀레니얼·Z세대는 글로벌 보편성이 높은 세대다. 기업도 한국 특성보다는 보편성을 추구하는 것이 합리적이다. 특히 글로벌 트렌드에 맞는 조직체계 간소화가 시급하다. 사원에서 부장에 이르는 이른바 '사·대·과·차·부' 제도는 너무 비효율적이다. 과도 없고 부도 없는데, 과장과 부장은 있다.

Q 미래 HR 트렌드를 전망해보자면?

A 아무래도 인공지능(AI), 빅데이터 등 IT 기술이 더 많이 활용될 것 같다. 특히나 우리나라는 HR 영역에서 공정성에 대한 관심이 다른 나라보다 높다. 사람의 주관이 배제된 객관적 평가 시스템이 필연적으로 부각될 수밖에 없다. 다만 IT 기술을 당장 활용하기에는 지금까지 축적·생성해놓은 데이터가 워낙 부족해 신뢰도가 떨어진다. 유의미한 데이터 확보가 첫걸음이 될 것이다.

출처: 매경이코노미 제2024호·추석합본호(2019.09.04.~2019.09.17일자) 기사 일부발췌.

11 참/고/문/헌

1) Richard Steers, *Organizational Effectiveness*, Santa Monica, CA: Goodyear Publishing Co., 1977, p. 26.
2) Edward. E. Lawler Ⅲ, and L. W Porter, "The Effect of Performance on Satisfaction," *Industrial Relations*, vol. 7, 1967, p. 23.
3) 임도빈, 「행정학」, 박영사, 2018, p. 418.
4) Abraham J. Maslow, "A Theory of Human Motivation," *Psychological Review*, 1943, vol. 50, pp. 370-396; Abraham H. Maslow, *Motivation and Personality*, New York: Haper & Row, 1954; Abraham H. Maslow, *Toward a Theory of Being*, 2nd ed., New York: Van Norstrand Reinhold, 1968.
5) Lawler, *op. cit.*
6) Clayton P. Alderfer, "An Empirical Test of New Theory of Human Needs," *Organizational Behavior and Human Performance*, vol. 4, 1969, pp. 142-175.
7) H.T. Graham and R. Bennett, *Human Resource Management*, 6th ed., London: Pitman Publishing, 1991, p. 13.
8) Frederick Herzberg, B. Mausner, and B. Snyderman, *Motivation to Work*, 2nd ed., New York: John Wiley & Sons, 1959.
9) Robert J. House and L.A, Wigdor, "Herzberg's Dual Factor Theory of Job Satisfaction and Motivation," *Personnel Psychology*, vol. 20, 1967, pp. 369-389.
10) 송근원, "공사조직구성원의 직무동기에 영향을 미치는 요인: 허쯔버그 이론의 검증," 「지방정부연구」 제 5 권 제 4 호, 2001.
11) Victor Vroom, *Work and Motivation*, New York: John Wiley & Sons, 1964.
12) 이영진, 「코칭론」, 서울: 무지개사, 2002. pp. 166-168.
13) J. Stacy Adms, "Wage Inequities, Productivity, and Work Quality," *Industrial Relations*, vol. 2, 1963, pp. 9-16.
14) 남명우, "공공서비스동기에 관한 연구: 서울대학교 경영대학원과 행정대학원생을 중심으로," 서울대 행정학 석사논문. 2011.
15) 정우철, "공공봉사동기가 서비스질에 미치는 영향: 요양보호사를 중심으로." 서울대 행정학 석사논문. 2011.

16) 김서용·조성수·박병주, "공직동기(PSM)의 선행요인: 사회화 요인의 비교분석," 「한국행정학보」 44(1): 147-177, 2010.
17) 이혜윤(2017), "공기업과 준정부기관 종사자들의 공공봉사동기(PSM)와 직무동기요인이 직무만족에 미치는 영향에 관한 실증연구: 기관유형에 따른 조절효과와 공공성 인식의 매개효과를 중심으로," 「한국행정학보」, 51(2): 349-388, 2017.
18) Vandenabeele, W. (2007). Toward a Public Administration Theory of Public Service Motivation: An institutional approach *Public Management Review*, 9(4): 545-556.
19) Ryan, R. M., & Deci, E. L. (2000). Intrinsic and Extrinsic Motivations: Classic Definitions and New Directions. *Contemporary Educational Psychology*, 25(1): 54-67.
20) Vallerand & Catherine F. Ratelle. In Deci, E. L., & Ryan, R. M. (2004). *Handbook of Self-Determination Research*. Rochester, NY: University of Rochester Press.
21) Stazyk, E. C. (2012). Crowding Out Public Service Motivation? Comparing Theoretical Expectations with Empirical Findings on the Influence of Performance-Related Pay. *Review of Public Personnel Administration*. doi: 10.1177/0734371x12453053
22) Langbein, L. (2010). Economics, Public Service Motivation, and Pay for Performance: Complements or Substitutes? *International Public Management Journal*, 13(1): 9-23.
23) Stazyk, E. C. (2012). Crowding Out Public Service Motivation? Comparing Theoretical Expectations with Empirical Findings on the Influence of Performance-Related Pay. *Review of Public Personnel Administration*. doi: 10.1177/0734371x12453053
24) EBS 지식프라임 제작팀, 지식프라임, 2009, PP. 100-102
25) 도모노 노리노(이명희 옮김), 「행동경제학」, 서울: 지형 2007.
26) 임도빈, "한국행정의 설명모델을 찾아서: 악순환모델," 「한국거버넌스학회보」, 14(1): 1-30, 2006.
27) 민진, 「조직의 건강과 질병」, 대영문화사, p. 154.
28) E. A. Locke & Latham, G.P. "What should we do about motivation theory? Six recommendations for the twenty first century," *Academy of Management Review*, vol.29, 2004, pp. 388-403.
29) Steel Piers and Cornelius J. Konig, "Integrating Theories of Motivation," *Academy of Management*, vol.31 N.4. 2006, pp. 889-914.

CHAPTER 12

권리의 제한과 보호

1. 권리의 제한

1.1 제한의 필요성

공무원은 두 종류의 신분을 지니고 있다. 하나는 정부에 고용된 피고용인으로서의 신분이고 또 하나는 일반국민의 신분이다. 이 두 신분간에 얼마나 차이를 인정하느냐에 따라 공무원의 권리에 대한 제한범위가 달라지게 된다. 그 차이를 가장 크게 인정하는 입장하는 것을 하나의 특혜(privilege) 내지 명예(honor)로 본다.

법적으로는 국가와 공무원과의 고용관계를 '특별권력관계'로 이해한다. 공무원의 신분 자체가 하나의 특혜이고 또한 자율적으로 정부에서 일할 것을 선택한 상황이기 때문에 공무원에게 국민으로서의 기본적 권리는 상당히 제한시킬 수 있다는 입장이다.[1] 즉, 공무원신분은 국가에서 부여한 특혜이기 때문에 실정법이나 자연법에 의해 부여되는 권리(rights)와는 달리 일반국민에게 부여되는 권리를 제한하는 것은 국가가 자유롭게 결정할 수 있다는 것이다. 이러한 특별권력관계론의 입장에 서게 되면 민간부문에서는 충분히 용인되는 행동에 대하여도 공무원이라는 이유로 제한할 수 있는 정당성을 부여받게 된다.

이러한 입장은 국가의 절대권력을 인정하는 사회에서는 당연한 것으로 받아들여 왔지만, 국민주권에 대한 인식과 기본권에 대한 인식이 높아지면서 점점 그 설득력이 약해지고 있다.[2] 그렇지만, 공무원과 국가의 고용관계를 민간부문에서의 고용주와 고용인의 관계로 보아 공무원에게 국민으로서의 모든 기본권을 부여하자는 주장도 설득력이 있는 것은 아니다.

특혜론을 대체하여, 특별권력관계를 지지시킬 수 있는 근거가 공무원은 전체국민에 대한 봉사자라는 점과 공무원이 수행하는 직무는 공공성이 강하다는 점이다. 전자는 공무원이 어느 특정정파의 이익을 대변하는 신분이 아니라 국민 전체의 이익을 위해서 무사공평하게 봉사해야 하는 신분임을 강조한다. 후자는 공무원 신분 그 자체가 아니라 수행하는 직무가 공공성을 띠고 있음을 강조한다. 전자의 경우 공무원의 신분에 초점을 두기 때문에 기본권 제한의 범위를 모든 공무원에게 획일적으로 적용할 수 있다면(이 점에서 공무원을 특혜받은 신분으로 보는 특혜설과 같은 맥락으로 볼 수 있다), 후자의 경우에는 직무에 따라 그 공공성의 정도에 차이가 있음을 인정해야 하기 때문에 공무원의 권리제한이 개별적으로 이루어질 수 있다.[3] 국민 전체의 봉사자와 직무의 공공성을 주장하는 입장이 공무원의 기본권에 대한 제한의 범위를 정함에 있어 국가권력의 남용이 우려되는 특혜설의 입장보다 훨씬 합리적이고 민주적이라고 할 수 있다.

이러한 이유에서 우리는 국민 전체의 봉사자와 직무의 공공성 시각에서 국민으로서의 공무원 권리를 접근할 필요가 있다. 여기서 직무의 공공성은 그 직무가 얼마나 많은 사람과 관련성을 가지는 것이냐에 따라 결정되는 것이기 때문에, 국민 전체의 봉사자라는 시각과 함께 결국 '다수국민에게 이익이 돌아가는 것이 무엇인가'가 공무원의 권리에 대한 제한의 범위를 정하는 중요한 잣대임을 인식하는 것이다. 다만 직무의 공공성 입장이 개별적 직무상황을 고려하여 공무원에게 보다 많은 기본권을 허용하려는 전향적 태도라고 평가할 수 있을 것이다.

공무원의 기본권 제한과 관련하여 쟁점이 되고 있는 주제는 공무원의 정치적 중립성, 표현의 자유, 사생활 자유권, 그리고 노동3권을 들 수 있다. 공무원 노동조합의 결성과 활동으로 대표되는 노동3권은 다음 절에서 설명한다.

1.2 정치활동의 제한

모든 국민은 정치적 의견과 사상을 자유롭게 표현할 수 있을 뿐만 아니라, 정치적 의사형성에 능동적으로 참여할 수 있고, 선거권과 공직취임의 권리를 가지고 있으며, 나아가 정당에 가입하여 자유로운 정당활동 및 선거운동을 할 수 있는 권리를 보장받고 있다. 이러한 정치적 기본권은 국민의 경우 국가안전보장·질서유지 또는 공공복리를 위하여만 제한할 수 있다. 그러나 공무원은 정치적 중립성을 확보하기 위하여 일반국민에 비해 정치적 활동이 훨씬 많은 제약을 받는다. 공무원이 정당 특히 집권여당으로부터의 정치적 영향을 받지 않고 독립적으로 직무를 수행토록 하기 위함이다.

1) 정치활동 제한의 필요성

공무원의 정치적 중립은 정권이 누구에게 넘어가든지 중립적 입장에서 업무를 처리하고 정보를 제공하여 권력자에게 진실을 말(speaking truth to power)하는 것을 의미한다.[4] 이를 위해 정치활동을 제한하는 것이다. 결과적으로 정책결정이나 정치자금모금과 관련된 정치적 간섭으로부터 공무원을 보호할 수 있고, 공무원이 정치적 목적으로 공직을 악용하지 못하게 막을 수 있다고 보는 것이다. 이러한 공무원의 정치적 활동에 대한 제한은 국민과 정치인의 요구에 부응하는, 즉 국민을 위한 민주행정을 부정하는 것이 아니라 오히려 이를 더욱 보장하기 위한 것이다. 즉, 정치적 중립이 정치적 투입을 무시하라는 것이 아니라 특정 정파의 입장이 아닌 중립자의 입장에서 그 투입에 관심을 갖고 차별 없이 대응하라는 의미로 받아들여야 한다.

미국의 경우 엽관주의의 폐해에 대한 경계가 아직도 강하게 남아 있지만 기본권침해를 이유로 정치활동의 제한을 해제시키려는 주장도 있다. 이들의 주장은 우선 공무원에게 정치적 자유를 허용하더라도 과거와 같은 남용과 부작용이 방지될 수 있는 각종 인사제도상의 장치가 마련되어 있고 또 정치적 의식이 충분히 성숙되어 있다고 주장한다. 유럽의 여러 나라에서는 공무원의 정치활동을 비교적 넓게 허용하는 편이다.[5)]

우리나라의 경우, 헌법 제 7 조 제 2 항에는 '공무원의 신분과 정치적 중립성은 법률이 정하는 바에 의하여 보장된다'라고 규정되어 있다. 또한 국가공무원법은 1949년 제정 당시부터 공무원의 정치운동 참여를 금지시켜 왔다. 이러한 법적 장치가 있었음에도 불구하고 공무원이 직·간접으로 선거에 개입하여 집권여당에 유리한 행동을 하도록 강요당했다는 것은 부정하기 힘들다. 아직도 선거 때마다 정부에서는 '선심성' 정책공약과 선거관련 예산지출이 늘어나고 고위공무원은 출장이 잦아지는가 하면 일선공무원도 정부정책의 홍보에 적극 참여하게 된다. 이와 같이 우리나라에서의 공무원 정치활동은 법적으로 보장된 것이 아니라 거의 불법·탈법적으로 이루어진 비정상적인 것으로 특정 정당이 유리하도록 선거에 영향을 미치는 행위이다. 이러한 현상을 감안하면, 우리나라 공무원의 정치적 중립은 정당간 경쟁을 하는 경우 실적주의를 적용받는 공무원이 지나친 당파적 행동을 하지 않아야 한다는 것을 의미한다.[6)]

그러나 공무원의 정치적 중립성에 대한 비판론도 만만치 않다. 정당가입을 금지하는 것도 헌법상 기본권을 현저히 저해하는 것이다. 선거활동의 금지도 공직선거뿐만 아니라, 당내 경선에도 적용됨을 판례로 규정하고 있다.[7)] 그러나 정치적 중립이 무엇이냐에 대한 공무원의 인식도 각양각색이고, 현재의 제약이 너무 크다는 비판도 많이 있다.[8)] 공무원도 이미 일반국민이라는 논리 이외에도 현재의 정치적 중립이 실제로 잘 작동하지 않기 때문이기도 하다. 지켜지지도 않는 위선적인 제도는 폐지하는 것이 낫다는 것이다. 하지만 정치가 충분히 성숙되지 않은 우리나라에서는 아직 정치적 중립을 엄격히 확보함으로써 국민 전체의 봉사자 신분을 더욱 확고히 할 수 있다는 당위성이 정치활동의 자유를 보장하는 권리성보다 우위에 있다고 볼 수 있다.

2) 정치활동제한의 범위

공무원의 정치적 중립을 확보하기 위해서는 우선 부당한 정치적 압력으로부터 공무원을 보호하는 것이고, 또 하나는 공무원의 정치관여를 제한하는 것이다.[9] 이 둘이 명확하게 분리될 수 있는 것은 아니지만 전자가 주로 정치적 요인에 의해 공무원이 불이익을 받거나 정부기능이 불안정해지는 것을 예방하기 위한 목적이라면, 후자는 주로 공무원이 공직을 정치적 성공의 발판으로 이용하거나 아니면 정치활동에의 참여로 직무수행에 지장을 주고 정부의 효율적 관리와 신뢰성에 손상을 입히는 행위를 예방하기 위한 목적이라고 할 수 있다.

이러한 정치활동의 제한을 적용받는 공무원의 범위와 관련해서는 특수경력직에 해당하는 정무직, 별정직 공무원에게는 적용하지 않도록 하였다.[10] 따라서 대통령, 국무총리, 장·차관 및 이들의 비서실장과 비서관, 그리고 국립대학의 교수 등은 정당에 가입할 수 있도록 허용하고 있다.

공무원의 정치활동에 대한 제한은 각국의 정치역사에 따라 다른 양상을 보여주고 있다. 우리나라와 같이 엽관주의나 관권선거의 폐해를 경험한 국가에서는 정치활동의 제한이 광범위한 공무원에게 매우 엄격하게 적용되는 반면, 의회민주주의를 토대로 안정적인 직업공무원제의 오랜 전통을 가진 영국, 독일, 프랑스의 유럽국가는 정치활동을 관대하게 허용하는 편이다. 미국은 1939년 Hatch법에 의해 공무원의 정치적 자유를 포괄적으로 제한하였었다. 1993년 개정에 의하여 '선거에 개입할 목적', 혹은 '선거결과에 영향을 미칠 목적' 등 과도한 활동은 금지하지만, 사인으로서의 정치적 자유는 인정하고 있다. 따라서 정당가입 정치적 의사표시 등이 인정된다. 특히 독일과 프랑스는 공무원이 정당에 가입하고 활동할 수 있는가 하면 공무원 신분으로 의원직에 출마하는 것도 허용되고 있다.[11] 영국의 경우 하위직 공무원에게는 완전한 정치활동을 보장하는가 하면 고위직으로 올라갈수록 규제를 강화하는 차별화 정책을 쓰고 있다.

국가공무원법 제65조(정치운동의 금지)

① 공무원은 정당이나 그 밖의 기타 정치단체의 결성에 관여하거나 이에 가입할 수 없다.

② 공무원은 선거에서 특정 정당 또는 특정인을 지지 또는 반대하기 위한 다음의 행위를 하여서는 아니 된다.

1. 투표를 하거나 하지 아니하도록 권유운동을 하는 것
2. 서명운동을 기도(企圖)·주재(主宰)하거나 권유하는 것
3. 문서 또는 도서를 공공시설 등에 게시하거나 게시하게 하는 것
4. 기부금을 모집 또는 모집하게 하거나 공공자금을 이용 또는 이용하게 하는 것
5. 타인에게 정당이나 그 밖의 정치단체에 가입하게 하거나 또는 가입하지 아니하도록 권유 운동을 하는 것

③ 공무원은 다른 공무원에게 제 1 항과 제 2 항에 위배되는 행위를 하도록 요구하거나, 정치적 행위의 보상 또는 보복으로서 이익 또는 불이익을 약속하여서는 아니 된다.

④ 제3항 외에 정치적 행위의 금지에 관한 한계는 대통령령 등으로 정한다.

1.3 공무원의 정치화

1) 의 의

공무원의 정치적 중립성을 논하려면, 공무원의 정치화가 무엇인지 살펴보는 것이 선행되어야 한다. 공무원이 정치적 행위를 한다는 뜻은 다음 다섯 가지로 나눌 수 있다.

첫 번째 뜻은 공직을 정치적 기준에 의해 임면하는 것을 의미한다. 즉, 공적인 자리에 정파적 인사를 임용하는 것인데, 우리가 보통 공무원의 정치화라고 생각을 하는 현상이다. 낙하산 인사라든지 회전문 인사라든지하는 것이다. 공무원은 자기 능력, 전문성, 교육 등을 기준으로 뽑히는 실적주의 인사이다. 즉 전문성 중심으로 실적 중심으로 하는 인사임용은 공무원의 정치화에 대비되는 말이다.

두 번째의 뜻은 공직자가 정치적인 활동을 하는 것을 의미한다. 공직자 그 자

리에 있으면서 국민전체에 봉사하기 보다는 특정 정파에 우호적인 활동을 하는 것을 의미한다. 행정학에서는 임용이 어떤 방법으로 되었든간에 공무원이 정파적 활동을 하는 것이 가장 중요시 다뤄져야 할 것이라고 할 수 있다. 공직자가 자신에게 주어진 권한을 자신의 보스인 정치적 보스를 위해 쓰는 것이 대표적인 예이다. 나아가서 정당 활동을 한다든지 또 선거 활동을 한다든지, 정책결정시 정파적으로 하는 것이 문제시 될 수 있다. 우리나라는 헌법과 국가(지방)공무원법에서 전부 금지하고 있다.

세 번째 뜻인 상관인 정치인을 도와주는 참모 기능이다. 대통령 등 정치인이 하는 활동을 공무원이 보좌하는 임무가 주어졌을 때 할 수 밖에 없는 활동이다. 전문적 지식을 제공한다든지, 부처공무원들에게 영향력을 행사하는 참모기능이다. 대표적으로 대통령실에 파견되는 공무원들이다. 이들 중 많은 공무원들이 정치적인 측면에서 대통령을 보좌하는 활동을 한다. 정도는 약하지만, 총리실, 정치적 장관을 보좌하는 각 부처 차관, 실국장, 과장 등도 마찬가지이다. 특히 장관 정책보좌관은 직업공무원은 아니지만, 대표적으로 정치적 중립을 지키기 어려운 자리이다. 정당색채를 내걸고 선거에서 승리한 지방자치단체장의 경우도 마찬가지이다. 지방단체장 비서실에서 근무하는 공무원은 물론이 본부, 실, 국, 과에서 근무하는 공무원도 단체장을 보좌하는 참모적 기능을 한다.

표 12-1 공무원 정치화의 유형

유형	내용
공직임용	• 정파적 임용 • 충원이나 승진에 정치가 영향력 행사 • 전문성 중심의 인사행정에 정치가 부당한 영향
공직자의 정치적 활동	• 공직자가 자신의 권한을 정치적 보스와 공유 • 정치-행정 접점에서 정치적 활동 • 정책결정시 정치성 • 정당활동, 선거운동
정치적 참모기능	• 대통령, 총리, 장관비서실 정무적 보좌
관료적 대응성	• 행정업무에서 정치적 고려
정치적 후견관계	• 개인적 보상/정치적 충성

네 번째는 민주주의에서 관료, 공무원의 역할이 무엇이냐라는 관점에서, 국민에게 대한 민주성을 지켜야 한다는 점에서 정치화라고 할 수 있다. 넓은 의미에서 볼 때, 공무원들이 매일 하는 (정책관련) 일들이 따지고 보면 모두 가치 판단이 필요하고, 국민중 누구에게 어떤 혜택을 줄까? 아니면 규제를 할까?의 문제이기 때문에 정치적인 색깔을 가질 수밖에 없다. 순수 행정적인 업무라는 것은 하위직 공무원으로 내려오면 내려올수록 그렇겠지만, 상위직으로 갈수록 의식적이든 무의식적이든 정치적인 고려가 섞여있는 활동을 한다고 볼 수 있다. 즉, 관료의 정책 집행권 여기에서 나오는 정치화이다.

다섯 번째는 정치적 후원관계를 말한다. 정치인들 특히 거물 정치인과 개인적으로 인맥을 형성하고 비공식적으로 후원관계를 맺고 유지하는 경우를 말한다. 특히 평소에 업무상 이런 관계를 가지고 인사상 혜택 등을 받고, 선거때가 되면 줄을 서서 돕는 상호부조관계를 맺는 공무원들이 있다. 이런 공무원들은 자신의 보스에게 충성을 바치는 정치적 활동을 한다.

2) 정무직의 정치적 중립

이상의 정치화라는 설명에서 본다면, 공무원의 탈정치화, 즉 엄격한 의미의 정치적 중립은 지키기가 어려움을 알 수 있다. 많은 나라가 공직수행상 정치적 중립을 요구하고, 사적으로는 중립을 요구하지 않는 이유이기도 하다. 우리나라에서 공무원의 정치적 중립을 제도화한 이유는 역사적으로 선거가 혼탁하고, 그 여파가 선거끝난 후에도 부정부패, 청탁 등이 양산되던 건국초로 거슬러 올라가야 이해하기 쉽다. 법적 제도화가 된 이후에도 한동안 선거개입 등 문제는 심각하지만, 점점 민주주의가 정착되어 가면서 문제가 개선되어 왔다. 그럼에도 불구하고, 공무원 개인의 행태적인 특성으로서 정치적 중립을 지키지 않는 사람들이 발견된다. 본인들이 어떤 이유에서이든 정치를 좋아하기 때문이다.

그러나 국민의 입장에서 보면 공무원이 정치적 중립을 지키지 않으면 큰 문제가 될 소지가 있다. 따라서 적어도 일반직중 경력직 공무원은 정치적 중립을 지켜야 한다는 것은 쉽게 받아들일 수 있다. 그러나 소위 고위 공무원단 공무원 같은 경우에는 경력직 공무원이지만 정치적 중립을 지키지 않는 사람들이 많이 있다. 이들은 정치인(장관, 국회의원 등)과 쉽게 접하고 일하는 업무성격 때문에 그렇기도 하다. 지방자치단체의 실, 국, 본부장, 과장(기초자치단체), 등 선출직 단체장의 측근에서 직무를 수행하는 지방공무원도 유사한 문제를 안고 있다. 전문성과 정치화의 문제이다.[12] 나아가서 검사, 교사 등 특정직 공무원도 정치적 중립을 지키지 않는다는 비판도 있다. 교사가 전교조 활동을 지나치게 한다든지, 특정 정치인과 연계되어 검사가 정치적 활동하는 경우가 그 예이다.

정무직(political appointee)은 정치적으로 임용되는 사람이므로 정치적 중립을 지켜야 하느냐는 논란의 여지가 있다. 국회의 인사청문회를 필요로 정무직 공무원은 고도의 정책적인 판단을 한다는 점에서 큰 결함이 없어야 하겠지만, 앞서 서술한 의미의 모든 정치적 활동을 금지하는 것 또한 바람직하지도 하고 가능하지도 않다. 임명권자의 정치적 의도를 잘 집행해 나갈 것이 요구되기 때문이다.

그렇다고 하더라도 대통령이나 특정 권력자가 의도하는 부당한 혹은 정당하지 못한 것에 복종해야 하느냐 아니면 자신의 소신대로 해야 하느냐라는 또 다른 문제가 제기된다. 지방자치단체의 경우, 정무부지사(시장)과 같은 자리도 그 자체가 정치를 다루는 업무이기 때문에, 일반경력직 공무원과는 다른 기준으로 봐야할 것이다.

국가공무원법, 고위공직자범죄수사처의 설치 및 운영에 관한 법률, 인사청문회법, 공공감사에 관한 법률(제 2 조 제 2 항)에는 이들의 대상으로 하는 공무원을 나열하고 있는데, 이를 기준으로 정치적 중립 문제를 적용할 대상을 대해서 생각해 볼 수 있다. 예컨대, 공수처장, 검찰총장, 경찰청장 등 특정직 공무원이 정치적 중립을 어느 정도 지켜야 하는지 고민할 필요가 있다. 정치인을 다룰 수밖에 없는 직무이기 때문에 실제 현장에서 정당정치를 초월하여 업무를 수행한다는 것이 불가능하다는 측면도 있다.

정무직 공무원

- 선거로 취임하거나 임명할 때 국회의 동의가 필요한 공무원 또는 고도의 정책결정 업무를 담당하거나 이러한 업무를 보조하는 공무원으로서 법률이나 대통령령(대통령비서실 및 국가안보실의 조직에 관한 대통령령만 해당한다)에서 정무직으로 지정하는 공무원(국가공무원법 제 2 조 제 3 항 제 1 호).
- 선거로 취임하거나 임명할 때 지방의회의 동의가 필요한 공무원" 또는 "고도의 정책결정업무를 담당하거나 이러한 업무를 보조하는 공무원으로서 법령 또는 조례에서 정무직으로 지정하는 공무원(지방공무원법 제 2 조 제 3 항 제 1 호).

여기서 중요한 기준은 모든 공무원은 헌법상 모든 국민의 봉사자라는 점이다. 즉, 공익이 우선이지 임명권자나 특정이익이 우선은 아니라는 점이다. 특히 임면권자가 자의적인 해고를 하지 못하도록 임기를 정해놓은 경우는 심지어 임명권자(즉, 대통령이나 단체장)에 대해서도 꼭 부하로서 복종만 하는 것이 아니고 국민 전체의 의사를 염두에 두고 정치적 중립을 지켜야 된다는 것으로 해석해야 한다.[13] 대통령의 생각과 같이 해서 적극적으로 뜻을 실현시켜야 하는 역할과 동시에 공익적 관점에서 국민과 직접 소통하는 정무적 역할을 해야 한다는 뜻이다.

3) 정치적 중립을 지키기 위한 적용기준

정치문제가 선출된 공직자에 의하여 정치적으로 조정되지 못하고 정책으로 진행되었을 때 공무원이 간여될 수밖에 없다. 이 경우 해당 공무원의 공무행위는 곧바로 정당성의 문제에 직면하게 된다. 정무적 공무원뿐만 아니라 경력직 공무원도 이런 상황에 노출되기 쉽다. 정무직 공무원인 장관은 부처의 업무를 통할하고 소속 공무원을 지휘·감독할 법률상 권한과 의무를 갖는다는 정부조직법 제 7 조 제 1 항에 의거한다면, 정무직인 장관의 정치적 색깔을 띤 지시를 경력직 공무원이 복종해야 하느냐의 문제가 생긴다. 즉, 정무직 공무원만 정치에 취약한 위치에

그림 12-1 공무원의 정무적 판단의 기준

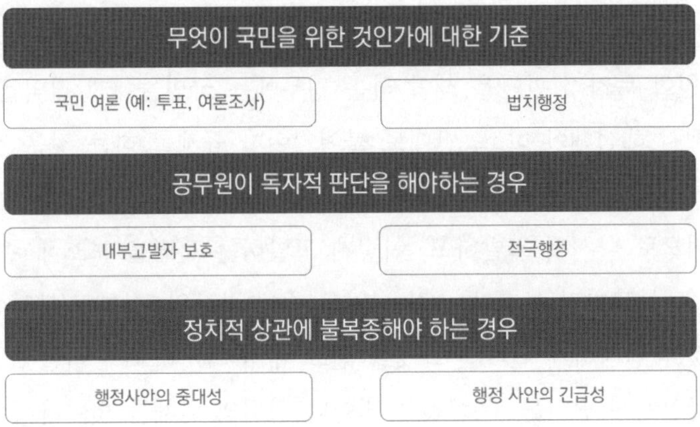

무엇이 국민을 위한 것인가에 대한 기준	
국민 여론 (예: 투표, 여론조사)	법치행정
공무원이 독자적 판단을 해야하는 경우	
내부고발자 보호	적극행정
정치적 상관에 불복종해야 하는 경우	
행정사안의 중대성	행정 사안의 긴급성

있는 것이 아니고, 물고기가 물에서 벗어날 수 없는 것과 마찬가지로 일반적 공무원도 정치라는 현실을 벗어날 수 없다.

헌법 제 7 조 제 1 항에 명시된대로 국민전체에 대한 봉사자로서 모든 공무원은 국민에 대하여 책임을 진다. 부당한 정치적 압력이나 명령을 받았을 경우, 정치적 중립을 지키는 길이 무엇인지 고민해 볼 필요가 있다.

첫 번째로 국민의 뜻이 무엇인가를 파악해야 하는 문제가 있다.

이를 파악하는 방법으로 공식적으로 중요한 사안이면 투표나 선거를 통해서 알 수 있다. 그런 정도의 중요한 사안이 아니면 여론조사 등 과학적 방법을 통해서 국민들의 다수가 어떻게 생각하느냐를 판단하는 것이 중요할 것이다. 하지만 여론조사 등의 결과가 정말로 전체의 국익에 해당하는 것인가라는 의문이 들 수 있다. 조사방법론 상의 문제가 생길 수 있다. 방법론적으로 하자가 없다고 하더라도 포퓰리즘의 위험성이 말해 주듯이 당대의 사람들이 원하는 것이 곧 국익 내지 공익과 반드시 일치하느냐의 문제도 있다. 공무원이 국민전체의 의사를 파악하는 방법은 법치행정, 즉 자연법 및 법에 명시된 정신을 적용하여 파악하는 것이다. 헌법적 가치가 가장 추상적이지만 공무원들이 일을 처리할 때 가장 중요한 기준이 될 수 있다. 헌법에서 파생돼서 구체화된 법조문에 담긴 정신으로 파악할 수도 있다.

두 번째로 법이나 여론조사로서 파악하기 힘든 경우는 어떻게 하느냐의 문제이다. 공무원이 독자적 판단을 해야 하는 경우에는 국민들에게 편익을 주는 것은 크게 확대해서 해석해야 하고, 반대로 불이익이나 규제를 하는 것은 가장 좁게해석 해야 한다. 공익에 불이익을 초래하는 것을 보면 정치적 중립의무를 벗어나더라도 적극적으로 나서서 고발하고, 이렇게 고발하는 사람을 보호해 주는 것이 필요하다. 즉, 내부고발자 보호라는 것은 업무 중에 상부의, 정치의 부당한 간섭이나 지시같은 것을 인지하게 된다면 그것을 신고 내지 폭로하도록 하는 보호장치이다 다음으로 국민에게 편익을 주는 것은 법이나 정치의 한계를 벗어나더라도 적극적으로 나서는 적극행정이 필요하다. 적극행정이란 법으로는 이만큼까지 하라고 돼있는데 공무원이 스스로 생각해 보니 국민 전체를 위해서는 그 이상으로 더해야 되겠다는 판단할 때 법을 위반해서라도 하게 되는 업무활동을 의미한다.

세 번째로, 정치적 중립의 가장 중요한 이슈는 과연 어떤 경우에 정권 혹은 정치적 압력에 불복종할 수 있을까의 문제이다. 사안의 중요성과 정상적인 행정절차나 과정을 통해 해결할 수 없는 시간적 긴급성이 있을 때, 우선 공무원 개인의 윤리적 판단에 의해 저항 내지 불복종 할 수 있을 것이다.[14)]

우선 그 사안이 얼마나 중요하냐라는 기준이다. 예를 들면 97년에 외환위기가 생겼는데, 이미 그 이전에 금융규제의 자율화 등으로 부실대출이 엄청나다는 것을 담당 공무원들은 알고 있었는데, 이를 제동하지 못한 것은 정치적 중립의 원칙을 지키지 못한 것이라고 볼 수 있다. 결국은 국가적으로 엄청난 비용을 지불했었다는 점에서 그 중요성이 있었다.

다음으로 사안이 얼마나 시급하냐의 기준이다. 상당히 시급하면 공무원이 자기의 독자적인 판단에 의해서 정무적 판단하여 적절한 조치를 취해야 한다. 예를 들면 세월호 같은 경우에 막 침몰을 하고 있는 데, 정무직인 상부의 지시를 기다린다든지 보고준비에 시간을 낭비한다든지 하는 것은 정치적 중립을 지키는 것이 아니라고 볼 수 있다.

1.4 표현의 자유에 대한 제한

1) 의 의

표현의 자유는 헌법에 보장된 오랜 역사를 가진 기본권 중의 하나이다. 자신의 생각을 자유롭게 표현한다는 것은 사람이 생명을 가지고 살아가는 한에는 가장 기본적인 권리일 것이다. 헌법 제21조에는 '모든 국민은 언론·출판의 자유와 집회·결사의 자유를 가진다'고 규정하고 있다. 사상이나 의견을 개인적으로나 집단적으로 표현할 수 있는 표현의 자유를 보장한 것이다. 다수인의 합의를 토대로 형성되는 민주국가에서는 사회구성원간에 자유로운 사상과 의견의 교환이야말로 정당한 국가를 형성하는 데 필수불가결한 것이다. 구체적으로 구두·문자·형상·집회 등의 의사전달매체를 동원하여야 비로소 가능하다. 따라서 공직이란 자리를 이용한 것이 아니라면, 개인으로서 공무원이 사상이나 의견을 상대방에게 전달할 수단과 기회는 제한받지 않아야 한다.

2) 제한의 범위

정치활동의 제한에서 보았듯이 공무원의 경우 정파성을 띤 정당이나 정치단체 또는 정당인을 위해서 정치문제에 대한 자신의 생각을 자유롭게 표현하거나 정치적 목적의 집회에 참여하는 것이 제한된다. 어느 선에서 균형을 인정할 것인지는 여러 가지 요소가 고려되어야 할 것이다.

① 대상집단

공무원이 자신의 의사를 표현할 때 이를 보고 듣는 대상집단이 조직 내부의 공무원들인가 아니면 일반국민인가로 나누어 생각할 수 있다. 경찰, 검사나 교사가 내부 직원용 인터넷 사이트에 자기 조직에 대한 불만을 표현한 글을 올린 경우를 예로 들 수 있다. 소셜미디어(SNS)나 인터넷이 발달된 오늘날 내부 정보도 쉽게 일반국민에게 전파될 가능성이 있다.

공무원이 자신의 견해를 외부 집단이나 일반국민을 대상으로 밝힐 때 이는 우선 정치적 문제로 비화되는 경우가 많다. 가장 전형적인 경우가 내부고발(whistle blowing)이다. 기관 내부에서 일어나는 비효율적 관리 또는 부정한 관리 사실을 언론이나 국회 또는 국민을 대상으로 직접 폭로하기도 하고, 국민권익위 등 담당기관에 인터넷으로 쉽게 신고할 수 있게 되어 있다. 고발의 내용이 사실일 경우 이는 국민의 분명한 관심사이고 공익을 실현시킬 수 있는 중요한 수단이다. 이런 행위는 공익을 증진시켜 주는 행위로 보아 공익신고자를 적극적으로 보호하는 법적 장치를 두고 있다.

② 집단성 유무

대부분의 표현은 개인적으로 이루어지지만 때로는 생각을 같이 하는 여러 공무원이 모여 집단적으로 의사를 표시하는 경우가 있다. 가장 흔한 예가 정부의 정책에 반대하는 서명운동에 사인하는 것, 공립학교 교사가 교과서 국정화 운동에 사인하는 경우 등인데, 정권이 사후에 실질적으로 불이익을 줄 가능성이 있다.

조직의 효율성에 미치는 해악의 정도와 일반국민의 이익의 정도를 서로 비교하는 것이 표현의 자유를 제한하는 기준이 될 것이다. 법적으로는 집단적 표현행위일수록 선동성과 공공질서에 영향을 줄 가능성이 높기 때문에 제한이 강할 수 있다. 그러나 정치적 측면에서는 개인행동에 대한 제재보다 정치적 부담이 크기 때문에 제한규정에 관계없이 정부가 보다 관대한 입장을 취하기도 한다. 이러한 접근은 엄격한 법리에 의해서가 아니라 정치적 타협으로 문제를 해결한다는 점에서 바람직하지 않다.

③ 직무의 종류

직무의 종류에 따라 표현이 기관에 미치는 위해의 정도가 다르기 때문에 표현의 자유에 대한 제한도 달리 하는 것이 타당하다. 국가의 비밀을 담당하는 국가정보원 직원의 경우와 단순반복적인 업무를 담당하는 동사무소 직원의 경우에 표현의 자유가 동일하게 허용될 수는 없는 것이다. 국정원 직원이 아니더라도 표현의 자유가 제한되는 경우로서 직무에 관련된 저서출판에 관한 사례가 있다. 2002년 「청와대 사람들은 무얼 먹을까」라는 제목으로 역대 대통령과 청와대 사람들이

먹는 음식에 얽힌 뒷얘기를 다룬 책이 출판되었다. 그런데 청와대는 이 책의 저자인 전○○(29세·청와대 기능직 9급 조리사) 씨와 이 책의 기획자인 청와대 시민사회비서관실 4급 행정관 김모 씨를 사표 수리 형식으로 해임했다. 청와대측은 "두 사람이 '업무상 취득한 기밀의 대외공개 불가'라는 복무규정을 위반했고, 형법상 공무상 비밀누설죄를 위반한 것이 확인돼 사표가 수리됐다"고 발표했다. 즉, 그 책에는 역대 대통령의 식사습관, 기호음식, 식단의 특징, 외빈 식사 사항은 물론, '2~3급 비밀인 청와대 보안시설, 을지훈련 관련사항과 경비병력 인원 등 대외비 보안사안'을 다수 포함하고 있어 징계가 불가피하다는 것이다.[15] 공무원의 직급에 따라서도 어떤 표현이 조직에 미치는 위해의 정도가 달라진다. 하위직급일수록 그 영향범위가 좁기 때문에 표현의 자유가 보다 넓게 인정된다고 할 수 있다.

아직 공무원의 표현의 자유에 대한 구체적 제한의 범위를 정하거나 그에 관한 판례가 많이 축적되어 있지 않은 상태이나 점점 언론에서 문제시 하는 사례가 많아진다. 특히 ICT의 발달로 소셜미디어를 통한 표현이 많은 문제를 일으키고 있다. 예컨대 2011년 소고기 파동이 났을 때, 판사가 미국과의 FTA협정을 비판하거나 북한을 찬양하는 표현을 쓰는 등의 사례가 있다. 검찰, 판사, 경찰이 SNS에 정치적 사안에 대해 강한 의견을 올리기도 하고, 집단행동을 하기도 한다. 이때 단순히 개인의사의 표현인지, 정치적 이득을 얻기 위한 행동인지 구분하기 어려운 경우가 많다. 합리적 사고와 행동이 통하는 건전한 공직사회를 만든다는 원칙에 의거 미래의 행동기준을 만들어야 할 것이다. 다만, 선진민주국가로서 개인의 기본권을 존중한다는 원칙에 좀더 충실히 하기 위해, 공무원의 '사인'으로서 정치적 활동의 범위는 더 넓혀야 열심히 일하려는 동기부여가 될 것이다.[16]

1.5 시간사용상의 제한

1) 전업근무의 의무

공무원은 영리행위를 아무 제약없이 마음대로 할 수 있는 민간과는 달리, 다른 업무를 겸하거나 영리행위를 하지 못하고, 오직 공직수행에 전념해야 한다는 제약이 있다. 즉, 근무시간에 근무하는 것은 물론이고, 그 이외의 시간에도 다른 직업적 성격을 가진 활동을 해서는 안된다. 예컨대 사립대 법전원 교수는 변호사 사무실을 차릴 수 있어도 국립대 교수는 허용되지 않는다. 공무원은 유투브를 통하여 금전적 이익을 취하는 영리행위를 할 수 없다.

공무원 복무규정 제25조에 따르면, 영리행위란 공업·금융업 그 밖의 영리적인 업무를 스스로 경영하여 영리를 추구함이 현저한 업무, 상업·공업·금융업 또는 그 밖에 영리를 목적으로 하는 사기업체의 이사·감사 업무를 집행하는 무한책임사원·지배인·발기인 또는 그 밖의 임원이 되는 것, 본인의 직무와 관련이 있는 타인의 기업에 대한 투자, 그 밖에 계속적으로 재산상 이득을 목적으로 하는 업무를 의미한다. 그리고 이런 영리행위가 일회성이 아니라 매일·매주·매월 등 주기적으로 혹은 계절적으로, 혹은 명확한 주기는 없으나 계속적으로 행해지는 것 등의 계속성이라는 요건을 충족시켜야 한다.

이렇게 제한을 두는 이유는 공직의 수행에 있어서 능률이 떨어질 수 있기 때문이기도 하고, 공직수행에 바람직하지 않은 영향을 미칠 수도 있으면 국가의 이익과 상반되는 이익을 취득할 수도 있으며, 정부에 불명예스러운 영향을 끼칠 우려가 있기 때문이다. 다만 위에 상술한 내용에 해당하지 않는 영리업무의 경우 겸직허가를 받아 종사할 수 있다. 전업근무의 원칙에 의하여, 영리업무가 아닌 경우에도 계속성이 있는 경우는 반드시 겸직허가를 받아야 한다. 공직이라는 특수성 때문에, 근무시간이외의 시간사용에도 제약을 가하는 것이다.

이런 원칙은 명백한 것 같지만, 실제 적용하는 데에는 많은 어려움이 있다. 우선 다양한 형태의 시간계약직 공무원이 많이 생기면서 그 경계가 애매해졌다. 또한 가족주의 문화, 예컨대 퇴근후 배우자의 사업을 돕는 경우, 부모님의 사업을 돕는 경우 등은 겸직허가를 받아야 하는가라는 문제가 생긴다. 영리가 목적이 아닌 다양한 프리랜서 활동은 겸직신고를 해야 하는가라는 문제도 생긴다. 그리고 과학기술의 상용화를 위해 국립대학의 교수들에게 창업을 장려하는 정책은 전업근무의 원칙과 역행하는 것이다. 물론 겸직허가를 받기는 하지만 말이다.

2) 행정의 계속성을 위한 의무

공무원이 민간부문과 다른 것은 근무시간외에도 사무실에서 근무해야하는 당직제도이다. 국가행정의 시간적 특성중의 하나인 계속성(continuity)을 담보하기 위하여, 정규근무시간이외의 시간에도 한명은 행정기관에 머물면서 필요한 조치를 취하는 것이다. 이를 위해서 일정 직위이상(즉, 간부급) 공무원이 당번을 정하여 그 기관을 대표하여 필요한 조치를 취한다. 스마트폰이 생기기 이전부터에도 장관 등 최고위직 공직자들은 집에 비상전화가 설치되어 24시간 연결되어 업무를 수행하도록 되어 있다. 관할지역이 있는 공직자(군인, 경찰 등)는 그 경계밖으로 이동할 때는 신고하도록 되어 있어서, 사실상 공간적 이동의 자유권도 제한받고 있다.

당직이란 구체적으로는 당직과 비상근무가 있다. 당직실이 있어서 휴일 또는 근무시간 외에 대기하고 있는 상태이다. 즉, 사고가 발생할 것을 경계하고, 긴급한 사태가 발생했을 때 업무연락을 위해서 당번을 정해서 근무한다.

당직은 다시 일직과 숙직으로 나눠진다. 일직은 토요일과 공휴일의 정상 근무시간대에 만약의 사태에 대비하는 것이다. 숙직은 정상 근무 시간 이외의 시간, 즉 방과후에 근무하는 것으로 숙직실에서 휴식을 취하는 것을 겸한다.

자연재난, 사고 등이 일어나거나 일어날 가능성이 있을 때, 국가행정의 계속성을 위해 근무를 해야 하는 것이 비상근무이다. 전체 공무원이 되는 경우와 일부 공무원에만 해당하는 경우도 있지만, 당초 근무를 시간하지 않는 시간에도 사무실 또는 현장에 있어야 한다는 의무가 있다. 재난의 복구를 위해서나 상황파악을 위해 공무원들이 휴일이나 방과후에도 동원되는 것이 그것이다. 비상근무는 1에서 4호까지 비상사태 중에서 할 수 있다.

1.6 사생활자유권의 제한

1) 의 의

우리나라 헌법 제17조에는 '모든 국민은 사생활의 비밀과 자유를 침해받지 아니한다'고 규정하고 있으나 공무원의 사생활자유는 부분적으로 제한된다. 공개를 요구받는 경우가 많으며 일반시민의 경우 묵인되는 수준의 행동이 공무원이라는 이유로 용인되지 않는 경우도 있다. 공무원이 직장 안에서 또는 직장 밖에서 한 행동에 대하여 어느 정도까지를 사적인 문제로 인정하고 인정하지 않을 것인가? 이것은 일단 모든 국민에게 적용되는 사생활자유권의 개념과 관련된 문제이다. 헌법 제17조의 사생활자유권은 사생활의 내용을 공개당하지 아니할 권리, 사생활의 자유로운 형성과 전개를 방해받지 아니할 권리, 그리고 자신에 관한 정보를 스스로 관리·통제할 수 있는 권리 등을 내용으로 하는 복합적 성질의 권리17)로 해석된다.

2) 제한의 범위

공무원의 사생활자유권 제한과 관련시키면 다음의 세 분야로 논의할 수 있다. 첫째는 공무원 개인의 사적 생활에 관한 것이고, 둘째는 공무수행과 관련한 정보의 취득·공개에 관한 것이며, 셋째는 정부가 가지고 있는 공무원의 인사기록에 대한 본인의 접근허용에 관한 것이다.

① 사생활의 침해

사람은 누구나 사생활에 대하여 다른 사람의 방해를 받지 않고 자기가 원하는 방식대로 영위할 수 있어야 한다. 즉, 가정문제, 이성문제, 복장, 음주·흡연, 유흥·오락, 재산증식 등 상당히 광범위한 분야에 걸쳐 자율성을 인정받는 것이다. 그동안 많은 문제가 되어 왔던 이성문제는 2009년 혼인빙자간음죄가 위헌이라는 헌재판결이후 자율적 기본권 보호로 전환되었다.

그러나 공무원의 경우 앞의 행동규범에서 보았듯이 품위유지와 청렴을 의무화하고 있고 영리를 목적으로 한 업무나 다른 직업을 겸할 수 없도록 하는 등의 제한을 가하고 있다. 구체적으로 어떤 행위까지를 헌법에 보장된 사생활자유권으로 보아 제한할 수 없는 것인지는 판례를 통해 이해할 수밖에 없다.

정보화사회가 됨에 따라 더 많은 문제점이 노정되고 있다. 예컨대 2022년 11월, 항공보안을 이유로 직원들의 핸드폰을 모두 일괄수거하는 것은 기본권 침해라는 국민권익위의 판단이 있다. 이외에도 불법도청, 계좌추적 등의 문제가 사생활 침해에 중요한 이슈가 되고 있다. 현재 기술발달 수준으로 사무실 내 대화내용 도청, 핸드폰 및 유선전화의 감청, 컴퓨터 사용내역 검색 등을 거의 자유자재로 할 수 있다. 특정 사안에 대해 의심을 받는 공무원이나 일부 고위직의 경우 정보기관에서 체계적으로 사생활에 대한 정보를 축적할 수도 있다. 공익을 저해하지 않는 범위에서만 할 수 있도록 하는 것이 공무원 동기부여를 위해 필요하다.

② 사생활의 공개요구

사생활의 비밀을 보장받을 권리에 대한 제한이다. 이는 사생활을 공개당하지 아니할 권리로서 사적인 공개, 명예나 신용을 훼손하는 공표, 인격적 징표(본인의 고유한 속성)의 타인에 의한 이용 등 비밀영역 또는 인격적 영역의 불가침'[18]을 내용으로 한다. 공무원의 경우 특히 제한의 문제가 되는 것은 본인이 공개를 꺼리는 사적 정보에 대하여 공개할 것을 요구당하는 경우이다. 우리나라에서는 최근 인사청문회나 고위공직자 재산공개 등으로 이 문제에 대한 인식이 확산되고 있다.

공무원이 사무실의 책상 위에 가족사진을 올려놓고 서랍 안에 애인의 편지나 사진 또는 개인 메모를 보관하는 경우가 얼마든지 있을 수 있다. 또한 약물을 복용하거나, 자식이 장애인이라든지, AIDS 등 질병이 있거나, 혼외자식이 있다든지, 자신 및 가족관계 재산 등에 대하여는 밝히고 싶지 않은 경우도 많다. 그러나 정부의 효과적인 기능수행에 필요하고 일반국민에게 상당한 관련(때로는 알권리)을 있다는 이유로 이들 정보를 공개하려는 경우가 있다. 이 경우 공무원의 사생활자유권 제한은 고용주인 정부, 피고용인인 공무원, 그리고 서비스 수요자인 국민의 이익간에 형평을 고려함으로써 결정을 내리게 된다. 즉 사생활의 자유를 제한함으로써 얻어지는 공공의 이익과 그것이 공무원 개인에게 미치는 권리침해의 정도를 비교하게 된다.

③ 자기정보의 관리통제권

사생활자유권에서 중요한 것으로 자기정보에 대한 자기통제의 권리이다. 자기정보 관리통제권이라고 부르는 이 권리는 좁은 의미로는 자기정보에 대한 열람·정정·사용중지·삭제 등을 요구할 수 있는 권리를 말한다. AI, Big Data 시대에는 자기도 모르는 사이에 자신의 건강, 활동, 생각 등 사적의 정보가 누적·생산되고, 이것이 누군가에 의해 이용당할 수 있는 위험이 있다. 자신에 대한 데이터의 진화·활용에는 그 사람이 고유한 권한이 있다는 데이터 주권 혹은 마이데이터 개념이 중요해진 것이다. 따라서 정부가 비밀로 분류한 정보에 그것이 공무원 개인의 기록을 담고 있을 때 공무원에게 이의 접근을 허용해야 한다.[19]

미국에서는 1974년「공무원의 사생활법」(Privacy Act)이 제정된 후 8개 주에서 본인의 인사기록을 열람하고 잘못이 있는 경우 이를 수정·요구할 수 있는 권한을 부여하고 있다. 뿐만 아니라 정부가 공무원 개인에 관한 수사기록을 보유하고 있을 때 이 사실 자체를 해당 공무원에게 알리도록 규정하고 있다.[20]

우리나라는 4급 이상 공무원들의 병역면제 사유인 질병명을 관보와 인터넷에 공개하도록 한 병역법은 위헌이란 판결이 나왔다. 사람의 육체적, 정신적 건강상태나 정보 등 인간의 존엄성을 구성하는 핵심적 요소로 보기 때문에 당시 병역법 제 8 조 제 1 항은 위헌이라는 것이다(전원재판부 2005헌마1139, 2007.5.1). 최근에는 정보통신기술의 발달로 공무원의 개인기록에 관한 정보가 기술적 보호장치의 미비로 누출되는 경우가 발생하고 있어 자기 정보를 스스로 관리하기가 더욱 힘들어져 가고 있는 실정이다.

우리나라는 특히 인터넷 사용의 발달로 개인정보가 수집, 유출, 오용, 남용될 여지가 많이 있다. 이것은 일반국민뿐만 아니라 공무원들에게도 해당된다. 1995년 공공기관의 개인정보 보호에 관한 법이 제정된 후 2011년 이것이 폐지되고 개인정보보호법이 발효되었다. 이 법의 기본원칙은 정보의 이용은 정보주체의 명시적 동의가 있어야 한다는 점이다. 개인정보를 보호하기 위해 정치적 중립을 위해 여야추천으로 구성되는 개인정보보호위원회와 개인정보분쟁조정위원회가 활동하고 있다.

2. 공무원의 보호: 노조활동

2.1 노사관계의 의의

노동조합의 인정은 인적자원관리에 대한 이러한 전통적인 고용관계와 인간관계에 커다란 변화를 요구한다. 모두 고용인의 신분에서 노동자와 사용자의 신분으로 구분되어 노사관계(labor relations)를 형성한다. 이 때 사용자는 주주나 국가이어야 하지만 실제로는 회사와 국가를 대리하여 경영을 책임지는 고위정책결정자들이다.* 평소 상하의 명령·복종관계에 있던 이들은 이제 고용조건이나 근무조건 등에 대하여 동등한 지위에서 서로 협상하는 협상파트너의 위치가 되는 것이다. 이러한 노사관계는 협상의 본질상 협력관계보다는 대립관계로 발전하기 쉬워서 기존의 고용관계와 인간관계에 익숙한 조직풍토에서는 이에 대한 적응에 상당한 진통이 따르기 마련이다. 노동조합의 결성은 이와 같이 노사관계라는 새로운 관계를 조직 내에 형성시키게 된다. 따라서 노동조합은 노사관계의 큰 틀 속에서 보다 종합적으로 이해될 수 있다.

[그림 12-2]는 노사관계를 체제모형으로 구성한 것이다. 노사관계도 환경의 영향을 받는다. 체제 내부에서는 노동조합과 사용자의 구조적 측면과 실제 이들의 활동을 보여 주는 기능측면으로 나눌 수 있다. 노사관계에서 가장 관심이 모아지는 곳은 단체협약을 도출하기 위한 일련의 협상과정이다. 협상은 노동조합이 노동

* 사용자와 노동자가 누구인가는 중앙정부와 지방자치단체, 회사와 작업장 등 노사관계의 분석수준을 무엇으로 하느냐에 따라 다르다.

그림 12-2 노사관계의 체제모형

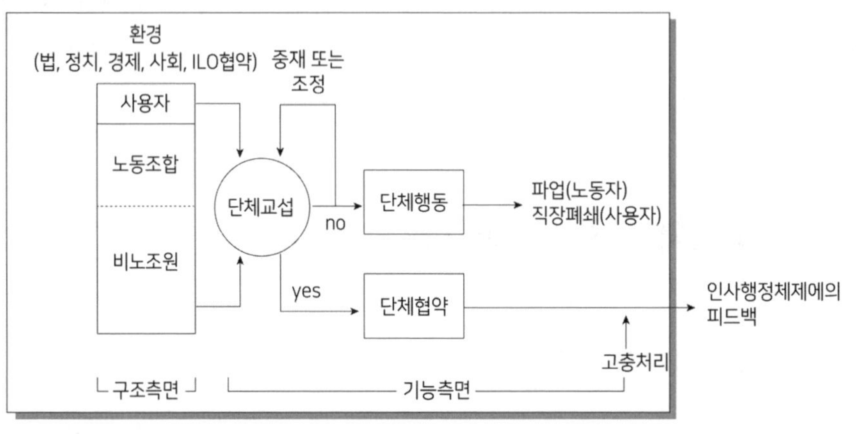

조건의 유지 또는 개선을 목적으로 사용자와 벌이는 합의도출과정이다. 단체교섭이라 불리는 이 단계에서 성공하지 못하면 노사간에 분쟁이 발생하게 된다. 분쟁상태가 되면 양측의 실력행사인 파업이나 직장폐쇄와 같은 극단적인 단체행동으로 확대되지 않도록 하기 위해 제 3 자가 개입하여 노사간 조정을 하게 된다. 파업은 노동자가 일정시간 노동을 거부하는 방법이라고 한다면, 직장폐쇄는 사용자가 일정시간 노조원을 직장에 출근하지 못하게 함으로써 무노동·무임금의 원칙에 따라 임금을 삭감하는 방법이다. 사용자는 이런 방법을 사용해도 분규가 해결되지 않으면 폐업을 함으로써 전원해고를 할 수 있다. 그러나 사용자가 위장폐업을 한 후, 노동자만 교체하는 효과를 얻는 것을 방지하기 위해 사용자가 1년 이내 동일 업종 개업을 금지하는 등 엄격한 제한을 가하고 있다.

처음의 단체교섭이나 차후의 분쟁조정이 성공하게 되면 노사간에 노동조건에 관한 합의를 하게 된다. 이렇게 합의된 단체협약은 노사모두 재협약이 이루어질 때까지 성실히 이행할 의무가 있다. 그러나 실제 이행과정에서 협약의 해석에 이견이 발생하는 등의 이유로 노동자의 불평불만이 생길 수 있다. 이를 효과적으로 처리하기 위하여 상담제도나 고충처리제도를 운영하는 것이 일반적이다. 이와 같이 협약체결 이후의 이행과정에서의 노사관계는 일상의 인사관리과정에 통합되어 진행된다. 그림의 체제모형은 노동조합이 결성되고 활동을 하는 경우에 노사간의 동태적인 관계를 분석하는 데 유용한 개념적 틀이다.

공무원 노사관계는 노사관계라는 보편적인 특성을 민간부문의 노사관계와 공유하면서도 동시에 공무원이라는 신분과 국가(정부)라는 특수한 사용자의 성격 상 공무원 노사관계만의 특수성을 갖는다. 그것은 시장의 제약(constraint of market)이 작동하지 않고, 공무원들의 근무조건이 노사 간의 합의로부터 도출되는 것이 아니라 인건비 예산이나 행정 서비스의 성격 등이 입법부와의 관계와 관련된 환경에 영향을 받아, 민주적 정치 과정을 통하여 공무원들의 근무조건이 결정된다는 점 등에서 민간 부문과는 차이가 있다.[21] 경제논리보다는 정치논리에 의한다는 차이도 있다.

노사관계는 근로자에게 보장되는 노동3권을 중심으로 이해해야 한다. 노동3권이란 단결권, 단체교섭권, 단체행동권을 의미한다. 우리나라는 2005년 제정된 '공무원의 노동조합 설립 및 운영 등에 관한 법률'에 의해 단결권과 단체교섭권은 인정받게 되었지만 단체행동권은 주어지지 않는다. 즉, 파업, 태업, 또는 그 밖의 정상적인 업무수행을 방해하는 어떤 행위도 금지된다. 정부는 노조와의 단체교섭,

표 12-2 민간분야와 정부의 노동조합활동상의 차이점

구분	민간분야	공공분야
협상범위	협상 통해 획득	협상없이 많은 혜택
단체교섭의 당사자	노사 양자간의 협상	여러 차원의 당사자가 복잡하게 관련되어 있음
독점여부	소비자들이 상품을 바꿀 수 있음	대체상품이 없이 독점적
권력인가 계약인가	자유계약원칙	특별권력관계
파업	합법적	대부분 불법
정치 경제	경제논리	정치논리

자료: Bermam. E. M. et al. (2016), Human Resource Managment in Public Service. Sage p. 451 표 11.9를 근거로 필자 작성.

교섭 결과에 따른 단체협약, 협약의 해석과 적용, 노조의 경영 참여, 협의회, 노사 위원회 등의 설치 및 운영과 크게 관련되어 근로자의 근무조건이나 노무관리의 기준을 설정한다.22)*

2.2 공무원 노조활동의 필요성

공무원 노동조합을 논의함에 있어서는 어느 범위의 공무원에게 노동조합의 결성을 허용하고 어느 범위 내에서 단체교섭권과 단체행동권을 부여할 것인지가 논란거리이다. 공무원 노동조합(노조)의 결성 및 활동을 인정해야 할 필요성은 관리의 민주성과 효율성, 공무원 권익보호 측면에서 볼 수 있다.

1) 관리의 민주성과 효율성

공무원 노조는 민주주의의 발달에 따라 대통령 이하 정치인들의 자의적인 조직운영에 제동을 걸 수 있다. 대체로 권위주의 정치문화를 가진 나라에서 상관은 인사권을 통하여 공무원들을 탄압할 가능성이 높다. 노조는 이러한 조직의 비민주적 운영에 제동을 걸 수 있는 도구이다. 예컨대 부당한 정치적 정실인사를 배제시키거나 자의적인 인사조치도 노조 전체의 힘으로 적극적으로 대응할 수 있다. 노조가 없는 상황에서 부당한 인사결정에 대하여 당사자 혼자서 상관에 대항하여 시정을 요구한다는 것은 극히 힘든 일이다. 부당한 인사로 혜택을 보는 사람은 소수이지만 이에 대한 불만을 가진 사람은 많을 수밖에 없다. 노조원의 선거에 의해 당선되는 노조임원은 표를 의식할 때 다수의 입장에 서게 된다. 정치권의 힘에 의한 낙하산 인사도 노조의 반대로 어려움을 겪게 될 수 있으므로, 정치권에서도 말썽의 우려가 있는 무리한 인사는 자제하는 효과를 가져올 수 있게 된다. 또한 이러한 부당성의 공개를 통해 시민들로 하여금 정부가 하는 일에 관심을 이끌어 내

* UN산하기구인 국제노동기구(ILO)는 노동권보장을 위한 기준을 마련하고, 이를 협약의 형태로 각 국에 준수토록 권고하고 있다. 우리나라는 1991년 ILO에 가입했고, 권고하는 189개 협약가운데 27개를 비준한 바 있다.

고 참여를 자극하는 효과를 가져올 수 있다.

노조는 인사뿐만 아니라 정책결정이나 예산집행 등의 관리상의 잘못에 대하여도 이의 시정을 촉구하는 동기가 발생한다. 노조활동이 국민의 지지를 확보해야 협상의 힘을 얻을 수 있기 때문이다. 노조는 행정의 투명성을 높임으로써 밀실에서 은밀하게 이루어지는 부정과 비효율을 방지하는 데 기여할 것이다.

또한 노조는 갈등해소에도 기여할 수 있다. 조직에서 갈등은 잠복된 형태든 표출된 형태든 피할 수 없는 하나의 현상이다. 노동자의 고충상담을 해주고, 문제를 사측에 시정토록 요구할 수 있다. 노사간의 교섭은 갈등의 관계를 가장 분명히 한 상태에서 갈등을 해결하려는 노력이다. 공개적인 논쟁과정을 통해 모든 불만과 의견을 솔직하게 교환함으로써 서로를 이해하고 건설적인 방향으로 협조관계를 이끌 수 있다.

공무원의 노조가 있음으로써 오히려 관리의 비효율성이 초래된다는 주장이다.[23] 노조원이 무엇보다 중시하는 것은 그들의 신분보장이다. 조직의 목표달성보다는 자신의 기득권 보호를 우선 생각하기 때문에 외부에서의 개방형 충원을 반대하고, 연공서열에 의한 안전한 승진의 보장을 선호하게 된다. 실적주의와 경쟁원리를 적용하지 못함으로써 무능력하고 나태한 공무원이 공직에 그대로 남아 있을 수 있고 능력 있는 공무원은 공직을 떠나거나 사기가 떨어지게 되어 공직 전체의 역량이 약화되는 결과를 가져올 수 있다.

또한 기구축소나 개편으로 인해 인원감축이 필수적인 경우에도 신분상의 불이익 때문에 이를 반대하기 쉽다. 특히 '작은 정부'를 추진하고 정부의 국가경쟁력 제고를 위해 규제완화 등에 의한 신규충원 동결 내지 감축이 필요한 상황에서 노조는 장애요인이 될 수 있다. 즉, 불필요한 조직의 유지를 요구하기 쉽다는 것이다.

2) 공무원의 권익보호

노조를 결성하는 가장 큰 이유 중의 하나는 노조를 통한 조합원들의 권익을 실현하기 위한 것이다. 기존의 계층제적 권력구조하에서는 임금이나 작업조건 등에 대한 결정에서 고용인은 약자일 수밖에 없다. 특히 개별적으로 대응하는 경우에는 인사권을 행사하는 사용자나 상관과의 관계에서 절대적으로 불리한 위치에 놓인다. 한 사람이 조직의 계서제에서 차지하는 비중이 낮기 때문이다. 노동조합은 개별적으로는 권한과 책임이 낮지만 다수가 집약된 의견으로 행동을 취함으로써 조직의 생존에 대한 영향력을 높이게 되어 사용자와 대등한 위치를 확보할 수 있다. 이로써 개인적 차원의 대응에서 당하기 쉬운 권익침해를 최소한으로 막을 수 있고, 나아가 현재의 낮은 임금수준과 열악한 근무조건을 개선시키는 효과를 가져올 수 있다. 보다 추상적 차원에서는 공무원의 노동권은 헌법에서 모든 국민에게 보장하고 있는 기본권적 인권이라는 주장이다.

2.3 공무원 노동조합의 결성

1) 의 의

노사관계가 형성되려면 교섭을 위한 구조가 갖추어져야 하는데 노동자측의 조직이 노동조합이다. 노동조합은 일반적으로 노동자들이 양호한 노동조건의 유지 또는 개선을 위하여 결성한 조직이라 할 수 있다.

개인이 노조에 가입하는 동기는 다음과 같이 설명할 수 있다. 첫째, 노조의 힘을 통하는 것이 혼자의 노력보다 추구하는 목적을 달성하기가 훨씬 효과적이다. 보다 구체적으로 개인이 노조에 가입함으로써 경제적 이익이 증진된다. 즉, 노조를 통해 신분의 안정, 근로시간의 단축, 임금인상, 작업환경의 개선이 용이해질 수 있다. 둘째는 사용자와 대등한 성숙한 인격체로서 대우받기 위해서이다. 노동자는 단순히 제품을 생산하는 도구가 아니라 자율적으로 사고하고 행동하며 남들로부터 인간적 대우를 원한다. 셋째로는 노조에 가입함으로써 동질적인 신분과 목적을 가진 집단에 대한 소속감을 가질 수 있다. 이를 통해 소속원 상호간에 존중하는 관계를 맺고 직장의 분위기가 좋아진다. 네번째로, 직장 내에서 일어나는 일에 보다 쉽게 접근할 수 있다. 노조가 없을 때는 접근할 수 없는 사업계획, 인사정책, 수입·지출내역 등에 대하여 궁금한 정보를 획득할 수 있다. 마지막으로, 자신의 의사

표 12-3 가입방식에 따른 노조의 유형

- open shop: 조합에 가입하고 하지 않고는 전적으로 개인의 의사에 달려 있다. 조합원이나 비조합원이나 같은 고용조건으로 고용된다. 누구도 조합가입이나 조합비 납부를 강요당하지 않는다.
- closed shop: 조합원이 고용의 전제조건이다. 사용자측에 노동력을 공급할 수 있는 권한을 노조가 독점하는 것으로 미국의 경우 건축업을 제외하고는 법적으로 인정하지 않는 방식이다.
- union shop: 고용된 후, 아니면 union shop에 노사가 합의한 후 일정 기간 내에 모든 고용인이 자동적으로 조합원이 되는 방식이다. 고용상태를 유지하려면 조합원 신분을 유지하여야 한다.
- agency shop: 노조가입은 open shop처럼 자유롭다. 그러나 비노조원도 조합비를 납부하여야 한다. 교섭결과 얻어 낸 노동조건은 비노조원도 적용되는 것으로 노조는 교섭에서 비노조원의 대리인(agents) 역할을 하는 것이다. 비노조원의 free-rider문제를 해결할 수 있다.

를 위에 전달하는 것도 노조를 통하는 것이 보다 효과적일 때가 있다. 특히 소극적인 성격의 하급자의 경우, 노조가 의사를 대변해 주는데 큰 도움이 된다.

대체로 서구 선진국의 노조가입률은 5~10%로 높은 편은 아니다. 그러나 경찰, 교사 등 특수한 업무를 하는 직종의 공무원들의 노조가입률은 높은 편이다. 예컨대 프랑스, 영국 등의 경찰은 약 70%가 노조에 가입해 있다. 우리나라도 민간의 노조조직률은 10% 내외인 반면, 공무원노조는 약 65%에 이른다.*

2) 단결권의 범위

단결권은 노동조합을 결성하여 가입하고 활동할 수 있는 권리를 말한다. 이에 관한 일반법이 노동조합 및 노동관계조정법과 공무원의 노동조합설립과 운영 등에 관한 법률이다.

법적인 문제를 벗어나 공무원 노조결성에 대한 정책차원에서는 여러 가지 논쟁이 가능하다. 우선 ILO 제87조 협약은 군대와 경찰을 제외하고 모든 공무원에게 단결권을 인정할 것을 요구하고 있다. 물론 비준국·비비준국이 단결권을 허용하는 공무원 범위는 매우 다양하다. 한 예로 일본의 경우 경찰·방위청·소방·교도·해상보안의 직무를 수행하는 공무원에게는 노조의 결성을 금지하고 있다. 특히 ILO가 단결권 허용범위에 소방수에 대한 예외를 두지 않았음에도 불구하고

* 노조조직률은 공무원노조 가입 대상 공무원 대비 공무원 노조 조합원 수의 비율.

목재와 종이양식의 가옥구조를 주로 하고 있는 일본의 도시들은 서구도시들과는 달리 소방수의 역할이 중요하다는 이유로 소방수의 단결권 배제의 정당성을 주장한다.

우리나라의 경우, 노동조합에 가입할 수 있는 공무원의 범위는 다음과 같이 제한되어 있다(공무원노조법 제6조). 그러나 이에 해당되는 공무원도 노조가입여부를 개인이 결정하는 오픈샵(open shop)제도를 택하고 있다.

1. 일반직 공무원
2. 특정직 공무원 중 외무영사직렬·외교정보기술직렬 외무공무원, 소방공무원 및 교육공무원
3. 별정직 공무원

표 12-4 각국의 공무원 노동권 비교

분류		단결권	단체교섭권	단체행동권
미국	연방공무원	인정	인정(단, 임금 등 법정 근로조건 사항에 대해서는 제한)	불인정
	주정부공무원	인정	인정여부 및 그 범위가 주마다 다름	허용여부 및 그 범위가 주마다 다름
영국	일반공무원	인정	인정	인정
	경찰공무원	단일단체에만 가입 가능	인정	형사벌대상
일본	일반공무원(국가·지방)	직원단체	협의·건의권	불인정
	현업공무원	인정	인정(예산 제약)	불인정
독일	관리	인정	불인정	불인정
	사무노무원	인정	인정	인정
한국	일반공무원	인정	인정	불인정
	현업공무원	인정	인정	인정

자료: 고용노동부, 「전국 노동조합 조직현황」.

위의 범주에 들어가도 다음의 경우에 해당하는 공무원은 노동조합에 가입할 수 없다.

1. 다른 공무원에 대하여 지휘·감독권을 행사하거나 다른 공무원의 업무를 총괄하는 업무에 종사하는 공무원
2. 인사·보수 또는 업무의 주된 내용이 노동관계의 조정·감독 등 노동조합의 조합원지위를 가지고 수행하기에 적절하지 아니하다고 인정되는 업무에 종사하는 공무원
3. 교정·수사 공공의 안녕과 국가안전보장에 관한 업무에 종사하는 공무원

우리나라도 이 시점에 논의하여야 할 문제는 단결권을 허용 또는 제한할 공무원의 범위를 어느 정도로 할 것이냐이다. 단결권의 제한은 직무의 공공성 내지 제공되는 서비스의 필수성(essentiality)이란 기준에서 봐야한다. 즉 직무의 공공성이 현저하여 직무수행의 중단이 국민생활이나 국가기능의 지속성에 미치는 위협이 중대할수록 단결권은 허용되기 곤란하다. 우리나라의 경우 경찰·군인·교도관·소방관과 같은 국가안보나 공공질서 유지와 관한 직무에 종사하는 공무원이 이 범주에 속할 수 있다.

직급 또한 고려되어야 할 것이다. 직급이 높은 공무원일수록 행동이 미치는 영향범위가 넓기 때문에 그만큼 전체 국민에 대한 봉사자로서의 책임이나 공공성의 책임이 커진다고 할 수 있다. 이에 반하여 단순반복적인 기능업무를 수행할수록 그 업무의 중단이 가져오는 파장이 약하기 때문에 단결권 부여 범위에 우선적으로 고려되어야 할 것이다.

2.4 공무원노조의 활동

1) 단체교섭

노동조합의 결성은 노조원의 이익을 실현하기 위한 시작이다. 노조원의 이익

을 적극적으로 실현하기 위해서는 단결력을 최대한 발휘하여 사용자측과 마주 앉아 근로조건의 개선을 위한 동의를 이끌어 내야 한다. 단체교섭(collective bargaining)이란 이와 같이 근로자 대표로서의 노동조합과 사용자측의 양당사자가 근로자의 근로조건에 대하여 합의를 도출해 가는 협상과정이므로 노사관계의 핵심이라 할 수 있다. 이 협상과정이야말로 이론적으로 협조적 관계를 가정할 수 있지만 실제에 있어서는 상대방에게 승리하기 위한 고도의 심리적 전략·전술을 동원하는 게임과정이자 정치과정이라 할 수 있다. 이 과정에서 토론의 질서와 규칙을 지키지 않으면 감정적 갈등을 일으키기 쉽고 협상의 본질과 전혀 관계없는 이유로 인해 교착상태에 빠지기 쉽다.

① 교섭의 범위

교섭의 범위는 협상에 포함되는 항목들이다. 민간부문의 경우 일반적으로 협상강제항목, 협상가능항목, 협상불가항목으로 분류된다.

협상강제항목은 근로자의 근무조건에 즉각적이고 직접적인 영향을 미치는 것으로 강제항목에 대하여 협상을 거부하는 것은 부당노동행위에 해당하게 된다. 일반적으로 경제적 영역과 비경제적 영역으로 다시 나눌 수 있다. 경제적 영역에 포함되는 항목으로 임금, 연금, 수당, 성과급, 퇴직금 등을 들 수 있고, 비경제적 영역에 포함되는 항목으로 인사이동, 근로시간, 시간외 근무, 휴가, 병가, 작업규칙, 작업안전, 신분보장과 징계 등이 포함된다.

협상가능항목은 노사쌍방이 협상하기로 합의한 경우에 의제가 될 수 있으며, 협상불가항목은 어느 쪽도 협상테이블에 올릴 수 없는 항목이다. 협상가능항목에는 퇴직자 의료혜택과 회사의 제품가격 결정에 대한 노조의견 반영 등이 포함될 수 있다. 협상불가항목은 클로즈드숍협약이나 성·종교 등에 의한 차별고용이 해당된다.

공무원 노조에게 허용되는 교섭의 범위는 제한되는 것이 일반적이다. 그러나 협상이 강제·허용·제한되는 항목이 자의적으로 바뀌지 않기 위해서는 법규정화되어야 한다. 공무원 노조에 가장 일반적으로 허용되는 협상항목은 근무조건, 고충처리, 노조의 활동에 대한 규정이다. 근무조건에는 근무시간, 휴식시간, 주차공간, 근무환경 등이 포함된다. 단체협약은 이행과정에서 의도적이든 아니든 지켜지지 않는 경우가 발생하기 마련이다. 노사는 이로 인한 불이익을 구제할 수 있는 공식적인 절차, 즉 고충처리방식을 협상할 수 있다. 협상에 포함되는 또 하나의 항목은 공무를 떠나 노조업무에 전담할 수 있는 사무원의 수 그리고 사무실과 게시판 사용 등에 관한 문제이다.* 노조가입을 어느 정도 강제할 것인가도 노사협상 범위에 포함시킬 수 있다.

이와는 대조적으로 조직의 존립과 운영에 관한 기본적인 사항으로서 신규공무원 채용기준과 절차, 그리고 조직의 임무에 대하여는 교섭이 불가능하다고 본다. 채용제도의 문제는 실적주의제를 보호·유지하기 위해서 필수적이다. 논리적으로도 노조는 지원자의 이익이 아니라 고용된 근로자의 이익을 대표하는 단체이기 때문이다. 정부 기관의 목표와 미션의 결정은 민주제도의 원칙상 선출직 대표자인 국회에 의한 법으로부터 출발해야 할 사항이다. 기관의 목표설정과정에서 관리목적으로 근로자의 참여와 의견을 반영하는 경우가 있다 하더라도 그것은 기관장이나 상관의 재량적 관리행위이지 그 자체가 노조의 교섭대상이 되어서는 안된다는 뜻이다. 독일에서는 경영의 차원에도 노조가 참여할 수 있는 공동결정권(co-decision)의 개념도 존재한다. 때로는 채용과 임무결정을 포괄하는 경영권(management rights)이라는 독점적 권한을 기관에게 부여하여 노조가 간섭할 수 없도록 하기도 한다. 경영권에는 기관의 임무·조직구조, 편제, 규모와 예산, 그리고 근로자에 대한 채용, 배정, 지시, 업무배정, 징계 등이 해당된다.

교섭의 범위에서 가장 쟁점이 될 수 있는 항목이 보수이다. 노조원의 이익에 가장 직결되는 항목이지만 정부의 경우 대표자(인사혁신처)가 예산편성과 결정권한을 가지고 있지 않기 때문에 교섭범위에서 배제시키고 있다. 민간부문에서는 임금협상(임협)이 노조가 하는 중요한 활동이다.

---

* 미국의 대다수 주에서는 해고를 협상의 항목으로 인정한다. 우리나라 정부의 경우 단체교섭에서 해고를 포함한 신분보장에 대하여는 노사합의에 맡기기보다는 공무원법이나 지방공무원법을 통해 국민이나 주민의 대표자가 직접 결정하도록 하는 것이 분규를 줄이는 데 도움이 되고 국민주권의 이론에도 부합하는 것으로 생각된다.

② 단체협약

단체협약(단협)은 노사양측의 합의를 의미하는 공식용어이다. 단협은 노조대표와 사용자가 협상을 한 후 문서에 서명날인함으로써 효력을 발생한다. 이렇게 합의된 단협은 일정기간 노사쌍방이 성실히 이행할 의무가 있기 때문에 근로자들에게는 안정된 근로조건을, 사용자에게는 지속적인 근로를 확보할 수 있는 장치로서 작용한다. 단협은 민간부문의 경우에는 그 자체로 양측에 구속력을 갖게 된다. 그러나 정부의 경우에는 단협만으로는 구속력 있는 효력을 갖지 못하는 경우도 있다. 프랑스의 경우 행정부의 최고책임자나 입법부의 인준이 있어야 법적 효력이 발생하게 된다. 단협은 그 유효기간(보통 1~3년) 동안 효력을 가지며 이 기간이 지나면 노사는 다시 단체협약체결을 위한 교섭을 진행시켜야 한다.

단협은 유효기간 동안 쌍방이 협약이행상태를 감시하고 문제가 발생했을 때에는 이를 해결하기 위한 과정을 동반하게 되는데 이는 노사관계의 또 다른 역동적 측면이다. 교섭과정에서 노사간에 의견 차이가 심하여 추상적인 표현으로 합의를 이룬 경우에는 협약이행 과정에서 쌍방의 갈등이 노출되기 쉽다. 이행과정에서의 마찰을 해결하기 위한 수단으로 고충처리와 중재제도를 두는 것이 일반적이다.

2) 단체행동

단체교섭은 양측이 쉽게 합의에 도달하여 단체협약으로 이어지는 경우가 있는가 하면, 합의에 실패하여 분쟁상태가 생길 수 있다. 이 때 노동자측이 그들의 주장을 관철시키기 위하여 행하는 실력행사를 집단행동 내지 쟁의행위*라 한다. 실력행사는 노사양측이 모두 할 수 있다. 사용자측은 직장폐쇄의 수단을 사용할 수 있고, 노조측은 파업·태업·피케팅·보이코트의 수단을 사용할 수 있다(<표 12-5> 참조).

이러한 수단을 행사할 수 있도록 법적으로 보장해 주는 것은 단체교섭에서 사용자의 성실한 교섭자세를 강요하여 교섭의 실효성을 보장한다는 의미가 있다. 단체행동권이 보장되지 않는 것은 노조로서는 실탄 없이 전장에 나가는 것과 같

표 12-5 쟁의행위의 종류

- 파업(strike): 사용자측으로부터 더 많은 양보를 얻어 내기 위하여 노조원이 공동으로 노무제공을 거부하는 행위이다. 총파업, 전면파업, 부분파업, 지명파업이 있다. 정당성은 노조원의 전체 투표에서 동의를 얻는 것이고, 효과성은 사측의 노무대체가능성이 약할수록 크게 나타난다.
- 준법투쟁(soldiering): 태업과 유사한 개념으로 규정을 지켜가면서 노조원이 단결하여 의식적으로 작업능률을 저하시키는 행동이다. 버스노조에서 정차장소·제한속도·차선 등에 관한 교통법규를 준수함으로써 전반적인 운행횟수가 줄어 사측에 불이익이 가도록 하는 것이 한 예이다.
- 사보타지(sabotage): 적극적으로 생산활동을 방해하거나 시설을 파괴하는 것이다.
- 피케팅(piketing): 근로희망자들의 협력을 얻어 파업의 효과를 높이기 위한 것으로 노조원들이 피켓(picket)을 들고 작업장에 들어가지 말 것을 독촉하는 행위이다.
- 보이코트(boycott): 사용자의 상품을 구입하거나 서비스 이용을 방해하는 행위로 1차적으로는 노조원을 상대로 한 것이고 2차적으로는 일반고객 등 제3자를 대상으로 불매운동을 전개하는 것이다.

기 때문이다.

쟁의행위는 사용자측에게 심각한 손실을 초래한다. 민간부문의 경우 매출액과 순익에 감소를 가져오고 기업에 대한 이미지가 손상된다. 정부 및 공공부문의 경우에는 국민생활과 국가기능 유지에 심대한 위협이 되기도 한다. 따라서 단체행동은 교섭과정에서 노조안 수용의 강력한 도구이다. 그러나 노조가 쟁의행위의 수단을 자주 사용하거나 쟁의행위의 기간이 길어지는 경우 노조 주장의 참신성과 신뢰성이 떨어지게 된다. 여론 동원의 목적이 있는 쟁의행위가 오히려 여론을 악화시키면서 교섭에 불리하게 작용할 수도 있다. 특히 민간부문의 경우 사용자 또한 노조측의 부당한 행위에 대한 자기방어 차원에서 직장폐쇄를 단행할 수 있어 노조가 무리하게 실력행사를 고집할 수도 없다. 조직의 생존은 노사 두 기둥이 서로 기댄 상태를 유지할 때 가능한 것이지 어느 한쪽이 균형상태를 포기할 때에는 나머지 한쪽도 자동적으로 쓰러지게 되어 있다.

노사간 합의를 이루지 못했다고 해서 곧바로 쟁의행위에 돌입할 수 있는 것은 아니다. 쟁의행위 이전에 분쟁을 해결할 수 있는 여건을 만들고 평화적으로 이를 해결할 수 있도록 정부는 노력하게 된다. 분쟁상태에 들어가면 우선 일정기간 냉각기간(cooling-off period)을 가지도록 하여 쌍방이 자신들의 입장을 보다 이성적으로 재고할 수 있는 기회를 부여한다. 이 기간 동안 중립적인 제3자(노동위원

표 12-6 노동쟁의 조정방법

- 조정: 노동위원회에 설치된 조정위원회에서 중재인을 만들어 당사자들이 수락하도록 권고하고 분위기를 조성한다. 그러나 강제력을 가진 것은 아니어서 조정의 수탁 여부는 당사자의 자주적 의사에 따른다. 쟁의행위는 조정절차를 거쳐야만 가능하다. 쟁의행위가 국민경제나 생활에 현존하는 긴박한 위험이 있을 때 중앙노동위원회가 직접 조정을 개시하고 실패하였을 경우 직권으로 중재에 회부시킬 수 있다(긴급조정).
- 중재: 쟁의중재에 대한 당사자나 노동위원회의 요청이 있을 때 중재위원회가 중재안을 결정하게 된다. 조정과 달리 당사자를 구속한다.

자료: 노동조합 및 노동관계조정법 제 5 장.

회)가 조정·중재 등의 방법으로 양당사자 사이의 쟁의를 조정하게 된다(<표 12−6> 참조). 조정의 방법은 노사쌍방의 의견을 들어 타협안을 만들고 이를 수락하도록 설득하는 역할이다. 그러나 노사를 구속하지는 않는다.

중재는 노사합의에 의한 자발적 요구에 의해 이루어지는 자발적 중재와 국가가 법규에 의해 공공의 이익을 위하여 직권으로 행하는 강제중재가 있다. 강제중재는 공익성이 강한 산업의 경우나 공공부문의 분쟁해결을 위해 제한적으로 사용된다. 어느 경우든 중재는 구속력이 있으며 최종적인 것이 일반적이다. 그러나 정부의 노사관계에 있어서는 중재결정이 노조만 구속하고 정부에 대하여는 권고의 성격만을 가지는 경우도 있다. 국민대표기관이 아닌 중재위원회의 결정이 정부를 구속시키는 것은 국민주권 원리에 어긋나기 때문일 것이다.

2.5 우리나라 공무원노조의 발전방향

1) 공무원 노동운동의 특수성

대부분의 서구국가들은 실정에 맞게 나름대로의 노사관계를 발전시켜나가고 있다(<표 12−7> 참조). 한국의 노동운동은 다른 나라와 다른 시각에서 이해할 필요가 있다.

우리나라는 오랫동안 정부주도의 고도경제성장기를 경험하면서 노동권은 인

표 12-7 주요 국가의 공무원노동조합 현황

구분	형태	주요 노동조합 및 조합원수	총연합단체	단체교섭의 실태
미국	공무원 전체 포괄이 일반적이고, 부처 전체를 대상으로 조직	• 공무원 대상 - APGE: 약 22만명 - NTEU: 약 15만명 - NAGE: 약 4만명 - NATCA: 약 12만명 • 우편종사자 대상 - APWU: 33만명 - NALC: 21만명	• AFLCIO: 약 840만명 cf. 지방공무원에 대해서는 APSCME 약 140만명	• 부처, 행정기관별로 교섭 • 급여사항은 교섭대상 아님 • 배타적 교섭대표제
영국	공무원 전체 포괄이 일반적이고, 부처 전체를 대상으로 조직	• 국가공무원노동조합의회(CCSU) - 공무원민간노동조합(PCS): 32.5만명 - 전문직국가공무원조합(Prospect): 10.2만명 • 교도관조합(POA): 3.5만명 - 북아일랜드공무원조합(NIPSA): 4.4만명 - 고위국가공무원조합(FDA): 1.6만명	• TUC: 약 680만명 cf. 지방공무원에 대해서는 UNIOSON: 약 131만명	• 일반 공무원 - 부처 단위로 교섭 - 임금교섭 가능 - 배타적 교섭대표제 • 고급공무원 급여 이외의 근무조건에 대해 부서별로 교섭
독일	공무원노조만을 대상으로 한 것과 민간노조에 공무원이 가입하는 형태가 방존, 공무원·비공무원종사자 함께 가입, 부서 전체를 대상으로 조직	• 독일공무원연합(DBB): 128만명 - 공무원: 92만명 - 비공무원: 36만명 • ver.di: 24만명 • 기독노동조합연맹(CGB): 31만명 cf. 지방공무원 포함된 조직	• DGB: 약 678만명	• 공무원: 단체교섭은 인정되지 않고 관이 권만 인정 • 비공무원: 중앙교섭
프랑스	공무원과 민간부문이 함께 조직	• 프랑스민주노동연맹(CFDT) • 기독교근로자연맹(CFTC) • 관리직총동맹(CGC) • 노동총동맹(CGT) • 노동자의 힘(FO) • 동일노동조합연맹(PSU) • 전국중립노동조합(UNSA) cf. 지방공무원 포함된 조직		내무부장관이 위노 조대표와 주로 임금·수준에 대해 중앙교섭
일본	공무원이 별도·연합체로 조직되어 있고 부처별 노조와 그 연합단체	• 연합체 - 공무노협 166만명 - 공무노조연락회: 43만명 cf. 지방공공단체 직원 포함	• 일본노동조합총연합회: 656만명 • 전국노동조합총연합: 73만명	• 부서별 단위노조와 교섭 • 인사원 등은 연합체와 회견 등

자료: 국제노동법 연구원 (2007), 공무원노사관계 정책·제도, 국제비교연구, 노동부, p. 439.

정되지 않았다. 학생운동을 비롯하여 재야의 민주화요구 운동이 시작되어 점차로 힘을 얻기 시작하였고, 1970년 11월 13일 청계천상가의 노동자였던 전태일 열사가 '근로기준법 화형식'을 하면서 분신함으로써 순수노동운동도 점화되었다.

이후 노동운동은 민주화투쟁과 같이하면서 노태우 대통령의 6.27 민주화선언을 이끌어 낸다. 1987년 노동법이 개정되면서 민간부문 및 공기업분야의 노동권은 대폭 신장되었다. 그리고 이미 교사들은 전교조(즉, 전국교원노동조합)를 결성하여 사실상 노동활동을 하고 있었고, 1999년 합법화된다. 2013년 전교조는 다시 법외노조라고 판시된다.

그동안 민간부문에서의 노동운동은 시간이 흐름에 따라 격화되는 양상을 보였다. 한국노총과 민주노총이라는 양대노조는 매년 임금협상을 주도하는 듯하였고, 이들이 지원하는 노사분규는 상존하고 있다. 이런 노동운동에는 항상 정권퇴진과 같은 정치적 구호가 등장하곤 한다. 이것은 사실상 정부가 주로 사측의 입장에서 분규를 억제하려는 노동정책을 썼기 때문에, 즉 항상 사측의 뒤에 정권이 있다고 믿어지기 때문이기도 하였다. 한편으로는 노조가 자신들의 존재를 유지하기 위해 가급적 분쟁을 유발하고, 이를 위해 지나친 요구를 한다는 시각도 있다.

이렇게 민간부문에서 노동운동이 활성화된 반면에, 교사들을 제외한 공공부문에는 노동조합의 설립까지 허용되지 않는 등 완전히 노조의 예외적인 부문에 속해 있었다. 그러나 민주화의 진전에 따라 공무원 사회에도 노동운동이 허용되기 시작한다. 즉, 민간부문에서 앞서 간 노동제도가 서서히 민간부문에 영향을 미치는 양상이 나타났다. 우선 1998년 '노사정위원회'에서 공무원의 노동기본권을 단계적으로 허용하기로 하고, 공무원직장협의회를 우선 허용하기로 하였다. 그 결과 「공무원직장협의회의 설립·운영에 관한 법률」은 1998년 2월 24일 제정되었다.

더불어 공무원노조설립에 대한 요구가 끊임없이 있었다. 마침내 2002년 3월 23일 전국공무원 노동조합(전공노)이 결성되고 출범식을 가졌다. 물론 불법이지만, 노조활동이 사실상 시작되었음을 의미한다. 3년 뒤인 2005년이 돼서야 '공무원의 노동조합 설립 및 운영 등에 관한 법률(이하 '공무원노조법')'이 제정된다. 이제 합법적인 노조는 존재하여, 정부와의 협상 등 그 활동은 점점 활발해지고 있다. 따라서 노조가 설립되었기 때문에 직장협의회(특히, 경찰 등 노조활동이 금지된 경우에는 더욱 중요)와 상호협력하여 바람직한 직장생활이 되도록 하는 것이 중요하다.[24)]

한국사회에서 정부의 노동정책은 '노조의 정치활동 금지', '제3자의 개입금지'로 요약될 수 있다. 정치활동의 금지 등은 앞서 설명한 노동운동사에서도 분명히 드러난다. 과거에 처벌받을 수 있는 위험속에도 불구하고 군사정권에 저항하던 노조활동은 사실상 정치활동이었고, 그 이유로 국민들의 지지를 받는 면도 있었다. 이러한 맥락에서 노사분규가 국민들의 지지를 얻는다고 생각되면, 사측이 양보할 가능성도 높아진다. 기업들은 정부에게 잘못 보이면 어려움이 있다고 생각하기 때문에 정치성을 띤 노동운동은 효과적이었다. 노조는 영향력을 극대화하기 위하여 개별행정기관(혹은 기업)에서 그치지 않고 전국적 조직화하는 경향이 있다.

하지만 노동자들로부터 광범위한 노동운동참여를 얻어 내기는 쉽지 않은 일이다. 노동운동에 잘못 가담하였다가 형사처벌 등 불이익을 감수해야 하기 때문이다. 즉, 이런 집합행동에는 참여하는 사람들의 비용(cost)은 큰 반면, 그 결과 혜택을 보는 사람은 많기 때문에 직접 참여하기보다는 무임승차자(free rider)가 되는 경향이 있다. 다시 말하면 합리적 행위자라면 이런 집합행동에는 참여하지 않는 것이 정상이므로, 구체적이고 개인화된 보상(individualized incentive)을 줘야 가능하게 된다.[25)] 노조활동을 하는 소수의 사람과 그 외의 다수로 2분되는 것은 물론이고, 전적으로 노조활동을 하면서, 일종의 특혜를 누리는 소위 '노동귀족'이 생기는 것도 이러한 이유에서이다.

과거 공무원의 단결권을 허용하지 않을 때에는 노조문제는 커다란 문제가 아니었다. 그러나 노조법이 제정된 후, 공무원의 노조활동을 실질적으로 어떻게 할 것인가의 제도화가 중요한 문제이다. 공무원도 하나의 직업으로서 민간부문에서 허용되는 것과 똑같이 노조활동을 인정하기는 힘들 것이다.

따라서 노조와의 교섭대상으로 하는 것도 많이 제한되어 있다. 공무원노조법 제 8 조에는 그 기관의 정책결정에 관한 사항과 그 기관의 관리·운영에 관한 사항은 교섭대상에서 제외하도록 명시하고 있다. 공무원노조법 시행령 제 4 조에는 이를 아래와 같이 명시적으로 제외대상을 규정하고 있다.

- 정책의 기획 또는 계획의 입안 등 정책결정에 관한 사항
- 공무원의 채용·승진 및 전보 등 임용권의 행사에 관한 사항
- 기관의 조직 및 정원에 관한 사항
- 예산·기금의 편성 및 집행에 관한 사항
- 행정기관이 당사자인 쟁송(불복신청을 포함한다)에 관한 사항
- 기관의 관리·운영에 관한 그 밖의 사항

나아가서 모든 노동쟁의의 방법에 대해서도 엄격히 금지하고 있다. 공무원노조법 제11조는 파업, 태업 또는 그 밖에 업무의 정상적인 운영을 방해하는 일체의 행위를 하지 못하도록 하고 있다.

이러한 규정에도 불구하고 노동운동은 상황에 따라 다양한 양상을 보인다. 항상 법과 실제와는 괴리가 있어 왔기 때문이다. 법이 인정하지 않는 것도 일어나기도 하고, 당시 정치적 상황에 따라 묵인하기도 하기 때문이다. 즉, 법적인 제도는 제도대로 존재하지만, 노사관계는 일종의 힘겨루기 게임(game)이다. 현 노동관련 제도를 어떻게 개혁할 것인가나 실제 임금협상 등의 문제에서는 온건전략보다는 벼랑끝 전략을 쓰는 쪽이 이길 가능성이 높다.[26] 이를 위해 노조는 전임자를 두고, 전략을 모색하고, 단체행동시 이를 주도한다. 즉, 노조의 활동은 법규범내부에 국한되어 있다기 보다는 실제로 영향력을 극대화하려는 노조주도자들의 경향과 이를 억제하려는 관리자측 사이에 존재하는 권력게임현상이다.

2) 공무원 노조활동의 한계

공무원에게는 노동권이 제한되어야 한다는 주장은 주로 공무원의 지위, 직무의 공공성, 관리상의 비효율성, 공직의 행정문화에서 그 논거를 찾고 있다. 공무원의 지위와 직무의 공공성은 주로 법학자들이 주장하는 공무원 노동권 제한의 법리로서 발전된 개념이다.

① 공무원의 지위

공무원은 전체 국민에 대한 봉사자이다. 어느 특정 개인이나 집단의 이익을 위해서 일하는 것이 아니라 모든 사람에게 중립적 입장에서 봉사하여야 한다. 그런데 노조를 허용하게 되면 자신들의 집단이익을 위해 무리한 요구를 할 수 있으며 이를 실현시키기 위해 행동하다 보면 공익을 해치는 결과를 초래하기 쉽다. 공익보다 노조의 집단이익을 우선시할 가능성이 높은 것이다.

또한 노동조합의 경우 정치세력화할 가능성을 항상 가지고 있다. 정부측의 사용자로 나서는 사람들은 제한된 협상권한 때문에 협상에서 한계가 있기 마련이다. 임금의 예를 들어보자. 공공분야의 경우 세계적으로 사용자 측을 대표하는 교섭팀은 임금결정에 대한 재량권을 갖지 못하는 것이 일반적이다. 국회와 예산책임부서가 예산의 편성과 심의 그리고 배분에 권한이 있기 때문이다. 따라서 정치적 이슈화하여 정치권을 협상을 하려는 경향이 있다. 이것은 공무원 노조가 대응하여야 할 협상의 대상이 분산되어 있음을 의미한다.[27] 즉, 노조는 교섭대표를 무시하고 국회의원 내지 다른 정치적 힘을 가진 주체와 임금협상을 성사시키려는 노력을 하게 되고 이 과정에서 노조의 정치화는 자연스럽게 이루어질 수밖에 없다. 정치권의 지원을 받는 대신 다음 선거에서 '표'를 보장해 주는 식의 거래가 있을 수 있다. 이러한 경우 특정 정파에 지지를 밀약하는 등 공무원의 정치적 중립이 깨지고 결국 국민 전체의 봉사자 지위를 유지하기가 어려워진다고 할 수 있다.

공무원은 또한 일반기업의 고용인과는 달리 고용주의 이윤을 위해 일하는 신분이 아니다. 기업의 경우 사주나 사주를 대리하는 경영자는 고용인들에게 돌아가는 혜택을 줄임으로써 그들 자신의 이익을 높이려는 동기를 갖게 된다. 양자간에 이익의 상반성이 존재하기 때문이다. 그러나 공무원의 경우에는 직급의 고하를 막론하고 국민의 요구와 국민의 대표로 선출된 대통령과 국회의 결정을 충실히 집행하여야 하는 국민에 대한 봉사자이다. 고위정책결정자와 하위정책집행자 사이에 추구하는 이익이 다를 수 없다. 따라서 이들을 인위적으로 사용자와 노동자 집단으로 이원화하여 문제를 접근하는 자체가 국민주권의 개념을 근원적으로 파괴하는 것이라고 주장한다.

더구나 사용자를 대표하는 기관책임자도 노조측의 주장에 대응하여 공익의 입장을 끝까지 견지하기보다는 재임 중 노조측과 갈등 없이 원만한 협조관계를 이끌어 내기 위하여 노조측에 쉽게 양보할 동기가 발생할 수 있다. 양보에 의한 인건비 증액은 기관책임자의 주머니가 아니라 국민의 세금에서 나가는 것이기 때문에 노조의 요구를 무리하게 반대할 필요성과 책임성이 약하기 때문이다. 실제 공기업의 경우 일부 회사측 협상팀이 소속근로자들의 임금을 올리는 데 속으로는 협조적인 경우가 많다.

② 노조활동의 시간제약

단결권의 실질적인 보장은 노조활동을 할 수 있는 사람들이 얼마나 되느냐에 달려있다. 모든 공무원이 자신에게 주어진 근로시간을 채워야 한다면 일과후나 근무하지 않는 날에만 노조활동을 할 수 있다는 뜻이기 때문에 사실상 노조활동을 억압하는 효과가 있다. 이런 관점에서 노조활동을 활성화하기 위해 전임자와 근무시간면제자라는 두 가지 유형을 두고 있다.

먼저 노조전임자란 임용권자의 동의를 받아 원래의 공무를 수행하지 않고 노동조합의 업무에만 종사할 수 있는 공무원을 말한다. 그 기간 중 「국가공무원법」 제71조 또는 「지방공무원법」 제63조에 따라 휴직명령을 하여야 하기 때문에 통상적인 직무수행을 하지 않고, 노조사무실로 출근한다. 따라서 국가와 지방자치단체는 이들에게 그 전임기간 중 보수를 지급하여서는 아니 된다. 그 대신 노동조합으로부터 급여를 지급받으면서 노동조합의 업무에만 종사한다. 대체로 노조위원장과 주요 간부들이 노조전임자가 된다.

용어 해설

- **노동조합 전임자:** 노동조합의 업무에만 종사하는 사람.
- **타임오프제:** 노조전임자가 급여를 받으면서 노동조합 활동을 할 수 있는 시간. 근로시간면제 한도제는 유급노조활동 시간제한제 또는 타임 오프제라고 부르기도 한다. 근로시간면제심의위원회가 근로시간면제한도를 결정한다. 이 한도를 넘어가는 활동을 할 경우 법적 처벌이 가능하다.
- **임금협상(임협):** 임금과 노동시간 등 근로조건을 위한 임금계약을 체결하는 목적을 가지고 노사대표 사이에서 벌어지는 교섭. 보통 매년 이뤄진다.
- **단체협상(단협):** 근로자와 사용자가 대표단을 구성해서 양측의 핵심적인 사안을 협의를 통해 결정하는 행위. 보통 2년에 한번 이뤄진다.

다음으로 근무시간 면제자는 일정한도 범위내에서 통상적인 근무시간을 면제받고 노조관련 업무를 할 수 있는 사람들을 말한다. 단체협약으로 정하거나 정부교섭대표가 동의하여 근무시간 면제 한도를 정한다. 이에 해당하는 공무원은 그 한도를 초과하지 아니하는 범위에서 보수의 손실 없이 정부교섭대표와의 협의·교섭, 고충처리, 안전·보건활동 등 또는 법률에서 정하는 업무와 건전한 노사관계 발전을 위한 노동조합의 유지·관리업무를 할 수 있다.

근무시간 면제 시간 및 사용인원의 한도는 노조활동을 어느 정도 활발하게 할 수 있는가를 정하는 중요한 요소이다. 이를 정하기 위하여 공무원근무시간면제심의위원회를 「경제사회노동위원회법」에 따른 경제사회노동위원회에 두는 이유가 그것이다. 이들은 노조사무실에 출근하여 노조원들을 대상으로 상담을 하기도 하고, 현장을 방문하기도 하며, 노사협의 등을 한다.

③ 직무의 공공성

노조인정에 반대하는 또 다른 논거는 공무원의 지위에서가 아니라 이들이 수행하는 직무의 공공성에서 찾고 있다. 헌법재판소의 판결에 "국민 전체의 봉사자로서 공공의 이익을 위하여 근무하고 직무집행에 있어서 전념의무가 있는 것이 공무원 신분상의 지위인 것으로 보나 국가기능의 계속성의 확보를 위하여도 일반 근로자의 경우와 달리 입법자에 의한 제한은 부득이한 것"이라고 함으로써 공무원이 국민 전체의 봉사자임과 직무의 공공성을 함께 인정하고 있다.[28] 정부가 수행하는 직무는 국가의 기능유지와 국민의 생활유지에 필수적인(essential) 것이어서 이러한 직무의 수행이 중단되는 경우 국익에 중대한 해를 가져올 수 있다. 특정 공무원의 전면적인 파업은 국민생활에 막대한 불편과 관련 사업체의 경제적 손실로 인해 국민적 우려를 낳는다. 직무의 공공성 때문에 공무원의 노조활동을 인정하는 경우 직무중단이 가져오는 사회적 파장을 담보로 노조의 요구가 민간분야보다도 더욱 강경할 수 있다는 우려도 할 수 있다. 따라서 이들 입장은 직무공공성에 상응하는 공무원 노동권의 제한은 정당화될 수 있다고 주장한다. 노동조합활동이 활발한 프랑스에서도 '최소 공공서비스'(services minimum)라는 개념을 도입하여, 국가의 기능이 마비되지 않고 최소한의 서비스는 유지되는 범위 내에서 파업이 인정되고 있다.

노조가 사측에게 가장 강력하게 사용할 수 있는 투쟁수단은 노동쟁의권이다. 합법적인 절차를 거쳐서 노동쟁의가 이뤄지면, 사측에 큰 압력이 되고, 경제적 손실이 되어 협상의 테이블로 나오게 된다. 가장 이상적인 것은 쟁의에 들어가지 않고 적절한 협상이 이뤄지는 것임은 두말할 필요도 없다. 유럽의 경우를 비춰볼 때, 갈등적 노사관계에 있는 나라에서는 매년 일어나는 연례행사가 된다.

우리나라 공무원 노조는 쟁의권이 인정하되 않으므로 아직 쟁의를 둘러싼 문제는 없다. 넓은 의미에서 공익을 생각하여 민간노조에 관해서 강한 규제를 하고 있다. 즉, 공공재를 공무원이 직접 공급하기 보다는 (준)공공기관을 통해서 하거나 (병원 등)민간을 통해서 하기 때문에 이런 규제가 필요하다. 즉 공무원이 아닌 인력이나, 공공서비스적 성격을 띤 민간기업이 쟁의에 들어가면, 일반국민에게 불편을 주고, 경우에 따라서는 공익에 반하게 된다. 심지어 쟁의가 일반국민보다는 특히 (사회적) 약자에게 더 큰 손해와 불편을 가져올 수도 있다.

이를 막기 위한 것이 노동조합법 제42조의2의 필수유지업무에 대한 쟁의행위의 제한이다. 필수유지업무의 정당한 유지·운영을 정지·폐지 또는 방해하는 모든 행위는 쟁의행위라고 보고, 이를 엄격히 금하고 있다. 이들의 쟁의권 보장보다는 국민의 편익이 우선이라는 원칙에 의거하는 것이다.

필수공익사업

공익사업으로서 그 업무의 정지 또는 폐지가 공중의 일상생활을 현저히 위태롭게 하거나 국민경제를 현저히 저해하고 그 업무의 대체가 용이하지 아니한 사업.

- 철도사업, 도시철도사업 및 항공운수사업
- 수도사업, 전기사업, 가스사업, 석유정제사업 및 석유공급사업
- 병원사업 및 혈액공급사업
- 한국은행사업
- 통신사업

(노동조합법 제71조 제 2 항)

이를 위해 노조와 사용자는 필수유지업무 협정을 체결하도록 강제하고 있다(동법 제42조의3). 즉, 노동관계 당사자는 쟁의행위기간 동안 필수유지업무의 정당한 유지·운영을 위하여 필수유지업무의 최소한의 유지·운영 수준, 대상직무 및 필요인원 등을 서면으로 서명날인한 문서(협정)을 만들어야 한다. 예컨대, 철도노조가 파업을 하는 경우에 모든 열차의 운행을 정지하는 것이 아니고 최소 하루에 몇 편은 운행하거나, 의료파업을 하는 경우에도 응급실, 중환자실 등은 가동함으로써 국민들의 긴급하고 필수적인 서비스가 필요한 수요를 충족시켜 주는 방식이다. 해당 국민들이 생존하는데 반드시 필요한 서비스는 제공해야 한다는 이유에서이다. 이렇게 협정을 맺은 이외의 업무에 대해서는 쟁의활동을 허용한다는 의미에서 완전한 노동권의 제약이라고 보기는 어렵다.

④ 행정문화

우선 노조의 집단이기주의가 생겨 공무원의 중립적 지위와 직무의 공공성을 지키기가 곤란하다는 점이다. 협상에서 타협을 이끌어 내기 위해서는 양보와 결과에 대한 수용이 무엇보다 중요하다. 그러나 민간부문에서의 사례를 보면 양보보다는 노사 양측이 파업이나 직장폐쇄의 극단적인 실력행사를 선택하는 경우가 많았다. 설사 합의가 이루어지더라도 노조원의 찬반투표에서 부결되거나 노조 내의 반대세력에 의해 합의의 정신이 깨지는 경우를 많이 볼 수 있다. 민간부문의 이러한 사례가 공무원 노조에도 예외일 수 없다면 이러한 주장은 설득력을 가질 수 있다.

한국의 가족주의 행정문화도 고려해야 한다. 상하 공무원 모두가 한 식구처럼 서로를 감싸고 관심을 가지며, 문제가 있어도 법과 같은 공식적 수단보다는 직원간담회와 사석에서의 비공식적인 대화를 통해 해결한다. 이러한 문화적 특수성을 고려하여 노조가 없는 상태에서도, 잘만 운영하면, 인사·조직·처우 등의 각종 근무조건과 기타 신상에 관한 불만과 의견을 스스로 수렴하고, 해결하는 고충처리 등의 여건이 갖추고 있다고 볼 수도 있다.

이상의 찬성과 반대논리를 검토할 때 어느 한쪽의 논거가 절대적으로 옳고 다른 쪽은 그르다는 식으로 결론내리기가 힘들다. 따라서 우리의 관심을 어느 계급의 공무원에게, 어떤 직무를 수행하는 공무원에게, 그리고 이들에게 어느 정도의 노동권리를 인정해 줄 것인가의 정도 문제에 돌릴 때 어떤 타협점에 근접할 수 있다. 모든 공무원이 노조원이 되는 것처럼 그리고 모든 노동권이 완벽하게 부여되는 것처럼 가정한 상태에서 '된다', '안 된다'의 논쟁만 하는 것은 공순환(空循環)만 거듭될 뿐 어떠한 결론도 얻을 수 없다. 공무원 노조의 문제에 있어서 신중한 사전 검토와 논의를 거쳐 점진적인 변화를 거치면서 노사관계의 정착을 유도하여야 할 것이다.

3. 신분보장

3.1 의 의

'철밥통'으로 표현되는 강력한 신분보장은 공무원을 상징하는 트레이드 마크가 되다시피 하였다. 공무원의 신분을 민간부문에 비해 철저하게 보장해 줄 필요성은 어디에 있는가? 그것은 공무원의 권익을 우선 고려해서라기보다 국가의 특성과 현실적 필요에 의해서라고 이해할 수 있다.

먼저 국가는 민간기업과는 달리 어느 한 개인이나 몇 사람의 소유가 아니라는 점에서 일정기간 국가관리의 책임을 진 대통령이나 권력자가 마음대로 공무원을 교체할 수 있도록 허용한다면 그것이 가져올 장점보다는 폐해가 크다는 것을 역사는 말해 주고 있다. 과거에는 대통령이 바뀔 때마다 공직의 사정이니 숙정이니 하여 '문제 공무원'을 퇴직시키는 경우가 있어 왔지만, 실제로는 '공무원 길들이기'로 충성을 확보하는 수단으로도 이용되어 온 것이 사실이다. 행정기능을 수행하는 공무원의 신분을 소수의 정치권력에 맡기는 것은 결과적으로 민주이념에 역행할 수도 있다. 오늘날에도 고위직에 갈수록 정권이 바뀜에 따라 자리에 부침이 있다. 공무원이 지나치게 정치화된다면 결국에는 공익에 역기능은 더욱 커질 수밖에 없는 것이다.

또 하나는 국가의 영속성에서 찾을 수 있다. 독일속담에 "정치는 오고가도 행정은 남는다"는 말이 있다. 국가는 정권이 바뀌어도 외국과의 외교관계는 물론이고 국내행정에 있어서도 일관되게 법이 집행되고 정책이 관리되어야 한다. 국민에게 제공되어 온 서비스 또한 지속적으로 공급되어야 한다. 따라서 법·정책·서비스가 안정적이고 지속적으로 유지되어야 할 필요성은 민간부문보다 훨씬 강하다.

이러한 정치적 측면에서의 필요성은 정치발전이 이루어져 권력의 남용에 대한 우려가 사라지고 공직의 윤리성과 안정성이 확보된 민주사회에서는 줄어들 수

밖에 없다. 단순히 정치권력의 자의적인 인사로부터 공무원을 지키는 소극적 의미가 아니라 공직에서 보람을 찾고 생애의 직장으로 여길 수 있도록 직장생활의 질을 보장해 주는 적극적 의미에서의 신분보장을 인식해야 한다.

지나친 신분보장 혹은 고용보장은 거꾸로 행정의 효율성과 민주성을 저해한다는 비판도 가능하다. 실제로 범법이 없는 한 직위해제나 직권면직의 사례는 드문 편이다. 웬만한 비정상적인 행위는 법적 처벌을 받지 않고, 열심히 일을 않고 소극적으로 업무를 수행해도 고용보장이 됨으로써 공직사회가 침체될 수 있다. 극도의 저성과자에 대한 보호는 공익이란 차원에서 재검토할 필요가 있다.

3.2 법적인 보호

1) 정규직

공무원의 신분이 제대로 보장되기 위해서는 이에 대한 실질적인 법적 장치가 마련되어 있어야 한다. 이를 충족시키기 위해서는 공무원 신분의 변경과 소멸(뒤의 <표 16-1> 참조)시 그 사유가 법에 규정되어 있어야 한다. 이 경우에도 정당한 법적 절차를 준수하도록 함으로써 자의적인 신분조치를 막아야 하고, 불이익 처분의 법적 사유가 없는 경우에는 본인의 자유로운 의사에 따라 이루어져야 한다고 볼 수 있을 것이다.

- 법적 사유의 원칙

  공무원의 신분상 불이익은 법에 정한 이유가 있어야만 가능하도록 규정하는 것이다. 구체적으로 국가공무원법에 규정한 '형의 선고', '징계처분' 그리고 '이 법(국가공무원법)에 정하는 사유'가 법적 사유에 해당된다. '형의 선고'는 형사소송법에 근거하여야 하고, '징계처분'은 국가공무원법에 의거 적법한 절차를 거쳐 이루어진 징계 중에서 파면과 해임의 중징계를 의미한다. 국가공무원법은 형의 선고나 중징계 처분을 받은 경우 처분과 함께 공무원 신분이 자동적으로 상실되도록 정하고 있다. '이 법에 정하는 사유'란 국가공무원법에서 공무원 신분관계에 영향을 미치는 규정인 직권면직·휴직·강임·직위해제·정년·명예퇴직의 요건을 말한다.

– 적법절차의 준수

공무원에 대한 신분상의 불이익 처분은 그 처분이 이루어지기까지와 처분 후를 포함하여 법이 정한 정당한 절차를 준수하여야 한다. 특히 신분상 불이익이 큰 경우일수록 엄격한 절차준수가 요구된다. 적법절차의 준수야말로 자의적이고 부당한 불이익 처분으로부터 공무원을 보호할 수 있는 유용한 장치이다. 적법절차의 준수는 불이익 처분 대상자에게 자신을 방어할 충분한 기회를 부여하는 것이다.

국가공무원법은 당연퇴직이 이루어지는 파면·해임의 중징계의 경우 징계위원회의 의결을 거치도록 하고 있고 징계대상자에게는 자신을 해명할 수 있는 진술권을 부여하고 있다. 본인의 의사에 관계없이 이루어질 수 있는 직권면직의 경우에도 임용권자는 징계위원회의 의견이나 동의를 구하도록 규정함으로써 재량권 남용을 견제하고 있다.

– 자유의사의 원칙

불이익 처분의 법적 사유가 발생하지 않은 상태에서는 본인의 의사에 반하여 불이익 처분을 내릴 수 없음을 말한다. 따라서 본인이 자유의사로 휴직을 원하거나(청원휴직), 공무원관계를 소멸시키고자 사의를 표시하는 것은(의원면직) 얼마든지 허용된다. 다만 의원면직의 경우에 사의표시(사직원 제출)만으로는 공무원관계가 완전히 소멸되는 것이 아니고 임용권자가 면직처분을 내려야만 비로소 공무원 자격이 상실된다.[29] 한편 타인의 강요에 의해 제출된 사직원은 자유의사의 원칙에 위배되는 것으로 사직원을 수리하여 면직처분을 내린 것은 위법으로 판결함으로써,[30] 강압에 의한 신분상의 불이익 처분이 금지됨을 분명히 하고 있다.

2) 비정규직

직업공무원제에 부합자는 정규직 공무원에 대한 법적 신분보호는 명확한 편이다. 그러나 비정규직에 대한 신분보호를 어느 정도 해야 하느냐에 대한 문제가 있다. 여기서 계약직 공무원, 무기계약직 공무원, 시간제 근무 공무원 등 다양한 고용형태가 있다. 이러한 유형의 공직근로자에게도 어느 정도로 법적인 보호장치가 마련되어 있다. 이들 채용도 공개경쟁채용을 원칙으로 하고 있고, 일정기간 고용과 각종 권리를 보장하고 있다. 예컨대 근로계약서를 체결하여, 이에 근거한 고용관계를 유지해야 한다. 근로계약서에는 담당업무, 계약기간, 보수, 근무시간, 계약해지조건 등도 명시하도록 하여, 이들을 보호하고 있다.

3.3 신분보장에 대한 쟁점

공무원의 신분보장을 관리적 시각에서 볼 때 우수인재의 유치, 동기부여, 행정의 전문성과 능률성 측면에서 서로 대립되는 주장들이 제기되고 있다.

– 도전적 인재의 유치

신분보장은 분명히 민간부문의 신분불안을 고려하면 대단한 매력임에 분명하다. 더구나 보수측면에서 인재확보에 불리한 정부로서는 신분보장이야말로 이러한 불리를 보상할 수 있는 중요한 인사정책 수단일 수 있다. 그러나 위험을 감수하는 도전적 인재는 비록 신분의 불안이 존재하더라도 능력만큼의 시장가치를 인정받을 수 있는 민간부문을 선호하고, 비도전적인 인재들만이 정부부문을 차지할 가능성이 있다. 따라서 연공서열제와 통합되어 있는 신분보장제도는 오히려 능력 있고 도전적인 우수인력의 유입을 막는 결과를 가져올 수도 있다는 주장이 제기된다.

– 동기부여

신분보장은 동기부여의 수단이 될 수 있다. 마슬로우의 욕구5단계론이 암시하듯이 신분보장은 직장에서의 안전욕구가 강한 사람에게는 중요한 동기요인으로 작용할 수 있다. 그러나 공직에 들어 올 때 신분보장을 이미 고려하여 선택하게 되고 그러한 욕구나 기대가 공직의 진입과 함께 충족되는 것이기 때문에 이의 동기부여 효과가 공무원이 되고 난 후에도 지속적으로 나타날 수 있을지는 의문이다. 지나친 신분보장은 오히려 새로운 아이디어를 구상하는 창의성과 변화를 주도적으로 이끌어 나가는 진취성을 발휘하는 데 방해가 될 수 있다.

– 행정의 전문성과 능률성

엽관주의에서 정권이 바뀜에 따라 교체되는 공무원은 전문성을 갖추기 힘들다. 이에 비교한다면 신분보장은 공직의 입문부터 능력있는 사람만을 받아들이고 또한 공직경험에 의한 전문성을 키워나가는 데 유리한 장치임에 분명하다. 그러나 신분보장이 상대적으로 약한 민간의 전문성이 공무원보다 항상 약하다고 할 수는 없다. 신분보장이 약한 경우에 오히려 직장 내에서의 경쟁압력이 있고 직장을 그만두더라도 노동시장에서 자신의 가치를 높이기 위해 자신의 능력과 전문성 향상에 노력할 것이기 때문이다. 기술과 지식이 급속히 변화하는 현대에는 신분보장을 위한 폐쇄형보다는 개방형 충원방식에 따라 인력을 확보하는 것이 공직 전체의 전문성과 역량을 키우는 데 유리할 수도 있다. 물론 여기서의 전문성이란 해당 분야의 전문지식 등을 의미한다.

우리나라에서는 대부분의 공무원들에게 정치적 측면이나 법적 측면에서의 신분이 어느 정도 보장되어 있다. 단지 고위직의 경우, 정치적인 이유에서 사실상 강제로 자리를 물러나야 하는 경우가 아직도 존재한다.

거꾸로 지나친 신분보장은 5년단임제의 대통령제에서 대통령이 책임정치를 실현하기 위한 공무원의 동원과 관리를 어렵게 하는 현상이 나타나기도 한다. 개혁정책이 기존 공무원의 이득을 줄이는 결과를 초래하는 경우, 공무원들은 시간을 끌며 정권이 바뀔 때까지 기다리거나 관리차원에서의 조직적인 힘을 동원하여 정

치적 개혁노력을 무력화시키는 경우도 생각할 수 있다. 나아가서 관료적 병폐가 나타날 수 있다.[31]

그러나 신분보장 수준을 현재보다 약화시키는 것은 과거의 정치관행을 볼 때 부당한 인사권의 행사에 의해 공무원의 권익이 침해될 가능성이 있다. 또한 공무원의 보수가 민간부문에 비해 열악한 상황에서 공무원의 신분보장은 유능한 인재를 확보하는 데 중요한 요소일 수 있다. 그러나 업무성과가 극히 낮은 사람도 해고하지 못하는 지나친 신분보장에 의한 관리적 비효율성도 생각해야 한다. 따라서 관리적 측면에서는 형식적인 신분의 변경이나 소멸에 대한 관심이 아니라 공직에서 보람과 성취감을 실질적으로 느낄 수 있도록 삶의 질을 높이고 조직의 생산성을 높이는 데 관심을 가질 필요가 있다.

4. 소청 및 고충의 심사

고충심사와 소청심사의 청구는 피고용자인 공무원의 입장에서 정부의 인사결정이나 근무조건 또는 징계수준이 본인이 생각한 것과 차이가 있을 때 이의 시정을 정부에 요구하는 것이다. 공무원이 행위의 주체라는 점에서 징계와 대비된다([그림 12-3]).

4.1 소청심사청구

1) 의 의

공무원에게 내려진 징계처분이나 신분상의 불이익 처분이 한번 결정으로 최종 확정된다면 어떠할까? 비록 처분결정이 내려지기까지 정당한 법적 절차를 모두 밟았다 하더라도 결과에 승복하지 않는 경우는 있기 마련이다. 특히 직권면직 등

그림 12-3 징계와 소청·고충심사의 대비

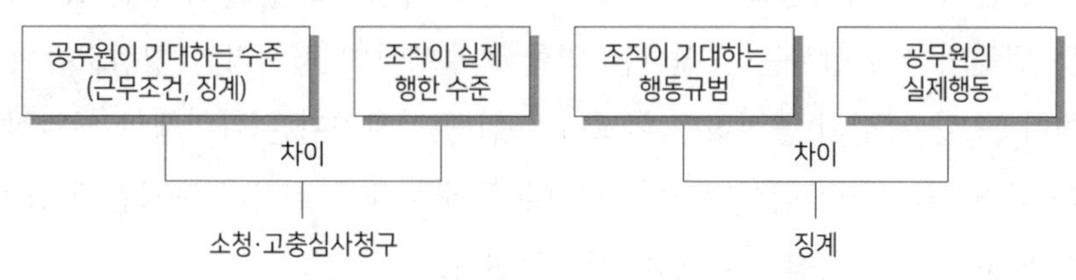

공무원의 신분을 상실시키는 처분의 경우에는 더욱 그렇다.

소청제기를 하는 데에는 공무원의 이기심도 작용하겠지만 처분 자체가 정치권의 영향이나 여론의 영향을 받아 졸속·부당하게 이루어지는 경우도 무시할 수 없다. 어느 경우이든 불이익 처분이 부당하다고 생각하는 공무원에게 자신을 방어할 수 있는 기회와 처벌이 사실에 의거 적정하게 내려진 것인지를 심사받을 수 있는 기회를 부여하는 것은 일반국민이 법에 의해 정당한 재판을 받을 권리가 있는 것처럼 공무원의 당연한 권리라 할 수 있다.

소청심사청구(권)는 징계처분(파면·해임·정직·감봉·견책), 징계부가금*과 본인이 원하지 않은 신분상 불이익(강임·휴직·직위해제·면직·전보·계고·경고) 처분, 그리고 행정청이 상당한 기간내 처분할 법률적 의무가 있음에도 불구하고 처분하지 않는 경우(예, 복직청구)가 대상이 된다. 이런 처분 또는 부작위에 대하여 그 적법타당성 여부를 심사·결정하여 줄 것을 중립적이고 독립적인 소청심사기관에 구하는 행위 내지 권리이다.

소청심사는 중대한 불이익 처분이 심사청구 대상이라면 고충심사는 인사·조직·처우 등 각종 직무조건과 기타 신상문제에 대하여 본인이 느끼는 불만이나 애로사항을 청구대상으로 한다는 점이 다르다. 또한 소청심사는 본인에게 직접적이고 구체적인 이익의 침해가 있어야 가능하지만 고충심사는 구체적 불이익이 아닌

* 징계부과금은 금품 관련 비리가 있을 때 징계처분에 대하여 관련 금품수수액의 5배 이내에 해당하는 금액을 부가함으로써 실효성을 높이는 것.

추상적·심리적 상태에서의 불만으로도 청구가 가능하다. 따라서 소청심사를 관장하는 기관은 높은 독립성을 보장받아야 하며 준사법적 기능을 수행한다. 즉, 소청심사는 법원의 사법심사를 대신하는 역할을 수행하며 공식적인 행정소송의 선심절차이다. 또한 결정의 공정성을 확보하기 위해 심사기관은 합의제의 위원회 조직형태를 갖게 된다. 고충심사의 경우에도 위원회 형태를 취하긴 하지만 독립성이나 공정성의 요구가 소청심사에 미치지는 못한다.

소청심사의 청구는 다음과 같은 효과가 기대된다. 행정부가 결정한 불이익처분을 법원에서 심사하기 이전에 행정부 내에서 다시 한번 점검함으로써 자기통제 내지 자기감독의 효과를 가져올 수 있으며, 부당한 인사상의 처분을 취소 또는 변경시켜 줌으로써 공무원의 신분을 보다 강하게 보장하여 공무원의 권익을 증진시킬 수 있다. 그리고 잘못 결정된 불이익 처분은 심사과정을 통해 구제되기 때문에 처분결정을 보다 신중하고 정확하게 내리도록 유도할 수 있을 뿐만 아니라 사법부의 재판부담을 덜어 주는 효과가 있을 수 있다.

2) 제도적 장치

우리나라에서는 국가공무원법 제정 당시인 1949년에는 소청심사제도를 두지 않았고 1963년 제4차 개정에서 처음 이 제도를 도입하여 심사기관으로 소청심사위원회를 설치하였다.* 공무원의 권익보장은 소청심사위원회의 중립적이고 공정한 심사에 직접적인 영향을 받는다. 현재 위원회는 합의성과 독립성을 보장하기 위하여 위원장(차관급)을 포함한 5인의 상임위원과 7명의 비상임위원으로 구성되어 있고 위원임기는 3년으로 신분보장이 되어 있다.

소청심사는 구제를 원하는 공무원이 심사를 청구하면서 시작된다. 이미 신분보장에서 언급하였듯이 징계처분이나 본인의 의사에 반하는 불이익 처분의 경우에 처분사유설명서를 본인에게 교부하도록 하고 있는데 이 설명서를 교부받은 날로부터 30일 이내에 관련 공무원은 소청심사를 청구하여야 한다. 심사청구를 접수한 뒤부터는 소청심사위원회의 소관으로 맨 먼저 피소청인에게 사실을 통보하

---

* 각 시도에는 지방공무원 소청심사위원회가 있어 6 급 이하 지방공무원의 소청을 담당하고 있다.

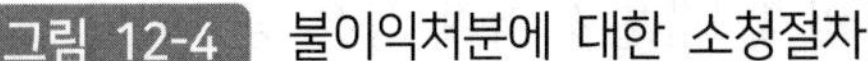
그림 12-4 불이익처분에 대한 소청절차

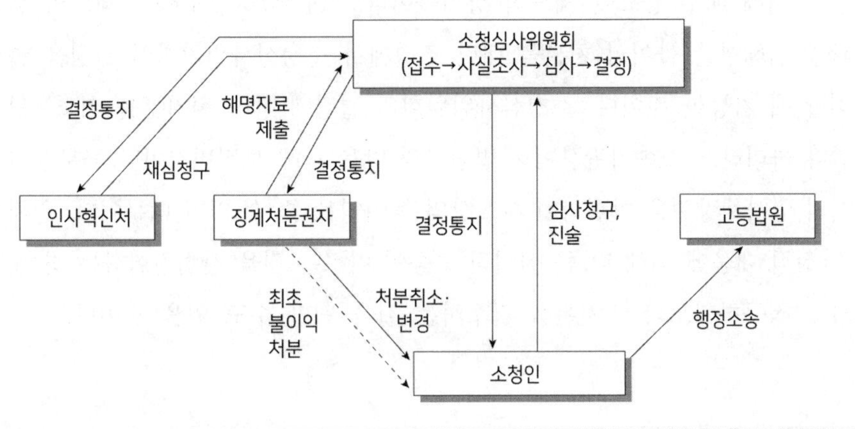

고 소명자료를 요구한다. 위원회는 필요시 사실조사를 실시하게 되며 이 때 전문가의 도움을 구할 수 있다. 이렇게 준비된 심사자료를 토대로 심사를 실시하게 된다. 심사과정에서는 소청당사자(소청인과 피소청인)에게 진술의 기회를 주어야 하고 필요시 구두로 심문할 수도 있다. 위원회의 최종결정이 내려지면 소청당사자와 장관에게 결정서를 송부한다. 위원회의 결정은 기속력을 가져 불이익 처분을 내린 처분권자에게 결정이행의 의무를 부과한다. 위원회의 결정에 대하여 인사혁신처장인이 부당하다고 인정할 때에는 재심을 소청심사위원회에 요구할 수 있고, 소청인이 결정에 불복하는 경우에는 행정소송을 제기할 수 있다([그림 12-4]).

불이익 처분이 내려지고 이의 구제에 대한 결정이 이루어지기까지는 길게 120일(청구기간 30일, 결정기한 60일, 예외적 연장가능기간 30일)의 시간이 소요된다.* 특히 파면·해임의 중징계 처분이나 직권면직의 경우에는 당장에 결원이 생겨 장기간 이 상태가 지속되면 업무의 안정성과 계속성 유지에 지장을 초래하게 된다. 그렇다고 곧바로 후임자를 보충하는 것도 원래의 처분이 취소되었을 때를 생각하면 공무원의 권익을 중대하게 침해할 소지가 있다.

---

* 실제로는 징계의결이 요구 중인 자에 대하여 직위해제를 시킬 수 있기 때문에 업무의 공백기간은 이보다 길어질 수 있다.

소청심사위원회의 구성, 심사절차, 후임자보충발령 유예 등은 공무원의 권익 보장을 위해 매우 중요한 제도적 장치들이다. 그럼에도 불구하고 제도의 실질적 효과를 위해서는 불이익 처분을 내린 조직에서 소청심사위원회의 결정을 충실히 이행할 때 가능한 것이다. 소청심사위원회의 결정에 따라 원처분을 취소 또는 변경한다 하더라도 소속기관장이 사법심사의 망을 피해 보직변경이나 근무성적평정에서의 인사재량권을 발휘하여 사실상의 불이익을 줄 수 있기 때문이다. 원처분자의 감정적 대응에 의해 더 큰 심리적 고통이 따르는 것을 간접경험하는 경우 소청심사를 청구하기보다 원처분을 감수하는 길을 택할 수도 있을 것이다.

4.2 고충심사청구

1) 대상과 범위

공무원이 직장생활에 관련된 제문제에서 어떤 불만이나 애로사항을 가지고 있다면 정부로서는 이러한 불만을 심사하고 해결할 공정하고도 신속한 제도를 갖출 필요가 있다. 고충처리제도는 직속상관이나 기관장을 통한 비공식적인 불만·고충해결이 아니라 제3의 위원회를 구성하여 보다 중립적 위치에서 문제를 처리하는 공식적인 제도이다.

공식적인 고충처리제도는 고충심사의 대상에 대한 범위와 공정한 처리를 위한 절차문제에 초점을 두고 검토해야 한다. 범위문제는 좁게 직장생활에 관한 것으로 국한하는 경우와 넓게 징계처분을 포함하는 경우가 있다. 일반적으로는 징계의 경우 법적 사유에 의거하고 신분상의 불이익을 수반하는 것이어서 구제절차도 고충처리보다 훨씬 엄격하게 관리하고 있다. 이에 반해 고충처리는 조직구성원으로 가지는 일반적인 불만을 대상으로 한다. 불만의 대상은 매우 광범위하게 인정한다. 어떠한 불만이라도 마음 속에 품고 있게 하기보다 이를 표명하도록 하여 해소책을 찾는 것이 조직관리차원에서 훨씬 생산적일 수 있기 때문이다. 대표적인 예를 열거해 본다면, 보수·근무시간·휴가·업무량·시설안전·후생복지 등의 근무조건(승진·전보·교육훈련·근무성적평정·상훈 등의 인사조치), 그리고 성별이나 종교에 의한 차별, 직장 내 성희롱 등 신상과 관련하여 가지게 되는 불만을 들 수 있다. 보다 구체적으로 동료에 비해 과중한 업무를 부담하고 있다거나, 정실에 의해 본인이 승진에서 탈락하였다거나, 성희롱을 당하는 경우 이의 시정을 요구할 수 있다. 고충처리는 청구자와 심사자가 있어야 가능하기 때문에 단순히 불만을 가지고 있는 상태가 아니라 어떤 형태로든 청구자의 불만이 제기되어 심사자에게 전달되어야 가능하다. 고충심사청구자의 범위로는 공무원 신분이면 누구나 포함시키게 된다.

2) 고충처리기관 및 절차

고충처리는 심사청구자가 소속된 기관 내에서 해결하는 경우와 기관 외의 중립기구에서 해결하는 경우가 있다. 기관 내 처리는 청구자의 직속상관을 포함하여 소속기관 내의 지휘체계 내에서 비공식적으로 불만을 자체 해결하는 것이다. 불만을 기관내부에서 자율적으로 해결할 수만 있다면 가장 이상적이라 할 수 있다. 상하간의 의사전달이 신속하게 이루어질 수 있는 장점이 있다. 더구나 만족스러운 해결방안을 찾게 된다면 갈등관계에 놓이기 쉬운 불만표시가 오히려 조직의 활력을 제공하는 역할을 할 수 있다.

만약 자체적으로 불만을 해결하지 못한 상태에서는 객관적 위치에서 문제를 접근할 수 있는 외부기관에 의존하여야 한다. 고충처리제도라 할 때에는 외부의 고충전담기관에서 법에 정한 구제절차를 말한다.* 정부는 중앙인사기관에 중앙고충심사위원회를 두고, 시·도와 행정기관별로 고충심사를 담당하는 기관을 설치하고 있다.

고충심사청구는 쟁송이 아니기 때문에 어느 때나 위원회 설치기관의 장에게

* 우리나라 고충처리제도는 순수한 의미의 고충처리와 인사상담을 통합시킨 상태이다. 청구해 온 고충내용이 주로 개인적인 신상문제로서 비밀보장이 중요하다고 판단할 경우에는 외부의 고충처리위원회에서 심사토록 하는 것이 아니라 기관 내의 소속공무원 1 인을 지명하여 상담에 응하도록 하고 있다. 이것은 민원고충처리(ombudsman)과 다르다. 민원고충처리는 국민이 행정기관으로 받은 부당한 처분과 대우에 대해 시정을 요구하는 제도이다.

그림 12-5 고충심사청구 및 처리절차

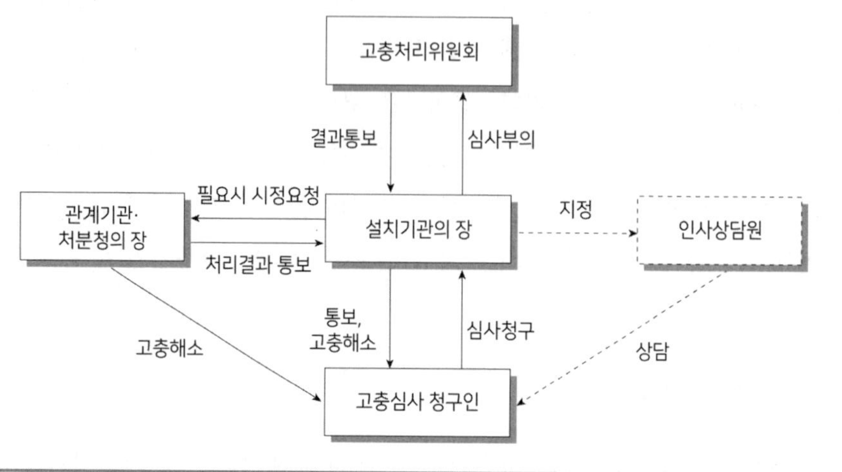

신청이 가능하다. 온라인, 팩스, 방문, 우편, 문서 등 다양한 방법으로 청구가 가능하다. 고충심사설치기관의 설치기관의 장은 접수된 고충의 내용이 개인적 신상의 문제로서 비밀유지가 요구된다고 판단될 때에는 소속공무원 중 1인을 지정하여 상담하게 한다(인사상담). 기타의 경우에는 고충처리위원회에 심사를 부의하도록 하고 있다. 고충심사위원회는 고충심사청구서를 접수한 날로부터 30일 이내에 이를 심사·결정하여 설치기관의 장에게 통보한다. 설치기관의 장은 필요시 직접 고충을 처리하거나 아니면 청구인에게 결과를 통보하고 관계기관 또는 처분청의 장에게 고충해소를 위한 조치를 요청하게 된다([그림 12－5]) 참조).

우리나라의 경우에는 1981년에 공식적인 고충심사제도를 처음 도입하였다. 그럼에도 불구하고 기관장의 인식부족과 불만을 가진 공무원 또한 이 제도의 활용을 꺼리는 문화가 있다. 특히 불만이 있으면 이에 대하여 조용한 해결방법을 강구하지 않고, 제도에 의지하여 공식화하는 경우 상관은 이를 자신의 지위에 대한 도전으로 받아들일 수 있고 감정적인 대립관계로 발전하기 쉽다.

東西古今公私

공무원 표현의 자유 옥죄는 공무원법

공무원 조직 안에서 '부정의'에 저항한다는 건 밥줄을 내놓는 일이다. 왜 그럴까. 위계를 강조하는 문화 탓도 있겠지만 공무원의 의사표현 행위를 품위유지 의무니 집단행동 금지니 정치활동 금지니 여러 법 조항에서 징계 대상으로 규정한 현실도 문제다. 그간 조직의 문제점을 제기한 공무원들이 숱하게 징계와 처벌을 받아왔다. 2011년에 있었던 국가인권위원회 공무원 집단 징계 사건이 전형적인 사례다. 당시 국가인권위는 인권옹호 기관으로서의 역할과 독립성의 위축에 관한 국내외 우려가 컸던데다 장기근속 직원의 갑작스러운 계약 연장 거부로 직원들의 항의를 받고 있었다. 국가인권위원회 공무원 12명이 인권위 개혁을 요구하며 하루에 한 사람씩 점심시간에 건물 앞에서 1인시위를 하고 온라인에 기고하였다.

이들은 모두 징계를 받았다. 사유는 집단행위 금지 위반과 품위유지 의무 위반이었다. 소송이 제기되자 1심, 2심 법원은 모두 징계가 위법하지 않다고 했다. 뒷사람이 앞사람을 따라서 했어도 '공모'한 것이고 집단행위라는 것이며, 공무원이 조직의 문제를 외부에 알리는 것은 해당 공무원 조직이 문제가 있는 것처럼 국민에게 보일 수 있으니 품위를 위반한 것이라는 것이다. 그간 법원의 전형적 태도였다. 이런 논리라면 공무원은 조직에 어떤 문제가 있어도, 어떤 위법한 일이 진행되어도 그저 시키는 대로만 해야 한다.

최근 위 사건에 대해 대법원의 파기환송 판결(2014두8469)이 있었다. 대법원은 릴레이 1인시위나 언론 기고는 후행자가 선행자에 동조하여 동일한 형태의 행위를 한 것에 불과하기 때문에 '집단행위'가 아니고, 동료 직원에 대한 계약 연장 거부의 부당성을 항의한 것을 공익에 반하는 목적이라고 볼 수 없다고 판단했다. 또 점심시간을 활용하여 1인시위를 한 것을 가지고 직무를 게을리하는 등 직무전념 의무를 어겼다고 보기 어렵다고 했다. 당연한 얘기인데 과거 법원은 그렇게 판단하지 않았다. 전교조 교사 시국선언에 서명하여 참여한 교사들을 집단행위 금지 위반이라고 징계하고 형사처벌까지 했었다. 이번 판결은 집단행위 금지를 좀 더 엄격하게 해석했다는 점에서 의미가 있다.

출처: 한겨레, 2017.4.25. [밥&법] 동네변호사가 간다 일부 발췌.

12 참/고/문/헌

1) 임도빈, 「행정학」, 박영사, 2018, p. 395.

2) Stenven W. Hays and T. Zane Reeves, *Personnel Management in the Public Sector*, Dubuque, Iowa: Wm. C. Brown Publishers, 1989, p. 478.

3) 서원석, 「ILO회원국의 공무원 단체활동 비교연구」 한국행정연구원, 1994, pp. 12－14.

4) Svara, J. H. (2006), Neutral Competence and Political Responsiveness: An Uneasy relationship, *The Policy Studies Journal*, Vol. 33, N. 2.

5) 임도빈, 「비교행정학」, 박영사, 2016.

6) 박동서, 정치적 중립, 행정학회 온라인 행정학사전, 2000.

7) 대법원 2018. 5. 11. 선고. 2018도4078 판결.

8) 최동훈, 「정치적 중립인식이 직무불만족 반응에 미치는 조절효과에 관한 연구」, 서울대 행정학 박사학위 논문, 2014.

9) 오석홍, 「인사행정론」, 2000, pp. 618－619.

10) 국가공무원법 제3조 단서.

11) 임도빈, 「비교행정학」, 박영사, 2016.

12) 윤견수·정민경·김영은, “지방공무원의 전문성에 대한 연구: 정치화와 계급제 기반 관료제를 중심으로, 정부학연구, 26(1): 131－160, 2020.

13) 이진수, 정무직 공무원의 책무성에 관한 공법적 고찰, 「한국행정연구」, 제38권 제3호, 2021.

14) 임도빈, 영혼‘있’는 공무원을 위하여: 공익적 관점에서의 정치적 중립. 「한국행정학보」, 54(2): 33－58, 2020.

15) 조선일보, 2002. 9. 12.

16) 성중탁: ‘공무원 신분에 따른 기본권 제한의 문제점과 개선방안’ 「법학논교」 69: 33－61.

17) 권영성, 「헌법학원론」, 법문사, 2010, p. 400.

18) 상게서, pp. 402－403.

19) 윤수영, “4차 산업 혁명 시대의 소비자 데이터 주권에 대한 고찰: EU GDPR을 중심으로,” 「소비자학연구」 29(5): 93－115, 2018.

20) Berman, E. M. et al., Human Resource Management in Public Service, sage, 2016, pp. 451－ff.

21) 국제노동법연구원, 공무원노사관계 정책·제도 국제비교 연구, 노동부, 2007, p. 50.

22) 박천오·권경득·권용수·조경호·조성한·최성주, 「인사행정론」, 법문사, 2016.

23) David. Osborne and Ted Gaebler, *Reinventing Government*, Reading, MA: Addison-Wesley, 1992.

24) 조성일, (2020), 공무원 노동조합과 공무원 직장협의회의 상호보완에 관한 연구, 동국대 박사학위논문; 김상광·윤광석, "공무원직장협의회 활성화 방안 연구," 「한국행정연구」 31(4): 159-183, 2022.

25) Olson, Mancur(1971). *The Logic of Collective Action: Public Goods and the Theory of Groups*, 2nd ed., Harvard University Press.

26) 이런 게임의 내용은 Schelling, Thomas C.(1980). *The Strategy of Conflict(Reprint, illustrated and revised*, 2ed.. Harvard University Press를 참조.

27) O. Glenn Stahl, *Public Personnel Administration*, 8th ed., Cambridge: Harper & Row, 1983, pp. 430-443.

28) 헌재결 1993. 3. 11. 「88헌마5」, 헌판집 5권 1집, p. 59[71].

29) 대법원 1971. 3. 23. 선고 71누7 판결.

30) 대법원 1974. 12. 10. 선고 74누89 판결.

31) 임도빈, 「행정학」, 박영사, 2018, p. 419.

Personnel Administration

PART 6
인적자원의 평가

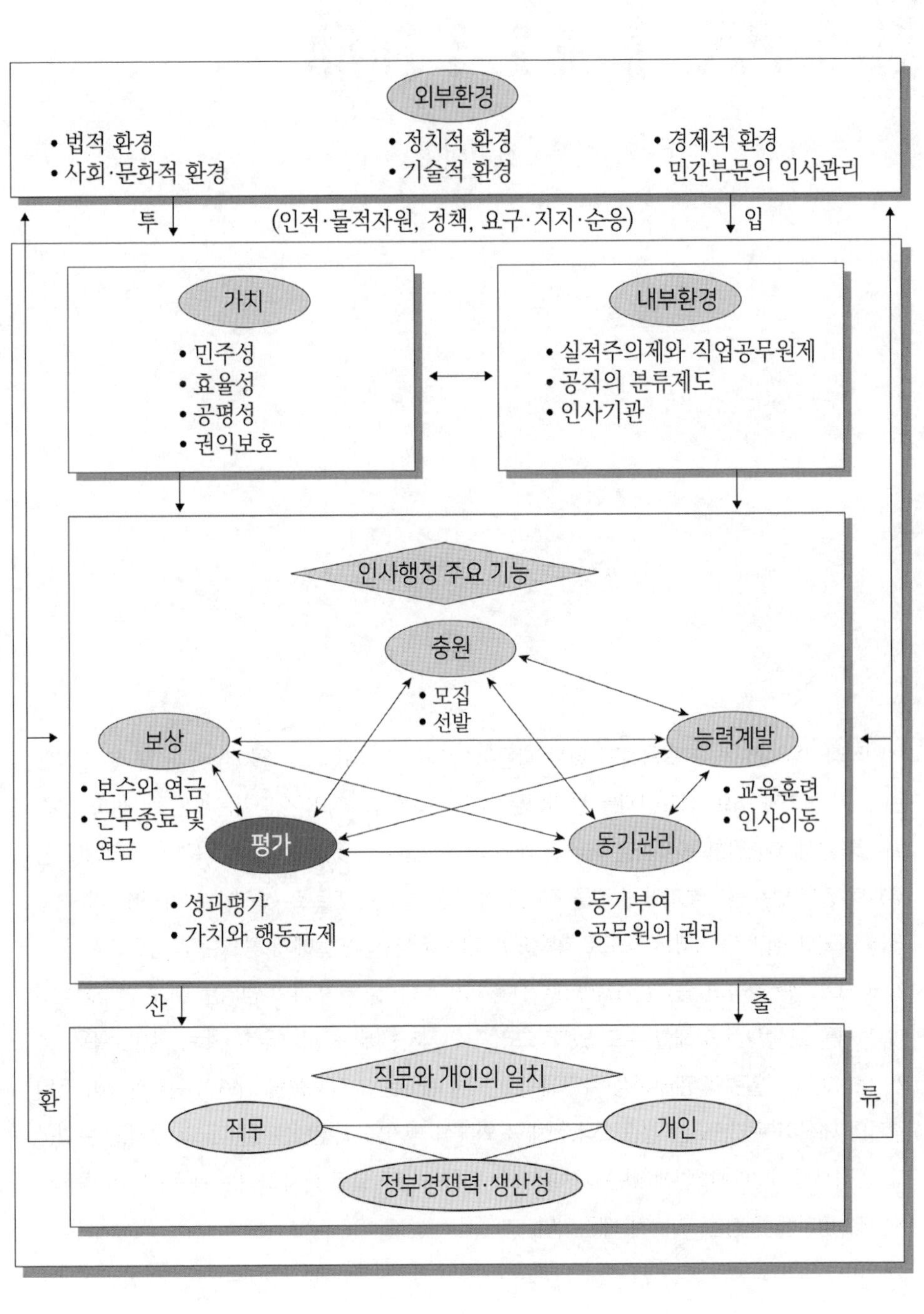
외부환경
• 법적 환경
• 사회·문화적 환경
• 정치적 환경
• 기술적 환경
• 경제적 환경
• 민간부문의 인사관리
투
(인적·물적자원, 정책, 요구·지지·순응)
입
가치
• 민주성
• 효율성
• 공평성
• 권익보호
내부환경
• 실적주의제와 직업공무원제
• 공직의 분류제도
• 인사기관
인사행정 주요 기능
충원
• 모집
• 선발
보상
• 보수와 연금
• 근무종료 및 연금
능력계발
• 교육훈련
• 인사이동
평가
• 성과평가
• 가치와 행동규제
동기관리
• 동기부여
• 공무원의 권리
산
출
직무와 개인의 일치
직무
개인
정부경쟁력·생산성
환
류

Personnel Administration

인적자원을 유지하고 활용하기 위한 활동이 끝나면 그 다음으로 얼마나 직무를 잘 수행했는가, 즉 성과가 어느 정도인지를 평가하는 것이 순서이다. 이러한 평가는 단순히 성과급, 즉 보수를 결정하기 위한 목적뿐만 아니라 개인의 발전을 위한 중요한 정보가 된다. 이외에도 공무원의 경우에는 평가결과가 승진을 결정하기 위한 중요한 자료로 쓰이게 된다. 평가가 어떻게 측정되고 결과가 어떠한 용도로 활용되는지는 조직구성원들에게 중요한 학습효과를 일으키게 되고 행동결정의 중요한 요인으로 작용하게 된다. 물론 평가의 범위는 넓게 인사행정체제 전체를 포함시켜 이해할 수도 있다. 그러나 인적자원에 초점을 두고 확보, 계발, 활용, 평가, 보상이라는 일련의 관리과정 측면에서 이해할 때에는 조직구성원 개인의 근무실적이 주된 평가의 대상이 된다. 또한 공공조직 전체의 외부적 평가를 좌우하는 공무원의 윤리를 논의한다. 인적자원 개인의 내면에 있는 가치문제와 이를 외부적으로 통제하려는 행동규범이 공직의 전반적 평가에 영향을 미치기 때문이다.

CHAPTER 13

성과평가

1. 개 념

우리는 끊임없이 남을 평가하고, 또한 평가받는다. 이런 평가는 때로 소문과 함께 부풀려져 객관적 사실에 대한 진실성이 왜곡되고, 개인의 능력보다는 감정이 개입된 인간 됨됨이에 대한 것들로 단순히 호기심 수준을 벗어나지 못하는 경우도 많다. 공무원의 성과평가는 이러한 비공식적인 평가와는 달리 개별 공무원의 실제 성과(performance)를 공식적으로 평가하는 것이다. 성과평가는 또한 사람을 평가의 대상으로 한다는 점에서 직무의 가치를 평가하는 직무평가와 구분된다. 다만 사람을 대상으로 하지만 직무수행과 관련된 요소만이 평가되어야 하기 때문에 직무와는 불가분의 관계를 가지고 있다. 즉 직무평가를 통해 평가기준이 제시되면 근무성과평정을 통해 그 성공도를 평가하게 된다. 우리나라는 4급 이상 공무원에 적용되는 성과계약 등 평가와 5급 이하 공무원에 적용되는 근무성적평가로 2원화되어 있다.

1.1 목 적

성과평가는 여러 가지 목적으로 사용되는데, 이를 설명의 편의상 조직차원과 개인차원으로 구분한다. 우선 조직차원에서 보면, 조직 전체의 효과성 향상을 위한 도구로 활용될 수 있다.

첫째, 근무성과평가는 시험성적과의 상관관계를 조사함으로써 시험의 (기준) 타당성을 검증할 수 있다. 선발시험에서 우수한 성적을 기록한 사람이 과연 근무성적도 우수하게 나타났는지를 연관시켜 봄으로써 타당성 측면에서 시험의 유용성을 검토할 수 있다.

둘째, 근무성과평가의 결과를 종합하여 조직의 문제점을 진단할 수 있다. 즉 현재 인력의 부족한 지식, 기술, 능력이 무엇인지를 파악함으로써 교육훈련 수요를 예측하고 채용분야를 진단하는 등의 인력계획에 필수적인 정보를 제공한다.

셋째, 직무평가나 직무설계를 위한 정보를 제공한다. 직무수행실적이 좋지 않을 때 그 원인이 개인의 능력이나 노력의 부족에 있다고 보는 것이 일반적이나, 때로는 개인의 업무부담이나 책임이 지나치게 많은 경우일 수도 있다. 평정의 결과 특정 직위의 점직자가 능력이 있고 최선을 다하는 데도 실적이 계속 낮게 나타나는 것이 확인되면, 평정의 내용은 직무를 새로이 평가하고 설계하는 데 유용한 자료가 될 것이다.

넷째, 근무성과평가를 개인의 승진, 승급, 징계 등의 상벌결정 등 인사조치의 기준으로 이용하는 것이다. 이는 전통적 통제중심의 인사행정에서 가장 흔하게 이용하여 왔다. 자의적인 결정을 피하고 객관적 기준을 확보하기 위한 노력으로 보여진다. 신분이 보장되어 있는 공무원의 경우 징계보다는 오히려 승진의 기준으로 사용되는 것이 일반적이다. 이에 대해 현재의 직무수행 정도가 과연 장래의 잠재적 능력까지를 평정할 수 있는 것인가에 대한 비판도 가능하다.

한편, 개인차원에서는 근무평가를 공무원 개인의 능력발전을 위한 목적으로 사용된다. 인간의 성장을 강조해 온 후기 인간관계론과 함께 중요시되기 시작하였다. 즉, 상벌의 통제수단이 아니라, 본인의 뛰어난 점과 부족한 점을 발견하여 평

정상담을 해줌으로써 스스로 능력과 적성을 적극 발전시켜 나갈 수 있도록 해야 한다.[1)]

Maslow의 자기실현(성취) 욕구를 강하게 가진 사람에게는 단순히 개인의 목표달성도를 가르쳐 줌으로써 일에 대한 동기를 스스로 유발시킬 수도 있다.[2)] 또한 이들 정보는 개인의 능력과 적성에 맞는 적재적소의 인사배치 및 개인의 필요에 적합한 교육훈련의 기회를 제공함으로써 공무원 개인의 경력발전에 도움을 줄 수 있다.

현재 우리나라에서는 근무성적평정과 성과평가를 승진 및 징계* 결정에 사용하고 있는데, 직무수행에 관한 중요한 정보를 개인의 능력발전을 위해 적극 활용할 수 있도록 관심을 기울여야 할 것이다. 이를 위해서는 물론 평정자와 평정대상자간에 원활한 의사소통이 이루어질 수 있는 조직문화 내지 인간관계가 형성되어야 한다.

1.2 체제모형 구성

대부분 평가결과에 만족하지 못하고 사람들의 불평은 조직의 분위기를 해친다. 평정이 사람에 의하여 이루어지기 때문에 평가자의 주관이 개입하여 공정한 평정이 어렵다는 점과 평정상의 오류가 발생하여 평정의 타당성과 신뢰성을 확보하기 힘들다는 문제점을 안고 있다.

이러한 단점을 최소화하기 위해서는 어떻게 하면 평가자 개인의 선호도나 감정 또는 직관의 작용을 최소화하고 객관적이며 합리적인 성과평가체제를 만들 것인가가 중요한 과제가 된다. 이를 위해 우리가 검토해야 할 주제는 성과평가가 갖추어야 할 요건, 평가체제의 개발 및 운영, 그리고 평가의 방법 등이다.

[그림 13－1]은 성과평가의 역할과 다루어야 할 주요 주제를 나타낸 것이다.

---

* 국가공무원법 제73조의2에는 직위해제의 요건으로'근무성적이 부족하거나 근무성적이 극히 불량한 자'를 포함시키고 있다. 직위해제되어 대기상태에 있는 기간중에도 능력 또는 근무성적의 향상을 기대하기 힘든 경우에는 직권면직의 사유가 된다.

그림 13-1 성과평가체제

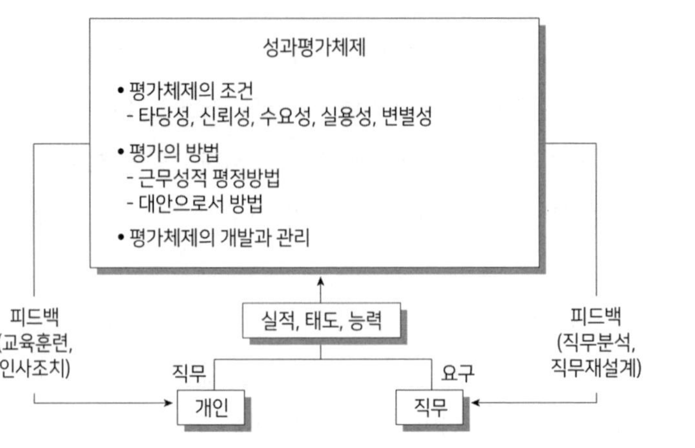

또한 근무성적 평정결과가 개인의 능력발전과 인사조치의 기준으로 피드백되고, 직무에 어떤 문제점이 있을 경우에는 새로운 직무설계나 인사조치 등을 위해 피드백된다는 점을 보여 주고 있다.

2. 성과평가의 조건

성과평가체제가 바람직한 역할을 하기 위해서는 기본적으로 갖추어야 할 조건들이 있다. 근무성적평정이나 4급 이상에게 적용되는 평가도 근무성과를 평가하는 하나의 측정도구이기 때문에 시험에서 설명한 바와 마찬가지로 타당성과 신뢰성 그리고 변별력을 갖추어야 한다. 나아가 실제 적용하는 과정에서 수용성과 실용성을 요구한다. 이하에서 설명하는 내용은 인적자원의 충원에서 다룬 시험의 요건과 일맥상통한다.

2.1 타당성

직무수행실적이 우수한 사람을 실제로 우수하게 평정할 수 있는가? 이 요건을 충족시키기 위해서는 평가요소가 조직의 목표를 달성하는 데 직접적인 관련성을 가진 것이어야 한다. 만약 목표달성과 상관성이 없는 요소가 포함되면 실제 조직에 기여하는 사람을 우수하게 평가할 수 없기 때문이다. 예컨대 관련 직무에 대한 전문지식을 갖춘 전문가들의 판단을 근거로 내용타당성(Content Validity)을 확보할 수 있다. 또한 평가요소가 구체적인 행동으로 명확하게 기술되어 있을수록 평정자와 주관적 판단이 적게 개입되기 때문에 타당성을 높일 수 있다.

평가체제의 타당성은 평가방법의 운영과정에서도 확보되어야 한다. 즉, 1인이 평가하기보다는 다수가 평정함으로써 정실이나 개인적 편견에 의한 부당한 평가를 줄일 수 있다. 특히 연쇄효과나 근접효과 등에 의한 오류는 평가의 타당성에 중대한 위협요소가 된다.

2.2 신뢰성

시험의 경우와 마찬가지로 종적 일관성과 횡적 일관성으로 구분하여 이해할 수 있다. 전자는 시차를 두어 한 평정자가 동일 평정대상자를 여러 번 평정하였을 때 각 평정간 안정성을 유지함을 말한다. 그러나 근무평정에서 이 주장은 위험성을 내포하고 있다. 시차기간 동안 실제로 평정대상자에게 바람직하든 바람직하지 않든 어떤 실적의 변화가 생길 수 있기 때문이다. 따라서 근무성적평정에서의 신뢰성은 동시적 일관성을 의미한다. 일관성은 두 사람 이상이 독립적으로 행한 평정결과를 비교하는 것으로 평정의 객관성과 유사한 개념으로 이해할 수 있다. 따라서 평정의 신뢰성을 높이려면 평정자의 주관적·자의적 요소가 평정에 개입하는 것을 방지하여야 한다.

신뢰성에서 또 하나 확보되어야 할 것이 내적 일관성이다. 근무실적의 어느 한 측면을 측정하기 위하여 다수의 측정항목들을 포함시킬 때 이들 항목이 모두 동일한 속성을 가져야 함을 의미한다. 예컨대 협조성을 측정하는 항목들 속에 창의성에 관한 항목이 포함되어서는 아니 된다.

2.3 변별력

평정체제는 탁월한 사람과 무능한 사람을 뚜렷하게 구분할 수 있는 변별력을 갖추어야 한다. 만약 이러한 구분이 불가능하다면, 열심히 일해 탁월한 실적을 올린 사람이 의욕적으로 직무수행에 임하려는 동기가 더 이상 유발되지 않을 것이다. 우리나라와 같이 평정결과를 승진의 기준으로 사용하는 경우에는 특히 개인간 차별을 두어야 하기 때문에 평정의 변별력은 더욱 중요한 요건이 된다. 인정상 모두에게 좋은 점수를 주는 관대화 경향이나 적당히 중간점수를 많이 주는 집중화 경향이 변별력을 낮추는 요인이다. 고위공무원단의 경우 관대화 경향지수를 산출하여 관리하고 있다.

관대화 경향지수 산식

- (평가등급 평균)^2−(평가등급분산)

$$=\left(\frac{1}{n}\sum_{i=1}^{n}X_i\right)^2-\frac{1}{n}\sum_{i=1}^{n}\left(X_i-\frac{1}{n}\sum_{i=1}^{n}X_i\right)^2 \;\frac{\geq}{<}\; 16$$

단, =평가등급 점수(매우 우수=5, 우수=4, 보통=3, 미흡=2, 매우 미흡=1)

- 괸대화 경향 판단기준: $\mathcal{L} \geq 16$이면 관대화 경향이 있나고 판난
  $\mathcal{L} < 16$이면 관대화 경향이 없다고 판단

출처: 공무원 성과평가 등에 관한 지침.

한편 평정결과를 개인의 능력발전을 위한 정보제공 목적으로 사용하는 경우에는 개인간 평정의 식별력이 문제가 아니라, 평정대상자 개인의 구체적 평정요소

간에 변별력이 요구된다. 평정대상자가 탁월한 실적을 보여 주고 능력을 보유한 것으로 평정된 평정요소와 그렇지 못한 평정요소가 뚜렷하게 구분되어야 개인에게 유용한 정보를 피드백시켜 줄 수 있는 것이다. 이러한 측면에서 보면 연쇄효과는 가장 경계해야 할 평정상의 오류이다.

2.4 수용성

성과평가는 행정조직의 관리수단이며 공무원 개인의 자기계발이 목적이다. 따라서 이를 실제로 운영하는 계선조직 내 감독자(평정자)들의 지지와 평정대상자의 이해가 있어야 한다. 유용한 평정체제는 평정자가 평정의 중요성을 인식하고 평정결과를 평정대상자의 능력발전과 조직의 목표달성을 위해 활용할 수 있도록 유인할 수 있어야 한다. 평정대상자의 입장에서 수용성이란 평정체제를 적극적으로 받아들이고 평가에서 좋은 점수를 받기 위해 열심히 일할 동기가 유발되는 것을 의미한다.

이러한 동기유발을 위해서는 우선적으로 앞의 세 요건이 중요하게 작용한다. 타당성, 신뢰성, 식별력을 갖추어 평정결과가 개인의 능력발전이나 인사관리의 객관적 기준으로 활용될 때, 평정대상자의 평정에 대한 관심이 높아지고 평정의 유용성을 인정할 것이기 때문이다. 수용성 확보를 위한 적극적인 방법은 평정대상자의 자기평정이나 평정결과의 상담 등을 통해 평정과정에 참여할 수 있는 기회를 부여하는 것이다. 평정자가 미리 사전평가서를 작성하도록 하여 즉흥적으로 평가하지 못하도록 하는 것이나 피평정자가 자기평정을 먼저 하도록 하고 실제평가과정을 진행하는 것이 수용성을 높이는 방안 중의 하나이다.

또한 평정체제는 평정자나 평정대상자 모두에게 쉽게 이해되고 평정이 힘들지 않도록 단순해야 수용성이 높아진다. 평정방법 중에서 자유서술법보다는 평정척도법이나 체크리스트법이 이러한 측면에서 훨씬 바람직하다고 할 수 있다. 평정체제는 또한 경제성이 있어 개발과 운영에 비용이 적게 들고, 여러 가지 다양한 용도로 활용할 수 있는 융통성이 높을 때 실용성은 높아진다.3)

3. 근무성과평가의 방법

근무성적평정의 방법은 평정자의 주관적 판단에 기초하여 평정대상자를 총체적으로 평가하는 조잡하고 간단한 것에서부터 실적 관련 요소를 세분하여 평가하는 복잡한 것까지 매우 다양한 방법이 개발되어 왔다. 이들 방법은 평정의 목적이나 평정자 등을 기준으로 분류할 수도 있으나 여기서는 우리나라에서 사용하는 도표식 평정척도법, 강제배분법, 서술법, 목표관리형 평정법, 자기평정법을 먼저 알아보고 그 밖에 대안으로 생각해 볼 수 있는 방법을 설명하고자 한다.

3.1 평정방법

1) 도표식 평정척도법

가장 대표적인 평정방법으로서 직무평가에서 알아본 점수법과 기본원리는 같다. 전형적인 평정양식은 다수의 평정요소와 각 평정요소마다 실적수준을 평가할 수 있는 등급으로 구성되어 있다. 평정요소는 직무 및 사람과 관련된 실적과 능력, 그리고 태도를 구체적으로 평가할 수 있는 항목들이다. 한편 등급을 나타내는 척도상에는 수·우·미·양·가 내지는 1·2·3·4·5 등과 같이 간단히 표기하거나 때로는 각 등급의 의미를 구체적으로 기술한다. 등급의 의미를 기술하는 경우에는 평정요소마다 개별적인 척도를 만들어야 한다([예시 13-1]).

평정자는 각 평정요소마다 평정대상자를 관찰한 뒤 해당하는 등급에 표시를 하게 되며, 표시된 등급의 점수를 모두 합산한 것이 평정대상자에 대한 종합평점이 된다. 도표식 평정척도법(graphic rating scales)은 일반적으로 직무분석에 기초하기보다 직관과 선험을 바탕으로 하여 평가요소가 결정되는 것으로, 평가가 빠르고, 쉬우며, 경제적이라는 장점을 가지고 있다. 또한 평가요소가 모든 직무 및 사

예시 13-1 도표식 평정척도법의 예

평가요소: 전문지식		평정척도				
정의	• 담당직무 수행에 직접적으로 필요한 이론 및 실무지식	5	4	3	2	1
착안점	• 직무수행에 필요한 지식과 기술의 정도는? • 직무수행에 필요한 법령이나 지침 등의 숙지도는?	담당직무뿐 아니라 관련 직무수행에 필요한 지식을 충분히 가지고 있다	담당직무수행에 필요한 지식을 충분히 가지고 있다	필요한 지식의 수준이 적정하며 지식 부족에 의한 문제는 없다	지식부족으로 직무수행에 지장을 가끔 초래한다	지식부족 때문에 직무수행에 문제가 있다.

자료: 「인사업무처리요령」 재구성.

람에게 일반적으로 나타나는 공통적인 속성에 근거하기 때문에 적용의 범위가 넓다. 평가자가 해당하는 등급에 표시만 하면 되기 때문에 평정작업 또한 간단하다. 끝으로 평정의 결과가 점수로 환산되기 때문에 평정대상자에 대한 상대적 비교를 할 수 있어 상벌결정의 목적으로 사용하는 데 효과적이라고 할 수 있다.

쉽게 만들어진 평정방법은 그 장점만큼이나 그에 대한 부정적 요소가 동반되기 마련이다. 우선 평정요소와 등급의 추상성이 높기 때문에 평정자의 자의적 해석에 의한 평가가 이루어지기 쉽다. 창의성, 협조성, 지도력 등 평정요소가 개념이 조작화되지 않고 평정자 나름대로 의미를 부여하기 때문에 사실은 똑같은 현상이라 하더라도 어느 사람은 '우수'하다고 평가하는 반면 다른 사람은 '보통'수준이라고 평가할 수도 있다. 등급의 경우에도 단순히 '대단히 우수'하다든가 '탁월'하다든가 하는 수준을 평정자들이 이해하는 정도는 각자 다를 수밖에 없다.

또한 첫 번째 평정요소에 대한 평가가 그 다음 평정요소에까지 파급되어 나타나는 연쇄효과(halo effect)의 오류도 범하기 쉽다. 평정결과의 활용에 있어서도 일반적인 요소를 기준으로 이루어지기 때문에 평정대상자의 능력개발을 위한 유익한 자료를 만들어 내기 곤란하다.

이러한 지적에 대응하여 넓게는 미국의 경우 도표식 평정척도법의 한 유형으로 볼 수 있는 행태기준 평정척도법의 채택이 늘어나고 있는 추세이나, 정부나 기업 할 것 없이 아직까지 도표식 평정척도법이 가장 보편적으로 사용되고 있다. 다만 도표식 평정척도법이 지닌 단점을 부분적으로나마 보완하기 위하여 여타 평정방법을 병행하여 사용한다. 우리나라 근무성적평정도 도표식 평정척도법을 기본형으로 채택하고 여기에 다른 방법을 보완하여 사용하고 있다.

예컨대 강제배분법은 도표식에서 나타나기 쉬운 집중화 경향, 관대화 경향, 또는 일관적 착오 등의 오류를 시정하고자 도표식에 보완적으로 사용되는 방법이다. 평정대상자가 받은 종합평점점수에 대한 분포를 보았을 때 중간등급 또는 상위 내지 하위등급에 빈도수가 몰리는 현상을 방지하고 정규분포에 가깝게 하기 위하여 평정등급에 일정한 비율을 강제로 배분하는 방법이다.

그러나 강제배분법을 사용하는 경우 조직단위간 구성원의 능력이 평등하지 않고 우수한 관료가 몰려 있는 부서가 있다면 강제배분에 의해 선의의 피해를 보는 사람이 있고, 반면에 상대적으로 무능한 공무원이 많은 부서는 득을 보는 사람이 생긴다. 특히 평정대상자가 적은 상황에서 이러한 경향이 나타나기 쉽다. 또한 평정자는 미리 강제배분 비율에 따라 평정대상자를 각 등급에 분포시키고, 그 다음에 역으로 등급에 해당하는 점수를 피평정자에게 각각 부여하는 소위 역산식(逆算式) 평정을 할 가능성이 높아진다.[4] 평정자의 마음속 연공서열이나 서열법의 방식으로 움직이는데 형식적으로 도표식 평정척도법을 활용하는 것이다.

이런 문제점을 보완하기 위하여 현재 근무성적 평정은 근무실적과 직무수행능력을 필수적 평가부분으로 하고, 직무수행태도는 부처 내의 자율적으로 정하도록 되어 있다. <표 13-1>은 성과평가서로서 전형적인 도표식 평정척도법에 의한다. 대신에 승진심사에 근무성적을 반영하기 위해서 근무성적평정위원회에서 기관의 전체 평정대상자를 대상으로 등급과 평점을 부여할 때 강제배분을 적용하고 있다. 배분비율은 2 : 4 : 3 : 1(수·우·양·가)로 정규분포보다 약간 후하게 평가하고 있다. 즉, 부서별 평가는 절대평가이지만, 근무성적평정위원회에서 기관전체 대상자로 평정할 때는 상대평가로 한다.

표 13-1 공무원 성과평가서(일부)

3. 직무수행능력 평가(50)점

연번	평가요소	요소별 배점	정의	평가등급	소계 점수
1	기획력	9점	• 창의적 시각을 가지고 문제를 예측하고 실행가능한 계획을 만든다. • 효과적인 설명이 가능하도록 일목요연한 계획을 만든다.	① ② ③ ④ ⑤	
2	의사전달력	6점	• 표현이 간결하면서도 논점이 빠지지 않도록 문서를 만든다. • 논리적이면서 설득력 있는 말로 설명을 한다	① ② ③ ④ ⑤	
3	협상력	6점	• 상대방의 의도를 적절히 파악하여 자신의 입장을 설득한다. • 서로 상반되는 이해관계에 대하여 효과적으로 조정을 한다.	① ② ③ ④ ⑤	
4	추진력	5점	• 맡은 업무에 책임감을 가지고 목적한 바를 완수한다. • 열정을 가지고 환경적인 불리함을 극복한다.	① ② ③ ④ ⑤	
5	신속성	5점	• 계획된 일정에 따라 지연됨이 없이 일을 처리한다. • 주어진 과제에 대한 집중력을 가지고 예상되는 소요 시간보다 빨리 일을 처리한다.	① ② ③ ④ ⑤	
6	팀워크	8점	• 타인을 존중하며 팀원들과 협조적인 분위기를 만든다. • 타인의 적절한 요구와 건설적인 비판을 수용한다.	① ② ③ ④ ⑤	
7	성실성	5점	• 지각·조퇴 결근 등 조직운영에 장애가 되는 행위를 하지 않는다. • 맡는 업무 및 조직의 발전에 현실적인 자세를 갖는다.	① ② ③ ④ ⑤	
8	고객·수혜자지향	6점	• 업무와 관련하여 국민이나 내부수혜자(타 공무원)가 원하는 바를 이해하며, 그들의 요구를 충족하도록 배려하는 능력	① ② ③ ④ ⑤	
총점					

※ 평가요소별로 '전혀 그렇지 않다(①거의 그렇지않다(②) 가끔 그렇다(③)－자주 그렇다(항상 그렇다(⑤)'의 5단계로 평가함.

자료: 「공무원 성과평가 등에 관한 지침」, 2017.11.

2) 자기평정법과 다면평정법

근무성과 평정방법은 평정자가 누구냐라는 기준으로 여러 가지 형태로 분류할 수 있다. 평정대상자의 상관인 감독자가 행할 때 감독자평정법이라 하며, 동료가 할 때 동료평정법, 부하가 상관을 평정할 때 부하평정법이라고 한다. 때로는 평정대상자 자신이 스스로를 평가하는 경우도 있는데 자기평정법이라 하고, 상급자·동료·부하·고객 등 여러 사람이 평가하는 경우를 다면평정법 혹은 360° 평가라고 한다.

근무성과평정을 인사관리에 사용할 때에는 인사관리상의 감독책임을 지고 있는 직속상관이 평정을 하는 것이 계층제의 논리로 볼 때 타당한 면이 있다. 그러나 근무평가를 통제가 아니라 능력개발의 목적으로 사용하고자 할 때에는 평가결과의 정확성과 신뢰성이 더 중요하다. 이 경우 동료나 부하직원의 평가가 더 유용할 수 있다.

다면평정법은, 특히 계서적이고 권위적인 조직에서, 상관에게만 의존하지 않고 여러 사람을 평정자로 활용함으로써 감독관 평가갖는 주관과 편견, 그리고 소수평가자들에 의한 개인편차를 줄일 수 있다. 결과적으로 객관성과 공정성을 높일 수 있고, 감독자 이외에도 동료, 부하, 고객 등 다양한 사람들의 참여를 통해 평정에의 관심도와 지지도를 높일 수 있다는 장점이 있다. 하지만 일만 열심히 하고 인간관계가 원만치 않은 사람이 낮은 점수를 받고, 반대의 경우가 고득점을 받을 인기투표로 전락할 위험도 있다.

자기평정법은 평정대상자 본인에게 자신에 대한 평가의 기회를 줌으로써 감독자가 모르거나 잊었던 사실을 상기시켜 올바른 평정에 도움을 줄 수 있다. 감독자가 평정대상자의 행동이나 태도를 항상 관찰하는 데는 시간적·공간적·인지적 제약이 따르며 설사 관찰했다 하더라도 이를 오랜 동안 기억하고 있다고 보기는 힘들기 때문에 자기평정을 동시에 활용함으로써 평가의 정확성을 높일 수 있다. 뿐만 아니라 평정대상자가 평정과정에서 참여했다는 자체가 평정대상자의 근무평정에 대한 이해와 수용성을 높일 수 있고, 자신의 근무실적에 대하여 점검할 기회

를 줌으로써 자신의 능력발전 및 목표달성에 대한 동기를 유발시킬 수도 있다.5)

3) 서술법

서술법은 평가자가 평정대상자의 실적, 능력, 태도, 장단점 등에 대하여 직접 기술하는 것이다. 기술방식을 평정자의 재량에 완전히 맡기는 자유서술법(open-ended)*과 정해진 형식에 따르도록 하는 제한서술법(guided)이 있다. 서술법이 도표식 평정척도법과 같은 다른 평정방법과 보완적으로 사용될 때에는 특별히 추가적 설명이 요구되는 사항이나 평가를 종합적으로 요약하는 등의 제한서술법을 택한다.

서술법 자체만으로는 평정대상자간 상대적 비교의 곤란 및 서술자의 주관적 의견과 서술방식의 차이에서 오는 평정의 신뢰성 결여로 인사조치의 정보로 사용하기에는 한계가 있다. 그러나 도표식 평정척도법을 보완하기 위해 사용되고 제한적 형태로 짧은 문장을 요구하는 공무원 근무성적평정서의 경우는 큰 문제가 없다. 오히려 도표식으로 평가하여 나온 숫자(평점)의 의미를 간단하게나마 설명하게 함으로써 평정을 함에 있어 조심성과 진실성이 향상될 수 있다. 그리고 간단한 종합의견이지만 매평점마다 그 의견이 누적되면 평정대상자의 인사관리에 매우 유용한 정보가 될 수 있다.

우리나라 공무원 근무성적평정서는 평정대상자에게 근무실적, 능력, 태도, 교육훈련 및 보직관리, 그리고 업무목표 및 추진실적에 대하여 제한서술법의 형태로 기술하도록 하고 있다. 평정자와 확인자에게도 평정대상자의 근무성적평정에 대한 종합평가의견을 서술하도록 요구하고 있다.

4) 감점법

직무수행태도와 관련하여 바람직하지 못한 행동이 관찰되었을 때 이를 감점하는 방식이다. 평가대상자의 부정적인 측면을 평가하고 불이익이 돌아가기 때문

---

* '평정기간 동안 피평정자의 업적(질과 양)에 대하여 자세히 기술하여 주십시오'와 같은 표현이 자유서술법에 해당한다.

에 감점의 기준을 엄격히 정할 것이 요구된다. 예컨대 지각, 조퇴, 무단이석 등 관찰 가능하고 계량화할 수 있는 항목에 대하여 기록하고, 상관은 이를 확인하여 각 부처가 정한 감점 기준에 따라 평가하는 것이다. 대민 불친절 항목은 정부가 행정서비스헌장을 제정하는 등 고객만족행정을 강조하고 있는 결과로 해석된다. 그러나 불친절이 과연 몇 회라는 수치로 표현될 수 있는지는 의문이다. 평가자마다 판단이 다를 수 있고 평가대상자와 논란이 야기될 수 있는 항목이다. 더구나 평정대상공무원이 얼마나 진실하게 이 부분을 기록할지는 의문이다.

3.2 목표관리제 평정법

상술한 근무성과평정은 주로 5급 이하의 공무원에게 적용되는 평가제도이다. 4급 이상의 공무원과 고위공무원단은 성과계약 등에 의한 평가를 하도록 되어 있다. 고위공무원일수록 근무태도를 일일이 통제하기보다는 자율성을 부여하여 스스로 목표를 설정하게 하고, 이를 달성하는지 여부만을 평가하려는 제도개선이라고 할 수 있다. 동기부여의 이론으로는 목표설정이론(goal setting theory)에 기초하고 있다. 이를 인사행정에 적용한 이론이 바로 '목표관리제(MBO)'이다.

1) 목표설정

성과계약에 의한 평가는 성과계약시 설정하는 목표를 어떻게 설정하느냐가 가장 중요하다. Edwin Locke가 연구한 목표설정이론(goal setting theory)은 인간행동에 있어서 인간의 인지(cognition)와 의지(will)가 중요한 매개변수라는 것을 밝혔다. 이러한 이론적 기초 하에 있는 목표관리에 의한 평정법은 평정 자체보다는 개인의 자아실현 욕구를 활용하여 조직의 생산성을 향상시킬 수 있다고 알려져 있다.[6)]

먼저, 바람직한 목표가 무엇인가에 대한 고민이 필요하다. 첫째, 추상적이기보다는 구체적인 목표를 설정할 경우, 둘째, 목표가 도전 가능한 정도로 어려울 경우, 더 노력을 하는 것으로 나타났다. 셋째, 외부에서 주어진 목표보다는 행위당사자가 직접 참여하여 설정하는 경우가 수용성이 높아서 더욱 큰 동기부여가 된다. 다른 사람과의 경쟁이 이뤄질 수 있도록 비교가 가능하면 더욱 노력을 한다.

다음으로 바람직한 목표는 적절한 시한이 설정되어야 한다.7) 우리나라 4급 이상 공무원과 고위공무원단들은 연초에 달성할 목표를 스스로 설정하고, 이를 위해 노력한 후 12월 31일자로 평가를 받는다. 중앙행정기관의 경우 기관장이 그 기관의 중장기 전략계획을 세운다. 평정자와 평정대상자는 그 기관의 전략계획을 고려하여 당해 연도의 개인성과목표를 가능한 한 5개 이내로 설정한다. 성과목표는 설정할 때는 기관의 임무(mission)과 개인의 목표 간의 관계를 고려해야 한다. 그리고 목표기간이 지난 후 그 달성여부를 측정할 평가지표도 만들어야 한다. 특정 지표의 요건으로는 구체성(specific), 측정가능성(measurable), 통제가능성(attainable), 결과지향성(result oriented), 시간계획성(time based)이라고 요약할 수 있다. 첫자를 따서 SMART라고 한다.

2) 절차평가

목표관리제(Management By Objectives: MBO)평정법은 조직관리모형인 목표관리를 평정에 적용한 것이다.* 우리나라 고위공무원의 경우, 성과계약서를 작성해야 한다(<표 13-2>). 이를 기준으로 이뤄지는 최종평가는 평가자 혼자서 하는 재량행위이다. 평가대상자는 주요 실적을 3개 이내로 최종평가서에 작성한다. 이를 근거로 평가자가 평가를 하는 것이다. 물론 최종평가를 하기 이전에 당사자와 성과면담해야 한다. 그리고 평가자는 중간점검결과나 주기적 성과관리내용 등을 종합하여 최종등급을 부여한다. 특히 당초 설정한 목표달성도만을 기계적으로 평가하는 것이 아니라 그 기관의 정책평가결과, 목표의 중요도와 난이도, 평가대상 공무원의 자질과 태도 등도 고려하여 평가할 수 있다. 즉, 상관의 주관성이 개입될 여지를 두고 있다.

---

* 여기에서 목표관리란 개인의 욕구를 이용하거나 명령 및 지시에 의존하여 '목표를 관리'하는 전통적인 조직관리방식이 아니다. 이는 '목표에 의한 관리'(management by objectives)를 의미하는 것으로 목표가 관리의 대상이 아니라 관리의 수단으로 이용된다는 점이 중요하다.

표 13-2 성과계약서

■ 평가대상기간: OOOO년도

	소속	직위	성명	서명
평가대상자				
평가자				

기관의 임무와 목표를 달성하기 위해 甲과 乙은 상호 합의에 의해
다음과 같이 성과계약을 체결한다.
작성일: . . . (승계 시 사유도 추가 기재)

■ 개인성과목표

No.	성과목표	평가지표		실행계획
		평가지표명(측정방법 포함)	목표점	

<작성요령>

1. 성과목표
   - 전략목표 또는 상위목표를 달성하기 위한 개인의 성과목표를 말함
     - 성과목표의 수는 가급적 5개 이내로 한정
2. 평가지표
   - 성과목표달성도를 측정하기 위해 사전에 정하는 기준을 말함.
     - 평가지표 타당성검중을 통하여 바람직한 지표를 결정하되 그 팀장의 경우 과정 또는 산출지표도 보완적으로 활용가능
   - 평가지표를 측정하는 기준과 목표점을 작성하며, 지표별 구체적인 등급결정기준에 대해서는 별도관리 가능
   - 각 부처 사정에 따라 성과목표 또는 평가지표별로 비중설정 가능
3. 실행계획
   - 성과목표 및 평가지표를 달성하기 위하여 당해 연도에 추진할 구체적인 활동을 간결하게 기술

자료: 공무원 성과평가 등에 관한 지침 별지서식 제 1 호 발췌.

그러나 실제로는 관대화의 경향 때문에 '매우 우수'의 비율이 높았다. 따라서 2010년부터 고위공무원단의 경우, 5등급으로 하고 상대평가를 하도록 되어 있다.

구체적으로 최상위등급을 평가대상 공무원의 20% 이하로 하도록 하고 있고, 최하위 2개 등급(미흡, 매우 미흡)을 평가대상 공무원의 10% 이상으로 하도록 하고 있다. 이러한 상황에서는 평가시마다 조직의 분위기가 나빠질 수밖에 없다. 특히 4급 이상 공무원의 경우 성과급적 연봉제를 실시하기 때문에 최근 2년간의 평가결과가 연봉기준액에 영향을 미친다. 나아가 최하위등급은 2회 이상 받은 경우 공직에서 퇴출시킨다는 방침도 정하고 있다. 그러나 현 제도의 수준으로 볼 때, 이것은 실제 실현되기 어려운 점이 많이 있다.

3) 성과계약제의 문제점

성과계약제는 서구에서 발전된 이론을 한국에 그대로 적용함으로써 생기는 어려움이 그대로 문제점으로 나타난다.

가장 큰 문제는 목표의 설정이다. 중앙부처에서 주로 정책기획을 담당하는 고위공무원에게 적합한 구체적인 목표(specific goal)라는 것이 무엇이냐의 문제이다. 사회문제를 정책의제화해서 정책형성을 해야 하는데, 이에 관해서 연초에 목표를 설정한다는 것은 그리 쉬운 일이 아니다. 또한 이것은 사업예산이 얼마나 배정되느냐와도 밀접한 관계가 있다.

다음은 설혹 목표를 설정했다고 해도 그 달성 여부가 순전히 당사자의 노력도에 달려 있느냐의 문제가 있다. 당사자의 능력이나 노력과 목표의 달성도에는 인과관계가 입증하기 어렵고, 사회상황의 변화 등 기타의 변수가 무수히 작용하는 것이다.

세 번째로 시간이 지남에 따라 이 제도의 효용성이 유지되느냐의 문제이다. 목표라는 개념이 없이 일하다가 처음 이 제도를 도입할 때는 나름대로 자신의 존재나 임무에 대해 생각해 보는 계기가 된다. 그러나 어느 정도는 매년 반복되는 업무의 경우, 별로 신선미도 없고 도전성도 없어질 가능성이 크다. 상관이나 부하나 모두 성과계획을 세우는 것이 또 하나의 관료적 문서생산행위에 불과하게 되는 것이다. 실제로 이런 현상이 많이 관찰되고 있다.

마지막으로 한국관료제의 집단주의적 업무수행 방식이 성과계약제도와 부합되느냐의 문제이다. 우리나라 행정조직에서는 상관의 고유업무는 거의 없고 부하의 일을 총괄하고 지시하는 것이 주를 이룬다. 즉, 고위의 성과란 결과적으로는 부하들의 업무성과의 총합이라고 할 수 있다. 품의제도라는 독특한 방식에 의해 개인의 성과와 조직의 성과와 구분이 어려운 수직적·집합주의적 업무수행을 하고 있다.[8] 이런 상황에서 고위직의 성과란 곧 그가 관할하는 부서의 성과와 크게 다를 바 없다.

3.3 평정방법의 대안들

1) 중요 사건기록법(critical incident method)

중요 사건기록법은 평정대상자의 직무수행과 관련된 중요 사건을 관찰하여 평정기간 동안 일시적으로 기록해 놓았다가 누적된 사건기록을 중심으로 평정하는 방법이다. 미리 중요 사건을 열거하여 놓고 그 중에서 해당하는 항목을 선정하도록 하는 방법도 있다.

중요 사건기록법은 인간적 특성이 아니라 구체적으로 관찰된 개인의 행태를 중심으로 평정하기 때문에 비교적 객관적이란 장점이 있다. 따라서 행태변화를 목적으로 하는 교육훈련이나 평정결과에 대한 평정대상자와의 상담시 중요한 정보

예시 13-2 중요 사건기록법

평가요소: 문서관리			
일자, 장소	바람직한 행동	일자, 장소	바람직하지 못한 행동
2/4, 사무실	관찰못함	3/7, 사무실	기밀문서를 책상 위에 놓고 퇴근
평가요소: 대인협조관계			
일자, 장소	바람직한 행동	일자, 장소	바람직하지 못한 행동
3/18	동료가 상관에 대해 비난하는 것을 만류하고, 상담해줌	3/27, 예산담당관실	비품 구입을 위한 예산 배정을 예산담당관에게 요구하였으나 거절당하자 언성을 높이며 담당관의 책상을 손으로 치는 사건이 있었음

를 제공한다. 다만 서술법에 따라 중요사건을 직접 기록하는 경우, 기록 및 기록의 유지에 시간과 노력을 요하며, 한 평정자가 여러 사람을 평정했을 때 이들 개인 상호간의 비교가 어렵다. 다수의 평정자가 한 사람을 평정한 경우에도 통일된 양식이 없기 때문에 역시 상호비교의 용도로는 사용하기 곤란하다는 단점이 있다.

2) 행태기준 평정척도법(Behaviorally Anchored Rating Scales: BARS)

행태기준 평정척도법(BARS)은 도표식 평정척도법이 갖는 평정요소 및 등급의 모호성과 해석상의 주관적 판단 개입, 그리고 중요사건 평정법이 갖는 상호비교의 곤란성을 보완하기 위하여 두 방법의 장점을 통합시킨 것이다. 즉, 주관적 판단을 배제하기 위하여 직무분석에 기초하여 직무(job)와 관련된 중요한 과업(task) 분야를 선정하고, 각 과업분야에 대하여는 가장 이상적인 과업행태에서부터 가장 바람직하지 못한 행태까지를 몇 개의 등급으로 구분하고, 각 등급마다 중요 행태를 명확하게 기술하고 점수를 할당한다([예시 13-3] 참조). 이 때 중요행태는 중요 사건기록법에서 아이디어를 얻을 수 있다. 한편 평정척도는 직무수행 담당자와 계선상의 관리자가 공동으로 참여하여 만드는 것이 바람직하다.

예시 13-3 행태기준 평정척도법

□ 평정대상자의 행태를 가장 대표할 수 있는 난에 체크표시하여 주십시오.
평정요소: 문제해결을 위한 협조성

등급	행태유형
( ) 7	부하직원과 상세하게 대화를 나누고 그에 대한 해결방안을 내놓는다
( ) 6	스스로 해결할 수 없는 문제는 상관에게 상의하여 해결책을 모색한다
( ) 5	스스로 해결하려는 노력은 하나 가끔 잘못된 결과를 초래한다
( ) 4	미봉책으로 대응하여, 문제가 계속 발생한다
( ) 3	부하직원의 의사를 고려하지 않고 독단적으로 결정을 내린다
( ) 2	문제해결에 있어 개인적인 감정을 앞세운다
( ) 1	어떤 결정을 내려야 할 상황인데 결정을 회피하거나 계속 미룬다

BARS는 평정대상자의 행태를 관찰하여 척도상의 유사한 과업행태를 찾아 표시하면 되기 때문에 평정자에 의한 오류를 줄일 수 있고, 척도설계과정에 평정대상자가 참여하므로 그의 신뢰와 적극적인 관심 및 참여를 기대할 수 있다. 반면에 직무가 다르면 별개의 평정양식이 있어야 하며, 동일직무에서도 과업마다 별도의 행태기준을 작성해야 하는 등 개발에 많은 시간과 비용 그리고 노력을 요구한다. 특히 평정대상자의 가장 대표적인 행태 하나만을 선택한다는 것이 논리적으로 모순된다는 점을 지적하기도 한다. 사람이란 같은 일을 해도, 잘할 때가 있고 못할 때가 있다. 그 중 어느 하나만을 선택하라는 것은 이러한 인간행동의 다양성을 인정치 않고 상호배타성을 전제하기 때문에 설득력이 약하다고 할 수 있다.

3) 행태관찰척도법(Behavioral Observation Scales: BOS)

BARS의 단점인 바람직한 행동과 바람직하지 않은 행동과의 상호배타성을 극복하고자 개발된 것이 행태관찰척도법(BOS)이다. BOS도 BARS와 마찬가지로 행

예시 13-4 행태관찰척도법

평정요소: 부하직원과의 의사소통

평정항목	등급				
	거의 관찰하지 못한다				매우 자주 관찰한다
새 정책이나 내규가 시행된 것을 잘 얘기하지 않는다	1	2	3	4	5
주의력을 집중하여 대화에 임한다	1	2	3	4	5
지시사항을 전할 때에는 구두로 한 것을 다시 메모로 전달함으로써 확인한다	1	2	3	4	5
메모는 간략하고 이해하기 쉽게 적는다	1	2	3	4	5
상부의 지시사항이 있을 때 이를 즉시 전하지 않고 며칠 지난 뒤에 전함으로써 일을 서두르게 만든다	1	2	3	4	5

자료: Cynthia D. Fisher, Lyle F. Schoenfeldt, and James B. Shaw, *Human Resource Management*, 2nd ed., Boston: Houghton Mifflin Co., 1993, p. 502 부분수정.

태에 관한 구체적 사건·사례를 기준으로 평정한다. 다른 한편 등급에서는 도표식 평정척도법과 유사하게 사건의 빈도수를 표시하는 척도를 구성한다([예시 13-4]). 즉, BARS와 도표식 평정척도법을 혼합한 것으로 볼 수 있다. 이 때 평정항목으로 선정된 것은 모두 직무와 밀접한 관련성을 가진 것들이어야 한다. 직무에 능통한 전문가의 판단에 의지함으로써 내용타당성을 확보한다.

BOS의 장점은 평정요소가 직무와의 관련성이 높다는 것이다. 따라서 평정결과를 통해 평정대상자에게 행태변화에 유용한 정보를 피드백시켜 줄 수 있다. 특히 도표식 평정척도법이 갖는 평정요소의 추상성을 해소하고 등급에 있어서도 막연히 탁월·우수·보통 등으로 평가하는 것이 아니라 평정항목의 행동이 얼마나 자주 관찰되느냐를 기준으로 이루어지기 때문에 평정자의 주관을 줄이는 데 도움이 된다.[9] 다만 도표식 평정척도법이 갖는 등급과 등급간의 구분이 모호하고 연쇄효과의 오류는 BOS에도 나타날 수 있을 것이다.

4) 체크리스트법(checklist method)

체크리스트법은 직무와 관련된 일련의 항목(단어나 문장)을 나열하고 그 중에서 평정대상자에 해당하는 항목을 체크하여 나가는 방식이다. 나열항목을 동일하게 평가하기보다는 항목의 중요성에 따라 가중치를 부여하는 것이 일반적이다. 이 방식을 가중체크리스트법(weighted checklist method)이라 한다. 평정대상자에 대한

예시 13-5 가중체크리스트법

□ 평정대상자의 행태를 가장 잘 나타내고 있는 항목에 체크표시하여 주십시오.

행태	체크란	가중치*
근무시간을 매우 잘 지킨다	-	4.5
업무가 많을 때에는 기꺼이 야근을 한다	-	5.4
책상 위의 문서가 항상 깨끗이 정돈되어 있다	-	3.8
동료의 조언을 경청하기는 하나 따르지는 않는다	-	1.7

* 높은 점수가 바람직한 행동을 나타냄. 가중치는 실제 평정서에는 포함되지 않음.

종합평가는 체크된 항목의 가중치 점수를 모두 합한 것이 된다. [예시 13－5]는 가중체크리스트법의 일부분으로 가중치 점수는 평정자에게는 공개되지 않고 인사부서에서 내부적으로 관리한다. 따라서 평정자가 의도적으로 좋은 점수를 주는 등의 개인적 편견을 줄일 수 있다. 항목이 많을수록 신뢰성을 높일 수 있고 평정결과가 점수로 환산되기 때문에 횡적 비교에 용이하다는 이점이 있다. 특히 나열된 항목들이 관찰할 수 있는 행태중심으로 이루어지기 때문에 능력개발을 위한 구체적 방향을 피드백 시켜줄 수 있다.[10] 다른 한편 가중치가 공개되지 않기 때문에 평정자가 평정결과를 피드백시켜 주기 곤란한 점도 있다. 또한 '일을 열심히 한다'고 체크했을 때 매우 열심히 하는지 아니면 열심히 하는 편인지 등의 동일항목에 대한 차별을 두지 못하는 단점이 있다.

강제선택법은 체크리스트법의 한 변형이다. 평정대상자에 대하여 기술해 놓은 4－5개의 항목을 한 문항으로 하여 그 중 가장 그럴 것이라고 생각되는 항목 하나와 가장 그렇지 않을 것이라고 생각되는 항목 하나씩을 선택하게 하는 방법이다. 때로는 문항당 한 쌍의 항목을 주어 하나만을 선택하도록 하는 경우도 있다. 2항목 모두가 긍정이거나 부정의 내용을 담도록 설계한다. 하나의 평정표는 평정하기 용이하도록 보통 25~50개의 문항으로 하는 것이 바람직하다. 각 항목에는 가중치 점수가 배정되어 있지만 평정자와 평정대상자에게는 알려주지 않기 때문에 어느 항목이 평정대상자에게 얼마만큼 유리한지 알 수 없어 평정자의 개인적 편견과 정실을 배제시킬 수도 있지만, 평정대상자의 능력발전을 위한 상담에는 어려움이 있다.

5) 서열법(ranking method)

서열법(ranking method)은 평정대상자를 상대적으로 비교하여 서열을 정하는 방법이다. 직무평가에서의 서열법과 기본구상은 같다. 가장 단순한 형태는 평정대상자의 실적, 능력, 특성, 장단점 등을 포괄적으로 평가하여 우열을 정하는 것이다. 이것을 단순서열법(straight ranking)이라 부른다. 따라서 직무의 성격이 다르고 장단점을 비교하기 힘들 때 평정기준이 모호하며 평정은 극히 주관적일 수밖에

예시 13-6 대인비교법

평정요소	기획력				
등급	수	우	미	양	가
대표인물	이수신	박정이	이병박	김두환	이환용
평정대상자	한아름	배희은 신혜수	조국현 양기섭 설동진	박유경	주미사

없다. 단순서열법 이외에 대인비교법(man-to-man comparison), 2인비교법(paired comparison), 전이법(alternation ranking) 등의 변형이 있다.

대인비교법은 평정요소를 선정하고 평정요소마다 등급을 정한 후 각 등급마다 평정대상자에 대한 비교의 기준이 될 대표인물(key man)을 정하여 평정대상자를 한 사람씩 대표인물과 비교하여 유사한 등급에 분류함으로써 평정대상자간 서열을 정하는 것이다([예시 13-6] 참조). 대인비교법은 평정대상자를 두 사람씩 짝을 지어 비교하는 방식을 되풀이하면서 전체의 서열을 정하는 방법이다.* 전이법은 평정대상자 중 가장 우수한 사람과 가장 열등한 사람을 우선 뽑고, 남은 평정대상자를 대상으로 다시 이 방식을 계속 반복하여 나감으로써 서열을 정하는 방법이다. 단순서열법은 평정대상자가 소규모이고, 그 중에서 실적급, 교육훈련, 승진 등의 대상자를 선정해야 할 때, 평정방법의 허술함에도 불구하고 널리 이용되고 있다.

3.4 평정방법의 비교

합리적이고 과학적인 평정방법을 개발한다는 것이 결코 쉬운 일이 아니다. 모든 평정방법은 그 나름대로 장점과 단점이 있다. 평정방법만을 두고 말한다면

* 직무평가에서의 서열법 중 상호비교법(paired comparison technique)이 같은 방식이다. 평가할 사람 수(N)가 많을수록 비교의 짝이 N(N-1)/2개만큼 생겨 비교가 힘들어진다. 예를 들어 10명이 있는 경우 10(9)/2=45개의 짝이 생기게 된다.

타당성과 신뢰성을 갖춘 방법이 당연히 선택되어야 할 것이다. 그러나 실제 평정 방법의 운영과정까지 고려한다면 이 기준만으로는 부족하다. 특히 평정을 어떠한 목적으로 사용할 것인가가 가장 중요하다. 평정방법 중에는 개인간 상대적 비교를 가능케 하여 인사조치, 특히 상벌결정의 목적에 적합한 것이 있는 반면, 단순히 개인의 능력발전을 위한 피드백으로써 적합한 것이 있다. 인사결정의 기준으로 사용하는 경우에는 타당성과 신뢰성의 기준을 충족시키고 식별력을 갖추어 개인간 평정에 공정을 기하는 것이 중요하다. 반면에 능력발전을 위한 정보의 피드백을 목적으로 하는 경우에는 평정의 결과를 받아들이려는 평정대상자의 자세 또는 구체적인 능력발전의 프로그램 여부 등이 평정방법의 선택에 영향을 미칠 것이다. <표 13-3>은 평정방법의 선택에 도움을 주기 위하여 평정의 목적을 포함한 평가기준별로 각 평정방법의 강점과 약점을 비교한 것이다.

표 13-3 근무성과 평정방법의 선택기준

평가기준	도표식 평정척도법	강제 배분법	서술법	MBO	중요사건 기록법	BARS	BOS	가중체크 리스트법	강제 선택법	서열법
승진결정의 기준	H	H	L	H	M	H	H	M	H	H
보상의 결정기준	H	H	L	H	M	H	H	M	M	L
상대평가	H	H	L	L	L	H	H	H	H	H
능력개발	M	L	H	H	H	H	H	M	M	L
개발비용	M	L	L	M	M	H	H	M	H	L
운영비용	L	L	H	H	H	L	L	L	L	L
평가자 활용 용이성	쉽다	쉽다	어렵다	중간	어렵다	쉽다	쉽다	쉽다	중간	쉽다

범례: H=양호, M=중간, L=낮음.

자료: John M. Ivancevich, and William F. Glueck, *Foundations of Personnel/Human Resource Management*, 3rd ed., Homewood, IL: BPI Irwin, 1986, p.311 재정리 및 수정.

4. 성과평가체제의 개발과 관리

근무성과평가가 공무원의 성과평가를 구체적으로 수행하는 행위라고 할 때, 그 과정에 어떤 변수가 작용하는지 생각해 볼 필요가 있다. 가장 중요한 변수로는 평정을 실시하는 평정자, 평정을 받게 되는 평정대상자, 즉 피평정자, 평정의 도구로 사용하는 평정방법이 있다. 기본적으로 평정자와 피평정자간의 상호작용관계이다. 평정자가 평정대상자를 관찰하여 평정하는 과정에 평정방법이 매개체로 작용하게 되며 세 변수가 상호작용하여 평정결과가 나타나게 된다. 평정결과는 물론 평정자와 평정대상자에게 환류되는 일련의 순환과정을 이루게 된다. 평정이 과학적이고 합리적이기 위해서는 평정결과를 포함한 이상의 네 요소에 대하여 세심한 주의를 기울여 종합적인 근무성적 평정체제를 구성하여야 한다([그림 13-2]).

한편 평정방법은 이것을 활용하는 평정자와의 관계와 이것이 적용되는 피평정자와의 관계에서 평정절차와 평정요소의 문제가 제기된다. 즉, 평정방법과 평정자의 관계에서는 평정방법을 어떻게 운영할 것인가에 대한 평정절차의 문제를, 그

그림 13-2 근무성과 평정체제 구성요소간의 관계

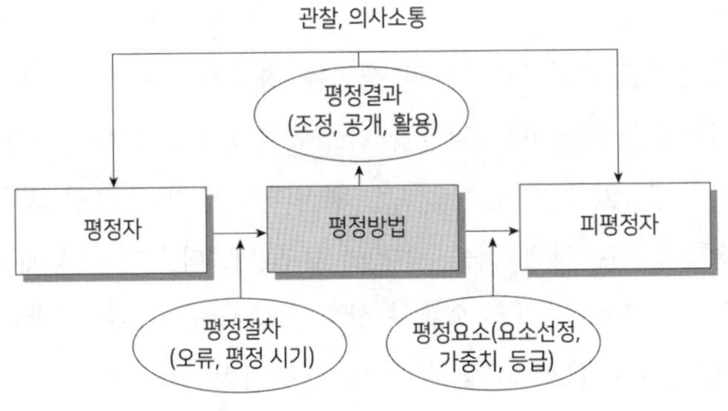

리고 평정방법과 피평정자의 관계에서는 피평정자의 무엇을 평정할 것인가에 대한 평정요소와 각 평정요소에 대한 피평정자의 실적수준을 어떻게 구분할 것인가에 대한 등급의 문제를 검토하여야 한다.

4.1 평정자

성과평정이 하나의 평가인 한에는 그 주체와 객체가 있게 마련이다. 평정자는 평가의 주체로서 평정의 결과에 직접적인 영향을 미친다. 따라서 평정자를 누구로 할 것인가는 전체 평정체제의 개발에서 매우 중요한 문제이다. 평정결과를 상벌결정의 용도로 사용하는 대부분의 평정체제에서는 상벌결정에 대한 조직상의 책임을 지는 상위 감독자와 차상위 감독자가 평정자가 되는 것이 일반적이다. 상위 감독자를 평정자로 선정하는 이유는 계층제적 책임관계 이외에도 평정대상자와 근무공간을 공유하여 관찰의 기회를 그만큼 많이 가지기 때문에 평정의 정확성을 높일 수 있다. 또한 상위 감독자는 개인의 근무실적을 부서 및 조직의 목표와 가장 잘 연계시킬 수 있는 위치에 있다.

그러나 평정의 목적이 상벌결정보다는 개인의 능력발전일 경우에는 상위 감독자 이외에 타부서의 상관, 부서 내외의 동료 또는 부하, 심지어는 평정대상자 자신이나 서비스를 제공받는 시민도 평정자가 될 수 있다. 상벌의 목적으로 사용하지 않기 때문에 평정자가 어떤 편견을 개입시킬 이유가 없어 오히려 평정의 타당성이 높아질 수 있다.

평정자 선정과 관련된 또 하나의 쟁점은 평정자의 수이다. 차상위 감독자는 상위 감독자의평정을 확인하는 역할을 함으로써 1인(상위 감독자)이 하는 평정의 오류를 감소시킬 수 있다. 일반적으로는 평정자의 수가 많으면 많을수록 평정이 정확하고 공정하게 이루어질 것을 기대할 수 있다. 다수가 평정에 참여함으로써 평정자 개인으로서 범하기 쉬운 오류를 상호 상쇄시킬 수 있고, 개인이 놓치기 쉬운 실적을 광범위하게 관찰해 낼 수 있다는 장점이 있다.[11]

이와는 반대로 다수가 평정에 참여하는 경우 피평정자와 멀어질수록 관찰하지 못한 부분에 대하여 평정해야 하는 경우도 생겨 오히려 평정의 타당성을 감소시킬 우려도 있다. 예컨대 계층제적 조직구조에서는 평정대상자를 가장 잘 관찰할 수 있는 사람은 직접 감독자이며 차상위 감독자가 아닌 다른 부서의 평정자는 평정대상자를 관찰하는 기회가 적고 관심의 정도도 낮다고 보아야 하기 때문에 어느 정도 타당한 평정을 할지는 의심의 여지가 있다. 평정의 책임은 바로 위 상관인 감독자와 차상위 감독자가 지고 있다. 평정서에서는 이들을 각각 평정자와 확인자로 부르고 있으며, 보통 1차평정자와 2차평정자로도 통용되고 있다. 의리나 온정주의적 행정문화에서 오는 평정상의 관대화 경향이나 한 사람에게만 맡기는 데서 오는 정실·편파 평정을 견제하여 평정의 공평성을 기하려는 데 있다.[12] 또한 이렇게 책임을 부여함으로써 두 계급 아래 부하직원의 직무수행까지 세심한 관심을 갖도록 하는 효과도 기대할 수 있다.

가장 큰 문제는 평정자의 전체 업무에서 실제 평정이 차지하는 비중은 약한 편이라는 데 있다. 따라서 평정에 세심한 주의를 기울이지 않고 형식적으로 '해치우는' 경우가 있을 수 있다. 자기평정 결과는 감독자가 평정시 하나의 기초자료로 활용하도록 하고 있다. 성과면담도 형식적으로 이뤄질 수 있다.

결론적으로 연공서열 혹은 역산제가 지배적인 상황에서 평정의 실제는 단순서열법에 의해 정하고 평정척도법은 단순히 평정결과를 점수화하기 위한 도구로써 사용하기 쉽다. 평정이 조직의 효과성이나 평정대상자에게 미치는 영향이 얼마나 중요한 것인가를 평정자 자신부터 인식하여야 한다.

4.2 평정요소

1) 요소선정

평정요소의 선정이란 평정대상자의 무엇에 대해 평가할 것인가에 대한 것이다. 우선 근무성적의 범위를 어디까지로 하고 그 근무성적을 가장 잘 대표할 수 있는 요소들이 무엇인가를 결정하는 문제이다.

평정요소는 크게 실적과 관련된 것 그리고 사람과 관련된 것으로 나눌 수 있다. 실적 측면에서는 명시적 목표 혹은 암묵적 기대를 얼마나 달성했는가를 평가하는 것으로 업무의 질과 양을 주로 평가범위에 포함시킨다. 가장 협의의 근무성과의 의미는 바로 직무내용을 기준으로 한 실적을 말한다. 실적중심 평정요소는 직무를 구성하는 구체적인 과업을 평정범위에 포함시키기 때문에 객관적이고 과업목표 중심의 평가가 가능하다. 따라서 직무를 기준으로 한 공정한 보상을 결정하는 데도 도움이 되고 목표달성도, 즉 조직의 효과성을 높이는 데 기여할 수 있다는 장점이 있다. 이러한 직무기준 내지 실적기준의 대표적인 평가방식이 앞에서 설명한 MBO 평정법이다.

'근무성적평정'하면 근무성적이라는 말 때문에 직무수행의 성과(performance)에 한정하기 쉽다.* 그러나 '근무성과평정'이란 이제 하나의 관용어가 되어 실적뿐만 아니라 개인 측면의 직무수행능력이나 태도까지도 포함하는 의미이다. 능력이나 태도는 개인의 내면적 특성이다. 특히 태도는 사람이나 사물을 접하는 개인의 감정이나 의욕 등도 포함한다. 따라서 태도를 평가요소에 포함시키는 경우에 직무수행에 직접적인 연관성이 없는 평정대상자의 전반적인 사람됨, 즉 사람의 이미지를 평가하는 오류를 범하기 쉽다. 주관적 판단의 여지가 많음을 의미한다. 그럼에도 불구하고 직무수행에 영향을 미치는 것은 분명하기 때문에 평가요소로 포함시키는 자체를 부정하기는 곤란하다. 특히 근무성적평정이 지난 과거의 실적평가와 그에 의한 상벌결정에 그치지 않고, 개인의 능력발전이나 승진의 자료로 이용하는 경우에는 잠재적 능력과 태도도 평가의 중요한 대상이 된다.

[그림 13-3]은 근무성적 평정요소의 구조적 연관성을 나타낸 것이다. 우선 직무는 직무의 내용과 직무수행에 필요한 자격요건을 구체화시킴으로써 평정의 기준을 제공하게 된다. 개인적 특성인 능력과 태도는 직무를 수행하면서 구체적인 행동으로 표출되어 실적을 낳게 하는 원인이자 과정이다. 실적은 최종적으로 나타난 결과라 할 수 있다.

---

* 여기에서의 성과(performance)는 일반적으로 실적주의제에서의 실적(merit)보다 협의의 개념으로 merit의 한 요소라 할 수 있다.

그림 13-3 근무성과 평정요소의 구조적 연관성

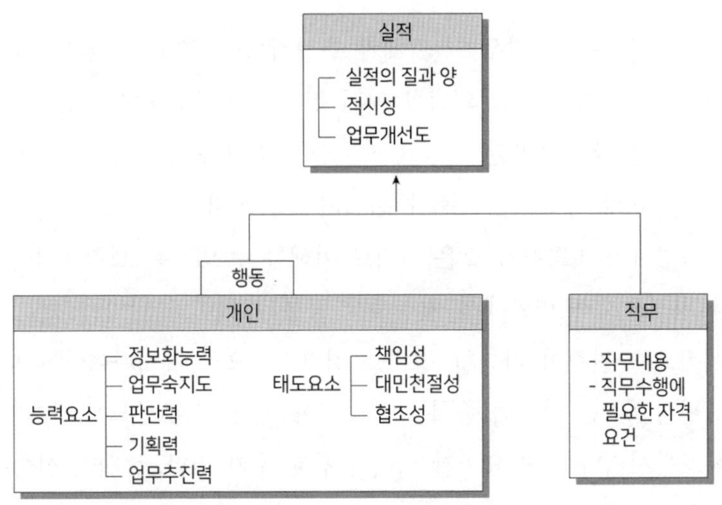

실적과 개인적 특성을 평정의 커다란 두 범주로 이해한 다음은 이들을 대표할 수 있는 구체적 평정요소의 선정문제가 남는다. 평정요소 선정의 가장 합리적인 방법은 직무분석에서 얻은 직무와 책임의 내용 그리고 성공적 직무수행에 요구되는 능력 및 태도에 기초하는 것이다. 그러나 직무의 다양성을 고려해 볼 때 각각의 직무가 갖는 특수성을 고려하여 그에 적합한 개별 평정요소를 개발하는 데에는 많은 비용이 소요된다. 설사 그렇다고 하더라도, 독특한 평정요소들에 의하여 평가한 평정대상자를 상호비교하는 문제도 있다. 따라서 직무와 책임의 내용이 유사한 범위 내에서는 모든 직무에 광범위하게 적용되도록 공통의 평정요소를 선정하게 된다. 어느 경우이든 평가요소를 선정할 때에는 특히 다음의 몇 가지 점을 주의하여야 한다.

첫째, 조직 전체의 목표달성에 공헌하고 성공적인 직무수행에 밀접한 관계가 있는 것이어야 한다. 즉, 타당도가 높아야 한다. 특히 평정방법이 많은 사람에게 적용되는 경우 담당직무와 거리가 먼 요소가 포함되지 않도록 주의하여야 한다. 반대로 성공적 직무수행에 필요적인 요소를 생략하는 잘못을 저질러서도 아니 된다.

둘째, 개인적 특성의 경우 그 자체가 추상적으로 내면적일 뿐만 아니라 광범위하게 적용하다 보면 일반적 의미를 지닌 평정요소를 선정하기 쉽다. 예컨대 변하지 않는 성격과 깊이 연관된 평정요소는 실제 평가를 해봐도 매년 변화가 없다. 노력을 통해서 바뀔 수 있는 요소가 선택되어야 한다.

셋째, 평정자와 피평자가 같은 의미로 이해할 수 있도록 표현되어야 한다. 즉, 가능한 한 평정요소가 명확해서 평정자간 공통된 의미로 받아들여질 수 있도록 하고, 구체적으로 관찰이 가능한 행태를 평가기준으로 제시하여야 한다.

넷째, 평정요소간 의미의 중첩을 피하여야 한다. 직무성공에 관계가 있는 모든 요소를 포함시키다 보면 요소간 의미가 겹칠 수가 있다. 중첩이 심할수록 평정요소의 의미가 모호해지며, 평정요소에 부여된 배점이 왜곡되며, 연쇄효과가 더욱 크게 나타날 가능성이 있다.

실제 평가요소를 선정하다 보면 직무수행과 관련된 요소를 누락시키는 것이 두려워 가능한 많은 평정요소를 포함시키는 경향이 있다. 직무실적의 양과 질 그리고 인간관계의 세 요소로 평정을 간편화할 수 있겠지만, 역시 중요한 요소가 누락될 가능성이 있다. 평정요소가 적을수록 평정이 용이해 보이지만, 실제는 그렇지도 않다. 평정요소가 적다는 것은 하나의 평정요소에 배정된 점수(비중)가 크다는 것이고 이 경우 등급간 배점간격이 커질 수밖에 없다.* 따라서 등급을 정하는데 심리적 부담을 많이 안게 되고 동점자가 많이 생겨 식별력을 상실하기 쉽다. 평정요소는 가능한 한 줄이도록 노력해야겠지만 평정의 타당성을 해치지 않는 범위 내이어야 하며, 평정의 이용목적이나 직무의 특성을 고려해서 결정해야 할 문제이다.

* 예를 들어 총점 100점을 직무실적의 양과 질에 각각 35점씩, 그리고 인간관계에 30점을 배정하였다고 하자. 인간관계를 5점 등간격 척도로 구성하였다면 등급간 점수 차이는 6점으로 크게 벌어진다. 만약 인간관계가 10개의 평정요소 중 하나로서 10점이 부여되고 5점 등간격 척도로 구성되었다면 등급간 점수 차이는 2점에 불과하다.

2) 가중치

평정요소가 결정되고 나면 각 평정요소가 조직의 목표달성이나 성공적 직무수행에 기여하는 정도에 따라 가중치(weight)를 정하게 된다. 개별 평정요소에 대한 가중치 결정 이전에 실적과 개인적 특성간의 비중을 정할 필요가 있다. 직무에 대한 분석이 잘 되어 있지 않은 상태에서는 근무실적이 무엇인지 불분명하기 때문에 개인적 특성에 관한 요소가 많은 비중을 차지하게 된다. 그러나 개인적 특성의 평가라는 것이 평정자의 주관이 개입되어 불공정한 평가가 되기 쉬울 뿐만 아니라 직무와의 연계성에 대한 비판을 면하기가 힘들자 근래에는 실적에 대한 비중을 높이는 경향이 있다. 충분히 설득력 있는 주장이다.

실적과 개인적 특성에 대한 비중은 평정의 목적이 무엇이냐에 따라 달라진다. 과거의 실적에 대한 보상이나 처벌의 의미가 있는 실적급 내지 징계의 경우에는 실적의 비중이 절대적으로 높아야 하겠지만, 지금까지의 성적에 대한 보상과 더불어 앞으로 담당할 직무를 성공적으로 수행할 수 있는가에 대한 '잠재능력'도 평가해야 한다는 점에서 개인적 특성도 중요시되어야 할 것이다. 이를 역량(competency)이라는 개념으로 사용하고 있다. 이 개념의 유용성 여부는 competency를 어떻게 객관적으로 측정하느냐에 달려 있다.

다음에 특히 문제되는 것은 평정요소간 가중치를 정하는 것이다. 직무의 내용을 고려하고 그것이 조직 전체의 목표달성에 얼마나 중요한가를 분석하여 정하는 것이 합리적이다. 계선관계자들의 전문 의견이 무시되고 인사기관의 몇 사람에 의해 임의적이고 편의적으로 가중치가 결정되는 경우 근무성적평정은 조직 전체의 효과성을 해치는 왜곡된 행동을 유도하게 된다. 민원창구에 근무하는 공무원을 생각해 보자. 창구를 찾아 온 주민에게 친절하고 정확하며 신속하게 해당민원을 처리해 주는 것이 직무수행에서 가장 중요하다. 만약 '친절·정확·신속성'보다 '상관과의 협조성'이 더 높은 비중이라면, 해당 공무원은 주민에 대한 서비스의 태도보다도 상관의 지시나 명령을 더 의식하는 근무태도를 보일 것이다.

3) 등 급

평정대상자의 무엇을 평정할 것인가 그리고 그 평정요소를 얼마만큼 중요시 할 것인가를 결정하고 난 다음에는, 평정요소별로 평정의 등급으로 부여해야 한다. 등급을 일반척도에 비유하면 눈금에 해당한다. 등급은 바로 평정대상자의 근무성적을 차등화하는 데 직결된다. 따라서 등급의 수는 평정방법이 갖추어야 할 변별력에 중요한 영향요인으로 작용한다. 등급의 수가 너무 적은 경우 근무성적이 다른 데도 같은 등급에 평정되어 변별력을 상실하게 된다. 한편 등급의 수가 너무 많아도 등급간 의미의 구분이 모호하여 평정이 어렵게 되고 결과적으로 근무성적을 올바로 식별하기 힘들어진다.

우리나라에서는 3개 이상의 등급으로 구분하고 있다. 이런 방식이 연쇄효과에 취약하고 변별도가 낮을 수 있다. 바로 이러한 연쇄효과를 방지하기 위해서는 일률적으로 3개의 등급으로 구분하는 것보다 평정요소별로 가중치도 다르게 하고 등급도 5점 척도만을 고집할 것이 아니라 4점 척도나 7점 척도를 혼합하여 사용하는 것이 효과적이다.

평정요소에 부여된 점수는 각 등급에 다시 할당되어야 하며, 이 때 등급간 평점간격의 문제가 생긴다. 가장 쉬운 방법은 주어진 점수를 같은 간격(등간격)으로 분배하는 것이다. 그러나 이 방법은 평정대상자를 차등하기 위한 인위적 배점일 뿐 등급에 의한 평정대상자의 행동에 동기를 유발시키는 요인은 없다. 바람직한 직무수행을 더욱 격려하고 그렇지 못한 직무수행은 사전에 예방할 수 있도록 동기유발시키려면 최저등급에 대한 점수를 아주 낮게 그리고 최고등급은 상대적으로 높게 정해야 한다. 가장 합리적인 평점 부여방법은 행태기준 평정척도법에서처럼 행태를 개별적으로 분석하여 각 행태의 중요도에 따라 점수를 정하는 것이다.

평점간격에서 한 가지 유의할 사항은 등급간 배점에 따라 평정요소에 주어진 가중치의 효과가 전혀 나타나지 않을 수 있다는 점이다. 예를 들어, 창의성과 노력도에 각각 5점과 10점을 할당하였다면 노력도가 더 중요하다는 인식을 갖게 된다. 그러나 실제등급간 배점을 5·4·3·2·1과 10·9·8·7·6점으로 하고 있다면 등급간 평점간격은 1점으로 같기 때문에 평정요소간 비중이 전혀 반영되지 않는다. 노력도의 경우 배점이 10·8·6·4·2가 되어야 가중치가 반영된 것이다.

끝으로 눈금표시, 즉 등급에 부여된 용어의 문제이다. 행태기준 평정척도법에서는 등급이 구체적으로 관찰가능한 행동으로 기술되어 있어 그 의미가 분명하게 나타난다. 누차 지적하였듯이 평정자에 따라 각 등급의 주관적 해석이 달라지고 그 결과 평정자를 달리하는 경우 평정자 편차가 생긴다. 이는 평정자를 달리한 평정대상자들을 상대평가하여 승진에 반영할 때 형평성의 문제를 야기시키게 된다.

<표 13-1>과 같이 도표식 평정척도법을 채택하고 있는 우리나라에서는 5등급, 즉 수(2할)·우(2할)·미(3할)·양(2할)·가(1할)로 부여하고 있다. 특히, 최하위 등급을 주는 경우는 구체적으로 제시하고 있고, 이 경우 6개월간 승급을 제한할 수 있다.

4.3 평정오류

평정자가 평정도구(방법)를 이용하여 평정대상자를 평정하는 과정에서 여러 가지 오류가 생길 수 있다. 평정오류의 원인은 평정방법에 내재되어 있는 경우도 있지만, 평정자의 개인적 특성이나 상황적 요인에서도 찾아진다.

1) 연쇄효과

연쇄효과 혹은 후광효과란 영어 halo effect의 번역어이다.* 평정오류로서의 연쇄효과란 평정자가 가장 중요시하는 하나의 평정요소에 대한 평가결과가 성격이 다른 나머지 평정요소에도 연쇄적으로 영향을 미쳐서 항목간 유사한 평가결과가 나타나는 것을 말한다. 평정요소간의 의미가 다른 데도 불구하고 평정결과가 평정요소간에 일관된 관계를 보여 주는 경우이다.

---

* Halo란 달과 같은 광채(光體) 주위에 나타나는 달무리와 같은 둥근 띠를 말한다. 즉, 하나의 근원에서 그 영향력이 주위에 퍼져 나가는 것을 의미한다.

연쇄효과는 척도법에서 자주 발생한다. 특히 평정요소와 등급을 매트릭스형으로 정렬해 놓았을 때에 맨 처음 평정요소에 대한 평정등급이 나머지 요소에도 유사하게 반복되어 나타나기 쉽다. 따라서 이러한 오류를 줄이기 위해서는 평정척도를 만들 때 등급을 서로 달리할 수 있다. 또 다른 방법은 평정을 평가자별이 아니라 평정요소별로 하는 것이다. 하나의 평정요소에 대하여 모든 평정대상자의 평정을 마치고 다음 평정요소로 넘어가도록 한다.

2) 집중화경향

집중화경향(central tendency)은 평정척도상의 중간등급을 중심으로 평가되는 경향이다([그림 13-4]). 아주 높거나 낮은 평가를 하는 데서 오는 심리적 부담을 줄이고자 할 때 나타나는 현상이다. 평가요소를 정확히 이해하지 못한 상태에서도 마찬가지의 결과가 나오기 쉽고, 실제로는 무능력한 사람에 대하여 '좋은 게 좋다'는 식의 후한 평가를 하는 경우에도 나타난다.

집중화 경향을 방지하기 위한 강력한 방법은 상대평가를 하는 강제배분법이다. 평가요소와 등급의 의미가 모호한 도표식 평정척도법보다는 행태를 기준으로

그림 13-4 집중화·관대화·엄격화 경향

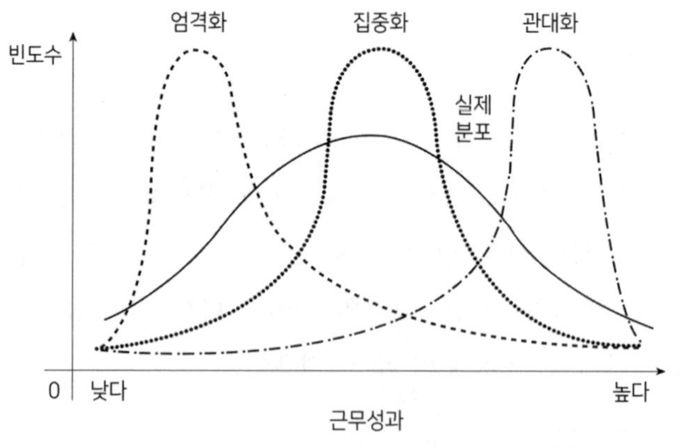

한 평정척도법(BARS)을 사용하여 불확실한 상태에서의 평정을 배제시키거나, 평정요소의 중요성이 평정자에게 공개되지 않아 의도적으로 중간을 택할 수 없는 체크리스트법을 활용할 수도 있다.

3) 관대화·엄격화 경향

관대화경향(leniency tendency)은 실제수준보다 관대하게 평가하는 경향이다. 평정결과의 분포를 그린다면 전체적인 등급이 상향조정됨으로써 평가가 좋은 쪽으로 치우친 분포를 나타내게 된다. 평정자가 사물에 대하여 전반적으로 너그럽게 평가하는 인지구조를 가지고 있거나,* 또는 평정결과가 공개되는 경우에 평정대상자와 불편한 인간관계에 놓이는 것을 피하려는 경우에 흔히 발견된다. 관대화경향에 반대되는 현상이 엄격화경향(strictness tendency)이다. 평가기준을 엄격하게 적용함으로써 실제수준보다 저평가하는 경우이다.

집중화경향과 마찬가지로 강제배분법이 관대화·엄격화경향을 방지하는 데 효과적이다. 그러나 강제배분법을 적용하는 경우에 우수집단에서 선의의 피해자가 나오고 무능한 집단에서 '불로이득'이 발생하는 단점이 있다. 따라서 보다 근원적인 해결은 평정자에 대한 사전교육을 통해 평정의 자세를 전환시키는 것이 필요하다.

4) 최근효과·초기효과

시간이 평정자의 인식에 중요한 역할을 한다. 실제로 심리학자들이 사람들에게 약 1초간격으로 다른 단어를 들려 주고 어느 것을 기억하는가를 실험한 결과가 <그림 13-5>이다. 기억이나 인상이 직선적으로 감소하거나 증가하는 것이 아니고, 초기의 것과 최근의 것을 더 잘 기억하는 V자형을 나타낸다.[13] '김 사무관 어제 프리젠테이션 멋지게 했어. 역시 유능해!'라고 평가하는 것이 흔히 있는 일이다. 즉, 최근효과(recency effect)는 평정시점에 가까운 실적이나 사건일수록 평

* 어떤 평정자가 다른 평정자에 비해 근본적으로 저평가되거나 고평가되는 경향이 있는 경우, 체계적 오류 또는 일관적 오류(systematic or consistant error)라는 말을 사용하기도 한다.

그림 13-5 단어 제시 순서

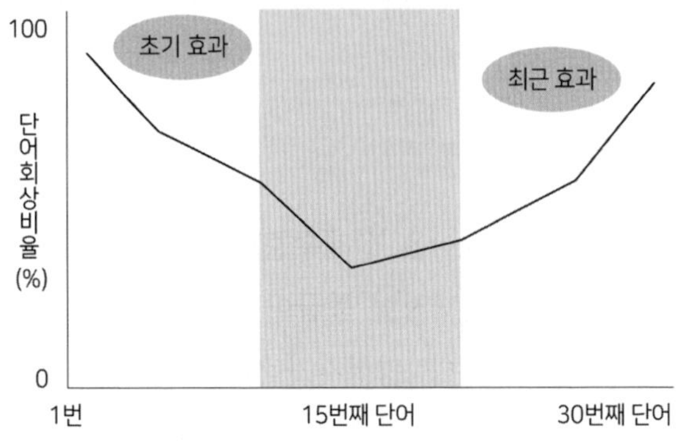

자료: 최병권·조범상(2007), p. 88 수정.

정자의 인식에 더 크게 영향을 미치는 경향이다. 평정대상기간 중의 모든 실적과 능력이 종합적으로 같은 비중으로 평가되어야 하지만 시간이 지난 것일수록 평정자의 기억에 남아 있지 않거나 중요하지 않은 것으로 인식하는 데서 오는 오류이다. 과정보다는 나타난 실적을 기준으로 평가하는 MBO평정법을 활용하거나 아니면 중요 사건기록법을 통해 평정일지를 계속 기록함으로써 근접효과를 예방할 수 있다.

최근 효과와 대조되는 개념은 초기효과이다. 맨처음 가진 첫 인상이나 강력한 사건이 평정자의 뇌리에 각인되면, 그 후의 웬만한 성과개선이 평정에 별 영향을 못 미치는 경향을 말한다. 초기효과보다 시간적으로 평가대상기간 이전에 생긴 인상이 주는 효과를 나타내는 것이 선입견이다.

선입견(personal bias or prejudice)은 평정대상자의 개인적 특성인 종교, 성, 연령, 교육수준, 출신학교나 지역 등에 대하여 평정자가 평소에 가지고 있는 편견이 자동으로 사람을 판단하는데 반영되는 것을 말한다.[14] 때로는 자신을 기준으로 하여 완전히 다른 사람보다는 유사한 사람을 더 우호적으로 평가하는 경우도 있다.* 평정자가 여당을 지지하는 편인 데 비해 피평정자는 야당편이라면 평정대상

* 때로 유사성 효과(similar-to-me-effect)라고도 부른다.

자는 실제보다 낮게 평가될 가능성이 높다.

5) 평정시기

평정시기는 그 동안 비공식적으로 관찰해 온 평정대상자의 근무성적을 종합적으로 판단하여 근무성적평정서를 작성하는 시기를 말한다. 평정의 시기는 우선 평정을 얼마나 자주 할 것인가의 문제가 있다. 동기이론에 따르면 피드백을 전제로 한 평정은 자주 이루어지는 것이 바람직할 수 있다. 성과에 대한 피드백이 자주 이루어지고 성과와 보상과의 관계를 분명히 할수록 평정대상자의 동기수준이 높아지는 경향이 있다. 평정의 횟수가 잦을수록 연쇄효과나 초기효과, 근접효과 같은 평정상의 착오도 줄일 수 있기 때문이다. 그러나 평정작업에 요구되는 시간과 노력을 고려하게 되면, 공식적인 평정은 1년에 2회 내외로 하는 것이 바람직하다.

우리나라에서는 4급 이상 공무원과 고위공무원단 공무원은 연 1회 성과계약에 의한 평가를 하고, 5급 이하 모든 공무원에 대하여는 6월과 12월 말을 기준으로 2회 평가하고 있다. 그러나 현재와 같이 전 진보가 자주 이뤄지는 경우에는 평정대상기간이 실제로 평정대상자가 일한 기간과 일치하는지 고려할 필요가 있다. 특히 1년 전 전임자 때 결정된 예산이나 계속되는 정책에 대해 후임자가 평가를 받는 현상이 발견된다. 평정시기는 평정결과에 대한 활용상의 편의와 평정실행상의 편의를 고려하여야 한다.

4.4 평정절차

1) 조 정

평정의 결과를 토대로 서로 다른 평정자가 평가한 평정대상자들을 상대비교하여 성적이 우수한 공무원을 승진시키는 경우에는 특히 평정의 공정성이 중요하다. 특히, 평정자의 평정성향이나 태도 또는 평정도구로 인한 체계적인 오류를 제거하여야 한다. 이러한 이유에서 평정자 이외에 그 평정자의 상관을 2차평정자 내지 확인자로 평정에 참여시킴으로써 평정자의 오류와 평정자간 편차를 조정하도록 하고 있다. 나아가서 확인자 이외에 평정결과를 조정할 목적으로 근무성적평정위원회를 두고 있다.

평정자의 평정결과에 대하여 조정을 허용할 때 그 범위는 어느 정도로 할 것인가? 한편으로는 평정의 오류와 평정자간 불균형을 시정할 수 있을 정도가 되어야 한다. 그러나 다른 한편으로는 1차평정자의 평정을 존중하고 조정은 최소한으로 그치는 것이다. 확인자나 위원회의 위원들은 평정자에 비해 평정대상자를 관찰하고 평가하기에 불리한 위치에 있기 때문이다. 조정자들에게 지나친 권한을 부여하는 것은 불공정한 평정을 시정하기보다는 조정자의 또 다른 불공정행위인 자의

그림 13-6 근무성적 평정단계(5급 이하)

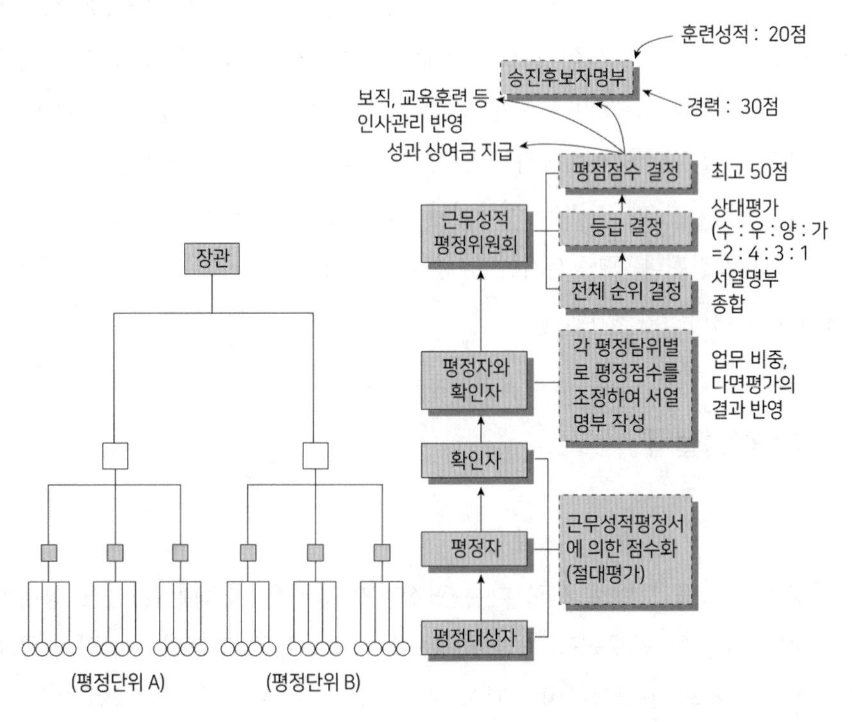

성과 정실이 개입할 여지가 많아진다. 또한 조정단계에서 1차평정결과를 과도하게 변경시키는 경우 평정자는 자신의 평정역할에 가치를 부여하지 않게 되고 다음 평정부터는 무성의하게 평정에 임할 가능성을 높일 것이다. 따라서 조정은 명백한 사실이 누락되는 등의 오류가 있거나, 평정자간 현격한 편차가 있을 때, 또는 직무의 난이도나 책임도가 불균등하여 이를 반영하여야 할 때에 한해 제한적으로 이루어져야 한다.

우리나라에서는 확인자가 평정자간 편차를 고려하여 평정자와 함께 근무성적의 서열을 정하도록 하고 있다. 현 근무성적 평정과정에서 평정자와 확인자의 평정점수는 서열을 정하기 위한 준비단계이지 평점점수가 그대로 승진에 반영되는 것은 아니다. 근무성적평정위원회(예: 교육부)는 평정단위(예: 각 교육청)에서 올라온 서열과 평정단위별 업무비중 등을 감안하여 모든 평정대상공무원을 상대평가(수 : 우 : 양 : 가=2 : 3 : 4 : 1)하도록 하고 있다. 이 경우에도 평정단위에서 올라온 순위는 조정할 수 없도록 하였기 때문에 평정단위간의 서열 조정을 주로 하고 있다.

확인자와 평정위원회에서 실질적인 영향력을 행사하려는 의도만 있다면 평정결과를 변화시킬 수 있는 여지는 남아 있기 마련이다. 우선 확인자는 평정대상자에 대한 서열을 평정자와 함께 결정하도록 하고 있지만 평정자의 상관이라는 점에서 확인자의 의도가 순위결정에 상당히 중요한 요인이 된다. 또한 평정위원회에서도 평정단위별 업무비중을 반영토록 하고 있는데 그 기준은 상당히 자의적일 수 있다. 승진할 사람을 미리 염두에 두고, 서류상으로 이미 맞춰 오는 소위 '역산제'는 우리 행정조직에 아직 잔존하고 있다. 실제로 여러 가지면에서 승질할 만한 사람을 역산제에 의해서 승진시키는 것은 결과적으로 나쁜 것은 아니다. 그러나 무능한 사람을 기관장의 인간관계 때문에 억지로 승진시킨다면 잘못된 것이다.

2) 평정결과의 공개

평정결과의 공개는 그 정도에 따라 여러유형이 있다. 평정결과의 공개는 소극적으로 평정대상자가 자신의 평점점수를 알 수 있도록 하는 것, 적극적으로는 평정결과를 놓고 문제점에 대하여 평정자와 평정대상자간에 평정면접을 하는 것, 평정결과를 타인에게도 공개하는 것, 그리고 가장 적극적인 의미로 평정결과에 대하여 부당하다고 여기는 평정대상자에게 시정을 호소할 수 있는 소청기회를 제도적으로 보장해 주는 것까지를 생각할 수 있다.

평정결과를 조직구성원이 모두 알 수 있도록 공개하는 것은 여러 가지 부작용이 있을 수 있다. 소극적 의미에서 평정대상자에게 평정결과를 확인할 수 있도록 허용하는 것은 평정의 공정성을 확보하고, 평정대상자의 자기반성 및 발전의 기회를 제공하고, 인사의 투명성 원칙에 부합한다는 측면에서 긍정적인 평가를 받고 있다. 반면에 평정자와 평정대상자 사이에 감정적인 갈등의 관계를 형성할 수 있고, 평정자는 이러한 불편한 관계를 우려해 관대한 평정을 하기 쉽다. 때로는 개인발전과 조직성과향상의 도구인 평정이 자칫 평정대상자로 하여금 반성과 발전이 아니라 근무의욕을 떨어뜨리는 위험성도 있다.

성과면담(performance appraisal interview)은 두 평정당사자가 마주 앉아 능력과 실적을 향상시키기 위한 진지한 대화를 말한다. 단순히 정보를 공개하는 것보다 그 결과를 놓고 대화를 한다는 것은 상호 이해를 높이고 평정대상자의 입장에서는 자신을 진단할 수 있는 귀중한 자리가 될 수 있다. 그러나 평정결과의 단순한 공개와는 달리 성과면담은 평정자와 평정대상자 모두가 이를 불편해 하고 꺼려할 수 있다. 상대방의 잘못을 면전에서 이야기하고 그것을 받아들일 마음의 준비가 되어 있지 않은 경우에 더욱 그렇다. 특히 평정결과에 대한 이견이 나타나기 쉽다는 것이다. 문제는 평가를 '평가자체'로 한정하지 말고 어떻게 하면 피평가자의 자기계발의 기회로 활용하느냐이다. 이를 위해 <표 13-5>와 같이 성과면담을 강제하고 있다. 성과면담결과를 근무실적과 직무수행능력을 구분하여 기록해 놓도록 하고 있지만, 이 서류과 실제의 멘토링으로 활용되는가는 각 부서마다

표 13-4 성과면담결과

소속		직급		성명		평가기간	
구분	근무실적			직무수행능력			
우수한 점							
보완할 점							
향후 조치사항	- 추진과정 상 특기사항 및 지원 필요사항 - 영 제20조 제5항에 따른 사후 성과면담의 경우 면담결과를 반영한 코칭·멘토링·교육 등 성과 및 역량향상 지원 계획 기재						

년 월 일

평가자 직위(직급): 성명: 서명

자료: 공무원 성과평가 등에 관한 지침 별지 제6호 서식.

다르다. 계서주의문화에 피평가자의 권리를 보호하는 방안은 평정서에 피평정자가 사인을 해야 공식적 결과로 인정하도록 하는 것이다.

3) 활용방향

상관의 평정과 부하의 자기평정간에 상관관계를 조사한 한 연구에서 상관계수가 0.22로 매우 낮게 조사되었다.[15] 일반적으로 상관에 비해 본인의 평가가 높게 나타난다. 비록 평가수준이 상관과 부하가 유사하게 나타났다 하더라도 그 원인에 대한 해석에는 차이가 나기 마련이다. 저조한 실적에 대하여 상관은 부하의 개인적 요소를 중시하는 반면, 부하는 지원의 부족이나 관련부서의 비협조 등 상황적 요인을 탓하게 된다. '잘되면 제 탓, 잘못되면 조상 탓'이란 속담과 같은 이치이다.

이러한 문제점을 최소화하고 평정면접의 효과를 극대화하기 위해서는 평정자의 피드백이 구체적인 행동사례에 근거하여 이루어지고, 잘하거나 잘못한 행동이 있은 직후에 피드백이 이뤄져야 효과적이다. 또한 피평정자를 충분히 관찰할 수 있고 피평정자의 직무를 충분히 이해하고 있는 평정자의 피드백이어야 하며, 약점만 지적하기 보다는 앞으로의 행동방향과 목표를 건설적으로 제시하는 것이 바람직하다. 이러한 효과를 높일 수 있는 평정방법으로는 중요사건기록법, BARS, BOS, MBO평정법 등을 들 수 있다.

우리나라는 평정결과 등 모든 인사에 관한 사항은 타인에게 공개를 금지하고 있다. 평정결과를 승진의 자료로만 활용하고 있는 현실에서 공개는 불필요한 잡음과 인간관계의 갈등만 조장할 위험성을 내포하고 있다. 특히 승진이 연공서열의 원칙에 의해 지배되는 상황에서 평정은 이를 뒷받침하는 형식적 도구에 불과하기 때문에 평정대상자의 정확하게 평가되기를 기대하기 힘들다. 목표선정과 평가과정에서 성과열람을 실시하고 평정결과를 본인에게 알리게 한 것은 진일보한 것이다. 특히 이 과정에서 본인이 이의신청을 할 수 있도록 제도화하고 있다. 그러나 내부적으로는 아직 연공서열적 평정이 관계화되어 있어 이런 외형상의 발전이 얼마나 실효를 거둘지는 미지수이다.

인적자원을 효율적으로 활용하기 위해서는 종래의 연공중심, 통제지향적 평가, 상대평가, 비공개원칙에서 벗어나, 능력중심, 계발·육성중심, 절대평가, 공개원칙으로 바뀌야 한다. 이를 위해서는 평정의 결과가 당사자에게 알려지고 피드백될 때에는 평정자와의 인간관계에 갈등이 생기지 않고 평정대상자의 능력발전을 위해 유용한 제도임을 주지시키는 것이 중요한 과제이다. 우리는 모두 수단과 방법을 가리지 않고 1등만 하려고 하기 때문에 이런 변화는 쉽지 않다. 다만 평정결과의 피드백은 특히 평정대상자의 성취동기와 밀접한 관계가 있다는 점을 활용할 필요가 있다. 성취동기가 높을수록 피드백에 관심이 높고 긍정적인 태도를 취하기 때문에 관리자는 우선 평정대상자의 성취지향적 동기를 유발시키도록 노력하는 것도 중요하다.

획일적인 평가를 지양하고 기관별(나아가서는 직렬별) 특수성에 맞는 성과평가 체제로 다양화하는 것도 필요하다. 복잡한 단계와 절차가 있지만 결국 승진의 용도에만 민감하게 작용하는 현재의 평정제도는 바람직하지 못하다.

東西古今公私

변화하는 다면평가제도

공무원의 평가가 상관에 의해서 이뤄짐에 따라 지나치게 권위주의적인 조직운영이 이뤄지고, 연공서열적인 평가결과가 나온다는 비판을 받은 지 오래되었다. 이러한 맥락에서 상관은 물론이고, 동료, 부하, 그리고 경우에 따라서는 고객까지 포함하여 다양한 관점에서 평가를 하는 다면평가 혹은 360도 평가가 주목을 받게 되었다. 미국의 민간기업에서 발달한 이 평가방법은 포스코, LG 등 민간기업에서 도입되고, 자자체 등 공공부문에도 도입되었다.

1998년 승진시 다면평가결과를 반영할 수 있도록 규정한 공무원임용령 개정을 통해 공식화된다. 2001년 특별승급, 성과상여금지급, 교육훈련, 보직관리 등에도 다면평가가 활용될 수 있도록 개정되었다. 다면평가제도는 노무현정권에 들어와서 실제로 적용이 되기 시작하여 거의 모든 행정기관이 채택하기에 이른다. 많은 언론과 학술논문들은 이 제도가 효과가 있다는 주장을 하고, 이 제도를 도입한 기관장이나 공무원은 '혁신적'이라고 칭찬을 받는 편이었다.

그러나 2010년 1월, 보통승진심사에서 다면평가결과를 제외하기로 공무원임용규칙이 개정된다. 아마도 인기투표식 평정이 되는 부작용이 더 컸기 때문일 것이다. 그러나 2019년 공무원 성과평가 등에 관한 지침에서 역량개발, 교육훈련, 승진, 전보, 성과금에 다면평가를 활용할 수 있도록 규정한다.

집단주의적 행정문화가 지배적인 나라에서 기관장이 리더십이 있고, 조직에 대해 잘 파악하고 있는 경우, 그리고 사심이 없는 경우 상관에 의한 하향적 평가가 그 사람에 대한 전인적 평가라고 할 수 있다. 굳이 다면평가제도가 아니라도 이미 가능성, 공로, 조직의 분위기 등을 고려하여 총합적(synoptic) 평가가가 이뤄지는 것이 우리나라 전통적인 방법이다. 즉, 기관장이 제대로 인사평가를 하지 않는 곳에서 다면평가는 하나의 대안이 될 수 있다.

그러나, 신세대의 등장으로 계서제적 조직문화가 변화고 있다. 기성세대가 주도하는 하향식평가가 과거와 같이 받아들여지기 어렵게 변하고 있다. 젊은 공무원들은 인기투표로 될 위험성도 인정하지만, 긍정적으로 보는 경향이 있다. 서울시 직원의 익명 온라인커뮤니티인 블라인드에서 다면평가의 찬반의견을 묻는 투표에서 응답자 73.2%가 다면평가의 존속을 택한 것이 그 예이다. 이유는 평가에 자신들의 목소리를 반영하고 싶은 욕구에서 나온다고 볼 수 있다.

다면평가에서 일정비율이하 최하위그룹에 속하면, 승진대상에서 제외하는 것은 극단적 조직 부적응자 저성과자를 걸러낸다는 점에서 잘 활용하게 장점이 있기도 하다. 성공하기 위해서는 다면평가의 취지에 공감대가 형성되고, 온정주의 문화가 타파되며, 다면평가 결과 저조한 성적을 받은 자가 보복할 것을 두려워하지 않은 등 몇 가지 선행조건이 충족되어야 한다.[16)]

13 참/고/문/헌

1) 임도빈, 「행정학」, 박영사, 2018, p. 400.
2) Abraham H. Maslow, *Motivation and Personality*, New York: Harper & Row, 1954; David McClelland et al., *The Achievement Motive*, New York: Appleton－Century－Crofts, 1953.
3) 오석홍, 「인사행정론」, 박영사, 2023, p. 355.
4) 임도빈, 전게서, p. 400.
5) Donald J. Campbell and Cynthia Lee, “Self－Appraisal in Performance Evaluation: Development versus Education,” *Academy of Management Review*, vol. 13, 1988, pp. 302－314.
6) Locke, E. & G. Latham (1990), *A Theory of Goal Setting and Task Performance*, London: Prentice－Hall.
7) Im, Tobin, *Public Organizations in Asia*, Routle dge, 2014, pp. 72－73.
8) 조석준·임도빈, 「한국행정조직론」, 박영사, 2016.
9) G.P. Latham and T.R. Mitchell, “Importance of Participative Goal Setting and Anticipated Rewards on Goal Difficulty and Job Performance,” *Journal of Applied Psychology*, vol. 63, 1978, pp. 163－171.
10) Kenneth N. Wexley and Gary A. Yukl, *Organizational Behavior and Personnel Psychology*, Homewood, IL: Richard D. Irwin, Inc., 1984, p. 352.
11) Craig E. Schneier, “Multiple Rater Groups and Performance Evaluation,” *Public Personnel Management*, vol. 6, 1977, pp. 13－20.
12) 한태영, “강의평가 행정에 대한 영향요인 연구: 인사평가적 접근,” 한국심리학회 학술대회 자료집, 2005, June(1): 470－471.
13) 최병권·조범상, 「팀장의 심리프레임」, 국일미디어, 2007.
14) 크리스라반 외(김문성 역), 「심리학의 즐거움」, 휘닉스, 2008, pp. 71－73.
15) Michael M. Harris and John Schaubroeck, “A Meta－analysis of Self－supervisor, Self－peer, and Peer－supervisor Ratings,” *Personnel Psychology*, vol. 41, 1988, pp. 43－62.
16) ‘다면평가’ 제대로 파헤쳐 보자! 「월간 인재경영」 2022. 4월호(제206호).

CHAPTER 14

가치와 행동규제: 윤리성 평가

국민의 혈세로 보수를 받는 공직자는 특수한 신분집단으로서 항상 국민의 평가를 받는다. 적극적으로는 공공가치 실현을 추구하는 모범을 보여야 하며, 소극적으로는 국민들이 눈쌀을 찌푸리지 않도록 통제되어야 한다. 전자는 행정이 추구해야 할 선(善)의 가치인 공익실현을 강조한다. 'doing good'식 접근이다. 반면에 후자는 '…하지 마라', '…해서는 아니 된다'는 부정적 측면에서의 'avoiding evil'식 접근을 강조한다. 후자는 정부가 공무원이 넘어서는 안 될 행동의 울타리를 쳐놓아 처벌에 의해 확보하게 된다. 전자는 공무원이 추구하여야 할 추상적인 최고 높이의 천정이라면, 후자는 더 이상 내려가서는(벗어나서는) 안 될 구체적인 최저의 바닥이다. 천정쪽으로 갈수록 선(善)이고 바닥쪽으로 갈수록 악(惡)이다. 바닥 밑은 수용할 수 없는 악의 수준으로 위반하면 법적 처벌을 받는 것이다.

두 접근방법은 [그림 14-1]과 같이 하나의 연속선상에 있는 것으로 파악할 수 있다. 최고 가치의 추구는 공무원의 결정의 질을 높이려는 적극적 방법이지만 너무나 막연하고 심리적이며 강제적으로 할 수 없다. 반면에 최소한의 규범은 공무원으로서 지켜야 할 강제적 규범이자 배타적 규범이다. 이 방법은 소극적·방어적이긴 하나 일탈자에게 처벌을 가함으로써 공직의 기강을 지키기 위한 최소한의 공식적 수단이다. 공직자 개인들의 합인 총체적 질(質)이라는 측면에서 최소한의

그림 14-1 공무원행동의 윤리적 규범영역

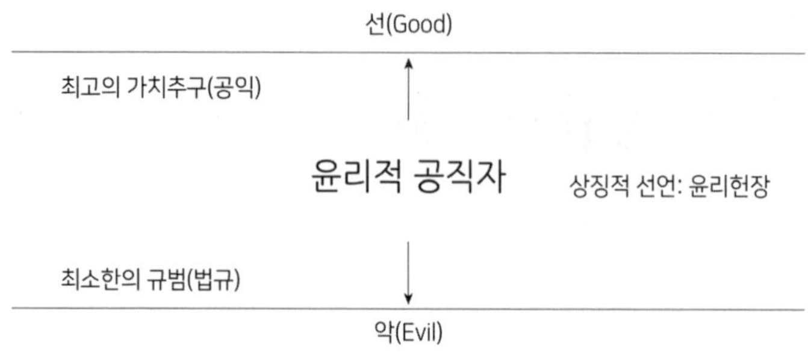

규범준수가 이루어져야 국민의 신뢰를 얻을 수 있다. 이러한 신뢰를 바탕으로 정책결정이나 집행과정에서의 재량권 행사에서 최고의 공공가치가 확보될 수 있는 것이다.

1. 공직자행동의 가치기준: 공익

1.1 의 의

현대와 같은 정치·행정 일원론 상황에서는 공무원의 재량권 행사가 증가하고 정책결정이나 집행과정에서의 책임성을 적극적으로 확보할 필요성이 크다. 공무원의 결정이 미치는 영향범위가 클수록 결정의 윤리성을 확보할 것이 요구되고 그것이 공직 전체의 질적 향상에 더 중요한 역할을 하게 된다.

비록 공무원이 부당한 행위는 하지 않았다 하더라도 직무수행 중 직면하는 문제에 대한 시각이 좁거나 판단력이 약하다면 행정의 질적 수준을 떨어뜨리게 된다. 법을 위반하지는 않았지만 궁극적으로 공공의 이익을 손상시키는 결과를 가져오는 것이다. 과학적으로 문제를 분석하여 대안을 도출하는 공무원의 업무처리

방식은 자칫 그것이 갖는 도덕적 가치를 망각하게 한다. 현대 민주복지국가에서 공무원이 가지는 폭넓은 시각은 공직의 질과 윤리성을 높이는 데 있어 무엇보다도 중요한 의미를 가진다.

공무원들에게 넓은 시각을 제공하는 '가치'는 무엇인가? 오랜 한국의 역사를 통해 형성된 '홍익인간' 개념이 있다.[1] 구체적으로 공공성(publicness) 혹은 공익(公益)이 있다. 비록 개념을 정의하는 데 많은 어려움이 있지만 개인이나 가족 또는 조직의 이익보다도 사회 전체의 이익을 우선적으로 고려하여야 하는 상황에서 공익은 행동결정의 지배적인 판단기준이 되어 오고 있다.

그러나 학술적으로 깊이 따져보면 공익(public interest) 혹은 '무엇이 옳은가'는 매우 다의적으로 정의된다.[2] 공익이란 그 개념이 모호하고 너무 유토피아적이며 고정된 것도 아니어서 공무원에게 구체적인 행동의 기준을 제공하기 어렵다는 입장[3]과 공익이란 분명히 인식이 가능한 행동결정의 유용한 안내자 역할을 한다는 입장이 있다. 후자는 공익의 실체를 인정하는 것이며(실체설), 전자는 공익을 하나의 실체라기보다는 다수의 이익들이 조정·타협되어가는 과정이며, 그 과정을 거쳐 얻어진 결과로 보는 것이다(과정설).

1.2 공익실체설

공익이 무엇인가 실체가 있다고 보는 실체설에서도 그 실체란 전체효용의 극대화, 도덕적 절대가치, 사회적으로 공유하는 이익 등으로 서로 다르게 파악하고 있다. 그러나 그 실체가 무엇인지 모두 동의할 수 있을 정도로 자명한 것이 없다는 것이 문제이다.

최대다수의 최대의 행복을 주장하는 공리주의가 홍익인간정신이다. 그러나 다수의 이익을 위해 소수의 이익은 감수해야 한다는 문제가 있다.[4] 개인의 쾌락(pleasure)을 기본단위로 하여 사회 전체의 후생이 극대화되는 것을 알아내는 후생경제학이 대표적인 예이다. 공익을 사회적으로 공유하는 이익으로 보는 입장은 말 그대로 공익을 부분적이며 특수한 이익과 대조되는 사회구성원간에 보편적으로 공유되는 공동의 이익(shared common interest)이라고 주장한다.5) 한 가정 내에서 가족 구성원간에 무관심한 일이 있고 모두가 깊은 관심을 갖는 일이 있다. 각자의 용돈사용이 무관심 영역이라면 구성원간 용돈배분은 공동관심영역이다. 범위를 확대하여 원활한 대중교통체계 확립, 위생적 식수공급, 양질의 교육서비스 등은 국가구성원 모두의 공동이익이며 공익이라는 것이다. 그러나 이 주장도 공리주의자들의 주장과 마찬가지로 개별 구성원이 공유하는 이익의 정도가 다른 경우 이를 어떻게 처리할 것인지가 쉽지 않다.

개인이 도덕적 절대가치를 지키면 공익사회가 된다는 입장도 있다. 이러한 관점에서는 사회공동체 내지 국가의 모든 가치를 포괄하는 절대적인 선의 가치가 있다고 가정한다. 동서고금을 막론하고 추구해야 하는 선(善)이 있다고 보는 Kant의 절대주의가 대표적인 예이다. 종교에서 찾아볼 수 있는 절대진리(기독교의 사랑, 불교의 자비 등)나 자연법적 원리에 근거한 인간의 기본권 등 사회구성원 모두가 추구하여야 할, 규범적으로 옳은 당위적 절대가치가 추구해야 할 가치라고 보는 입장이 절대주의 윤리관이다. 이 주장의 위험은 오직 하나의 절대가치만이 그 절대적 권위를 인정받기 때문에 다른 가치들은 이 절대가치의 하위가치로 무시될 수 있다는 것이다.

일정한 기준은 없지만 기존 전통을 지킴으로써 공익실현이 된다는 입장이 있다. 즉, 그 사회가 오랜 전통을 통해 추구하는 선이 바람직하다고 보는 상대주의적 입장이 있다.6) 이것은 한 국가에서 추구하는 공익은 다른 사회에서 추구하는 것과 다를 수 있다고 본다. 노인을 존중하는 것이 어느 사회에서는 공익을 실현하는 가치로 되는 반면, 어느 사회에서는 반드시 그렇지는 않다. 그 사회에 굳어져 있는 오랜 관습이 공익을 실현하는 축적된 지혜라고 보는 것이다.

이상의 실체설 입장은 그 내용은 각각 다르지만, 공무원의 도덕적 각성을 요구한다는 점이 같다. 공무원 스스로가 공익의 실체를 파악하고, 이에 따라 행동할 것이 요구되기 때문이다. 당연히 개인보다는 국가공동체 중시의 입장이 반영되는 것이다.

1.3 공익과정설

과정설의 입장은 공익이 무엇인가를 규명하는 것보다는 어떤 과정이나 절차를 통해 달성될 수 있는가에 주목한다. 예컨대 공익을 서로 상충되는 이익을 가진 집단들 사이에 상호 조정과정을 거쳐 균형상태의 결론에 도달했을 때 실현되는 것이라고 보는 시각이다. 민주주의 원리가 말해 주듯이 국민이나 주민 개개인의 주권을 인정하고, 이들이 원하는 것의 총합이 공익이라고 본다. 가장 쉬운 예는 투표에 의한 정책결정이나 공청회 등을 통한 타협과 협상이다. 이 경우 공무원은 스스로 무엇이 사회에 가장 이익을 가져올 수 있는가라는 내용을 추구하는 것이 아니라, 갈등관계에 있는 모든 이해당사자들의 이익을 조정하고 타협시켜 만족스런 결과가 나오도록 돕는 조정자 내지 감독자 역할에 국한된다. 즉, 공무원 자신들이 공익이 무엇인지 내용을 판단할 필요는 없고 과정만 간여한다.

그러나 특수이익들간의 조정과정을 거쳐 합의된 결과가 공익으로 이어진다는 논리 역시 단순한 기계적 주장이라고 할 수 있다. 다수가 동의만 하면, 그 국가에 해가 되는 것도 공익이 될 수 있다는 논리이기 때문에 집단들간에 힘의 불균형상태에서 합의가 되었다면 그 결과 또한 왜곡되기 쉬워 과정설 역시 설득력에 한계가 있다.

과정설의 또 하나의 차원은 절차적 합리성을 강조하는 것으로 적법절차(due process)의 준수에 의해서 공익이 보장된다는 입장이다. 즉, 어려운 문제가 있을 때 우선 법과 명령에 예고된 과정을 따르면 그 결과는 공익을 보장한다는 입장이다. 즉, 민주적 절차에 따라 당장 영향을 받는 집단에 관한 이익뿐만 아니라 간접적으로 영향을 받는 집단의 이익까지도 숙고할 것이 요구된다. 구체적으로는 공무원의 역할은 모든 당사자에게 그들의 이익을 대변할 수 있도록 공정한 참여기회를 부여하는 것으로 공익이 실현될 수 있다고 본다.

1.4 종합적 논의: 공공성

공익이란 논란의 여지가 많은 개념임에 틀림없다. 그럼에도 불구하고 오늘날과 같이 분화되고 다원화된 사회에서 사회구성원을 통합시킬 수 있는 어떤 이념적 가치가 필요한 것도 사실이다. 공공성은 법규정이나 법원의 판례 또는 정부의 행정행위에 정당성을 부여하기 위해서 실제로 사용되고 있는 용어로 행정의 중요한 지침으로 유용하게 적용되고 있다. 공공성의 핵을 이루고 있는 공익은 공무원 행동의 알려지지 않은 상당부분을 설명하고 있는 매우 강력한 개념이기 때문에 우리는 공익에 관심을 가질 수밖에 없다.[7]

이상의 논의를 살펴보면 다양한 이론(異論)의 초점은 사적이익(利益, interest)이 무엇인가 보다는 공공(public)을 어떻게 볼 것인가에서 나오고 있음을 알 수 있다. 즉, 공공성(publicness)이 중요하다.[8] 「우리말 큰 사전」에는 '공공'을 "일반사회의 여러 사람 또는 단체에 두루 관계되거나 이용되는" 것으로 풀이하고 있다. 이 풀이대로 따른다면 공공의 의미에는 '여러', '두루'의 표현에서처럼 아무개라는 특정화된 개인이나 집단에만 관련된 것은 아니라는 엄밀성을 함축하고 있지만, 공공에 포함되는 범위가 분명하게 한정될 수 없다는 탄력성도 인정하고 있다. 즉, 공공의 범위는 용어를 사용하는 주체와 사용되는 영역 및 상황에 따라 포괄성이 유동적일 수 있음을 뜻한다. 중앙정부의 각 부처 — 국방부, 교육부, 외교부 등등 — 마다, 각 지방자치단체마다 공공이 함축하는 '여러 사람 또는 단체'는 각각 다른 구성원으로 이루어지며, 그 경계가 확정적인 것이 아니다. 때로는 공공의 범위에는 아직 태어나지 않은 세대도 포함될 수 있고, 조직화되지 않은 조직의 잠재적 목소리도 포함될 수 있다. 바로 이러한 범위의 불확정성 내지 유동성 때문에 공공의 개념은 선언적·상징적·신비주의적 관념으로 이해될 수 있을 것이다.

공공에 담긴 또 하나의 의미는 '두루 관계되거나 이용되는'의 표현에서 알 수 있듯이 평등성이다. 즉, 공공의 범위가 모호하긴 하지만 공공의 범위 안에 있는 모든 구성원은 하나의 범주(one public)로 간주되며 그 구성원들은 차별적으로 대우되어서는 안 된다는 뜻이다. 즉, 공공은 유동적인 포괄성과 평등성을 내포한 것이다. 나아가서 사회적 약자를 적극적으로 보호해야 한다는 공평성(fairness)도 포함한다. 이것은 기계적 평등성과는 다른 개념이다.

사회적으로 문제로서 인식되고 있지만 근절되지 않는 문제에 대하여, 공무원부터 모범을 보이도록 처벌하는 것도 행정윤리적 측면에서 이해할 수 있다. 음주운전자에 대한 처벌이 그것이다. 음주운전으로 적발되면 운전자는 누구든지 보험료 인상과 자기부담금과 같은 민사적 책임, 징역 또는 벌금과 같은 형사적 책임, 운전면허 정지나 취소와 같은 행정적 책임을 진다.

그런데 공무원은 여기에 더해서 인사행정적 징계를 받는다. 기본원칙은 한번 음주운전을 한 경우라도 무거운 징계를 함으로써 공직사회부터 음주운전문화로부터 벗어나자는 것이다. 즉, 처음 음주운전을 한 경우, 혈중 알코올농도가 0.08퍼센트 미만인 경우 정직에서 감봉, 0.08퍼센트 이상 0.2퍼센트 미만인 경우는 강등에서 정직의 징계를 받는다. 0.2퍼센트 이상의 혈중 알코올 농도는 해임에서 정직, 2회이상 음주운전을 한 경우 강등, 파면, 해임 등 중징계를 받는다.

동일한 위법사항에 대하여 민간보다는 더 큰 징계를 받는다는 것은 법앞에 평등이라는 원칙에 어긋나는 것은 분명하다. 그러나 음주운전문화로부터 벗어나 안전한 사회를 만든다는 의미에서 공익의 증진이 된다면, 공무원에게 더 높은 윤리적 평가를 하며, 실천을 강요하는 것은 인사행정의 특수성에서 오는 것이라 하겠다.

이상을 종합하면 공익이란 특정한 사회구성원이 아닌 사회전체 내지 공동체의 여러 구성원에게 영향을 미치는 이익이라고 할 수 있다. 자신의 이익을 표현하지 못하는 사람까지 포함하여 가능한 많은 사람을 생각하고, 이들을 차별 없이 대하며, 모범이 되도록 행동하는 것은 윤리적 공무원으로서 중요하다. 이러한 실체설적 공익개념은 개인이나 집단의 이해를 조화롭게 조정하여야 한다는 과정론에 의해서 실현 가능성이 더욱 뒷받침될 수 있을 것이다.

따라서 논의의 초점을 개념규정에 둘 것이 아니라 공무원의 행동을 어떻게 공익의 가치를 추구하도록 이끌 것인가에 맞추어야 한다. '기회는 균등하게, 절차는 공정하게, 결과는 공평하게'는 이런 생각들을 잘 요약한 표현이다. 공무원은 자신의 행동과 말은 물론이고 정책을 결정함에 앞서 이러한 기준을 생각하는 것이 요구된다.

2. 공직자의 행동규제

2.1 의 의

한국에서 '공인(公人)'이란 보통의 사람보다 높은 수준의 윤리를 가진 사람으로 인식되어 왔다. 즉, 도덕적으로 전혀 흠이 없는 '모범 공직자상'을 기준으로 공무원을 평가하는 경향이 있다. 물론 이러한 경향을 현대의 시민사회에서 공무원도 일반시민과 마찬가지로 기본권을 향유할 수 있어야 한다는 주장과 함께 약화되어 가고 있다. 그러나 이러한 공무원들에 대한 인식변화는 이상적 공직자상에 대한 정도가 완화되어야 한다는 의미이지 일반시민과 전혀 차이를 둘 필요가 없다는 뜻은 아니다. 음주운전에 대한 부가적 징계가 그 예이다.

공무원의 윤리의식이 높다는 것만으로 공무원의 윤리적 행동이 보장되는 것은 아니다. 언급하였듯이 윤리의식, 특히 공익의 가치에 대한 감각과 판단력은 공무원의 행동 전반에 영향을 미치는 중요한 것이기는 하지만 구체성을 결여하고 있어 행동의 명확한 지침을 제공하는 데 한계가 있다. 따라서 보다 실용적 차원에서 공무원의 윤리적 행동을 보장할 수 있는 수단을 찾게 된다. 그 하나는 사회적으로 용인할 수 있는 최소한의 규범을 정해서 이를 벗어나는 행동에 대해 법적 강제력을 동원할 수 있는 법규정(ethics legislation)을 마련하는 것이다. 다른 하나는 법적 제재력을 갖지는 못하지만 공무원에게 기대하는 규범내용을 선언적으로 명시하여 공무원에게 내면화를 기대하는 윤리강령(codes of ethics)을 채택하는 것이다.

2.2 윤리관련 법규

1) 법규내용

법으로써 공무원이 지켜야 할 도리를 분명히 하고 이를 위반한 공무원에게는 불이익 처분을 내리게 된다. 국가공무원법과 공직자윤리법 등 공무원윤리의 외부적 평가와 규제를 위한 법규가 많이 있다.

① 국가공무원법

국가공무원법과 공무원복무규정에는 상당히 포괄적이고 엄격한 공무원의 행동규범에 관한 내용을 담고 있는데, 이를 크게 신분에 관련된 것과 직무에 관련된 것으로 분류할 수 있다. 전자는 공무원이라는 전체 국민에 대한 봉사자로서 사회의 모범상을 보여야 하는 신분상의 지위에 기대되는 규범이고, 후자는 공무원이 수행하는 직무가 공공성을 가지는 것에 요구되는 규범이다. 전자는 사회의 구성원인 일반시민과의 차별성에서 오는 공무원의 개인윤리라면, 후자는 민간분야의 일반직장인과 다르다는 점을 강조한 공무원의 직업윤리라고 할 수 있다.

신분관련규정은 공무원의 품위유지 의무로서 대표된다. 이것은 공무원의 신분에서 오는 의무이기 때문에 직무와의 관련성을 묻지 않는다. 따라서 직장 밖에서의 사생활까지도 일반국민에 비해서 상대적으로 엄격한 제한을 받게 된다. 품위는 행동·복장·언동 등 외적으로 나타난 모습이다. 어느 정도를 품위의 손상으로 볼 것인가는 공무원의 종류(교육공무원·경찰공무원 등), 공무원의 지위, 그리고 가장 중요하다고 볼 수 있는 그 시대의 사회적 통념을 종합적으로 고려하여 결정할 문제이다.

직무관련규정은 다시 적극적 규정과 소극적 규정으로 나눌 수 있다. 국가공무원법 및 관련규정은 적극적 규정으로 직무를 '성실'히 수행할 것, '친절'·'공정'·'신속'·'정확'하게 업무를 처리할 것, 그리고 직무상 상관의 명령을 충실히 이행할 것을 의무화하고 있다. 한편 바람직하지 못한 행위를 예방하기 위한 소극적 규정으로는 '직장이탈금지', '영리업무 및 겸직금지', '직무상 알게 된 비밀누설금지', '사례·증여·향응 수수금지' 등의 내용을 담고 있다.

② 공직자윤리법

국가공무원법과 공무원복무규정은 규정을 위반한 경우 그 자체로서(불친절·명령불복종·직장이탈·겸업·비밀누설·금품수수 등) 윤리적으로 '나쁘다'는 인식을 하게 된다. 이에 반해, 공직자윤리법은 특히 공직자의 이해와 관련자의 공정한 직무수행이 어려운 상황에 처해지지 않도록 미리 예방조치를 취해야 한다는 이해충돌 방지의무를 명시하고 있다. 즉, 공직자가 헌신적으로 공무를 수행하도록 윤리성을 위해 노력하도록 하기 위한 것이다. 어떤 상태나 행위 그 자체가 나쁘다고 단정할 수 없는 상황에서 그 상태나 행위가 나쁜 목적(일반적으로 말하는 부정·부패)과 연결될 수 있는 가능성을 예방하기 위한 규정이다. 재산등록 및 공개규정, 징계 및 벌칙 그리고 퇴직공직자 취업제한규정이 그것이다.

공무원의 재산규모·선물수수·퇴직 후 취업 그 자체는 개인의 이익추구를 기본적 경제행위로 보는 자본주의 국가에서 크게 비난받을 것이 아니다. 그러나 재산이 갑자기 늘어났다거나, 주식가치가 올랐다거나 일정규모 이상의 선물을 받았다거나, 퇴직 후 평소 직무상 고객으로 상대해 오던 기업에 취직한 경우는 이면에 무엇인가 반대급부가 있었을 것으로 의심할 수 있다. 반대급부는 공익에 상충되는 직무수행을 조장할 위험이 있다. 공직자윤리법은 개인의 재산에 대한 정보공개와 취업의 제한을 통해 공무원의 부정한 사익추구 행동을 사전에 방지하기 위한 것이다.

③ 부패방지법

부패 및 국민권익위원회의 설치와 운영에 관한 법(이하 '부패방지법')은 2001년 7월에 제정되었다. 대한민국 사회에서 부패를 근절하기 위하여, 공공기관뿐만 아니라, 부패의 다른 당사자인 정당, 기업, 국민에까지 적용범위를 넓혔다는데 의의가 있다. 즉, 국가공무원법이나 공직자윤리법이 공직부패를 방지하기 위한 규정 수준에 머물고 있다면, 부패방지법은 이의 실효성을 확보하기 위한 도구적 성격이 강하다. 무엇보다도 직무상 독립과 3년의 신분이 보장된 독립합의형의 국민권익위원회(과거, 부패방지위원회, 국가청렴위원회)를 대통령직속으로 설치하였다는 데 의의가 있다. 동 위원회는 독립적으로 부패방지에 필요한 법령·제도 등의 개선과 정책의 수립은 물론 부패행위를 신고받아 조사가 필요한 경우 조사기관에 이를 이첩하고 차관급 이상 고위공직자의 부패행위에 대하여는 검찰에 직접 고발할 수 있는 권한을 부여하고 있다. 공무원에게는 동료 공직자의 부패행위를 알게 된 경우 이를 신고해야 할 의무를 부과하고 있다.

④ 공익신고자 보호법

부패, 청탁, 비리는 등 비윤리적인 행위는 행정조직내 비밀스럽게 이루어지기 때문에 외부인은 잘 할 수 없다는 한계가 있다. 이 때 필요한 것이 내부고발자(whisleblower)이다. 이전에는 소위 '양심선언'이라고 하여, 언론에 공개를 하고 그 불이익에 대해서 여론의 지지를 통하여 공개적으로 대응하는 방법을 택하였다. 이것은 조직입장에서 보면 그를 일탈자로 치부하고, 더 강하게 불이익을 줌으로써, 다른 사람들이 침묵을 지키게 함으로써 비윤리적 행정이 뿌리뽑히지 않는다는 한계가 있다.

가장 효율적인 방법은 비리와 비정상을 직간접적으로 알 수 있는 가능성이 높은 조직내부 사람들의 신고를 활성화하는 것이다. 비윤리적 활동을 막는 방법으로써, 이를 잘 알고 있는 사람이 신고를 하게 하고 신고행위를 한 사람이 조직으로부터 불이익을 받는 것을 막는 것이다.

동 법은 내부 고발자를 공익신고자라고 하고 공익침해행위를 신고한 사람들을 보호하는 것을 구체적으로 규정하고 있다. 공익침해행위란 국민의 건강과 안전 환경 소비자의 이익 및 공정한 경쟁을 침해하는 행위라고 넓게 규정하고 있다. 구체적으로 법률의 벌칙에 해당하는 행위 또는 행정처분의 대상이 되는 행위 등을 법률에서 나열하고 있다.

중요한 것은 공익신고자에게 취해질 수 있는 불이익의 조치를 구체적으로 나열하고 있다는 점이다. 전보 등 각종 인사조치, 공익신고자의 작성 및 명단 공개, 집단따돌림, 폭행 혹은 정신적 신체적 손상을 가져오는 행위, 직무에 대해 부당한 조사나 감사, 그 결과를 공개하는 행위, 인허가의 취소, 그 밖에 행정적 불이익을 주는 행위, 물품 계약 등 용역 계약의 해지, 등이다.

우리나라같이 집단주의적 문화가 있는 조직에서는 신고자가 누구인가에 대한 비밀 보장이 굉장히 중요하다. 그 사람이 공익 신고를 했다는 자체로 당사자와는 원수가 되고 복수할 방법을 모색한다. 또한 그 소문이 남으로써 낙인 효과때문에 조직내 사회관계가 곤란해지는 경우가 발생할 수 있다.

신고를 해도 솜방망이로 처벌되거나 아무 조치도 취해지지 않는다면 신고할 의욕이 생기지 않는다. 부패나 청탁, 비리를 신고당한 당사자에게 어떤 조치가 취해졌는지를 신고자에게 알려주는 것이 중요하다. 가장 중요한 것은 공익제보자에게 생길 수 있는 보복적 조치를 예방할 수 있는 신변보호 조치하도록 하는 것이다. 우선 공익제보자에게 불이익을 준 사람을 처벌하도록 하고 있다. 나아가서 공익제보자가 조직에서 불편한 관계를 계속하기보다는 공익신고자가 다른 데로 전출, 파견, 등을 원하는 경우에 우선적으로 해야 된다는 의무를 지우고 있다.

2.3 공직자 행동규제의 고도화

1) 김영란 법

깨끗한 공직사회는 60년대 이후 역대정권에서 줄기차게 주장해온 정책이다. 윤리관련 법규범은 '공직자만'을 대상으로 하여 그들이 '최소한도로 지켜야 할 행동'을 규정하고, 그 외의 것은 개인의 양심에 맡기며, 주기족으로 공직기강을 단속하고 처벌하는 '하향적' 접근법을 택하였다. 그러나 국제투명성기구(Transparency International)의 점수나 일반국민이 체감되는 윤리수준은 크게 변하지 않았다.

그 이유는 부패나 비윤리적 행위는 공직자 홀로 이뤄지는 것이 아니고, 상대방이 있다는 점이다. 특히 민간들은 공직자를 활용하여 이익을 취할 수 있는 기회가 있기 때문에 적발될 가능성이 낮은 반면 얻을 수 있는 이익이 있으면 언제든지 관에 접근하고 싶은 욕구를 억제하기 어렵다. 다음으로 법에는 비윤리적 행위를 한 공직자를 처벌한다고 천명하고 있지만, 실제 행위는 위반여부를 판단하기 어려운 애매한 부분도 있고, 재판에서 솜방망이로 양형이 되든가, 무죄로 구제되는 경우도 많이 생김으로써 그 실효성이 의심되었다.

이런 문제를 해결하기 위하여 2012년 당시 국민권익위원회 김영란 위원장이 처음 제안하고 오랜 논의 끝에 2015년 국회에서 부정청탁 및 금품 수수 등 금품 등 수수의 금지에 관한 법률(일명 김영란 법)이 통과된다. 그리고 2016년 9월 28일 이 법이 시행되었다. 기존의 부패 방지 방법보다는 상당히 다른 차원에서 법적인 강제를 도입한 획기적인 것이다.

첫째, 공직자는 물론이고 넓은 의미의 공직자(예, 사립학교 교원, 언론인)와 배우자까지 규제대상을 넓혔다는 특징이 있다. 우리나라는 인맥이 발달하고, 정적인 문화가 있기 때문에 공직자 당사자로 국한하면 실효성없는 규제가 될 가능성이 높다. 누구든지 직접 또는 제3자를 통해서 직무를 수행하는 공직자 등에게 청탁해서 하면 안 된다고 명시함으로써 공직자 본인은 물론이고 배우자, 선후배 등 제 3 자를 통하는 것을 금지하고 있다는 점에서 실효성이 커졌다.

두 번째로는 규제의 대상이 되는 청탁과 금품에 대해 구체적으로 명시하는 방법을 택하였다. 현금, 유가증권, 부동산, 물품, 숙박권, 회원권, 입장권, 할인권, 초대권, 관람권, 부동산, 등의 일체의 재산적 이익으로 넓혔고, 음식물도 주류, 골프 접대 향응, 교통, 숙박, 등 편의 제공 또 채무면제, 취업 제공, 이권 부여, 등 유형 무형의 경제적 이익 등 상당히 넓게 규정하고 있다는 것이 특징이다.

세 번째 직무수행의 내용도 법률에 명시되어 있다. 인허가, 면허, 특허, 승인, 검사, 검정, 시험, 인증, 확인 등은 물론이고 모집, 선발, 채용, 승진, 전보 등 인사의 문제, 각종 위원회 활동, 수상, 포상, 입찰, 경매, 보조금, 장려금, 또한 재화 용역을 특정 개인에게 주는 정상적인 거래에서 벗어난 거래, 입시, 병역판정, 행정지도, 사건의 수사, 등 매우 넓은 범위로 나열하고 있다.

김영란 법의 장점은 사후규제보다는 이해충돌의 경우 이를 명시적으로 신고하고 그 직무에서 배제되어야 하고, 부정청탁을 받았을 때 부정청탁을 한 사람에게 부정청탁임을 알리고 이를 거절하는 의사를 명확히 표시해야 된다는 사전예방적 의무를 부과하고 있다는 것이다. 또한 이런 것을 매년 교육을 시키도록 한 것도 예방 차원에서 굉장히 중요한 것이라고 볼 수 있다.

두 번째 장점은 금품을 수수한 것에 대한 명확히 기준을 제시하여 이 액수를 넘는 것은 그 동기나 실제 공모여부에 관계없이 법을 위반한 것으로 본다는 점이다. 예컨대 어떠한 명목에 관계없이 1회에 100만 원 또는 매 회계년도에 300만 원을 초과하는 금품을 받거나 요구 또는 약속하는 경우에는 형사처벌을 받도록 되어 있다. 그 이하의 액수에 관하여서는 직무와 관련돼 있을 경우에 처벌한다.

또한 공직자에게 부정청탁을 하고 그 대가로 특강을 요청하여 강사료를 주는 등의 편법적 행위가 이뤄지는 경우도 많이 있다. 이를 위해 외부 강의 등에도 일정한 액수를 정하고 초과하는 금을 받아서는 안되고, 액수에 관계없이 신고를 하도록 되어 있다. 심지어 경조사 선물에 관해서도 명확한 액수를 정했다는 점에서 매우 획기적인 것이라고 할 수 있다.

요컨대, 이 법은 공직사회에 그동안 단속하지 단속되지 못했던 애매한 점을 명확히 했다는 점에서 그만큼 실효성이 커졌다.

2) 공직자의 이해충돌 방지법

김영란법의 실행으로 공직사회가 많이 맑아졌음에도 불구하고 미흡한 점이 많이 있어서 비윤리적 행위가 근절되지 않았다. 이를 근본적으로 개선하려는 움직임의 일환으로 2015년 김영란법 제정당시 논란 끝에 제외되었던 이해충돌방지법이 2021년 제정되고 2022년부터 시행되었다. 행정 윤리의 가장 실천 원리로서 중요한 것이 이해 충돌 방지인데 이것을 하나의 법으로 만든 것이다. 부정청탁 및 금품수수 금지법과 이해충돌방지법은 상호보완적인 것으로 공직윤리의 법적인 규제범위를 명확히 하고 광범위하게 넓혔다는 점에서 우리나라 공직윤리의 혁명적 전환을 가져 오는 계기가 되었다.

따라서 금품수수나 청탁을 넘어 공직자가 사적 이윤을 추구하는 것을 금지함으로써 직무수행 중에 발생할 수 있는 이해 충돌(conflict of interest)을 방지하는 것으로 범위를 넓혀서 공정한 직무수행을 하도록 하였다. 구체적 내용은 공직자는 첫 번째로 이해관계에 영향을 받지 않고 직무를 수행해야 하고, 두 번째로 공평무사하게 직무수행을 함으로써, 어떤 사람을 우대하거나 차별하지 말아야 되고, 세 번째로 사적 관계로 직무수행의 관계가 곤란하다고 판단할 때는 이 직무수행 자체를 피해야 된다.

이 세 가지 의무는 공직윤리를 확립하는데 매우 중요하다. 사적 이익에 관련되었다고 생각되는 경우 미리 신고하고나 및 회피 기피 신청을 하도록 한 것인데, 그 구체적인 대상은 금품수수 및 방지에 관한 법의 내용과 유사하다. 아울러 부동산의 보유, 매수도 신고하게 되고, 공직자가 민간 부문 업무 활동을 할 때 내역을 제출하고 공개해야 된다. 특히 퇴직 공직자가 직위에 임용되거나 임기를 개시하기 전 3년 이내에 민간 부문에서 업무 활동을 하는 경우 30일 내에 이를 제출해야 된다. 직무 관련 외부 활동 제한하는 것이 있다든지, 가족 채용을 제한한다든지, 수의 계약을 체결한다든지, 직무상의 비밀을 이용을 금지하고 있다.

획기적인 것은 공직자가 소속기관의 퇴직자후 2년이 지나지 아니한 사람과 직접 접촉을 하는 것도 금지하고 있다는 점이다. 소위 전관예우를 막기 위한 것이다. 구체적으로 골프, 여행, 사행성 활동 등을 같이 할 때는 신고해야 된다. 즉 공직자가 자기의 상하 또는 동료였던 사람과는 2년 이내의 이런 활동 자체를 못하도록 하고 있는 매우 엄격한 기준이다.

3) 퇴직후의 윤리규제

지금까지 논의한 것은 공직자의 공직재직기간중의 윤리를 확보하기 위한 것들이다. 그러나 윤리적 제약이 큰 공직에서 벗어난 이후에도 비윤리적인 문제가 생길 가능성이 있다. 우리나라와 같이 평생직장이란 개념이 있고, 직장선후배간에 평생관계를 유지하는 문화가 있는 나라의 경우 더욱 그렇다. 그래서 퇴직후 취업제한과 그 활동을 규제하기에 이른 것이다. 평균 수명이 늘어남에 따라 공직자도 퇴직후에 새로운 직장을 갖는 경우가 많아지기 때문에 매우 중요한 윤리규제영역이 되었다.

먼저, 취업제한제도는 퇴직공직자와 업체간의 유착관계 차단하고, 퇴직 전 근무했던 기관에 영향력 행사 방지하는 것을 주 내용으로 한다. 후배인 현직자는 상관으로 모셨던 전임자 예우 혹은 압력이라는 청탁을 벗어나기 어렵고, 업체와는 현직 일 때 먼저 편의를 봐주고(사전특혜) 퇴직후 임원 등 일자리를 주는(사후보상) 것을 막자는 것이다. 법조계에 오랜 관행으로 되어 있는 전관예우라는 문화를 염두에 두고 일반공직자 모두의 공무집행상 공정성과 공직윤리 확립하려는데 목적이 있다.

취업심사대상인 퇴직공직자는 취업심사대상기관에 취업이 퇴직후 3년간에는 원칙적으로 금지된다. 그래도 취업을 하고자 하는 경우에는 업무관련성여부를 미리 심사를 받아서 취업을 승인받아야 한다. 공직자는 전보로 자리이동이 잦으므로, 심사대상자의 퇴직 전 5년 동안 소속하였던 부서(고위공직자는 소속기관)와 취업예정기관 간의 밀접한 업무관련성 여부를 심사한다. 여기서 업무관련성이란 재정보조, 인·허가, 검사·감사, 조세부과, 계약, 감독, 사건수사 등을 의미한다.

퇴직공직자의 취업심사 대상기관

① 자본금 10억원 & 외형거래액 100억원 이상 영리사기업체
② 외형거래액 100억원 이상 법무법인 등, 회계법인, 외국법자문법률사무소, 합작법무법인
③ 외형거래액 50억 이상 세무법인
④ 취업이 제한되는 사기업체가 가입하고 있는 협회
⑤ 공공기관의 운영에 관한 법률 제 5 조 제 3 항 제 1 호 가목에 해당하는 시장형 공기업
⑥ 안전감독, 인허가 규제, 조달업무 수행 공직유관단체
⑦ 초·중등교육법, 고등교육법 제 2 조에 따른 학교를 설립·경영하는 학교법인과 학교법인이 설립·경영하는 사립학교
⑧ 의료법 제 3 조의3에 따른 종합병원과 종합병원을 개설한 법인
⑨ 사회복지사업법 제 2 조 제 3 호에 따른 기본재산이 100억원 이상인 사회복지법인과 사회복지시설을 운영하는 사회복지법인 이외의 비영리법인
⑩ 방산·식품·의약품 등 특정분야 사기업체와 법인·단체 등

취업제한에 더하여, 고위 공직자가 퇴직후에 공직자에 접근하여 부정청탁이나 압력을 행사하는 것을 금지하는 행위제한 제도도 도입하였다. 취업제한은 업무

연관성이 있는 업체에 종사하는 것 자체를 막는 것이라고 한다면, 행위제한 제도는 퇴직공직자가 점하는 직위에 관계없이 퇴직후 관련업무를 하지 못하도록 한다는 차이점이 있다. 모든 퇴직공직자는 본인 직접 처리한 일정업무를 하는 것이 영구히 제한되고, 고위공직자는 퇴직 후 2년간 일정업무를 취급하는 것을 제한된다.

제한된 행위를 하는 퇴직공자자는 신고를 해야 한다. 공직자윤리위원회는 고위공직자에게 업무내역서를 제출받아 행위제한 위반여부를 심사하여 승인여부를 결정한다. 국민권익위원회의 청렴포탈에 공직자 접촉을 간편하게 신고할 수 있다(https://www.clean.go.kr).

그림 14-2 퇴직 공직자의 재취업심사

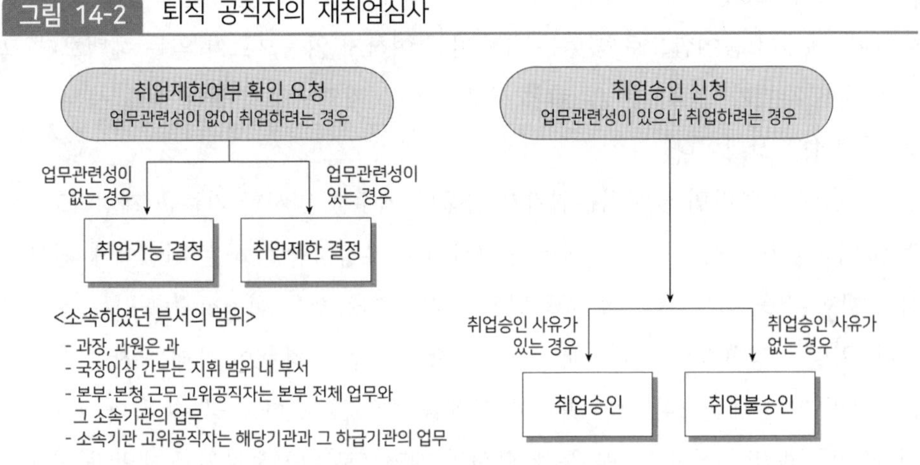

자료: 인사혁신처 https://www.mpm.go.kr/mpm/info/infoEthics/BizEthics04/ 일부수정

이러한 엄격한 제한에도 불구하고, 실제로 현장에서 부정한 청탁이나 영향력 행사가 근절되었다고 보기는 어렵다. 얼마든지 우회하는 방법이 있기 때문이다. 대표적인 것인 퇴직공직자가 대형 로펌 등에 고용된 고문, 자문 등의 직위를 갖는 것이다. 이들은 취업제한 등의 심사를 거쳐 공식적으로는 아무 하자없이 취업되지만, 실제로는 로비스트 역할을 하고 있기 때문이다. 변호사법 제89조의6에는 법무법인 등에서의 퇴직공직자 활동내역 등을 매년 해당 지방변호사회에 제출하는 의무를 부과함으로써 윤리성을 확보코자 하고 있기는 하다.

4) 공직윤리 개혁의 이론적 평가

이상에서 설명한 최근의 변화를 이론적으로 설명하고자 한다. 그동안 우리나라의 공직사회에서 부패가 근절되지 않는 것은 첫째 발각될 가능성이 상대적으로 낮고, 둘째 부패에 가담함으로써 얻는 혜택이 상당히 크기 때문이었던 것으로 판단된다. 부패는 혼자 이루어지는 것이 아니고, 적어도 금품을 주는 사람과 받는 사람이 있어야 성립하는 양자 게임이다. 이것을 죄수의 딜레마에서 말하는 부패행위의 참여함으로써 얻는 혜택이 행위자 1과 행위자 2 사이에 협조/비협조라는 두 가지 선택지 사이에 일어나는 것으로 보자. 그동안 부패라고 명확히 정의되기보다는 애매모호한 부분이 많았고, 만약 부패에 가담해도 발각될 확률도 낮은 데 비하여, 부패에 참여함으로써 얻는 혜택이 참여하지 않음으로써 얻는 혜택보다 크기 때문에 부패가 근절되지 않는다. 서로 침묵을 지킴으로써 둘다 형을 사는 죄수의 딜레마인 상황이다.

그런데 김영란법은 사회분위기가 금품의 액수를 명시한 기준을 제정하고, 사전에 이해충돌의 상황을 자진해서 신고하거나 부정청탁을 하는 사람에게 거부의사를 밝힐 것을 의무화함으로써 적발될 발각될 가능성을 현저히 높혔다는 특징이 있다. 처벌도 강화함으로써 부패를 참여함으로써 얻는 혜택이 부패를 참여하지 않음으로써 얻는 혜택보다 작기 때문에 부패를 줄일 수 있다고 볼 수 있다. 즉 죄수의 딜레마 게임이 집합행동을 통해 확신의 게임으로 바꿈으로써 상대방과 협력하는 형태로 게임을 바꾸는 것이라고 할 수 있다.[9] 한국 사회의 오랜 전통으로 내려온 미풍양속, 즉 선의를 가지고 하는 인간관계나 사회관계를 저하시키거나 조직분위기를 경직시킨다는 단점도 있다.

2.3 윤리강령

1) 강령의 내용

강제성을 수반하는 법규정과는 달리 윤리강령은 공무원이 갖추어야 할 덕목과 추구해야 할 가치 및 행동지침을 헌장 형태로 공식화한 것이다. 많은 나라가 공무원 스스로의 자율적 행동규제를 통해 공직의 윤리를 제고시키려는 수단으로 윤리강령을 채택하고 있다. 마치 전문직업인의 경우에는 그들 전문직업인들만의 직업윤리강령을 가지고 자율규제를 하는 것과 같다. 대표적인 예로 변호사·의사·약사·간호사 등이다. 이들 직업인은 자기들 직업의 순수성과 소속회원들간의 정체성(identity)을 높이기 위해서라도 직업윤리강령을 채택한다. 이와 같이 전문직업성이 강할수록 직업윤리강령이 그 집단의 가치관 형성과 행동결정에 영향을 미친다.

공무원 헌장 실천강령

하나. 공익을 우선시하며 투명하고 공정하게 맡은 바 책임을 다한다.
- 부당한 압력을 거부하고 사사로운 이익에 얽매이지 않는다.
- 정보를 개방하고 공유하여 업무를 투명하게 처리한다.
- 절차를 성실하게 준수하고 공명정대하게 업무에 임한다.

하나. 창의성과 전문성을 바탕으로 업무를 적극적으로 수행한다.
- 창의적 사고와 도전 정신으로 변화와 혁신을 선도한다.
- 주인 의식을 가지고 능동적인 자세로 업무에 전념한다.
- 끊임없는 자기 계발을 통해 능력과 자질을 높인다.

하나. 우리 사회의 다양성을 존중하고 국민과 함께 하는 민주 행정을 구현한다.
- 서로 다른 입장과 의견이 있음을 인정하고 배려한다.
- 특혜와 차별을 철폐하고 균등한 기회를 보장한다.
- 자유로운 참여를 통해 국민과 소통하고 협력한다.

하나. 청렴을 생활화하고 규범과 건전한 상식에 따라 행동한다.
- 직무의 내외를 불문하고 금품이나 향응을 받지 않는다.
- 나눔과 봉사를 실천하고 타인의 모범이 되도록 한다.
- 공무원으로서의 명예와 품위를 소중히 여기고 지킨다.

(국무총리훈령 제660호, 2015.12.31., 전부개정)

우리나라는 국가발전의 선도자로서의 공무원 사명감을 고취시키기 위한 기본적인 정신적 지표로서 1980년 가장 추상적이고 포괄적으로 표현한 공무원윤리헌장을 제정한 후 2016년 개정했다. 1982년에는 헌장에서 밝힌 기본정신과 신조를 보다 세부적으로 나누어 실천적 행동지침이 될 수 있도록 한 공무원윤리헌장실천강령이 제정되었다. 헌장과 강령은 다분히 선언적이고 교시적이다.

2) 윤리강령의 효과와 한계

윤리강령은 나쁜 것을 금지시키는 시각보다 좋은 것을 권장하는 시각을 더 강조한다. 타율과 강제가 아니라 자각에 의한 자율적 순응과 헌신을 이끌어 낼 수 있어야 의미가 있다. 헌장에서 볼 수 있듯이 윤리강령은 국가·국민·직장·직무·개인생활 모두에서 최고의 이상을 제시하고 공무원에게 모범적인 행동을 요구한다는 장점이 있다. 이들 가치는 공무원의 의식에 가치관으로 깊이 뿌리내려야 공무원의 행동 전반에 개방적이고 창의적인 영향을 미칠 수 있다. 법규정으로 강제하는 경우에는 이를 지키려는 마음이 없으면 법을 우회하거나 적발되지 않는 방법을 찾아내기 때문이다. 실천강령의 첫 번째와 세 번째는 김영란법과 이해충돌방지법에 의해서 상당한 수준이 강제되고 있다. 중요한 것은 법규범이 규율하지 못하는 부분에 대한 윤리성 확보이다. 이런 규범의 장점은 자율적으로 위반하지 않으려는 '마음'에 초점을 둔다는데 있다. 엄격하게 보면, 무사안일 행태는 윤리강령을 위반하는 중요한 예인데, 이를 고치기 위해서는 마음이 중요하다.[10]

이러한 주장에 동의하지 않는 윤리강령 무용론자들은 윤리강령의 추상성 때문에 윤리적 지침이 실제상태에서 아무런 도움을 주지 못한다는 점을 지적한다. 더구나 규범대로 행동하도록 하는 실효성 있는 제재 장치가 결여된 한에는 윤리강령이란 사무실 벽을 장식하는 하나의 포스터에 불과할 수 있다. 실제로 우리 공무원에게 윤리헌장이나 실천강령의 내용이 무엇인지 어디에서 그 내용을 확인할 수 있는지 물어 본다면, 아마 절대다수가 모른다는 대답을 할 것이다. 매일은 아니더라도 가끔씩 이를 읽고 마음가짐을 바로잡는다면 의미가 있을 것이다.

2.4 윤리관련 법규와 권리제한

공무원의 일반행동을 규정하는 국가공무원법의 품위유지 및 성실·친절·공정의무 규정은 그 내용이 추상적이고 그 적용에 있어서 억울한 공무원이 나올 가능성이 있었다. 공직자윤리법의 경우에 많은 이론적 논란이 되고 있는 것이 재산등록과 취업제한의 규정이다. 이를 구체화한 것이 소위 김영란법과 이해충돌방지법으로 금지되는 행위가 명확해지고, 동시에 규제범위가 넓어짐에 따라 공직자는 그만큼 촘촘한 규제속에서 직무를 수행해야 하는 처지가 되었다.

재산등록제도와 취업제한제도는 기본권침해의 소지와 유능한 사람의 공직유입을 저해할 가능성이 있다. 재산공개가 이익집단이나 반대정파에 의해 부도덕한 사람으로 오해받게 하여 유능한 사람이 공직을 원치 않는 경우도 생기고 있다. 민간은 부동산 투기를 마음대로 해서 돈을 버는데, 2가구 이상 주택을 소유한 공직자는 여론의 비난을 받는 등 재산증식에 제약을 받고 있다. 또한 주식을 많이 소유한 공직자의 경우 매각을 하거나 주식백지신탁제도에 의해 재산운용을 맡겨야 한다. 이것은 자본주의경제에서 보장된 사유재산권을 전혀 행사하지 못한다는 문제점이 있다.

퇴직공직자의 경우 퇴직 전 3년 이내에 영리를 목적으로 하는 사기업체를 대상으로 밀접한 업무를 담당한 사실이 있으면 그 분야로의 취업이 제한된다. 이들 제도는 각각 사생활자유의 권리, 직업선택의 자유와 근로의 권리 등 헌법이 규정한 기본적 인권을 제한한다는 문제점이 없는 것은 아니다. 관련 업무의 범위를 얼마나 넓게 보느냐에 따라 취업제한분야의 범위도 정해진다.

특히 공직에서 경험과 지식을 축적한 다음에 보수를 많이 주는 유관 사기업체로 옮기겠다는 경력계획을 가진 사람에게는 장애물이 된다. 공직채용방식을 개방형으로 바꿔 관련 민간분야와 정부간에 상호 인재를 교환함으로써 지식과 기술 그리고 외부의 시각을 받아들일 것이 요구되는 상황에서 취업제한규정은 하나의 장애물이 될 수 있다. 행동규범에 대한 법의 제정이 가질 수 있는 유리한 점은 법의 강제력과 공정한(자의적이 아닌) 법의 적용을 통해 규범의 한계를 분명히 밝히고, 이를 통해 학습효과를 부여함으로써 규범의 한계를 벗어나지 않도록 하는 강력한 메시지를 전할 수 있다는 것이다. 법이 형식적이고 자의적으로 집행되고 있는 한에는 오히려 법에 대한 근본적 불신과 징계에 대한 불평만을 가져올 뿐이다.

3. 비윤리적 행동의 제재

3.1 유 형

바람직하지 못한 행위는 구제적으로 부조리, 비리, 비위, 부정, 부패, 부정부패 등 여러 가지 용어가 있다. 그 공통의미는 '나쁜', '잘못된', '옳지 않은' 행위를 말한다.[11] 이러한 행위는 그것이 공무원 혼자서 일방적으로 한 행위인지 아니면 둘 이상의 상대방이 있는 행동을 통해 이루어진 것인지에 따라 단독 부정과 상호 부정으로 나눌 수 있다.

1) 상호 부정과 단독 부정

상호 부정은 공무원 일방이 공직을 이용하여 시민이나 다른 공무원에게 어떤 혜택을 주는 대가로 금품이나 다른 혜택을 받는 행위를 말한다. 혜택에는 편법 인·허가, 단속·입찰·개발정보의 제공, 사건묵인·무마 등이 있다. 혜택에 대한 대가는 금전이 가장 대표적이지만 향응, 가족의 취직, 선물 등 다양한 형태가 있다. 이러한 쌍방적 부정은 혜택의 성격에 따라 특혜사례비, 급행료, 정보제공비, 무마묵인비, 접대비, 교통비, 떡값, 상납금, 인사 등이 있다. 상호 부정은 공무원과 외부인과의 관계뿐만 아니라 공직 내부에서도 인사청탁이나 감사·수사 또는 예산배정과 관련하여 얼마든지 나타날 수 있는 현상이다.

단독 부정은 공무원 혼자서 자신의 사욕을 채우기 위해 공적인 신분을 이용하거나 공공재산을 사적으로 사용하는 이익추구행위와, 이익과는 무관하게 책임감도 가지고 능동적이고 창의적으로 직무에 임하지 않는 불성실 행위가 있다. 부정행위에 연루되는 특정인이 없는 경우이다.

이익추구행위의 예로 공금을 횡령·유용하는 행위와 자신이 가지고 있는 정보를 활용하여 부동산이나 주식에 투자하는 행위를 들 수 있다. 사무용품이나 기타 공공재산을 개인용도로 쓰는 것도 이익추구의 부정행위로 볼 수 있다. 또한 자신의 영향력을 키우기 위해 공직 내부의 인사나 예산배정 또는 외부의 청탁문제에 개입하여 대가 없이 순수하게 압력만을 행사하는 경우도 생각해 볼 수 있다.

다음으로 단독 부정의 불성실한 직무수행에 해당하는 것으로는 외부의 대민관계에서 주로 나타나는 불친절 행위나 일처리의 지연 또는 과잉단속 등을 들 수 있다. 대내적으로는 3D업무나 민원 등의 말썽소지가 있는 일을 피한다거나 상관의 지시만을 피동적으로 다루는 소위 무사안일행위를 불성실 행위에 포함시킬 수 있다. 근무시간중에 인터넷으로 개인용무를 보거나 주식거래를 하는 것, 사적인 전화통화를 하는 것도 이에 해당한다. 또한 부정이 적발되거나 근무가 태만한 부하공무원에 대한 감독을 소홀히 하는 행위, 상관의 부당한 지시를 따르거나 심지어는 상관에게 아부·아첨하는 행위도 이 범주에 포함시킬 수 있다.

2) 소극적 부정과 적극적 부정

쌍방적 부정과 일방적 부정을 다른 각도에서 '해서는 안 될 일을 하는 행위'와 '해야 할 일을 하지 않는 행위'로 나누어 볼 수 있다. 전자는 윤리적으로나 법적으로 용납할 수 없는 분명히 그릇된 잘못을 범하는 행위이다. 어떤 형태로든 공익을 해치면서 개인의 이익을 추구하는 행위로 적극적 부정이라 할 수 있다. 후자는 적극적으로 직무를 수행해야 할 책임과 의무를 소홀히 하는 것이다. 즉 직무를 '성실히', '친절하게', '신속하게'처리하지 않는 행위이며 '감독을 철저히' 하지 않는 행위이다. 소극적 부정은 공직을 악용하여 구체적인 개인의 이익을 취한 것은 아니라 하더라도 그 영향이 불특정 다수인에게 폭넓게 미치게 되기 때문에 적극적 부정 이상으로 심각하게 다루어야 할 문제이다.

부정·부패의 유형을 이와 같이 적극적 부정과 소극적 부정으로 분류하는 것은 부정방지대책을 각각 다른 시각에서 접근할 필요가 있기 때문이다. 이때 각 부정방지대책에 대한 부작용도 고려해야 한다. 적극적 부정을 방지하기 위해서는 일반적으로 사정의 도구인 감찰과 처벌을 강화할 것이 요구된다. 이 때 '해서는 안 될 일'을 막는 긍정적 효과를 가져올 것이 기대되지만 '해야 할 일'마저 하지 않는 부작용을 낳을 수도 있다. 반대로 '해야 할 일'을 적극적으로 조장하기 위하여 권한을 부여하고 일하는 풍토를 조성해 줄 경우에는 부작용으로 '해서는 안 될 일'까지 범할 부정의 소지를 제공할 수도 있다.

3.2 비윤리적 행위의 요인

공무원비윤리적 행위에 대해서는 '윤리불감증', 즉 의식에 초점을 두는 주장에서부터 정부가 너무 많은 권한을 가지고 기업을 규제하기 때문이라든가 우리나라의 문화 때문이라든가 하는 제도나 환경의 탓으로 돌리는 경우까지 매우 다양한 의견이 제시되고 있다. 이들을 개인차원, 조직차원, 환경차원으로 나누면 보다 체계적으로 부정의 요인을 이해할 수 있다.

1) 개인차원

부정행위를 공무원 개인의 성격 내지 심리 때문으로 보는 시각이다. 부정에 관여할 가능성이 높은 사람으로, '남들도 다 그러는데', '당신도 내 처지가 되면 이해할 수 있을거야'라는 식으로 자기행위에 대한 합리화를 잘 하거나, 직업에 대한 윤리의식이 결여된 사람들이 있다. 선천적이든 후천적이든 부정에 가담하기 쉬운 사람들이 있다.

개인이 처해 있는 경제사정도 부정행위의 요인으로 작용하기 쉽다. 과도한 부채, 소득에 비해 과도한 교육비와 생활비의 지출, 명품 등 과소비자, 주식투자나 사채놀이, 고급 유흥장 출입, 도박행위 등에 의해 많은 자금이 필요한 사람은 그렇지 않은 사람보다 금품수수나 공금횡령 등의 부정이 발생하기 쉽다.

2) 조직차원

조직차원의 부정영향요인은 그 분석단위가 공무원이 현재 근무하는 부서 내지 부처차원에서 발견되는 요인들이다. 조직풍토, 업무의 성격, 규정의 현실성, 그리고 부정공무원에 대한 처벌을 포함시킬 수 있다.

- 조직풍토

  조직풍토(organizational ethos)는 부처 내지 부서단위에서 오랜 기간을 거쳐 단위 구성원 모두가 묵시적으로 받아들이고 공유하는 신념 내지는 행동양식을 일컫는다. 예를 들어, 부정행위에 대하여 고발은 커녕 이를 덮어주거나 부서 내부적으로 처리하여 부서의 명예를 실추시키지 않으려는 풍토이다. 잘못된 것을 '잘못'이라고 인식조차 못하고, 이를 비판하는 사람을 오히려 부정적으로 생각하는 집단사고(group think)를 말한다. 정치적인 면에서 분위기가 확연히 달라지는 것과 같은 맥락이다.[12)]

- 업무성격

  업무특성이 비윤리적 행위를 야기시킬 수 있다. 우선 업무의 독점성이 강하고, 투명성이 낮을수록 비윤리적 행위를 가져올 가능성이 크다. 독점성이 강하다는 것은 시민·고객의 입장에서 볼 때 다른 공무원으로부터 대체서비스를 받을 수 없어 경쟁이나 감시가 존재하지 않는 상황을 의미한다. 특히 독점이윤을 보장하는 인·허가와 관계될 때 그 이윤의 일부가 공무원에게 가는 부정이 발생하기 쉽다. 또한 업무수행의 재량권이 많이 부여되고 재량권 행사에 대한 감시가 소홀하거나 곤란할수록 취약하다. 같은맥락에서 업무가 전문화되어 동료 공무원이나 상관 또는 일반시민에 의한 상호감시가 곤란하다거나, 업무관련 내규가 외부에 공개되지 않아 투명성이 낮은 경우도 비윤리적 행위가 일어날 가능성은 높다.

- 법규정의 실효성

  법규정이 얼마나 현실적인가가 중요하다. 법규정과 현실 간의 괴리가 심할

수록 위반자를 처벌하는 데 공무원들의 자의성이 개입될 가능성이 커진다. 규정이 비현실적이어서 평소 문제삼지 않았다가 갑자기 적발이 된 경우 불이익 처분을 내리더라도 법적으로는 호소할 수 없기 때문이다. 비현실적 법규정을 적용할 수도 있고 적용하지 않을 수도 있다면 그 폭만큼이나 부정의 소지는 넓다고 말할 수 있다.

공무원의 부정은 이를 방지할 윤리관련 법규정의 존재 및 실제 법집행의 엄격성과 상관관계가 있다. 법규정은 어떠한 행위가 구체적으로 금지되는지 이를 위반할 때에는 어떠한 처벌이 따르는지에 대한 분명한 메시지를 공무원에게 전달해야 한다. 이익극대화의 경제적 동기에 따라 행동하는 공무원에게는 초래하는 기회비용이 클수록 그 기대이익이 감소하기 때문에 비윤리적 행위에 개입할 동기가 줄어들게 된다. 따라서 처벌규정이 강할수록 비윤리적 행위의 비용을 증가시켜 이를 억제하는 효과를 기대할 수 있다.

– 처벌의 엄격성과 일관성

부정을 저지른 공무원에 대한 처벌이 얼마나 엄격하고 일관되냐에 따라 공무원의 행동은 달라지기 마련이다. 부정행위를 발견하고도 조직 내부에서 '쉬쉬'하며 묵인하거나 내부의 간단한 징계로 끝나 버린다면 이는 부정을 묵시적으로 허용하는 역효과를 가져온다. 징계권한을 가진 상관의 경우 부하직원과의 인간관계에서 일벌백계하여 엄중한 처벌보다는 사건을 축소·은폐하여 조용히 일을 마무리지으려는 풍토일 때 문제이다. 이러한 풍토에서는 부정을 겁내지 않을 뿐만 아니라, 처벌을 받는 경우 이를 반성하고 수용하는 것이 아니라 처벌이 불공정하다며 오히려 처벌에 대하여 불만을 갖는 경우가 많다.

3) 환경차원

부처단위의 조직 밖에서 공무원의 비윤리적 행위에 영향을 미칠 수 있는 요인들이 있다. 환경차원에서 공무원 부정행위에 영향을 미치는 중요한 요인들로 우리나라의 청탁·선물문화, 부정관련 법규정과 법집행 활동, 민원인의 유인, 그리고 공무원 보수를 지적할 수 있다.

– 문화

문화는 일찍이 세계 각국의 부정현상을 비교론적으로 연구한 학자들에 의해 주장된 부정요인 중의 하나이다. 예를 들어 일부 개발도상국에서는 국가보다는 가족, 부족이 가장 중요한 단위이다. 이렇게 국가의 존재가 미약한 곳에서 공무원이 자기 가족의 생계를 위해 부정을 저지르는 것은 죄악이 아니라 오히려 선행으로 보일 수 있다. 우리나라에서도 아직도 公과 私를 명확히 구분하는 합리적 행동이 문화에 배어 있지 않다.

Kolberg의 도덕발달단계에서 볼 때, 1차집단에서의 인정을 중시하는 전인습적 단계에 있는 사람들이 많이 있는 사회적 문화가 문제이다.[13] 이러한 문화에서는 부정에 관여된 공무원이 느끼는 사회적 불명예와 같은 도덕적 비용(moral cost)이 낮을 수밖에 없어 이런 행위의 억제에 도움을 주지 못한다. 비윤리적 행위를 자율적으로 통제할 문화가 아닐 때, 법규와 같은 외부적 통제에 의존할 수밖에 없고, 그 만큼 윤리통제에 비용을 지불해야 한다.

– 민원인의 유인

정경유착의 역사가 있는 나라와 그렇지 않은 나라사이에 차이가 존재한다. 기업인들이 건전한 경제의식이 없이 관에 의존하여 이득을 극대화할 때 문제가 더 커진다. 상호 부정에서는 민원인이 공무원에게 어떻게 접근하느냐도 중요한 작용을 할 것이다. 특히 사업상의 이익이 관여된 문제에서는 민원인이 자신의 윤리나 도덕보다 경제적 이익을 우선하기 쉽다. 이 때 행동의 기준은 이윤극대화의 경제법칙이 적용된다. 즉 일이 성사되어 생기는 이익과 일을 성사시키는 데 드는 비용을 비교하여 이익이 더 크다면 민원인으로서는 부정의 유인이 발생하기 마련이다. 정부 공사를 수주하는 건설회사가 1억 원 정도의 간접비용(접대비용·뇌물 등)을 들여 순익 10억 원 정도를 남길 수 있다면 회사로서는 그래도 '남는 장사'이기 때문에 뇌물로 공무원을 매수하여 공사를 수주하려는 동기가 충분히 생기는 것이다. 이와 같이 공무원을 상대하는 일반시민이나 기업인이 공무원을 부정의 상황으로 유인하는 정도에 따라 공무원의 부정에 대한 개입도 당연히 달라지게 된다.

– 보수

민간부문에 비교한 공무원의 보수를 부정과 연결시킬 수 있다. 후진국에서 많이 볼 수 있는 바와 같이 보수가 생계비에도 못 미치는 경우 부정에 대한 유인은 더욱 크다고 본다. 이러한 생계형 부정은 정치가나 고위공직자의 소위 권력형 내지 축재형 부정과는 규모나 도덕성에서 구별되어 다뤄져야 한다는 주장이 있다. 부패에 연루되지 않은 싱가포르 공무원의 경우, 보수가 민간보다 높기때문이라는 해석도 참고할 만한다. 충분히 개연성을 가진 주장이나 하나의 변수가 결정적으로 부정에 영향을 주는 인과관계로 파악해서는 곤란할 것이다. 동서고금을 막론하고, 아무리 생계비·교육비가 부족하다 하더라도 공직에 대한 사명감과 청렴도를 중시하는 공무원들은 비윤리적 행위에 빠져들지 않는다.

3.3 제재의 제도

1) 중립적 기구

부패의 경우 성질상 실제 일어난 사실이 은폐되거나 권력자에 의해 축소, 왜곡될 가능성이 높다. 특히 대통령을 비롯한 권력자들로부터 독립적이고 중립적인 기구를 설립하여 부패에 대한 신고를 접수한 후 사실관계를 정확히 규명하는 것이 중요하다. 우리나라는 오래전부터 부패방지 담당 위원회(국민권익위)를 설치하고, 사실관계 등을 확인하기 위한 조사와 필요한 조치를 하고 있다.

더욱 중요한 것은 어떻게 하면 이 기구들이 대통령 등 권력자들과 관계에서 독립적이고 자율적인 활동할 수 있도록 하느냐의 문제이다. 이제 고위층에 의한 권력형 부패가 중하위층에 의한 생계형 부패보다 더 중요해졌기 때문이다. 독립성과 자율성을 부여받은 감사원, 공직수사처, 검찰, 경찰 등의 역할이 의심시되는 면이 있어서 국민권익위와 같은 기구가 필요하다. 비윤리적 행위가 의심될 때 조사를 개시하는 초기단계가 중요하다. 만약 형사처벌을 위한 수사 및 공소제기의 필요성이 있으면 위원회의 명의로 검찰에 고발을 하여야 한다. 동 위원회의 권한과 의무는 이를 검찰에 고발하는 데에서 끝나지 않는다. 검찰의 수사권행사에 대하여 어느 정도 간여할 수 있는 여지가 있다. 우선 정치적 늑장수사의 문제 때문에 검찰에게는 동 위원회의 고발을 받은 60일 이내에 감사, 수사, 조사를 종결해야 하는 신속처리의 의무를 부과하고 있다. 또한 동 위원회가 검찰의 수사내용이 충분하지 않다고 판단하는 경우에는 수사결과를 통보받은 날로부터 14일 이내에 재조사를 요구할 수 있도록 하고 있다(동법 제30조). 재조사를 의뢰한다는 자체만으로도 공정한 수사를 통하여 국민적 신뢰를 얻으려는 검찰에게는 매우 큰 부담이 될 소지가 있다.

또한 부패방지에 관련된 모든 권한을 위원회 한 기관에 부여하지 않고 다양한 통로를 열어 놓고 있다. 그 중의 하나가 모든 국민이 감사기관에 감사를 청구할 수 있는 국민감사권제도이다. 즉, 18세 이상의 국민은 공공기관의 사무처리가 법령 위반 또는 부패행위로 인하여 공익을 현저히 해하는 경우 대통령령이 정하는 일정한 수 이상의 국민의 연서로 감사원에 국회·법원·헌법재판소·선거관리위원회 또는 감사원의 사무에 대하여는 국회의장·대법원장·헌법재판소장·중앙선거관리위원회 위원장 또는 감사원장에게, 지방자치사무에 대해서는 지방자치단체장에게 감사를 청구할 수 있다.*

2) 인사청문회

헌법에 의하여 국무총리, 대법관, 헌법재판관, 감사원장, 그리고 국회에서 선출하는 헌법재판소 재판관 및 중앙선거관리위원회 위원 등의 임명을 위해서 국회

---

* 모두 300인 이상 서명이 필요하고, 예외적으로 50만 이상 대도시는 200명 이상, 그 밖의 시·군·자치구는 150명 이상의 연서가 필요하다.

에 인사청문특별위원회를 둔다. 이와 더불어 헌법재판소 재판관·중앙선거관리위원회 위원·국무위원·방송통신위원회 위원장·국가정보원장·국세청장·검찰총장·경찰청장 또는 합동참모의장의 후보자 등 주요 공직자의 임명에는 국회의 인사청문회를 거치도록 되어 있다. 이런 규정은 당선후 취임하지 않은 대통령당선인이 고위직을 임명할 경우에도 적용된다.

국회에 제출하는 임명동의안에 기본적으로 다음과 같은 내용에 대해 서류를 첨부해야 한다. 물론 국회는 이 이외에 의혹사항에 대해 증거물제출을 요구할 수 있다.

- 직업·학력·경력에 관한 사항
- 공직자등의 병역사항신고 및 공개에 관한 법률의 규정에 의한 병역신고사항
- 공직자윤리법 제10조의2 제 2 항의 규정에 의한 재산신고사항
- 최근 5년간의 소득세·재산세·종합토지세의 납부 및 체납 실적에 관한 사항
- 범죄경력에 관한 사항

국회는 국회법 제65조의 2의 규정에 의해 인사청문회를 열어 공직후보자를 최대 3일간 국회에 출석하게 하여 질의를 행하고 답변과 의견을 청취하는 방식으로 한다. 인사청문위원회는 그 후 3일 이내 심사경과보고서를 제출한다.

그러나 국회의 임명동의를 조건으로 하는 국무총리 등을 제외하면, 대통령은 인사청문특별위원회의 심사경과보고서의 결론이 '부적합'이거나 심사경과보고서를 채택하지 못하더라도 그 후보자를 임명할 수 있다. 즉, 이 경우 동 위원회의 결론이 구속적이지는 못하다.

그럼에도 불구하고 2000년부터 시행한 이 제도는 공직윤리의 중요성을 인식시키는데 큰 기여를 하고 있는 것으로 평가된다. 지방자치가 활성화됨에 따라 지방의회에서도 인사청문회는 하고 있다. 인사청문회의 대상이 된 후보는 과거 수십년 전의 행적까지 언론에 공개되어 일종의 여론재판을 받기 때문에, 후보자의 일생에 윤리적으로 조그만 의혹이라도 있는지 샅샅이 밝혀진다. 즉, 위의 제출서

류이외에도 공직자행동에 관한 전반사항이 다뤄진다. 심지어 후보당사자들도 몰랐던 것도 밝혀지기도 한다. 특히 여론이 극히 악화되는 경우, 후보자본인이 사퇴하거나 대통령이 철회하는 등 실질적인 여과장치역할도 한다.

인사청문회는 많은 공무원들에게 '조금이라도 부끄럽게 살면 나중에 고위공직자가 될 수 없다.'라는 교훈을 준다는 점에서 긍정적인 면도 있다. 오늘날 같이 발달된 정보화사회에서는 숨길 수 있는 진실은 없다고 봐도 과언이 아니기 때문이다. 이 관문에서 과거의 잘못이 무사통과될 가능성이 없다는 것은 곧 '나도 나중에 창피를 당하지 않으려면, 지금 올바르게 살아야겠다'라는 강력한 메시지를 주는 것이다.

한편 인사청문회는 문제점도 있다. 정치인들인 국회의원들은 사실관계는 불문하고 매스컴의 주목을 받을 만한 것을 무엇이든 이슈화하는 경향이 있다. 또 다른 문제는 과거에는 합법적인 사항에 대해 오늘날 기준으로 비판을 하는 것이다. 특히 우리나라의 경우는 법과 제도가 수시로 바뀌기 때문에 지금의 기준으로 보면 용납할 수 없는 것이 과거에는 용인되었던 것이 많이 있다. 이 두 가지 모두 후보자의 인권을 위협하는 요인이다. 공직후보를 철저히 적격성검사를 해야 한다는 점과 후보자의 인권보호라는 두 상반된 가치를 조화시키는 것이 해결해야 할 향후과제이다.

다음으로, 인사청문회가 후보의 과거를 평가하는데 급급하고, 임용 후 담당할 업무에 관한 능력이나 정책비전을 검증하는 데에는 소홀하다는 문제가 있다. 엄격한 윤리기준을 들이대는 것뿐만 아니라 자질을 검증하는 데에도 소홀히 해서는 안된다.

4. 징 계

4.1 의 의

일반사회에서 범죄자가 끊이지 않듯이 높은 윤리규범이 강조되고 있는 공직사회에도 규범을 일탈하여 행동하는 공무원은 항상 있게 마련이다. 극도의 일탈자 행위가 보도되면 공직사회 전체에 대한 국민의 신뢰를 실추시킬 뿐만 아니라 선량한 다수의 공무원 사기에도 나쁜 영향을 미치게 된다. 정부로서는 이들 소수를 처벌함으로써 공직의 기강을 유지하고 행정의 신뢰를 확보하는 것이 중요하다.

징계는 법적인 의미와 행태론적 의미로 나눌 수 있다. 법적인 의미로는 법규정 위반행위에 대하여 공식적인 제재를 가하는 것을 말한다. 이 때 제재는 제재의 사유와 적법절차의 원칙에 따라 엄격하게 행해져야 한다. 현재 징계의 종류는 파면, 해임, 정직, 감봉, 견책이 있다(<표 14-1> 참조). 만약 재산상의 이익을 취하거나 횡령, 절도, 사기, 유용, 배임을 한 경우에는 금전상의 이익 액수의 5배 이내의 징계부가금을 부과해야 한다.

표 14-1 징계의 종류

- 파면: 공무원 신분을 완전히 잃는 것으로 5년간 공무원 임용의 결격사유가 된다.
- 해임: 파면과 같으나 3년간 공무원 임용의 결격사유가 된다.
- 강등: 1계급 직급을 내리고, 고위공무원단은 3급으로, 연구관은 연구사로, 지도관은 지도사로 한다. 공무원 신분은 보유하나 3개월간 직무에 종사하지 못한다. 이 기간동안은 보수는 전액을 감한다.
- 정직: 1개월 이상 3개월 이하의 기간 동안에 공무원의 신분은 보유하나 직무에 종사하지 못하며 보수는 전액을 감한다. 신분보장에서의 직위해제와 유사하나 정직은 미리 정한 기간이 지나면 자동으로 복직이 되는 반면에 직위해제는 해제사유가 발생하고 이에 따라 복직명령이 이루어져야 한다.
- 감봉: 보수의 불이익을 받는 것으로 감봉기간 동안 보수액의 1/3이 감해진다.
- 견책: 잘못된 행동에 대하여 훈계하고 회개토록 하는 것이다. 징계의 한 종류이기 때문에 잘못된 행동과 훈계내용이 서면인 처분사유설명서로 교부되어야 한다.

자료: 국가공무원법 제80조.

징계의 행태론적 의미는 근무규범의 준수를 확보하기 위한 관리활동이다. 인간의 행태를 자극에 대한 반응으로 보아 온 강화이론(reinforcement theory)이 이론적 근거이다. 사람은 자신이 원하는 만족스러운 보상이 따르는 행태는 계속 반복·강화시키고, 싫어하는 부정적인 제재가 수반되는 행태는 피한다는 법칙이다. 징계는 의무규정을 위반한 행동을 바로잡아 주고 행동을 올바로 이끌어 주는 동인(動因) 역할을 하게 된다. 따라서 행태론적 의미의 징계는 법적 징계 이외에도 단순한 구두경고, 잘못의 내용과 훈계의 내용을 서면이 아닌 구두로 전달하는 견책, 그리고 제재로서의 인사이동을 포괄하는 넓은 의미의 개념이다.

4.2 징계사유와 절차

1) 징계사유

우선 국가공무원법의 제규정 및 그에 의해 위임된 명령(대통령령·총리령·부령·훈령·지침 등)에 위반한 경우는 징계의 대상이 된다. 행정기관이 내부적으로 정한 처벌기준에 미달되는 비위라도 징계사유가 될 수 있다.[14] 국가공무원법에 규정되어 있는 공무원의 복무에 관한 의무규정(직장이탈금지·비밀엄수 등)이 중심을 이룬다.

국가공무원법 제78조는 징계사유로 다음의 3가지를 규정하고 있다.

1. 이 법 및 이 법에 의한 명령에 위반하였을 때
2. 직무상의 의무에 위반하거나 직무를 태만한 때
3. 직무의 내외를 불문하고 그 체면 또는 위신을 손상하는 행위를 한 때

둘째로 국가공무원법이 아닌 다른 법령에서 부과된 의무를 적법 타당하게 수행하지 않았거나 당연히 해야 할 직무를 성실히 수행하지 않은 경우를 말한다. 예

컨대 법규정에 어긋난 건축물에 대하여 허가를 내 준 경우이다. 공직자 재산등록 시 재산의 일부를 누락시킨 경우도 해당된다. 이러한 경우에는 고의가 아니어도 과실만으로 징계사유가 된다. 이 경우 행위자뿐만 아니라 감독자에게도 감독의무를 태만히 한 경우 징계책임을 물을 수 있다.

셋째로 동법 제78조 제3항의 내용은 공무원에게는 직무와 관련되는 것은 물론 관련이 없는 사생활의 경우에까지도 공직자로서의 체면과 위신을 손상시켜서는 아니 된다는 뜻이다. 행동규범 중 품위유지의 의무를 위반한 행위가 해당된다. 매우 추상적인 규정이지만, 공무원의 어떤 행위가 주권자인 국민의 입장에서 부정적 평가대상이라고 한다면, 해당 공무원의 징계는 정당하다는 판례가 있다. 즉, 추상성에 의한 공무원 권익침해의 가능성이 있지만, 법원을 통해 징계의 범위가 구체화되어 가고 있다. 체면과 위신을 손상시킨 것으로 판결된 몇 가지 사례를 보면 다음과 같다.

- 교도관인 공무원이 마약혐의로 구속된 죄수의 아내와 부적절한 관계를 맺은 경우
- 감사원 공무원이 허위의 사실을 기자회견을 통하여 공표한 것[15)]

2) 징계의 절차

징계의 사유에 해당한다고 해서 기관장이 단독으로 징계를 결정할 수는 없다. 상관의 자의적 판단과 정치적 압력에 의하여 부당한 징계처분을 받아 신분을 위협받을 수 있기 때문이다. 이를 위해 기관장이 위원장이 아닌 별도의 징계위원회를 두어 일정한 절차를 거치도록 하여 징계의 공정성을 기하고 있다. 징계위원회에서는 사건을 심의하면서 징계혐의자를 불러 진술의 기회를 반드시 부여하여야 한다.

징계위원회는 비위의 유형(복종의무위반, 비밀엄수의무위반 등등)과 비위의 정도 및 과실의 경중 그리고 평소의 근무성적이나 상훈 등을 고려하여 징계의 종류를

의결하게 된다. 이를 '징계양정'이라 한다. 징계위원회의 결정사항은 징계처분권자에게 통보된다. 징계처분권자는 징계처분 사유설명서를 교부함으로써 징계를 집행하도록 되어 있다. 징계처분을 받은 공무원이 징계처분에 대하여 이의가 있을 때에는 소청심사위원회에 심사를 청구할 수 있다.

4.3 관리적 접근

1) 징계관리의 쟁점

징계가 얼마나 법적으로 정당하게 이루어졌느냐 하는 것은 조직관리 차원에서 볼 때 최소한의 필요조건일 뿐이지 충분조건이 되지는 못한다. 징계의 결과는 공무원이 상황에 따라 적극적이고 탄력적으로 법을 해석하여 국민이 원하는 방향으로 직무를 수행하도록 이끄는 것이 아니라, 감사에서의 지적을 피하기 위해 '법대로'만 행동하는 책임회피의 보신주의를 낳을 수 있기 때문이다. 징계는 생산적으로 관리될 때 조직의 근무기강을 바로 세우고 조직의 성과를 높일 수 있지만, 그렇지 못할 때는 오히려 불평불만과 근무의욕마저 떨어뜨릴 수 있는 위험을 내포하고 있다. 따라서 관리의 측면에서 본다면 징계라는 자극이 공무원의 행태에 어떻게 작용하는지를 체계적이고 과학적으로 분석할 필요가 있다.

관리적 측면에서는 강화이론을 주목할 필요가 있다. 이러한 관점에서 핫스토브 법칙(hot stove rule), 점증적 징계(progressive discipline), 그리고 전향적 징계(positive discipline)가 있다. 핫스토브 법칙은 잘못된 행동을 분명히 따지고 응징하려는 입장이기 때문에 과거의 행동을 중시하는 편이라면, 전향적 징계는 잘못이 발생하지 않도록 교육하고 교정하려는 목적이기 때문에 미래의 행동을 상대적으로 중시한다. 이것은 징계라기보다는 교육 내지 상담을 통해 구성원 스스로가 잘못을 인식하고 교정하도록 이끄는 방식이다. 점증적 징계는 두 방식의 중간형태로 볼 수 있다.

2) 핫스토브 법칙

핫스토브 법칙은 말 그대로 뜨거운 스토브를 만질 때의 반응에서 유추하여 개발시킨 것이다. 즉 징계의 효과를 거두기 위해서는 뜨거운 스토브가 사람의 반응을 일으키게 하는 방식에 착안하여 다음의 4가지 법칙을 찾아낼 수 있다는 것이다.

① 경 고

어린아이에게 불을 가르키며 '가까이 가지 말라'고 한다. 더 가까이 손을 가져가면 스토브에 손을 덴다는 하나의 경고이다. 실제 행동이 일어나기 이전에 그런 행동이 초래할 수 있는 결과를 분명히 알리고 이해시켜 주어야 한다.

② 즉각적 반응

사람은 뜨거운 스토브를 만지자마자 '앗 뜨거워!'하면서 손을 거의 반사적으로 스토브에서 떼는 반응을 나타낸다. 징계도 이와 같이 어떤 잘못된 행동에 대하여는 즉각적인 조치가 취해져야 한다. 그래야 행동과 규범과의 상관성을 분명히 알릴 수 있다. 잘못된 행동을 하고 난 후 시간이 지나면 지날수록 자신의 잘못에 대하여 인정하지 않으려는 경향이 있다.16)

③ 일관성

같은 동작을 여러 번 반복할 때 그 화상의 결과가 항상 일관되게 나타난다는 것이다. 징계의 경우에도 똑같은 행위에 대하여는 항상 같은 제재가 따라야 하며, 잘못의 정도가 클수록 제재의 정도가 그에 따라 강해야 한다. 유사한 규정위반행위에 대하여 종적으로 제재 정도가 일관성을 유지하여야 한다는 것이다. 그런데, 우리나라에서는 소청심사위원회나 대법원에서 무죄로 판결되는 경우가 간혹 생기면서 윤리성 확보에 어려움이 있다.

④ 몰개인성

스토브에 손을 대서 손에 화상을 입는 데는 남녀노소의 구분이 없다. 사람의 인격이나 특성이 고려되지 않고 오로지 손을 갖다 대는 행위에 대하여 반응이 일어날 뿐이다. 사람을 미워하는 것이 아니라 죄를 벌하는 것이다. 따라서 징계는 잘못된 모든 행위에 대하여 엄격하고 객관적으로 적용되어야 한다.

강화이론

바람직한 행동을 이끌기 위한 방법으로서 하버드대학 교수인 행동심리학자 B.F. Skinner(1904－1990)가 주장한 강화이론(reinforcement theory)이 있다. 이것은 동물의 조건 강화(operant conditioning)를 활용하는 것으로, 유기체의 조건(Stimulus)과 반사(Response)의 효율적으로 연결시키는 방법에 관한 것이다. 쉽게 말하면 서커스용 코끼리가 춤을 추도록 훈련하는 방법은 음악을 틀어 놓고 리듬에 따라 코끼리 발바닥에 전기자극을 주는 것을 반복하여 자동화시키는 것과 같은 원리이다. 보통 강화의 종류로는 적극적 강화(positive reinforcement), 회피(avoidance), 소거(extinction), 처벌(punishment)을 들고 있다. 적극적 강화와 마찬가지로 처벌을 통한 강화에 대한 구체적 전략은 다음과 같다.

- 강화는 오직 바람직하지 않은 행동이 일어났을 때만 주어야 한다.
- 즉각적 강화: 강화는 바람직하지 않은 행동이 일어난 즉시 주어야 한다.
- 강화물의 크기비례: 처벌의 크기가 클수록 바람직하지 않은 행동을 막을 강화의 강도가 더 커진다.
- 강화박탈: 가장 절실히 느끼는 긍정적 강화물을 박탈하는 것은 바람직하지 않은 행동을 막는 방법이다.

3) 시간적 관점

① 점증적 징계

점증적 징계(progressive discipline)는 그릇된 행동에 대한 제재를 단계적으로 강도를 높여 가는 방식이다. 동일한 행동에 대하여도 그것이 반복될수록 처벌이 가중됨을 의미한다. 점증적 징계는 몇 단계의 징계체제를 갖추고 있다. 일반적으로 경고, 견책, 정직, 파면식으로 처벌정도가 강해진다. 즉 최초의 일탈행위에 대하여는 상관이 그 행위에 대하여 간단히 지적하는 선에서 주로 구두경고로 끝난다. 재차 바람직하지 못한 행위가 발생하면 견책수준으로 처벌수준이 높아진다. 견책에는 '구두경고'보다 약간 강한 '구두견책'과 이보다 공식적인 '서면견책'이 있다. 서면견책은 잘못의 구체적 내용과 고쳐야 할 내용을 서면으로 작성하여 본인에게 통보할 뿐만 아니라 인사카드에 기록하는 것이 보통이다. 그래도 개선이 되지 않을 때에는 직무를 맡기지 않고 문제가 심각한 수준에 달했음을 암시하는 정직을 내리게 된다. 정직이 효과가 없을 때에는 최후수단으로 고용관계를 종결시키는 파면의 방법을 택하게 된다.

물론 모든 행위에 대하여 경고부터 시작하여 파면의 단계를 거치는 것은 아니다. 규범을 벗어난 심각성에 따라 처음부터 정직이 실시될 수 있고, 도저히 용납할 수 없는 중대한 불법행위일 때에는 파면이 적용될 수 있다. 경미한 정도의 규범위반행위에 대하여는 무거운 벌을 주기 전에 가벼운 벌로써 처벌대상자 스스로가 반성하고 행동을 고쳐 나갈 기회를 주기 위한 것이 가중처벌의 주된 목적이다.

② 전향적 징계

핫스토브 법칙이나 가중처벌 방식은 과거의 잘못에 대한 처벌을 강조한다. 이러한 처벌위주의 징계는 그 효과성에 대하여 비판이 제기되고 있다. 징계를 하는 쪽과 징계를 당하는 양측에 갈등구조를 조장하기 쉽다는 것이다. 특히 상관을 포함한 징계권자에 대하여 부정적인 태도를 취할 가능성이 높다고 본다. 처벌위주의 징계는 또한 무엇을 잘못했다고 지적할 뿐이지 무엇을 어떻게 옳게 하라는 답은 주지 못한다는 지적을 받는다. 이에 대한 대안적 접근이 전향적 징계이다.

전향적 징계는 징계에 대한 기본적인 인식의 전환을 요구한다. 즉, 조직구성원을 위신과 자기존중의 욕구가 강한 인격적 완성체로 인식한다. 또한 사람은 누구나 잘못을 범할 수 있다는 것을 적극적으로 수용한다. 따라서 상관 등의 관리자가 해야 할 일은 행동을 정확히 관찰하고 그 정보를 피드백시켜 줌으로써, 스스로의 자기통제장치가 작동하도록 상담하고 지도하는 것이다. 이 방식은 상관과 부하의 관계를 권위적인 명령·복종이 아니라 건설적인 협조의 시각에서 접근하는 것이다.

그러나 전향적 징계방식도 기존의 처벌징계에 대한 보완적 역할을 하는 것이지 이를 완전히 대체하는 것은 아니다. 즉, 가중처벌이나 핫스토브의 법칙을 적용하기 이전에 적극적으로 고려할 수 있는 방식일 것이다. 만약 이것이 효과가 없을 때에는 점차적으로 처벌징계로 방향이 전환되어 갈 수밖에 없는 것이다.

東西古今公私

허위출장 및 출장비 부당수령

1. 징계사유

공무원 A는 귀가 시 출장일수에 포함하지 말아야 할 일수까지 포함하여 출장목적과 출장일수를 기재한 메모를 서무담당자에게 전달하거나 구두지시로 출장 처리하도록 지시하였으며,

1월 13일 재산등록의무자교육에 참석하고 귀가하였는데도 1월 14일까지 출장 처리하도록 지시하여, 일비, 식비, 숙박비를 부당하게 지급받는 등 같은 방법으로 자택을 방문하고도 40회에 걸쳐 공무출장 처리를 하였고,

지인의 장례식장 조문 등 사적용무에도 총 17회에 걸쳐 공무출장으로 처리하는 등 총 60회에 걸쳐 지급받지 말아야 할 공무여비 5,802,920원을 부당하게 지급받아 "중징계" 및 "징계부가금 1배 부과" 의결을 요구받음.

2. 의결요지 및 결과

허위 출장 신청을 통해 출장비를 부당 수령한 행위는 「국가공무원법」상 성실 의무를 위반한 행위로 결코 용납될 수 없고, 향후 이와 같은 유사 사례의 재발 방지와 공직기강 확립을 위해서라도 엄히 그 책임을 묻는 것이 바람직하다고 판단되어 "정직 1월" 및 "징계부가금 1배"로 의결함.

■ 관련규정

국가공무원 복무규정

제6조(출장공무원)

① 상사의 명을 받아 출장하는 공무원(이하 "출장공무원"이라 한다)은 해당 공무 수행을 위하여 전력을 다하여야 하며, 사적인 일을 위하여 시간을 소비해서는 아니 된다.

출처: 인사혁신처(2017), 공무원징계 사례집 56쪽.

14 참/고/문/헌

1) 임도빈, 「행정학」, 2018, p. 466.

2) 임도빈, "행정윤리관의 분석틀 모색," 「행정논총」, 제40권 제3호, 2002.

3) Wayne A.R. Leys and Charner M. Perry, *Philosophy and the Public Interest*, Washington D.C.: The Bureau of National Affairs, 1982, p. 16.

4) 임도빈, 「글로벌공공윤리」, 법문사, 2009, p. 31.

5) Brian Barry, "The Use and Abuse of 'The Public Interest,'" Carl J. Friedrich (ed.), op. cit., p. 190; Emmette S. Redford, *Ideal and Practice in Public Administration*, University, Alabama: University of Alabama Press, 1958, p. 113.

6) 임도빈, 「글로벌공공윤리」, 법문사, 2009, p. 31.

7) Robert Presthus, *Public Administration*, 6th ed., New York: The Ronald Press Co., 1975, p. 420.

8) 임도빈, 「행정학」, 박영사, 2018, p. 500.

9) 박효민, 한상효, 김석호. "부정청탁 및 금품 등 수수의 금지에 관한 법률(김영란법)의 효과와 한계에 대한 사회심리학적 접근," 「사회와 이론」, 0(31): 337−71, 2017.

10) 박천오, "한국공무원의 책임확장: 법적·계층적 책임에서 윤리적·개인적 책임으로," 「한국행정학보」, 제50권 제1호.

11) 최영출, "영국의 국가행정과 좋은 행정," 임도빈 편, 「국가와 좋은 행정」, 서울대 출판원, 2017, p. 296.

12) D. Marsh & Hart, Paul, *Celebrity politics: The Politics of late modernity? Politial Studies Reuiew*, 2020.

13) 임도빈, 「글로벌 공공윤리」, 법문사, 2009.

14) 대법원 1984. 2. 28. 선고 83누489 판결.

15) 대법원 2002. 9. 27. 선고 2000두2969 판결.

16) R. Wayne Mondy and Robert M. Noe, *Human Resource Management*, 4th ed., Boston: Allyn and Bacon, 1990, p. 667.

Personnel Administration

PART 7
인적자원의 보상

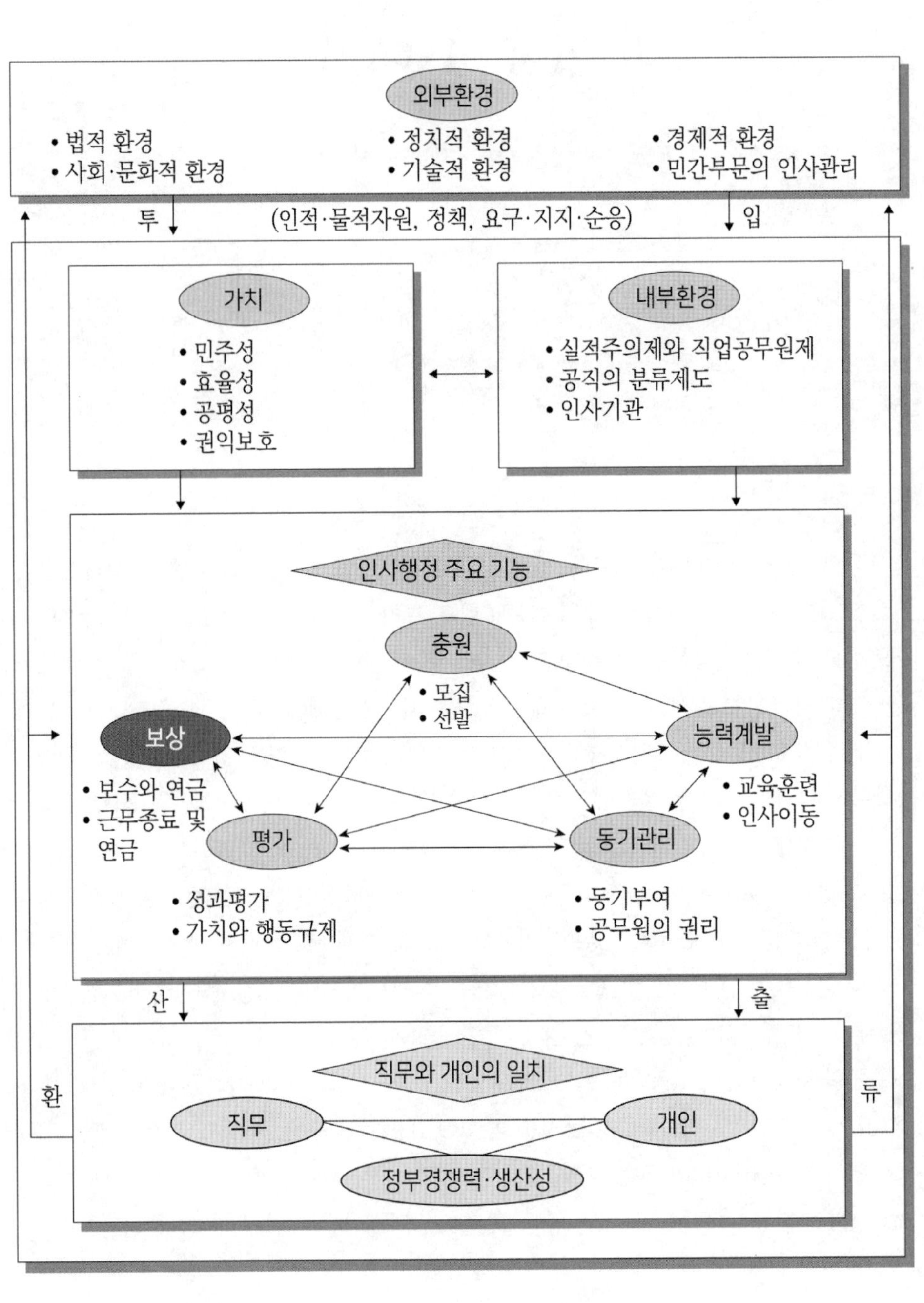
외부환경
• 법적 환경
• 사회·문화적 환경
• 정치적 환경
• 기술적 환경
• 경제적 환경
• 민간부문의 인사관리
투
(인적·물적자원, 정책, 요구·지지·순응)
입
가치
• 민주성
• 효율성
• 공평성
• 권익보호
내부환경
• 실적주의제와 직업공무원제
• 공직의 분류제도
• 인사기관
인사행정 주요 기능
충원
• 모집
• 선발
보상
• 보수와 연금
• 근무종료 및 연금
능력계발
• 교육훈련
• 인사이동
평가
• 성과평가
• 가치와 행동규제
동기관리
• 동기부여
• 공무원의 권리
산
출
직무와 개인의 일치
직무
개인
정부경쟁력·생산성
환
류

Personnel Administration

정부가 재화와 서비스를 생산하는 등 행정의 본질적인 과업을 수행하기 위해 인적자원을 활용했으면 그에 대한 적정한 대우을 해줘야 한다. 특히 공직을 전업으로 하는 직업공무원에게는 적절한 보상은 충실한 직무수행을 이끌어 내는 데 가장 필수적인 요소라고 할 수 있다. 물론 절대자에 대한 충성심과 그를 위해서 일하는 자체를 명예로 여겼던 옛 왕조시대나, 또 그렇게 생각하고 있는 현대의 일부 종교 내지 주먹세계, 그리고 자발적으로 사회봉사에 참여하는 자원봉사자들에게는 일부 예외적인 경우를 찾아볼 수 있다. 그러나 깊이 들여다보면, 이들 세계에도 금전적 보상체계가 작동하고 있다. 금전적으로 대가를 지불하는 것을 보수라고 한다. 보상(compensation)은 금전적인 것 말고도 명예·권력 내지는 승진·능력발전기회·상훈·근무환경 등 매우 포괄적인 것으로 해석할 수 있다. 그러나 이러한 비금전적 보상은 어디까지나 금전적 보상에 대한 보완적 역할을 하는 것이지 이를 대체시킬 수는 없지만, 충분한 보수를 지급할 수 없는 상황에서는 인사행정의 중요한 수단이다.

충분한 보상을 받으며 공직에 봉사하다가 언젠가는 공직사회를 떠나게 된다. 여러가지 이유에서 공직자로서의 역할이 중지됨에 따라, 그에 대한 준비와 연금이 중요시 된다. 평균기대수명이 길어짐에 따라 퇴직후 생활도 길어져서, 인사행정에서 중요하게 다뤄야 할 때가 되었다.

CHAPTER 15

보 상

1. 의 의

1.1 보상체계의 개념

인적자원에 대한 물질적 보상은 크게 직접보상과 간접보상으로 나누어 볼 수 있다. 직접보상은 공무원에게 직접 금전의 지급이 이루어지는 것으로, 통상 말하

그림 15-1 보상체계

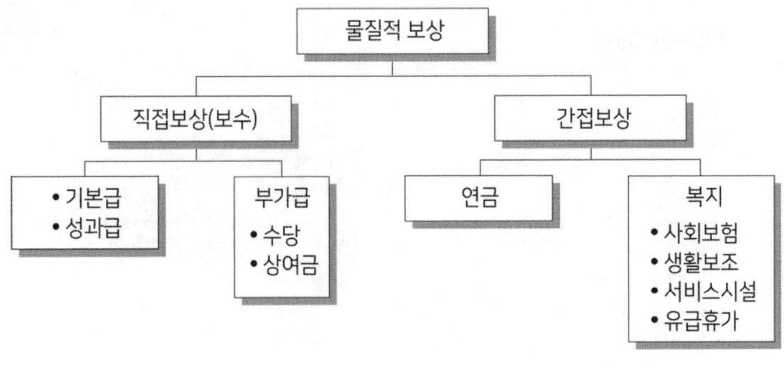

는 기본급·수당·상여금 등이 해당된다. 간접보상은 공무원 본인에게 금전적 이전이 직접 이루어지는 것은 아니지만 연금, 주택지원, 금융공제, 관용여권, 유급휴가 등과 같이 공무원의 재직 중 생계유지의 재원이라기 보다는 부가적인 편익을 제공하는 것이다.

직접보상과 간접보상의 대부분은 물질적인 보상을 지칭한다. 인간의 물질적·생리적 욕구는 많은 연구를 통하여 밝혀진 바 있다. 동기부여의 측면에서 보수를 포함한 물질적 보상은 일찍이 테일러의 과학적 관리론에서 활용된 것이고 허쯔버그의 2요인이론에서는 저임금이 불만의 직접적 요인이 된다고 주장하였다. 마슬로우의 욕구 5단계론이나 기대이론 측면에서는 경제적 욕구가 강한 사람에게 보상이 유용한 동기부여수단이 될 수 있으며, 공형평이론에서는 개인과 개인간에 보상의 형평성이 불만 제거에 중요함을 인식하였다. 공무원 부정과 관련하여도 보수수준이 낮은 상황에서는 부정 가능성이 높다는 주장도 강하게 제기되고 있다.

1.2 보수의 특성

보수(pay)는 공무원이 일한 대가로 정부로부터 받는 금전적 보상이다. 공무원 보수규정 제 4 조는 보수에 봉급과 각종 수당을 포함시키고 있다. 보수는 민간부문에서 흔히 사용하는 임금(wage)과 유사한 개념이다. 우리나라 근로기준법 제18조에는 "임금이라 함은 사용자가 근로의 대상으로 근로자에게 임금·봉급, 기타

그림 15-2 보수의 개념

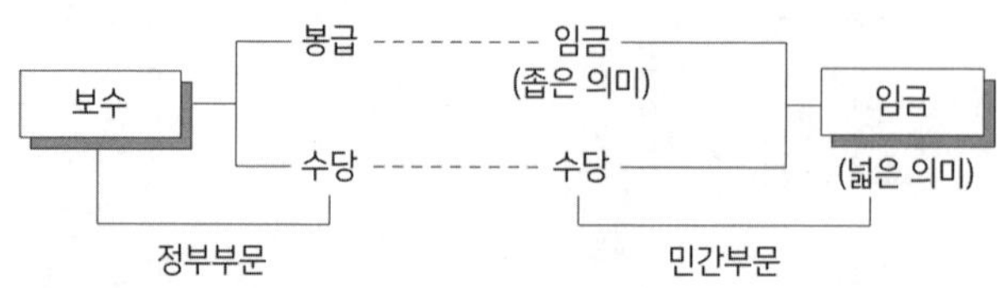

여하한 명칭으로든지 지급하는 일체의 금품을 말한다"고 규정하고 있다. 즉, 넓은 의미의 임금은 봉급(좁은 의미의 임금)과 수당을 합한 것으로 공무원 보수규정의 보수와 같은 의미이다. 일반적으로 봉급(salary)과 좁은 의미의 임금(wage)은 같은 개념이다. 봉급은 사무직이나 관리직에 종사하는 화이트칼라가 받는 보상을, 임금은 주로 생산직에 근무하는 육체근로자(블루칼라)가 받는 보상을 말한다. 그러나 구분하지 않고 혼용하여 쓰는 경우가 적지 않다. 우리나라에서는 보수는 정부에서, 임금은 민간부문에서 각각 통용되고 있는 용어이다([그림 15-2]).

공무원 보수는 개념상으로 민간부문의 임금과 유사하나 그 성격면에서는 상당한 차이가 있다.

첫째, 공무원의 보수에는 보수의 가장 일반적 성격인 노무에 대한 반대급부적 측면* 이외에도 '공무원과 그 가족의 최저생활을 보장하기 위한' 생활보장적 급부 성격을 가지고 있다. 즉, 공무원 보수는 수행하는 직무뿐만 아니라 일반의 표준생계비를 고려하여 결정하도록 하고 있으며, 법원의 판결에 의한 압류의 경우에도 보수금액의 2분의 1에 대해서만 가능하도록 하고 있다.[1] 공무원으로 하여금 공직수행에만 전념할 것을 의무화하는 대신 최소한의 생활을 유지하는 데 필요한 금전적 보상은 보장하겠다는 의미이다.

둘째, 근무에 대한 반대급부의 성격을 가진다 하더라도 공공부문의 경우 근무의 가치를 정확하게 계산할 수 없다는 문제가 있다. 국가공무원법 제46조에는 "직무의 곤란성과 책임의 정도에 맞도록" 보수를 정한다고 규정하고 있다. 하지만 정부가 제공하는 재화나 서비스가 시장에서의 교환가치가 형성되는 것이 아니기 때문에, 직무수행 기여도에 따른 급여의 원칙을 선언하고는 있지만, 구체적 수준을 결정하는 것은 쉬운 일이 아니다. 특히 정부가 수행하는 다양한 직무가 민간부문에서는 찾아보기 힘든 고유성이 강한 것이라서 민간부문에서도 보수수준의 유용한 잣대를 적용하기 힘들다. 고위공직자의 정책결정은 물론이고 경찰, 소방, 외교, 보안 등이 그 예이다.

---

* 국가공무원법에 휴직중이거나, 직위해제중인 자, 또는 결근한 자에게 봉급을 감액하여 지급할 수 있도록 한 것은 반대급부적 성격을 나타내는 것이다.

셋째, 공무원의 보수수준은 법적·정치적·경제적 환경 등 외부요인으로부터 많은 영향을 받는다. 보수의 출처가 국민의 세금이라는 점에서, 국회나 국민의 직·간접 통제를 받게 되고 대통령을 포함한 누구도 법규정에 의하지 아니하고는 금전이나 유가물을 지급할 수 없다.[2] 따라서 경영실적이나 경쟁기업의 보상수준에 신축적으로 대응하여 나가는 민간부문에 비하여 공무원 보수는 경직성이 강하다. 경제적 측면에서는 보수인상률이 민간부문의 임금수준이나 물가에 미치는 영향을 고려하게 되며 인건비 증액에 따른 여타 사업예산의 감소를 고려한다. 민간기업이나 공기업에 비해 상대적으로 낮은 보수수준임에도 불구하고 정치 내지는 국가정책의 고려에서 공무원 보수인상이 항상 보수적일 수밖에 없는 이유가 여기에 있다.

넷째, 노사협약에 의해 결정되는 민간부문의 임금과는 달리 정부의 일방적 결정에 의해서 보수가 결정되는 경우가 많다. 공무원에게 노동조합의 결성과 협상권한이 부여된다 하더라도 보수협상은 재량의 폭이 크지 않다. 국민의 세금으로 지불되는 보수수준 결정에 공무원 스스로가 참여한다는 것이 국민주권의 원리에 반하고, 설사 정부대표자와 공무원 노조간에 임금타결을 보았다 하더라도 예산부처나 국회의 반대로 타결이 무산될 가능성도 있기 때문이다.

1.3 보수의 중요성

자본주의원리가 민간분야는 물론 공공분야에도 광범위하게 침투된 오늘날 보수는 중요한 의미를 가지고 있다. 더구나 보상은 일에 대한 단순한 대가차원을 넘어 인적자원의 확보, 활용, 평가기능과 밀접한 연관을 가지면서 성공적인 인적자원의 관리에 중대한 역할을 차지하고 있다.

민간부문과의 인력확보 경쟁이 심화되면서 보수가 인재확보는 물론 현직자의 이직방지에 영향을 미친다. 보수 때문에 공직을 사직하고 민간부문에 진출하는 경우가 많아지고 있다. 또한 개방형 직위제를 도입하여 민간의 인재를 공직에 유입하려는 노력에도 불구하고 민간출신·유능인사가 많이 지원하지 않는 것은 공직의 열악한 보수수준에서도 그 원인을 찾을 수 있을 것이다.

인적자원에 대한 평가는 통제기능도 있고 능력개발을 위한 정보 피드백 기능도 있지만 보수의 객관적 기준을 제공한다는 중요한 의미가 있다. 사용자의 은전적(恩典的) 보상이나 근무연수와 같은 속인적(屬人的) 특성을 기준으로 하던 전통적 보수에서 벗어나, 직무수행의 실적을 토대로 하는 객관적 보수가 강조되면서 더욱 그렇다. 성과급이나 성과연봉제는 바로 평가와 보수를 연결시켜 정부경쟁력 향상을 유도하려는 대표적인 보상의 예라 할 수 있다.

보수가 갖는 의미는 이상의 조직 입장에서뿐만 아니라 개인적 차원과 국가예산배분 차원에서도 중요성이 인식되고 있다. 개인으로 보면 경제적 소득의 가장 중요한 원천이자 사회적 신분을 나타내는 지표이기 때문에 최소한의 생활유지에 필요한 수준을 요구하게 되고 나아가서는 다다익선(多多益善)의 욕구를 가지기 쉽다. 한편 정부 입장에서는 보수가 하나의 비용이기 때문에 공무원의 요구를 모두 들어 주는 데는 한계가 있다. 정부예산에서 보수예산이 차지하는 비중이 20%를 넘기 때문에 보수인상률이 1% 포인트를 늘리고 줄임에 따라 1천억 이상의 지출 차이가 생기고 다른 국가사업에도 지대한 영향을 미치게 된다.

2. 보수관리

2.1 보수관리의 규범적 기준

보수는 단순히 일에 대한 대가차원을 넘어 우수인력의 채용과 유지, 동기부여, 국가예산관리, 공무원의 생계유지 및 소득증대 등 여러 측면에서 중요한 의미를 가지고 있다. 따라서 보상의 핵심을 이루는 보수를 체계적이고 효율적으로 관리하는 것이야말로 인사행정의 요체 중의 요체라 할 수 있다. 이러한 보수의 효율적 관리를 위해서 고려해야 할 기준으로 보수의 적정성과 대외적 형평성, 대내 공무원간의 보수 공정성, 그리고 조직의 생산성 향상에 기여할 수 있는 효과성을 들 수 있다.

첫째, 공무원 보수는 공무원의 최소한의 생계를 보장하여 근무에만 전념할 수 있도록 적정한 수준을 유지하여야 한다. 특히 전체 국민에 대한 봉사자로서 다른 영리업무나 겸업을 금지하고 오로지 공무에만 전념할 것을 의무화하고 있는 상황에서는 더욱 그렇다.[3] 공무원의 보수수준이 기본생계를 비롯한 자녀교육·주택·문화생활 등의 기본적 욕구를 충족시키지 못하는 나라에서는 이로 인한 불만족이 커지고 부패가 일어나고 있다. 그리고 근무태만이나 생산성 저하 내지는 이직률 증대, 나아가 부정부패의 확산 등 여러 가지 부작용을 낳을 수 있다.

둘째, 공무원 보수는 대외적 형평성을 확보하여야 한다. 경제성장과 함께 국민소득이 향상되고 공무원의 보수도 생계비를 넘어서는 시점에 도달하면 무엇보다도 중요한 것이 보수의 대외적 경쟁력이다. 공무원의 사명감에 호소하며 국가에의 헌신적 봉사만을 강조하여서는 더 이상, 정부경쟁력을 높이기 위해 유능한 젊은이들을 공직에 유인할 수 없다.

셋째, 공무원 보수는 대내적으로 개인간 공정한 차등을 두어야 한다. 동기부여이론에서의 형평이론이 여기에 적용된다. 어렵고 책임이 따르는 일을 하는 사람과 쉽고 책임이 없는 일을 하는 사람간에는 보수의 차이가 있어야 한다. 각 개인의 투입요소 중 어느 것을 기준으로 하여 보수의 차등을 결정할 것인가의 문제이다. 공직에 근무한 연수에 비례하여 높은 보수를 주는 것도 한 방법이다. 차이가 있는 것은 그 차이만큼 차별화하고 차이가 없을 때는 동일한 보수를 보장할 때 보수에 대한 불만을 없애고 적극적인 근무의욕을 고취시킬 수 있는 최소한의 여건을 조성하게 된다.

넷째, 앞의 세 원칙이 선결된 뒤에 기대할 수 있는 것으로 보수가 생산성 증대에 기여할 수 있도록 관리운용되어야 한다. 보수의 적정성과 대외적 형평성이 주로 대외적 보수수준이나 생계비 등을 고려하여 보수의 일반수준을 결정하는 데 적용되는 원칙이고, 대내적 보수의 공정성이 보수체계를 개발하는 과정에서 준수하여야 할 기준이라면, 보수의 효과성은 이러한 원칙이 충족되고 나서 보수를 구체적으로 지급하는 방식을 결정하는 과정에서 반영하여야 할 원칙이다. 보수의 효과성을 확보하기 위해서는 무엇보다도 주어진 목표를 달성한 정도, 즉 실적에 따라 보수를 차등지급하는 방식이 검토되어야 한다.

2.2 보수관리의 체계

보수관리는 앞의 규범적 기준에 대응하여 크게 보수수준(pay level), 보수체계(pay structure), 그리고 보수형태(payment methods)의 세 영역으로 나누어 생각할 수 있다. 보수수준의 관리는 공무원 전체의 적정한 보수수준을 결정하는 것으로 민간부문의 임금수준, 생계비, 기타 국가재정 등의 요소를 고려하여 보수의 일반수준을 정하는 과정까지를 말한다. 예컨대 공무원의 보수수준이 민간의 몇 % 수준이라는 등의 비교는 바로 보수의 일반수준을 의미한다. 민간부문의 임금수준을 조사하기 위해서는 직무의 내용이 유사한 것을 골라 임금조사가 이루어져야 한다. 보수수준 결정에서는 이와 같이 대외적인 보수의 형평성을 유지하여야 하고 생계비를 충족시켜 줄 정도의 적정수준을 유지할 것이 요구된다. 보수수준 결정에 있어서는 이외에도 임금협상의 전략을 택할 수도 있다. 사용자측에서도 타결만 쉽게 이루어지면 보수계산에 특별한 시간이나 비용부담 없이 결정을 내릴 수 있는 이점이 있다. 그러나 비조합원과 형평성이 문제가 되고 공무원의 경우에는 국민주권의 원리에 어긋난다는 문제가 있다. 대부분의 보수수준 결정은 외부보수수준, 생계비, 임금협상의 전략을 혼합하여 상호보완적으로 활용하는 것이 일반적이다. 임

표 15-1 보수관리의 영역

보수관리의 영역	개 념	보 기
보수수준	전체 공무원의 보수수준 결정	생계비조사·임금조사·지불능력
보수체계	개별 공무원의 보수총액	직무급·연공급·직능급·실적급
보수형태	지급방법	고정급·성과급

자료: 이재규·김성국·권중생, 「인적자원관리론」, 문영사, 1996, p. 235 용어수정.

금협상 전략을 택한다 하더라도 비교대상의 임금수준 등이 설득력 확보를 위해서 활용될 수밖에 없다.

보수수준 관리가 전체 공무원의 평균보수 개념을 말한 것이라면, 보수체계는 개별 공무원의 보수총액을 정하여 개인간에 보수격차를 두는 것을 말한다. 따라서 보수체계 관리는 개인간의 차이에 따라 보수를 차등화함으로써 동기부여가 가능하도록 이루어져야 한다. 개인간의 차이는 근무경력, 학력, 직무의 난이도와 책임, 능력, 성과 등 여러 측면에서 나타나게 된다. 이러한 차이를 적절하게 배합하여 조직 내부에서 개인간에 보수의 공정성이 확보되도록 보수표를 개발하는 것이 보수체계 관리의 요체라 할 수 있다.

그림 15-3 보수의 관리체계

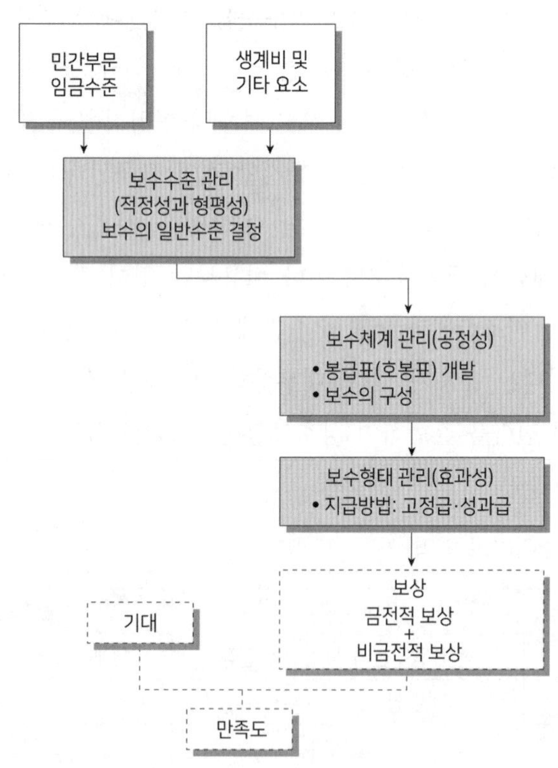

보수형태의 관리는 보수를 계산하여 공무원에게 지급하는 방식을 말한다. 일반적으로 고정급과 성과급으로 분류된다. 고정급은 성과에 관계없이 일정기간을 단위로 정액을 지급하는 것이고 성과급은 일의 성과에 대한 양과 질을 평가하여 그에 상응하여 차등지급하는 형태이다. 공무원 보수관리의 세 영역별 개념과 보기를 정리한 것이 <표 15-1>이다.

보수수준, 체계, 형태가 결정되어 보수가 지급되면 여기에 연금과 비금전적 보상이 합해져 인적자원에 대한 전체적인 보상이 이루어지고 이 수준이 개인의 기대와 비교되어 각 개인의 만족수준이 결정되는 것이다. 이상의 논의를 도식화한 것이 [그림 15-3] 보수관리체계 모형이다.

3. 보수수준의 관리: 보수수준 결정

개별 공무원의 보수지급에 적용될 구체적 보수체계가 결정되기 전에 먼저 고려할 사항이 공무원 전체에게 적용될 보수의 일반수준이다. 국가공무원법 제46조 제 2 항의 "공무원의 보수는 일반의 표준생계비, 물가수준, 그 밖의 사정을 고려하여" 결정한다는 규정은 바로 공무원 보수의 일반수준 결정의 기준을 선언하고 있는 것이다.

3.1 일반수준 결정

공무원의 보수수준을 결정하는 데는 우선 보수관리의 기준에서 언급한 적정성과 대외적인 보수의 형평성을 고려하여야 한다. 적정한 보수수준을 유지하고 대외적 형평성을 확보하기 위해서 생계비 수준과 민간부문의 임금수준을 조사하여 반영시켜야 한다. 공무원의 보수수준 결정에는 이 두 가지 당위적 기준 이외에도 국가공무원법에서 말하는 '기타 사정'을 감안하여 결정한다.4) 그 하나가 현재 우

그림 15-4 보수의 일반수준 결정시 영향요인

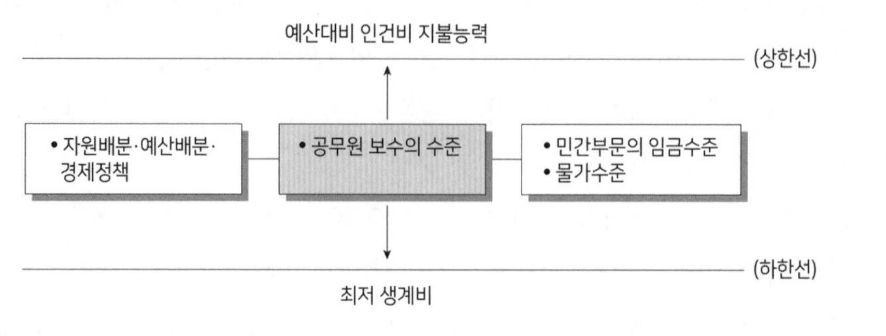

리나라의 경제환경, 특히 정부의 지불능력·경제정책·물가수준 등이고 다른 하나는 민간부문의 근로자와 비교하여 특별한 혜택이라고 할 수 있는 신분보장이나 연금제도와 같은 부가적 편익이다([그림 15-4] 참조).

– 생계비: 사회윤리적 요소

민간부문의 근로자에게 최저임금법을 두어 최저생계비 보장을 위해 노력하듯이 공무원의 경우에도 공무원으로서 인간다운 생활(decent life)유지에 필요한 적정한 수준의 보수를 보장해줘야 한다. 공무원의 경우 업무의 특수성 때문에 민간부문과의 직장 이동도 어려운 형편이고 부업을 통해 수익을 올리는 것도 제한되어 있다. 또한 보수인상을 위해 실력행사할 단체활동의 수단도 제한되기 때문에 보수수준 결정에서 정부의 특별한 배려가 필요하다. 즉 직무의 경제적 가치나 공무원의 책임수준에 관계없이 보장되어야 할 보수의 하한선을 정부가 직접 챙겨 주어야 할 사회윤리적 책임을 진다. 특히 하위공무원의 초임 보수수준 결정에 최저임금 등을 고려해야 하는 이유가 이것이다.

– 인건비지불능력: 상한선

기업과 마찬가지로 정부의 경우에도 보수수준은 인건비 지불능력의 직접적인 영향을 받는다. 균형예산을 지향하는 정부에서 공무원 인건비는 세입과 세출의 재정규모를 고려하여 결정할 수밖에 없다. 특히 세입규모는 국민이 세금을 부담할 수 있는 담세능력에 직접 좌우되는 것이고 길게는 국가의 전반적인 경제수준을 반영하는 것이다. 국민의 납세부담이 큰 불황기에 정부의 지불능력을 넘어서는 공무원 보수의 인상은 생각하기 곤란하다. 즉 정부의 인건비 지불능력은 보수수준의 상한선 역할을 할 것이다.

– 민간부문의 임금수준

정부의 경우 동일업종의 경쟁대상은 없으나 다양한 직무분야에서 민간부문 및 정부투자기관과 인력확보의 경쟁관계에 있기 때문에 이들 분야의 임금수준을 고려하지 않을 수 없다. 특히 정부의 경우에는 재화와 서비스의 비시장성으로 인해 공무원의 노동가치를 자체적으로 평가할 수 있는 방법이 없다. 하지만 공사간 직업이동이 활발해지면서 민간부문의 임금수준은 공무원 보수수준의 중요한 기준이 되어 준다. 그만큼 보수수준 자체만으로 대외경쟁력과 형평성을 확보할 필요성이 높아졌다고 할 수 있다.

– 정책분야별 예산배분

공무원 보수수준은 정부정책의 반영이다. 정해진 파이를 인건비와 경제개발·사회복지·교육·국방 등 정책분야로 배분하는 결정이기 때문이다. 제로섬(zero−sum) 게임으로 한 쪽을 중시하면 다른 쪽이 상대적으로 경시될 수밖에 없다. 따라서 보수수준 결정은 독립된 결정상황이 아니라 국민에게 재화와 서비스를 제공하는 정책분야에 얼마나 지출의 우선순위를 두느냐의 문제이다. 원론적으로 볼 때, 공무원 인건비는 적으면 적을수록 좋고, 정책사업분야에 많은 예산을 지출하는 것이 바람직하다.

– 물가수준: 거시경제정책

정부의 보수수준은 그것이 물가에 미칠 영향을 고려하기도 하지만 지난해의 물가수준(물가상승률)에 의해서 영향을 받기도 한다. 거시경제적 시각에서 정부는 물가억제의 목표와 기업에 임금가이드라인을 제시하게 되는데 '모범적인 고용주'로서의 표본이 되어야 할 정부가 이를 지키지 않을 수 없다. 정부나 민간부문 할 것 없이 물가상승률을 보수수준 결정에 반영해야 한다는 논리는 매우 단순하다. 물가는 상승하는 데 보수인상이 그에 미치지 못하면 실질구매력이 전보다 떨어지고 결국 실질적 보수는 마이너스 인상의 결과를 초래하기 때문이다. 따라서 물가상승률은 전년도의 보수수준을 최소한 유지시키기 위해서 그리고 생계비는 최저의 인간다운 생활유지를 위해서 지켜져야 할 보수수준의 하한선으로 생각할 수 있다.

보수 이외에 공무원이 받는 부수적 편익도 고려해야 한다. 부수적 편익은 보수와는 다른 형태를 취하지만 보상의 일종이기 때문에 단순히 보수만으로 대외적 형평성을 유지하는 것은 오히려 전체적 보상차원에서는 불형평의 결과를 가져올 수 있다. 공무원이 신분보장으로 정년까지 근무할 수 있다는 것도 중요한 보상인 셈이다.

3.2 보수수준 결정의 국가간 비교

상술한 보수결정의 요인을 요약하면 그 나라의 공무원으로서 적절한 대우를 받아야 한다는 사회·윤리적인 면으로 보느냐 아니면 국가경제를 좌우하는 한 중요 요소로 보느냐의 문제라고 할 수 있다. 다른 말로 표현하면 전자는 공무원 보수를 정치적 요소로 보는 것이고, 후자는 경제적 요소로 보는 것이다. 여기에 후술하는 바와 같이 공무원 개인의 능력이나 실적을 중시하는 정도가 강한가, 약한가라는 차원을 추가하면 [그림 15-5]와 같이 4사분면으로 나타낼 수 있다.

외국의 경우를 보면 일본이나 프랑스와 같이 관료권이 강한 국가는 정치적인 보수결정이 강한 반면 영국과 호주 등은 경제적인 보수결정이 이루어지는 경향이 있다. 또한 [그림 15-5]에서 볼 수 있는 바와 같이 대부분의 선진국은 개인의 능력을 고려하는 차별화된 보수정책을 사용하고 있다. 한국의 역대 정권별로 본다면, 박정희 정부는 개인의 능력은 고려하지 않으면서 정치적 보수결정을 한 반면, 전두환·노태우 정권은 이를 경제적 보수결정으로 전환시켰으며, 김영삼 이후의 정부는 다시 개인의 능력을 고려하는 유형으로 전환하였다고 할 수 있다.5)

그림 15-5 공무원 보수결정의 비교

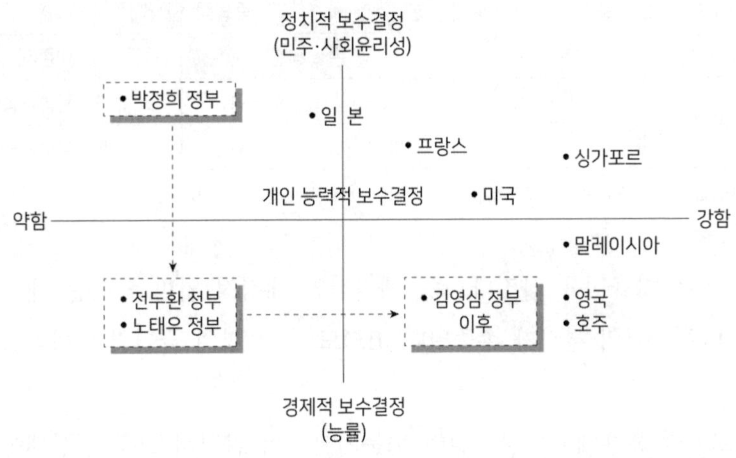

자료: 배병돌, "공무원 보수결정에 관한 비교분석," 「한국행정연구」, 제 9 권 제 2 호, 2000, pp. 221－227 종합합성 및 수정.

이와 같이 공무원 보수결정의 원칙이 무엇을 추구하느냐는 그 국가의 공직에 대한 기대나 시장경제원리의 가치 등에 따라 다른 것이다. 또한 노동조합의 보수 결정과정에의 참여여부에 따라서 보수결정방식이 나라마다 다르다.6)

노동기본권이 완전히 인정되고, 공무원 노동조합에 임금교섭권이 인정되는 경우, 공무원보수는 민간의 임금결정권과 유사하게 공무원과 정부가 직접 교섭을 하여 결정하게 된다. 그러나 노동조합 혹은 공무원에 임금교섭권을 인정하지 않거나 제약되어 있는 경우, 중립적인 인사기관이 독립적으로 임금수준을 결정하거나 정부가 전적으로 재정상황을 고려하여 공무원의 임금수준을 결정한다.

공무원보수결정에 있어 정부와 공무원 노동조합 간의 단체교섭에 의한 급여 결정을 기본으로 하면서 중립기관의 권고나 조정, 중재기관의 재정(裁定)이 교섭 내용을 결정하는 데 중요한 역할을 담당하거나, 법제상 혹은 관행상 정부를 구속하는 것이 중립기관 주도형이다(제 I 형). 호주와 네덜란드가 이 유형에 속한다. 이 유형에서는 공무원 급여정책은 노동정책이란 측면에서 인식되기 때문에 재정정책

표 15-2 공무원 보수결정방식의 비교

		중립적 인사기관	
		존 재	비존재
노동기본권	완전보장	Ⅰ. 중립기관 주도형	Ⅱ. 직접교섭형
	비보장	Ⅲ. 인사기관 주도형	Ⅳ. 정부주도형

자료: 원종학(2007), "공무원 및 공적부문 임금결정," 「재정포럼」, 2007.9, p. 19 수정.

으로부터 높은 자율성을 가진다. 즉, 예외적인 재정적 압박을 받는 때가 아니면 공무원과 단체교섭의 결과가 존중된다. ILO도 이 유형의 급여결정 방식을 지지하고 있다.

직접교섭형(유형 Ⅱ)은 공무원의 노동기본권이 완전히 보장된 상태에서 정부와 공무원노조가 직접 단체교섭을 통해 급여를 결정하는 방식이다. 즉, 민간기업에서 노사간 단체교섭으로 급여를 결정하는 것과 본질적으로 동일하다. 이 경우 고용주가 정부이므로 일반적으로 민간기업의 사용자보다는 사용자의 교섭력이 강한 특성으로 보이고 있어 공무원의 급여는 안정성이 없는 편이다.

인사기관주도형(유형 Ⅲ)은 중립적 인사기관이 중립적 입장에서 관민급여 비교 등 조사결과에 근거하여 제출하는 권고가 급여결정의 핵심이 되는 경우이다. 일본의 인사원 권고제도, 캐나다(Advisory Group on Executive Compensation)나 아일랜드의 상급직원에 대한 급여권고제도(Review Body on Higher Remuneration) 등이 이 유형에 속한다. 중립적인 인사기관의 권고내용은 기본적으로 공무원의 인사관리 정책을 축으로 한 것으로 재정과는 독립적으로 수행되어 재정당국과 알력도 크다.

정부중심형(유형 Ⅳ)은 중립적 인사기관의 권고유무에 상관없이 정부가 급여개정에 강한 주도권을 지니고 있는 경우이다. 흥미롭게도 미국과 독일이 이 유형에 속한다고 할 수 있다. 공무원의 급여가 노동정책이나 인사관리정책이라는 관점보다는 재정정책이란 시각에서 이뤄진다고 하겠다. 우리나라는 인사기관이 존재하고, 노조활동이 미약하여 제Ⅲ유형에 속한다고 할 수 있지만, 실제 운영은 제Ⅳ

유형에 속한다고 할 것이다.

3.3 보수의 유형

이상 보수의 결정수준이 결정되면 보수기준은 크게 생활급, 연공급, 직무급, 직능급, 실적급의 유형으로 분류되어 설계된다.

1) 생활급

공무원과 그 가족의 기본적인 생활 내지 생계유지에 필요한 경비를 중심으로 보수를 결정하는 것이다. 따라서 생활급은 지출과 상관성이 높은 연령이나 가족상황, 특히 교육비 지출을 요하는 자녀 수를 고려하게 된다. 외교관이 현지에 부임할 때 그 나라의 생계비를 고려하여 보수를 조정하거나 물가상승률에 연동하여 보수를 조정하는 것도 생활급을 반영한 것이다.

생활급은 보수에 대한 불만을 예방하기 위해서 반드시 충족되어야 할 부분이다. 그러나 생활급은 직무의 특성이나 개인의 노력·능력과는 무관하게 지급되는 것이기 때문에 조직의 생산성 향상에는 크게 기여하지 못한다고 보아야 한다. 따라서 생계지출 관련요소인 연령이나 자녀 수는 생계유지에 필요한 최소수준까지만 보수에 반영하고 나머지는 노동대가를 보상할 수 있도록 보수체계를 설계하게 된다.

2) 연공급

연공급(seniority-based pay)은 근속연수·연령·경력·학력* 등 속인적 요소의 차이에 따라 보수의 격차를 두는 보수체계이다. 이들 요소에 대한 속성이 강할수록 공무원의 가치가 높다는 전제하에 보수가 높아진다. 근속연수만을 기준으로 하는 경우 근속급이라는 용어를 사용한다.

---

* 학력의 경우 연령과의 상관성에서 연공급 요소로 고려되기도 하고, 능력과의 상관성에서 직능급 요소로 고려될 수도 있다.

그림 15-6 보수체계의 구성

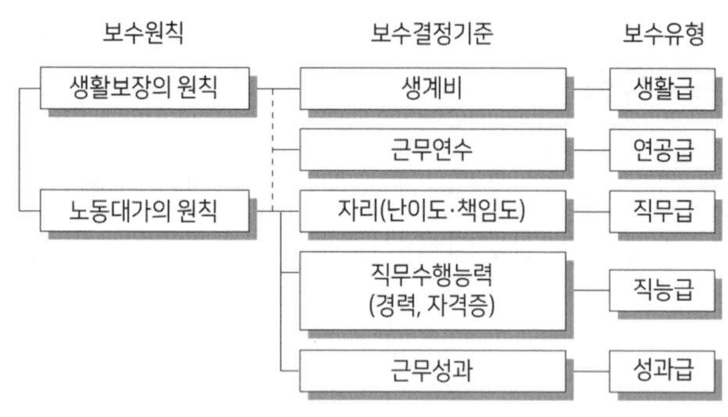

근속연수는 일반적으로 보수표에서 호봉을 결정하는 가장 중요한 요소이다. 그러나 근속연수만 고려하는 것은 고등교육을 받거나 오랜 시험준비로 공직에 늦게 들어온 사람이 상대적으로 불이익을 받게 된다. 따라서 교육기간*이나 타직장의 경력(우리나라의 경우는 군경력까지 인정)까지도 보수의 기준으로 인정하는 것이 일반적이다. 특히 여성의 경우, 임신과 출산, 육아로 근속연수가 남성에 비하여 불리하기 때문에 경력단절의 문제를 고려해야 한다.

연공급은 생애주기로 보아 나이가 많을수록 부양가족이 늘고 그만큼 지출도 늘어나기 때문에 생활급과도 밀접한 관련을 가지고 있다. 이런 점에서 생활급의 일부로 보기도 한다. 즉, 연공급은 생계지출의 증가를 반영하여 생활을 보장하고, 근속을 장려하여 종신고용으로 연결함으로써 공직에의 귀속감을 높이고, 연장자가 우대되는 서열중심적 보수체계라 할 수 있다. 따라서 직업공무원제도의 확립에도 도움이 된다.

그러나 연령이 순수한 생활급적 요소만을 반영하는 것은 아니다. 연령이 많아지면서 경험과 재교육 등 꾸준한 학습에 의한 능력향상이 이루어지는 경우 '연령=능력'의 등식이 성립하여 직능급적 요소를 가진다.[7] 특히 경험이 축적될수록

* 민간부문의 경우 학력에 따라 호봉의 차등을 두는 것이 일반적이나, 정부의 경우에는 학력에 의한 차별이 아니라 오로지 공개경쟁시험에서의 성적에 의한 차별만이 허용되기 때문에 학력의 차등인정은 석사급 혹은 박사급 연구원을 구분하는 연구기관에서 일부 허용되고 있다.

업무의 정확성이 올라가고, 효율성이 올라가는 직무의 경우가 이에 해당한다.

연공급의 장점

시카고대학의 Edward Lazear(1979)는 직업공무원제에서 채택되는 호봉제와 같은 우상향하는 보수체계가 유용하다는 점을 주장한다. 즉, 연령·임금구조가 승진기회가 없는 직종의 노동자들에게 일을 열심히 하게 하고, 또한 노동자의 태만을 막는데 유용한 수단이라는 것이다. 그의 모형을 그림으로 성명하기로 한다. 노동자의 한계생산물가치가 VMP의 모습을 지니는 것으로 가정하자. 회사가 노동자를 감시하는 것이 쉽다면, 외부노동시장에서 결정되는 연령－임금곡선은 그림에서와 같이 DBE로 표시된다. 그러나 노동자의 생산성을 감독하는 데 비용이 많이 드는 경우, ABC와 같은 임금구조를 택하면 노동자의 높은 노력을 유도하고 태만을 줄일 수 있다. ABC곡선은 입사 후, 몇 년은 그의 생산성보다 낮은 임금을 지급하며, 그리고 t^*년이 지난 후에는 그의 생산성보다 높은 임금을 지급하는 임금제도, 즉 지연보수계약(delayed－compensation contract)을 보여 주는 곡선이다. 즉, 이러한 계약형태에 의한 곡선은 연공서열식에 의한 보수계약을 의미하는 데, 여기에서는 노동자 평생임금의 현재가치가 평생의 노동생산성의 현재가치와 동일하다.

Lazear의 정년모형

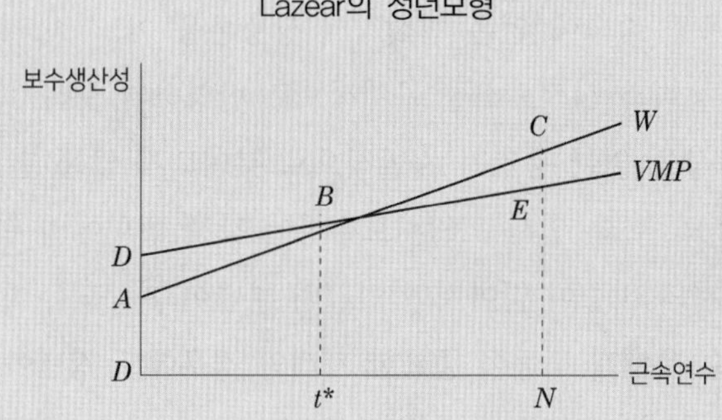

여기에서 현재가치로 환산한 경우 면적 DBA는 면적 BEC와 같다. 즉, 이 경우 노동자들은 초기에 받은 자신의 한계생산물가치(VMP)보다 낮은 임금은 t^*점 이후의 높은 임금에 의해 보상된다. 노동자들은 DBE라는 임금계약과 ABC라는 임금계약간에 무차별적이다. 그러나 ABC의 연령·임금곡선을 갖는 경우, 노동자들의 태만을 방지하는 효과를 갖는다. 회사가 노동자들의 근무태도를 감독하여 태만을 발견하여 해고하게 되면, 중도에 해고된 노동자의 경우 근속연수에 따라 증가하는 임금의 이익을 얻지 못하게 되어 태만에 따른 비용이 상당히 크게 된다. 즉, 노동자들에 대한 보상을 미래로 지연함으로써 고용주는 노동자들로부터 더 많은 노력과 높은 노동생산성을 끌어낼 수 있으며, 노동자들로 하여금 내부노동시장에서 사용자와 장기적 계약관계를 잘 유지하게 하도록 유인할 수 있게 된다.

자료: 정재동, "공무원 정년제도 개편을 위한 제도적 조건의 설계," 「한국행정연구」 제13권 제3호 2004, pp. 181-182 일부수정.

근무성과의 측정이나 직무가치의 객관적 평가가 곤란한 상황에서도 연공급이 선호될 수 있다. 민간부문보다 정부의 보수체계에서 연공급 비중이 크게 나타나는 이유가 여기에 있다. 노동조합이 활발한 경우 역시 그렇지 않은 경우보다 연공급의 비중이 커질 수밖에 없다. 노조활동이 허용되는 직무가 일반적으로 그 기능이 단순하고 유사하여 직무가치를 차등화시킬 필요성이 적고, 실적급 도입에 따른 노동강도의 강화에 대한 심리적 압박을 반대하기 때문이다.

연공급이 적용될 수밖에 없은 현실적인 상황론을 어느 정도 인정할 필요도 있으나 연공급은 능력과 실적요소를 구체적으로 반영하지 못하기 때문에 능력개발이나 생산성 향상을 위한 동기가 자발적으로 부여되지 않는 단점을 가지고 있다. 특히 연공서열의 조직·인사구조는 보수성이 강해 변화에의 탄력적 대응력이 약하고, 장기근속자의 비중이 많아지면 인건비 부담이 가중되는 현상이 나타나게 된다. 예컨대, 단순 육체적 노동이 중요한 자리인 경우에도 정년이 가까운 노령자가 젊은이보다 더 높은 보수를 받게 된다.

3) 직능급

공무원의 직무수행능력을 측정하여 그 능력이 우수할수록 보수를 우대하는 보수체계이다. 직무수행능력은 본인이 담당하고 있는 구체적인 직무에 관한 것이다. 따라서 직무가 요구하는 지식과 기술을 분명히 하고 사람이 실제 그러한 지식과 기술을 얼마나 습득하고 있으며 실제 능력을 발휘하고 있는지에 대한 평가가 이루어져야 한다. 직능급(skill−based pay)은 직무를 기준으로 한 '속직급'과 사람을 중심으로 한 '속인급'의 혼합상태로서 일정한 직무를 전제로 이를 수행한 사람에 대한 보수이다. 직능급은 '동일직무 수행능력에 대한 동일보수'의 원칙을 반영한다. 직능급의 한 유형으로서 자격급이다. 자격급은 자격취득에 따라 보수차이를 두는 제도이다. 자격이라는 것이 학위, 특정직종이나 직무(의료, 변호사, 건축사, 약사, 영양사 등)를 수행할 수 있는 능력을 공적으로 증명하는 것이라는 점에서 직능급의 한 유형으로 본다.

직능급은 일본에서 연공급의 단점을 보완하기 위해 개발된 보수체계로서 서구의 합리적 보수관리(직무급)와 동양의 연공적 전통을 절충시킨 것이다.[8] 일본에서 직능급이 발달한 것은 기술혁신의 진전에 따라 직무내용이 변화하고 이에 따라 근로자에게 새로운 지식과 기술을 요구되는 것이 인식되었기 때문이다. 경력자보다 젊은층이 신기술과 기계를 다룰 수 있는 능력이 앞서면서 연공서열과 기능서열간에 괴리현상이 나타나고 젊은층이 기존의 연공기준 보수에 강한 불만을 표출하기 시작한 것이다. 이에 대응하여 직무를 수행할 수 있는 능력을 연공급에 연계시킨 것으로 볼 수 있다.

보수를 직무수행능력과 연계시키는 것은 개인에게 학습과 자기계발 나아가 생산성 향상의 동기를 부여하는 효과가 있다.[9] 직능급은 직무중심이 아닌 사람중심으로 인사관리가 이루어지고 직무수행능력을 강조하기 때문에 급변하는 기술환경에 대응하여 인적자원의 배치나 활용에서 직무급보다 훨씬 유연성을 발휘할 수 있다. 또한 직무수행능력이 객관적으로 평가만 된다면 개인간 공정한 보수가 될 수 있는 장점이 있다.

이러한 효과가 제대로 발휘되려면, 새로운 기술과 지식을 습득하겠다는 자기개발을 하겠다는 적극적인 의지가 있어야 한다. 조직차원에서도 개인의 능력개발을 위한 많은 투자가 있어야 한다. 개인이 실제로 얼마나 기술과 지식을 습득했느냐에 의해 승급(나아가서 승진까지 연계)이 주로 결정되기 때문에, 조직이 이들의 교육훈련에 대한 수요를 충족시켜야 하기 때문이다.

4) 직무급

직무급(job-based pay)은 직무의 난이도와 책임의 정도에 따라 직무의 가치를 결정하고 그 가치를 보수와 연결시킨 보수체계이다. 직무급을 도입하기 위해서는 직무분석과 직무평가를 실시하여 각 직무에 대한 상대적 가치를 평가하는 것이 선행되어야 한다. '동일직무 동일보수'의 원칙이 적용되는 보수체계이기 때문에 직위분류제에 꼭 맞는 보수유형이다.

직무급은 직무평가에 의해 각 직무마다 가치가 부여되고 일정한 범위 안에 드는 직무를 같은 등급으로 묶어 동일한 가치(보수)를 부여한다. 순수한 직무급에서는 동일등급에 단일보수액을 적용하여 보수인상은 상위등급으로의 승진에 의해서만 기대할 수 있다. 개인적 요소인 근속이나 연령 또는 생계비가 반영되지 않는다. 그러나 이러한 순수형 직무급 제도는 드물다. 보수폭에서 설명하였듯이 등급마다 일정한 보수의 폭을 두어 등급 안에서 급여인상(승급) 효과를 접목시키게 된다. 보수폭을 두는 경우에도 직무급의 보수합리성을 살리기 위해서는 연공요소에 의한 '자동승급'보다는 직무수행능력이나 실적과 같은 생산성 관련요소를 고려한 '성과승급'의 기준을 적용할 것이 요구된다.

순수 직무급 유형은 속인적 요소를 배제하고 직무의 객관적 가치만을 보수에 반영하기 때문에 다른 유형의 보수체계에 비해 합리적이고 과학적이라 할 수 있다. 또한 '동일직무에 대한 동일보수'의 원칙에 충실하기 때문에 개인별 보수의 차등에 대한 불만을 해소시킬 수 있다. 특히 성과에 의한 승급을 채택하는 경우 근무실적이 보수와 직접 연계되기 때문에 보수에 의한 동기부여 효과를 일으키고 조직 전체의 생산성 향상에 기여할 수 있다는 장점을 가지고 있다.

반면에 직무급이 성공을 거두려면 충족되어야 할 조건과 뒤따르는 문제점이 많이 있다.

첫째, 인사제도 내지 풍토가 직무급 실행과 보조를 맞출 수 있어야 한다. 직무급은 직위분류제를 근간으로 하여 모든 채용·교육·훈련·승진·평가 등의 인사관리가 객관적이고 합리적으로 이루어질 수 있는 제도가 확립되어야 한다. 또한 이를 받아들이는 문화적 풍토가 되어 있어야 한다.

둘째, 직무급이 성공을 거두려면 보수수준이 최소한 생계비 수준을 넘어야 한다. 기본적인 생활이 보장되고 난 뒤에야 직무의 가치나 능력 또는 실적에 의한 동기부여의 효과를 기대할 수 있다.

이런 점을 고려할 때 우리나라와 같이 장유유서와 선임자(先任者) 우대의 유교문화와 계급제적 요소가 인사제도의 바탕을 이루는 상황에서는 순수형 직무급을 도입하기 어렵다. 그동안 부분적으로 직무급적 요소가 많이 도입되었다. 각종 직책수당이 그 예이다. 장관, 차관, 국장 등 고위직일수록 그 직에 있는 동안에는 직책수당을 받고, 다른 자리로 가면 없어지는 것이 그것이다.

5) 성과급

성과급(performance based pay)은 개인의 실제 근무실적과 보수를 연결시킨 것이다. 실제 개인이 실현시킨 직무수행의 산출결과를 보수기준으로 삼는다는 점에서 개인의 투입측면인 연공이나 능력요소를 기준으로 삼는 것과 차이가 있다. 좁은 의미에서 실적급은 전년도의 근무실적을 금년도의 기본급 결정에 반영하는 제도이다. 실적급은 넓은 의미에서 보수지급형태인 성과급과 동일개념으로 사용한다. 다만 '개인차원'의 '근무성적'을 '기본급'에 반영하는 실적급과 구분할 수 있다.*

성과급을 적용하기 위해서는 근무성적과 현재의 직급에 따른 성과급지급비율을 정해야 한다(<표 15-3> 참조). 이 때 근무성적의 등급이 같다 하더라도 상위

---

* 우리나라의 경우 실적급은 1년 단위로 조정되고 조정액이 기본급에 반영되어 지속적인 영향을 주는 반면, 성과급은 1년 내지 이보다 짧은 주기로 해당 기간에만 효력이 있다. 혜택을 받는 범위에 있어서도 실적급이 조직구성원의 광범위한 보수조정을 꾀하는 효과가 있다면, 성과급은 아주 탁월한 성과를 보인 소수의 개인이나 집단에게 한정적으로 혜택을 부여하는 것이 일반적이다. 정부는 1999년부터 실·국장급 이상 고위공무원에게 실적급을, 과장급 이하 공무원에게 성과급을 도입하면서 이를 성과연봉과 성과상여금으로 구분하고 있다. 2017년부터는 5급 이상 모든 직급이 성과연봉제의 적용을 받게 되었다.

표 15-3 직급별 성과급 등급분포

(단위: %)

직급의 범위	성과 등급			
	탁월(S)	우수(A)	보통(B)	미흡·불량(C)
최상위직급 1/4	5	3	1	0
상위직급 1/4	6	4	2	0
하위직급 1/4	7	5	3	0
최하위직급 1/4	8	6	4	0

자료: Cynthia D. Fisher, Lyle F. Schoenfeldt, and James B. Shaw, *Human Resource Management*, 2nd ed., Boston: Houghton Mifflin Co., 1993, p. 583 일부 수정.

직급자에게 적용하는 보수인상률은 하위직급자보다 낮게 설정한다. 상급자는 보수액이 크기 때문에 낮은 인상률만으로는 절대액에서는 큰 인상효과를 가질 수 있고 보수상한선을 넘지 않도록 하기 위해서이다.

성과급은 근무실적과 보수를 연계시킴으로써 능력있는 사람의 동기를 유발시킬 수 있다는 점이 가장 큰 장점이다. 반면에 실적급의 문제점으로 지적할 수 있는 것은 다음과 같다.

첫째, 대부분의 근로자들이 이 제도를 불신하는 경향이 있다. 동료와의 정보교환을 통해 성과보상이 불공평하다고 생각하기 쉽다. 많은 사람이 본인의 실적을 적어도 보통 이상으로 과대평가하는 경향이 있기 때문이다.[10)]

둘째, 성과평가의 타당성, 객관성 및 신뢰성의 문제이다. 공공부문에 개인의 성과(performance)를 정확히 평가하는 것은 한계가 있다. 더구나 성과평가가 평가자의 자의적 판단이 개입된다면, 그에 따른 급여는 당연히 불공정을 초래하고 근로자의 불만과 사기저하를 초래하게 된다. 성과의 결과가 본인의 노력 여부에 관계없는 요인에 의해 좌우되는 경우도 마찬가지이다.

셋째, 우리나라 문화에서 인건비의 경직성문제가 있다. 성과급이 적용되어 기본급인상이 일단 이루어지면 다음 해에 근무성적이 떨어짐에도 불구하고 성과급 적용 이전의 상태로 환원되지 않고 그대로 유지되는 경우가 많다. 따라서 보수수준이 실제 직무가치 이상으로 상향조정되고 인건비부담이 커지는 결과를 초래하기 쉽다.

4. 보수체계의 관리

임금조사와 생계비 기타 보수관련 요소를 고려하여 공무원 보수의 일반수준을 정하고 나면 이제 개별 공무원의 보수총액 수준을 결정해야 한다. 보수체계관리는 개별 공무원의 총보수수준과 보수의 구체적 내용이 어떠한 기준(생계·연공·직능·직무·실적)에 근거한 것인지를 다룬된다.

4.1 개별 공무원의 보수수준 결정: 보수표개발

공무원의 보수수준을 결정하는데 임금곡선과 보수정책선, 보수등급, 보수폭과 호봉, 보수폭의 중첩 등이 검토되어야 한다.

1) 임금곡선과 보수정책선

개별 공무원의 보수수준을 합리적으로 결정하기 위해서는 직무분석·평가와 앞의 임금조사가 실시되어 있어야 한다.* 직무평가를 통해 이미 모든 직무에 대한 점수가 계산된다(점수법과 요소비교법). 개별 공무원의 보수수준은 바로 이 직무평가의 결과와 임금조사 결과를 서로 결합시켜 직무의 가치를 계산하게 된다. 이 두 조사의 결과를 결합시키기 위한 방법이 우선 XY축상에 산점도를 그리는 것이다. X축은 직무평가에서 얻는 기준직무의 점수를, Y축에는 임금조사에서 얻은 비교직무의 임금을 표시한다([그림 15-6] 참조).

---

* 우리나라에서는 직무분석·평가가 되어 있지 않은 상태라서 임금곡선에 의한 합리적 보수결정이론의 현실적 유용성은 적은 편이다.

그림 15-6 임금곡선과 보수정책선

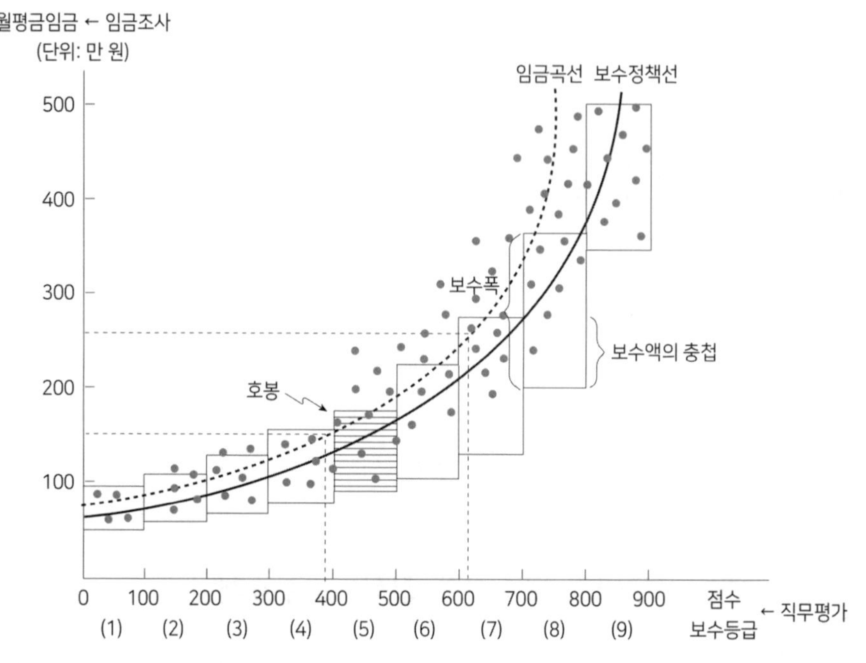

산점도상에는 임금조사대상 기업 수에 기준직무의 수를 곱한 것만큼의 점이 그려지게 된다. 산점도상의 점을 대표하는 선(회귀분석에 의한 회귀선)을 그리면 이것이 민간부문의 임금곡선이 된다. 따라서 임금곡선은 직무의 내적 가치(직무평가의 점수 내지 등급)와 그 직무에 대한 노동시장에서의 평균 외적 가치와의 관계식을 나타내는 것이다. 직무평가에서 630점에 해당하는 기준직무 A는 민간부문에서 월평균 260만 원의 임금을 받고 있음을 나타내고 있다. 이 임금곡선을 통해서 기준직무에 포함되지 않은 비기준직무에 대한 임금도 평가할 수 있다. 예를 들어 [그림 15-6]에서 비기준직무 a는 직무평가에서 390점을 받았고 이 때 임금수준은 월평균 150만 원이다.

우리나라와 같이 직무평가가 되어 있지 않은 계급제하에서는 보수등급 대신 계급을 X축에 놓을 수 있다. 이 경우 X축은 직무수행에 요구되는 자격의 가치가 아니라 근속연수나 연령 또는 학력 등 사람에 속한 특성의 가치라 할 수 있다. 따라서 이 경우에는 특히 민간부문의 임금조사를 실시할 때 직무의 동질성 외에 속인적 특성에서 동질성이 확보되어야 한다. 즉, 근속연수에 의한 연공급 비중이 큰 경우에는 단순히 직무의 성격이 유사한 것만으로 공·사부문의 보수수준을 기술적으로 비교하여 보수수준에 참고한다면 타당성의 문제가 있다. 따라서 직무뿐만 아니라 학력·공무원의 입직경로(5·7·9급)·초임시 연령 등 인적자원에 관한 특성도 함께 고려되어야 한다.[11)]

[그림 15−6]의 임금곡선은 민간부문의 임금조사자료를 기초로 작성된다. 공무원의 경우에는 임금곡선과 함께 생계비·임금정책·경제적 고려사항 등을 참고하여 각 등급마다 최고·평균·최저의 보수수준을 나타내는 새로운 보수정책선을 설계해야 한다. 따라서 보수정책선은 임금조사를 통한 대외적 형평성(Y축)과 직무평가를 통한 대내적 공정성(X축), 그리고 여기에다 정부의 보수정책을 종합적으로 반영한 것이 된다.

대체로 임금곡선은 J자형의 모양을 보인다. 고위직으로 올라갈수록 직무의 가치증가폭보다 그 직무를 수행하는 사람의 시장가치가 훨씬 높게 평가됨을 의미한다. 조직이 추구하여야 할 방향설정과 전략 그리고 구성원에 대한 근무의욕고취까지 소수 고위관리자(경영자)의 영향이 지대함을 나타낸 것이다. 유능한 CEO에 천문학적 보수를 주는 미국과 같이 자본주의 시장원리가 지배하는 국가일수록 더 가파른 J자형을 그리게 된다. 반면에 정부의 경우에는 고위직 공무원에 대하여 조직에 미치는 영향과 책임의 시장가치를 인정하기보다는 높은 보수에 대한 국민적 정서와 국가봉사자로서의 역할강조 때문에 보수상한을 제한하는 것이 보통이다. 인건비 지불능력 때문에 고위직을 퇴직시켜야 하는 압력을 완화하기 위해 임금피크제를 실시하기도 한다. 이 경우 공무원의 보수곡선은 S자형과 유사한 형태를 띤다. 이것은 중상위직의 장기근속자에게 유리하여 직업공무원제의 확립에 도움이 된다.

2) 보수등급

X축의 보수등급(wage grade)은 보수의 내적 공정성을 반영하는 중요한 지표이다. 어렵고 힘든 일을 하는 사람에게는 그만큼 높은 보상을 하는 것이 공정하다고 할 수 있다. 동일직무에 대한 동일보수의 원칙이 적용될 부분이다. 그런데 직무평가점수가 205점인 직무와 207점의 직무 사이에 보수의 차등을 두는 것은 보수의 공정성을 기하는 것처럼 보이나 다른 한편 인사관리의 어려움을 야기시킨다. 이러한 이유에서 직무의 가치가 유사하다고 판단되는 일정한 점수대를 단일 보수등급으로 처리하게 된다.

직위분류제에서 보수등급은 직무평가에서의 등급이기 때문에 승진의 단계로 사용될 수 있으며, 계급제 하에서는 신분을 대변하는 것이기도 하다. 그러나 등급이 100여 개가 된다고 가정하면 등급간 보수나 신분차이가 극히 미미하여 상위등급으로 올라가는 것이 매력이 없고 인사관리도 그 만큼 복잡하게 된다. 그렇다고 등급 수를 너무 적게 하면, 한 등급에 너무 오래 정체되어 있기 때문에 승진에 의한 동기부여가 문제되고 직무차등성을 세밀하게 반영하지 못한다는 단점이 있다. 등급을 몇 개로 하는 것이 적당한가는 이렇듯 보수의 공정성뿐만 아니라 인사관리상의 문제를 동시에 고려하여 결정하여야 한다.

3) 보수폭과 호봉

동일등급 내에서의 최고와 최저의 보수수준 차이를 보수의 폭(wage range, width, or spread)이라 한다. 보수의 폭은 고위직으로 올라갈수록 넓은 것이 일반적이다. 하위직은 직무의 내용이 단순하고 반복적인 반면에, 관리직 이상 고위직으로 올라갈수록 책임의 정도나 조직의 생산성에 미치는 영향이 크기 때문이다. 보수폭은 등급의 수와 반비례하여 커질 것이다. 등급의 수를 세분하여 직무특성과 개인특성 모두를 등급에 반영시킬 수 있다면 보수폭은 좁아지게 된다. 등급의 수는 적정한 수준에서 제한될 수밖에 없다.

보수폭은 등급에서 소화하지 못한 직무 이외의 다른 요소에 대한 가치를 반영하게 된다. 보수의 폭을 인정하지 않으면 동일등급에서 근무하는 동안 전 공무원을 대상으로 이루어지는 연간 보수인상 이외에는 어떠한 개별 보수인상도 존재하지 않게 되어 불공정이 초래된다. 같은 일을 처음 맡아 하는 사람과 5년째가 되는 사람을 같은 수준으로 보상할 수는 없다. 보수폭은 이와 같이 등급이 같더라도 근무연수나 자격 또는 실적 등의 차이를 보수에 반영시키고자 한 것이다. 보수폭은 이들 요소의 차이 정도에 따라 몇 단계로 다시 나누게 된다.

이렇게 나눈 하나하나를 호봉(號俸, step)이라 한다. 즉, 봉급의 호수를 말한다. 상위호봉으로의 이동을 승급이라 하여 등급의 수직적 이동인 승진과 구분한다. 계급제에서는 기본급을 나타내는 호봉표를 작성하여, 승진(예, 7급 → 6급)할 때 호봉도 올려줘서 금전적 보수를 올려준다. 호봉을 화폐단위로 하면 인플레이션 등을 고려하여 매년 수정해야 한다. 프랑스에서는 전 공무원의 직렬, 등급을 나타내는 망(grill)과 같은 표를 만들어 각각 고정점수를 부여하고 있다. 공무원 개인의 본봉은 이 점수에 매년 임금협상으로 결정되는 액수(지수)를 곱하는 방식으로 계산할 수 있다.

승급의 한 기준은 근무연수이다. 장기간의 근무를 보상함으로써 장기근속을 유도하고, 부양가족이나 교육비 등 생계비 상승을 고려해 줄 수 있고, 직무수행능력과의 어느 정도 상관성을 반영할 수 있다. 또한 근무기간은 객관적이기 때문에 다른 기준에 의한 자의적 승급을 막을 수 있고, 선임자를 우대함으로써 조직의 안정에 기여할 수 있다는 장점이 있다.

그러나 근무기간만을 유일한 기준으로 삼는 경우는 드물다. 근무기간을 지나치게 강조하는 경우 직무수행실적의 유·무능을 무시하게 되어 조직의 활성화 및 조직경쟁력 향상에 오히려 지장을 주기 때문이다. 따라서 소극적으로 근무성적이 불량한 사람에게 승급을 제한하거나 적극적으로 근무성적이 우수하거나 탁월한 행정개선 제안을 한 사람에게는 근무연수의 요건에 상관없이 승급을 허용하는 등 실적요소를 보완하는 것이 일반적이다. 이외에도 두 요소를 배합하는 방식에는 일정호봉까지는 근무연수에 따라 자동적으로 승급시키고 그 이후에서는 전적으로 실적에 의존하는 방법이 있다. 우리나라에서는 근무연수를 원칙으로 하여 해마다

1호봉이 올라가는데, 호봉간 월 몇 만원 정도의 차이가 난다. 그리고, 근무성적불량자에 대한 승급기간을 연장시키거나 우수 제안 채택자에 대한 특별승급을 시킬 수 있다.

4) 등급간 보수액의 중첩

[그림 15-7]에서 A계급과 B계급의 보수는 4호봉까지의 보수를 부분적으로 중복되고 있다. 즉, 초임을 갈고, B계급에서 등급에서 일정기간 이상 장기근속한 경력공무원은 A계급에 경력이 낮은 A계급의 공무원보다 더 큰 보상을 해 준다는 의미이다. 오랫동안 한 등급에서 경력을 쌓아 온 사람의 조직에 대한 기여도가 더 크다고 보는 것이다.[12)]

보수액의 중첩 내지 보수폭의 중복 필요성은 등급의 수를 고려할 때 더욱 분명하다. 만약 보수폭의 중복을 허용하지 않는다면 전등급에 해당하는 보수폭(전직무에 대한 최고와 최저의 보수수준 차이)이 지나치게 커져야 한다. 만약 보수폭을 중복시키지 않으면서 전체의 보수폭을 제한하게 되면 각 보수등급별 보수폭이 좁아지게 된다. 좁은 보수폭 내에 호봉의 수를 많이 두게 되면 승급액의 차별성이 없어져 호봉인상의 효과를 기대할 수 없다. 따라서 조직 내의 최저·최고 보수액간

그림 15-8 보수액의 중첩

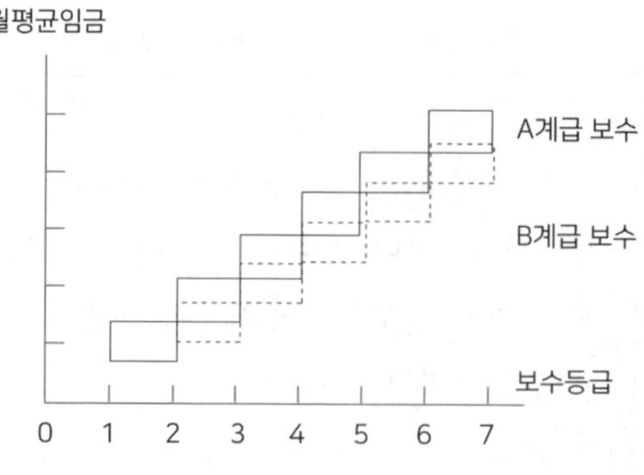

의 전체 보수폭을 일정하게 유지하면서 호봉간 보수차별성을 두려면 보수폭을 중복시키는 수밖에 없다.

보수폭의 중복은 등급승진에 대한 지나친 경쟁과 집착을 완화시킬 수 있다. 중복이 없는 경우 상위등급 초호봉은 이전 등급의 최고호봉보다도 높은 보수를 받기 때문에 승진은 신분상승과 함께 상당한 보수인상의 효과를 가져온다. 승진에 대한 집착이 그만큼 강할 수 있다.

그러나 중첩이 지나친 경우는 반대로 등급구분의 의미가 상실되어 승진의 동기부여 효과를 저해할 가능성이 높다. 전 등급에 걸쳐 완전하게 중복이 일어나는 경우, 즉 등급을 무시하고 호봉에 의한 차이만을 인정하는 제도를 단일호봉제라 한다. 교육공무원과 같이 직무의 내용이 승진에 의해 크게 변화하지 않는 경우에 적절하다. 단일호봉제에서는 승급적체의 문제는 전혀 없으나 잘못하면 승진의 동기가 사라져 나태한 근무태도를 초래할 수 있다.

5) 보수표 작성

보수표는 지금까지의 내용을 토대로 한 축에 등급(계급)을 다른 한 축에 호봉을 표시하여 각각의 등급과 호봉에 해당하는 보수액을 체계적으로 정리해 놓은 표를 말한다. 보수표를 통해서 공무원은 본인에 해당하는 보수액이 얼마인지, 승진이나 승급이 되면 현재보다 얼마의 보수가 인상되는지를 일목요연하게 볼 수 있다. 보수표는 조직구성원 전체에 대한 기본급(봉급)의 액수를 전체적으로 통일적이고 체계적으로 정리한 것이어서 신규공무원의 보수결정이나 기존공무원의 보수변경 등 보수를 효율적으로 관리하는 데 많은 도움이 된다. 보수표는 일단 만들어지면 그 다음 해부터는 점증주의 논리에 따라 지난 해의 보수표에 보수인상률만을 적용하여 변경하는 방식으로 계속 사용하는 것이 일반적이다. 따라서 보수를 장기적으로 계획성 있게 관리하는 데 무엇보다 중요하다.*

* 본래 보수는 기본급(봉급)과 부가급(수당)으로 구성되고 기본급이 주가 되어 편성된다. 따라서 보수표는 봉급표와 서로 혼용하여 쓰기도 한다. 공무원 보수 5 % 인상이라고 해도 실제 공무원이 받는 월급총액기준으로는 인상률이 이에 훨씬 못미치는 것은 기본급을 기준으로 하기 때문이다.

규모가 작은 조직의 보수체계에서는 등급이나 호봉이 많지 않아도 된다. 그러나 규모가 크고 직무의 성격이 다양할 때에는 등급이나 호봉이 세분화되어야 할 뿐만 아니라 보수표 자체를 여러 개 만들어야 이들을 공정하게 수용할 수가 있다. 대부분의 경우 직종이 다른 경우 직종에 따라 구분하는 것이 보통이나 임금교섭을 독자적으로 할 수 있는 노동조합이 있는 경우 노동조합의 단위별로 보수표를 달리할 수도 있다. 우리나라에서는 일반직, 교육직, 경찰·소방직, 고용직, 연구직 등 직무성격의 차이를 인정하여 보수표를 매년 각각 다르게 만들고 있다.

4.2 보수의 구성

구체적인 보수의 내용구성에는 이론적인 항목과 실제보수 운용과정에서 사용하는 항목이 있다. 이론적인 항목은 '무엇'에 대한 보수인가에 관한 것으로 보수결정의 기준을 말한다. 여기에는 능력기준, 직무기준, 성과기준, 자격기준, 근속·연령기준, 생계기준 등을 들 수 있다.

1) 실질적 구성

보수의 실질적인 지급항목을 보면 기본급과 부가급(수당)으로 구성된다. 우리나라에서는 법적으로 봉급과 수당이라는 용어를 각각 사용한다. 기본급은 보수구성의 핵심부분으로서 각종 수당이나 연금 등 다른 보수항목의 산정기준이 된다. 즉 기본급은 임금체계를 대표하는 근간으로서 보수관리는 기본급을 중심으로 이루어지게 된다. 부가급은 기본급을 보완하는 것으로 수당과 상여금을 포함한다. 수당은 직무내용·근무환경·생활여건 등과 관련하여 기본급에 담지 못하는 특수한 차이를 보상해 줄 수 있다. 따라서 기본급을 탄력적으로 보완하는 역할을 하게 된다. 상여금은 남들보다 특별히 우수한 성과를 거둔 경우 이를 보상하기 위해 지급하는 추가급이다. 성과상여금이 대표적인 예이다. 우리나라 공무원의 보수구조는 연봉제가 적용되느냐 호봉제가 적용되느냐에 따라 크게 둘로 나누고 있다. 보수구성의 일반용어와 다른 표현을 쓰고 있는데, 연봉제에서는 연봉이 기본급의 유사개념이라 할 수 있다.

현재 우리나라 공무원 보수체계에서 기본급은 실제보수가 얼마인지 나타내주지 않는다. 기본급만으로는 전체 보수액의 약 50% 정도만 알 수 있고, 나머지는 수당 등 복잡한 요소로 구성되어 있기 때문이다. 나머지 약 50%는 근속연수나 개인의 특별한 사정(가족수당·자녀학비보조 수당) 또는 직무조건과 무관하게 개인의 기본급을 기준으로 일률적으로 지급되는 경직성 수당이 있다. 기말수당·정근수당이 대표적인 것으로 수당이라기보다는 기본급과 같은 성격을 가진 것이다.*

기본급과 부가급이 이렇게 복잡하게 나타나는 것은 다른 보수항목의 산정기준이 되는 기본급의 비율을 낮추려는 동기 때문이다. 즉, 기본급을 기준으로 대외에 공표되는 명목상의 보수인상률은 낮추고 각종 수당의 신설이나 확대를 통해 편법으로 실질적인 보수인상을 보장해 준다. 이러한 경향은 민간부문에도 마찬가지인데, 그 이유는 기본급을 기준으로 연금 등 사회적 비용이 계산되기 때문이다. 물가나 국민정서를 고려해 기본급을 기준으로 한 명목상의 보수인상률 내지 총보수수준에만 매달리고 보수의 체계상 관리는 경시하고 있는 것이다.

장기적으로 보면 보수체계는 계속 복잡다기화되다가, 다시 단순화·통합되는 과정이 반복된다. 공무원에게 일률적으로 적용되는 집단보상 내지는 낮은 보수수준을 보전해 주는 식으로 수당은 시간이 지날수록 당연한 것으로 여겨지기 때문에 동기부여의 효과가 사라진다. 이러한 문제점을 인식하고 매년 성과와 보수를 연결시킴으로써 인센티브를 부여하고 나아가 공직사회의 경쟁력을 높이기 위하여 1999년부터 성과급제도를 도입하였다.

2) 보수구성의 결정기준

효율적인 보수관리가 되기 위해서는 대외적으로 경쟁력 있는 보수수준이 되어야 할 뿐만 아니라 생계비가 보장되어야 한다. 대내적으로 직무와 개인의 가치

---

* 자신의 월급(실수령보수)을 모르는 경우가 많은 이유이다. 실수령액은 여기에서 연금, 의료보험, 소득세 원천징수액 등을 차감한 것으로, 대체로 연말정산액을 12개월로 나눈 것이 가장 근접한다.

를 공정하게 보상하여 일에 대한 동기를 유발시킬 수 있도록 보수체계가 구성되어야 한다. 생활보장의 원칙은 생계비를 보수결정의 기준으로 적용하게 되고, 노동대가의 원칙은 직무와 실적 그리고 직무수행능력을 보수결정의 기준으로 한다.

생활보장은 최저생활유지에 필요한 지출을 보상하는 것으로 생계비를 기준으로 모두에게 동일하게 보수가 결정된다. 노동대가는 직무 자체에 속하는 속직적 가치와 그 직무를 수행하는 개인에 속하는 속인적 가치로 구분할 수 있다. 직무가치는 직무에 내재되어 있는 난이도와 책임의 정도를 말하고, 개인의 가치는 그 직무를 수행한 결과로 나타난 근무성적 내지 목표달성도를 말한다. 직무와 개인의 중간적 가치가 직무수행능력이다. 능력의 가치라는 점에서 개인의 특성을 가졌지만 그 능력이 직무수행에 적합한 경우에 가치가 인정된다는 점에서 속직적 특성을 가진 것이다. 실적이 결과의 측면이라면 직무수행능력은 원인적 측면을 가진다.

한편 연령과 근무연수를 보수결정의 기준으로 많이 적용하는데, 생활보장과 노동대가의 원칙이 가미된 것으로 볼 수 있다. 연령·근무연수가 많아짐에 따라 생애주기상 생활에 필요한 지출이 증가한다는 측면에서 생활보장의 성격이 있고 연령·근무연수가 많아질수록 경험에 의한 능력의 향상을 기대할 수 있다는 측면에서 노동대가의 측면도 있다([그림 15-6] 참조).

4.3 생계비조사와 임금조사

공무원 보수의 일반수준을 결정할 때 고려해야 할 여러 요소는 체계적인 조사와 객관적인 자료가 바탕이 되어야 한다. 이 중 경제관련 요소들은 국가차원의 통계자료에서 구해지는 것이지만 생계비와 민간부문의 임금수준에 관한 자료수집은 인사부서에서 직접 담당해야 할 부분이다.

1) 생계비조사

생계비를 보수수준 결정의 기준으로 고려하는 것은 사회적·윤리적 측면에서의 온정적 배려라 할 수 있다. 생계비 개념에는 이와 같이 윤리적 성격이 내포되어 있지만 다른 한편으로 이 개념을 실행에 옮기기 위해서는 측정을 필요로 한다. 즉 생계비조사에는 개념규정에 관한 윤리적·규범적 논의와, 측정에 관한 경제적·기술적 논의가 수반된다.

① 생계비

생계비란 영어로 cost of living으로 생활에 쓰이는 비용을 말한다. 이 때 생활수준은 나라마다 또는 나라 안에서도 지역마다 다르고 개인의 사회활동 영역에 따라서도 다르기 때문에 상대적인 개념이다. 우선 사회구성원의 상당수가 생존에 필수적인 의식주를 해결하는 데도 어려움을 겪고 있는 상태에서는 공무원의 생계비 보장은 최저생활수준을 의미하는 것으로 볼 수 있을 것이다. 반면에 의식주를 걱정하는 사람이 거의 없고 건강을 돌보고 문화를 즐기는 수준이라면 생계비는 최소한의 문화생활까지 향유할 수 있는 수준으로 생각할 수 있다. 나아가 생활수준을 공동체 사회 내에서의 중간 내지는 평균적으로 사는 가구를 기준으로 삼아 공무원에게도 그 정도의 생활수준이 되도록 소득수준을 보장하자는 주장도 제기된다. 물론 최저생활비, 평균가구생활비, 문화생활비는 모두 추상적 개념으로 생활수준의 최저·중간·최고상태를 상대적으로 표현한 것으로 볼 수 있으며 그 중간 중간에 수많은 생활수준상태를 가정할 수 있을 것이다.

생계비에 대한 개념적 논의는 모든 국민에게 기본권으로 인정하고 있는 '인간다운 생활'을 음미해 볼 필요가 있다. 헌법 제34조 제 1 항은 "모든 국민은 인간다운 생활을 할 권리를 가진다"고 규정하고 있다. 헌법 제32조 제 1 항에는 "국가는 … 적정임금의 보장에 노력하여야 하며, 법률이 정하는 바에 의하여 최저임금제를 시행하여야 한다"고 하였다. 건강하고 문화적인 생활을 영위하는 데 필요한 정도의 적정임금수준이 보장될 수 있도록 정책을 수립하고 실시할 것을 의무화하고 있다. 따라서 최소한의 생활급(최저임금)을 정하고 그 이하 수준으로 근로자를 고용하지 못하도록 법으로 강제하고 있는 것이다. 육체적으로 필수적인 최저생활은 보장하고 인간으로서 존엄성을 실현할 수 있는 문화생활수준을 보장하는 것을 목표로 선언하고 있다고 볼 수 있다.

국가공무원법 제46조에는 '표준생계비'를 고려한다는 표현을 쓰고 있다. 무엇을 표준(standard)으로 볼 것인가는 역시 쉬운 문제가 아니지만 헌법의 하위법으로서 헌법에 규정된 최저임금과 적정임금의 사이, 즉 최저생활수준은 넘어서고 문화생활수준에는 못 미치는 그 중간 내지 평균(average)수준의 생활을 보장하는 정도로 이해할 수 있을 것이다. 따라서 의식주를 해결하는 수준은 넘고 보통 시민에게 공무원으로서의 신분상 체면을 유지하고 적정한 수준을 인정받을 만한 선에서 생계비가 고려되어야 할 것이다.

② 개념의 조작화

앞의 추상적인 생계비는 측정가능하도록 조작화하여야 한다. 조작화방법에는 이론생계비와 실태생계비의 두 가지 산출방법이 있다.

이론생계비 산출은 생활에 필수적인 재화와 서비스를 이론적으로 정하고 그에 대한 소요비용을 산출하는 방식이다. 가계·주거·영양 등의 분야에서 관련이론을 토대로 생계유지에 필요한 항목들을 선정하고 물가를 참고하여 총지출액을 계산하는 것이다. 예를 들어 식품비, 교통비, 주거비, 피복비, 교육비, 정보비 등 생계비 개념에 포함되는 항목을 선정하고 각 항목에 대하여 세항목을 다시 정하고 그 각각에 대하여 생계유지에 필요한 양과 단위당 가격을 일일이 조사하여 생활비용을 측정한다. 연역적으로 이론에 근거하여 생계유지에 필요한 비용을 산출한다는 점에서 설득력이 있다. 그러나 어떤 소비품목을 생활유지에 필요한 표준항목을 설정하는 것이 문제가 된다. 이러한 맥락에서 좀더 최소 수준을 알기 위한 지표로는 전체 지출액 중 식료품비를 나타내는 엥겔지수 등을 참고할 수 있다.

보다 현실적인 접근은 실태생계비 산출이다. 실태생계비는 표준이 되는 개인이나 가구를 표본추출하여 조사하거나 정부에서 전수(全數)조사한 자료를 통해 실제 지출된 금액을 확인하고 이를 평균함으로써 얻어진다. 조사된 지출금액을 가지고 귀납적으로 생계비를 도출하는 것이다. 이론생계비든 실태생계비든 지역(서울과 지방)과 연령대(30대와 50대) 그리고 가족 수(1인과 4인) 등에 따라 생계비 수준이 다르기 때문에 이러한 특수성을 고려하여야 한다.

실태생계비는 이미 조사된 통계자료를 활용하여 편리하게 계산할 수 있다는 장점도 있으나 지출은 소득의 함수라는 점을 생각할 때 실태생계비가 생계유지에 필요한 지출을 대신하기보다는 소득의 크기를 반영하고 있다는 한계를 지니고 있다. 또한 이론생계비와는 달리 지출의 구체적 항목을 조사하지 않기 때문에 과소비를 포함한 모든 지출을 과연 생계비로 인정해 주어야 할 것인가의 문제가 있다.

2) 임금조사

생계비 측면에서는 보수의 적정성이 확보되고 있다고 할 수 있으나 보수는 또한 민간부문의 임금수준과 형평성을 유지해야 한다. 이를 위한 기초조사가 임금조사이다. 임금조사란 정부에서 공무원의 보수수준 결정을 위해 민간부문의 기업체로부터 필요한 자료를 수집하여 이들의 임금수준 실태를 파악하는 과정을 말한다. 임금조사는 신뢰성과 타당성을 갖춘 과학적인 조사가 되어야 하고 그러기 위해서 일련의 절차를 엄격히 따를 것이 요구된다.

① 기준직무선정

임금조사의 첫번째 단계는 바로 임금조사의 대상에 포함시킬 기준직무(key or benchmark jobs)를 선정하는 것이다. 민간부문의 임금을 조사하여 공무원 보수결정의 기준으로 삼고자 할 때 상호 비교의 기초단위는 직무이기 때문이다. 정부의 직무 중에서 대표성을 갖고 민간부문의 직무와 상호 비교가 가능한 직무를 기준직무라 한다. 즉, 기준직무는 정부의 다양하고 많은 직무 중에서 일부 직무만을 선택하게 되는데 이 때 민간부문에도 그와 동질적이거나 유사한 내용의 직무가 존재하는 것으로 뽑는 것이 중요하다.

기준직무는 이와 같이 공·사 양부문간에 직무내용의 동질성이 확보되어야 하고, 또한 정부 내에서도 기준직무나 그와 유사한 직무에 근무하는 사람이 많아 대표성을 가져야 한다. 직무의 표준화 정도도 높아 조사에 포함되지 않은 직무에 대하여 기준의 역할을 할 수 있어야 한다.

② 조사대상기업 선정

다음은 임금을 실제 조사할 대상기업을 선정하여야 한다. 일반적 원칙은 기준직무와 유사한 일을 수행하는 근로자 수가 많은 기업을 선택하는 것이다. 결과적으로 중소기업보다는 대기업을 중심으로 하게 된다. 상호 유용한 비교가 가능하도록 유사직무가 많은 경우 중소기업을 배제할 이유는 없으나 이 때에도 임금이 사업주에 의해 일방적으로 결정되는 것이 아니라 노동시장에서 경쟁적으로 채용이 이루어지고 따라서 시장임금이 지불되는 기업이라야 한다. 기업 수를 몇 개로 할 것인가에 대한 일반원칙은 없으나 기업 수보다는 직무의 유사성을 얼마나 확보하느냐가 더 중요하다.

③ 임금조사표작성

기준직무에 대응하는 조사대상기업 내 직무에 대하여 임금결정에 관련된 정보를 수집하기 위한 설문지이다. 이 때 임금의 범위를 분명히 하여야 조사표에서 얻어지는 자료의 동질성을 확보하여 유의미한 비교가 가능해진다. 대외적 형평성의 의미를 살리기 위해서는 가능한 임금(보수)의 개념을 넓게 잡을 필요가 있다. 최광의 임금개념은 보상과 같은 직접·간접의 모든 금전적 보상을 의미한다. 기본급은 물론이고 수당, 상여금, 연금, 보험, 유급휴가 등이 모두 포함되는 총보상(total compensation)이다. 그러나 연금, 보험, 유급휴가와 같은 간접보상은 금전으로의 환산이 쉽지 않고 비용의 부담과 혜택에 차이가 있기 때문에 이들을 포함시키는 경우 오히려 비교가 어려워진다. 따라서 직접보상인 보수로 한정하여 기본급과 수당,* 상여금 그리고 현금으로 지급되는 후생복지비를 포함시키는 것이 보수의 범위로써 개념의 포괄성과 측정의 현실성을 감안한 것이 될 것이다. 한편 달마다 달리 지급되는 수당이나 1년 단위로 계산되는 휴가일수 등을 고려할 때 보수는 1년간의 총액이나 월평균액으로 계산하는 것이 적합하다.

---

* 수당 중 극히 일부 사람만이 해당하거나(특수지 근무수당·모범공무원수당 등), 업무추진을 위한 필요경비이거나(업무추진비·기관운영판공비 등), 휴가 미사용분에 대상 보상(연월차수당, 연가보상비)인 경우는 제외시킬 수 있을 것이다.[13]

설문지 방법의 경우에 조사자가 조사대상기업을 직접 방문하여 협조를 요청하는 것이 바람직하나 인터넷에 의한 배포와 회수가 널리 사용된다. Big data시대가 도래함에 따라, 이러한 자료의 수집은 실시간으로 용이하게 이뤄질 수 있을 것이다. 문제는 자료수집이 개인정보 보호의 원칙에 어긋나지 않게 이뤄져야 한다는 것이다.

④ 자료분석

설문지 방법이든 Big data이든, 수집된 자료는 용도에 따라 그에 맞는 정보를 얻기 위해 정리되고 분석되어야 한다. 공무원보수의 일반수준을 결정하기 위한 정보를 알기 위해서는 각 조사대상기업 전체를 대표할 수 있는 임금, 즉 민간부문의 평균임금수준을 구하여야 한다. 가장 흔히 쓰는 것이 가중평균임금(weighted average pay)이다. 대상기업마다 비교직무별 평균임금*에 비교직무에 종사하는 종업원 수를 곱하여 1차적으로 합산한 다음 모든 대상기업의 합산액을 다시 더해 총임금 지출액을 구하고 이것을 총임금 지출액 계산에 포함된 총종업원 수로 나눈 것이다.** 정부의 경우에도 같은 방식으로 가중평균임금을 구하여 민간부문의 가중평균임금에 대비시키면 정부의 임금수준이 민간부문의 '몇 %'라는 수치가 나오게 된다. 이 값을 가지고 공무원 보수의 상대적 수준을 알게 되고, 보수수준은 여기에 생계비수준은 물론 근무조건 등의 비금전적 보상까지 고려하여 정책적으로 결정하게 된다.

이상은 생계비계산의 과정과 방법을 원칙론적으로 서술한 것이고, 실제 통계자료는 국가통계포럼(kosis), e－나라지표 등에서 쉽게 얻을 수 있다.

---

* 평균임금이 극단적으로 높은 임금에 의해 왜곡될 가능성이 높은 경우에는 중위수 임금을 사용하는 것이 더 유용하다.14)

** 공식화하면 다음과 같이 나타낼 수 있다.

$$\frac{\sum_{i=1}^{m}\sum_{j=1}^{n} \text{평균임금}ij \times \text{종업원 수}ij}{\text{총종업원 수}}$$

$$\left(\begin{array}{l} i\text{: 조사대상기업 } 1 \cdots m \\ j\text{: 기준직무에 대응하는 비교직무 } 1 \cdots n \end{array}\right).$$

5. 보수형태의 관리

보수형태는 근로자에게 보수를 어떤 방식으로 지급하느냐의 지급형태를 말한다. 보수지급형태는 크게 고정급과 성과급으로 나눈다. 고정급은 시간을 단위로 하며 일정액을 정하여 지불하는 방식이다.

5.1 시간급과 월급

시간급(time payment)은 작업의 양이나 질 또는 성과와 무관하게 일한 시간(기간)에 따라서 미리 정한 정액급을 지급하는 방식이다. 단위기간당 보수액(시간당 임금률 내지는 연간 총보수액)이 고정되어 있기 때문에 고정급이라고도 한다. 지급을 하는 기준기간에 따라 시급제, 일급제, 주급제, 월급제 그리고 연봉제의 형태를 취한다. 시급, 일급, 주급은 주로 기능직이나 하위직 또는 임시직(part-time worker)에 주로 적용되고, 정식 사무·관리직에게는 주급제 내지는 월급제가 주로 적용된다. 우리나라를 비롯한 대부분의 나라는 공·사부문을 막론하고 정식직원인 경우에는 직급의 상하를 막론하고 월급제를 채택하고 있고, 중도에 이직하거나 퇴직하는 경우, 일할계산을 한다. 미국은 공사를 막론하고 주급제가 일반적이다.

5.2 시간기준의 보수관리

서구에서 보수는 '노동자의 시간을 고용주가 구매한다'는 의미를 가지고 출발한다. 따라서 근무시간이 엄격히 지켜지고, 이에 따라 보수가 주어지는 측면이 강하다. 한편 월급제를 기반으로 하는 우리나라에서는 몇 시부터 몇 시까지 근무한다는 실제 '근무시간'이라는 개념이 엄격히 지켜지지는 않고 있다. 우리는 그 사람의 강한 조직시민행동 혹은 조직에 대한 총체적인 '헌신'을 전제로 보수를 생각하고 있는 것 같다.

심지어 월급제를 택하고 있는 유럽제국에서도 우리나라와는 달리 비교적 철저히 시간당 근로를 전제로 근무하는 문화가 정착되어 있다. 출퇴근시간이 정확히 체크되는 것이 그 예이다. 한국도 출퇴근시간이 기록되는 곳이 많지만 출근한 후 실제 직무에 집중한 시간이 몇 시간(hours)인가란 개념은 약하다. 낮에는 노동의 강도를 낮추거나, 형식적으로 연장근무를 하여 야간근무수당을 수령하는 것도 있다.

토요일과 일요일에도 나와서 근무하는 경우도 있는데, 이에 대한 보상은 평소 임금의 1.5배를 지불하는 것이 원칙이다. 그러나, 단순히 근무 '시간'이 아니라 주어진 임무수행이 중요시되는 간부에게는 이 원칙이 적용되지 않는 것이 일반적이다. 미국의 경우는 물론이고, 서구는 일반적으로 시간별 근무시간에 대한 개념이 정착되어 '매 시간에 대한 급여'라는 관념이 보편화되어 있다.

5.3 성과급

1) 의의와 유형

성과급(pay for performancce)은 개인이나 집단이 달성한 근로의 성과를 측정하여 그 결과에 따라 보수를 차등적으로 지급하는 방식이다. 지급방법에서 특별한 관심을 끄는 것은 역시 성과급이다. 조직에 기여한 성과의 정도와 보상을 직접 연결시키기 때문에 동기부여와 생산성 향상의 수단으로 활용가치가 크기 때문이다. 성과급은 성과측정과 지급단위가 개인이냐 집단이냐에 따라 개인성과급과 집단성과급으로 분류한다.

① 개인성과급

개인성과급의 대표적인 예는 생산라인에서 생산량 1단위당 임금률을 성과(생산량)만큼 임금률을 곱해 보수를 지급하는 경우이다. 임금률을 정하지 않고 판매액의 일정비율을 임금으로 지급하는 커미션(commission) 방식도 있다. 자동차·보험·가전제품 등의 판매사원들이 정해진 월급이 아닌 총판매액에서 몇 %를 커미션으로 지급받는 것이 그 예이다. 그러나 근로자의 수입이 성과에 의존하기 때문에 불안정하다는 단점이 있다. 이런 이유 때문에 대부분의 경우에는 생활의 안정이나 채용 등을 고려하여 기준목표량까지는 성과에 관계없이 고정급을 지급하고 기준을 초과한 양에 대한 성과급을 부가하는 방식을 택한다. 이런 방식의 또 다른 예가 보너스(bonus) 지급형태이다. 목표를 초과달성하여 이윤이 창출되었거나 비용의 절감이 발생한 경우 이에 기여한 개인에게 이윤이나 비용절감분의 일부를 일시불로 지급하는 것이다.

개인성과급은 상호협조와 공동노력에 의한 조직기여도를 약화시킬 가능성이 높다. 성과급과 연결된 개인의 목표에만 너무 집착하기 때문에 협동노력에 의한 조직 전체의 거시적 목표달성을 소홀히 하기 쉽다. 특히 상대적 평가를 통해 그 중에서 가장 우수한 사람에게 성과급이 지급되는 경우에는 소수의 승리자를 위해 다수의 패배자를 만들어 다수의 사기를 저하시키는 결과를 초래하기 쉽다.[15)]

② 집단성과급

개인성과급의 문제점 때문에 집단 내지 기관 차원의 성과급을 생각할 수 있다. 집단성과급은 어떠한 성과가 개인의 노력이기보다 집단의 협동노력이라는 전제하에 성과의 측정단위를 집단(부서)으로 한다. 생산공장의 조립라인(assembly line)이나 정부의 품의제와 같이 직무성과가 한 개인의 노력이나 우수성이 아니라 동일선상에서 일하는 집단구성원 모두의 공동노력과 공동책임이 수반되는 경우에 특히 당위성을 갖는다고 볼 수 있다. 집단성과급도 개인성과급과 기본적으로 같은 목적을 가진 제도로서 집단성과가 금전적 보상과 연결되기 때문에 동기부여의 효과가 있고 개인주의보다 집단의 공동체의식의 제고를 기대할 수 있다. 다만 집단 내 개인간의 차별성을 구분하지 않기 때문에 무임승차(free-rider)의 동기가 생길 가능성이 있다.

2) 성과급의 동기부여 효과

신공공관리론(NPM)의 유행 이후 근무성과에 관계없이 일률적으로 지급되는 보수에 대한 비판이 거세게 일어났다. 사회 전체의 운영원리가 자본주의적 시장원리에 의한 미국에서조차도 성과급이 동기부여 기제로 잘 작동하는 것같지 않다. Kohn은 급여는 동기부여의 요인이 아니고, 일종의 벌칙이라는 연구결과를 내놓았다.16) 공공부문 임금관련 연구들을 대상으로 Meta 분석한 Perry(2009)의 연구도 성과급은 성과를 증진시키는 요인이라는 점을 발견하지 못하였다.17) 최근 발달하고 있는 행동경제학(behavioral economics)에서도 여러 가지 실험을 통해 이를 증명하고 있다.

한국 공무원의 경우는 고용보장이 비교적 강한 상태에서 근무동기를 진작시키고자 성과급제도를 도입하고 있다. 호봉제에서 연봉제로 전환한 것이 그것이다. '성과급적 연봉제'라고 하여 직전 2년간의 성과평균을 그 해의 연봉결정의 기준으로 하는 것이 한 예이다. 직급에 따라 다르지만 동료에 비하여 연 몇천만 원 정도 차이가 나기도 한다. 이와 같이 일하는 성과에 따라 금전적 보상의 차이를 두는 것이 과연 동기부여의 요인인가는 면밀한 연구대상이다.

행동경제학에서는 인간이 주어진 상황에서 어떻게 행동하는가를 보기 위해 여러 가지 방법으로 실험을 하였다. Kohn(2003)이 주장하는 내용의 일부를 발췌하면 다음과 같다.

- (성과중심) 보상은 (인간)관계를 단절시킨다
- (성과중심) 보상은 원인을 무시한다(결과만 봄)
- (성과중심) 보상은 위험을 감수하면서 도전하지 못하도록 한다
- (성과중심) 보상은 흥미를 잃게 한다

이런 주장에 내재되어 있는 핵심적인 내용은 돈은 동기부여의 수단이 아니라는 것이다. 즉, 금전말고 다른 것으로 동기를 부여하라는 것을 주문한다. 넓은 의

미의 여러 보상들은 경우에 따라서 동기를 부여하지만, 금전적 보상은 그렇지 않다는 것이다. 성과급을 실현하는 데는 여러 가지 한계에 직면하게 된다.

첫째, 정확하고 공정한 성과측정이 선행되어야 성과급도입에 대한 구성원의 지지를 얻을 수 있다. 행정은 재화의 생산보다는 서비스 제공의 비중이 훨씬 크기 때문에 양보다 질적인 측면이 더욱 강조된다. 문제는 서비스 만족도나 친절도 등을 포함한 행정의 질적 요소를 성과측정에 포함시키는 경우 주관적 평가의 위험을 배제할 수 없다는 점에서 성과측정의 딜레마가 있다.

둘째, 계량적(정량적) 측정만을 중시하여 근무와 성과의 질적(정성적)인 측면을 무시하는 경우도 부작용이 나타난다. 특히 성과의 정도가 개인의 노력으로도 어쩔 수 없는 경우가 많다. 측정이 곤란함에도 불구하고 결과치에만 집착하게 되면 성과의 내용이 부실해지기 쉽다. 예를 들어, 교통법규 위반차량 단속건수에 따라 성과급이 지급된다면 교통경찰관은 사고예방과 원활한 교통소통의 본연의 목적보다는 규정위반차량을 찾아내서 '딱지'를 떼는 데 더 큰 유인이 생기기 마련이다. 결국 교통안전을 통한 국민의 삶의 질 향상이란 행정의 목적을 달성하기는 커녕, 거꾸로 단속에 걸릴까 불안해하는 역효과가 나게 된다. 근본적으로 교통표지판이나 신호체계의 개선 등을 고민하는데 시간을 쓰지 않기 때문에 성과급 제도가 오히려 행정발전을 방해하는 쪽으로 작용할 수 있다.

끝으로, 성과를 '평가'하는 자체가 업무량을 증가시킨다. 복잡하고 정교한 평가체제를 만들고, 이에 따라 실제 정보를 수집하는 작업이 공무원들의 귀중한 시간을 차지하게 된다. 성과정보를 집계하여 공무원간 비교를 하면 할수록, 상관은 수치에만 의존하게 되고 실제로 이들이 일한 결과 국민의 삶이 어떻게 향상되었는지는 고려하지 않는다. 기관장은 수치를 통해 전직원을 파악하고 장악했다는 착각을 하게 된다. 일종의 조직내 집권화(centralization)가 강화되는 효과가 있다.

6. 우리나라의 보수제도

우리나라 보수체계는 여러 가지 유형이 복합적으로 반영된 종합결정급의 형태로 볼 수 있다. 종합결정급이란 상술한 어느 하나의 기준에 따르기보다는 현재의 보수체계나 인사제도 등을 감안하여 각 기준에 적절한 가중치를 두어 이를 하나의 보수체계에 통합하는 것이다. 즉, 보수의 결정기준으로 생계비, 연공, 직무수행능력, 직무, 실적 등을 종합적으로 검토하고 적절하게 배합하여 보수의 대내적 공정성을 확보하는 방식이다.

구체적으로 우리나라 공무원의 보수체계는 크게 호봉제와 연봉제로 구분된다. 호봉제는 처음에 충원될 때 그 이전의 경력에 따라 호봉이 결정되고, 그 이후에는 근무기간에 따라 상승된 호봉에 따라 봉급(기본급)이 지급되는 제도이다. 매년 일정한 날에 정기승급을 통하여 호봉이 올라간다. 호봉체계를 나타내 주는 봉급표는 12개의 직종별로 다르게 설정되어 있고, 매년 국회의 예산심의에 따라 인상률이 결정된다.

수당의 종류가 많은데, 후술하는 연봉제공무원들이 받는 수당도 거의 유사하다. 공무원에게는 이러한 봉급 외에 약 30종의 수당이 있다. 이에 대하여 연공급적 보수가 지나치게 경직적이라는 비판에 따라 업무성과에 따라 차등지급되는 성과급(실적급)인 성과상여금이 있다. 이것은 후술하는 성과급적 연봉제와는 구분된다.

공무원의 보수체계를 연공급보수체계에서 능력(실적) 주의 보수체계로 전환해야 한다는 목소리에 따라 1999년부터 고위직에 연봉제를 도입하였다. 1997년말 IMF 구제금융이 있은 이후 공공부문개혁이 강력히 추진된 것이다. 그러나 이것은 우리가 생각지도 않던 개혁이 외부적으로 주어진 것이 아니라, 이전에서부터 이미 많은 인사행정전공 학자들이 주장해 온 것이다. 10여 년을 거쳐 꾸준히 이 방향으로 개혁이 이뤄진 연봉제는 구체적으로 고정급적 연봉제, 성과급적 연봉제, 직무

그림 15-9 공무원 임금체계 현황

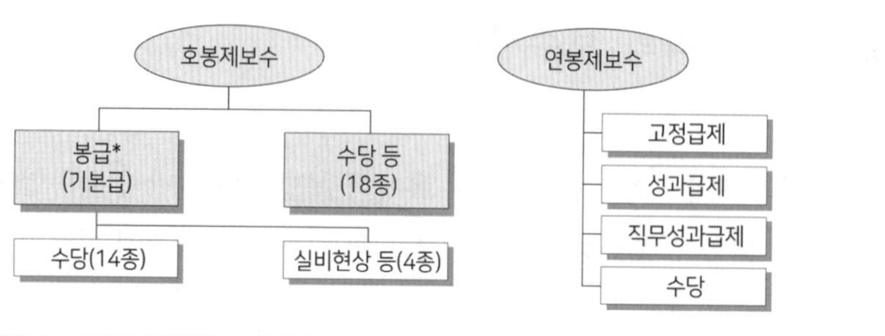

성과급적 연봉제라는 세 가지로 나뉜다.

대략적으로 말해서 5급 이하에 해당하는 중하위직 공무원은 비교적 안정적인 호봉제가 적용되고, 그 이상의 고위직 공무원은 성과급제(연봉제)가 적용된다. 고정급적 연봉제는 신분보장이 안 되는 정무직에게 사실상 고정급을 주는 것이므로 이를 '성과급'이라고 하기는 곤란하다. 호봉제를 적용받는 중하위직 공무원도 1년에 2회 정도 성과상여금을 받는다는 점에서 대부분의 공무원들은 이제 과거의 연공급적인 '봉급'생활자가 아니고, 일을 한만큼 차등적으로 보수를 받게 된 셈이다. 4급 이상 고위직 공무원들은 호봉대신 과거 2년간의 성과등급에 따른 봉급평균액수를 기본연봉으로 하기 때문에 같은 직급의 사람이라고 해도 보수의 차이가 꽤 많이 나기도 한다. 성과평가는 기관에 따라 3단계, 4단계, 5단계 등으로 할 수 있고, 일정한 비율로 강제배분한다.

그러나 과연 이런 성과급적 연봉제가 공무원의 동기부여를 했느냐는 중요한 연구과제이다. 성과급과 근무성과와의 상관관계를 주장하는 학자들의 주장대로 한다면, 이 제도가 도입된 이후 우리나라 공무원들의 성과가 전반적으로 모두 상승되었어야 한다. 그러나 이런 긍정적인 결과를 가져왔다고 보기는 어렵다. 물론 공무원의 성과는 보수 이외에도 다른 요인들에 의하여 많이 영향을 받기 때문에 이들 인과관계를 과학적으로 규명하기는 쉽지 않다.

연봉제의 종류

- **고정급적 연봉제**: 직위별로 연봉이 고정되는 것으로 차관급 이상 정무직공무원 등을 대상으로 한다. 이들은 공무원보수규정에서 정한 연봉 외에 가족수당, 자녀학비보조수당, 직급보조비, 정액급식비, 봉급조정수당 등을 보수관련 법령에 따라 지급받는다.
- **성과급적 연봉제**: 일반직, 별정직 등 1~5급(상당) 공무원과 임기제 공무원이 대상이다. 이들의 연봉은 계급별 기본연봉과 업무실적에 따른 평가결과에 따라 차등지급되는 성과연봉으로 구성된다. 연봉은 계급별로 설정된 연봉한계액 범위 내에서 정해진다. 연봉 외의 급여로는 가족수당, 시간외 근무수당, 자녀학비보조수당, 연가보상비, 직급보조비, 정액급식비, 봉급조정수당, 특수근무수당, 특수지근무수당 등이 지급된다.
- **직무성과급적 연봉제**: 고위공무원단에 적용되는 보수제도이다. 기본적으로는 성과급적 연봉제와 같지만, 첫째 기본연봉이 기준급과 직무급으로 구분되며, 둘째 성과급비중이 더 높다는 점이 성과급적 연봉제와 다르다.

많은 공무원들은 이에 대해서 회의적이다. 그것은 우리나라 행정조직이 일하는 방식이 아직 변하지 않았기 때문이기도 하다. 성과평가의 결과에 대해 승복하기는 쉽지 않다. 직무분석이 되어 있지 않은 현재로서 업무분장이 불균등한 것이 사실이고, 이를 보상하는 의미가 있다. 대표적인 예로 예산편성을 위해 한 달 정도를 합숙하며 작업을 한 경우, 어느 부서가 특별 감사대상에 선정되어 감사준비로 1주일간 집에도 들어가지 못하고 근무한 경우, 갑작스런 장마·홍수·태풍 등의 자연재해를 맞아 특별근무한 재난관리 관련 공무원 등을 들 수 있다. 이때 성과평가할 때 중요 사건기록법을 활용하면 유용하다. 다만 이 경우 초과근무수당에 의해 보상되지 않는 부분이 고려되어야 할 것이다. 성과뿐만 아니라 투입을 고려한 것으로 순수한 성과급의 형태라고 보기는 곤란하지만, 기관 내에서 상대적으로 중요한 사건에 특별한 노력을 했다는 것을 누구나 쉽게 인지하고 동의할 수 있기 때문에 수용도가 높을 것이다.

또 다른 적용예는 특별한 직무수행능력을 보인 경우 이를 보상하는 것이다. 직무능력기준 성과급(skill-based incentives)이라 할 수 있다. 예를 들어 외국과의 교류와 협상을 대비하여 어느 수준 이상의 외국어 실력을 공인받은 경우에 이를 보상하는 것이다.

공무원 임금 민간임금접근율

민간기업에 비하여 공무원의 보수수준이 어느 정도인가는 중요한 변수이다. 정부는 우수한 인력을 유치하기 위해 민간과 경쟁하는 시대가 되었다. 거꾸로 우수인력은 민간과 정부를 놓고 어디를 갈 것인가 고민할 때, 보수수준차이를 중요하게 본다. 이러한 관점에서 비교를 하기 위해 민간대비 공무원 보수수준이란 개념을 도입하였다. 이 수치는 민간임금을 100으로 보았을 때 공무원 보수가 어느 정도 수준인지를 산출한 것이다.

- 비교대상 민간임금: 상용 근로자 100인 이상 사업체의 사무관리직의 보수
- 비교대상 보수: 민간의 경우 초과근로시간에 연동된 변동적 초과급여를 제외한 임금총액. 공무원의 경우는 고정초과급여를 임금총액에 포함.
- 비교방식: 공무원과 민간과의 학력수준과 연령 등 근로자 구성의 차이를 통제하고 격차지수를 산출.

어떠한 경우에도 개인 단위의 상여금 지급은 경쟁이 유발되고, 그것은 긍정적 효과와 함께 구성원간 협동노력에는 부정적인 효과를 미치게 된다. 따라서 개인보다는 부서단위의 집단상여금 방식이 구성원의 수용도측면이나 생산성제고 측면에서 더 효과적일 것이다.

민간과의 임금차이도 중요한 변수이다. 고도의 전문성을 요구하는 자리인데, 전문성을 갖춘 사람이 민간부문에 비해 현저히 낮은 보수를 감수하고 정무에 들어오기 바라는 것이 비현실적 기대이다. 우주항공청의 직원을 채용할 때, 기존 보수상한제를 폐지하여 고액임금을 지불할 수 있도록 한 것이 이러한 문제점에 적응한 해결책이다.

東西古今公私

일한 시간도 저축하는 독일의 '근로시간 계좌제'

2012년쯤, 미국의 대학에서 연구년으로 1년을 보낼 때다. 법적으로는 시간강사이지만, 나를 도와 줄 강의조교(T.A.)를 달라고 했다. 한 백인 대학원생이 배정되었다. 그런데 그 당시만 해도 나에게 낯선 것은 그 조교의 근로조건이 1주일에 10시간이라는 것이었다.

매주 강의준비를 하면서 필요한 관련 참고문헌을 검색해 요약하는 것이 그 조교의 일이었다. 그 학생의 통학시간을 줄여준다는 생각에서 이메일로 지시를 하는 방식을 썼다. 그런데 몇 주 지나지 않아 나를 당황케 하는 메일이 왔다. 주 10시간이 거의 다 돼가서 이제 이번 주는 작업을 더하기가 어렵다는 것이다. '미국인이 영어 문헌검색을 하는데. 뭐 그리 시간이 많이 들었다는 말인가?', '내가 외국인이라서 꾀병을 부리는 것 아닐까?'

한국은 이와 사뭇 다르다. 내가 조교였을 과거에는 말할 것도 없었고, 요즘에도 우리 조교들은 일을 시키면 최선을 다한다. 교수나 조교나 실제로 '투입한 시간이 얼마인가'를 생각한다는 개념 자체가 없다. 혼자 하지 못하면 선후배가 도와줘서라도 가급적 끝내는 식이다.

여기서 한국과 서구 사이의 차이를 볼 수 있다. 한국은 '일(day)' 단위라고 한다면, 서구는 '시간(hour)' 단위다. 한국은 출퇴근 시간만 지켜서 일주일에 5일 회사에 9시 출근, 6시 퇴근하면 그만이다. 그 사이에 정말 업무를 했는지 아닌지 굳이 따지지 않는 것이 보통이다.

요즘 주 52시간을 개정하느냐 마느냐의 문제가 화두이다. 근로기준법은 하루 8시간 주 40시간을 근로시간으로 규정하고, 초과하는 경우에도 주 52시간을 넘지 말아야 한다고 규정돼 있다.

한국의 근로문화는 다르다. 특히 사무실 근무는 이런 규정을 적용하기에 어려운 측면이 있다. 출근해서 신문 보고, 커피 마시며 잡담을 하다가, 뉴스 검색하고, 적당히 퇴근하는 날도 있다. 상사 눈치 보느라고 퇴근하지 못하고 남아 있는 사람, 낮에 할 일을 밤에 하는 사람도 많다. 초과근무수당도 받는다.

미국 조교의 예와 같이 실제로 '시간(hour)' 근로 개념이 없는 우리나라에 서구의 맞지 않는 옷을 입힌 것이 문제의 원인이다. 그러니 시간제 노동문화가 정착되지 않는 한,

주 52시간 근로시간 개정 논의는 실제 생산성과는 관계가 없다. 시간당 임금을 설정하는 방식도 별 의미가 없는 경우가 많다. 적절한 정도의 강도를 유지하는 작업량이 있어야 하고, 이를 모두 지킨다는 문화가 전제돼야 의미가 있게 된다.

이런 조건이 충족된다고 해도 문제는 여전히 있다. 사람의 숙련도에 따라 실제 걸리는 시간이 다르다. 일이 많아 눈코 뜰 새 없는 날도 있지만, 한가한 날도 있다.

그렇다면 '실제'로 일하는 시간만을 근로시간으로 하는 방법이 없을까. 독일과 같이 실제 일한 시간을 저축하듯이 하여 융통성 있게 쓰는 근로시간 계좌제도 하나의 답이다. 영국과 같이 최소 근로시간을 0으로 하고, 필요할 때만 일하는 '0시간 근로계약(zero-hours contracts)' 제도가 더 나은 경우도 있을 것이다. 우두커니 사무실 자리만 지키기보다는, 적정량의 의미 있는 일을 하고 싶어 하는 사람이 많다. 실제 근무시간을 고려한 새로운 제도를 도입하면 자리만 지키던 시간을 자기개발이나 사적으로 쓸 수 있을 것이다. 한국 실정에 맞는 제도 고안이 노사 모두를 만족시키고, 일자리 숫자도 늘릴 수 있는 접점이 될 것이다.

출처: 한국일보 2022.09.28.

15 참/고/문/헌

1) 민사소송법 제570조, 국세징수법 제33조.
2) 국가공무원법 제46조.
3) 국가공무원법 제64조.
4) 국가공무원법 제46조.
5) 배병돌, "공무원 보수결정에 관한 비교분석," 「한국행정연구」, 제9권 제2호, 2000.
6) 원종학, "공무원 및 공적부문 임금결정," 「재정포럼」, 2007.
7) 정재동, "공무원 정년제도 개편을 위한 제도적 조건의 설계," 「한국행정연구」 13(3): 181－182, 2004.
8) 이재규 외, 「인적자원관리론」, 서울: 문영사, 1996, p. 249.
9) Edward E, Lawler, "The New Plant Revolution Revisited," *Organizational Dynamics*, Autumn 1990, pp. 4－14.
10) Herbert H. Meyer, "The Pay－for－Performance Dilemma," *Organizational Dynamics*, Winter 1975, pp. 71－78.
11) 진재구, 전게서, pp. 34－35.
12) 임도빈, 「행정학」, 박영사, 2018, pp. 391－392.
13) 진재구, 전게서, pp. 36－37.
14) Cynthia D. Fisher, Lyle F. Schoenfeldt, and James B. Shaw, *Human Resource Management*, 2nd ed., Boston: Houghton Mifflin Co., 1993, p. 542.
15) 스티븐 코비, 「성공하는 사람들의 일곱 가지 습관」, 김경섭·김원석 옮김, 2004, 김영사, pp. 280－324.
16) Kohn, Alfie, "Why Incentive Plans Cannot Work," *Harvard Business Review*, OnPoint Enhanced Edition, Heyman, James and Dan Ariely, "Effort for Payment a Tale of Two Markets," *Psychological Science*, 15(11), 2004, pp. 787－793.
17) Perry, J. Engbers, T., and Jun, S., "Back to the Future? Performance－Related Pay, Empirical Research, and the Perils of Persistence," *PAR*, 69(1), 2009, pp. 39－51.

CHAPTER 16

근무종결 및 연금

1. 공무원 신분의 종결

시작이 있으면 끝이 있듯이, 인사행정체제에 들어온 인적자원은 일정시점이 지난 후, 체제밖으로 나오게 된다. 즉, 공무원은 인사행정체제로 인적자원이 투입되어 일정기간 활동하다가 이를 종료하게 된다. 인사행정체제부터 고용관계가 종료되는 사유는 여러 가지가 있다(<표 16-1> 참조).

직업공무원제가 정착된 나라에서는 젊은이가 공직에 들어와 정년시까지 근무하다가 퇴임을 하는 것으로 공직생활을 마감한다. 정년퇴임을 법으로 정해진 정년에 연령이 도달하면 직업인으로서 활동은 정지하는 것이다. 아직 우리나라는 많은 공무원들이 정년퇴임으로 고용관계를 종료한다.

미국 등 일부 나라에서는 법으로 정한 정년이 없는 경우도 있다. 오직 실적에 의해 운영되는 인사행정체제라면 미리 육체적 연령을 정해 놓고 강제퇴직시키는 것은 연령에 의한 차별이라고 할 수 있기 때문이다. 미국에서도 일정 연령에서 퇴임하는 경우가 많이 관측된다. 자신의 근무능력, 근무의욕은 물론이고, 퇴직하여 연금을 받을 때와 계속 근무할 때 받을 보수를 비교하여 적절한 시점에서 자유의

표 16-1 공무원신분의 중단

- 주민소환: 정무직 공무원인 자치단체의 장과 지방의원은 '주민소환에 관한 법률'(2007년 7월 발효)에 따라 공무원의 지위가 박탈된다.
- 당연퇴직: 법이 정한 사유가 발생한 경우 별도의 처분이 필요 없이 공무원관계가 소멸되는 것이다. 형의 선고나 파면·해임의 중징계 처분을 받은 경우에 종료된다.
- 면직: 법이 정한 사유가 발생한 경우 임용권자가 일방적으로 공무원관계를 소멸시킨다. 공무원 본인의 의사에 관계없는 임용권자의 재량권에 속하는 직권면직과 스스로 공직을 떠나는 의원면직이 있다.
- 휴직: 일정기간 동안 직무에 종사하지 않는 것으로 공무원지위는 계속 유지된다. 본인이 원하는 육아휴직, 청원휴직과 장기요양을 요하는 등의 휴직사유가 발생할 경우와 본인의 의사에 관계없이 처분해야 하는 직권휴직이 있다.
- 직위해제: 휴직과 같이 공무원의 신분은 유지하지만 휴직과는 달리 강제로 직무를 담당하지 못하게 하는 것이다. 직무수행능력 부족이나 근무성적이 불량한 경우가 직위해제의 요건에 포함된다.
- 임기만료: 임기가 정해진 정무직이나 기간이 정해진 계약직의 경우 그 기간이 도래하면 공무원신분이 종료된다.
- 정년: 일정 연령에 도달하면 당연히 공무원 신분을 상실하는 것이다. 정년의 적용을 받는 공무원은 경력직 공무원이다.
- 명예퇴직: 정년 이전에 자진하여 퇴직하는 것이다. 20년 이상 근속한 공무원을 대상으로 하며, 승진적체 등을 해소하여 조직의 활성화에 도움을 줄 수 있다.

이들 용어를 자유의사의 인정·불인정에 따라 정리하면 다음과 같다.

구분	자유의사 불인정	자유의사 인정
주민소환	○	
당연퇴직	○	
면직	○(직권면직)	○(의원면직)
휴직	○(직권휴직)	○(청원휴직)
직위해제	○	
정년	○	
명예퇴직		○

자료: 국가공무원법 제69조–제74조의3 및 보완.

사로 퇴임하는 것이다.

그런데 힘들게 들어온 공직인 만큼 정년퇴임이 보편화되었지만, 공직에 들어오자마자 혹은 공직 입문 후 얼마 안 돼서 공직을 떠나는 조기퇴직 추세가 점점 커지고 있다. 공직에 막상 들어와 보니 직무에 만족할 수 없는데도 억지로 남아있지 않고 직업을 바꾼다는 점에서 개인의 능력계발면에서 바람직한 현상이다. 어느 정도 공직에 근무한 후, 정년보다 몇 년 일찍 공직을 떠나는 명예퇴직자도 있다. 명예퇴직은 당사자에게는 정년을 남겨둔 시점에서 조기 퇴직을 함으로써 정년 후 생활을 미리 준비할 수 있는데 비하여, 조직에게는 젊은 사람들에게 그 자리를 기회를 제공한다는 장점이 있는 제도이다. 반면 직업공무원제를 활성화 하고자 하는 정부 입장에서 본다면, 이직하는 사람들을 새로 충원을 해야 되기 때문에 그만큼 비용이 드는 문제이다.

실제로 근무를 하고 싶은데도 불행한 사유에 의해서 공무원의 신분을 종료하는 경우도 생긴다. 즉, 공무를 수행하는 중에 질병 또는 부상으로 계속해서 업무를 수행할 수 없을 때 퇴직할 수밖에 없다. 질병으로, 혹은 각종 사고로 사망한 경우에도 불행하게도 공직을 떠날 수밖에 없다.

징벌의 차원에서 공직을 강제로 떠나는 경우도 있다. 대통령 등 고위정무직은 탄핵으로 공직을 떠난다. 지방자치단체장 등은 주민소환으로 공직을 떠난다. 중대한 범죄를 범하는 등 법에 형을 선고받으면 임용권자가 직권으로 면직시켜야 하는 당연퇴직으로 공직사회에서 나온다. 힘용권자가 파면, 해임하는 경우도 생긴다. 직권면직은 공무원 본인의 의사에 관계없이 임용권자가 공무원신분을 박탈하는 것이다.

2. 이직자 붙잡기

2.1 이직이유

민간부문에서도 이직, 특히 조기퇴직이 늘어나고 있다. 국내 등록 취업자의 이직률은 매년 10−15% 정도이다. 특히 20−30대의 청년층이 취업자체가 어려운데도 불구하고 취업자 5명 중 1명이 1년 이내에 이직하고 있으며, 첫 직장에서 4년

표 16-2 공직사회 조기퇴직에 영향을 주는 요인

영역	이동 용이성	이동 바람직성
개인적 차원	- 연력, 성별, 건강상태 등의 개인특성 - 학력 및 전문성 정도	- 공직 충성심과 자긍심 - 개인의 가치관 및 삶의 질
조직적 차원	- 이직관련 조직문화	- 인사관리(보수, 직무설계, 경력개발, 임금 등) 설계 - 직무조화 여부 - 조직몰입, 직무만족 여부 - 직무스트레스와 직무소진 여부
사회적 차원	- 외부 경제상황(예: 실업률)	- 고객과의 관계(예: 민원스트레스) - 공직에 대한 평판

자료: 김정인. "포스트 코로나 시대, 신규임용 공무원의 조기퇴직 관리방안." 「한국인사행정학회보」 20.1 (2021): 221–40.

이상 고용을 유지한 직원은 12.2%에 불과한 것으로 나타났다.[1)]

평생직장인데도 정년을 채우지 않을 뿐만 아니라, 그토록 어려운 관문을 뚫고 입사한지 얼마 안되서 사표를 던지고 나가는 경우가 많아졌다는 것은 주목해야할 문제이다. 한 설문조사에 응답한 기업들의 약 85%는 1년 이내에 조기 퇴사한 직원을 경험한 적이 있고, 실제로 신규채용자 10명 중 3명이 1년을 채우지 못한 것으로 응답하였다. 심지어 모두가 꿈꾸는 대기업의 신입직원들도 3년 이내에 직장을 떠나는 경우가 점점 많아지고 있다. 막상 기업에 들어와보니, 업무의 내용이나 조직의 문화가 기대했던 것보다 못 미치기 때문인 것으로 보인다.[2)]

자발적 퇴직의 경우, 이동을 할 가능성이 얼마나 높은가라는 이동의 용이성과 이동이 조직을 위해 얼마나 바람직한가를 나타내는 이동바람직성이라는 두 가지 차원에서 볼 수 있다. 구체적으로는 개인적 차원, 조직차원, 사회적 차원으로 나누어 생각해 볼 수 있다.

글상자에서 볼 수 있는 바와 같이 과장급 등 중견관리자들의 의원면직이 과거보다는 많아졌다. 최대한 상위직으로 승진하고, 퇴직이후에도 공공부문에 남으려는 행정문화가 사라지고 있는 것이다.

'官엑시트' 심상찮네

정부 부처들에 따르면 산업통상자원에서 에너지 분야 업무를 담당하고 있는 A과장은 국내 굴지의 대기업 B사의 임원으로 이직하기 위해 퇴직 준비를 하고 있다. ○○○ 산업통상자원부 혁신행정담당관(과장)도 지난 6일 퇴직하고 내달부터 한화에너지 전무로 근무할 예정이다. 이 밖에 지난해 이후 산자부 핵심 과장들을 영입한 기업은 삼성전자, 롯데지주, 두산그룹 등이 있다.

기업들은 이들에게 정부 부처와 국회, 나아가 외국 정부와 의회를 상대하는 대관(對官) 업무나 전략 기획을 주로 맡긴다. 삼성전자는 이미 외교부, 기획재정부, 산자부 출신들이 대관 업무의 핵심 라인을 꿰찼다.

금융위원회에서도 기업 이직이 줄을 잇고 있다. ○○ 전 금융위원회 과장은 지난해 말 메리츠화재 전무로 영입됐다. 서기관급에서도 한화생명, 삼성화재 상무로 이동하는 사례가 발생했다. 한 고위 공무원은 "국장 이상으로 승진하면 업무 연관성을 넓게 적용받기 때문에 공직자윤리위원회 취업심사를 통과하기 어렵다"며 "과장 때가 높은 몸값을 받고 민간으로 옮길 적기"라고 귀띔했다.

'탈(脫) 공무원' 현상은 젊은 사무관들 사이에서도 강하게 나타난다. 지난해 기재부와 금융위 사무관이 나란히 가상자산거래소 업비트 운영사인 두나무로 이직했다. 임도빈 서울대 행정대학원 교수는 "민·관 사이에서 인력 교류는 분명히 필요하지만 정부 역할이 여전히 큰 상황에서 관료들이 과도하게 민간으로 빠져나가는 건 공직사회의 경쟁력 저하를 야기할 수 있다"고 말했다.

출처: 매일경제 2023.3.9. 일부발췌 및 수정.

특히 하위직급인 9급에서 퇴직이 늘어나고 있다. 부처 총원과 퇴직자 수 비율로 살펴보면 18개 부처에서 2022년 기준 이전 5년간 9급 공무원 총원 3만6512명 대비 1658명이 의원면직하여, 평균 4.5%의 퇴직률을 보였다. 교도소, 출입국 심사 등 집행업무가 많은 법무부, 과학기술부, 고용노동부 순으로 높은 숫자의 9급공무원 퇴직이 이뤄졌다.[3]

조기퇴직자가 많은 것은 조직의 사기에도 영향을 미치지만, 새로운 신규채용 등 행정비용을 증가시킨다. 2021년 329명의 9급 공무원이 퇴직하여 이들 채용을 위해 약 2억6000만원 가량의 예산이 낭비된 셈이다. 9급 채용에 지출된 예산은 약 52억7000만원이고, 실제 최종 공개채용 인원이 6453명이므로 1인당 채용비용은 약 81만원 정도이다.

2.2 유지비용

인재 확보를 위한 충원 전략을 어떻게 할 것이냐가 중요하지만, 이제는 한 걸음 더 나가서 채용한 직원이 공무원의 고용을 어떻게 잘 유지하느냐가 중요한 시대가 되었다. 공직선호가 줄어들면서, 일단 채용된 공직자도 계속 근무하도록 붙잡아 두는 정책(retention)이 필요한 것이다.

유지정책은 이직의 이유를 좀더 철저히 이해하는데서부터 출발해야 한다. 특히 치열한 취업경쟁을 통해 들어온 공직을 떠난다는 것은 새로운 직장을 찾기 위한 또다른 노력을 해야 하기 때문에 쉽지 않은 결정이기 때문이다.

개인이 조직에 대하여 기여하는 것(실제로는 자신이 기여할 것이라고 '믿는 것')과 조직이 개인에서 해주는 것(실제로는 개인이 조직에게서 받을 것이라고 '믿는 것') 사이에 계약관계가 있다고 볼 수 있다. 종이로 사인하는 계약과는 달리 묵시적이든 구두로든 직원이 마음속에 갖게 되는 계약이 심리적 계약이다. 중요한 것은 심리적 계약의 위반이 이직으로 연결된다는 것이다. 심리적 계약의 위반이란 조직이 심리적 계약으로 약속했던 정도와 이행한 정도간의 차이에 대한 조직 구성원들의 지각이라고 할 수 있다.[4] 한번 지나가는 사적인 대화에서든 공식적인 인사말이나 회의상에서 얘기를 통하여, 본인이 어떤 일을 했으면 어느 정도의 보상이 있을 거라는 심리적 계약이 이뤄졌다고 볼 수 있는데, 실제로 이런 것이 하나둘 어긋남에 따라 결국은 직장을 떠나게 되는 것이다. 인재의 조기이탈은 많은 비용을 초래한다.

- **유형적 비용**: 신규채용(공고, 광고비, 필기시험 비용, 면접 진행 비용, 입사자 사무실, 용품 비용, 채용 진행 절차에 따른 비용), 대체 인력 채용시까지 공백으로 인한 비용(업무공백, 대체인력 비용 등), 연장 수당 등
- **무형적 비용**: 신규채용이 다시 이뤄질 때까지 민원인 불편, 신규직원적응시까지 시간지연으로 인한 전문성 저하, 새로운 팀워크 형성과 조직 분위기 위축, 남은 조직원의 동기에 부정적인 영향, 조직의 외부브랜드가치 하락

직원 이직이 조직에 긍정적 효과를 가져올 수도 있다. 즉, 침체된 조직분위기에 도움이 되는 면도 있다. 한 번 들어온 직원이 계속 안 나감으로써 새로운 분위기가 조성되지 않고, 인사이동이 어려운 면도 문제가 있는 경우의 얘기이다.

2.3 유지정책

1) 근무의 일시 중지: 청원휴직

과거에는 공직을 전업으로 근무하고 정년까지 중단없이 직무를 수행하는 것을 상정하고 있었다. 따라서 만약 몇 개월 또는 몇 년간 공직을 떠나 가족을 돌보는 등 다른 활동을 할 수가 없었다. 반드시 그런 활동을 할 수밖에 없는 경우나, 굳이 하고 싶으면 사표를 제출할 수밖에 없었다.

이러한 과거의 직업공무원제가 가진 경직적 전통에 변화가 생겼다. 인적자원의 귀중함을 알고, 개인적 필요를 충족시켜서 공직에 오래 머물게 해야 하기 때문이다. 해외에서 특별한 경력이나 교육을 받는 것, 국내에서 자신의 능력을 계발하거나, 가족을 돌보는 등 개인적 시간을 1년 이상 가진 후 원직에 복귀할 수 있다. 일정 수준의 보수도 지급받고, 기간이 끝나면 공직에 복구하는 것이 청원휴직이다.

– 국내외 조직에 임시로 채용될 때(채용 기간)
– 해외유학(3년 이내이며 2년 연장 가능)

– 연구나 교육기관에서 연수(2년 이내)
– 어린자녀양육 혹은 여성공무원이 임신 또는 출산(3년 이내)
– 조부모 등 직계가족을 부양하거나 돌볼 때
– 외국에서 근무·유학 또는 연수하는 배우자를 동반(3년 이내이며 2년 연장 가능)
– 직무관련 연구과제 또는 자기개발을 위하여 학습·연구 등(1년 이내)

본인뿐만 아니라, 가족을 위해서 공무원 신분을 유지하면서 비교적 장기간 공직을 떠나있도록 허용한다. 조직입장에서는 대체인력비용 등 많은 비용이 소요되기 때문에 민간기관, 특히 경영사정이 좋지 않은 중소기업은 제공하지 못하는 혜택이다.

특히 저출산 대책 및 일가족 양립을 위해, 출산시 출산휴가는 물론이고, 이에 더하여 부모의 집중적인 관심이 필요한 어린아이일 때 부모 모두에게 육아휴직을 허용하고 있는 것도 유지정책의 중요한 부분이다. 과거에는 무급으로도 휴직이 않되는 때도 있었으나, 일정한 비율의 월 봉급액을 받으면서 3년간 할 수 있다. 이 기간이 끝나고도 육아를 위해 단축근무를 할 수도 있다.

사람은 원하지 않지만 질병에 걸리기도 한다. 공무원들은 자신의 신체 혹은 정신적 장애가 있을 때 치료 및 회복을 위해 휴직할 수 있으며, 일정한 비율의 봉급도 받는다. 물론, 공무상 얻은 질병을 사유로 휴직하는 경우에는 봉급의 전액을 지급받는다.

나아가서 공무원이 공무상 발생한 부상, 질병, 또는 사망에 대해서 적절한 보상을 한다. 건강상태가 근무를 허용하지 않는 경우 휴직도 할 수 있지만, 근무를 하면서도 치료받을 수 있는 경증인 경우에도 재활 혹은 직장복귀를 지원한다.

공무원 재해보상은 재해보상 급여, 부상, 질병, 장애, 사망부조 등이 있다.

부상 질병은 요양급여와 재활을 도와주는 것으로 하고, 장애인이 된 경우는 장애인 등급에 따라서 기준 소득월액의 1%를 제공한다. 간병급여도 있는데, 이는 요양을 마치고 치유 후에도 계속해서 상실 또는 수시로 간병이 필요할 때 지급하는 간병 급여가 있다. 부조 급여는 재난 부조조금으로써 수해나 화재, 뜻밖의 재난으로부터 피해를 입었을 경우에 지급된다. 사망조의금은 공무원의 배우자 부모 또는 자녀가 사망할 때, 그리고 공무원 본인이 사망할 때 등에 지급된다.

유지 정책의 핵심에는 일단 공직에 들어오면, 불행한 상황에서도 정부가 같이해 준다는 원칙이 들어있다. 특히 재해 예방을 위해서 여건을 조성하고 공무원의 그 가족들의 복지 향상에 힘쓰고 있는 것이 적극적인 유지정책이다.

2) 자리에서 오는 법적 분쟁: 책임보험

공무원은 공복이기 때문에 여러 이해관계자와 언론이 있어 투명하게 관찰되고 이에 사법기관의 판단의 대상이 될 확률이 높다. 특히 특정인을 대상으로 하는 민원업무를 대상으로 하는 경우, 그리고 인사상 조치를 취해야 하는 관리직, 계약이나 회계업무를 담당하는 직원의 경우, 고의든, 부주의든 법의 심판을 받아야 하는 경우가 생긴다. 이런 경우를 피하기 위해 공직을 떠나거나 그런 자리로의 인사인동을 꺼리며, 그런 자리에 임용되면 소극적으로 임하면 조직으로서는 문제이다.

이와 같이 업무와 관련하여 피소를 당하는 공무원을 보호하여 공직활력을 제고하고 적극행정을 증진하기 위해 2000년부터 공무원 책임보험이 도입하였다. 공무원이 직무수행으로 인하여 소송을 당하거나 혹은 손해배상 등을 요구받은 경우, 가입한 보험에서 관련 비용을 지불하도록 함으로써 안심하고 직무를 수행하도록 하는 제도이다.

책임보험 제도의 운영은 개인이 하는 경우와 행정부 전체 혹은 기관별로 하는 경우가 있을 수 있다. 민간보험사와의 관계에서 유리한 조건을 얻기 위해 보험계약은 공동 혹은 통합계약을 체결하는 것이 유리하다. 그리고 실제 보험료 납부 및 정산, 보험금 청구 및 지급, 보험 관련 소송 등 계약상의 모든 이행사항은 해당 공무원이 근무하는 각 행정기관별로 수행함으로써 효율성을 높일 수 있다.

책임보험 주요 내용

- 직무수행 관련하여 발생한 보장하는 사고
- 민사상 손해배상 소송을 당한 경우
- 민원 등으로 손해배상을 청구받은 경우
- 경찰, 검찰 등 수사기관으로부터 수사를 받는 경우
- 형사소송을 당한 경우

특히 민원을 담당하는 공무원은 대민업무의 처리과정에서 제도의 복잡성과 민원사례의 다양성, 그리고 민원인들의 체감 만족도가 다르기 때문에 고소·고발 및 손해배상청구 등 법적분쟁에 휘말릴 가능성이 크다. 민원을 담당하는 국가공무원 및 지자체 공무원은 이런 법적 분쟁과 관련된 모든 사항에 대하여 법률상담 지원을 받을 수 있다. 구체적으로 소송요건 적격여부에 대한 법률자문, 소송제기시 필요한 고소장, 준비서면, 답변서 작성 및 소송수행 중 지원이 필요한 사항 등이다.

3) 신세대 조직문화

젊은 세대가 기성세대의 관료문화에 극도의 부정적 반응을 하면서 이직하는 것도 문제이다. 발전행정시기에 형성된 군대조직과 유사한 경직적이고 권위적인 문화가 공공부문뿐 만 아니라, 기업에서도 반감을 사고 있다. 이제 명실상부한 선진국으로서 유능한 젊은 인재가 즐겁고 편하게 근무할 수 있는 환경을 만들어주는 것이 중요한 유지정책이라고 하겠다.

신세대는 자신만의 독특한 개성이 강하고, 그것을 나타내는데 주저하지 않는다. 또한 성격적으로나 개성으로서는 신세대중에서도 다른 사람과 뚜렷이 달라지는 특성을 보이는 사람도 보인다. 자폐증(autism)과 유사한 행태를 보이면서도, 사실 남다른 특기가 있기도 한 사람도 간혹 존재한다. 과거는 획일의 시대였다면 이제 개성의 시대이다. 특히 개인의 독립성과 자율성을 중시하며, 자신의 의견을 자유롭게 표현하려는 성향이 큰데, 권위주의적인 행정문화에서 억제되는 것이 문제이다. 행정의 효율성을 위해서 어느 정도는 명령통일의 원칙을 지키는 것이나 공무이기 때문에 하기 싫은 일도 해야 되는 상황에 있는 공무원들이 자신의 생각을 자유롭게 공유토록 하는 것이 중요한 해결책이다.

공무원용 '블라인드' 생긴다

직장인 익명 커뮤니티 앱인 '블라인드'와 유사한 공무원용 범정부 익명게시판이 생긴다. 공무원들은 앞으로 익명게시판에서 기관 내 불합리한 관행 등에 대해 문제를 제기하고 공론화할 수 있을 것으로 보인다.

행정안전부는 10일 이런 내용을 담은 '공공부문의 일하는 방식 개선 종합계획'을 수립했다고 밝혔다. 이 계획은 지난달 26일 발표된 '2023년 정부혁신 종합계획'의 후속이다. 중앙부처와 지방자치단체 공무원이 함께 쓰는 통합 익명게시판은 이달 말께 온나라 지식 게시판에 구축된다. 게시판에는 블라인드처럼 작성자의 기관명만 표출된다. 자유·찬반토론도 진행할 수 있다. 또 각 기관의 젊은 공무원으로 구성된 '정부혁신 어벤져스'를 만들어 네이버 밴드 모임방에서 우수사례와 아이디어 등을 상시 공유하도록 한다.

근무시간도 유연화한다. 1일 단위로만 신청 가능했던 재택근무를 시간 단위로(4시간 이상) 신청할 수 있게 하고, 유연근무와 연가도 자기결재로 사용하도록 한다. 재택근무를 원활히 할 수 있게 업무용 노트북(온북)을 늘리고 클라우드 저장소(G드라이브 등)에 대한 안내도 강화할 방침이다. 업무를 수행하며 생산한 행정정보는 온나라 지식에 등록·관리해 다른 기관도 활용할 수 있게 했다. '나무위키'처럼 업무지식을 공동 편집할 수 있는 '업무위키'도 활성화한다. 아울러 보고서 편집을 자동화하는 등 업무절차를 개선할 계획이다.

출처: 한겨레 2023-05-10.

비록 인터넷으로 쉽게 접근가능하게 해 놓았지만, 여전히 너무 공직적인 고충처리제도나 성과면담 등은 여전히 이용에 불편함과 거리감을 느낀다. 스마트폰시대에 일반 직원들이 자신들만의 대화공간을 만드는 것이 자연발생적인 해결책이다.

남을 대하는 태도, 친구관계의 형성, 직장내 사회관계도 기성세대와는 다른 양상으로 이뤄진다. 가장 뚜렷한 것은 디지털네이티브로서 스마트폰의 세계적인 수준의 보급으로 과거의 조직생활과는 다른 삶의 형식이 일어나고 있다. 일반국민과 마찬가지로 공무원들도 SNS를 사용하는 것이 필수적인 사회가 되었다. 그런데, SNS를 사용하는 시간이 많을수록, SNS에 몰입하는 정도가 클수록, SNS를 통해 지인이나 모르는 사람의 삶을 관찰하는 정도가 클수록 공무원들이 삶의 질에 대한 인식이 부정적이라는 연구결과가 있다.5) 이 연구결과대로 한다면, SNS 의존도를 낮혀야 삶의 질이 향상된다는 것인데, 이는 시대의 변화를 볼 때 스스로 변화하지 않는 한 인사행정 수단으로 할 수 있는 성질의 것은 아니다. 따라서 SNS상에서 타당하고 신뢰할 수 있는 정보를 허심탄회하게 공유하고 의견을 적극적으로 교환함으로써 바람직한 태도를 갖도록 하는 것이 현실적인 대안이다. 앞의 연구에 의하면, 공공봉사동기(PSM)이 높은 사람일수록 삶의 질에 대한 부정적 인식이 감소되는 것으로 나타난 것을 본다면, 공공봉사동기를 증진시키는 방법을 활용하는 것도 권장된다.

3. 복지혜택

복지는 공무원을 포함한 모든 근로자에게 정규보수 이외에 부수적으로 제공되는 모든 편익을 말한다. 그러나 부수적이라 해서 결코 경시하여서는 아니 될 주요한 의미를 가진다. 소득수준이 높아지면서 여가나 문화 또는 건강 등의 문제에 많은 관심을 가지게 되었다. 복지는 이제 부수적이라고 하기에는 보상에서 차지하는 중요성이 커졌다. 가장 중요한 복지는 근무하는 공간의 쾌적한 환경이다. 나아가서 식당, 편의시설, 체육시설 등 부수시설과 서비스이다. 수원의 삼성플라자, 네이버 등 IT산업이 있는 판교의 시설 등을 참고할 필요가 있다. 이러한 복지측면은 이제는 보수 이상으로 공무원의 근무의욕 제고, 우수인력 확보, 유지정책(이직률

감소) 등에 매우 중요한 역할을 담당하고 있다.

3.1 복지의 종류

일반적으로 알려진 복지의 범위와 종류는 너무나 다양해서 일목요연하게 정리한다는 것이 쉬운 일이 아니다. 특히 민간부문에서는 노동조합의 활동과 함께 후생복지를 포함한 근무조건이 빠른 속도로 개선되어 가고 있어 정부의 경우에도 다양한 프로그램을 선보이고 있다. 생활복지, 서비스시설 제공 등의 범주로 나누어 볼 수 있다.

생활복지는 공무원의 보수 부족분을 보전해 주는 역할을 한다. 구내식당에서 저렴한 가격으로 식사를 제공하고, 통근버스를 운행하여 교통비를 절감할 수 있도록 하기도 하며, 공무원 전용매점을 개설하여 저렴한 가격으로 생필품·가전제품 등을 구입할 수 있도록 하는 것은 생활비 보조의 의미를 가진다. 따라서 공무원 아파트를 지어 임대해 주거나 주택자금을 융자해 주는 등의 노력은 공무원에게 있어 보수인상 이상의 실질적인 생활보조 역할을 할 것이다. 공무원의 주택수요가 일반시민보다 더 큼에도 불구하고 실제로 이에 대한 지원이 이루어지지 않고 있는 실정이다. 다수의 민간기업이 주택구입자금이나 전세금을 저리(低利)로 융자해 주는 등의 후생복지 프로그램을 가지고 있는 데 비해 대조적이라 할 수 있다. 생활복지 차원에서 자녀의 학자금 대부, 연금 대부, 은행자금 융자·알선 등을 해 주고 있다.

우리나라와 같이 주택문제가 심각한 상태에서는 주택보조가 가장 중요한 후생복지일 수 있다. 외무장관 등 고위직이나 지방근무자에게 소위 '관사'가 제공된다. 외교관, 장교 등 군인들의 경우도 마찬가지이다. 공공기관 지방이전 또는 인사이동으로 지방에서 근무하게 된 직원들에 대한 숙소제공도 고려해야 할 문제이다. 그러나 이런 혜택은 점점 줄어들고 있는 실정이다. 그리고 잦은 전보를 겪는 경찰이나 교사, 세무공무원들에게 충분한 주택보조가 없는 것은 문제라고 할 수 있다.

서비스시설의 제공은 소득수준의 향상과 함께 가장 관심을 받는 부분이다.

건강과 여가 그리고 문화예술생활을 향유하려는 욕구가 강해지면서 체육시설, 연예오락시설, 공연전시시설, 휴양시설 등의 제공이 근로자의 사기에 많은 영향을 미친다. 군인 혹은 공무원들을 위한 골프장 등 체육시설과 리조트시설을 보유하고 있거나 회원권을 확보하여 공무원들이 휴가시설로 이용토록 하고 있다. 공무원 연금공단에서 운영하는 골프장을 할인된 가격으로 이용가능토록 한 것도 골프인구가 늘어가는 데에 대한 적극적인 복지프로그램이다. 이외에도 교육문화회관 등 독립교육시설을 갖추어 문화예술강좌를 제공하고 자체 도서관을 설치하여 수시로 독서하고, 동호회 활동을 통해 자기능력의 개발을 위한 활동을 할 수 있도록 뒷받침하고 있다.

3.2 선택형 복지제도

선택적 복지혜택제도(Flexible Benefits Plan) 혹은 복지포인트제도는 공무원 '맞춤형 복지제도'로서 과거 획일적으로 복지혜택을 받아왔던 공무원들은 자신의 기호와 필요에 맞는 복지서비스를 스스로 선택해 혜택을 받도록 하는 것이다. 마치 식당에서 자신의 식성과 주머니 사정에 따라 음식을 골라먹듯이 주어진 복지메뉴 중에서 선택한다고 하여 카페테리아 플랜(cafeteria plan)이라고도 한다. 이들 기업들은 기본급부, 추가급부, 복리후생구좌 등으로 복지프로그램을 구성하고 있다.[6)]

이는 국가에서 모든 서비스를 제공하는 획일적 복지와 근본적으로 차이가 있다. 정부에서 복지서비스를 직접 생산해서 제공하는 경우, 효율성이 낮은 경우도 있고, 그 질도 만족스럽지 못하다는 비판이 많이 있어 왔다. 포인트로 민간이 제공하는 서비스를 마음대로 골라서 소비하게 함으로써 이 두 가지 문제를 해결할 수 있게 되었다. 주 5일 근무제, 여성의 사회진출 확대, 삶의 질 향상, 등은 복지나 여가에 대한 수요를 더욱 다양화하고 고급화하였다. 복지가 단순한 근로에 대한 부수적 대가가 아니라, 조직생활에 더욱 몰입하게 하여 생산성을 높이는 데 기여하기 때문에 중요시 되고 있다.

맞춤형 복지제도에서 중요한 것은 개인에게 얼마만큼 복지혜택을 주느냐와 개인이 어떤 서비스를 소비토록 하느냐의 문제이다. 일용직을 제외한 정부기관 소속 공무원들에게 똑같이 부여되는 공통보직점수와, 근속연수와 부양가족 수에 따라 차등부여되는 변동복지점수로 연간사용할 수 있는 총 복지점수가 부여된다.

복지점수를 사용할 수 있는 것은 필수적으로 선택하는 기본항목과 이를 제외하고 남은 점수로 선택할 수 있는 자율항목이 있다. 자율항목으로는 건강관리, 자기계발, 여가활용, 가정친화라는 네 가지가 있다(구체적인 것은 http://www.gwp.or.kr 참조). 특히 자기계발항목은 학원수강료, 도서구입, 세미나 및 학술회의 참여 등을 지원하는 것으로 업무능력 향상과 상당히 관련이 높은 지출항목이다.

맞춤형 복지제도는 지출용도를 지정하고 있다는 점과 점수를 사용하지 않으면 소멸된다는 점에서 현금으로 지급하는 보수와는 다르다. 현금지급에 비하여 용도가 공무원들의 복지향상에 한정된다는 장점이 있다. 본래 복지증진이란 목적에서 벗어나는 경마장마권 구입 등 불건전한 지출, 치료목적이 아닌 미용관련 의료행위, 상품권구입과 같이 현금과 유사한 곳에는 지출할 수 없다. 맞춤형 복지제도는 공무원들이 복지점수의 범위에서 지출항목에 관련된 업소 중 어느 곳에서든 지출한 후 영수증을 제출하여 환급받는 방식이기 때문에 선택권과 서비스질을 높인다는 장점이 있다. 즉, 바우처(Voucher) 제도이다.

4. 정년관리

4.1 정년퇴직관리

정년퇴직은 일정연령에 도달하면 강제적으로 공무원으로서의 자격을 상실하는 제도이다. 스스로 공직을 떠나는 의원면직에 비해, 정년퇴직은 강제로 직업인으로서 자격을 상실하는 것이다. 많은 사람에게는 직업이란 단순히 생계수단으로서 돈벌이를 넘어 사회적 정체감(social identity)을 부여하는 중요한 것이다.[7] 따라서 정년은 자기가 속해 있는 사회에서 중심적 위치에서 '사회적 약자'로 전락하는 것으로 충격적인 일이다. 정년을 앞두고 마음의 준비를 해왔음에도 불구하고 막상 정년을 맞이하면 심리적 충격을 받는다. 흔히 '정년을 축하한다'고 하지만, 당사자 입장에서는 축하받을 일이 아니고 위로받아야 할 충격적인 사건인 경우가 많다. 이러한 충격을 완화시키기 위해 물질적, 제도적, 정신적으로 준비하는 것이 필요하다. 즉, 퇴직을 관리해야 한다.

정년퇴직은 개인적으로 보면 인생의 끝이 아니라 정상적인 사회인으로서 새로운 인생을 시작하는 전환기라고 생각할 필요가 있다.[8] 특히 재직기간에는 거의 사생활까지 희생하면서 전적으로 직장에 몰입하기 때문에 정년을 맞이한 이후 비로소 개인시간을 되찾는다는 의미가 있다. 평균수명이 100세를 향해 가기 때문에 이제는 정년 후 거의 30－40년이라는 자유시간이 부여된다는 의미이다. 피할 수 없는 일이라면 적극적으로 제2의 인생을 준비하고 관리해야 하는 것이다.

우리나라 공무원들에게는 6급 이하는 57세, 5급 이상은 60세로 정년연령이 차별화되었다가 현재는 60세로 통일되었다. 군인은 장교의 경우, 계급에 따라 퇴직연령이 조금씩 늦어지는 계급정년제를 택하고 있다.

유럽에서는 인구감소와 인구고령화로 퇴직자에 대한 대체인적자원이 부족하기 때문에 정년을 연장하고 있다. 이 경우, 인건비 총액이 늘어나는 것을 막기 위해, 노동생산성이 저하된다고 볼 수 있는 일정 연령부터 임금이 감소되는 임금피크제를 아울러 도입하기도 한다.

나아가서 정년퇴직한 직원을 좀더 노동강도가 낮은 자리에 적은 임금으로 재고용하는 것도 생각할 수 있다. 이는 일본에서 잘 활용되는 제도이다. 직업의 귀천이 없는 일본사회에서 정년퇴직자가 그 회사의 시간제경비원으로, 또는 고속도로 톨게이트 요원으로 재취업하는 경우를 볼 수 있다. 노동의 강도를 줄이면서 체력에 맞게 인생의 제2장을 즐기도록 해야 할 것이다.

4.2 공로연수

공로연수는 정년을 앞둔 공무원이 사무실에서 근무하지 않고, 일반사회에 나가 새로운 일을 준비하는 제도이다. 퇴직 후 해야 할 일을 찾아보고 체험도 해본다는 측면에서 정년 후의 삶으로 전환에 도움이 되는 것은 분명하다. 정년을 1년 앞둔 시점이기 때문에 근무의욕도 낮아지고, 그 부하들도 진심으로 복종하지 않을 가능성이 있다. 소위 힘이 빠지는 것이다. 따라서 공로연수는 개인을 위해서나 그 조직을 위해서 긍정적인 측면을 가지고 있다.

실제 이들에 대한 인사명령에는 '공로연수 파견에 명함'으로 되어 있지만, 이 자리는 그 기관의 정원에 포함되지 않아서 조직으로서는 그 자리에 다른 사람을 임명하는 증원의 효과가 있다. 당사자에게 월급은 그대로 지급되면서 실제 근무를 하지 않기 때문에 일종의 편법적인 정원운영이기도 하다. 한국의 공직사회에 관례화되어 있지만, 장기적으로는 무노동, 무임금 원칙에 입각하여 시정해야 할 관행이다.

캐나다에도 조기퇴직 전환휴가(pre-retirement transition leave) 제도가 있다.[9] 이것은 퇴직 2년 내에 있는 공무원들에게 원래 근무시간의 40%까지 근무시간을 줄일 수 있도록 허용한다. 이 휴가는 무기한 고용조건으로 하는 공무원만 해당하고, 최대 2년까지 활용할 수 있으며, 전환휴가 종료시에는 반드시 퇴직해야 한다. 연금이나 기타 혜택은 줄지 않고 그대로 유지하며, 보수는 이 40% 정도가 감해지기 때문에 정부로서는 예산절감의 효과도 있다.

4.3 퇴직공무원의 복지

여기서는 퇴직 후 실질적으로 복지적 성격을 갖는 것이 무엇이 있는가를 살펴보기로 한다. 이들은 퇴직자들이 일종의 자발적인 노력에 의한 결과인데, 실제로는 복지혜택이라고 할 수 있는 기능을 하는 것들이 있다. 사실 퇴직 후 가장 큰 복지는 그 사람의 체력이나 노동력에 적절한 일을 찾는 것일 것이다. 60세에 공무원들이 퇴직하면 건강한 경우 다른 일거리를 찾는 경우가 있다. 특히 고위직의 경우, 그리고 정년을 채우지 못하는 경우 소위 낙하산 인사나 전관예우와 같은 것이 관행이 되어 있다. 낙하산인사로는 공공기관의 임원으로 가거나 공기업의 자회사나 민간회사에 진출하는 경우가 있다. 전관예우의 대표적인 예는 법조공무원들에게서 찾을 수 있다. 판검사로 근무하다 퇴직하여 변호사를 개업하면, 사건수임에서 재판결과까지 유리하게 영향을 미친다고 알려져 있다.

하지만 중하위직 공무원에게 이런 '복지'혜택은 없다. 그러나 일부 부처 퇴직공무원은 세무사, 변리사, 법무사, 노무사 등 국가공인자격증을 취득하는 데 있어서 공무원경력을 인정하거나 일부 시험과목을 면제받는 혜택을 누린다. 무엇보다도 중요한 것은 관련 업종에 종사할 때, 공직재직시 경험이나 인맥이 중요하게 작용한다는 점이다.

더욱 중요한 것은 퇴직한 관료들이 나름대로의 단체를 결성하여 상부상조하는 식의 사실상의 '복지'제도가 존재한다는 점이다. 퇴직장교들로 조직되는 재향군인회가 대표적이다. 구성원의 수가 매우 많기 때문에 이들을 상대하는 민간회사의 입장에서 큰 고객이 된다. 이들은 사단법인으로 등록되어 유급대표자나 직원도 있고, 실질적으로 원래 행정조직이 필요한 재화와 서비스를 제공하는 등 관련 활동을 한다. 예컨대 관세청 퇴직공무원으로 조직되는 관우회가 통관 이삿짐에 대한 통관실무보조 및 이송을 하는 사업을 한다.

이러한 단체는 보통 그 기관의 첫 자에 '우(友)'자를 붙인다. 경찰은 경우회, 국세청은 세우회, 관세청은 관우회, 장교출신은 성우회, 서울시는 시우회, 상공부는 상우회 등 무수히 많다. 공무원뿐만 아니고 공기업, 그리고 심지어 민간기업의 경우에도 발견되는 한국적 현상이다. 이들은 퇴직해서 민간인신분이 되었지만, 원래 행정기관의 소관업무에 대해 일종의 보조업무를 하는 경우 위성조직인 셈이다. 원래 행정기관관련 회비도 있고, 관련사업을 하여 수익을 내기도 하고, 건물을 소유하여 임대료수입이 있는 경우도 있다. 이들은 행정조직의 그림자 조직과 유사한 기능을 하기도 한다.[10] 퇴직 이후 친목도 도모하고, 사회적으로 이슈가 될 때 공동의 이익을 발표하는 이익단체의 역할도 한다.

이런 단체의 조직은 직장이 '가족'과 같은 의미를 갖는 한국에서 당연한 일이다. 그러나 이들의 현재 활동들에 대해서는 긍적적 측면과 부정적 측면이 있다. 단순히 취미활동 등 친목만을 도모한다면 물론 장점이 많다. 그러나 원래 부처의 업무에 간여하는 경우, 자칫 합리적 행정업무수행이라는 목적에 장애를 초래할 수도 있다.

5. 연 금

공무원은 누구나 언젠가 공직을 떠나게 된다. 그것은 법이 정한 정년이거나 자유의사에 의한 퇴직이거나 아니면 사망에 의한 것일 수도 있다. 이것은 퇴직 공무원이나 유족에게 있어 소득원의 상실을 의미한다. 이러한 경우를 당하여, 퇴직자는 물론 공무원 유족에게 생계유지의 안정을 위해 지급되는 보상이 연금이다. 공무원연금은 관료제의 성립과 깊은 관계가 있다. 프랑스에서는 프러시아 Bismark보다 약 100년 앞선 1790년에 공무원 연금을 도입하였다. 1792년 프랑스와의 전쟁에서 패한 프러시아는 패전의 원인을 프랑스의 전문관료제에 기초한 효율적인 국가운영이라고 생각했다.

5.1 이론적 쟁점

1) 연금의 정당성 이론

우리나라는 1960년부터 공무원연금법이 통과되어 실시된 나라이다. 공무원연금법은 공무원의 퇴직, 사망, 부상, 질병, 재해 등에 대해 금전적 보상을 규정하고 있다. 이 시기 경제생활, 정부재정, 민간부문의 실정을 고려할 때 공무원에게 연금을 시작했다는 자체가 파격적 대우였다. 또한 의료보험이 공무원에게부터 적용된 것도 주목할 필요가 있다. 이런 보상을 제공함으로써 정부주도의 경제발전과정에서 공무원을 변화개혁자(change agent)로 이용한 것이다.11) 이에 비하여 민간부분에는 1988년부터서야 10인 이상 사업장근무자에 대해 국민연금제도를 도입했고, 1999년에는 5인 이상 사업장으로 확대하여 현재 전국민이 국민연금의 혜택을 받고 있다.

공사부분을 막론하고 연금의 주축은 봉급을 받지 않는 상태가 되는 퇴직시 지급받는 퇴직연금이다. 왜 고용관계가 종료된 퇴직 후에도 계속해서 혜택을 받아야 하는가에 대해서는 퇴직연금에 관한 이론적 배경에는 다음과 같은 세 가지가 있다.12)

- 공로보상설(gratuity theory) 혹은 위자료설: 고용주의 입장에서 보는 시각으로 평생 동안 근무한 데에 대한 일종의 감사의 뜻 내지 선물(혹은 위자료)이라는 의미이다.
- 사회보장설(social security theory): 퇴직하여 수입이 없게 되면 생계를 유지할 수 없는 상황이 되는데, 인간으로서 최소한 생계를 유지할 수 있는 정도의 경제적 보장은 해 줘야 한다는 입장이다. 즉, 인간으로서 누려야 하는 기본권적인 성격이라고 본다.
- 보수후불설(deferred wage theory): 근로자가 노동의 댓가를 매달 한꺼번에 보수를 받기보다는 재직기간중에 지급되어야 할 보수의 일부를 적립하였다가 퇴직 이후에 받는다는 것을 스스로 선택했다는 것이다. 즉, 고용기간을 연장하는 논리로서 계약관계에 포함되어 있다는 생각이다.

대부분의 근로자들은 보수후불설을 당연시 하는 경향이 있다. 재직중 자신의 매달 보수에서 몇 퍼센트를 떼서 적립해 왔기 때문이기도 하다.

연금문제에서는 각자 재직중에서 일정액을 적립하는 '기여금'과 연금수혜조건시 부여하는 '연금급여'가 중요하다. 기여금은 보통 고용주와 피고용자가 각각 50%를 부담하고, 이를 금융상품 등에 투자하여 이윤을 창출한 후 그 돈으로 연금

표 16-3 주요국의 공무원연금제도 비교

	영국	스웨덴	프랑스	독일	미국	일본	한국
공무원 연금 제도	classic, premium, classic plus, partnership	SPV (국가공무원 연금제도) KPA (지방공무원 연금제도)	CPCM (군인 및 국가 공무원대상) CNRACL (지방공무원 및 병원, 기타 공공기관 종사자 대상)	BeamtVG (부양제도의 성격)	신공무원 연금제도 (FERS)	국가공무원 공제조합제도	공무원 연금제도
완전 수급 대상	60세 이상 (재직년수에 대한 규정 없음)	28세 이후의 근무기간 30년	60세 이상, 15년 이상 재직	65세 이상, 5년 이상 재직	- 최소퇴직연령 이후 퇴직(출생 연도에 따라 55-57세)+30년 이상 재직 - 최소 60세 이후 퇴직 + 20년 이상 재직 - 최소 62세 이후 퇴직 + 5년 이상 재직	65세 이상, 25년 이상 가입	65세 이상, 10년 이상 재직
재원 조달	공무원 기여금+국가 부담금	국가 전액부담	공무원 기여금 + 국가부담금 (연금기금 없이 국가예산에서 직접 지급)	조세에 의한 국가 전액부담(공무원 개인의 기여금 부담 없음)	공무원 기여금+ 연방정부 부담금	조합원(공무원) 기여금 + 국가부담금	공무원 기여금 + 국가부담금 (또는 지방자치단체)
비용 부담률	<공무원> 0% <국가> 12%-18.5%	<공무원> 0% <국가> 22.8% 국민연금보험료(18.5%) + 공무원연금보험료(4.3%)	<공무원> 7.85% <국가> 51.9% (2003년 기준)	<공무원> 0% <국가> 41.5% (2000년 기준)	<공무원> 7.0% FERS 0.8% + OASDI 6.2% <국가> 32.8% (2000년 기준)	<단기 보험료> 표준보수월액의 6-10% (2003년 기준) <장기보험료> 18.39% (2003년 기준)	<공무원> 9% <국가> 9% 0.25% (정부보전) (2003년 기준)
연금 급여 산식	(기준보수× 재직연수) 1/80	소득수준에 따라각기차등화된 연금을 지급	연금월액 (P)=W(0.3+ 0.02(n-15))	<2010년 이후> 기준보수 (W×재직 기간(n)× 0.0179375	최고임금 3년 평균액×(재직 기간×1%)	평균보수월액×조합원기간(월수)×일정 지급승률	평균기준 소득월액× 재직기간 적용비율× 재직연수× 1.7%

자료: 권혁주·곽효경(2006) 발췌·수정.

을 지급한다. 이러한 중요한 문제는 '얼마'를 기여하고, '얼마'를 수혜받느냐이다.

세계의 많은 나라에서는 다양한 연금제도를 운영하고 있다. <표 16-3>에서 보는 바와 같이 언제부터 연금수급을 할 수 있느냐라는 수급조건과 재원조달을 하는 방식, 연금급여산식이 각각 다르다. 이와 같은 연금제도의 근원에는 각국의 공무원제도의 역사적 형성과정에서 각각 다른 특성들이 내재되어 있다.

행정관료제를 '각종 사회세력들을 대상으로 하여 그 사회의 공익을 위해 중립적이고 섭리주의적 국가역할을 대신하여 주는 주체'라고 보는 프랑스 등 국가주의 모델과 '의회민주주의를 통하여 정치적 의사를 충실히 집행하는 도구정도'로 보는 앵글로색슨식 모델이 있다.13) 이에 따라 공무원을 일종의 신분으로서 보는 시각과 민간부문과 같이 일종의 고용자로 보는 고용제유형이 있다. 다른 한편으로 이와 같은 관료들의 특성에 따라 사회보장체계를 어떻게 하느냐의 문제에 대해서 프러시아의 비스마르크적 입장을 취하는 것과 영국의 비버리지 보고서에 의한 내용을 취하는 입장이 있다. 이 양자를 결합하면 다음 4유형이 나온다.14)

표 16-4 국가별 공무원제도와 공적연금제도의 유형구분

	비스마르크형	비버리지형
신분제형	A그룹 오스트리아, 독일, 벨기에, 룩셈부르크, 프랑스, 이탈리아, 한국	B그룹 아일랜드, 일본
고용제형	C그룹 덴마크, 네덜란드, 미국	D그룹 핀란드, 영국, 스웨덴

2) 공무원연금의 필요성

공무원연금제도는 공무원을 특수한 직업집단으로 보는가, 아니면 한 국가사회에 존재하는 다른 직업과 유사하게 보는가에 따라 그 존립 정당성이 달라진다. 전국민이 연금혜택을 받는 국민연금시대에는 공무원연금을 별도로 두는가의 문제가 생기는 것이다. 현재 우리나라는 특혜를 받던 공무원연금제도를 둘러싸고 많은 쟁점이 있다.15)

첫째, 헌법에는 공무원은 '국민 전체에 대한 봉사자'라고 규정되어 있고, 공무

를 수행함에 있어서 국민의 대하여 책임을 지는 것으로 되어 있기 때문에 특정 집단이나 개인을 위한 업무수행이 아니라고 보는 시각이다. 국민 전체를 위하여 수행해왔기 때문에, 민간과는 다른 특수한 신분이라고 보는 것이다. 이러한 원칙하에서 공무원의 충원과 해고, 정년퇴임 등 모든 것이 법률에 의하여 이뤄지도록 되어 있다. 법률에 의한다는 것은 공무원집단에 철밥통과 특권적 대우를 한다는 의미보다는 사기업과는 달리 국민 누구나 모두가 공직에 진입할 수 있는 등 보편적 원칙이 적용된다는 의미이다.

둘째, 공직에 재직하는 중에도 민간부문 근로자에게는 적용되지 않는 많은 제약을 받아 왔다는 점이다. 즉, 국민의 기본권 중에 많은 부분을 희생해 왔다. 예컨대, 재산등록, 재산공개 등 고위공직자에게 적용되는 사생활보호권의 침해, 정치적 중립을 지켜야할 의무 등이 매우 큰 제약이다. 나아가서 공무원 윤리규정이 정하는 광범위한 제약들 때문에 어항 속 물고기같은 감시망 속에서 살고 있다. 즉, 특수 권력관계에 의해서 고용된 공무원에게 주는 연금은 혜택이라기보다는 독특한 인사정책적인 성격을 가진다.

공무원연금법 제65조에 의하면 공무원이 직무와 관련된 사유로서 금고 이상의 형을 받거나 판핵 혹은 징계로 파면을 받으면 연금 급여를 삭감을 할수록 규정하고 있다. 일종의 복무 기능이라고 할 수 있다. 즉 공무원 연금에는 국민연금에 없는 이런 규제가 있다는 것이 특수한 점이다. 구체적으로는 부동산 투기, 음주운전, 위장전입 등 민간이 범위하는 비윤리적 행위에 대해서 공무원들은 더 많은 제재를 받기 때문에 '더욱 조심해서 살아야 한다'는 심리적 압박, 즉 윤리적 모범을 보여야 한다는 제약이 있다.

셋째, 역사적으로 돌이켜 보면, 연금재원이 다른 국가정책에 이미 활용되었다. 정부가 주도하여 가난에서 탈출하려던 시대에 재정형편상 공무원들이 보수를 낮게 주면서 공공봉사를 하게 한 반면, 미래의 연금으로 보상을 해주는 임금후불설의 특성이 있다.

더구나 당시에는 평균 수명이 60세 이하였고 또 정년퇴임하는 사람들이 초기에는 없었기 때문에 계속해서 연금이 지불되는 것보다는 축적되는 액수가 많았다는 점을 주목해야 한다. 연금공단 등 독립된 기구와 예산분리가 없는 상태에서 비교적 액수의 기금이 있었기 때문에 정치적으로 필요할 때 저리로 사용하는 정책적 활용도 있었다. 즉, 정부로서는 그 당시에는 비용이 거의 안 되는 제도였을 뿐만 아니라, 필요한 곳에 재원을 빌려쓸 수 있는 여유돈이었다고 할 수 있다. 만약 초기부터 투자를 하였다면, 지금보다는 훨씬 큰 액수의 재원이 축적되었을 것이기 때문에 재정상태가 양호했을 것이라는 추론이 가능하다.

넷째, 공무원이 받는 보수는 민간에서 받는 보수와는 다른 성격을 가진다. 공무수행에 상응하는 성과급적 임금이라기 보다는, 그의 직급과 직책에 따른 보상이라고 본다. 아무리 국가적으로 중요한 정책을 수행하였다고 하더라도 삼성임원이 받는 천문학적 보너스는 받지 못한다. 또한 경제전망이 어려울 때는 공무원 봉급이 동결되기 다반사이다. 따라서 '보상'이란 성과나 생산성과 아무런 인과관계가 없는 금전적 급부이다. 즉, 법률에 규정된 요건이 충족되면 법률에 의해 일방적으로 지급되는 급여이다. 이렇게 제약적인 보상을 받았기 때문에, 퇴직후에도 민간과는 다른 보상이 계속되어야 민간-공무원간 형평성을 유지할 수 있다고 본다.

이러한 점에서 공무원 연금은 단순 금전적 수지균형이라는 관점에서 보다는 공무원제도에서 얻을 수 있는 국가전체의 이익이 무엇인가라는 관점에서 볼 필요가 있다. 예컨대 프랑스와 같은 많은 유럽대륙국가에서는 대학등록금을 무료로 하여 국민세금으로 그 비용이 지불된다. 그런데 대학재정을 국가전체라는 측면에서 손해인 제도라고 평가할 것인가를 생각해 볼 필요가 있다. 젊은이들이 저렴하게 공부하면, 가족부담이 줄고, 기업은 대학생졸업생들을 원활히 채용할 수 있다. 따라서 나라전체로 장기적으로 얻는 혜택이 더 클 수 있다. 이런 관점에서 우리나라에서 공무원 연금의 정당성이 주장된다.

국민연금과 공무원 연금제도는 그 기능, 성격, 재원조달 주체, 등 다양한 면에서 다르다. <표 16-5>에 이를 정리하였다.

표 16-5 국민연금과 공무원연금제도의 비교

	국민연금제도(민간근로자)	신분제 공무원연금제도
기능	생애 소득의 균등분배, 빈곤완화, 위험 분산, 소득재분배, 시장실패 보완, 근시안적 행위 보완, 개인책임과 사회연대성의 조화	퇴직 후 공무원 직위, 직급에 상응한 적절한 생계보장(연장된 보수)
임금과 보수, 연금의 성격	생산성에 상응한 임금 임금의 일부에서 연금이 지급되므로 연금은 후불임금	직무, 직급, 직위에 상응한 사회전체 봉사에 대한 보상(성과급은 원칙적으로 연금산정 기준보수에서 제외), 연금은 보수의 연장
법적 근거	국민연금법	공무원연금법
연금지급 채무자	국민연금공단	국가(공무원연금공단에 위탁)
제도 적용 근거가 되는 법률관계	사용주와 근로자의 관계는 근로계약관계	임용관계(행정행위: 법률관계 형성 변경 종료가 법률에 의하여 규정됨)
재원조달부담 주체	가입자(부담자와 수혜자 일치)	국민(부담자와 수혜자 불일치)
재원조달 형태	부과방식, (부분)적립방식, 일반조세	조세(형식적으로 공무원 일부 납부 가능)
연금제도 형태	사회보험으로서의 연금보험 제도, 위험공동체	부양제도(신분제 공무원제도) 및 사회보험제도
연금재정	존재함(수입과 지출)	반드시 존재할 이유 없음
연금제도구조	단층, 다층구조	단층(부양제도), 다층구조
종신연금, 유족, 장애연금	있음	있음
운영주체파산위험	거의 없음, 정치적 위험	거의 없음
위험부담 주체에 따른 형태	확정기여형(DC), 확정급여형(DB), 혼합형	부양제도의 경우 국가가 위험부담, 사회보험제도의 경우 좌동
연금제도의 투명성	적립방식의 경우 투명함	부양제도의 경우 불투명, 사회보험제도 적립방식의 경우 좌동

자료: 이각희(2018), p. 418 일부수정.

3) 다층구조: 절충안

노동시장의 유연성이 제고되는 사회상황변화가 전통적인 직업공무원제를 위협하고 있다. 공무원도, 전문가특별채용, 개방형임용제, 계약직, 별정직 등으로 나이가 든 사람이 공직에 진출하고, 일단 공직에 들어온 사람도 평생근무하지 않고 중도에 민간에 진출하는 경우가 점점 증가하고 있다. 이 문제는 직업공무원제에서 요구하는 장기근속을 유도할 것인가, 공직의 이동성을 증진시킬 것인가의 문제와도 관련된다.

현재와 같이 공무원들만을 대상으로 별도의 연금제도를 두느냐 아니면 국민연금에 완전 통합하느냐, 아니면 국민연금에 추가되는 부차적인 연금으로 해야 하는가라는 의문을 제기할 수 있다. 공무원에게 특별한 신분을 인정할만큼 특별한 역할을 수행하지 않기 때문에 공무원연금을 별도를 운영해야할 필요가 없다는 주장이 있다. 공무원을 포함한 완전통합형 '전국민 연금'을 만드는 것을 의미한다. 이에 반하여 공무원 사회적 역할의 중요성 및 특수성을 고려하여 인사정책 수단으로 현재와 같이 별도의 공무원 연금이 필요하다는 주장이 있다.16)

실제 세계 선진국의 현실을 보면, 공무원 연금이나 국민연금이냐의 택일의 문제가 아니다.17) 대체적으로 보면, 기본을 보장하고, 그 위에 다른 연금을 부가하여 누적되는 방식으로 되어 있다. 즉, 기본 생활을 유지하는 데 필요로 하는 연금은 국가가 관리하는 공적연금으로 보장을 하고(1층), 그 위에 기업 등 근무하는 조직에 따라 다르게 부가되는 것(2층)이 있고, 마지막으로 여유가 있는 사람이 적립하여 받는 것(3층)으로 구조화되어 있다.

우리나라의 경우에도 [그림 16-1]과 같은 방식으로 설계되어 있다. 일반 근로자와 특수직역 종사자들은 3층의 구조속에 연금을 받게 되어 있다. 자영업자는 2층에 해당하는 기업연금 부분이 없고, 그 중 일부는 개인연금, 즉 삼성생명, 현대해상 등 민간보험회사의 상품을 이용하여 노후생활을 안정되게 되도록 한다. 그리고 비경제활동자, 즉 복지수혜 대상자는 자산심사를 통하여 기초연금을 받도록 되어 있다. 공무원, 군인, 사립교원들은 1층과 2층이 통합된 별도의 연금을 받도록 설계되어 있다.

그림 16-1 연금제도의 다층구조

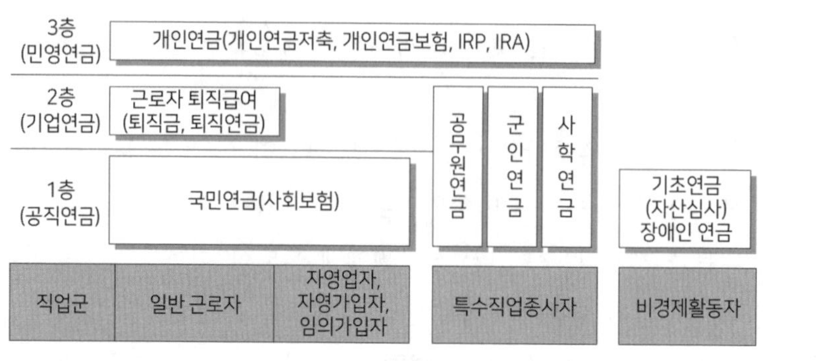

자료: 이각희(2018), p. 418 일부수정.

5.2 연금의 관리체계

연금의 관리는 기금의 확보, 재원조달, 그리고 배분의 세 가지 측면에서 접근할 수 있다. 첫째는 연금기금의 조성으로서 재원조달원으로부터 기금을 확보하는 과정에서의 관리이다. 둘째는 연금이 모든 대상 공무원에게 안정적으로 지급될 수 있도록 재원조달원으로부터 조성된 기금을 안전하면서도 수익성 있게 운용하여 기금을 증식시켜 나가는 일이다. 셋째는 실제로 요건을 충족시킨 공무원에게 연금

그림 16-2 연금의 관리체계: 기금의 조성·운용·배분

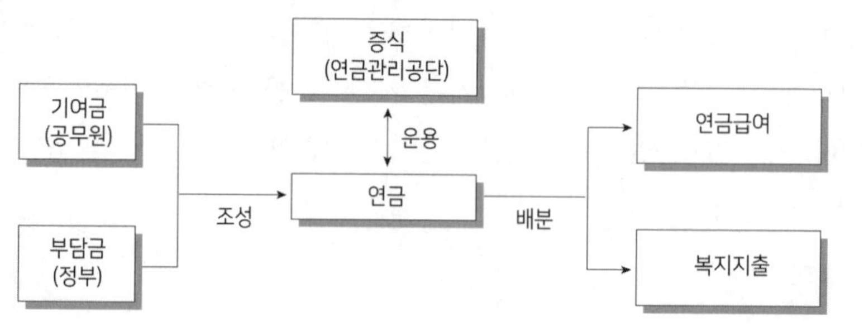

을 지급하는 것으로 기금의 배분이라 할 수 있다([그림 16-2] 참조). 연금도 일종의 보험으로서 보험회사가 보험에 가입한 사람들로부터 재원을 확보하여 이 재원을 수익사업에 투자하여 더욱 증식하고 그 돈으로 보험금 지급사유가 발생하였을 때 피보험자에게 약속한 금액을 지불하는 것과 마찬가지이다.

1) 기금의 조성

연금수혜자에게 연금을 지급하기 위해서는 재원이 있어야 한다. 수혜자 부담을 원칙으로 하는 보험의 원리를 적용한다면 공무원이 전액을 부담하여야 할 것이다. 그러나 공무원연금은 국가가 공무원의 생활안정을 고려하여 만든 제도이기 때문에 오히려 정부가 단독으로 부담하거나 아니면 정부와 공무원이 공동으로 부담한다. 전문용어로 공무원이 기금조성에 참여하는가를 중심으로 기여제(contributory system)와 비기여제(non-contributory system)라는 말을 사용하고 있다.

정부가 사용자적 입장에서나 공무원의 공무전념의무 부과 내지 생활안정을 위한 인사정책적 입장에서 정부가 재원조달에 중요한 역할을 담당해야 함은 당연하다. 그러나 근래 많은 국가에서 정부의 재정이 악화되면서 정부의 부담을 줄이고, 공무원의 기여도를 높이려는 경향이 높아지고 있다. 특히 퇴직공무원의 평균수명이 길어지면서 연금지출이 늘어나게 되어 정부나 공무원 할 것 없이 기여의 정도를 높여 가고 있다.

현재 우리나라 공무원연금 기금형성은 적립방식(기금제)을 택하고 있다. 적립방식(funding system, accumulation of fund)은 공무원으로 재직기간 중 보수의 일부를 갹출하고 여기에 정부의 부담금을 합하여 기금으로 적립해 가는 방식이다. 연금급여의 지출이 본격적으로 발생하는 것은 제도시행 후 20년이 지난 후가 되기 때문에 그 때까지 총지출보다 공무원과 정부로부터 갹출한 수입이 훨씬 많이 생기기 때문에 기금은 계속 누적되어 갈 것이다. 그러나 이 방식은 연금수혜자의 연령구조에 따라 많은 영향을 받게 된다. 연금지출이 본격적으로 이루어지고 평균수명의 연장에 따라 연금수혜자가 계속 누적되어 가면서 어느 시점에선가는 당해연도의 갹출료 수입보다 급여지출이 많아지게 된다. 이 때부터 그 동안 적립된 기금이 줄어들기 시작하고 기금고갈의 위기를 맞게 된다.

연금급여의 종류

- **퇴직연금**: 퇴직시 목돈을 받는 기존 퇴직금제도를 보완하기 위한 것으로 매월 연금을 수령받는 형식이다. 예컨대 10년 이상 적립하고 55세가 넘으면 연금으로 받을 수 있다. 현재 많은 기업에서 퇴직금제도와 퇴직연금제도 중에서 하나를 선택할 수 있다.
- **확정기여형**(Defined Contribution: DC): 회사가 매년 연봉의 12분의 1 이상을 직원의 계좌에 적립해 주면, 해당 직원이 은행·보험·증권사 등 금융회사에 운용방법을 지시하는 방식이다. 개인에게 투자운용 선택권을 준다는 장점이 있지만, 손실책임도 개인이 부담한다. 주로 미국에서 많이 사용되는 방법이다.
- **확정급여형**(Defined Benefit: DB): 회사가 퇴직금에 해당하는 금액을 은행·보험·증권사 등에 맡겨 운용하되 근로자의 퇴직 직전 3개월 월평균 임금에 근속연수를 곱한 액수를 보장해 주는 방식이다.
- **퇴직금**: 퇴직시에 일정한 액수의 목돈을 수령하는 것을 말한다.

적립방식과 대비를 이루는 것이 부과방식(비기금제, pay-as-you-go system)이다. 부과방식은 당해연도의 급여지출을 그 해에 조달하는 방식이다. 현재 재직중인 공무원으로부터 갹출한 수입과 당해 정부예산에서 연금지출에 소요되는 자원을 충당하는 방식으로 매년 연금지출과 수지균형을 맞추어 나간다. 따라서 기금의 적립은 이루어지지 않으며 비상시를 대비한 지불준비금만을 보유하고 있으면 된다. 이 방식은 대부분의 유럽국가가 채택하고 있다. 적립방식에 의한 기금형성은 시간이 지남에 따라 재정이 악화되고 지출을 감당하기 힘들어지기 때문에 부과방식에 의한 재원조달 비중이 커지는 경향이 있다.

2) 기금의 운용

연금기금은 안정적 재정의 확보를 위해 수익을 최대로 늘릴 수 있도록 운용되어야 하며 다른 한편 지나친 위험부담이 따르지 않도록 재정의 안전을 유지하는 범위 안에서 균형을 이루어야 한다. 수익률을 높이기 위해서는 주식이나 회사채 또는 수익증권 등 위험을 감수하는 적극적 투자가 요구된다. 반면에 연금기금은 공무원이 신탁한 재산으로서 수익성이 낮더라도 재산의 안전관리와 전체 재정규모의 안정을 위해 적절한 통제가 있어야 한다. 기금의 운용은 이와 같은 수익성과 안정성 이외에도 예기치 않은 급여지출에 대비하여 항상 현금화가 가능하도록 환금성을 갖추어야 한다. 역시 환금성을 높이려면 시중 금융기관에 단기간 예치해야 하기 때문에 수익성은 희생될 수밖에 없다. 한편 후생복지사업과 같은 부가적 사업 역시 수익성과는 역행하는 것으로 전체 기금규모의 안정성을 악화시키게 된다.

우리나라에서 공무원연금제도 신설 당시에는 기금의 확실하고 안전한 운용만을 규정하고 있었다. 따라서 수익성 있는 투자를 통해 기금을 증식하기보다는 안전운용에 초점을 두었고, 특히 경제발전을 위한 재정투융자의 공공재원으로 활용하여 왔다. 그러나 기금의 안정성만을 강조하여 기금을 정부가 강제적으로 국민경제를 위한 재원으로 이용하는 것은 공무원의 사적 재산권을 임의로 침해하는 결과를 초래할 수 있다. 기금의 투자분야로 볼 때, 공공금융이 기금의 안정성과 공공성을 중시한 것이라면 기금증식은 수익성을 강조한 것이다.

연금기금이 축소되어 가는 현 상황에서 수익성 있는 기금운용이 새롭게 부각되고 있다. 이를 위해서는 공공금융이나 후생복지사업의 규모를 줄이고 기금증식의 비중을 높일 필요가 있다. 수익성을 높이기 위한 또 하나의 접근은 기금운용을 담당하고 있는 공무원연금관리공단의 자율성과 자금관리 전문능력을 키우는 것이다. 금융기관의 투자전문가와 경쟁하여 투자의 수익을 올리기 위해서는 투자에 대한 권한과 책임이 부여되어야 하고 그들과 대등한 능력을 갖춘 투자전담반을 구성하여 운영할 필요가 있다.[18] 특히 국가사업의 투자재원 확보를 위해 기금을 사용하는 등 정부가 기금운용에 압력을 행사하는 일이 없어야 할 것이다.

3) 기금의 배분: 연금급여지급

정부 부담금과 공무원의 기여금을 그 해 수입으로 하여 연금급여를 지출하게 된다. 부족분이 생길 때에는 적립된 연금기금에서라도 연금수혜자에게 급여의 확실한 보장을 해 주어야 한다.

연금기금을 연금급여 특히 퇴직관련급여로 배분함에 있어 고려하여야 할 가장 중요한 요소는 연금지급 수준의 적정성이다. 즉, 퇴직 후 소득원이 상실되더라도 안정된 생활을 유지할 수 있는 수준이 되어야 한다. 물론 생계비에서와 마찬가지로 어느 정도의 급여수준이 과연 적정한 것인가는 논란의 여지가 있다. 그러나 퇴직 후에 가장 중요한 생활안정의 적절성 여부는 재직시 소득과의 상대성을 고려하여야 할 것이다. 연금수준이 생계비를 넘는다 하더라도 재직시의 소득과 현격한 차이가 날 때에는 과거의 소비패턴을 갑자기 변경시켜야 하는 어려움이 따르기 때문이다.

5.3 연금제도 개혁

1) 문제의 심각성

우리나라는 비교적 복지신생국으로서 선진국에 비해서는 양호한 실정에 있었다. 원래 특수직종종사자를 대상으로 하는 특수직 연금제도, 즉 공무원연금, 군인연금, 사학연금으로 출발하였다. 그리고 김대중정부에 들어와서 전국민 4대 보험제도의 도입 등 선진국의 복지제도가 도입되었다. 일반국민을 대상으로 하는 국민연금제도가 그것이다.

문제는 비교적 급속히 제도를 도입하면 여러 가지 상황을 철저히 분석하지 못한 채 도입한 제도설계의 미숙성과 급속한 인구학적 변동 때문에 심각한 재정부족의 문제를 안고 있다는 데 있다. 공무원연금의 경우 1993년부터 연금지급액이 기여금수입을 초과하는 재정적자가 발생했지만, 2000년까지는 축적한 연금기금을 사용해 수지불균형문제를 해소할 수 있었다. 그러나 2001년부터 정부의 일반예산에서 적자부분을 보전받고 있다. 군인연금을 20년 가입하면 연령에 관계없이 퇴직 시 연금을 수혜받을 뿐만 아니라, 한국전쟁 및 베트남전쟁 참전기간을 3배로 계산하는 조치로 인하여 이미 1973년부터 적자를 정부보전금으로 충당하고 있다. 군인연금 재정상태가 악화된 이유 중의 하나가 계급 정년에 의해 40대부터 연금을 수령하기 시작하여 그 뒤 몇 십 년간 혜택을 받는 사례가 많기 때문이다. 공무원도 마찬가지로 연금지급 개시연령이 낮은 데서 재정의 압박이 크다.

초기에는 기준보수액과 수혜 필요 최소 근무연수만 고려했으나, 연금지급율이 중요해졌다. 2009년 제도 개혁이후 재직기간 평균소득과 재직연수, 연금지급률에 따라 연금수혜액이 변한다. 2015년 박근혜 정부에서 제도개혁에서는 연금지급률을 종전 1.9에서 1.7로 변화하였다.

연금급여산식＝평균 소득월액×재직기간 적용비율×재직연수×1.7%

향후, 연금지급율을 더 낮춰서 지급액을 줄임으로써 재정·압박을 줄일 수 있을 것이다.

연금에서 적자가 발생하는 것은 '저부담－고급여'라는 구조에 그 근본원인이 있다. 연금제도 도입시에는 인구학적 구조변화를 제대로 파악하지 못한 것이다. 예컨대 평균기대수명은 1970년 62세에서 1988년 70세, 2008년에는 80세로 증가했다. 의료기술의 발달로 인하여 평균수명 100세도 그리 소설 같은 애기는 아니다. 이와 같이 평균수명이 늘어나면, 퇴직 후 연금수급기간 연장이 늘어나기 때문에 심각한 재정 악화요인이 된다.

현재 서구제국은 오래전부터 소위 복지병을 앓고 있다. 오랜 세월을 거쳐 완벽한 복지국가를 만들었지만, 생산성이 뒷받침되지 않아 재정적자가 누적되었기 때문이다. 인구노령화와 저출산이 그 근본적인 원인이기도 하다. 따라서 이제 복지재정을 관리하는 방법을 바꾸기도 하고, 혜택을 낮추기도 하는 방법의 개혁이 추진되고 있다.

연금 제도 개혁 과정은 이미 유럽선진국이 많은 실험을 하고 있다. 유럽국가들은 나름대로의 정치적 상황에 따라 개혁을 추진하였다. 예컨대 프랑스에서는 퇴직연령을 늦추고, 연금수혜 개시연령을 늦추는 개혁을 시도한 바 있다. 개혁의 방향은 기본적으로 정부가 관리하는 연금보유액(stock)을 늘리는 모수적 개혁과 고령화 등의 구조적 변화요인을 연금급여에 반영케 하는 구조적 개혁이 있다.

2) 국민연금과의 형평성 문제

역사적으로 볼 때 1960년대 공무원 제도 공무원 제도를 도입하면서 공무원연금이 도입된 반면, 전국민 국민연금은 김대중 정부 때 도입한 1998년간에 약 40년의 차이가 나는 것이다. 왜 공무원 제도가 먼저 공무원연금제를 먼저 도입했느냐 하는 것은 직업공무원제의 수립을 통해 행정의 생산성 향상을 위한 것이었다. 국민연금은 IMF 구제금융시기를 거치면서 특히 복지국가의 필요성에 대해서 절실히 요구되는 시대적 변화를 담아낸 것이다. 두 연금의 가입자의 숫자, 기여금, 연금액 등에서 차이가 많이 난다. 특히 연금수령액면에서 큰 차이가 난다.

이상적으로 보면, 복지국가에서는 전국민이 똑같은 복지혜택을 누려야 한다. 그런데 전 국민이 공무원연금 혹은 국민연금 등 가입되는 상황에서 공무원연금과 국민연금의 수혜액이 큰 차이가 난다는 것은 형평성에 어긋나는 것도 사실이다. 따라서 형평성을 제고해야하는 문제에 봉착하게 된다.*

이렇게 차이가 나는 이유는 두 연금가입자가 기본적으로 받는 연금액이 계산방법이 다르기 때문이다. 연금액의 계산은 기준이 되는 평균소득액, 재직기간적용비율, 재직연수, 그리고 연금지급율로 이뤄진다.

이에 비하여 국민연금의 기본연금액 계산은 연금수급 전 3년간 전체 가입자의 평균 소득의 평균액과 가입자 개인의 전체 가입 기간 동안의 기준 소득 월액의 평균액에 20년 초과 가입 월수를 주요 변수로 사용한다. 구체적으로 국민연금은 공무원연금은 가입자 전체 가입자 기준 소득월액의 평균액과 자신의 평균 급여액

* 이보다 더 심각한 형평성 문제는 현재 경제활동인구의 40%가 국민연금과 같은 공적연금에 미가입되어 있다는 것이다. 과거에 국민연금을 가입여부를 선택하게 했기 때문이다.

을 합한 액수에 가입기간을 곱하는 식으로 된다.

- **공무원연금 기본연금액**=1.7%×B×N
  B: 가입자의 전체 가입기간의 기준소득월액 평균액
  n: 가입기간
  단, 단계적 인하 1.878%(2016년), 1.79%(2020년), 1.74%(2025년), 1.7%(2035년)
- **국민연금 기본연금액**=1.2(A+B)×(1+0.05n/12)
  A: 연금수급 전 3년 간 전체 가입자의 평균소득월액 평균액
  B: 가입자 개인의 전체 가입기간 동안의 기준소득월액 평균액
  n: 20년 초과 가입월수

이 산식에 따라 예상 연금액을 산출해 본 결과, 2020년 첫 직장생활을 시작한 공무원이 30년 재직기간 평균 급여를 503만 원으로 가정할 때 예상 연금액은 월 267만원에 달한다. 동일한 소득으로 동일 기간 국민연금 가입자의 예상 연금액은 월 113만 5천 원으로 공무원연금이 2배 이상 많다.[19)]

수치에서 보는 바와 같이 국민연금의 보수액이 실제 정년 후 사람들의 생활비에 턱없이 부족하다는 것이 문제다. 여기서 보통 사용하는 개념이 소득 대체율이다. 소득대체율은 연금액이 자신의 평균소득액의 얼마의 비중이 되느냐를 나타내는 수치이다. 그런데 소득대체율은 제도설계시에 가입 기간과 지급율을 사전적으로 설정해서 연금이 노후 생활의 소득을 얼마나 보장하는지 나타내는 수치이다. 이것은 인플레나 노후소비패턴 등을 미리 알 수 없기 때문에 추상적이고 가정적이 수치이다. 평균소득 대체율을 비교해 본다면 국민연금 40년 가입하면 40%인데, 공무원연금은 36년 가입하면 61.2%이다.

이에 비하여 소비 충당률을 사후적 개념으로서 연금이 실제 소비를 얼마나 충당하느냐하는 것을 나타내는 수치이다.

$$\text{연금의 소비충당률} = \frac{\text{공적연금급여액}}{\text{은퇴 후 노인가구의 소비지출규모}} \times 100$$

현재 공적연금이 그 당사자의 생활 소비 기초부터 시작해서 보통의 삶의 질을 유지할 수 있는 형태의 소비를 나타내는 것이 어느 정도냐 현재 각종 통계로서 계산 가능하기 때문에 이렇게 계산하는 방법을 제안하고 있다.

여기에서 소비충당률 중에서 필수 소비 충당률이라는 개념이 필요하다. 필수 소비 충당률은 생존에 필요한 식료품비, 의료비, 주거비, 등 꼭 생존을 위해 필요한 소비액수를 얼마나 연금이 충족시켜주느냐를 의미한다. 또 그 이상으로는 보통의 사람이 일상생활에서 소비하는 소비가 있을 수 있고, 이 보다 더 큰 개념으로서 총지출은 소비와 비소비 지출(투자, 저축 등)을 포함한 액수를 생각할 수 있다. 여기에서 필수 소비 충당률은 당연히 충족을 시켜줘야 국민들의 인간적 존엄성을 충족시킬 수 있게 된다.

중요한 것은 (보통수준의) 소비 충당률이다. 일상적 생활수준의 지출액수는 빅데이터시대에 사후적으로 계산이 가능하다. 이 액수를 연금이 얼마나 보상해주느냐의 비율을 계산하면 산출된다. 은퇴 후 노인 가구의 소비 지출 규모 전체와 공적연금 급여비율에 곱하기 100으로 알 수 있다.

이 수치로 계산하면, 공무원 연금의 2022년 소비충당률을 거의 100정도 나와서 비교적 만족스러운 수준이라고 볼 수 있다. 반면에 국민연금은 필수 소비 충당률이 31.65% 일상적 소비 충당률이 22.41%로 연금수급자가 필수적인 의식주를 해결하기는 불가능하다는 심각한 문제를 가지고 있다.[20]

그러나, 공무원연금의 재정이 상대적으로 양호하니 삭감하여, 국민연금수준으로 낮춰 형평성을 맞춘다는 생각은 바람직한 문제해결책이 아니다. 공무원연금도 현재 추세로 지급이 된다면 수급자의 평균 수명의 증가로 재정 적자가 뚜렷이 나타날 것이고 어느 순간 하면 지급 불능 상태가 된다는 것도 예측가능하다. 결국은 재원마련이 문제인 것이다.

해결책으로는 고부담–저부담으로 가는 수 밖에 없다. 구체적으로는 첫 번째로 현직 공무원들의 연금기여율을 높이는 방법이고 다음으로 정부의 예산에서 오는 액수를 점점 늘릴 수밖에 없다. 또한 연금 수급자들의 수급액을 단계적으로 즉, 삭감하게 줄이는 방법 또는 연금 지급을 시작하는 시기를 더 늦추는 방법(65세 70세 늘리는 방법)을 서구 국가에서 채택하고 있다. 이는 정년연장이나 재취업 등이 동반되어야 한다.

누구나 공무원당사자 입장에서는 '저부담－고급여'에서 '고부담－저급여'로 가는 것은 반갑지는 않지만, 불가피한 개혁의 방향이 아닐까 한다. 그러나 우리나라의 정치적 상황에서 쉽게 타협이 이뤄질 것 같지는 않다. 만약 이런 개혁이 이뤄진다고 하더라도 그 동안 연금을 기대해 온 기존 공무원들에게 소급적용하는 것은 법적으로도 문제의 소지를 가지고 있는 것도 사실이다. 그럼에도 불구하고 정부의 재정압박 등을 고려하면, 장기적으로 정부경쟁력에 문제가 생길 수 있을 것이다.

또한 정부의 연금관리정책도 재정악화의 원인으로 작용했다는 점도 고려해야 한다. 예를 들면 많은 재원이 소요되는 각종 국책사업을 추진할 때, 재원조달을 국민연금과 사학연금 등 연금기금을 활용해 온 관행이 있다. 즉, 기획재정부장관은 이들 연금으로부터 공공자금에 강제로 예탁하게 하고, 낮은 이자율을 적용하여 마치 국책사업의 비용이 적은 것처럼 포장해 온 것이다. 즉, 정치적 목적을 위해 퇴직공무원들에게 돌아갈 재원으로 사용될 정상적 기대수익이 희생된 것이다. 보수후불설에 근거하여 생각한다면, 퇴직공무원이 맡겨 놓은 돈을 당사자들 동의도 없이 정부가 불리한 조건으로 사용하는 셈이며 시정되어야 할 점이다. 물론 기금을 금융시장이나 부동산 등에 투자하여 수익을 발생시키는 역할을 하는 투자전문가의 실수도 있을 수 있다. 특히 우리나라의 불안정한 주식시장의 경우, 이런 위험성이 크다.

공무원연금의 역사가 말해주듯이, 그리고 우리나라의 행정문화를 고려하여, 공직의 특수성을 충분히 반영하여 연금개혁이 이뤄져야 한다. 특히 당사자인 공무원들의 의견이 중시되고 합의를 얻어내는 것이 중요하다. 신뢰보호원칙에 따라 이미 연금을 수령하고 있는 사람과 재직자에게는 당초 약속한 것을 바꾸는 데 따른 불이익을 최소화하는 방향으로 되어야 한다. 이것은 중장기 연금재정의 건전화 및 국민부담 경감이란 기본원칙을 위배하지 않는 차원에서 이뤄져야 한다. 이런 서로 상반되는 원칙을 충족시키기는 쉽지 않아 진통이 예상된다.

모든 국민이 노후에도 인간다운 생활을 하도록 하는 것이 국가의 의무라면, 최저 생계비 수준도 안되는 국민연금의 평균급여액에 공무원연금을 맞추려 한 것은 잘못이다. 마치 공무원이 특혜를 받는 집단으로 치부하여 일반 국민들로부터 증오감을 받도록 한 언론의 태도는 잘못되었다.

東西古今公私

OECD 한국담당관 "연금과 재정에 북유럽식 '자동 브레이크' 달아라"

파렐리우센씨가 말한 북유럽의 '자동 브레이크'는 복지 지출이 갑자기 불어나 미래에 지속 가능하지 않게 되는 위험을 방지하기 위한 제도적 장치다. 그는 크게 두 가지가 있다고 했다.

먼저 스웨덴·노르웨이가 운영하는 '연금 자동 조정 메커니즘(automatic adjustment mechanism)'은 평균 수명이 늘거나 경제 성장률이 떨어져 공적 연금의 안정성이 떨어질 때 연금 수령 연령을 늦추거나 수령액을 줄이는 제도다. 파렐리우센씨는 "매번 연금 지급 기준을 개정하려 들면 반발과 진통을 겪는 일이 반복될 수 있다"며 "재정 지출이 급격히 늘어나지 않도록 '자동화된 시스템'을 만들어두면 진통 없이 연금의 지속 가능성을 높일 수 있다"고 했다.

스웨덴은 1990년대 중반부터 고령화에 대비한 연금 개혁을 추진해왔다. OECD 회원국 중에서도 가장 빠른 편이었다. 평균 수명 증가에 따라 연금 수령 시점을 자동 조절하는 제도가 스웨덴식 연금 개혁의 핵심이었다. '자동 브레이크'에 따라 연금 수령을 위한 최저 연령이 올해 62세에서 63세로 늦춰졌다. 2026년부터는 64세 이상이 돼야 연금을 받을 수 있게 된다. 2026년 이후로도 자동으로 기대 수명 증가분의 3분의 2만큼 연금 수령 시기를 늦추게 된다.

파렐리우센씨는 "스웨덴에는 연금 기금의 자산이 부채(앞으로 지급해야 할 연금)보다 적다고 판단되면 지급되는 노후 연금 인상률을 낮추는 '균형 조정 메커니즘'도 있다"고 했다. 스웨덴뿐 아니라 노르웨이, 덴마크, 핀란드까지 북유럽 4국이 모두 연금 체계 내에 수령 시기를 늦추거나, 연금 인상률을 조절하는 등의 자동 조정 체계를 갖추고 있다.

다른 하나의 '제동 장치'는 스웨덴이 채택하고 있는 '자동 재정 브레이크(automatic fiscal brake)'다. 실업급여 같은 근로가 가능한 연령대를 위한 복지 혜택을 매해 예산이 허락하는 만큼만 보수적으로 인상하는 제도를 말한다. 실업급여가 물가·임금 상승률에 못 미치는 수준으로 늘어나도록 제한을 걸어 정부 재정을 지켜낸다.

스웨덴은 오스트리아, 덴마크, 네덜란드와 함께 유럽에서 '프루걸 포(frugal four)'로 불린다. 정부 재정의 건전성을 중시하는 '구두쇠' 국가들이라는 뜻이다. 스웨덴은 1990년대초 은행 연쇄 도산 위기를 겪고 자동 재정 브레이크를 도입해 실업급여, 주택급여 같은 복지 혜택의 인상을 엄격하게 제한하기 시작했다.

파렐리우센씨는 정부가 고령화 시대에 노인 복지 비용이 지나치게 늘어나는 것을 막아낸 방법으로 스웨덴의 애델 개혁을 소개했다. 애델 개혁은 노인들이 병원이나 요양시설 대신 집에서 예방적 의료나 돌봄 서비스를 받을 수 있도록 한 정책이다. 그는 "이러한 '홈 케어' 복지는 비용 면에서도 상당히 효율적이고, 시설이 아닌 집에서 지낼 수 있어 노인들의 만족도도 높은 편"이라며 "이와 달리 한국은 병원이나 요양 시설에 지나치게 의존하고 있다"고 했다. 간병 인력을 늘려 집에서 돌봄 혜택을 제공해야 향후 늘어나는 노인 요양 비용을 적절한 수준으로 제어할 수 있고, 노인들의 만족도도 높아질 수 있다는 의미다.

출처: 조선일보, 2023.5.20. 기사 일부 발췌 및 수정.

16 참/고/문/헌

1) 황광훈, 첫 일자리 이탈 영향 요인 분석, 「노동경제논집」 43(2): 41–74, 2020.
2) 파이낸셜뉴스, 2022. 7. 21. “10명 중 3명 1년 이내 그만둬 … 조기퇴사하는 MZ들”.
3) 파이낸셜뉴스, 2022. 10. 4.
4) Robinson, S.L. and Morrison, E.W. (2000), “The development of psychological contract breach and violation: a longitudinal study”, *Journal of Organizational Behavior*, Vol. 21.
5) 정일웅, “공무원의 SNS 활용과 삶의 질의 관계에 대한 연구–사회비교이론 관점에서 본 공공봉사동시 차이를 중심으로–,” 서울대 행정학 석사논문, 2021.
6) 한국노동연구원, 「선택적 근로자 복지제도 도입방안 연구」, 노동부연구보고서, 2002.
7) 임도빈, 「한국지방조직론」, 박영사, 2004.
8) 이충호, 「정년 후」, 하늘아래, 2010.
9) 류임철, 「캐나다 공무원 인사제도」, 조명문화사, 2011. p. 307.
10) 조석준·임도빈, 「한국행정조직론」, 법문사, 2016, p. 444 이하 참조.
11) 임도빈, “역대 대통령 국정철학의 변화: 행정철학 60년,” 「행정논총」 46(3), 211 이하, 2008.
12) 강성철 외, 「새인사행정론」, 대영문화사, 2011, pp. 466–467.
13) 임도빈, 「비교행정학」, 박영사, 2017.
14) 민효상, “한국공무원 연금의 온건개혁 원인과 정책과정에 관한 연구,” 연세대 행정학 박사학위논문, 2011, p. 31.
15) 권혁주·곽효경, “공무원연금의 개혁과 정책적 쟁점,” 「한국정책학보」, 제15권 제4호, 2006.
16) 권혁주, “공무원연금제도의 특수성에 관한 연구,” 서울: 글로벌 거버넌스와 사회발전연구센터, 2005.
17) 이각희, 「공무원연금제도론」, 공무원연금공단, 2018, 418.
18) 이경서, “공무원 연금기금의 효율화 방안에 관한 연구,” 「한국행정학보」, 1987, p. 348.
19) 사경제신문(http://www.sisanews.kr/news/articleView.html?idxno=94011)
20) 권혁주, 유자형, 최낙혁(2023), 공무원연금의 합리적 개혁 방안 보장성과 지속 가능성을 중심으로, 「정책 &지식 포럼 1062회」, 서울대 행정대학원, 2023.

Personnel Administration

PART 8
직무와 개인의 일치

제17장 직무의 이해

1. 직무분석
   - 1.1 직무분석의 용도
   - 1.2 자료수집
   - 1.3 직무기술서 작성
   - 1.4 직무분류
2. 직무평가
   - 2.1 의 의
   - 2.2 서열법
   - 2.3 분류법
   - 2.4 점수법
   - 2.5 요소비교법

제18장 개인의 이해

1. 개인특성: KSA
   - 1.1 의 의
   - 1.2 지 식
   - 1.3 기 술
   - 1.4 능 력
2. 직무만족
   - 2.1 의 의
   - 2.2 직무만족의 결정요인
   - 2.3 직무만족과 근무실적
   - 2.4 직무특성과 성과
3. 직무와 개인의 통합
   - 3.1 개인별 체계와 관리적 의미
   - 3.2 전문성의 강화
   - 3.2 공직역량

제19장 정부경쟁력과 생산성

1. 필요성
2. 생산성의 3차원
   - 2.1 투입－산출로서의 생산성
   - 2.2 효과성으로서의 생산성
   - 2.3 체제모형으로서의 생산성
3. 정부경쟁력과 생산성
   - 3.1 측정의 문제
   - 3.2 한국정부의 경쟁력
   - 3.3 경쟁력의 저해요인
4. 정부경쟁력과 생산성의 제고방안
   - 4.1 신바람 인센티브제
   - 4.2 양적 근무에서 질적 근무로
   - 4.3 직무충실화
   - 4.4 혁신: 제안

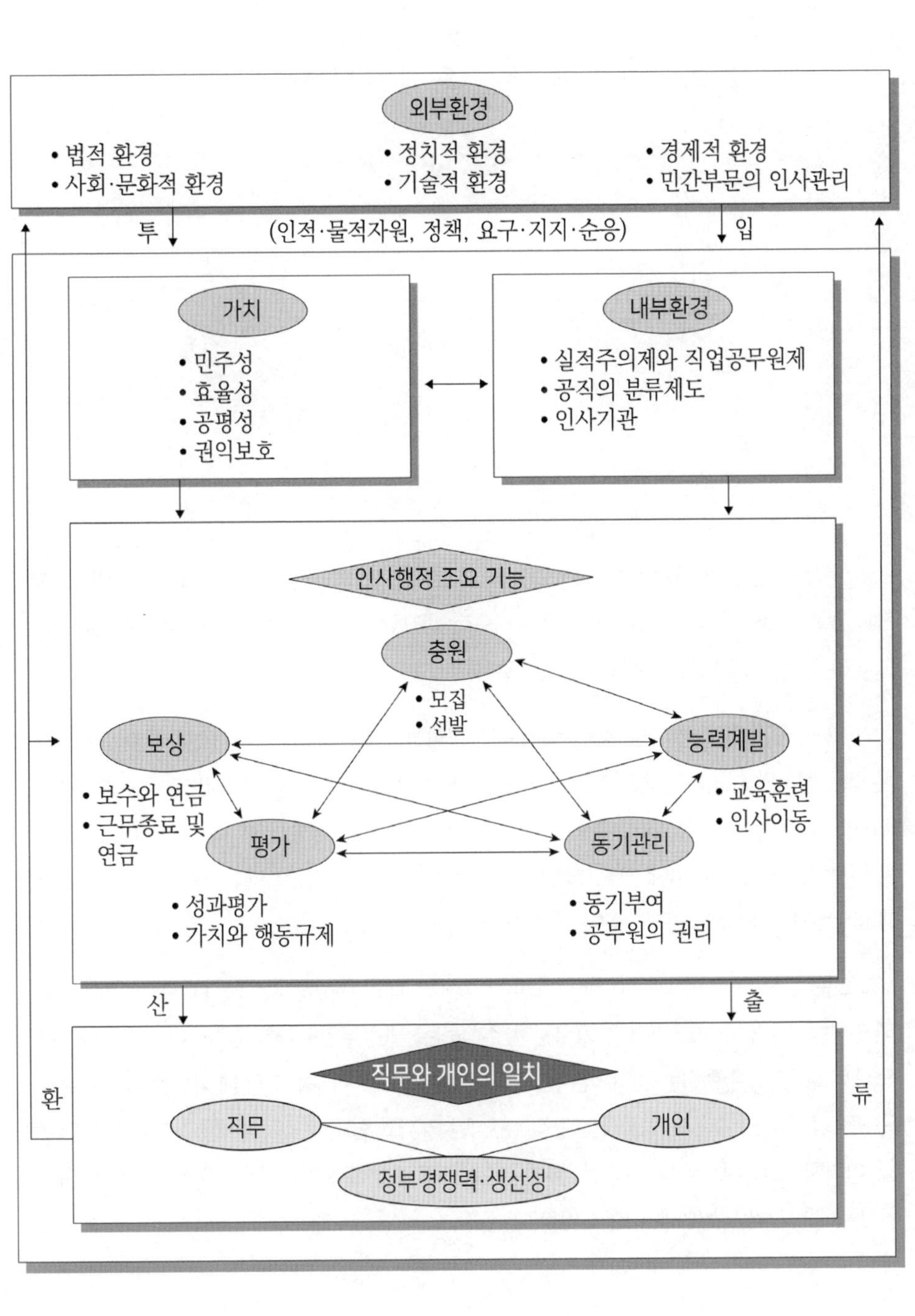
외부환경
• 법적 환경
• 사회·문화적 환경
• 정치적 환경
• 기술적 환경
• 경제적 환경
• 민간부문의 인사관리
투
(인적·물적자원, 정책, 요구·지지·순응)
입
가치
• 민주성
• 효율성
• 공평성
• 권익보호
내부환경
• 실적주의제와 직업공무원제
• 공직의 분류제도
• 인사기관
인사행정 주요 기능
충원
• 모집
• 선발
보상
• 보수와 연금
• 근무종료 및
연금
능력계발
• 교육훈련
• 인사이동
평가
• 성과평가
• 가치와 행동규제
동기관리
• 동기부여
• 공무원의 권리
산
출
직무와 개인의 일치
직무
개인
정부경쟁력·생산성
환
류

Personnel Administration

인사행정은 분명히 사람을 그 대상으로 하고 있지만 그 이면에는 항상 직무(일)가 있다. 인적자원을 관리하되 직무와 분리시켜 독립적으로 생각할 수 없다. 직무와 개인을 조화롭게 통합시키는 것이 바로 인사행정의 목표인 것이다.

인적자원을 충원, 자기계발, 활용, 동기관리, 보상하는 활동을 하는 과정에서 꼭 이뤄져야만 할 것은 직무와 개인을 일치시키는 것이다. 즉 인사행정이 과학적으로 되려면, 적절한 일(적소)과 그 자리에 꼭 맞는 사람(적재)을 일치시켜야 최대의 생산성을 얻을 수 있다. 이것을 전술한 인사행정 모든 단계이다. 모든 활동에서 항상 관계되는 기본요소이다. 직무와 개인은 인사행정에서 관리의 대상으로 삼아야 하는 미시적 요소이다.

제 8 편에서는 직무에 대한 이해와 조직 내 개인에 대한 이해를 시도하려고 한다. 실적주의적 인사행정을 정착시키려면 각 공무원이 수행하는 일이 무엇인가를 알아내야 한다. 이러한 작업의 일환으로 수행하는 것이 직무분석과 직무평가이다. 그러나 조직 내 개인은 나름대로의 욕구를 가지고 있는 존재이기 때문에 직무분석만 가지고 합리적 인사행정을 정착시키기 어렵다. 따라서 조직 내 개인이 가지는 특성을 이론적으로 검토하기로 한다. 이것은 인사행정의 원칙을 실현시키는 방법에 대한 고민이다.

CHAPTER 17

직무의 이해

행정활동이 성과를 내려면 공무원이 수행해야하는 일을 체계적으로 분석하는 고민이 필요하다. 테일러식 시간과 동작(time and motion)을 분석하는 미국식 과학적 관리론(scientific management)의 시각이 대표적인 예이다. 공장에서 기계화와 표준화를 통해서 제품을 효율적으로 만들 수 있듯이, 한 사람이 수행할 수 있는 직무의 내용과 양을 분명히 정해 주고 표준화시킴으로써 조직의 성과를 높일 수 있다는 사고이다.1)

'과연 공무원이 어떤 일을 하는가?'라는 질문에 답해야 직무를 잘 수행하는 방법을 모색할 수 있다. 우선 직무수행에 필요한 지식·기술·능력의 측면과 그에 대응하는 보상측면을 검토해야 한다. 두 측면을 합리적으로 접근하기 위해서 필요한 것이 직무분석과 직무평가이다. 직무분석은 기본적으로 직무를 구성하는 임무와 이의 성공적 수행을 위해 필요한 요건을 찾아내는 작업이다. 한편 직무평가는 직무의 가치를 정하는 것으로 개인에게 공정한 보상을 제공하기 위해서 반드시 필요한 작업이다. 직무분석과 직무평가가 직위분류제를 위한 선행단계이기도 하지만, 동시에 모집, 선발, 교육훈련, 인사이동, 보상 등의 합리적 관리를 위해 매우 유용하게 활용된다. 이러한 분석은 인사관리의 모든 과정에 합리적인 기준과 유용한 정보를 제공하게 된다.

1. 직무분석

1.1 직무분석의 용도

직무분석은 해당 직위의 성과책임 규명, 직무평가 및 직무수행 요건 규명 등 각종 직무정보를 체계적으로 수집하고 분석하는 일련의 활동을 말한다(대통령령 직무분석 규정 제4조). 직무분석은 다음과 같은 세 경우에 행해진다. 첫째는 조직이 신설될 때 처음 도입하는 경우이고, 둘째는 직무분석이 되어 있는 상황에서 새로운 직무가 생겼을 때, 셋째는 새로운 기술과 지식의 변화로 직무내용이 현격하게 바뀐 경우이다. <표 17-1>에 직무분석의 유용성을 간단히 요약하였다.

학력차별금지 직무분석의 시작

미국에서 인사업무를 당당하는 사람은 누구나 알아야 할 '채용요건의 직무관련성'의 의미에 대한 매우 중요한 대법원 판례가 있다(미국 대법원 판례: Griggs v. Duke Power, 1971). 그릭스(Griggs)는 흑인으로서 듀크전력회사(Duke Power)의 석탄운반원 모집에 지원한 사람이다. 듀크전력회사는 日用職을 제외하고는 나머지 고용인을 채용하는 경우에 고졸 이상의 학력을 요구했고 일반지능검사를 치르도록 하였다. 그 결과 일용직의 대부분은 교육의 기회를 제대로 갖지 못한 흑인들이었다. 그릭스는 이 선발규정이 직무와 관련성이 없기 때문에 자신을 불공정하게 차별하는 조항이라며 소송을 제기하였다. 듀크전력회사는 학력요건이나 시험의 직무관련성을 입증하지 못하여 패소하였다. 흑인이나 백인 누구에게나 공개적으로 그리고 균등한 기회를 부여한 선발이었음에도 불구하고 법원은 채용행위는 직무와 관련성이 있어야 하고 그에 대한 입증책임은 고용자에게 있음을 분명히 선언하였다. 이 판례를 계기로 미국의 거의 모든 공·사조직에서는 직무분석을 할 수밖에 없게 되었다. 소송이 활발한 미국사회에서는 그릭스와 유사한 차별을 당했다고 생각하는 사람이 불공정한 차별이라고 제소하는 경우 채용요건의 직무관련성을 입증하기 위해서는 직무명세서가 기초자료로 있어야 하기 때문이다.

직무분석에서 사용하는 구체적 기법수준으로 분류한다면 직무분석의 종류는 분류수준에 따라 수십 가지에서 수백 가지가 있다. 미국에서는 대부분의 행정기관 및 기업들이 지식(Knowledge), 기술(Skill), 능력(Ability)의 첫 자를 약자로 하는 KSA 기법을 사용하고 있다. KSA기법은 미국 인사관리처(Office of Personnel Management)에서 개발하여 오랫동안 사용해 온 기법이다. 최근에는 역량(Competency)을 평가하는 기법도 개발되었으나 그 타당도와 신뢰도에 의구심이 있는 상황이다.

직무분석은 크게 자료수집단계와 직무기술서작성 그리고 직무분류단계로 나눌 수 있는 하나의 과정이다.[2] 설문지나 면접 등을 통해 분석하고자 하는 직무에 대한 자료를 먼저 수집해 놓고, 그 다음에 여기서 얻은 정보를 정리하여 직무에 관련된 중요내용을 요약기술하는 것이다. 여기에 직무분석이 직위분류제 수립을 위한 전단계인 경우 직무분류의 단계가 추가된다.

표 17-1 직무분석의 용도

인적자원의 확보
- 응시자에게 직무에 대한 정확한 정보를 제공함으로써 최적격자의 선발과 직무에 대한 사전준비를 시킴.
- 선발시험의 내용과 자격요건을 제공함으로써 선발의 타당성을 확보함.

인적자원의 능력계발
- 교육훈련 프로그램을 개발함에 있어 교육내용, 교육방식, 교육교재 등의 정보를 제공함.
- 교육의 수요를 측정함.
- 본인에게 요구되는 자격이 무엇인가를 진단하여 스스로 능력발전을 위한 노력을 할 수 있음.

인적자원의 동기관리
- 승진과 전보가 가능한 범위를 알려줌.
- 직무에 수반되는 임무와 책임에 대한 한계를 분명히 함으로써 직무수행의 모호성을 줄이고 동기를 부여함.

인적자원의 평가
- 평가는 실제성적과 목표치를 비교하는 것으로서 직무분석은 근무평가의 기준을 제공함.

인적자원의 보상
- 보수의 형평성을 갖춘 보수체계를 개발하는 데 필수적 과정인 직무평가의 정보를 제공함.

1.2 자료수집

자료수집은 직무와 그 직무를 수행하는 점직자의 특성에 대한 자료를 수집하는 일이다. 이를 위해서는 우선 직무분석 설문지를 개발하고, 다음은 면접·설문지법·관찰 등의 자료수집방법을 동원하여 실제로 자료를 수집해야 한다.

1) 직무분석 설문지 개발

직무분석에 필요한 자료를 수집하기 위해서는 우선 무엇에 관한 것이 필요한지 그 내용을 정해야 한다. 무조건 이것저것 물어보고 관찰할 것이 아니라 핵심적인 조사항목이 무엇인지를 정리해 놓은 체크리스트(check list) 내지는 조사지침서가 먼저 준비되어야 한다. 이렇게 조사내용을 미리 표준화하여 직무에 대한 일관된 정보를 수집할 수 있도록 만든 표준설문양식을 보통 직무분석 설문지(job analysis questionnaire), 직무분석 정보양식(job analysis information form) 또는 단순히 직무분석양식(job analysis form) 등의 이름으로 부르고 있다.

표준화된 양식이라고는 했지만 모든 직무에 단 하나의 양식이 적용되어야 한다는 뜻은 아니다. 직무의 종류에 따라 설문의 내용은 적절하게 재구성되어야 한다. 다만 양식이 너무 많을 때에는 직무를 상호비교하는 데 오히려 어려움이 따른다는 점을 유념하여야 한다. 중요한 것은 유사한 직무에 서로 다른 양식을 사용해서는 안 된다는 것이다.

따라서 직무분석설문지에 어떤 항목을 포함시켜야 할지는 유동성이 많다. 그럼에도 불구하고 대부분의 설문지가 [예시 17-1]에서 보듯이 직무에 대한 배경, 직무의 목적·임무·책임, 직무수행에 요구되는 자격, 사용하는 기계·장비·도구, 그리고 근무조건을 기본적으로 포함하게 된다.

[예시 17-1]

직무분석 설문지

직 무 명		직무분류번호	______ 일자 ______
직 급 명	______	부 서 명	______
점 직 자 명	______	상 관 명	______
근 무 시 간	______	작 성 자	______

1. 현 직무의 주요 목적
2. 주요 임무·책임(가장 중요한 것, 어려운 것 표시)
   - 일상적 임무·책임
   - 주기적 임무·책임(주, 월, 분기 등)
   - 비주기적 임무
   - 불필요하다고 생각하는 임무
   - 주어진 임무가 아닌데 수행하는 임무와 그 이유
3. 감 독
   - 본인이 감독하는 부하의 수, 직무명, 감독하는 횟수(일, 주), 주된 감독내용
   - 본인을 감독하는 상관의 수, 직무명, 감독받는 횟수(일, 주), 주된 감독내용
4. 다른 직무와의 관계
   - 협조가 요구되는 직무
   - 도움을 주는 직무
5. 자 격
   - 교육훈련수준(요구되는 최소학력, 본인의 직무 담당시 학력)
   - 직무경험(요구되는 최소경험, 본인의 직무 담당시 경험)
   - 기술(장비, 기계, 기타 보조도구를 다루는)
   - 능력(육체적, 인지적)
6. 기계, 장비, 기타 직무수행 보조도구
7. 근무조건
   - 근무장소의 위치(실내, 실외, 지하 …)
   - 근무장소의 위생, 안전도
8. 자료조사 점검
   - 자료수집방법
   - 자료확인(확인자, 소속)

2) 자료수집방법

가장 일반적으로 사용되는 방법으로 각종 문서검토 이외에 관찰, 면접, 설문지법 그리고 일지기록법이 있다. 관찰에 의한 방법은 육안이나 비디오 등을 통해 점직자의 직무수행과정을 직접 확인하는 것이다. 따라서 정신적 노력을 주로 요구하는 직무(연구, 계획 등)의 경우에는 적합하지 않은 반면, 기계를 작동한다든지 하는 수동기술이나 육체적 노동을 필요로 하는 직무의 정보를 수집하는 데에 유리하다. 관찰의 경우에 유의할 점은 점직자가 관찰을 의식하여 직무수행을 평소와 다르게 왜곡하는 일이 없도록 하는 것이다.

직무분석의 자료수집방법으로 가장 보편적으로 사용되고 있는 것이 면접법이다. 면접자(직무분석가)는 면대면(面對面) 대화를 통해 점직자나 감독자에게 설문내용을 하나하나 설명하여 줌으로써 정확한 정보를 얻을 수 있다. 부족한 내용이 있으면 보충질의를 통해 가장 풍부하고 정확한 정보를 얻어낼 수 있다. 또한 면접자는 직무분석의 용도를 얘기해 줌으로써 점직자의 적극적인 응답을 기대할 수 있다. 보통 면접순서는 점직자를 먼저 하고 다음에 감독관을 상대로 실시한다. 감독관을 상대로 부족한 정보를 보충할 수 있고 점직자의 응답에 대한 진실성도 점검할 수 있기 때문이다. 따라서 많은 비용과 시간을 요한다. 그러나 다른 방법에 비해 가장 높은 응답의 타당성을 확보할 수 있다는 장점이 있다.

반대로 설문지법은 적은 비용과 시간으로 많은 양의 자료를 한꺼번에 얻는다는 잇점이 있다. 설문지를 사용할 때에는 시각적인 효과까지도 감안하여 직무분석 설문지 양식을 보다 정교하게 만들어야 한다. 이 때 설문에 대한 응답자의 이해를 돕기 위하여 설문작성지침 등을 제공하는 것이 바람직하다. 물론 설문지법이라도 개방식 질문(예를 들어, "귀하가 일상적으로 수행하는 임무를 자세히 기술하여 주십시오")을 포함시키는 경우도 있으나 직무간에 상호비교가 상당히 곤란하기 때문에 직무기술서 작성단계에서 그만큼 어려움이 따른다. 짧은 시간에 다량의 정보를 구할 수 있는 대신 응답의 타당성과 무응답에 대하여 추가로 보완자료를 획득해야 하는 문제가 있다.

점직자 업무일기(job incumbent diary/log)는 점직자로 하여금 매일매일의 업무활동에 대한 기록을 유지하도록 하는 방법이다. 이 기록이 누적되면 일일·주간·월간 비교를 통해서 일상적인 임무와 비일상적인 임무를 확인할 수 있다.[3] 점직자 업무일기는 아주 전문화된 직무에 대한 정보수집에 유용하게 사용할 수 있다. 그러나 점직자에게 매일 업무일기를 쓰도록 강요한다는 것은 결코 쉬운 일이 아니다. 특히 점직자가 글쓰기를 싫어할 때에는 협조를 얻어 내기가 무척 힘들다. 그런 사람은 업무일기를 불성실하게 쓰기 쉬우므로 일기의 정확성이 문제시된다.

이상 네 가지 방법은 어느 하나만이 절대적으로 사용되는 것이 아니고 응답의 타당성을 높이기 위하여 두 가지 이상의 방법이 복합적으로 사용되기도 한다.

1.3 직무기술서 작성

자료수집이 되었으면 이제 유용한 정보만을 뽑아서 직무기술서(job description)를 작성하여야 한다. 직무기술서를 작성하는 방식에는 질적인 방법과 양적인 방법이 있다. 양적인 방법을 쓰려면 직무분석 설문지의 구성에서부터 계량적 분석이 가능하도록 구조화된 설문양식(structured questionnaire)을 만들어야 한다. 직무분석에 대한 경험이 없는 상황에서는 기술형 설문지를 사용하여 질적인 유형으로 직무기술서를 작성하게 된다. 다음의 [예시 17−2]는 이러한 유형의 대표적인 예라 할 수 있다.

직무기술서에는 직무 및 점직자에 대한 일반적 배경, 직무요약, 임무와 책임, 최소자격요건, 기계·장비·도구, 다른 직무와의 관계 등 내용을 포함시키게 된다. 직무기술서를 작성할 때에는 간결하고 구체적이며 직접적인 표현을 사용하여야 한다. 또한 전문기술용어도 피해야 한다. 또한 주관적 정도를 나타내는 '약간', '매우', '잘', '특히', '좋은' 등의 부사나 형용사는 피해야 한다. 특히 동사의 사용에 있어서는 현재형과 행동형으로 표기되어야 한다(예: 인사기록카드를 작성한다).

또한 해당직무에 관한 모든 주요과업이 포함되어야 한다면 완결성을 갖추어야 한다. 나아가서 다른 유사직무와 통일적인 내용으로 해야 한다는 일관성의 원칙도 지켜야 한다.

[예시 17-2]

직무기술서(행정지원직)

<table>
<tr><td>채용분야</td><td rowspan="3">NCS
분류체계</td><td>대분류</td><td>중분류</td><td>소분류</td><td>세분류</td></tr>
<tr><td rowspan="2">행정지원직
(청년인턴)</td><td>02.경영·회계·사무</td><td>02.총무·인사</td><td>03.일반사무</td><td>02.사무행정</td></tr>
<tr><td>04.교육자연·사회화학</td><td>01.학교교육</td><td>02.학사운영
(NCS미개발)</td><td>01.학사운영</td></tr>
<tr><td>한국폴리텍대학
주요사업</td><td colspan="5">■ 산업현장에서 필요로 하는 기술·기능인력 양성, 근로자의 평생직업능력개발, 산학협력사업, 지역산업인력개발 및 취약계층 직업능력개발·교육</td></tr>
<tr><td>채용분야
담당업무</td><td colspan="5">■ OOO대학 주요사업 추진을 위한 일반 및 학사 행정업무 지원</td></tr>
<tr><td>직무수행
내용</td><td colspan="5">■ (일반사무) 문서 작성 및 관리, 자료 관리, 사무자동화 관리 운용, 회계처리 등 각종 내·외부에서 요청하는 사항에 대한 지원등
■ (학사운영) 학사운영, 학적관리, 학생모집, 대학홍보, 교육훈련장비관리, 취업관리 및 지원, 장학, 학생생활 지원, 학생 지도, 학교행사진행 등</td></tr>
<tr><td>필요지식</td><td colspan="5">■ (일반사무) 문서기안 절차, 문서양식과 유형, 문서관리규정, 문서대장관리규정, 문서폐기규정, 업무처리규정, 부서의 업무분장, 조직도 이해 등
■ (학사운영) 교육훈련 운영 및 입시관리, 교육훈련계획, 국민평생직업능력개발법 및 학사운영 제규정, 대학정보공시, 고등교육통계 등</td></tr>
<tr><td>필요기술</td><td colspan="5">■ (일반사무) 문서기안 및 정리 능력, 데이터활용 능력, 데이터베이스 관리능력, 사무기기 활용 능력, 회의내용 처리 능력 등
■ (학사운영) 교육훈련 환경 분석 및 전략적 이해, 학사운영 능력, 정부정책 및 법규 이해 등</td></tr>
<tr><td>직무수행
태도</td><td colspan="5">■ (일반사무) 업무규정 준수, 구성원들에 대한 배려, 문서보안 준수, 정확한 데이터 관리 태도, 성실성, 다양한 정보수집을 하려는 태도 등
■ (학사운영) 기획력, 분석적 사고, 학생-교원간 커뮤니케이션 능력, 객관성 유지, 공정한 운영 등</td></tr>
<tr><td>관련 자격</td><td colspan="5">■ 워드프로세서, 컴퓨터활용능력, ITQ(한글, 엑셀, 파워포인트), 사무자동화산업기사 등</td></tr>
<tr><td>직업기초능력</td><td colspan="5">■ 의사소통능력, 정보능력, 대인관계, 직업윤리</td></tr>
</table>

출처: https://www.ncs.go.kr/blind/bl04/JdsptList.do에서 일부 발췌.

1.4 직무분류

직무기술서가 완성되었으면 이제 직무의 성격이 유사한 것끼리 한데 모으는 작업이 필요하다. 이 때 유사성의 정도를 어느 정도로 넓게 또는 좁게 인정하느냐에 따라 직군, 직렬, 직류 등의 용어를 사용한다. 이 때 직무의 내용은 비슷하나 책임이나 난이도의 수준에서는 서로 차이를 보이는 직위들도 있다. 경찰, 소방, 교육, 교정, 의료, 약업, 전산 등의 직업구분 내지 직종을 연상한 다음 이것을 보다 세분화한 것으로 이해하면 된다. 이러한 직무분류는 근무조건이나 직무수행에 필요한 지식이 유사하기 때문에 채용, 인사이동, 교육훈련 등의 인적자원관리에 있어서 하나의 집단으로 관리할 수 있는 직무의 집합체라 할 수 있다.[4)]

가장 쉽게 직무를 분류하는 방법은 직무기술서에 기재되어 있는 직무명(job title)을 보고 유사성을 결정하는 것이다. 그러나 정밀성을 확보하기 위해서는 직무기술서에 기재되어 있는 임무와 책임 등의 정보를 면밀하고 체계적으로 검토하여 결정하여야 한다.[5)] 이론적으로는 이와 같이 직무기술서에 기초하여 직무분류를 하는 것이 원칙이겠으나 직무조사가 이루어지지 않은 상태에서 직무관리의 편의성 차원에서 주관적 판단에 기초하여 직무를 분류하기도 한다.

직렬구분에서 가장 쟁점이 되는 사항은 직렬의 폭을 결정하는 문제이다. 개별 직렬을 너무 좁게 정의하는 경우, 즉 직렬의 수를 너무 많게 하는 경우에는 직렬 내 등급의 수도 작아질 수밖에 없다. 직무의 중요도에 큰 차이가 나타나지 않기 때문이다. 직위가 10개인데 이를 10개의 직렬로 각각 구분할 때 등급은 하나일 수밖에 없다. 결국 직렬 내의 최고직위에 짧은 기간 내에 도달하게 되고 그 이후 승진이 막히는 결과를 초래하기 쉽다. 그 이후는 다른 직렬로 옮겨 승진 경로를 따라야 하지만 제도적으로 타직렬로의 승진이 제한되는 경우가 많고, 허용된다 하더라도 타직렬에 요구되는 교육과 경력의 축적이 선행되어야 하기 때문에 승진에 어려움이 있기는 마찬가지이다. 이와 같이 직렬의 폭이 너무 좁게 정해지면 능력발전과 성취감을 맛볼 수 있는 기회가 제한되고 만다.[6)] 결국 인사관리의 융통성이 그만큼 제한받는다고 말할 수가 있다.

한편 직렬의 폭을 너무 넓게 하면, 서로 다른 직무를 수행하는 사람들이 똑같이 보상받게 되어 보수의 불공정성을 야기시킬 우려가 있다. 같은 등급에 속해 동일한 보수를 받는다 하더라도 실제로는 일의 성질이 다른 경우가 발생할 가능성이 높아진다는 뜻이다.[7] 뿐만 아니라 이러한 직렬 구분이 채용이나 인사교류 등의 합리적 관리기준이 되어야 하는데 그 본래의 목적을 달성할 수 없게 되는 것이다.

따라서 직렬의 폭 내지 수를 결정함에 있어서는 직렬분류의 용도인 채용, 인사이동, 교육훈련 수요결정 등을 고려하여야 한다. 즉 서로 다른 채용기준을 적용할 필요성이 있는가? 승진이나 전보 등의 경계를 달리할 필요가 있는가? 직렬간 승진기간이나 기회에 지나친 차등은 생기지 않는가? 그리고 동일한 교육훈련의 대상으로 분류하여도 괜찮은가? 등의 문제가 고려되어야 할 것이다.

2. 직무평가

2.1 의 의

직무평가는 각 직무가 가지는 상대적 가치를 결정하는 것이다. 직무평가는 앞에서 얻은 직무기술서를 바탕으로 이루어진다. 그런데 평가할 직무가 많지 않을 때에는 모든 직무를 대상으로 바로 평가에 들어가지만 직무가 많고 성질도 이질적인 것이 많이 포함되어 있을 때에는 직무기술서를 직무의 종류별(직렬)로 나눈 다음에 직무평가에 들어가게 된다. 이것은 직위분류제를 수립하는 과정에서 간단히 언급한 것이다. 이렇게 직무평가는 직위분류제라는 분류체계를 만드는 데 필수적인 과정이다. 또한 직무의 가치를 보수화한 직무급의 실현과 조직 내 직무들간의 대내적 보수형평성을 달성하는 데도 중요한 기여를 하게 된다.

어떤 직무가 얼마만큼 더 가치가 있는 것인가? 우선 조직에서 직무의 가치란

표 17-2 직무평가의 방법 분류

직무가치의 결정방식	비계량적 비교 (직무 전체 비교)	계량적 비교 (직무구성요소 비교)
직무와 직무	서열별(job ranking)	요소비교법(factor comparison)
직무의 척도	분류법(classification)	점수법(point method)

직무가 조직의 목표달성에 얼마나 기여하는지를 말한다. 그러나 이것을 측정할 만한 직접적인 방법은 존재하지 않는다. 따라서 기여도를 가장 근사하게 측정할 수 있는 요소를 고려하게 되는데, 여기에는 직무기술, 노력도, 책임감, 근무조건 등이 있다.

직무평가에는 서열법, 분류법, 점수법, 요소비교법의 네 가지 방법이 흔히 사용된다. 네 가지 방법은 <표 17-2>에 표시된 대로 가로축은 직무 전체를 비계량적으로 비교하는가 부분 요소들을 계량적으로 비교하는가를, 세로축은 직무와 직무의 비교인가 직무와 척도(등급표)와의 비교인가를 기준으로 하여 분류한 것이다.[8)]

2.2 서열법

직무기술서의 정보를 검토한 후 두 개 이상 직무간 직무 전체의 중요도를 종합적으로 비교하는 방식이다. 비계량적인 방법으로 단순기능을 수행하는 작은 규모의 조직에 적용하기 좋다. 그 대표적인 것이 상호비교방식(paired comparison technique)이다. 모든 평가대상직무를 서로 다르게 짝을 지어 가면서 비교하는 것이다. 다음의 <표 17-3>에서 볼 수 있듯이 평가대상직무를 양축으로 하여 매트릭스(matrix) 모양의 표를 만든 다음 세로축의 한 직무를 가로축의 나머지 모든 직무와 차례로 비교하는 방식이다. 세로축의 직무가 가로축의 직무보다 더 가치가 있다고 판단하면 ○표시를 한다. 이렇게 하여 가로축의 ○표시를 모두 합치면 그것이 바로 상대적 등급(높은 숫자일수록 높은 등급)이 된다.

표 17-3 상호비교방식의 서열법

직무	직무분석가	프로그래머	재무분석가	세무조사	조직진단가	정보관리자	등급
직무분석가	-				○		1
프로그래머	○	-		○	○		3
재무 분석가	○	○	-	○	○		4
세무조사	○			-	○		2
조직진단자					-		0
정보관리자	○	○	○	○	○	-	5

서열법은 단순하고 경제적이며, 짧은 시간에 평가를 용이하게 마칠 수 있다는 장점이 있다. 그러나 직무의 수가 많아지면 평가가 상당히 어려워진다. 더구나 평가자의 주관이 개입할 소지가 가장 많기 때문에 다른 방법에 비해 신뢰성이 가장 낮을 수밖에 없다. 끝으로 직무간의 서열에 합의가 이루어진다 하더라도 각 등급간의 간격문제가 남는다. 서열법에서는 단순히 1, 2등급의 차이나 4, 5등급의 차이가 같다고 간주할 수밖에 없다. 단순히 등급만을 정하는 것이 목적이라면 아무 문제가 없으나, 이를 기초로 보수를 결정하는 경우에는 그 타당성이 부족하다.

2.3 분류법

분류법은 직무 전체를 종합적으로 판단하여 미리 정해 놓은 등급기준표와 비교해서 등급을 결정하는 방식이다. 등급기준표라는 비교기준을 준비하고 있다는 점에서 서열법보다 정교한 방식이지만 아직 계량적 측정을 도입하는 단계에는 이르지 못하고 있다.

분류법에서 가장 중요한 것은 등급기준표이다. 등급기준표는 등급과 등급정의로 구성된 일종의 척도이다. 등급정의란 기술, 책임, 노력, 근무조건 등의 직무구성요소를 중심으로 가장 보편적인 직무특성을 개괄적으로 기술한 것이다. 이런 의미에서 등급기준표는 등급기술서라고 할 수 있다. 만약 직무의 종류(직렬)별로 등급기준표가 준비되어 있다면 이것은 직급명세서와 다를 바가 없다. 따라서 직위분류제가 수립된 상황에서는 직급명세서를 등급기준표로 사용하면 된다. 그렇지 않은 상태에서 분류법을 사용하려면 직무기술서를 토대로 등급의 수를 미리 정하고 각 등급에 대한 가장 일반적 특성을 중심으로 등급을 정의하여 등급기준표를 미리 준비하는 것이 선행과제이다. 등급기준표가 완성되면 직무기술서를 검토한 후 그와 가장 근사한 등급정의를 찾아 그 등급을 부여하면 된다.

미국 연방정부의 등급구조가 분류법에 의해 이루어진 가장 전형적인 예이다. 미국 연방정부 등급기준표는 <표 17-4>와 같이 등급, 등급정의, 등급을 대표하는 기준직무로 구성되어 있다. 민간부문에서는 관리직·과학직·공학직 등의 직무에 대한 평가에서 주로 사용되고 있다.[9]

표 17-4 미국 연방정부의 직위분류제에서 사용하는 등급기준표(일부)

등급*	등급 정의	기준직무
GS-1	자율적인 판단을 할 여지가 전혀 없이 일선 감독관의 지시를 받는 직무 - 일반 사무실에서의 단순하고 일상적인 업무 - 전문기술분야에서의 단순기술업무를 수행하는 초보적인 업무	타자수 문서수발
GS-5	다음의 요건을 충족시키는 직무 - 일반행정이나 전문기술분야에서 어느 정도 난이도와 책임이 수반되면서 일반감독하에 놓이는 업무 - 상당한 교육과 감독의 경험을 요구 - 과학, 실험실, 전문기술의 해당분야에 요구되는 광범위한 실무지식	부기전문가 토목기술자 통계처리사
GS-10	일반행정, 정책관리, 재무관리분야에서 다음 사항을 요구하는 감독·관리·기술계통의 고도의 난이도와 책임이 따르는 직무 - 자율적으로 업무를 수행할 수 있을 정도의 전문·감독·관리훈련을 요구 - 복잡하고 전문화된 기술, 과학, 예술분야의 필수적인 지식의 충분한 숙지 - 자율적인 판단을 내려야 하는 상당한 재량권이 행사됨	
GS-18	…	

* 18등급으로 되어 있지만 여기서는 1, 5, 10등급만 뽑아 구성한 것이다.

자료: John M. Ivancevich, *Foundations of Personnel/Human Resource Management*, 3rd ed., Homewood, IL: BPI Irwin, 1986, pp. 351-352; Cynthia D. Fisher, Lyle F. Schoenfeldt, and James B. Shaw, *Human Resource Management*, 2nd ed., Boston: Houghton Mifflin Co., 1993, p. 532를 참고로 재구성.

미국 연방정부의 등급기준표에서도 알 수 있듯이 분류법은 서열법에 비해 진일보한 것이다. 객관성과 일관성의 측면에서 훨씬 만족한 결과를 얻을 것으로 기대된다. 또한 점수법이나 요소비교법에 비교하여 대규모 조직의 다양한 직무를 효율적으로 평가할 수 있다는 장점이 있다. 그러나 다양한 직무성격을 동일등급 내에 명확하게 정의해야 한다는 어려움이 있다. 포괄적으로 정의를 하다보니 <표 7-4>에서 확인할 수 있듯이 '상당한', '일상적인', '단순한', '고도의' 등 모호하고 일반적인 용어가 많이 등장한다. 객관성을 높이기 위해서는 직무분석시 이런 주관성이 내포된 형용사를 가급적 피해야 한다.

우리나라에서 일반적으로 사용하는 것은 상, 중, 하의 3단계 평가이다. 비록 전문가들에 의한 의견을 종합한 것이라고 하더라도 상, 중, 하는 매우 주관적인 평가이기 때문에, 학력(학사, 석사, 박사), 해당분야 몇 년 이상 근무경력, 관련 분야 전문자격증 여부 등 객관적인 기준을 가미해서 평가기준을 정하는 것이 일반적이다.

이와 같이 등급결정과정에서 평가자의 주관성이 개입할 여지가 많다. 따라서 등급결과에 대하여도 점직자와 등급결정자 그리고 인사책임자와의 갈등이 노출되기 쉽다. 이러한 문제를 해결하기 위해서는 직무의 종류가 다른 경우 여러 개의 개별 등급기준표를 사용하여야 하는데 그 때는 분류법의 본래 이점이 감소하게 된다.

2.4 점수법

점수법은 계량적인 척도를 도입하면서도 평가가 비교적 쉽고 명료하다는 점에서 가장 널리 이용되고 있는 방법이다. 점수법에서의 가장 큰 특징은 직무를 전체적으로 두리뭉실하게 파악하는 것이 아니라, 직무를 구성하는 하위의 여러 요소로 나누어 그 요소별로 가치를 점수화하여 측정한다. 요소별 점수를 합산한 총점이 직무의 상대적 가치를 나타낸다.

직무를 세부 요소로 나누어 각 요소마다 평가를 하기 위해서는 우선 평가표(직무평가표라고 부르겠다)를 준비하여야 한다. 직무평가표를 개발하려면 다음의 두 단계가 필요하다. 우선 평가요소라고 부르는 직무의 구성요소를 정하는 것이고,

다음은 각 요소를 몇 개의 등급으로 척도화하는 것이다. 미스코리아 선발, 음악콩쿠르, 미술전, 피겨 스케이팅 등의 대회에서 순위(등수)를 결정할 때, 그 기본원리에서는 점수법을 사용한다.

직무의 평가요소는 기술, 노력, 책임, 근무조건의 네 범주로 크게 나누는 것이 일반적이다. 점수법에서는 이를 더욱 세분화하여 평가요소를 정한다(<표 17-5>). 기술은 교육, 경험, 지식으로, 노력은 육체적 노력, 정신적 노력으로 나눌 수 있다. 평가요소의 선정은 여기에서 그치지 않는다. 각 평가요소의 중요도(가치)가 같은 것이 아니다. 따라서 평가요소의 중요도를 반영시킨 가중치를 부여하여야 한다. <표 17-5>에 직무의 총가치를 500점으로 부여하고 이에 대한 각 평가요소의 가중치가 숫자로 표시되어 있다. 평가요소의 선정이나 가중치는 철저하게 이들 요소가 조직의 목표달성성에 기여하는 정도의 상관성을 지녀야 한다.

표 17-5 점수법에서의 평가요소선정과 가중치결정 예

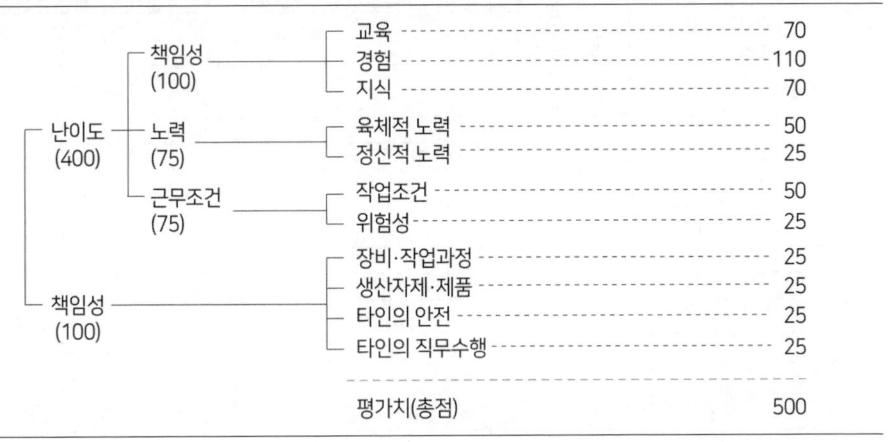

<예시 17-3>은 우리나라 주요 직종에 대하여 평가요소와 가중치가 부여된 것이다. 사회복지서비스, 공공서비스, IT 분야가 포함되어 있으나, 공무원에 관한 것은 본격적으로 포함되지 않았다. 행정직의 경우에는 이 중 일부요소가 바뀌고 가중치도 재산정되어야 한다. 중요한 요소가 빠지거나 그렇지 않은 요소가 높은 가중치를 받는 경우에는 등급이나 보수의 결정이 근본적으로 왜곡되기 때문이

다. 따라서 평가요소의 선정과 가중치의 결정은 그 직무에 정통한 전문가의 객관적인 평가에 의존하여야 한다.

[예시 17-3]

업종별 직무평가 비중

평가요소와 항목		업종별 가중치												
		보건의료	철강	호텔	은행	사회복지서비스	공공서비스	IT	제약	제조업(사무직)	제조업(생산직)	건설	조선해양	화학
기술	지식	13.5		2		2		4	3		2			
	경험	15.7	12	4	6		12	9	4		7	6	15	12
	문제해결역량		15	12	7	11	10	11	119	8	7	15	9	15
	커뮤니케이션			11	8	9	6	6		11		8		12
	직무처리 및 조작	11.3	5											
	(자격 및)전문지식				5	6	7	3	10	4	9	5	13	
	대인관계	4.5												
	숙련도					7					6	7	23	
	Global 능력			8										
가중치 합계		45	32	37	23	36	35	33	36	23	31	41	60	39
노력	정신적 노력	10.5	10		12	8	6	12	7	10			3	3
	육체적 노력	4.5		4			4				13		5	
	집중도		11					9			10		3	7
	재량권			5		5	6			6				
	대내외접촉			11	7	4			13	8				
가중치 합계		15	21	20	19	17	16	21	20	24	23	31	41	60
책임	사람관리에 대한 책임	7.5	13	12	9	21	10	10	5	23	6	9	4	4
	성과에 대한 책임			18	8			11	11	16	11	10	3	6
	서비스에 대한 책임			13	15	13	12	9	6	4				
	자산에 대한 책임				16		4							
	연구개발에 대한 책임							7						
	안전에 대한 책임		14						10			16	10	16
	물적지원에 대한 책임						3							
	환자 및 고객에 대한 책임	22.5												
	사회 및 환경에 대한 책임													4
가중치 합계		30	27	43	48	34	29	37	32	43	17	35	17	30
작업조건	노동시간	6	4					4	5	2	13			
	작업환경	4	5				9				16	4	12	8
	위험도		11											13
	정신적 작업환경				10	13	11	5	6	8				
가중치 합계		10	20	0	10	13	20	11	10	29	10	11	12	21

출처: https://www.wage.go.kr/whome/pot/bbs/bbrssList.do?bbsId=BBSMSTR_000000000128&menuNo=103010100 발췌.

평가요소와 가중치가 결정되면, 각 평가요소별로 척도를 만들어야 한다. 척도의 대표적인 예로서 자를 보면 알 수 있듯이 눈금과 수치로 되어 있다. 마찬가지로 평가요소도 몇 개의 등급(눈금)으로 나누고 거기에 가중치로 부여된 점수를 배정하는 것이다. 이 때 등급의 간격을 같게 할 것이냐 다르게 할 것이냐, 모든 평가요소를 동일한 척도로 할 것이냐 다르게 할 것이냐, 각 등급이 무엇을 뜻하는지 기술할 것이냐 아니냐의 문제 등 척도 구성상의 여러 쟁점이 등장한다. 그러나 평가의 용이성과 간편성이 또 하나의 중요한 문제이기 때문에 대부분 <표 17-6>에서와 같이 모든 평가요소에 동일간격(등간격)으로 척도를 구성하고 각 등급의 의미에 대해서는 지침서 등을 첨부하여 가능한 객관적 평가가 되도록 노력하고 있다. 평가요소와 등급의 결정은 뒤에 타당성과 신뢰성을 확보할 것이 요구된다.

직무평가표가 작성되면 각 평가요소별로 직무기술서의 내용에 대한 평가를 시작한다. 이 때 직무기술서에는 평가표의 요소가 명확하게 나타나 있는 것이 아니기 때문에 여기에도 평가자의 판단이 중요하게 작용한다. 직무기술서가 서술식의 질적 형태를 취한 경우에는 더욱 그렇다. 교육이나 경험과 같은 경우 총교육이

표 17-6 직무평가표

평가요소		등급				
		1	2	3	4	5
기술: (250점)	교육	14	28	42	56	70
	경험	22	44	66	88	110
	지식	14	28	42	56	70
노력: (75점)	육체적 노력	10	20	30	40	50
	정신적 노력	5	10	15	20	25
직무조건: (75점)	작업조건	10	20	30	40	50
	위험성	5	10	15	20	25
책임: (100점)	장비·작업과정	5	10	15	20	25
	생산자재·제품	5	10	15	20	25
	타인의 안전	5	10	15	20	25
	타인의 직무수행	5	10	15	20	25

자료: Richard Henderson, *Compensation Management: Rewarding Performance*, 5th ed., 1989, p. 204.

나 직무경험 연수에 따라 구간을 정하여 등급을 부여할 수 있다.

평가가 완료되면 각 요소별 점수의 합계를 낸 것이 해당직무의 점수가 된다. <표 17-6>의 예에서는 그 점수가 최소 100점에서 최고 500점까지의 범위에 속한다. 이 때 점수의 분포상태나 보수구조 등을 고려하여 등급표를 결정하고 그에 따라 각 직무의 등급이 결정된다. <표 17-7>은 12개의 등급으로 나눈 경우를 예로 든 것이다.

점수법에서는 직무평가표를 개발하는 것과 실제평가에서 타당성과 신뢰성을 확보하는 것이 가장 중요한 과제이다. 특히 평가표의 개발에 많은 시간과 노력이 요구된다는 점이 단점이다. 그러나 일단 요건을 갖춘 평가표만 완성되면 오랜 기간 동안 사용할 수 있고, 많은 직무를 용이하게 평가할 수 있으며, 객관성을 높일 수 있다는 장점이 있다. 특히 평가과정에서의 타당성과 신뢰성을 향상시키기 위해서 평가자를 다수로 할 것이 요구된다. 또한 기술의 변화 및 직무수행방식이나 자격에 변화가 생기면 직무평가표도 적절히 반영하여 융통성 있게 고쳐 나가도록 하여야 한다.

표 17-7 등급표

등급	1	2	3	4	5	6	7	8	9	10	11	12
총점	100–139	140–179	180–219	220–239	240–259	260–279	280–299	300–329	330–359	360–399	400–449	450–500

2.5 요소비교법

요소비교법도 점수법과 마찬가지로 직무를 요소별로 계량화하여 측정한다. 차이점은 등급화된 척도에 따라 직무를 평가하는 것이 아니고, 대표가 될 만한 직무들을 선정하여 기준직무(key job)로 정해 놓고 각 요소별로 평가할 직무와 기준직무를 비교해 가며 점수를 부여하는 것이다. 요소비교법에서 중요한 과제가 요소비교표(factor comparison chart)의 작성이다. 요소비교표를 만드는 과정은 다음의 4

단계로 나누어 설명할 수 있다.

첫째, 요소비교표도 점수법의 직무평가표와 마찬가지로 우선 직무평가요소를 선정하여야 한다. 그렇지만 요소비교표에서는 점수법과는 달리 평가요소가 책임, 기술, 육체적 노력, 정신적 노력, 근무조건의 다섯 가지로 거의 정해져 있다. 물론, 점수법에서와 마찬가지로 직무수행에 중요한 역할을 하는 요소가 빠져서도 안 되고 불필요한 요소가 포함되어서도 안 된다.

둘째, 기준직무를 선정한다. 기준직무란 해당조직에서 가장 일반적으로 접하는 대표성을 가진 직무이어야 하며 어느 한 분야에 편중되어서는 안 된다. 민간기업의 직무평가인 경우 시장에서 임금률(임금)이 잘 형성되어 있는 직무를 선택한다. 평가직무의 임금률을 결정하고자 하기 때문이다. 경쟁시장에서의 임금률이 직무의 가치를 결정하는 데 좋은 기준이 되어 줄 것으로 기대하는 것이다.

셋째, 기준직무의 금전적 가치를 각 평가요소에 배분한다. 이것이 점수법과 다른 점이다. 점수법에서는 임의의 값(<표 17-5>에서는 500)을 가지고 각 평가요소에 가중치별로 배정하였다. 그러나 요소비교법에서는 기준직무에 해당하는 임금률을 사용하는 것이 일반적이다. 이 임금률을 기준직무를 구성하는 평가요소에 배분하게 된다. <표 17-8>은 서열법에서 예로 들었던 직무 중 네 가지를 골라 기준직무로 하고 우리나라의 경우 임금률이 보편화되어 있지 않기 때문에 월평균 보수를 사용하여 표로 만든 것이다. 이제 기준직무에 해당하는 월평균 보수를 각 평가요소의 가치에 따라 배분한다. 예를 들어 <표 17-8>에서 시스템

표 17-8 기준직무에 대한 평가요소별 점수배분표

기준직무	평가요소 / 월평균 보수(만 원)	정신적 노력	육체적 노력	기술	책임	근무조건
시스템분석가, S	240.0	80.0 (1)	10.0 (4)	50.0 (2)	80.0 (1)	20.0 (3)
빅데이터분석가, D	130.0	30.0 (3)	30.0 (2)	20.0 (4)	20.0 (3)	30.0 (2)
프로그래머, P	200.0	70.0 (2)	20.0 (3)	40.0 (3)	60.0 (2)	10.0 (4)
컴퓨터기술자, C	180.0	20.0 (4)	40.0 (1)	60.0 (1)	20.0 (3)	40.0 (1)

분석가는 월평균 240만 원을 받는데, 이 중 80만 원이 정신적 노력의 대가이고 10만 원은 육체적 노력의 대가이다. 기술, 책임, 근무조건이 보수에 기여한 정도는 각각 50만 원, 80만 원, 20만 원으로 평가된 것이다. 모든 기준직무의 보수를 평가요소별로 배분한 것이 <표 17-8>이다.

표에서 괄호 안의 숫자는 기준직무에 대한 요소별 중요도 순위이다. 이것은 직무분석의 일관성을 검증하고자 할 때 사용한다. 즉 평가요소에 보수를 배분하기 전에 단순히 각 요소별로 기준직무의 중요도 순위를 정해 놓도록 한다. 그 다음에 <표 17-8>과 같이 실제로 점수를 배분한 후 점수별 순위가 괄호 안의 중요도 순위와 일치하는지를 검토하는 것이다. 만약 순위가 다르게 나타나면 평가의 일관성을 결여한 것으로 보아 해당 기준직무를 제외시키도록 한다.

넷째, 기준직무에 대한 평가요소별 점수배분표를 요소비교표로 전환시켜야 한다(<표 17-9>). 요소비교표는 금전적 가치와 평가요소를 두 축으로 한다. 가로축에 평가요소는 그대로 두고 세로축에 금전적 가치인 보수가 표시되어 있다. 이 때 세로축의 보수범위는 월평균 보수로 하는 것이 아니라, 각 평가요소에 배정

표 17-9 요소비교법의 직무평가표: 요소비교표

보상(만 원)	정신적 노력	육체적 노력	기 술	책 임	근무조건
100.0-				정보관리관	
90.0-	정보관리관				
80.0-	S			S	
70.0-	P				
60.0-			C	P	
50.0-		정보보안담당	S		
40.0-		C	P, 정보관리관		C
30.0-	D	D			D, 정보보안담당
20.0-	C	P	D	C, D	S, 정보관리관
10.0-	문서수발자	S, 정보관리관	정보보안담당	정보보안담당	P
0.0-					

된 보수의 범위를 참고하여 결정한다. <표 17-9>의 요소비교표에서는 점수배분표에서 10만 원부터 80만 원의 범위인 점을 감안하여 요소비교표에는 0부터 100만 원까지로 표시되어 있다. 이제 평가요소에 배분된 보수와 평가요소가 만나는 위치에 기준직무를 표시하여 나간다. 이 작업이 완료되면 평가요소와 보수의 두 축 안에 모든 기준직무가 위치하게 된다. 요소비교표가 완성된 것이다. <표 17-9>에서도 알 수 있듯이 평가요소와 등급(점수)으로 표시된 척도, 즉 점수법에서의 직무평가표와 달리 요소비교표는 평가요소와 기준직무로 구성된 직무평가표인 것이다.

요소비교표의 각 기준직무는 이제 평가대상이 되는 직무의 길잡이 역할을 하게 된다. 예컨대 전산실을 책임지는 자리를 분석한다고 하자. 이 직무는 정보관리관이란 자리를 시스템분석가보다도 정신적 노력이 훨씬 중요하게 평가되는 반면에 육체적 노력에서는 시스템분석가와 같은 수준으로 평가되었다고 가정하자. 이런 식으로 나머지 기술, 책임, 근무조건에 대하여도 정보관리관의 직무를 기준직무와 비교하여 평가하여 나간다. 좌측의 보수척도는 이렇게 대상직무의 평가가 끝난 후 그 직무의 금전적 가치(월평균 보수)를 계산하는 데 필요한 것이다. 평가요소별로 평가대상직무가 위치한 곳의 보수를 확인하고 이를 모두 더한 것이 직무의 금전적 가치이며 여기서는 월평균 보수가 되는 것이다.

정보관리관의 경우 요소별 금전적 가치가 표의 순서대로 90만 원, 10만 원, 40만 원, 100만 원, 20만 원이며 합계가 260만 원이다. 기준직무의 총점수를 월평균 보수로 하였기 때문에 이것이 정보관리관의 월평균 보수이다. 한편 정보보안담당자는 각각의 요소에 대하여 10만 원, 50만 원, 10만 원, 10만 원, 30만 원으로 월평균 보수는 110만 원임을 알 수 있다. 월평균 보수 대신 임금률을 사용했으면 그 결과도 임금률을 의미하게 된다. 이 때 직무평가가 직위분류제에서의 등급을 정하는 것이 목적이었다면 점수법에서와 마찬가지로 평가된 직무의 점수를 일정한 점수대로 묶어 등급으로 전환할 수 있는 등급표를 작성하여야 한다.

요소비교법은 점수법에 비해 보다 객관적인 평가가 될 수 있다. 각 평가요소에 대하여 관찰가능한 직무와 직무를 직접 비교하기 때문에 그만큼 주관성을 줄일 수 있다. 또한 보수액을 사용하는 경우 평가대상직무의 보수를 바로 산출해 낼 수 있다는 장점이 있다. 그러나 요소비교법은 그 어느 방법보다도 요소비교표를 만들기까지 복잡한 과정이 필요하다. 많은 시간과 노력을 요구하고 이 방법에 충분한 경험과 지식을 갖춘 전문가를 확보하고 있을 때 가능한 일이다. 요소비교표에 대해서도 표 자체는 이해할 수 있지만 그 표가 어떻게 만들어졌는지에 대하여는 거의 이해하지 못하고 블랙박스(black box)로 남아 있기 때문이다.

연 습

▣ 요소비교법의 예로서 새로운 연기자 출연료를 어떻게 결정하는가를 단계별로 보기로 한다.

① 평가요소별 출연료 배분표

이미 연기활동이 잘 알려진 연기자들의 1회당 평균출연료를 산출한다. 1회당 출연료를 100점 만점으로 하여 연기력, 경력, 대중인지도, 신체조건의 평가요소에 출연료를 배정하여 다음과 같이 출연료 배분표를 작성한다. 괄호 안은 비교연기자의 요소별 서열순서를 나타낸다.

평가요소 / 기준모델	1회 출연료 (만 원)	연기력	경력 (출연경험)	대중인지도	신체조건
황종민	100	30 (1)	15 (2)	30 (1)	25 (5)
송해교	90	25 (2)	10 (5)	25 (2)	30 (2)
전지헌	80	20 (4)	12 (4)	22 (3)	26 (4)
곽보검	75	15 (6)	17 (1)	15 (4)	28 (3)
아이윤	70	21 (3)	8 (6)	10 (6)	31 (1)
차은유	60	17 (5)	13 (3)	12 (5)	18 (6)

단, (　)는 평가요소별 순위.

② 요소비교표

앞에 작성한 출연료 배분표를 요소비교표로 전환하고, 신인들을 요소별로 비교하면 다음과 같다.

보상(만 원)	연기력	경력	대중인지도	신체조건
32-				
31-				아이윤
30-	황종민		황종민	송해교
29-				(경국)
28-	(재니)			곽보검
27-				(장원연)
26-				전지헌
25-	송해교		송해교	황종민
24-	(경국)			
23-				(재니)
22-			전지헌	
21-	아이윤			
20-	전지헌		(재니)	
19-				
18-	(장원연)	(재니)	(장원연)	차은유
17-	차은유	곽보검		
16-				
15-	곽보검	황종민	곽보검	
14-		(경국)	(경국)	
13-		차은유		
12-		전지헌	차은유	
11-				
10-		송해교	아이윤	
09-		(장원연)		
08-		아이윤		

단, ( )는 신인.

③ 신인출연료 계산

재니, 경국, 장원연이라는 신인 연기자들에 대하여 기준 연기자들과의 비교를 통한 평가를 해 보니 이들의 적정한 1회 출연료는 다음과 같이 계산되었다.

평가요소 / 모 델	연기력	경력 (출연경험)	대중인지도	신체조건	총점 (1회 출연료)
재니	28	18	20	23	89
경국	24	9	18	27	78
장원연	18	14	14	29	75

東西古今公私

개방형직위제도 시행 20년의 '빛과 그림자'

개방형 직위는 공직의 전문성 및 경쟁력 강화 등을 위해 공직 내·외부에서 인재를 선발해 채용하는 제도로 지난 2000년 2월 도입됐다. 제도 도입 후 급여·승진 등 처우 개선이 이뤄지면서 안정성이 높아지고 가시적인 성과도 창출했다. 다만 선발 과정에 수요기관 참여가 제한돼 적임자 선정 논란이 끊이지 않고, 채용 후 부적응 등에 따른 갈등이 생겨도 임기 보장을 이유로 교체를 요구할 수 없는 불합리한 요소가 상존해 부처들의 속앓이가 심각하다.

인사혁신처 등에 따르면 정부부처 개방형직위는 총 469개가 지정돼 있다. 과장급은 전체 직위의 10% 이상을 지정하고 있다. 고위공무원은 10% 기준은 폐지됐지만 10% 수준의 개방형을 운영 중인 것으로 나타났다. 개방형직위는 공무원과 민간인이 경쟁하는 일반 개방형직위와 민간인만 응시가능한 경력 개방형직위가 있다. 469개 개방형직위 중 경력 개방형이 39.1%(183개)를 차지한다.

개방형직위는 초기에는 부처가 자체 선발했지만 공정성과 투명성 문제 등이 제기되면서 2014년 7월 중앙선발시험위원회를 설치해 일원화했다. 평균 5.8대1이던 경쟁률은 중앙선발위 설치 후 14.3대1로 상승했다.

민간인의 공직 유인 확대를 위해 3년 신분 보장뿐 아니라 우수 성과자는 승진 및 일반직 전환이 가능해졌다. 특히 급여와 관련해 연봉 자율책정 상한선이 고위공무원단은 170%에서 200%, 과장급은 150%에서 170%로 상향됐다. 이같은 개선을 통해 2014년 64명이던 민간인 임용이 2020년 12월 기준 208명(44.3%)으로 늘었다. 민간 임용자 중 5년 이상 재직자가 20명에 달하고, 일반직으로 전환한 민간인도 3명이나 나왔다.

그러나 성공의 이면에 가려진 그늘도 짙다. 현장에서는 검증 부족에 따른 자질 논란, 부처의 밥그릇 챙기기 등에 따른 무용론 등 다양한 문제점이 드러나고 있다. 외청에서는 일반 개방형으로 타 부처에서 옮겨온 과장이 직원들과 업무를 놓고 사사건건 갈등을 빚어 문제가 됐다. 기관에서는 교체를 원했지만 임기 2년이 보장돼 공무원 윤리강령 위반 등 중대 사유가 없는 한 재계약까지는 고스란히 짊어질 수밖에 없다보니 직원들이 근무를 기피하는 것으로 알려졌다.

정부부처 한 관계자는 "공정성을 이유로 일반 개방형 심사과정에 수요기관이 참여할 수 없다보니 검증이 안 되는 문제가 심각하다"며 "현 제도 하에서 임기 중반에 업무 역량이나 적응력을 평가할 수 있는 보완책이 필요하다"고 지적했다.

특히 고위공무원단은 기술·교육 등 일부 직위를 제외하고 개방형직위로 부적합하다는 여론이 많다. 전공분야에서 일부 성과를 낼 수는 있지만 본부 국장이나 소속기관장은 조직 관리뿐 아니라 예산·인사 등 역할이 필요한데 역량이 낮다는 것이 대체적인 평가다.

각 부처가 지정하는 개방형직위의 적정성 여부도 논란이다. 핵심·중요 업무나 민간이 경쟁력 있는 직위가 아닌 상대적으로 관심이 적거나 보편적인 업무를 지정하면서 민간의 공직 진출에 걸림돌이 된다는 지적도 제기된다.

세종청사에서 인사를 담당하는 한 간부는 "개방형직위에 대해 점수를 매긴다면 30점 이하로 조직에 필요성을 인정하기 어렵다"며 "개방형 운영 자율성을 주고 임금 등 동일한 조건에서 공무원에게 기회를 준다면 훨씬 나은 성과를 낼 수 있을 것"이라고 지적했다.

출처: 서울신문 2021.6.10. 일부 발췌.

17 참/고/문/헌

1) 임도빈, 행정학, 박영사, 2018, p. 454.

2) 직무분석 실시 지침, (인사혁신처 예규 제109호) 참조.

3) John M. Ivancevich, *Foundations of Personnel/Human Resource Management*, 3rd ed., Homewood, IL: BPI Irwin, 1986, p. 138.

4) 김식현, 「인사관리론」, 무역경영사, 1995, p. 77.

5) Dennis L. Dresang, *Public Personnel Management and Public Policy*, 2nd ed., New York: Longman, 1991, p. 115.

5) Robert D. Lee, Jr., *Public Personnel Systems*, 3rd ed., Gaithersburgh, ML: Aspen Publishers, Inc., p. 54.

7) *Ibid.*

8) John M. Ivancevich, *Foundations of Personnel/Human Resource Management*, 3rd ed., Homewood, IL: BPI Irwin, 1986, p. 350.

9) Cynthia D. Fisher, Lyle F. Schoenfeldt, and James B. Shaw, *Human Resource Management*, 2nd ed., Boston: Houghton Mifflin Co., 1993, p. 531.

CHAPTER 18

개인의 이해

제 7 장에서 다룬 직무분석, 직무평가, 직위분류제에는 '사람'이 빠져 있다. 사람이 직위구조에 포함되어야 비로소 좋은 행정성과를 낼 수 있다. 즉, 구조와 사람이 상호작용하는 가운데 인사행정의 효과성은 창출되는 것이다. 개인은 두 가지 측면에서 관찰할 수 있다. 지식, 기술, 능력을 실제 보유하고 있는 측면과 직무수행 과정에서 만족이나 동기 등의 작용을 통해 실제로 이들의 자질이 발휘되는 측면이다. 이들간에는 추상성과 안정성이란 측면에서 상대적인 차이가 존재한다. 능력은 선천적으로 타고나거나 학습된다. 따라서 한 번 형성되면 이후 시간적·공간적 상황에 관계없이 상당한 안정성을 유지한다. 지식과 기술은 주로 경험이나 체계적인 교육훈련 등의 학습과정을 거쳐 얻어지는 것으로 능력보다 안정성이 떨어지기는 하나 외적 영향에 대해 동기나 만족만큼 민감하게 변하지는 않는다. 동기와 만족은 능력이나 지식, 기술에 비해 훨씬 상황의존적이며 따라서 변화의 가능성을 가장 많이 가지고 있다.

어느 측면이 개인의 행동결정에 보다 중요한가에 대하여는 학자에 따라 견해가 나뉘어진다. 주로 산업심리학자들은 능력, 지식, 기술과 같은 개인특성이 개인의 행동을 예측하는 데 더 높은 타당성을 가진다고 주장하는 반면, 조직심리학자들은 이러한 개인적 특성은 고정된 것으로 간주하고 상황과의 관계 속에서 결정

되는 동기나 만족을 개인행동결정의 중요 독립변수라고 주장한다.[1)]

기존 이론들은 인간이 합리적인 존재라는 전제에서 출발한다. 그러나 최근 행동경제학(bebavioral economics)에서는 인간의 행태가 비합리적인 측면을 가지고 있음을 증명하고 있다. '열 길 물 속은 알아도 한 길 사람 속은 모른다'는 속담이 의미하듯이 인간에 대한 이해는 점점 복잡해지고 있다.[2)]

1. 개인특성: KSA

1.1 의 의

개인특성(individual characteristics)은 사람을 특징지우는 데 있어 개인적으로 독특하게 나타나는 속성이다. 사람은 사람마다 어느 정도 고유한 것이 있어서 사람의 동질성과 이질성을 구분짓게 한다. 여기에는 성별, 체중, 머리색깔, 신장처럼 그 자체로 자명한 것도 있지만 성취욕구나 이기심 등과 같이 실제 존재하는 것이기보다 개념상 만들어낸 것으로 경험적 측정이 곤란한 것도 많이 있다. '어떤 사람이 어떤 특성을 지녔다'고 말할 때에는 그 사람이 처한 상황에 좌우되지 않고 어느 정도 안정된 상태를 유지하고 있는 속성을 일컫는다.[3)]

개인특성은 추상성과 안정성에 의해서 상대적인 비교가 가능하다. 추상성이 낮을수록 경험적 관찰과 측정이 쉽다. 반대로 추상성이 높을수록 경험세계와는 그만큼 거리가 멀다. 권위주의, 성취욕구 등이 이에 해당한다. 당연히 경험적으로 측정하기가 곤란하고 개인간 비교도 힘들어진다.

안정성은 시간의 함수로 이해할 수 있다. 즉 시간이 경과함에 따라 속성이 쉽게 변하는 것과 그렇지 않은 것이 있다. 성별, 혈액형과 같은 신체적 특성(physical characteristics)이 후자에 속한다. 하지만 이러한 영구불변의 것은 오히려 예외적인 특성이고 대부분의 특성은 기간의 문제일 뿐 장기간에 걸쳐서 변하는 것이 보다 일반적이다.[4] 개인특성으로 인사행정에서 중요한 관리적 의미를 갖는 것으로 지식(knowledge), 기술(skill), 능력(ability)이라고 하여, 첫자를 따서 KSA라고 한다.

1.2 지 식

지식(knowledge)은 '직·간접의 경험을 통해 얻은 구체적인 정보'라고 말할 수 있다.[5] 일상적인 용어로 '앎'을 말한다. 과학지식, 외국행정에 대한 지식, 수학공식, 자동차 작동원리, 건축허가에 관한 법규정, 컴퓨터 용어와 조작법, 교통신호 등에 대한 체계적인 정보가 지식이다. 과학적 지식은 구체적 사실과 사실간의 인과관계에 관한 정보를 습득하여 이를 필요로 할 때 다시 떠올릴 수 있는 능력으로서 업무수행을 하기 위한 기술 또는 행동의 전제이기도 하다. 수학공식을 알아야 수학문제를 풀 수 있고, 컴퓨터 조작법을 알아야 컴퓨터를 다룰 수 있다. 자동자 작동원리에 대한 기본지식과 교통신호가 무엇을 의미하는지를 알아야 차를 운전할 수 있다. 구청 건축과에 근무하는 공무원은 건축에 관한 법규정을 알아야 건축허가를 내줄 것인가를 결정할 수 있고, 근무성적평정자는 평정방법을 알아야 부하직원의 근무성적을 평가할 수 있다. 모든 공무원은 근무규범이나 징계규정을 알아야 그 규정 내에서 임무를 수행할 수 있다.

많은 사람들에게 널리 알려지고 습득된 지식이 아니라 특수영역에서 소수의 사람들만이 특별한 노력을 통해 얻은 지식을 전문지식이라고 부른다. 의사, 컴퓨터 전문가, 법률가, 회계사 등에게 필요한 지식이 이에 해당한다. 지식의 생산은 주로 학자들이 담당한다.

한편 이러한 지식은 인간의 인지과정을 통해 정보를 두뇌에 입력시킴으로써 가능하다. 그 방법으로는 직접경험과 함께 독서, 대화, 인터넷이나 텔레비전 등의 기기를 통한 간접경험 등 다양한 방법이 있을 수 있다. 이와 같이 개인의 지식을 보다 체계적으로 변화시키고자 하는 계획적인 노력을 교육훈련이라 부른다.

1.3 기 술

기술(skill)은 정해진 방식에 따라 구체적 행동으로 표출할 수 있는 숙련도(proficiency)라 말할 수 있다. 일반적으로 신체적 작동으로 나타나지만 때로는 정신 내지는 대인관계 측면에서도 나타난다.[6] 전자의 예로 기계를 다루는 기술, 컴퓨터를 이용해 문서를 작성하고 자료를 분석하는 기술, 고장난 컴퓨터를 수리하는 기술, 신호를 위반하거나 교통사고를 내지 않고 안전하게 자동차를 운전하는 기술 등을 들 수 있다. 외국어는 어렸을 때 배운 경우, 무엇을 말하는지 내용(즉, 지식)을 정확히 몰라도 유창하게 말할 수 있다. 한편 후자의 예로는 3차방정식을 풀거나 시간을 관리하는 기술 또는 면접기술, 근무평정지침대로 부하직원을 평가하고 평정서를 작성하는 기술 등을 들 수 있다. 지식이 여러 가지 방법을 통해 얻어지는 것이라면 기술은 주로 연습을 통해 익숙해진다. 수영이나 테니스, 골프 같은 운동의 경우에 비디오를 통해 동작이나 전략에 대한 많은 지식을 가지고 있을지라도 실제 수영장, 테니스장, 골프코스에 나가 실전의 연습이 없으면 익혀지지 않는 기술이다.

지식과 기술은 비슷한 것 같지만, 다음 예와 같이 다르다. 한 시민이 세금에 불만을 가지고 민원을 제기하여 왔다고 가정하자. 담당공무원은 세금을 부과한 구체적인 법적 근거와 세금부과방식에 대해 숙지(즉, 지식)하고 있어야 한다. 반면 전산프로그램 등 세금계산 컴퓨터를 조작할 수 있는 '기술'이 있어야 하고 그 결과를 시민이 이해할 수 있도록 설명하고 설득할 수 있는 대인관계 '기술'이 있어야 한다.

지식과 기술은 능력과 밀접한 관련을 가지고 있다. 앞에 언급한 지적 그리고 신체적·생리적 능력은 지식과 기술의 습득을 위한 필수요건이기 때문이다. 즉, 지식과 기술은 개인이 자신의 능력을 이용해서 성취한 결과이다.[7] 특히 지식과 기술은 상황과 대상에 따라 얼마든지 구체적으로 나뉘어질 수 있기 때문에 능력에서와 같은 일반적 범주구분은 불가능하다고 할 수 있다.

1.4 능 력

개인의 능력(ability)은 구체적 행동으로 옮길 수 있는 개인의 역량(capability)이다. 보다 구체적으로 주어진 임무를 충실히 수행할 수 있는 힘으로서 사람마다 차이를 보이게 된다.[8] 이러한 능력은 선천적으로 타고나는 경우도 있고 후천적으로 경험과 학습을 통해 얻어지는 경우도 있다.[9]

능력은 측정방법을 고려하면 크게 지적 능력과 신체적·생리적 능력의 두 가지 유형으로 나눌 수 있다. 지적 능력(지능, intellectual abilities)은 생각하고, 추론하며, 의사결정할 수 있는 정신적 힘을 말한다.[10] 지적 능력은 다시 여러 개별적 능력을 포함하는 것으로 이해하기도 한다. <표 18－1>은 가장 흔히 인용되고 있는 지적 능력의 7가지 측면이다.

표 18-1 지적 능력들

- 언어이해력(verbal comprehension): 어휘의 의미와 어휘간의 관계를 이해할 수 있는 능력. 읽은 내용을 즉시 이해할 수 있는 능력
- 언어구사력(word fluency): 사물에 대한 명칭을 부여하거나 표현하고자 하는 생각을 문장으로 구성할 수 있는 능력
- 계산력(number aptitude): 가감승제와 같은 계산을 할 수 있는 능력
- 공간이해능력(spatial aptitude): 고정된 공간도형 및 도형간의 관계를 정확하게 인지할 수 있는 능력
- 기억력(memory): 어휘, 기호, 숫자, 이미지 등을 기억할 수 있는 능력
- 인지속도(perceptual speed): 시각적 관찰대상에 대하여 빠르고 정확하게 차이를 인식할 수 있는 능력
- 추론능력(inductive reasoning): 규칙성과 원리를 추론해 내고 이를 적용하여 문제를 해결할 수 있는 능력

자료: Marvin D. Dunnette, "Aptitudes, Abilities, and Skills,"in M.D. Dunnette(ed.), *Handbook of Industrial and Organizational Psychology*, Chicago: Rand McNally College Publishing Co., 1976, p. 478를 참고하여 일부 수정.

표 18-2 신체적·생리적 능력들

- 통제의 정밀성(control precision): 근육운동을 조정하여 정해진 위치에 레버(lever)를 정확하게 위치시키는 능력
- 수족운동(multilimb coordination): 동시에 여러 손과 발을 균형 있게 조정하고 움직일 수 있는 능력
- 반응의 성향(response orientation): 신속한 반응을 요구하는 상황에서 감각적 신호(자극)에 대하여 빠르고 정확하게 방향을 찾아 움직일 수 있는 능력
- 반응속도(reaction time): 자극이 주어진 상태에서 이에 반응하는 속도
- 팔동작(speed of arm movement): 쓰레기를 수거하고 퍼내는 작업처럼 정확성보다는 전체 팔을 신속하게 움직일 수 있는 능력
- 속도조절(rate control): 계속적으로 움직이는 물체를 따라서 자신도 방향과 속도를 적절하게 계속 유지시켜 물체의 움직임과 보조를 맞출 수 있는 능력
- 손동작(manual dexterity): 커다란 물체를 목표지점에 신속하게 움직일 수 있도록 하는 손 움직임의 숙련정도
- 손가락동작(finger dexterity): 볼트나 너트와 같이 작은 물건을 손가락으로 능숙하게 움직일 수 있는 능력
- 손-팔의 안정(arm-hand steadiness): 바늘에 실을 꿰는 것과 같이 속도나 근력보다는 흔들림 없는 자세가 중요한 상황에서 손과 팔이 안정된 채 정확한 동작을 할 수 있는 능력
- 팔목-손가락 속도(wrist-finger speed): 전신을 보내기 위하여 부호판을 계속 누르는 경우처럼 팔목과 손가락을 함께 신속하게 움직일 수 있는 능력
- 조준력(aiming): 원 안에 점을 신속하게 찍는다거나 반도체 공장에서 부품을 조립하는 경우처럼 눈과 손놀림을 동시에 수반하여 한 지점을 정확하게 조준하여 움직일 수 있는 손동작

자료: Marvin D. Dunnette, *Personnel Selection and Placement*, Belmont, CA: Wadsworth, 1966, pp. 52–53 일부 수정.

지적 능력과 대비되는 것이 신체적·생리적 능력이다. 가장 일반적인 신체적·생리적 능력을 요약·정리하면 <표 18-2>와 같다. 지적 능력을 구성하는 여러 하위능력들 간에는 높은 상관성이 발견되지만 신체적·생리적 능력들은 서로 매우 구체적이고 상호 연관성이 적다는 특성이 있다.[11)]

지식과 기술 그리고 능력을 이렇게 엄격하게 구분하는 것은 이들의 개념을 지나치게 좁히는 결과를 가져온다. 이들 세 용어는 학자들마다 개념정의가 다양하고 모호하며 의미의 중복 또한 피할 수 없는 것이 사실이다. 대부분의 실제 상황에서는 이들 용어를 상당히 융통성 있게 사용하고 있다. 특히 능력을 직무수행의 상황에 따라 실제로 요구되는 구체적인 기술로 이해하는 경우가 많다. 예를 들어

앞의 세무공무원 예에서 설득기술을 설득능력이라 하는 경우도 많이 있다. 작문능력, 대화능력, 의사소통능력, 협상능력, 의사결정능력, 부하감독능력 등은 모두 기술과 뚜렷한 구분을 하기 힘들다. 더구나 능력을 '직무수행능력'으로 넓게 이해할 때에는 직무수행에 필요한 지식과 기술까지를 모두 포괄하는 의미로 이해할 수도 있다. 이 책에서도 지식, 기술, 능력(KSA)을 열거하지 않고 '능력'이라는 단어를 쓸 때에는 지식, 기술을 포함하는 의미로 쓴다.

2. 직무만족

2.1 의 의

만족은 보통 '무엇'에 관한, 즉 대상 내지는 처한 상황과 관련시켜 생각할 수 있다. 직무만족(job satisfaction)은 바로 직무 자체 내지는 직무를 구성하는 여러 요소에 대하여 얼마나 '흐뭇하게', '흡족하게' 또는 '우호적으로' 느끼고 있는지의 마음상태를 말한다. 이러한 느낌은 경계를 분명히 그을 수 없는 연속적인 개념으로 만족이라고 할 때에는 만족의 정도(만족도)를 말하게 된다. 따라서 만족을 불만족과 대비시켜 부를 때를 제외하고는 부정적 느낌인 불만족까지를 포괄하는 용어로 사용하게 된다.

직무만족(job satisfaction)은 관리자에게 있어 매우 중요한 의미를 가진다. 직무만족이 조직에 영향을 미치는 독립변수로서의 역할 때문이다. 즉 직무에 만족하는 사람은 조직구성원의 조직에 대한 충성도나 일에 대한 집중도, 육체적·정신적 건강, 나아가 삶의 질을 높이는 데 기여하는 반면, 조직에 불만족인 사람은 이직을 하거나 직무에 대한 성실도가 떨어지고, 나아가 노동조합을 결성하려 한다거나 조직 내의 분위기를 부정적으로 몰고 가는 등의 부정적 결과를 초래할 가능성이 높다.

직무만족은 또한 고정된 것이 아니고 외부요인에 의해 변화될 수 있는 종속변수의 특성을 가지고 있다. 앞에서 언급한 능력이나 지식 또는 기술보다 더욱 환경의존적이다. 직무만족이 이렇게 조직의 효과성에 영향을 미치고, 외부의 자극에 의해 변화될 수 있다는 점에서 관리의 중요한 관심분야가 된다. 더구나 근로자의 직무만족은 그 자체로서 가치 있는 것이다. 현대의 인적자원관리 측면에서는 관리대상으로서가 아니라 근로자의 삶을 풍요롭게 하는 입장에서 직무만족 자체가 중요한 목표로 고려되고 있다.

2.2 직무만족의 결정요인

직무만족의 결정요인에 관한 이론은 욕구충족이론, 보상이론, 불일치이론 그리고 형평이론을 대표적으로 꼽을 수 있다.

욕구충족이론(need fulfillment theory)은 직무만족을 욕구충족의 함수로 이해한다. 즉 개인의 욕구가 충족되면 만족감을 느낄 것이라고 본다. 다른 말로는 직무나 직무조건이 개인이 원하는 것을 얼마나 충족시켜 주는가의 정도를 의미한다. 이 이론의 단점은 욕구의 인지가 어렵기 때문에 직무만족을 미리 예측할 수 없다는 것이다. 욕구는 생리적·심리적으로 결핍되어 있는 상태로서 관찰이 불가능하다. 따라서 어떤 행동이 이루어지고 난 다음에야 욕구가 보다 정확하게 추론될 수 있다.12)

욕구충족이론과 대비되는 이론이 보상이론(rewards theory)이다. 만족은 개인이 받은 보상에 의하여 결정된다는 것이다. 가치의 정도가 높은 보상이 제공될수록 만족의 정도가 크다는 주장이다. 개인의 욕구를 인지하고 측정하기가 힘들다는 욕구충족이론의 한계를 공급측면에서 접근함으로써 극복할 수 있고, 관리차원에서 보상을 통제할 수 있다는 점이 장점이다. 그러나 욕구를 포함한 수요측면을 고려하지 않은 것은 역시 만족의 일면만을 강조한 것으로 볼 수 있다.

불일치이론(discrepancy theory)은 수요와 공급측면을 모두 고려한 이론으로 이해할 수 있다. 개인이 기대하는 것(수요)과 실제로 실현된 것(공급)과의 비교를 통해서 직무만족이 결정된다고 주장한다. 즉 바람직한 상태 내지는 어떠해야 한다는 규범적 상태와 현재의 상태에 대한 인식 사이에 불일치의 정도가 작을수록 만족도가 높고 불일치가 클수록 만족도가 낮다는 이론이다. 불일치이론에 근거하여 만족을 조작화하는 경우 적어도 두 측면의 설문이 요구된다. 실제로 얻은 것의 현 상태가 그 하나이다. 다른 하나는 '바라는 것', '선호하는 것', '중요한 것', '기대하는 것', '추구하는 것', '매력적인 것' 등에 관한 조사이다.

공평성이론(equity theory 혹은 justice theory)은 자신의 투입에 대한 산출을 다른 사람의 그것과 비교하여 봄으로써 만족수준이 결정된다고 주장한다.[13] 즉, 직무만족은 한편 직무수행에 중요하다고 판단되는 노력, 근무의 양, 교육, 경력 등의 투입을 고려하고 다른 한편으로는 금전적 보상, 승진, 인정 등의 산출을 고려하여, 자신의 것을 다른 사람과 비교하여 얼마나 공정하게 이루어졌는가에 의하여 결정된다는 것이다. 만족수준이 대인간의 상대적 비교에서 결정된다는 이론이다. 이 점에서 타인을 고려하지 않는 앞의 세 이론과차이가 있다. 또한 불일치이론이 '개인 내(intrapersonal)'의 기대와 현실간의 비교과정에 관한 것이라면, 공평성이론은 '개인간(interpersonal)'의 비교과정을 중시한다.[14]

이상의 이론은 만족 결정의 부분만을 보여 주는 것으로서 직무 만족에 영향을 미치는 요인을 종합적으로 보여 주지는 못하고 있다. 직무만족에의 결정요인을 개별적으로 접근하는 것 이상으로 관련된 모든 요인을 망라해 보는 것이 인사관리자에게는 오히려 유용할 것이다. 위의 이론들은 명시적이든 암묵적이든 개인특성, 상황특성, 직무특성의 측면이 직무만족에 중요한 영향을 미치고 있음을 가정하고 있다. 직무만족을 이들 모든 특성간의 상호작용에 의한 함수관계로 보는 것이 상호작용모형(interaction model)이다.[15]

상호작용모형은 특히 불일치이론을 기본 토대로 삼고 있다. 기대상태인 'should be'에 대한 인식은 개인특성과 상황특성 요인에 의하여 결정되고, 현재상태인 'what is now'에 대한 인식은 실제의 직무조건에 관한 것으로 모형화한다([그림 18-1]). 기대수준은 개인의 특성에 의해 다르게 나타날 것이다. 여기에는 욕구충족이론이 주장하는 욕구 이외에도 개인의 가치관이나 능력 등을 포함시킬

그림 18-1 직무만족의 결정요인: 상호작용모형

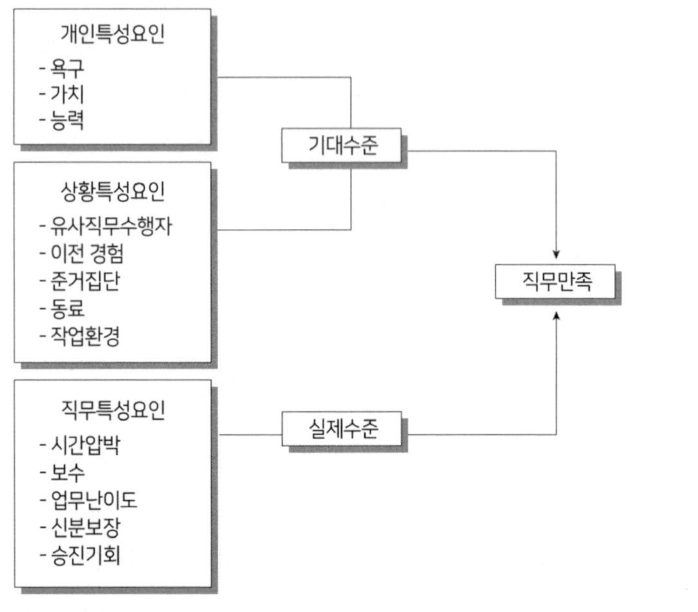

자료: Kenneth N. Wexley and Gary A. Yukl, *Organizational Behavior and Personnel Psychology*, Homewood, IL: Richard D. Irwin, Inc., 1984, p. 57을 수정·보완.

수 있다. 개인의 내면적 특성에 따라 기대의 차이가 생긴다는 것이다. 물론 연령, 성, 신장, 인종, 교육 등과 같은 인구통계학적 특성도 포함시킬 수 있으나 이들 요소는 대부분 고정되어 있기 때문에 관리차원에서의 조작가능성이 적어 이 모형에서는 제외시키기로 한다.

다음은 개인을 둘러싸고 있는 상황적 요인이다. 형평이론이 주장한 대로 자신과 비교가 되는 다른 사람과의 형평성 정도에서 기대수준이 영향을 받게 된다. 또한 자신의 이전 경험도 기대수준을 결정하는 데 작용한다. 예를 들어 이전의 직장에서 받아오던 보수수준이 최소한의 기대수준에 영향을 줄 것이다. 범위를 집단차원으로 확대할 수도 있다. 개인의 역할을 해석하고 행동을 결정하는 데 규범적 기준을 제공하는 준거집단의 영향인 것이다. 자율적이고 독립심이 강한 사람보다 동료집단이 나를 어떻게 생각할 것인가를 염두에 두고 행동하는 사람일수록 준거

집단의 영향은 크다. 예를 들어, 보수인상률에 대하여 본인의 생각 외에 노동조합에서 주장하는 인상률이 기대수준에 영향을 미치는 경우이다.

끝으로 직무와 관련된 현실수준에 대한 인식이다. 직무만족은 직무를 구성하고 있는 여러 하위요소들을 열거하고 이들에 대한 개별적인 만족수준을 묻는 것이 일반적이다. 이 때 가장 중요한 요소로 일 자체의 특성으로, 업무가 얼마나 어려운가, 초과근무를 하는가, 시간압박에 스트레스를 받는가 등이다. 여기에 보상, 즉 신분보장, 승진기회, 임금 등을 포함시킬 수 있다.

2.3 직무만족과 근무실적

전통적으로 직무만족은 근무실적에 영향을 미치는 것으로 여겨져 왔다. 그러나 경험적 연구가 축적되어 가면서 이러한 전통적 주장에 대하여 많은 반론이 제기되고 있다. 인간관계론의 시발점이 된 호손(Hawthorne)실험에서는 직장동료들 간의 비공식적인 교류와 소속감을 통해 만족수준이 높아지면 생산성도 이에 따라 증가한다는 주장을 하였다. 이 주장은 근무환경을 개선하고, 공정하고 적절한 보수수준을 유지해 주고, 상관이 인간적이고 배려적인 지도·감독을 실시함으로써 근로자는 만족감을 느끼게 되고, 동기가 부여되며, 궁극적으로 근무성과가 향상될 수 있음을 의미하고 있다. 인간관계론에 의해 주장된 직무만족과 근무실적과의 인과관계는 보상 → 직무만족 → 동기부여 → 근무성과 향상이다.

그러나 직무만족과 근무실적과의 이러한 선형적 인과관계는 몇 가지 점에서 설득력을 얻지 못하고 있다. 사람은 적당히 일을 하면서 시간을 때우는데 만족해하는 사람이 있는가 하면 근무성과는 우수하지만 실제로는 강압적 상태에서 이루어진 경우 개인에게는 오히려 심리적 불만족감이 큰 사람도 있다.

인과모형을 정면으로 부정하는 대표적인 모형이 동기이론에서 검토하게 될 기대이론이다.[16] 목표달성의 실적수준이 오히려 만족에 영향을 미친다는 주장이다. [그림 18-2]는 이 과정을 모형화한 것이다. 그림에서 알 수 있듯이, '실적 → 만족'의 인과관계는 탁월한 실적을 보여 준 사람에게 보통이나 그 이하의 실적을

그림 18-2 실적과 만족의 관계: Lawler-Porter 모형

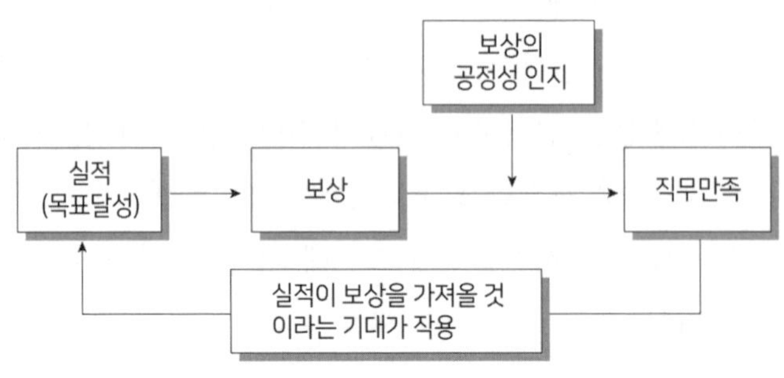

자료: E. E. Lawler and L. W. Porter, "The Effect of Performance on Satisfaction," *Industrial Relations*, vol. 7, 1967, p. 23 부분수정.

올린 사람보다 더 많은 보상이 수반될 때 성립하게 된다. 즉 실적과 만족 사이에 보수, 승진, 표창 등을 포함하는 보상이라는 매개변수를 도입하고 그것이 공정하다는 인지가 있을 때 '실적 → 만족'의 관계가 성립한다는 것이다. 만약 실적이 낮은 사람에게 보상이 주어지거나 실적에 관계없이 모든 사람에게 똑같이 이루어지는 경우에는 오히려 실적은 불만족을 초래할 수 있음을 의미한다.

'실적 → 공정한 보상 → 만족'이 '만족 → 실적'의 인과모형에 비해 보다 직관적 설득력을 가지나 모든 경험연구가 이를 뒷받침하는 것은 아니다. 아직도 실적과 만족의 관계를 명확하게 규명하는 데에는 많은 노력이 필요함을 말해 준다. 이러한 이론적 불확실성에도 불구하고 직무만족의 중요성을 부정할 수는 없다. 특히 어떤 조직에 몸담고 일하기 시작할 때 기대했던 것은 일종의 심리적 계약관계(psychological contract)인데, 이것이 잘 이행되면 만족할 것이고, 그렇지 않으면 불만이 생길 것이다.[17] 특히 대민업무를 담당하는 공무원의 경우 감정노동(emotional labor)을 통해 직무에 대한 불만족이 높을수록 스트레스나 심리적 탈진감 등 정신건강를 해친다는 연구도 있다.[18] 불만족은 또한 사보타지를 일으키거나, 고의적으로 업무착오를 일으키는가 하면, 악의적인 노조활동이나 공용물의 파손이나 절도 등의 공격적인 행동을 유발할 수도 있다고 경고한다. 이것은 행정조

직의 효과성을 저하시켜 정부전체의 경쟁력을 저하시킬 것이다.[19] 이러한 모든 부정적 결과는 조직의 효과성에 영향을 미칠 것이 분명하다. 인사행정의 모든 과정에서 직무만족이 중요하게 고려되어야 하는 이유가 여기에 있다. 특히 근로자 개인에게는 직무만족이 생활 자체의 활력을 넣어 주고 삶의 질을 높일 수 있는 것으로서 직무만족과 조직 효과성과의 상관성에 관계없이 직무만족 그 자체가 목표로서 중요한 가치가 있음을 인정하여야 할 것이다.

2.4 직무특성과 성과

직무충실화의 기초는 허쯔버그의 동기·위생 2요인이론이다. 허쯔버그는 일찍이 직무내용이 본질적으로 바뀌도록 하는 직무재설계의 조건을 제시하였다. 허쯔버그의 직무충실화이론을 더욱 발전시켜 직무의 질적 충실화(직무특성)가 개인의 심리상태와 성과(산출)에 어떠한 영향을 미치는지를 상호연관시켜 정교화시킨 것이 직무특성이론(Job Characteristics Theory)이다. 직무특성이론에서는 직무성과

직무특성

- **기술다양성**: 직무특성은 직무는 다양한 기능과 능력을 발휘할 수 있는 기회를 부여하는 정도
- **과업완결성**: 맡은 바 직무가 완성품의 어느 한 부분만을 반복하여 일하는 것이 아니라 하나의 일 전체를 끝까지 완결시키는 정도
- **과업중요성**: 그 직무가 조직이나 사회에 중요한 영향을 미치는 정도
- **시간성**: 주어진 시한이 있고, 거기에 맞춰야 한다는 심리적 압박을 느끼는 정도
- **공간성**: 사무실 출근의무나 사무실 밖 출장 등 공간이동의 제약성
- **자율성**: 일의 방식이나 절차 등에 대하여 감독의 직접적인 지시를 받지 않고 재량껏 알아서 일할 수 있는 정도
- **피드백**: 자신이 수행한 직무에 대한 평가결과가 다시 피드백되는 것.

라는 종속변수와 여기에 영향을 미치는 독립변수인 직무특성의 관계를 밝힌다. 직무특성은 기술다양성, 과업완결성, 과업중요성, 자율성, 결과피드백을 말하는데, 이들 특성이 충족될수록 직무의 질적 내용이 충만해진다는 것으로 허쯔버그가 주장한 직무충실화와 매우 유사한 주장이다. 직무특성이론은 이 직무특성이 성과에 영향을 미치는 과정에 심리상태를 매개변수로 설정한다. 즉, 기술다양성과 과업완결성, 그리고 과업중요성은 자신이 맡은 일이 의미 있고 가치 있는 일이라는 심리상태를 거쳐 성과에 영향을 미친다. 마찬가지로 자율성은 자기가 수행한 직무의 결과에 대한 책임감을 경험하고, 피드백은 본인이 한 일의 결과에 대하여 알게 되는 심리상태와 연결된다. 이러한 심리상태는 결국 자신이 한 일에 대하여 기분 좋은 만족을 느끼게 만들 뿐만 아니라, 내면으로부터 일에 대한 높은 동기부여가 일어나 질적으로 향상된 업무성과를 가져오고 이직률이나 결근율을 낮춘다는 것이다([그림 18－3] 참조).

그림 18-3 직무특성이론

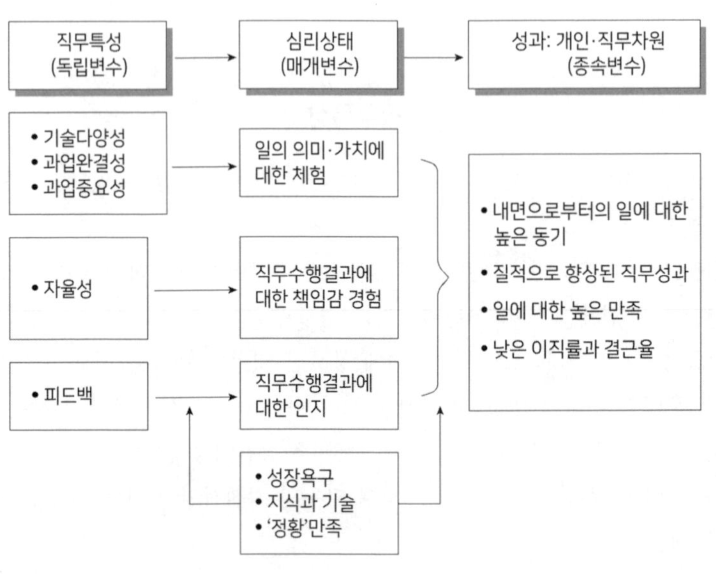

자료: Richard Hackman and Greg R. Oldham, *Work Redesign*, Reading, MA: Addison-Wesley, 1980, p. 83 일부 수정.

물론 이러한 기대효과를 가져오는 데에는 조직구성원 개개인의 성장욕구, 지식과 능력, 그리고 구성원이 처한 상황에 대한 만족 등의 정도에 의해 영향을 받는다(그림 18－1의 제일 아래 상자). 자신의 잠재력을 확인하고 최대한 개발해 보고자 하는 성장욕구가 강한 사람일수록 질적으로 달라진 새로운 직무내용에 도전하고 흥미를 가지게 될 것이고, 또한 개인의 지식과 능력이 새로이 부과된 직무를 수행할 수 있을 정도가 되어야 한다.

3. 직무와 개인의 통합

3.1 개인별 차이와 관리적 의미

사람마다 능력은 독특한 것으로 개인간 차이가 있기 마련이다. 인적자원의 효과적 관리를 위해서는 이 개인 차이를 분명하게 이해하고 이것을 직무특성과 연관시키는 노력이 필요하다. 즉, 직무의 특성이나 직무수행 상황에 따라 요구되는 지식, 기술, 능력이 다르고 또한 사람마다 그 특성에 차이가 있기 때문에 이 양자간의 조화를 추구해야 한다.

＜표 18－3＞은 관리대상과 관리전략을 상호교차시켜 각 교차점에서 무엇이 인적자원관리의 쟁점인지를 잘 보여 주고 있다. ＜표 18－3＞은 우선 관리대상을 사람과 직무, 상황으로 나누고, 관리전략은 대상을 '선택'하는 것인지 대상을 '변화'시키는 것인지로 나누어 이를 교차시킨 것이다.

우선 '선택' 차원의 관리전략을 보자. 개인특성이 가장 중요하게 고려되는 인적자원의 관리영역은 직무수행에 가장 적합한 사람을 선택하는 채용이다. 같은 일을 맡기더라도 일을 잘하는 사람과 못하는 사람이 있다고 전제한 것이다. 직무수행능력을 갖춘 사람을 선발하기 위해서는 사람들의 능력차이를 정확하게 분별할 수 있어야 함을 의미한다. 다음은 개인특성을 고려하여 직무를 선택하는 일이다.

표 18-3 개인특성이 고려될 인적자원관리 방법

관리전략 \ 관리대상	사람	직무·조직
선 택	유능한 인적자원의 확보	적재적소에 배치
변 화	교육훈련	직무충실화

이는 인적자원관리에서의 배치문제이다. 모든 직무가 같은 종류의 개인특성을 요구하는 것은 아니다. 같은 사람에게 서로 다른 일을 맡겼을 때 그 결과가 다르게 나타난다는 것을 의미한다. 따라서 사람이 가지고 있는 특성간의 상대적 차이를 고려하여 그에 적합한 일을 맡겨야 한다는 적재적소(適材適所)의 논리이다.

이번에는 사람이나 직무를 '변화'시키는 전략이다. 개인의 특성이 고려되지 않고는 인적자원의 계발은 있을 수 없다. 특히 직무수행에 요구되는 수준에 미달하는 특성 분야에 대하여 교육이 실시되어야 한다. 끝으로 개인과 직무조건 사이에 균형이 맞지 않을 때 단순히 개인을 재배치시킴으로써 균형을 이룰 수도 있지만 보다 근본적으로 직무내용을 재설계하고 보수체계를 변경시키는 전략(예, 직무단순화, 직무충실화)으로 직무와 개인의 통합을 시도할 수도 있다. 이러한 모든 인적자원관리 활동은 개인의 특성에 대한 정확한 이해와 측정이 선행될 때 가능한 것이다.

3.2 전문성의 강화

흔히 한국의 공무원 조직은 너무나 계서적이고 권위적이어서 인사행정에서조차 개인의 특성을 충분히 고려하지 않는 것으로 알려져 있다. 한국의 행정조직이 낙후된 점이 있는 것은 사실이지만, 그렇다고 하여 개인을 완전히 무시하고 있다고 보기는 어렵다. 인사권을 가진 기관장들은 개인의 특성을 고려하여 인사행정을 함으로써 조직의 목표를 달성하기 위하여 노심초사하는 것이 보통이기 때문이다. 흔히 이런 기관장을 포괄하여 '유능한 기관장' 혹은 '리더십이 뛰어난 상관' 등으로 인식한다.

기관장들은 대체로 직원의 선발에 있어서 절대적인 권한을 행사하지 못한다. 중앙인사기관이 전 정부적 차원에서 미리 정해진 객관적인 자격요건이나 시험을 통하여 신규채용이 이루어지기 때문이다. 공무원의 직렬 및 직급의 구조도 틀에 짜여 있기 때문에 아무리 예외적인 공무원에 대해서도 이 범위에서 인사관리를 해야 한다. 현행 공직분류제도가 오래 전에 형성된 것이어서 현실에 적합하지 않은 면도 많으나 기관장 입장에서는 어쩔 수 없다. 따라서 직무의 특성과 개인의 특성을 매치(match)시키는 것은 흔히 보직관리를 통하여 이루어질 수밖에 없다. 이외에도 담당업무의 조정이나 재배치를 통하여 부분적으로나마 양자의 요건을 일치시키는 방법도 있다.

공무원임용령 제43조 제2항에서는 직위의 직무요건과 인적자원의 요건을 고려하여 적재적소에 직원을 배치하도록 규정하고 있다. 실제로는 인사권자가 활용 가능한 '자리'와 배치전환이 가능한 '직원'의 수가 제한적이기 때문에 모든 직원에 대하여 양자를 일치시키는 것은 이상향에서나 가능할 것이다.

또한 한국 공무원들은 지나치게 빈번한 보직이동을 겪기 때문에 공무원의 전문성 축적이 어렵다. 이를 보완하려는 취지에서 자리와 개인의 특성을 연결시키려는 다음 몇 가지 장치가 있기는 하다.

첫째, 국내외 교육훈련을 갓 이수한 자, 특수자격증을 소지한 자, 그리고 중앙행정기관의 소속기관 및 지방행정기관에 근무하는 공무원은 내용상 그와 '관련된 직위'에 우선 보직하도록 하고 있다.

둘째, 각 행정기관별로 전문분야를 지정하여 그 적임자에 대한 보직관리를 별도로 할 수 있도록 하고 있다(공무원임용령 제43조 제2항).

셋째, 국제적 협상이나 교류하는 업무를 주로 하거나 외국정부가 국제기구 관련 업무를 주로 담당하는 직위에는 외국어 능력과 국제관계 전문지식을 겸비한 공무원을 국제전문관으로 선발하여 보직관리를 할 수 있다. 예컨대 국제전문관의 경우 당해 업무에 1년 이상을 초과한 경력에 대해서는 경력평점에 월 .004점을 가점하고 국제전문 직위수당을 3만 원에서 10만 원 정도(근무연수에 비례)를 지급한다.

이상의 제도는 사실상 특수한 지식(knowledge)소유 여부를 특정 직위와 연결시키려는 목적을 가진 것들이다. 그러나 기관장의 입장에서 보직이동을 단행할 때에는 개인의 지식, 기술, 능력소유 여부뿐만 아니라 조직 내 인간관계까지 고려하여 직위와 사람을 매치시키는 것이다. 어느 요소를 더 중시여기느냐의 문제에는 기관장의 고도의 판단력이 요구된다. 특히 자리와 사람이 한정되어 있는 비교적 작은 규모의 조직에서는 매우 제한적인 범위에서 양자를 결합시키는 데 만족해야 한다. 경우에 따라서는 다른 사람들을 우선 고려하다 보면 어떤 사람은 직무특성과 개인특성이 전혀 맞지 않는 곳에 배치될 수도 있다. 이 경우 기관장은 당사자에게 일정기간이 지난 후 우선적으로 전보시키겠다는 약속을 하기도 한다.

3.3 공직역량

기존의 공무원 인사 관리를 하는 차원을 넘어서 새로 독립한 독립적으로 시행된 개념이 역량(competency)이다. 역량이라는 개념은 지식보다는 실제 어떤 직무가 주어졌을 때 수행할 수 있는 능력, 즉, 잠재력(potential) 혹은 가능성을 의미한다. 물론 그 특성이 무엇인가를 실제로 파악하는 것은 이미 고성과인 사람들로부터 거꾸로 추출하는 귀납적인 방법도 있다.

개인적 차원에서 연구가 이루어지던 것을 1990년 핵심역량(core ompetency) 개념으로 발전되기 시작했다.[20] 핵심역량이 관심을 가지게 되면서 역량 개념이 조직 역량(즉 핵심역량), 관리역량, 개인역량(즉 직무 역량)으로 구분해서 발전되었다.[21]

우리나라 정부에서는 2천년대 이후 이 개념이 도입되어 꾸준히 발전되었으며 현재는 인사행정의 교육훈련, 고위공무단 선발 등에 활용되고 있다. 역량은 직급별로 그 자리에 요구되는 역할 내지 가능성이 다르다는 전제 하에서 출발한다. 각 개인의 역량을 측정하고 평가하고 부족한 것을 교육과 훈련을 통해서 채워주는 노력을 하고 있다. 역량개발은 조직관리현장에서 리더십에도 영향을 미치는 것으로 알려져 있다.[22]

이를 바탕으로 한국의 정부에서는 공무원의 역량모델을 수립하였다. 공직자에게 필요한 역량은 크게 사고(thinking), 업무(working), 관계(networking)라는 3차원모델로 구성한다. 구체적으로 사고역량은 스스로 생각하는 능력을 의미한다. 최소의 비용으로 효과성과 효율성을 달성할 수 있는 성과 지향적이냐 아니면 환경의 변화에 맞도록 할 수 있는 것을 나타내는가 업무역량이다. 마지막으로 정책 집단 혹은 고객 집단과의 서로 상호작용을 통해서 갈등을 해결하고, 만족시켜주며, 사람간의 관계를 잘 조정하는 관계역량이다.

역량개념을 인사행정실무에 적용하는데, 4급에서 고위공무원단으로 진입할 때 실시하는 역량평가가 그것이다. 국장급 이상 고위직으로서 필요한 사고와 사고능력과 업무 능력 관계 능력이 있느냐를 평가하는 도구로서 발달하였다. 아울러 5급 공무원의 역량 4급 공무원의 역량이 각각 다르게 정의가 되고 이를 하는 교육프로그램이 이루어지고 있다(<표 18-4> 참조).

상위직급으로 승진을 할수록 더 넓은 시각에서 조직과 환경을 관리하는 데 필요한 역량은 다르다. 하위 직급에서 승진하기전 혹은 승진진후에 각 해당 공무원이 가지고 있는 역량을 측정하고, 그 부족한 부분을 교육훈련을 통해 채우도록 한다. 직무(자리)와 개인(사람)을 통합하려는 노력이라고 하겠다.

현재의 역량 평가모델이 과연 과학적으로 타당성과 신뢰성, 그리고 변별도를 충분히 갖추고 있는가는 아직 연구가 부족하다. 역량교육을 받았을 경우, 정말 그

표 18-4 직급별 역량모델

직급 \ 3차원	사고: Thinking	업무: Working	관계: Networking
고공단	문제인식 전략적 사고	성과지향 변화관리	고객지향 조정통합
과장급(4급)	정책기획	조직관리 성과관리	의사소통 이해관계 조정
5급	의사소통 이해관계 조정	상황인식, 판단력	의사소통 능력 조정능력

자료: https://www.nhi.go.kr/cad/frontAbi/cacAbiModel.do 발췌수정

사람의 역량이 증가되었는지, 그리고 그 증가된 역량이 실제 근무상황에 발현되는지 등에 대해서도 연구가 부족하다. 그럼에도 불구하고, 승진시 필수적 요건으로 하기 때문에, 널리 사용되는 현실이다. 평가피로증과 같은 부작용도 있기도 하다.

그럼에도 불구하고 공무원 개개인이 승진을 할 때, 과거와는 달리 자신의 현실을 점검해보고, 새로운 노력 방향을 설정하도록 도와준다는 장치로서는 의미가 있다. 이미 집행이 된 것이 수년이 되기 때문에, 평가도구로서 요건을 과학적으로 분석하고, 개선하는 작업을 계속해야 할 것이다.

東西古今公私

싱가포르에는 행정특수공무원(AS: Administrative Service)이라는 약 380명의 엘리트 공무원 그룹이 있는데, 싱가포르 정부는 고교 재학생 중 상위 1%이내의 우수학생을 선발, 장학금을 지급하여 해외 유수대학에 진학시키고 이후 특별과정을 이수케 한 후 공직에 충원하고 있다. 이들은 빠르면 32세 전후로 차관보급에 오르게 된다.

리콴유 고문장관은 지난 4월 4일 호주 방문시 싱가포르 교민과의 환담에서 각료들의 보수가 아무리 많다해도 정부 예산의 0.13%에 지나지 않는데 이를 아끼려다 우수인재가 공직을 기피하게 되면 싱가포르는 결국 위험에 빠질 수 밖에 없다고 역설했다.

또 싱가포르인들이 흔히 '빌 게이츠나 스필버그 같은 천재가 대중을 먹여 살린다'라는 말을 자주 인용하는 것을 들을 수 있는데 이는 싱가포르 지도층들의 엘리트주의적 관점을 엿볼 수 있는 사례들이다.

싱가포르는 작은 나라다. 국토는 서울정도의 크기이고 인구는 450만명에 지나지 않는다. 그러므로 엘리트들이 경제·사회 문제들을 효과적으로 통제할 수 있고 국가발전 전략을 기획하고 국민들을 이끌어 갈 수 있다는 엘리트주의적 사고방식이 가능하게 했고 또 지금껏 성공적으로 기능해 왔다.

싱가포르는 깨끗한 정부, 유능한 공직자를 양성하는데 성공해 왔고 그것이 싱가포르가 선진국이 되는데 결정적으로 기여해왔다.

그러나 그들이 채택한 제도나 사고방식이 우리가 수용할 만한 것인가? 또는 바람직한 것인가에 대해서는 보다 심층적인 분석과 국민적 합의가 필요할 것이다.

첫째, 국가의 가장 유능한 인재들이 공직분야 특히 고위직에 집중되어 있는 것이 바람직한가? 아니면 사회 각계에 다양하게 분산되어야 하는가?

둘째, 고위 공직에 유능한 인재를 모으고 또 머물게 하기 위한 방식중 하나인 고액보수정책은 적합한 방식인가? 그것이 인재유치에는 성공할지라도 오히려 위화감을 조성하고 조직 전체의 사기를 떨어뜨려 종국에는 비효율을 초래할 위험은 없는가?

한 가지 분명한 것은 문제에 대한 실용주의적 접근 방식의 유용성이다. 앞에서 보았듯이 청렴하고 유능한 공직사회를 만들기 위해서는 단순히 공직윤리를 강조하는데 그치면 실질적 성과를 거둘 수 없고 물적 제도적인 뒷받침이 있어야 비로소 성공할 수 있다는 것이 싱가포르의 사례가 말해주는 교훈이다.

출처: 대한민국 정책브리핑(www.korea.kr) 발췌 및 수정.

18 참/고/문/헌

1) Robert A. Roe, "Individual Characteristics," in P.J.D. Drenth, H. Thierry, P.J. Williams, and C.J. de Wolff(eds.), *Handbook of Work and Organizational Psychology*, vol. 1, New York: John Wiley & Sons, 1984, p. 122.

2) 크리스라반 외 (김문성 옮김), 「심리학의 즐거움」, 휘닉스, pp. 26–43; 유니 그리지 (안기순 역), 「무엇이 행동하게 하는가」, 김영사, 2014.

3) Robert, A. Roe, *op. cit.*, p. 104.

4) *Ibld.*, p. 106.

5) Gail M. Drauden, "Task Inventory Analysis in Industry and the Public Sector," in Sidney Gael(ed.), *The Job Analysis Handbook for Business, Industry, and Government*, vol. Ⅱ, New York: John Wiley & Sons, p. 1057.

6) D.E. Super, and J.O. Crites, *Appraising Vocational Fitness*, New York: Harper and Row, 1962, p. 73.

7) Roe, *op. cit.*, p. 119.

8) Herbert G. Heneman Ⅲ, Donald P. Schwab, John A. Fossum, Lee D. Dyer, *Personnel/Human Resource Management*, Homewood, IL: Richard D. Irwin, Inc., 1983, p. 69.

9) Drauden, *op. cit.*

10) David J Cherrington, *Organizational Behavior*, Boston: Allyn and Bacon, 1989, p. 100.

11) Edwin A. Fleishman, "Evaluating Physical Abilities Required by Jobs," *Personnel Administrator*, vol. 24, June 1979, pp. 82–92; E.J. McCormick and D. R. Ilgen, *Industrial Psychology*, 7th ed., Englewood Cliffs, N.J: Prentice–Hall, 1980, pp. 145–169.

12) Roe, *op. cit.*, p. 307.

13) J.S. Adams, "Toward an Understanding Inequity," *Journal of Abnormal and Social Psychology*, vol. 67, 1963, pp. 422–436.

14) Colquitt, et al., "Justice at the Millennium: A Meta–Analytic Review of 25 years of Organizational Justice Research," in *Journal of Applied Psychology*, vol. 86, N.3.

2001, pp. 425－445.

15) Kenneth N. Wexley and Gary A. Yukl, *Organizational Behavior and Personnel Psychology*, Homewood, IL: Richard D. Irwin, Inc., 1984, pp. 56－62.

16) E.E. Lawler and L.W. Porter, "The Effect of Performance on Satisfaction," *Industrial Relations*, vol. 7, 1967, p. 23.

17) Denise M. Rousseau, *psycholigical contracts in organizations*, sage, 1995, in Osland J. S. & M. E. Tuvnev(eds.), *The organizational Behavior Reader*, Pearson, 2011, pp. 59－65.

18) Mastract, S. H., et al., *Emotional labor and Crisis Response*, M. E. Sharpe, 2012.

19) 임도빈 외, 「정부경쟁력: 10년의 성과」, 진인진, 2021.

20) Trompenaars, Fons, and Piet Hein Coebergh. "Model 20: Core Competencies, Gary Hamel and C. K. Prahalad (1990)." 100 Management Models. United Kingdom: Infinite Ideas, 2014.

21) Sparrow, P. "Organiztional Competences－A Valid Approach For The Future." International Journal of Selection and Assessment 3.3: 168－77, 1995.

22) 류근필·김창진, "역량개발 중심의 성과관리제도를 위한 관리자의 역할: 역량개발과 변혁적 리더십의 조절－매개 효과를 중심으로," 「한국행정학보」, 54(2): 89, 2020.

CHAPTER 19

정부경쟁력과 생산성

1. 필요성

개별 공무원을 대상으로 하는 인사행정은 그 자체가 목적이 아니고 정부가 바람직한 성과를 달성하기 위한 수단에 불과한 것이다. 그렇다면 인사행정이 추구하는 목적 혹은 결과물은 무엇인가를 생각해 볼 필요가 있다. 그것은 직무와 개인을 일치시켜서(즉, 적재적소) 업무를 수행토록 한 결과를 양적 그리고 질적으로 향상시키는 것이다. 이를 생산성 혹은 효과성이라고 할 수 있다. 또한 단일조직으로 우리 정부만 보면 정부생산성이란 개념으로 족하지만, 외국과 비교를 하면 '정부경쟁력'이란 개념이 필요하다. 전 지구기 하나인 오늘날 무역은 매우 중요한 변수가 되었고, 국가경제를 책임지는 정부도 이 점에서는 다른 나라 정부와 치열한 경쟁을 하고 있다. 심지어 외교·안보분야도 경제외교, 경제안보가 중요해지고 있는 것이 현실이다. 그만큼 정부경쟁력은 중요하다.

중앙정부든 지방정부(지자체)든 더 좋은 국가를 만들기 위해 경쟁하고 있다. 정부 전체의 경쟁력이나 생산성의 향상은 여러 측면에서 접근이 가능하다. 예컨대, 일의 흐름과 시간배열을 달리하거나(일하는 방식을 달리함), 일에 대한 열정을 가지게 하거나(동기부여), AI기술이나 장비를 도입함으로써 가능하다. 구체적으로 TQM (Total Quality Management), 정보통신기술(ICT)을 사용한 업무개선, 참여관리 (Participative Management), 인센티브 급여제, 제안제도, 직무재설계(직무충실화), 탄력시간제(flexitime) 등이 생산성향상을 위해 개발된 기법들이다. 이러한 경쟁력 혹은 생산성 향상에 있어 중요한 것은 사람의 역할이다. 다른 나라에 뒤지지 않기 위해 보다 탄력적으로 인력을 충원하고, 상관과 부하간의 새로운 권한배분을 요구하기도 하며, 근무성적에 대한 평가도 보다 다양화·객관화하고, 보수도 근무성적이나 기타 실적을 적극 반영할 것 등이 요구된다.

2. 생산성의 3차원

경영학에서 사용되는 생산성이란 개념은 최소의 투입비용으로 바람직한 결과를 최대한 창출해 내는 것을 목표한 한다. 즉, 투입과 산출의 비율로 나타내지는 효율성(efficiency)과 유사하다. 투입과 산출(또는 효과, 성과)이라는 두 요소를 정확하게 정의하고 측정할 수 있어야 한다. 일반적으로 투입은 재화와 서비스를 생산하기 위해 사용된 인력이나 예산 또는 유형의 물자를, 산출은 실제로 생산해 낸 재화와 서비스를 말한다. 효율성은 비율개념이기 때문에 이들 투입과 산출은 양적으로 표시할 수 있어야 한다. 이렇게 양적으로 표시하면 효율성이란 결국 투입요소 1단위당 산출량을 의미하는 것이 된다. 이를 기준으로 다른 정부의 인사행정체제와 비교하는 경우 '정부경쟁력' 비교가 된다.

2.1 투입–산출로서의 생산성

투입–산출비율로서의 생산성개념을 규정할 때에는 다음과 같은 점을 고려해야 한다.

첫째는 측정가능하도록 계량화시켜야 한다. 주로 화폐단위로 계량화된다는 점이 장점이지만, 한계이기도 하다. 경찰의 1인당 범인검거율, 환경미화원 1인당 1일 쓰레기수거량, 단위면적당 생산량(농사) 내지 매출액(가게), 노동자 1인당(공장) 순익 등에서처럼 투입요소와 산출요소가 관찰에 의해 모든 사람들에게 객관적으로 확인될 수 있고 계산될 수 있는 것이어야 한다. 예산분야에서는 국가단위로 생산성을 비교할 수 있다.[1] 그러나 질적인 특성이 강한 경우에는 투입－산출의 접근이 어렵다.

둘째는 계량화가 가능하다 하더라도 투입－산출의 비율식은 다수의 투입요소와 다수의 산출요소를 포괄하는 경우 측정이 곤란하다. 대표적인 방법인 DEA 분석방법을 적용하는 경우가 그렇다. 경찰의 경우 범인검거만이 아니라 교통질서를 바로잡기 위한 교통법규 위반자나 무단 도로점유자 단속, 불법영업의 단속, 그리고 지역순찰 등 다양한 업무를 수행하고 있다. 투입요소도 단순히 경찰인력뿐만 아니라 순찰차 대수, 관할지역의 규모, 파출소 예산 등을 포함시킬 수 있다. 이 경우에 이들 다수의 투입－산출 요소를 개별적으로 여러 개의 투입－산출비율로 계산할 수는 있지만 이러한 여러 비율을 통합하여 하나의 투입－산출비율로 정확히 계산하는 것은 쉽지 않다.

셋째는 투입－산출의 비율은 그 자체로는 의미를 부여하는 데에 한계가 있고 비교대상이 존재하여야 한다. 따라서 경쟁력이란 개념이 더 유용하다. 경찰 1인당 6명의 범인을 검거한다거나 환경미화원 1인당 0.9톤의 쓰레기를 수거한다는 정보는 생산성관리에 도움이 되지 않는다. 생산성 측정은 횡단적으로 비교대상집단 내의 여러 조직단위간에 상대적 우열을 가려 실현가능한 최고의 생산성 정도를 확인하고 이에 못 미치는 조직단위로 하여금 최고수준의 조직단위를 벤치마크(benchmark)하도록 하는 데 중요한 목적이 있다. 때로는 한 조직단위가 과거부터 생산성이 종단적으로 어떤 변화를 보이고 있는지를 비교함으로써 이에 근거하여 조직상태를 진단하고 발전대책을 세워 나가려는 것이다.

투입－산출로서의 생산성 개념이 갖는 특성 중에서 두 번째와 세 번째는 첫 번째가 충족되었을 때 고려할 수 있는 문제로서 무엇보다 본질적인 것은 계량화의 문제이다.

2.2 효과성으로서의 생산성

정책결정이나 서비스 제공을 주로 하는 정부부문의 경우 산출은 양적이기보다 질적인 것이 중요하다. 경찰의 범인검거나 환경미화원의 쓰레기수거처럼 1차적으로 양적인 표시가 가능한 경우에도 주민의 입장에서 더욱 중요한 것은 범죄로부터의 안심이나 길거리의 청결과 같은 보다 질적이고 심리적인 차원이다. 더 근본적인 차원으로 내려가면 인간의 존엄성 또는 행복의증진이다. 그에 대한 판단은 객관적이기보다 개인의 규범이나 가치에 의해 많은 영향을 받는 주관적인 것이다. 예컨대 주민의 세금을 얼마나 아꼈느냐의 문제보다 주민이 얼마나 범죄로부터 자유롭고 위생적이며 교통편리한 환경에서 생활하느냐가 더 중요한 문제이다. 정부가 제공하는 행정서비스는 기업경영과는 달리 추상적이고 질적인 가치목표를 가지는 것이 중요한 특성이기 때문이다.

정부분야의 이러한 특성을 고려한 것이 효과성(effectiveness) 측면의 생산성 개념이다. 효과성은 산출할 목표를 미리 정해 놓고 그 목표가 얼마나 실현되었는가로 나타낸다. 즉, 목표달성도를 의미한다. 목표란 계량화된 것뿐만 아니고, 공익, 공공가치 등 철학적인 면도 포함되어야 한다. 생산성은 이와 같이 투입－산출 비율의 능률성측면과 목표달성도의 효과성측면을 모두 포괄하는 개념이다. 이를 체제모형에 접목시키면 다음 [그림 19－1]과 같이 나타낼 수가 있다.

모형에서 결과(out come)는 양적인 것은 물론 질적인 가치를 모두 포함한다. 이렇게 볼 때 효율성에서 지적된 측정의 문제는 효과성에서도 아직 해결되지 못했다. 결과(out come)가 질적인 가치를 포함할수록 효과성 측정은 더 어려워진다. 그럼에도 불구하고 양적인 계량화에만 집착하면 보다 본질적인 행정의 목표를 추구할 수 없다. 측정이 곤란하다 하여 제외시킨다면 그것은 수단과 목표를 전도시키는 결과를 초래할 위험이 있다. 생산성을 측정하는 이유는 그 자체가 목적이 아니라 이를 바탕으로 피드백과 통제, 즉 생산성을 높이는 데 근본목적이 있다.

그림 19-1 체제모형에 의한 생산성 개념

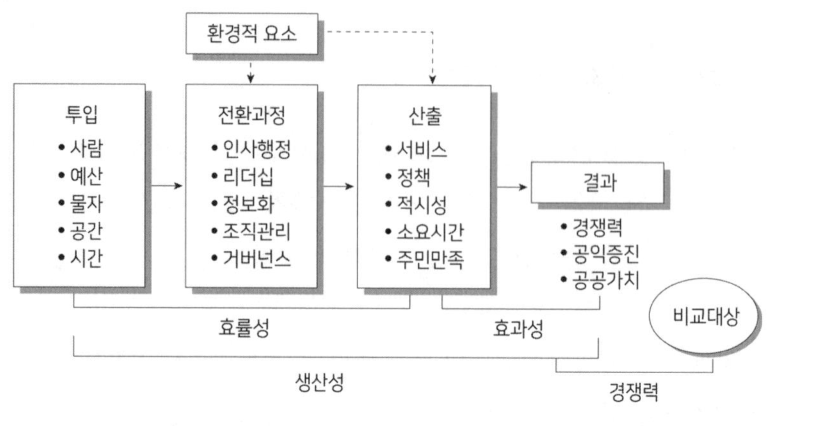

2.3 체제모형으로서의 생산성

체제모형에서 관심을 가져야 할 부분은 투입과 산출 자체의 측정문제 이상으로 투입과 산출에 영향을 미치는 전환과정과 환경적 요소이다. 투입(input)－전환과정(throughput)－산출(output)을 기준으로 A체제와 B체제를 비교하면서 결과(out come)를 추가하면 경쟁력개념이 된다. 특히 전환과정은 투입요소를 새로운 형태의 산출로 바꾸어 놓는 블랙박스(black box)로서 환경적 요소와는 달리 관리의 노력 여하에 따라 변화가능한 변수이기 때문에 행정학의 주요 관심대상이 된다.[2] 비록 블랙박스 내의 관리전략이 생산성의 구체적 수치를 어떻게 변화시키는지는 모르더라도 기존의 산출량을 적은 투입으로 가능하게 하거나 기존의 투입량으로 더 많고 질 좋은 산출을 생산해 낼 가능성이 있다면 관리차원에서는 더 중요한 의미를 가지는 것이다. 특히 산출이 무엇인지 정의하기 어려운 정부체제에서는 다른 정부와의 상대적 우위를 유지하는 것 자체가 생산성이라고 할 수 있다. 아무리 잘해도 다른 쪽이 잘하면, 상대적으로 비생산적이라는 결론을 낼 수밖에 없다.

블랙박스에는 이 책에서 서술한 모든 인사행정활동, 업무절차, 리더십, 조직구조, 관리기법, 업무분장, 정보화, 민관협력 등 관리에 관한 전반적인 것이 포함된다. 관리자는 생산성을 높이기 위한 여러 방안들을 이 블랙박스 안에 도입하려는 구상을 하게 된다. 전환과정에서 계량화가 가능하고 필요하다면 효율성이든 효과성이든 이를 측정하여 상호 비교평가함으로써 유의미한 관리의 정보를 얻어내야 한다. 즉, 가능한 계량화를 시도하여 객관적으로 생산성을 측정하고 평가하려고 노력해야 한다. 계량화가 불가능한 경우라도 공익이라는 가치와 마찬가지로 생산성이 하나의 상징성을 가진 당위적 규범 내지 신화로서 조직구성원의 의식에 내면화되고 이것이 노력과 행동의 방향결정에 영향을 미치는 중요한 역할을 수행할 수 있다는 점에 의미를 두어야 한다.

이상에서 보듯이 생산성 평가는 성과평가와는 차이가 있다. 성과평가가 평정대상자의 직무수행능력·태도·실적을 주로 개별적으로 평가하는 것이라면, 생산성과 경쟁력 평가는 파출소의 예처럼 집단이나 조직을 하나의 단위로 하여 평가하게 된다. 개인성과의 합이 곧 조직의 성과는 아니기 때문에 이를 구분해야 한다. 정부라는 조직전체의 생산성(성과)이 좋으면 국민들의 정부신뢰가 상승한다.[3] 정부신뢰가 높아지면 행정의 비용이 줄어들어서 경쟁력은 올라간다.

3. 정부경쟁력과 생산성

3.1 측정의 문제

생산성의 측정은 객관적이고 공정하여야 한다. 물론 측정치에는 측정도구의 문제뿐만 아니라 자료가 객관적이고 정확한 것이어야 하며, 영향을 미치는 환경적 조건이 유사한 경우에만 상호 비교가 가능하다. 자료가 허위로 조작되었다거나 측정대상집단간 다른 기준으로 조사·측정된 것이어서는 경쟁력을 상호 비교할 수 없다.

환경적 요소도 산출에 영향을 미치지만 생산성측정에서는 이러한 요소가 제외되고 산출이 평가대상집단이나 개인에 의해서 좌우되는 것만 포함해야 한다. 교통사고에 의한 사상자를 줄이기 위해서 경찰청에서 경찰 1인당 사상자 수가 적은 경찰서에 포상을 한다고 할 때, 공정한 포상이 되기 위해서는 경찰서 관할지역 내 도로의 길이나 상태 또는 교통량이 유사하여야 한다는 뜻이다. 그렇지 않은 경우 실적이 좋지 않더라도 그것이 교통사고 예방을 위한 노력이 부족하였다는 자기책임으로 돌리기보다는 외부상황적 요인으로 돌리게 되고 포상의 공정성을 오히려 문제삼을 것이기 때문이다.

우선, 생산성이나 정부경쟁력 측정에 포함되어서는 아니 될 상황적 변수를 통제하여 동일한 상황적 조건을 가진 대상만으로 비교집단을 구성하는 것이 중요하다. 다음으로 각 변수에 대한 객관적인 자료를 수집하는 것은 경쟁력이나 생산성 측정의 필요조건이다. 특히 지표를 인센티브제와 연결시킬 때에는 이 지표가 대상집단의 행동변화에 어떠한 변화를 초래할 것인지를 미리 고려하여야 한다. 어떤 투입과 산출요소가 측정에 포함되느냐에 따라 대상집단의 행동을 왜곡시킬 수 있기 때문이다. 예를 들어 교통경찰관에게 교통법규 위반차량 적발건수를 기준으로 보너스가 주어진다면, 교통단속에 치중하여 길을 묻는 시민에게 친절히 길을 안내하거나, 고장차량을 빨리 견인시킨다거나, 사고현장에서 교통정리를 하는 업무를 경시하는 결과를 초래하게 될 수도 있다.

경쟁력의 측정도 상술한 측정의 요건을 갖춰야 한다. 투입 → 전환 → 산출의 단계별로 객관적 지표를 구성하는 것이 관건이다. 산출이 정부가 일한 직접결과라면 이 모든 것이 국민에게 미친 결과(impact)가 가장 중요한 목표치이다. 추상적이지만, 국민행복도 자살률저하 등일 것이다. 이를 위해 경쟁하는 정부를 비교하면 '경쟁력비교'가 된다.

3.2 한국정부의 경쟁력

여기서는 생산성보다는 정부경쟁력에 초점을 두고 논하기로 한다. 경쟁력은 스포츠에서 볼 수 있는 인간의 경쟁심을 출발점으로 하고 있다. 보이지 않게 존재하는 심리적 요인을 행정학적으로 발전시키자는 것이다. 경쟁력(competitiveness)은 세계화와 더불어 더욱 주목받는 개념이 되었다. 그 동안 하나의 국가라는 경계 속에서 관심이 한정되어 다른 나라와의 비교는 중시되지 않았으나, 이제 세계가 경쟁무대가 된 것이다.

경쟁력은 행정학분야에서 학술적으로 정립된 개념은 아니다. 일반적으로 경쟁력이란 경제성장이나 기업이 활동하기 좋은 정도를 나타내는 경우가 많다. Porter(1990)는 산업경쟁력에 영향을 미치는 국가적 차원의 변수들로 구성하는 것이 국가경쟁력을 비교하는 연구의 본질이라고 주장한다. 한편 Krugman은 국가경쟁력 개념의 위험성을 주장하면서 국가경쟁력 자체에 대해 회의적이다.[4] 그럼에도 불구하고 여러 가지 경쟁력지수가 개발되어 평가결과가 매년 발표되고 있다. 스위스의 IMD는 전세계 국가의 국가경쟁력을 평가하여 발표하고 있다. 그리고 World Economic Forum의 Global Competitiveness Index, ICRG의 Bureaucracy Quality, 그리고 세계은행의 Government Effectiveness Index 등이 주로 경제활동분야에 초점을 둔 지표를 가지고 경쟁력순위를 발표하고 있다. 또한 E-Government 순위 등 특정분야에 국한하여 경쟁력이 평가되고 있는 경우도 있다. 이런 지표에는 정부의 역할이 일부분 포함되어 있을 뿐이다. 이와 아울러 지방정부의 성과(performance)나 경쟁력지수를 평가하는 것은 매우 활발하다.

이런 기존의 평가결과를 보면, 우리나라의 국가경쟁력이 대체로 세계 20위–40위 정도에 있다. 국가경쟁력이 우리나라 전체의 (경제적) 경쟁력을 나타낸다면, 이들 지표들 중 '정부'나 '공공부문'에 관한 것만을 나타내는 하위지표만을 선별해서 보아도, 우리나라 정부는 그리 높은 위치를 차지하지 못하고 있다.

그렇다면 우리나라의 정부경쟁력이 왜 이렇게 낮을까? 이것은 전술한 평가요소 및 평가방법의 문제가 있는 것 같다. 적어도 우리나라는 정부주도형 경제발전에 성공한 나라이고, 이 점에서 정부의 경쟁력은 세계에서 우월했다는 데 이의를 제기하기 어려울 것이다. 문제는 이제 민간부문이 성장하고 자율성도 높아졌는데, 정부가 한국사회의 발전에 발목을 잡고 있느냐 아니면 도움이 되느냐의 질문이다.

최근에도 국제무대에서 한국의 경제적, 정치적 위상은 제고되고 있고, 이 과정에서 여전히 정부의 역할은 중요하다. 그러므로 정부경쟁력을 방법론적으로 어떻게 평가하느냐가 중요한 논점이다. 예컨대, 공무원들의 근무시간이나 시간사용비율(내부관리목적 혹은 서비스제공 목적)이란 측면에서 보나, 흔히 벤치마킹의 대상으로 하는 미국의 관료제는 한국에 비해 열등한 측면이 있다.[5)]

실제로 우리나라는 ICT 분야에서 세계를 선도하고 있고, 전자정부화(E-Government) 수준에서 세계 1위를 하고 있다. 또한 앞의 표에서 볼 수 있는 것과 같이 각종 민원처리면에서 우리나라는 가장 빠른 수준을 자랑하고 있다. 빠른 업무처리는 효율성의 주요 구성요소이고, 이에 따라 정부생산성이나 정부경쟁력은 높다고 해야 할 것이다.

3.3 경쟁력의 저해요인

우리나라 정부경쟁력을 어떻게 제고시키느냐의 문제는 거꾸로 생각하면 어떻게 정부경쟁력을 저해시키는 요인을 제거 내지 감소시키느냐의 문제이다.

1) 파킨슨 법칙

'공무원의 수는 수행해야 할 업무량에 관계없이 끊임없이 증가하는 경향이 있다'는 C. Nortecote Parkinson이 주창한 법칙을 말한다.[6)] 영국의 해외 식민지청의 실제를 관찰한 Parkinson은 업무량의 증가는 산술급수적인데, 공무원의 숫자는 기하급수적으로 늘어난다는 점을 발견하였다. 그 이유는 부하배증의 법칙과 업무배증의 법칙이라는 두 가지 하위규칙으로 설명된다. 부하배증의 법칙이란 업무가 과중될 경우, 공무원은 한사람의 동료를 지원받아 그 업무를 반분하기보다는 부하를 2명 이상을 보충받아 나눠 주기를 원한다는 법칙을 말한다. 그리고 업무배증의 법칙은 부하가 2명 증가되면 과거 혼자서 일하던 때와는 달리 지시, 보고, 승인, 감독 등의 파생적 업무가 생겨 그 상관의 업무량도 배증하는 현상을 말한다.

그 동안 한국의 경우 다른 선진국에 비해 상대적으로 적은 규모의 공무원조직을 유지해 왔기 때문에 경쟁력이 있었다. 그러나 사회가 발전하고 복잡해짐에 따라 국가행정이 다뤄야 할 새로운 기능들이 점점 추가되면서 공무원증원의 필요성이 설득력을 얻는다. 진정 필요한 기능이 추가되기도 하지만, 기존 기능의 폐지나 업무효율화를 통한 인력절감은 잘 일어나지 않는다. 즉, 행정기능의 추가라는 명분 하에 파킨슨의 법칙에 의한 공무원증가가 일어난다.

특히 자리신설을 통해서라도 공무원들의 승진욕구를 충족시켜 왔다. 즉, 상술한 두 가지 법칙에 추가할 것은 '상위직증가의 법칙'이다.[7] 두 가지 원칙에 의해 증원이 되면, 바로 관리가 되지 않는다는 이유로 상위직증가를 요구한다. 그 조직에서 상위직을 신설할 수 없는 상황이면, 그림자 정부조직이라도 신설하여 상위직을 배출할 자리를 만든다. 조직을 늘리는 데에 대해서는 거의 필사적이다. 그 동안 각종 행정개혁을 한다고 야단법석을 떨었지만, 결과적으로는 조직증가가 동반하였다.[8] 그러나 이제 이러한 팽창에도 불구하고 정부경쟁력이 유지될 수 있는 임계점에 이르렀는지 모른다. 서구 선진국이 겪은 관료팽창이 이제 생산성과 경쟁력에 발목을 잡을 가능성이 점점 커지고 있다.

2) 저성과자의 문제

조직에는 열심히 일하는 사람들과 그렇지 않은 사람들이 있기 마련이다. 열심히 일하는 것이 과연 무엇이냐라는 기준에 따라 다르겠지만, 열심히 일하는자와 그렇지 않은자의 비율이 30 : 70, 20 : 80 등 다양한 목소리가 나온다. 적어도 구성원의 어느 정도는 성과가 극히 낮은 사람들이 있다는 것은 쉽게 관찰된다. 조직의 생산성과 경쟁력에 도움이 되지 않는 사람들이 왜 그런지는 많은 원인이 있을 것이다.

문제는 정부조직 내에 이러한 생산성이 극도로 낮은 사람들을 동기부여하거나 처벌하는 인사행정메커니즘이 실질적으로 작동하지 않을 때이다. 앞서 설명한 처벌제도는 이런 경우에도 거의 사용되지 않는 종이호랑이에 불과하다. 한국 인사행정제도가 가진 강력한 특징으로서의 신분보장이 작동하기 때문이다. 예컨대 간혹 보도되는 바와 같이 비정상적인 사람, 소위 군대에서 말하는 '고문관'같은 이들이 건재하고 있는 경우가 드물지 않다. 인간으로서 기본소양도 안 된 사람이 들어오고, 소위 '빌런(Vilain)'이어도 모두 피하기만 하고 결정적 인사조치가 없는 경우이다. 이것은 건강한 조직운영이라는 점에서 매우 부정적인 요소임에 틀림없다.

상술한 파킨슨 법칙에 의한 자리팽창에도 불구하고 공무원들이 기대하는 만큼 빨리 일어나지 않기 때문에 생기는 '승진희망포기자'가 원인일 수도 있다. 희망이 있는 한 노력하는 것이 보이는데, 그렇지 않기 때문이다.

이에 더하여 개혁피로증도 있다. 조직의 실정을 잘 모르는 상관이 부임하여 자신의 업적을 드러내기 위해 현실에 맞지 않는 개혁을 추진하다가 옮겨 가는 일이 반복되는 경우에도 생긴다. 즉, '부정직한 카센터주인 모델'에서 보이는 상관이 잠시 있으면서 조직을 휘저어 놓고 승진해서 떠나곤 하는 것을 반복해서 당하다 보면, 부하들은 의욕이 나지 않는 것이다.[9] 따라서 최소한의 에너지만 조직에 투입하게 된다. 처음 입직했을 때는 box에서 볼 수 있는 조직시민행동이 나타나는 것이 우리나라의 문화인데, 조직사회화가 되면서 완전히 이기주의자가 되는 동시에 저성과자가 되는 것이다.

조직시민행동(Organizational Citizenship Behavior: OCB)

조직구성원이 자신의 이해관계나 보상과 관계없이 자발적으로 조직을 위해서 참여하고 봉사하는 것을 의미한다. 5가지 구성요소로서 이타성(altruism), 양심성(consciousness), 스포츠맨십(sportsmanship, 예의성(courtesy), 시민성(civil virtue)을 든다. 예컨대 상관의 일에 자진해서 조언을 하거나, 동료의 업무문제에 대해서 자진해서 도와 주거나, 의무가 아니라도 조직이 필요한 회의나 모임에 나가는 것 등이다. 우리나라 조직에서는 당연히 받아들여지는 것이지만, 서구사회에서는 바람직한 요소의 예로 들면서 이것이 높으면 조직의 성과나 생산성이 높아진다고 보고 있다.[10]

3) 생활패턴의 변화

우리나라의 조직은 정규직을 중심으로, 정확히 말하면 정규직만으로 구성되어 움직이는 경향이 있다. 정규직이란 '전일제근무자'를 의미하는데, 근로시간대에 정상적으로 출근하여 1주일에 36시간 이상을 근무하기로 정해진 자를 의미한다. 특히 매우 단순하고 불규칙적인 업무를 담당하는 사람조차도 정규직으로 하고, 이들과 가족과 같이 생활하는 것이 전형적인 조직형태이다. 이들에게는 조직시민행동은 저절로 나타나기도 한다. 다른 한편으로는 일이 없더라도 야간근무와 주말근무를 빈번하게 해 온 문화이다. 즉, 실제 근무시간이란 점에서는 법에서 정한 주당 평균노동시간이 의미가 없는 정도이다.

이것은 공무원으로서 전적으로 일에 몰두하고, 가정생활 등 다른 것을 모두 등한시하는 몰입형 조직생활임을 의미한다. 육아, 교육, 주택구입, 부모효도 등은 모두 배우자의 몫이었다. 어떻게 보면 배우자 몫까지 기본으로 포함한 공무원들의 과도한 개인적 희생에 기초한 생산성이었다. 그러나 이제 젊은 공무원들 사이에 사적 생활중시의 경향이 커지고, 여성의 직장생활이 점점 보편화되면서 이런 유형의 조직문화를 유지하기가 점점 어려워지고 있다. 야간근무도 기피하게 되고, 저녁 회식자리에도 무조건 참석이란 문화를 유지하기 어려워지고 있다. 일과 가정생

그림 19-2 일-가정 양립

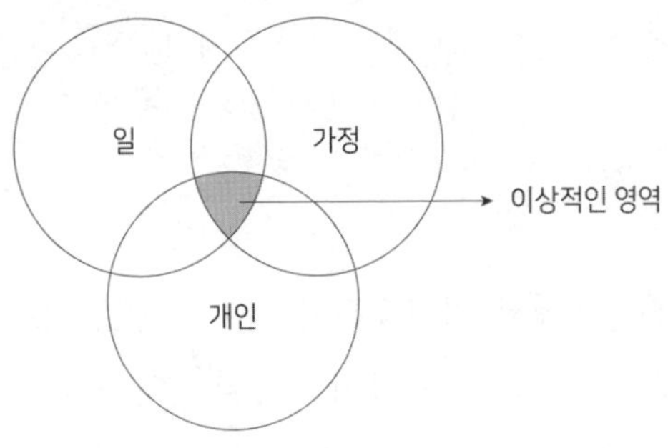

활의 양립(work－life balance)가 매우 중요한 조건이 되었다. 특히 여성 공무원에 대한 인식전환이 이뤄지고 있다. 심지어 상관의 이메일이나 SNS에 의해 부하의 심리적 상태에 고통을 주어서는 안 되는 문제까지 경쟁력 문제에 고려되기 시작하였다.11)

평생직장이란 개념도 서서히 감소되고 있다. 이것은 공직사회로 들어오는 행위가 마치 봉건체제에서 영주와 농노 간 관계와 같이 '무한희생'과 고용주의 무한책임이란 암묵적 개념에서 조금씩 벗어나고 있다는 것을 의미한다. 즉, 시간관점에서 볼 때, 24시간 '전적'인 몰입에서 정해진 근무시간에 '평균적' 몰입으로 바뀌고 있는 것이다.

직무스트레스

심리적 스트레스가 업무성과나 생산성에 미치는 영향에 대해서는 주로 노동심리학, 간호학 등에서 많은 연구가 이뤄졌다. 스트레스가 심하면 육체적, 정신적 소진을 느껴 동기가 낮아지는 심리적 탈진(burnout) 현상이 일어난다. 심한 스트레스는 불면, 불안증, 순환기질환, 당뇨병, 암 등 육체적 질병을 가져오기도 한다. 스트레스의 원인에 대해서는 Karassek의 연구를 대표로 하는 과업무 스트레스(job strain) 이론이 있다. 이는 과업의 불예측성과 같은 과업 자체의 특성과 더불어 직무환경이 스트레스의 원인이라고 보는 이론이다. 과업의 특성으로는 복잡성, 자율성, 시간압박, 완결성 등이 독립변수로 연구되었다. 직무환경적 요인으로는 간호학이나 여성학에서 일－가정 균형(work family balance) 문제가 연구되었다. 시한(deadline)에 쫓기는 시간 스트레스는 아주 적거나 아주 극단적인 경우는 모두 성과에 부정적 영향이 있고, 적정한 수준의 스트레스가 도움이 되는 거꾸로 된 V자형 관계가 있는 것으로 보인다.

고용의 형태도 전일제에서 비정규직이라는 다른 형태로 다양하게 발전하고 있다. 이것은 기본적으로 고용주차원에서 인건비절약이나 고용의 유연성을 확보하기 위해서 만든 것이다. 그러나 육아와의 병행 등 노동자측에서도 다양한 형태

표 19-2 비정규직 근로자의 분류 및 정의

구분	정의
■ 한시적 근로자	• 근로계약기간을 정한 근로자 또는 정하지 않았으나 비자발적 사유로 계속 근무를 기대할 수 없는 근로자
- 기간제근로자	• 근로계약기간을 설정한 근로가 해당됨
- 비기간제근로자	• 근로계약기간을 정하지 않았으나 계약의 반복갱신으로 계속 일할 수 있는 근로자와 비자발적 사유(계약만료, 일의 완료, 이전 근무자복귀, 계절근무 등)로 계속 근무를 기대할 수 없는 근로자
■ 시간제근로자	• 직장(일)에서 근무하도록 정해진 소정의 근로시간이 동일사업장에서 동일한 종류의 업무를 수행하는 근로자의 소정근로시간보다 1시간이라도 짧은 근로자로 평소 1주에 36시간 미만 일하기로 정해져 있는 경우가 해당됨
■ 비전형근로자	• 파견근로자, 용역근로자, 특수형태근로종사자, 가정 내(재택, 가내) 근로자, 일일(단기) 근로자
- 파견근로자	• 임금을 지급하고 고용관계가 유지되는 고용주와 업무지시를 하는 사용자가 일치하지 않는 경우임. 파견사업주가 근로자를 고용한 후 그 고용관계를 유지하면서 근로자파견계약의 내용에 따라 사용사업주의 사업장에서 지휘, 명령을 받아 사용사업주를 위하여 근무하는 형태
- 용역근로자	• 용역업체에 고용되어 이 업체의 지휘 하에 이 업체와 용역계약을 맺은 다른 업체에서 근무하는 형태(예: 청소용역, 경비용역업체 등에서 근무하는 자)
- 특수형태근로 종사자	• 독자적인 사무실, 점포 또는 작업장을 보유하지 않았으면서 비독립적인 형태로 업무를 수행하면서도 다만 근로제공의 방법, 근로시간 등은 독자적으로 결정하면서 개인적으로 모집, 판매, 배달, 운송 등의 업무를 통해 고객을 찾거나 맞이하여 상품이나 서비스를 제공하고 그 일을 한 만큼 소득을 얻는 근무형태
- 가정 내 근로자	• 재택근무, 가내하청 등과 같이 사업체에서 마련해 준 공동작업장이 아닌 가정 내에서 근무(작업)가 이루어지는 근무형태
- 일일(단기)근로자	• 근로계약을 정하지 않고 일거리가 생겼을 경우 며칠 또는 몇 주씩 일하는 형태의 근로자

자료: 국회도서관, 2011. 비정규직 근로자. Fact Book 23, p. 9.

의 고용이 필요하게 된 면도 있다. 2022년 우리나라 전체의 고용자 중 비정규직 비중을 계산하면 37.5%로서, OECD 중 그룹에서 스페인 25.4%, 포르투갈 22.0%, 폴란드 26.5%, 독일 14.5%, 프랑스 13.5%, 일본 13.7%, 이탈리아 12.5%, 아일랜드 8.5%, 영국 5.7%에 비하여 비중이 높은 국가에 속한다.*

* 통계청이 매월 실시하는 '경제활동인구조사'는 '본 조사'와 연 2회(3월과 8월) 실시하는 '부가조

비정규직의 세계에서는 이제 전통적인 '생활급'적 월급에서 서양의 노동시간 대가로 인식되는 '시간급'적 보상으로 변하고 있다. 물론 이런 형태로 고용된 사람들은 대부분 전일제 정규직으로 전환되는 것을 소망하는 비자발적 고용인력이다. 그러나 육아 등 개인적 사정상 일시적으로 이런 형태의 고용을 원하는 사람도 점점 늘어가는 경향에 있다.

이런 생활패턴의 변화에 따른 고용형태의 다양화는 기존 완전몰입형 노동에 비해 생산성이 낮아질 가능성이 높다. 다르게 보면 조직의 과도한 착취에서 정상적인 노동관계로 회복하는 것이라고도 생각할 수도 있다. 개인생활이 중요해져서 직장에서의 성공보다 삶의 질을 가치 있게 생각하는 사람들이 많아지고 있다. 이들에게는 직장에서의 과도한 업무는 직무스트레스가 되어 효율적인 업무수행을 저해하는 요인이 된다. 그러나 삶의 질을 중시할수록 직무 스트레스를 저해요인으로 생각할 수밖에 없다. 생산성이 낮아지고, 그것은 다른 나라에 비해 정부경쟁력이 낮아질 가능성으로 연결된다.

나아가서 비정규직의 차별에 대한 비판으로 정규직과 대등한 대우를 요구할 수 있다는 잠재적 위협요인도 있다. 민간부문에서 볼 수 있는 바와 같이 노동운동이 지나치게 활성화되면, 생산력증가와는 관계없는 각종 과도한 처우개선을 요구할 수도 있다. 이 경우 생산성은 저하(혹은 정상화)되는 반면, 보상은 올라감으로써 경쟁력저하로 이어질 가능성이 크다. 만약 이런 변화가 실제로 일어나면 곧 전일제 정규직에게도 부정적 영향을 미칠 것이다.

4) 다문화사회

단군의 자손으로 단일언어, 단일문화로서 사회통합이 이뤄지는 전통적 한국사회는 점점 다원화되고 있다. 국내에 체류하는 외국인이 200만 명이 훨씬 넘었

사'가 있다. 본 조사에서는 아래와 같이 근로자를 종사자지위에 따라 상용직, 임시직, 일용직으로 분류하고 있는데, 구체적인 수치는 「e-나라지표」에서 알아볼 수 있다(국회도서관, 2011).

- 고용기간을 정한 경우에는 상용직(1년 이상), 임시직(1개월-1년), 일용직(1개월 미만)으로 분류
- 고용기간을 정하지 않은 경우에는 퇴직금·상여금 등을 지급받고, 회사의 인사규정에 의해 채용될 때만 상용직으로 분류하고, 그 외의 경우는 임시·일용직으로 분류.

고, 국제결혼의 숫자와 이들 가정에서 태어난 자녀들의 숫자 등이 점점 늘어나는 추세이다. 다문화사회에서는 나하고 다른 가치관과 태도를 가진 사람들과 더불어 사는 법을 배워야 한다. 한국의 고유문화만 고수하고, 가치 있는 것으로 여기는 국수주의적 가치관이 바뀌어야 한다. 우리나라 인적자원의 구성이 확연히 달라지고 있다.

이러한 한국사회의 변화는 곧 공직사회의 구성에서도 찾아볼 수 있다. 다문화사회에서 오는 각종 민원을 전담하는 부서가 생기고, 이를 담당하는 직원으로 외국인을 채용하기도 한다. 사실 세계화(globalization)의 추세에 따라 공직사회에서도 외국인을 계약제로 고용하는 것은 1990년 이후에 시작되었다. 예컨대 국립대학교에서 외국인을 교수로 채용하는 것도 교육의 국제화라는 목표 하에 추진된 정책이다. 이제 공직사회에 외국인이나 귀화자들의 비중이 점점 늘어날 것이다. 사상을 달리하는 체제에서 사회화가 된 북한출신도 점점 늘어날 것이다. 외국에서 자란 한국인 2세들도 공직사회에 점점 더 유입될 것이다.

공직사회에 다른 문화보유자가 늘어나면 어떻게 될까? 현재와 같은 단일문화인 획일적 행정문화라는 관점에서 보면, 정부경쟁력이 떨어질 것이 분명하다. 그러나 시각을 바꿔서 서로 다른 문화의 장점이 상승작용이 일어나 생산성이 높아질수도 있고, 이것이 곧 국제경쟁력을 제고하는 방법일 수도 있다. 다민족국가인 미국의 연방정부의 경우에도 다양성관리(diversity management)가 잘 되면 될수록 그 기관의 성과가 높아진다는 연구도 있다.[12]

4. 정부경쟁력과 생산성의 제고방안

정부경쟁력을 높이기 위해서는 더 우수한 인적자원이 정부에 들어가야 하고, 이들이 더 열심히 그리고 더 영리하게 일하도록 하는 것이 중요하다. 즉 종전보다 더 많은 노력을 하도록 동기를 유발시키고 같은 노력이라도 더 많은 성과를 가져

올 수 있는 제도나 기술을 도입하는 것이다.

생산성 제고의 노력은 여러 차원에서 시도가 가능하다. TQM 같은 것은 조직 차원이고, Quality Circle이나 참여관리는 집단차원이며, 개인차원에서 개선해야 할 것도 많이 있다.* 관료팽창의 경향을 강하게 억제하면서 적극적 동기와 조직 시민행동으로 무장되어 있는 공무원들이 그 에너지를 적절히 사용하면서 근무하도록 만드는 것이 중요하다. 즉, 계곡에 물이 갇혀 썩고 있다면(관리가 잘못된 상태), 적절한 곳에 물길을 내고 폭포도 만들어서 잘 흐르도록 만드는 것이다.

4.1 신바람 인센티브제

한국은 풍부한 인적 자원을 가지고 오늘날의 성장을 해왔다. 해방 이후 '고도성장'이란 강력한 유인체계가 있었기 때문에 모든 국민들이 열심히 일해 온 것이다. 지금까지 이뤄 온 이런 동기부여는 서양의 어떤 인센티브 이론도 설명하기 어렵다. 마치 신들린 사람같이 힘든 줄도 모르고 열심히 일해 온 것이다.[13)]

이런 급속한 성장의 열매를 맛보았기 때문에 공무원들의 기대수준도 올라갔었다. 그러나 성장이 둔화되고, 관료제의 틀이 잡혀가면서 고속승진 등 과거와 같은 자리를 통한 보상은 점점 어려워지고 있다. 따라서 팽창형 관리에서 안정형 관리로서 인센티브제가 정교화되고 개선되어야 한다.

우선 현재와 같은 과도한 신분보장은 완화되어야 한다. 특히 저성과자를 가려 내고 성과가 개선되지 않으면 과감히 퇴출되는 제도가 확립되어야 한다. 이러한 최소한의 여과장치를 마련한 후에 인센티브제로 발전시킬 것은 '기대이론' 혹은 '공평성'이론을 가이드라인으로 삼아야 할 것이다. 권위주의적 문화에서 개인주의적 문화로, 그리고 직업에서의 승진과 성공보다는 워라벨과 같은 다른 가치를 추구하는 공무원의 비율이 점점 많아질 것이다.

---

* TQM은 전사적 품질관리 내지 총체적 품질관리로 흔히 번역되는 것으로, 조직구성원 전체가 제품이나 서비스의 질에 대한 고객의 기대를 충족시키기 위하여 업무수행절차를 끊임없이 통제하고 개선해 가는 활동이다. TQM은 일본에서 먼저 도입한 분임조 단위의 품질관리활동인 QC를 미국에서 확대 변형시킨 것으로 이해할 수 있다.

집단 인센티브는 집단(팀, 부서, 사업소, 작업장 등)을 생산성 측정의 단위로 하여 평가대상집단 중 성과가 우수한 순서로 보너스를 차등지급하는 방식이다. 우리나라 업무수행방식이 품의제도와 같은 공동작업의 특성을 가지고 있기 때문에 집단성을 고려해야 한다. 이것은 성과에 토대를 두기 때문에 앞서 검토한 생산성의 정확한 측정이 성공의 중요한 관건이 된다. 이 때 성과는 단순히 생산량뿐만 아니라 작업장 안전사고율이나 강력범죄 발생률, 서비스에 대한 만족도 등 다양한 형태를 취할 수 있다.

보너스 지급기준도 다수의 대상집단간 생산성이나 경쟁력을 횡단적으로 상호비교하여 선택하는 방법도 있지만, 종단적으로 전년도에 비해 가장 많은 개선이 이루어진 집단을 선정할 수도 있다. 때로는 이러한 비교방식을 쓰지 않고 조직 내의 어느 집단이 기존의 관리방식을 개선하여 비용을 절감했다면 그 절감분의 일정비율을 공로가 있는 집단의 몫(보너스)으로 제공하는 방식도 있다. 물론 이 방식은 조직 내의 집단이 아니라 조직간에도 적용이 가능하다.

개인 인센티브는 개인의 근무성적이 우수한 사람에게 다양한 보상을 제공하는 것이다. 성과와 금전적 보상을 직접 연결시킨 성과급제가 가장 대표적인 예이다. 그 밖에도 학위과정 교육파견과 같은 기회를 제공하는 방식 또는 승진이나 승급에서 우대하는 방식도 있다. 업무할당제로 개인에게 부과된 하루의 업무량을 근무시간 8시간 이내에 마친 사람에게는 조기퇴근을 허용하여 시간을 인센티브로 할 수도 있다. 비용절감이나 관리개선의 효과를 가져올 수 있는 아이디어를 제안한 사람에게 보상을 해 주는 제안제도도 넓은 의미에서 개인 인센티브 시스템의 범주에 포함시킬 수 있다.

성과평가는 직무수행의 종합적인 평가이고, 그 결과를 보상과 연결시키는 것은 성과평가의 여러 가지 용도 중(시험의 타당성평가, 교육훈련 수요측정, 승진의 기준, 피드백에 의한 능력개발과 동기부여 등) 하나일 뿐이다. 인센티브의 유인정도가 클 때 직무수행 전반에 걸친 성과보다 인센티브에 연결된 부분적 직무에 더 큰 비중을 둘 수 있기 때문에 주의해야 한다.

4.2 양적 근무에서 질적 근무로

기존의 공무원근무는 평생 거의 24시간 일에만 몰두한다는 점에서 정부경쟁력의 원천은 절대적인 근무량이었다고 할 수 있을 것이다. 이것은 선진국 모델을 하루 빨리 좇아가는 식의 집행위주 행정이었을 때 특히 효과가 있다.

그러나 이제 우리나라의 공무원이 수행해야 할 일은 우리나라만의 독특한 문제를 해결해야 하기 때문에 참고할 선례도 없이 스스로 해결해야 할 위치에 와 있다. 창의성 있는 정책대안의 개발과 한 점 오류도 용납하지 않는 질높은 행정 서비스가 요구된다. 그 동안에는 새로운 정책의 대안은 국책연구소나 교수들에게 연구용역을 의뢰하는 등의 방법으로 하였고, 공무원은 이를 신속히 집행하는 데 에너지를 집중하였다. 그러나 이제 왠만한 정책의 대안도 공무원이 스스로 개발하는 체제로 가야 한다. 이를 위해서는 과거 군대식 집행조직에서 '연구형'조직으로 바뀌어야 할 것이다.

또한 생활패턴의 변화로 인해 점점 확대되고 있는 비정규직들이 어떻게 하면 생산성향상에 기여할 수 있느냐를 봐야 할 것이다. 즉, 짧은 시간 동안에 근무를 하더라도 노동의 부가가치를 높이는 방법이 무엇인가를 곰곰히 생각해 볼 때가 된 것이다.

1) 재충전과 휴가

사람의 몸과 머리도 기계가 아닌 이상 주기적으로 휴식과 재충전이 필요하다. 우리나라는 주당 40시간 근무로 OECD 국가 중 최장기 근무시간의 나라라는 오명을 갖고 있다. 군대형 조직에서는 모두가 일을 하기 때문에 휴가란 사용할 수 없는 그림의 떡에 불과하였다. 특히 창의적 사고가 필요한 고위직의 경우, 휴가는 커녕 잠시 쉴 시간조차도 없다. 따라서 대통령을 비롯한 정부부처의 장부터 휴가를 써야 한다.[14]

공무원이 사용할 수 있는 휴가의 종류는 다음과 같다.

- 연가: 공무원이 정신적, 육체적 휴식을 취하여 근무능률을 제고하기 위해서나 사생활을 위해서 취하는 휴가
- 공가: 공무원이 일반국민이란 지위에서 국가의 임무수행을 위해서나 법령상 의무수행을 위해 허락되는 휴가(예: 예비군훈련 등)
- 병가: 질병 또는 부상으로 업무를 수행할 수 없거나 전염병의 감염으로 다른 사람에게 지장을 줄 것으로부터 예방하기 위해 부여되는 휴가
- 특별휴가: 사회통념상 특별한 사유가 있는 경우를 위해 부여되는 휴가(가족 경조사)

중앙행정기관을 비롯한 소위 요직에 근무하는 사람들은 휴가를 제대로 사용하지 못하는 것이 보통이다. 전술한 대로 주 5일 근무제가 실시되고 있음에도 불구하고 주말도 제대로 쉬지 못하는 공무원들이 많이 있다. 경찰, 소방, 의료인력 등 24시간 교대근무를 하는 직렬의 경우, 건강과 사생활과의 조화의 문제도 제기된다.

공가로 처리되는 교육훈련 등을 통한 장기간의 재충전도 근무의 질을 높이는데 필요한 것이다. 적어도 격무에 시달리는 자리에 있는 사람들을 주기적으로 쉬도록 하지 못한다면, 질높은 직무수행을 하기가 어려워진다.

이와는 반대로 중하위직 일부 공무원이나 저성과자들에게는 지나치게 많은 근무공백의 문제도 나타난다. 국경일과 휴일이 많기 때문에 여기에 연가를 활용하면, 어떤 해에는 근무하는 날이 며칠 되지 않는 달도 있게 된다. 이것은 생산성저하에 문제를 가져온다.

2) 근무시간의 유연화

근무시간하면 대부분은 오전 9시에 출근하여 저녁 5-6시에 퇴근하는 것으로 알고 있다. 그러나 자영업을 하는 사람이나 의사·변호사 등의 전문업 종사자 그리고 대학교수의 경우에는 본인의 의사에 따라 근무시간을 융통성 있게 조정하는 것이 가능하다. 일반회사의 경우에도 영업직이나 고위간부직은 근무시간의 탄력

그림 19-3 탄력시간제를 적용한 근무스케줄

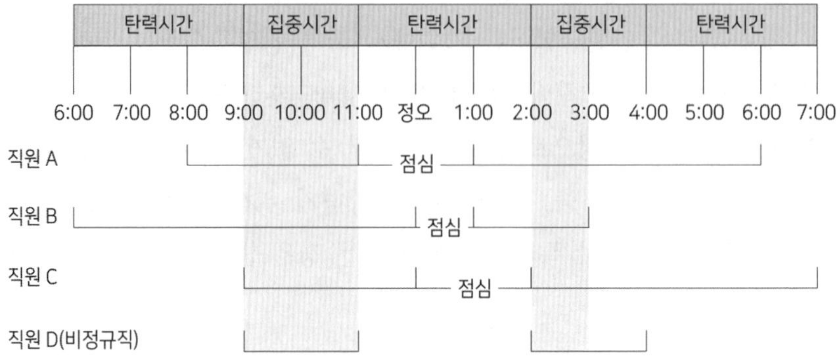

탄력시간 집중시간 탄력시간 집중시간 탄력시간
6:00 7:00 8:00 9:00 10:00 11:00 정오 1:00 2:00 3:00 4:00 5:00 6:00 7:00
직원 A 점심
직원 B 점심
직원 C 점심
직원 D(비정규직)

적 변형이 어느 정도 가능하다. 탄력시간제(flexitime)는 이와 같이 일정한 시간대 내에서 자신이 업무수행에 적합하도록 하루 의무근무시간을 신축적으로 조정하여 근무하도록 하는 제도이다.

근로자에게 자율적인 근무시간 결정권한을 부여한다 하더라도 꼭 지켜야 하는 집중근무시간을 정하는 것이 일반적이다. 예를 들어 출퇴근 시간을 각각 오전 6시에서 10시와 오후 3시에서 7시 사이에 각자 알아서 정하도록 하고 대신 오전 10시까지는 모두가 출근해서 3시까지는 근무하도록 하는 것이다. 이 경우에는 집중근무시간을 오전 2시간과 오후 1시간 정도를 두게 된다([그림 19－3]). 탄력성이 더욱 강한 것은 대학에서의 학점은행제와 같이 근무시간 은행제를 생각할 수 있다. 1년에 정해진 총근무시간만 채우면 된다는 원칙하에 업무량이 많은 날에 초과근무를 하여 저축을 하고, 자신이 필요한 때 근무하지 않는 방법이다.

탄력시간제가 생산성에 얼마나 기여할 수 있는 것인지는 단정적으로 말하기 어렵다. 유형적인 인센티브는 제공되지 않는다 하더라도 근로자에게 각자의 업무스케줄을 자율적으로 정할 수 있도록 허용함으로써 자율성 그 자체만으로 자기개발이나 여가선용 등의 가능성을 높일 수 있다는 점에서 만족감을 높일 수 있을 것이다. 물론 업무의 성격에 따라서 집중시간이 달라져야 한다. 예컨대 민원인을 상대하는 직원의 경우, 민원인이 많이 오는 점심시간에 인력이 보강되어야 하고, 6시 이후나 9시 이전으로 근무하는 것도 생각해야 한다. 물론 AI의 발달로 인터넷으로 24시간 업무처리가 가능해지고 있기 때문에, 이런 수요는 점점 줄어들 것이다.

중요한 것은 기계적으로 근무시간을 지키는 것이 아니라 자신의 생체리듬이나 감정 내지는 사적·공적 상황에 적합하게 적응할 수 있어 결근율을 줄이고 일하는 시간에는 열정을 가지고 집중할 수 있다는 장점이 있다. 뿐만 아니라 상관의 지시·감독·통제의 관리방식에 깔려 있는 상관과 부하와의 불신관계가 전제된 것이 아니라 신뢰를 바탕으로 한다는 점에서 자신에 대한 존중욕구가 강한 사람에게는 상당히 높은 만족감을 줄 수 있을 것이다. 특히 출퇴근시간에 교통난을 심하게 겪는 나라에서는 출퇴근 시간의 분산에 따라 교통난을 덜 수 있다는 점도 높이 평가된다.

한때 삼성에서 9시 출근−6시 퇴근에서 7시 출근−4시 퇴근으로 바꾼 실험을 한 적이 있다. 특이한 점은 4시 퇴근이 자율에 맡겨진 것이 아니고 강제적이었다는 점이다. 한국의 조직문화에서 이를 자율로 맡기면, 합리적인 구실로 더 남아 있는 사람이 있기 마련이기 때문이다. 과거에는 사무실의 전등을 끄는 방법으로 퇴근하게 했다면, 최근에는 컴퓨터가 꺼지도록 하기도 한다. 그러나 중요한 것은 직원들이 늘어난 자유시간을 자기계발 등에 쓰느냐의 문제이다.

이 실험의 결과 많은 변화가 있었다. 종전에 습관적으로 자주 하던 직원들간의 면 대 면 회의 등이 줄어들었다.[15] 직원들은 과거와 같이 안 되면 야간작업을 하겠다는 것보다는 '4시 이전에 업무를 끝내야 한다'는 중압감 때문에 시간의 중요성을 더 의식하고 열심히 효율적으로 일하게 되었다. 시한을 넘기지 않고 일을 마무리하게 되었다. 특히 법적인 퇴근시간에 퇴근을 하는 경우에도 상관의 눈치를 봐야 했던 과거와는 달리 상하간의 권위주의적 관계가 완화되었다. 이것은 양보다는 질높은 업무성과를 내야 한다는 측면에서 볼 때 바람직한 변화이다. 행정기관에 모두 적용하기보다는 업무의 특성이 적합한 곳에 적용할 만한 가치가 있는 것 같다.

탄력시간제가 초래하는 문제점도 몇 가지 지적할 수 있다. 인간의 본성을 善하다고 보는 Y이론으로 접근하면 장점이 부각되겠지만 X이론의 나태와 수동성을 가정한다면 탄력시간제는 오히려 기회주의자들에게는 일을 피해 다니는 도피시간대로 활용될 가능성도 있다. 특히 상관의 통제에서 벗어나 일하는 시간이 많아지기 때문에 불순동기를 가진 사람들에 의한 근무기강의 해이를 예방하기가 곤란하다. 또한 출퇴근 시간대에 여러 사람이 모여 업무협조를 위한 토론이나 회의가 필요한 때에 사전에 약속을 하지 않는 한에는 일하기가 힘들게 되고 일은 지연될 수 있다. 즉, 상호간에 의사소통도 원활히 이루어지지 않아 생산성이나 경쟁력에 부정적인 결과를 초래할 수 있다. 쓰레기수거팀이나 도로보수팀처럼 팀(team)제로 일하는 경우에는 아예 탄력시간제 적용 자체가 불가능하기도 하다. 직무를 완성시키는 데 필요한 시간이 길어지고 직무수행의 질도 떨어질 가능성이 있다.

따라서 탄력시간제의 효과성은 이러한 문제점을 최소화시킬 수 있는 선에서 변형적용되어야 한다. 즉, 탄력시간제를 '탄력적으로'운용할 것이 요구된다.16) 일부조직 구성원에게 적용을 제한하거나 고정근무시간을 부서에 따라 달리 적용하여 서비스의 단절이 생기지 않도록 하는 것이다. 탄력근무제와 더불어 정부가 필요한 경우에 한해서 고용하고, 그 외에는 고용관계를 유지하지 않음으로써 노동유연성을 확대하는 것도 적극적으로 활용해야 한다. 이를 일주일에 일정시간 이상의 근로시간을 확보하고 이에 상응하는 보상을 지급받는 정규직 고용에 비교하여 비정규직 고용자라고 한다.*

정부는 노동집약적 조직이기 때문에 인건비를 줄이는 것이 경쟁력을 높이는 방법이다. 다양한 형태의 근로시간을 가진 직원들을 채용하고 있는 미국·프랑스를 비롯한 선진국을 참고할 필요가 있다. 필요없는 인력을 언제나 줄일 수 있는 고용유연성을 증대시키고, 필요한 시간만큼만 고용하여 비용을 줄이면 생산성이

* 노동부에서는 근로기준법 제23조에 의해 "근로계약기간의 정함이 없는 것과 일정한 사업완료에 필요한 기간을 정한 것을 제외하고는 그 기간은 1년을 초과하지 못한다"로 규정하고 있다. OECD는 임시직 근로자(temporary worker), 시간제근로자(part-time worker) 정도를 비정규직으로 파악하고, 임시직 근로자는 유기계약근로자(worker with fixed-term contract), 파견근로자(temporary agency worker), 계절근로자(seasonal worker), 호출근로자(on-call worker) 등을 포함하고 있다.

높아지는 것이 분명하다. 이를 잘 활용한다면 비정규직 근로자들의 권익도 보호하면서 생산성도 높일 수 있을 것이다. 단, 정부경쟁력을 저해하는 요인에서 언급된 바와 같이 이 제도가 오히려 경쟁력향상에 방해되지 않도록 활용해야 한다.

3) 장소의 제약에서 탈피

정보통신기술의 발달로 지리적 한계를 극복하고 실시간으로 업무를 볼 수 있는 세상이 열렸다. 특히 서울과 같이 교통체증문제가 심각한 곳에는 동시 출퇴근으로 인한 시간 및 심리적 에너지 낭비가 심하여 질높은 업무성과를 올리는 데 방해가 된다. ICT를 이용하여 지리적 제약을 극복하는 방안이 있다.

공간적 측면에서 공무원이 정부업무를 수행하는 방법은 3가지이다. 사무실에 출근하는 것, 재택근무하는 것, 스마트 워크(smart work)에 나오는 방법이 그것이다. 스마트 워크란 스마트폰의 발달로 발전한 개념인데, 스마트 오피스(smart office)를 전제로 한다. 스마트 오피스란 도심의 사무실 이외에 여러 곳에 IT 장비를 설치하고, 불특정 여러 사람이 사용하도록 한 공간을 말한다.

재택근무는 114 안내원같이 전적으로 전화로 업무를 보는 경우, 굳이 사무실에 출근하지 않아도 집에서 업무를 볼 수 있는 경우에 적합하다. 코로나시기에 경험한 온라인근무도 그 장점을 잘 활용할 필요가 있다. 즉, 조사연구업무와 같이 일정시간 혼자서 업무를 수행한 후, 다른 사람들과 의견을 교환할 필요가 있는 업무 혹은 개인업무와 공동업무수행이 간헐적으로 필요로 하는 경우 등 다양한 유형의 업무특성을 고려할 필요가 있다.

스마트 워크는 사실 개념상 그리 새로운 것은 아니다. 오래전부터 국토가 광활한 나라에서는 사무실이 분산되어 있는 서구에서는, 이미 여러 직원간 회의를 전화로 하는 것은 일상화되어 있었다. 분산형 사무실개념을 좀더 확대하면 스마트 워크로 발전할 수 있다. 장비면에서 온라인 영상회의가 보편화 되었다. 인터넷 등은 물론이고 스마트폰까지 추가하면 불필요한 출장은 줄이고, 업무에 집중할 수 있다. 세종시에 정부청사를 옮긴 이후에 간부들의 서울출장이 빈번한 것은 정부경쟁력을 저해시키는 요인이다.

4) 생애주기관리: 임금 피크제

직원의 생산성은 입직 후 업무를 숙달할 때까지 낮다가 상승하면서 어느 순간에 최고점에 이르고, 그 후에 하락하는 것으로 생각할 수 있다. 즉, 평생고용이라는 측면에서 볼 때, 가장 생산성이 높을 때 보수를 많이 주면 가장 적절한 직무수행을 유도할 것이다. 그림으로 보면 거꾸로 된 U자형이 될 것이다. 특히 정년이 보장된 경우에는 정년이 가까울수록 비록 육체적으로는 생산적이라고 하더라도 심리적으로는 곧 떠나야 할 조직에 최선을 다해 일하리라고 기대하기 어렵다.

임금 피크제, 인건비 절감효과 미미

임금 피크제를 도입한 공공기관들은 평균 55.8세에 이른 직원을 대상으로 3.3년간 적용하는 것으로 나타났다. 기획재정부는 101개 공기업 및 준정부기관을 대상으로 임금 피크제 현황을 조사한 결과 6월 말 현재 27개(26.7%) 공공기관이 평균정년인 58세 이전에 도입하고 있었다고 7일 밝혔다. 이는 민간의 임금 피크제 도입률 5.7%에 비해 4배가량 높은 것이다.

임금 피크제를 도입한 이유는 인건비절감이 전체의 28.8%로 가장 컸고, 인사적체해소(25.4%), 고용안정(23.7%) 등이었다. 임금 피크제의 가장 큰 기대효과인 고령인력활용(10.2%)을 꼽은 기관은 비교적 적었다. 도입유형은 정년보장형이 51.5%로 가장 많았고 정년 연장형(33.3%), 고용연장형(15.2%) 순이었다.

임금 피크제 대상은 평균 55.8세부터 임금이 줄어들기 시작해 3.3년 동안 임금이 조정됐다. 임금 피크제 적용기간의 연평균 임금수준은 도입 전의 71.6%였다. 하지만 임금 피크세 기간 복리후생비 등 부가급여가 그대로 유지되면서 총인건비 합계는 도입 전의 93.5%에 달해 큰 차이가 나지 않았다. 또 중요도가 낮은 직무를 수행한다는 점에서 실질적인 인건비감소 효과는 미미한 것으로 재정부는 평가했다.

재정부 관계자는 "임금 피크제가 인사적체해소, 고용안정 등 인사관리목적만을 위해 설계되는 경우, 인건비 절감효과보다 생산성저하가 더 클 수도 있다"고 밝혔다.

자료: 경향신문, 2009. 8. 7.

업무의 성격과 개인의 차이가 있는 것은 사실이지만, 생산성이 최고조로 달할 때 임금을 최고수준으로 하고, 그 후에는 하락하게 하는 것이 임금 피크제이다. 이것은 고용주의 입장에서 볼 때, 실제 성과에 가장 근접한 형태의 보수이다. 또한 일정기간 최고의 생산성을 낸 후 생산성이 하락할 경우, 보수를 조금 줌으로써 인건비절약의 효과도 있게 된다. 이미 생산성이 하락한 경력자의 보수를 가지고 젊은 사람들을 더 고용하여 훈련시킬 수도 있는 것이다. 나아가서 정년퇴임후에도 탄력시간근무제로서 일정한 업무를 수행하도록 하면, 경험도 살리고 정부의 인건비도 줄일 수 있을 것이다.

그러나 공기업에서 실시한 임금 피크제가 별 효과가 없는 것으로 나타났다. 이미 본래의 취지와는 달리 변형된 형태로 운영된 문제점도 발견된다. 다른 개혁과 마찬가지로 한국의 문화에 맞는 유형으로 연구하고 실험한 후 적용할 것이 요구된다. 잘못된 개혁은 오히려 역효과를 가져올 수도 있는 것이다.

4.3 직무충실화

1) 의 의

직무재설계(job redesign) 혹은 직무충실화(job enrichment)에 의한 생산성 향상은 인센티브 제공에 의한 것이 아니라 일 자체에 대한 만족감을 더 높여 줌으로써 일에 대한 동기를 부여하는 방식이다. 직무가 전문화되기 이전에는 종업원이 수행해야 할 직무의 범위가 상당히 불확실한 채 고용주의 지시에 따라 유동적으로 변하는 것이 일반적이다.

과학적 관리론의 테일러는 이러한 주먹구구식 직무수행의 비능률을 인식하고 일의 내용을 과학적으로 분석하여 한 사람이 수행할 수 있는 정확한 일의 양과 일의 방식을 찾는 데 노력하였다. 일은 가능한 같은 성질의 것으로 묶어 단순화·전문화시키고 분업화함으로써 일의 능률을 높이려고 한 것이다. 인간을 기계의 부품처럼 같은 일을 반복시킴으로써 능률을 높일 수 있다고 생각한 과학적 관리론은

표 19-3 직무재설계이론의 발달과정

이 론	시 기	대표학자	주요 내용
직무단순화	1900년 전후	Taylor	가장 단순하고 기계적으로 반복 수행할 수 있도록 직무를 분업화, 훈련을 통해 기술을 습득한 사람에 의해 일이 대체될 수 있도록 표준화
직무확대	1955-1960s	Walker and Guest	수평적 직무량의 확대, 동일한 책임수준(수평)에서, 수행하는 과업의 수를 늘리거나 다른 전문 영역까지 직무의 다양성을 확대
직무충실화(1)	1960s-1970s	Herzberg	수직적으로 직무의 질적 내용을 충실화, 상관이 수행하던 감독역할까지 직무의 재량권 확대, 종업원의 책임감과 성취감 증진, 심리적 성장욕구의 충족을 강조
직무충실화(2) (직무특성화 이론)	1970s-	Hackman and Oldham	막연한 직무의 내용이나 재량권이 아니라 종업원의 심리상태를 고려하여 구체적으로 직무의 주요 특성(기술다양성 · 과업완결성 · 과업책임성 · 자율성 · 피드백)을 변화시키고 이를 동기부여와 연결

자료: Jay M. Shafritz et al., *Personnel Management in Government*, 4th ed., New York: Marcel Dekker, Inc., 1992, p. 159 재구성.

그 뒤 인간의 자율성에 대한 자각과 함께 비판받기 시작하였다.

특히 성장욕구와 같은 상위의 욕구를 가진 사람에게는 전통적 방식의 업무부과는 오히려 쉽게 지루함과 좌절감을 느끼게 할 수 있기 때문에 상위욕구를 충족시키기 위해서는 기존의 단순화된 업무에 대하여 양적·질적인 변화가 필요함을 인식한 것이다. 이의 가장 대표적인 것이 직무확대와 직무충실이다(<표 19-3> 참조).

직무확대(Job Enlargement)는 기존의 직무에다 관련된 유사직무를 추가시켜 직무의 외적인 범위를 확대하는 것이다. 주로 분업과 관련하여 좁은 범위의 직무를 반복하는 데서 오는 단조로움을 줄이려는 목적을 가진 것이다. 직무확대는 직무의 본질적인 내용을 변화시키는 것은 아니기 때문에 생산성 향상에도 큰 역할을 기대하기 힘든 것으로 보인다.

이에 반하여 직무충실화(Job Enrichment)는 직무의 수직적 확장, 즉 재량권한이나 책임감을 높여 줌으로써 보다 적극적으로 생산성 향상을 시도하고, 종전에 상관의 직무내용이었던 감독권한의 일부를 부여받는 것이다. 직무충실화는 이와 같이 직무의 양적인 폭의 확대가 아니라 질적인 깊이의 내실 있는 변화를 통해 직무수행자의 만족감과 생산성을 높이려는 것이다.

4.4 혁신: 제안

구체적으로 어떻게 조직의 생산성을 올리는가는 조직구성원들이 가장 잘 안다. 외부인들에 의한 비현실적 개혁이 반복되는 상황에서 내부인에 초점을 맞춘 제안제도를 주목할 필요가 있다. 제안제도(suggestion system)는 조직의 전반적인 개선에 관하여 조직구성원의 창의적인 아이디어를 유인·심사·처리하여 관리의 개선을 시도하고 능률성을 높이려는 공식적인 제도이다. 제안제도는 현장에서 직접 경험을 통해 직무수행절차나 근무환경 또는 비용 등의 문제점에 대해 이를 가장 잘 파악할 수 있는 일선 근로자의 좋은 아이디어를 최대한 활용하여 조직의 생산성 제고를 목적으로 개발된 제도이다. 뿐만 아니라 제안제도는 구성원이 관리에 참여할 수 있는 기회를 제공함으로써 참여관리의 일반적 효과인 일에 대한 책임감과 근무의욕 제고의 효과를 함께 기대할 수 있다.

1) 제안의 유인

관리자의 입장에서는 구성원에게 창의적인 생각을 많이 제출할 수 있도록 유인하여야 한다. 우리나라는 공무원을 대상으로 혁신적 아이디어를 내는 것을 격려하는 공무원제안제도를 운영하고 있고, 일반국민도 할 수 있는 국민제안제도도 운영하고 있다. 유인에는 제안채택시의 보상이 일반적으로 중요하게 인식되고 있지만 그 밖에 제안의 양식, 분량, 제출처, 제출시기 등 주변적인 문제도 무시할 수 없다. 제안이 강요되고 있지 않는 상황에서 이들 요소가 조금이라도 귀찮게 느껴지거나 심리적 부담을 느끼게 한다면 구태여 힘들여서까지 제안에 참여할 동기가 생기지 않을 것이다. 따라서 제안을 유도하기 위해서는 의견제출이 절차상 쉽고 단순하여야 한다. 작고 별 것 아닌 생각 같지만 이런 의견을 자유롭게 부담 없이 자주 제출하여 점진적인 제도개선을 이루어 나가는 것이 장기간에 걸쳐 생각해 낸 거대한 하나의 의견보다 훨씬 효과적일 수 있다. 이런 점에서 제안의 제출이 단독이든 공동이든, 계선상의 상관이면 누구에게나 수시로 제안할 수 있도록 하여 1단계에서 의견이 차단되는 일이 없도록 하여야 한다. 제안자가 많을 때 우수한 제안을 발견할 가능성도 높아진다는 뜻이다.* 전통적인 문서접수방법은 유지되고 있지만, 포탈에 인터넷접수를 할 수 있도록 열어놓고 있다.

2) 제안의 심사·평가

다수의 위원으로 구성된 제안심사위원회에서 제안을 심사·평가하는 단계이다. 심사는 객관적인 기준에 따라 공정하게 실시되어야 한다. 창의성, 능률성(경제성), 실현가능성이 심사기준으로 흔히 적용된다. 우리나라에서는 이외에도 노력도나 완성도 그리고 제안이 적용될 수 있는 범위를 심사기준으로 채택하고 있다. 제안이 가져올 이익창출이나 비용절감을 심사기준으로 포함시키는 경우는 계량적 분석을 요하기 때문에 제안심사위원회에 외부의 전문가를 동원할 필요가 있다. 심사과정에서 중요한 것 중의 하나가 몇 건이나 제안으로 채택할 것인가이다. 채택률을 높일수록 공무원의 참여와 관심을 끌 수 있는 장점이 있다. 우리나라에서는 과거 20년간 연간 30－40건 정도를 채택하고 있고 채택률이 약 0.1－0.2%의 범위를 오가고 있다.** 채택률로 볼 때 결코 높은 것으로 보기 힘들다. 그럼에도 불구하고 매년 접수건수가 늘어나고 있는 것은 채택이 된 경우 특별승진 등 보상이 공무원에게 매력적으로 받아들여지고 있다고 보겠다.

3) 제안의 처리: 보상

마지막으로 평가가 완료되면 결과에 대한 보상이 있어야 한다. 우선 제안이 채택된 경우에 그 우수등급에 따라 보상을 하는 것이 일반적이다. 이 때 보상은

---

* 제안규정(대통령령)에는 제안의 종류를 과제선정이 자유로운 자유제안, 정부가 지정하여 모집하는 지정 제안, 그리고 자체제안제도에 의해 채택된 제안 중 추천되는 추천제안으로 구분하고 있다.

** 채택된 제안을 제안규정에서는 '창안'이라는 용어를 사용하여 제안과 구분한다.

대단한 개선효과를 가져오는 소수의 제안에 대하여 큰 보상을 하는 것은 당연하지만 조그만 개선효과가 있는 것이라도 다수의 이들 제안에 대하여 작은 보상을 하는 방식이 많은 참여에 의한 동기부여 효과를 기대할 수 있다. 채택된 제안에 비해 채택되는 것이 월등히 부족하다면 스스로의 노력을 포기할 것이고, 대단한 차이가 아닌데 입상에 탈락하였다면 심사에 대한 불신을 키울 수도 있다.

우리나라에서는 제안이 채택되는 경우 등급에 따라 포상(서훈·표창·모범공무원)과 부상이 지급되고, 이들에게는 인사상 특별승급의 특전이나 상여금이 지급될 수 있다. 다수의 참여를 유도하기보다는 소수의 창의적인 제안을 발굴하는 데 주된 목적이 있음을 알 수 있다. 미국회사의 예는 우리나라의 제안제도를 다른 시각에서 보게 하는 좋은 사례이다. 절대다수의 제안자들을 탈락시키는 현 방식은 당연히 제도를 지지하는 사람보다 비판하는 사람을 많게 만든다. 이 제도에 관심을 가지고 참여할 수 있도록 유도하기 위해서는 모든 공무원들이 평소의 직무수행과정에서 비능률과 비합리를 제거하고 보다 생산적으로 제도를 개선해 나갈 수 있는, 제안할 수 있는 분위기를 만드는 것이 중요하다. 예컨대 제안의 가치가 있는 것이면 인터넷 게시판·회보·신문·SNS에 제안자의 이름을 게재하여 남들로부터 인정받고 조직에서 필요한 사람이라는 인식을 심어 줄 수 있는 분위기를 만들어야 된다. 심지어는 전혀 채택되지 않은 제안의 경우에도 경품당첨권 제안과 혁신에 대한 관심을 이끌어 낼 수 있다.

東西古今公私

싱가포르 공무원의 경쟁력

싱가포르는 척박한 자연조건에 중국계의 분영된 인구구조를 가진 나라이다. 오직 외국인 투자유치 등 국제경제에 의해 나라가 발전할 것이라고 생각했으나 행정을 통해 경쟁력 있는 나라를 만들기로 했다. 그 개혁은 1959년 집권한 이콴유 수상이 제안한 이른바 깨끗한 물(Clean Water), 깨끗한 거리(Clean Street), 깨끗한 공직사회(Clean Administration), 3C 정책에서 시작한다.

일벌백계식 처벌과 함께 부패조사국(corrupt practices investigation bureau)을 통해 부패감시활동을 강화하는 강경한 처방책을 쓴 결과 싱가포르는 부패를 완전척결하게 되었다. 따라서 공무원들의 우수함과 청렴함은 세계적으로 유명하다.

국민소득 8만 달러, 아시아 제 2 의 부자나라 싱가포르. 공무원청렴도와 월급수준은 아시아 최고이고 세계적으로 손꼽을 만하다. 리셴룽 수상의 연봉이 160만불로, 미국 대통령이나 우리나라 대통령 월급보다 높다. 특히 싱가포르 국민의 20%는 월소득이 1,500 달러 미만이라는데, 공무원월급은 민간대기업 수준이다. 싱가포르 각료들은 130만－245만 달러(14억－26억원)의 연봉을 받는다. 신임 5급 사무관 정도에 해당하는 공무원이 처음 받는 연봉이 2억 정도이다.

공무원의 월급수준이 높을 뿐만 아니라, 매년 지급되는 성과급의 액수와 방법이 특이하다. 싱가포르 경제성장에는 많은 부분 정부가 기여하고 있고, 또 기여해야 하기 때문에 매년 GNP 성장률을 기준으로 분배하는 방식을 택한다. 싱가포르 경제는 15% 정도 성장할 때도 많으니 무시할 수 없는 액수이다. 그리고 이를 받는 공무원들은 자신들이 국가경제의 주역이라는 자부심과 더불어 책임감도 갖게 된다.

따라서 공무원의 인기도 높다. 싱가포르에서 A학점을 받는 우수대학생을 대상으로 조사한 결과 공무원이 되고 싶다는 사람은 34%이고, 국내에서 공부하겠다는 학생들의 비율이 37%, 그리고 해외에서 공부하겠다는 비율은 4.8%밖에 안 된다.

19 참/고/문/헌

1) 유금록, “거버넌스와 재정제도, 정치제도가 일반정부 총지출의 생산성에 미치는 영향 분석: OECD 국가를 중심으로,” 「한국행정학보」, 55(4): 119−162, 2021.

2) 임도빈 외, 「정부경쟁력: 이론과 평가지표」, 박영사, 2014; Ingraham, P.W. & Donahue, A.K., ‘Dissecting the Black Box 10 Revisited Characterising, Government Management capacity,’ Heinrich, C.J. & Lynn Jr. L. E. (ed), *Government and Performance: New Perspectives*, Georgetown University Press, 2000.

3) 김필, “시민의 기대와 정부성과가 정부신뢰에 미치는 영향,” 서울대 행정학 박사논문, 2021.

4) Krugman, P., “Competitiveness: A Dangerous Obsession,” *Foreign Affairs*, 73(2), 1994a; Krugman, P., “The Myth of Asia’s Miracle,” *Foreign Affairs*, 73(6), 1994b; Porter, M. E. *The Competitive Advantage of Nations*. New York: Free Press, 1990.

5) 임도빈, “시간관리측면에서 본 조직관리: 한국과 미국의 비교,” 「행정논총」, 43(2).

6) Parkinson, C.N., *Parkinson’s Law: The Pursuit of Progress*, London: John Murray, 1958.

7) 임도빈, 「한국지방조직론」, 박영사, 2004, pp. 415−416.

8) 조석준·임도빈, 「한국행정조직론」, 법문사, 2016, pp. 537−538.

9) 임도빈, “관료제를 위한 변론: 한국관료제의 성과제고방안”, 「한국조직학회보」, 제6권 3호, 2009, pp. 173−209.

10) Organ, D. W., Podsakoff, P. M., & MacKenzie S. P., *Organizational Citizenship Behavior: Its Nature, Antecedents, and Consequences*, London: Sage Publications, 2006.

11) Quick, J. D., et al. “The Balancing act: at Work and At Home,” Organizational Dynamics, 33(4): 426−438, 2004.

12) Sungjoo Choi, “Diversity in the US Federal Government, *J−PART*, 19, pp. 603−630.

13) 이면우, 「W이론을 만들자」, 지식산업사, 1992.

14) 임도빈, 「정부조직과 시간관리」, 서울대출판원, 2016.

15) Lee Hee Jin, and Ji−Hwan Lee, “Time to Change, Time for Change, Time as a Catalyat for Organizational Change,” *Time & Society*, 17(2), 2008.

16) 임도빈, 「정부조직과 시간관리」, 서울대출판부, 2009.

찾아보기

[ㅊ]

[ㅌ]

[ㅍ]

공저자 약력

임 도 빈

서울대학교 사회교육과 졸업(1983)
서울대학교 행정대학원 행정학 석사(1985)
서울대학교 행정학 박사과정 수료(1988)
프랑스 파리정치대학원(I.E.P. de Paris) 사회학 박사(1993)
한국행정학회 회장
한국행정학회·한국정책학회 학술상 수상
한국행정연구 편집위원장
서울대학교 학술상 수상
서울대학교 행정대학원 원장
Journal of Policy Studies 편집위원장
현 서울대학교 행정대학원 교수

유 민 봉

성균관대학교 행정학과 졸업(1980)
텍사스주립대학교 존슨정책대학원 정책학 석사(1986)
오하이오주립대학교 행정학 박사(1990)
제23회 행정고등고시(1979)
오하이오주립대학교 교환 및 초빙교수(1997-1999)
듀크대학교 교환교수(2005)
성균관대학교 기획조정처장 역임(2006-2008)
성균관대학교 사회과학부 및 국정관리대학원장 역임(2008-2010)
한국행정학보 편집위원장 역임(2009-2010)
대통령 비서실 국정기획수석비서관(2013.2-2015.1)
성균관대학교 행정학과 및 국정관리대학원 교수
대한민국 국회의원
현 국가교육위원회 위원
대한민국시도지사협의회 사무총장

제 6 전정판
인사행정학

초판발행 2003년 1월 17일
개정판발행 2007년 8월 30일
제 3 판발행 2012년 2월 25일
제 4 판발행 2016년 2월 19일
제 5 판발행 2019년 2월 28일
제 6 전정판발행 2023년 9월 15일

지은이 임도빈 · 유민봉
펴낸이 안종만 · 안상준

편 집 양수정
기획/마케팅 손준호
표지디자인 이솔비
제 작 고철민 · 조영환

펴낸곳 (주) 박영사
서울특별시 금천구 가산디지털2로 53, 210호(가산동, 한라시그마밸리)
등록 1959. 3. 11. 제300-1959-1호(倫)
전 화 02)733-6771
f a x 02)736-4818
e-mail pys@pybook.co.kr
homepage www.pybook.co.kr
ISBN 979-11-303-1846-2 93350

정 가 36,000원